山西抗日战争史

杨建中 著

山西出版传媒集团
三晋出版社

图书在版编目(CIP)数据

山西抗日战争史/杨建中著. — 太原：三晋出版
社, 2017.5

ISBN 978－7－5457－1512－5

Ⅰ.①山… Ⅱ.①杨… Ⅲ.①抗日战争史－山西
Ⅳ.①K265

中国版本图书馆 CIP 数据核字(2017)第 115185 号

山西抗日战争史

著　　者：杨建中
责任编辑：吕文玲
责任印制：李佳音

出 版 者：山西出版传媒集团·三晋出版社(原山西古籍出版社)
地　　址：太原市建设南路21号
邮　　编：030012
电　　话：0351-4922268(发行中心)
　　　　　0351-4956036(总编室)
　　　　　0351-4922203(印制部)
网　　址：http://www.sjcbs.cn

经 销 者：新华书店
承 印 者：山西基因印刷服务有限公司

开　　本：787mm×960mm　　　1/16
印　　张：36.5
字　　数：450千字
版　　次：2017年6月　第1版
印　　次：2017年6月　第1次印刷
书　　号：ISBN 978-7-5457-1512-5
定　　价：110.00元

铭记历史　珍爱和平

谨以此书献给
为中华民族独立和中国人民解放
英勇奋斗的英烈、先辈们!

山西抗战的伟大贡献和宝贵经验
（代序）

李茂盛

抗日战争是世界反法西斯战争的重要组成部分,是我国人民近百年来反抗外国侵略者取得的第一次完全胜利的伟大的民族革命战争。

抗日战争开始后,山西人民在中国共产党的领导下,认真贯彻抗日民族统一战线政策,迅速开创了全民抗战的生动局面,然后在广阔的敌后战场上,与日本侵略军进行了持久的、顽强的、艰苦卓绝的斗争,为夺取抗日战争的胜利做出了重大贡献,积累了极为丰富的历史经验,在中国革命史和中共党史上写下了光辉的一页。时过80年,当我们回顾那波澜壮阔的战斗情景时,仍然感到非常自豪。

一、全民抗战的发动与敌后抗战的坚持

抗日战争爆发之后,鉴于山西战略地位的重要,中共中央、中央军委和毛泽东,曾经用极大的精力在山西营建华北抗日游击战争的战略支点。抗日战争爆发之前,我党已与山西地方实力派阎锡山建立了一种特殊形式的统一战线关系。日军制造卢沟桥事变后,中共中央北方局和刘少奇于7月底迅速移驻山西,领导整个华北地区的抗日斗争。9月初,中共中央军委副主席周恩来也来到太原,与阎锡山商谈八路军入晋作战事宜。同时,朱德率领由红军改编的八路军第一一五、一二〇、一二九师三个主力师,陆续东渡黄河,开赴山西,开始直接对日作战。周恩来一方面与刘少奇部署华北的抗日斗争,另一方面与已任第二战区司令长官的阎锡山协商山西抗战的具体部署,并参与了阎锡山作战计划的制定。

山西的抗日战争,大体可分为发动与发展两个时期,在前期,重点是广泛发动群众,组织群众,掀起全民抗战动员的高潮;在军事上以正规战争为主,国共两党军队协力抗击日军对山西的进犯。在后期,主要是以八路军、山西新军为支撑,在敌后建立抗日根据地,并坚持与日军进行长期的、持久的、艰苦卓绝的斗争。

在初期,根据周恩来、刘少奇和八路军总部的部署,首先由北方局在晋东北、晋西北、晋东南、晋西南地区,分别建立党的领导机关,领导各地的群众抗日斗争;同时八路军各师也派出工作团,开展发动群众的工作。他们与以薄一波为首的山西公开工委领导的牺盟会、决死队和共产党人邓小平、程子华等参加并领导的"战动总会"相结合,在全省城乡宣传党的抗日民族统一战线政策,揭露日本帝国主义侵略的阴谋,发动群众,组织群众,在各地陆续建立了工救会、农救会、青救会、妇救会、儿童团等各种群众性抗日团体和人民武装抗日自卫队,并运用阎锡山提出的某些进步口号,开展合理负担、减租减息、反对旧村长的群众斗争,迅速掀起了抗战动员的高潮。就连乡村的开明地主、五台山的僧众,都加入到了抗日斗争的行列。

在此同时,八路军与第二战区的国民党军和晋绥军协力配合,对入侵的日军进行了顽强的抵抗。1937年9月,日军突破内长城防线,短短19天时间便攻占了山西雁北11个县城。一路烧杀抢掠,疯狂之极。面对如此严重的形势,阎锡山先后部署了长城抗战、忻口会战和娘子关保卫战。为了配合国民党军正面作战,八路军第一一五师于9月25日首战平型关,歼敌1000余人,取得了华北战场抗战以来中国军队主动寻歼敌人的第一个大胜仗。在紧接着进行的忻口会战中,由第二战区副司令长官卫立煌任总指挥,投入兵力28万人,在正面与日军展开了顽强而激烈的搏斗,郝梦龄、刘家祺、郑廷珍等高级将领相继壮烈牺牲。八路军各师主力在敌之翼侧,积极配合,打敌后援。10月间,第一二〇师一部在雁门关以南黑石头沟连续伏击,歼敌500余人。第一二九师一部奇袭阳明堡飞机场,毁伤敌飞机24架。忻口会战曾被誉为国共合作的模范战例。同时,第一二九师主力和第一一五师一部在七亘村和广阳伏击歼敌,迟滞日军经娘子关西犯,掩护了防守娘子关的国民党军队的主动后撤。

1937年11月8日,山西省会太原失守。从此,以国民党为主体的正规战争遂告结束,以共产党为主体的游击战争进入主要地位。

1937年11月底,根据中共中央军委和毛泽东关于在山西建立华北游击战争战略支点的部署,八路军三个主力师挺进敌后,分别以五台山、管涔山、太行山、吕梁山为依托,结合活动在各地的山西新军部队,在当地党组织的配合下,分片开辟抗日根据地,逐步发展成为晋察冀、晋西北、晋冀豫、晋西南抗日根据地。在这些根据地建立党、政、军领导机构和各界抗日救国会,开始了长期的敌后抗日斗争;并在1937年底至1938年初,取得了粉碎敌人多次多路围攻的胜利,使根据地日臻巩固。

1939年底,当国民党发动第一次反共高潮时,山西的顽固势力连续挑动武装磨擦,酿成了反共、反八路、反牺盟、反新军的"十二月事变"。对此,各根据地军民进行了有理、有利、有节的斗争。为了打破国民党破坏山西抗战的阴谋,在中共中央的指导下,"十二月事变"得以和平解决,新旧军划界驻防,维持了山西抗战的局面。

1940年4月,由邓小平主持,冀南、太行、太岳军政委员会在黎城召开高级干部会议(史称"黎城会议"),提出了建党、建政、建军的三大任务。从此,各抗日根据地开始了全面建设时期。

抗日战争进入相持阶段以后,日军在华北实行"囚笼政策",以铁路为柱,公路为链,据点为锁,封锁、分割根据地。为了打破敌人的"囚笼",八路军总部于1940年8月在华北发动了一场大规模交通破袭战(史称"百团大战"),在正太铁路、同蒲铁路和一些公路干线,毙伤日、伪军2.5万余人,俘虏日、伪军1.8万余人,破坏铁路474公里、公路1502公里,有力地保卫了敌后抗日根据地。

1941年至1942年,日军在华北进行了五次"治安强化"运动,连续向各抗日根据地进行频繁的"扫荡",实行惨绝人寰的杀光、烧光、抢光的"三光政策",使根据地处于极端困难的境地。山西各根据地军民遵照中共中央制定的"十大政策",以武装斗争为中心,开展了全面的对敌斗争;并在实施民主政治、开展减租减息、实行精兵简政、开展整风运动、大生产运动和拥政爱民、拥军优抗等方面,进行了卓有成效的工作。到1943年底,根据地基本上渡过了难关,走向复苏。

随着第二次世界大战的胜利发展和日本面临的威胁,从1944年开始,各根据地军民连续开展攻势作战,转入局部反攻,收复了广大的乡村和一些中、小城市,使根据地不断扩大,沦陷区逐步缩小,敌人只能孤守在若干主要城市和主要交通线,处在了江河日下、朝不保夕的绝境。

1945年8月,毛泽东发出《对日寇的最后一战》的声明,山西各根据地军民迅速投入全面大反攻,促令日军缴械投降,终于取得了抗日战争的最后胜利。这一胜利是来之不易的。是广大人民群众在中国共产党的领导下,以八路军和各种抗日武装为支柱,经过长期浴血奋战换来的。

二、山西战场的作用和贡献

(一)作为敌后抗战的战略支点,支持了整个华北的抗日战争

1937年7月7日,日军发动卢沟桥事变之后,中共中央和中央军委就为把山西建成华北游击战争的战略支点,作出了一系列指示,采取了许多重要措施,在发动群众、武装群众和建立以山西为中心的山区抗日根据地的问题上,进行了大量卓有成效的工作。接着,八路军进行了三次分兵:第一次分兵是根据毛泽东关于游击战争应处于敌之翼侧及后方,在山西应分为晋东北、晋西北、晋东南、晋西南四区,向着进入中心城市及交通要道之敌人取四面包围袭击之势的指示,在太原失守之后,逐渐向敌后实行战略展开:第一一五师一部在五台山区开辟晋东北抗日根据地,主力跨同蒲、越汾河,以吕梁山区为中心,开辟晋西南抗日根据地;第一二〇师在管涔山区开辟晋西北抗日根据地;第一二九师开赴正太铁路以南,以太行、太岳山脉为依托,开辟晋冀豫抗日根据地。从而使山西成为坚持北方游击战争的战略基地。第二次分兵是1938年四五月间,根据毛泽东、张闻天、刘少奇关于开展河北、山东平原游击战争的指示,八路军三个师各抽出主力一部,由山西向冀东、冀南、冀鲁豫边、冀热察展开;

第一二九师副师长徐向前率部挺进冀南,开辟冀南抗日根据地;第一二〇师宋时轮支队由雁北到平西,与晋察冀军区邓华支队组成八路军第四纵队,向东发展,开辟冀东抗日游击根据地;第一二九师第三八六旅由山西的晋东南开赴平汉铁路以西的冀西地区,然后南下漳河以南、道清铁路以北的豫北地区,在安阳、林县、辉县山区建立抗日根据地,并在道清铁路两侧的平原地区开辟了广大的游击区。第三次分兵是1938年底至1939年初,根据中共六届六中全会确定的"巩固华北,发展华中"的战略方针,八路军三个师再一次由山西向东实行战略展开:第一二〇师师长贺龙、政委关向应率领该师主力挺进冀中;第一二九师师长刘伯承、政委邓小平率该师主力挺进冀南;第一一五师第三四三旅第六八五团由晋西挺进山东微山湖地区(湖西地区);第一一五师代师长陈光、政委罗荣桓率师部及第三四三旅到达鲁西地区,并以一部兵力创造了鲁西南抗日根据地。从此,全面打开了华北敌后抗战的局面,并以此为基础,在华北逐渐形成了晋察冀、晋绥、晋冀豫(包括太行、太岳)、冀鲁豫和山东等抗日根据地。作为华北游击战争战略支点的山西,确实起到了开展和坚持华北敌后抗战的立足点和出发地的重大作用,成为八路军进行持久作战的大本营。不但如此,山西战略支点还使陕甘宁边区东部有了可靠的屏障,有力地保卫了党中央,并为华北、华中各抗日根据地与延安之间开辟了一条前后方联系的通道。

(二)作为华北敌后抗战的主战场,消灭了大量日、伪军

在抗日战争时期,山西境内的战役战斗之频繁、战争区域之广阔、敌我斗争之残酷,都是十分罕见的。在敌后抗日根据地开创之初,从1937年底至1938年初,各根据地军民就粉碎了日军的多次多路围攻:1937年11月、12月间,晋察冀军民粉碎了日军二万余人的"八路围攻",歼敌2000余人;1938年3月,晋西北军民粉碎了日军一万余人的"五路围攻",歼敌1500余人,收复县城七座;1938年4月,晋冀豫军民粉碎了日军三万余人的"九路围攻",歼敌4000余人,收复县城19座;1938年3月,晋西南军民在隰县午城、蒲县井沟之间进行阻击战,歼敌1000余人,

粉碎了日军西犯黄河河防的企图。从1938年10月中日战争进入战略相持阶段之后,日军将进攻的主要矛头指向华北,特别是指向山西,山西更成了坚持华北抗日战争的主要战场。1940年的百团大战,1941年至1943年的多次反"扫荡"作战和开展的全面对敌斗争,以及1944年、1945年发动的攻势作战,山西的抗日斗争都是十分激烈的。据1937年7月至1944年7月的统计,在晋察冀、晋冀鲁豫、晋绥三大抗日根据地,党领导的抗日军民共进行大小战斗6万余次,毙伤俘日、伪军合计约38万人。到1945年抗日战争胜利时,晋察冀边区军民歼灭日、伪军达35万人,晋冀鲁豫边区的太行、太岳区军民歼灭日、伪军18万人,晋绥边区军民歼灭日、伪军近13万人,总计歼灭日、伪军66万人,占党领导的敌后军民歼灭日、伪军171万人的39%。其中仅据在山西境内由八路军主力部队和地方兵团进行的70次著名战役、战斗统计,歼灭日军近7万人,占侵略华北日军总数22万人的31.8%。

(三)作为战略基地,在人力、物力、财力上支援了伟大的抗日战争

在整个抗日战争期间,山西的广大人民群众踊跃参军、参战,支援前线,全力投入了抗日战争。"母亲叫儿打东洋,妻子送郎上战场",成千上万的青壮年涌入了抗日部队,特别是各抗日根据地的腹心县,参军的人数都在几千人,有的甚至达到数万人,源源补充了部队的兵员,壮大了八路军和地方武装的力量。8年间,八路军第一一五师和晋察冀部队由3000余人发展到32万人,第一二○师由8000余人发展到8.5万人,第一二九师由9000余人发展到近30万人。同时,各地的地方武装有了迅猛的发展,一大批青壮年脱离生产,参加了县、区基干队。不脱产的民兵队伍更是普遍发展,晋察冀根据地民兵达到63万人,晋冀鲁豫根据地的民兵达到40万人,晋西北根据地的民兵有10万人。8年间,广大人民群众积极支援前线,不但源源供应了进行战争所需要的粮食、被服及各种军需资材,承担了庞大的战争费用,使部队指战员和党政机关干部吃的、穿的、用的、住的问题得到了解决,而且担负了繁重的战勤任务,如抬担架、运物资、带路、送信、抢救伤兵、看护病员等工作,从而使八路军和地方武

装的军需供应和战勤服务得到了可靠的保证。

（四）作为主力军山西人民作出了重大牺牲

抗日战争的胜利，是以人民的巨大牺牲换来的。在山西，这种牺牲充分表现了山西人民崇高的爱国主义精神和顽强的战斗意志。据有关资料统计，8年间，晋察冀边区晋东北的17个县，被杀害群众9万余人，被抓捕3万余人，下落不明的11万人，被烧房屋39.7万间，被抢粮食650万石，被抢牲畜9.8万余头；晋绥边区晋西北的24个县，被杀害群众12.7万人，被致伤、致残8万余人，被俘、失踪9万余人，被抢粮食3057万石；晋冀鲁豫边区的太行、太岳区，被杀害群众16.9万人，被烧房屋22.6万间，被抢粮食120.6万石。面对敌人惨无人道的烧杀抢掠，山西军民前仆后继，奋勇杀敌，顽强地坚持持久抗战，进行了史无前例的、艰苦卓绝的伟大斗争，大批抗日勇士血洒疆场，献出了宝贵的生命。仅部队牺牲的指战员，晋察冀军区就有8万余人，晋绥军区有4万余人，晋冀鲁豫军区有10万余人。八路军副参谋长左权、中共中央北方局秘书长张友清、《新华日报》（华北版）总编辑何云、归国华侨女英雄李林、朝鲜义勇队华北支队政委陈光华等，血染黄土高原，魂归三晋大地，谱写了壮丽的诗篇。这巨大的牺牲，记载了日本军国主义者侵略扩张政策祸及异国他乡的累累罪恶，证明了不义之战给人类造成的沉重灾难。同时证明了抗日战争的胜利、中华民族的解放、新中国的诞生，是来之不易的。

总之，山西在抗日战争中的地位是十分重要的，山西军民的抗战对全国抗日战争的贡献是巨大的。然而，这一切都离不开中国共产党的领导。

三、中国共产党在山西领导抗战的历史经验

抗日战争中，在中国共产党的领导下，以山西为中心的敌后抗战积累了极为丰富且十分宝贵的经验。这些经验最根本的是党的领导、武装斗争、统一战线三大法宝。那么，中国共产党是如何实施对山西抗日战争的领导呢？

（一）根据历史发展的要求，制定正确的路线、方针、政策和具体措施抗日战争爆发后,日本帝国主义步步进逼华北和严重威胁山西的形势,向山西人民提出了如何抗击日本侵略者的问题。中共中央、中共中央北方局和以山西为中心建立的各个抗日根据地的党组织,研究了日本进攻的疯狂性及其战略计划的贪婪性,分析了日本进攻必然引起的阶级关系的变化和战争发展的趋势,科学地制定和坚决地贯彻执行了全民族全面抗战的路线、方针和政策,力主各个阶级、阶层、党派、团体、军队以及一切不愿意当亡国奴的中国人团结一致,共赴国难,筑成坚固的抗日民族统一战线的钢铁长城,驱逐日本帝国主义出中国。为了实现全面抗战的路线,山西各级党组织在建立华北战略支点、坚持敌后抗战,在广泛发动与武装群众、开展群众性游击战争,在与山西地方实力派阎锡山建立抗日统一战线关系,在发展敌后抗日根据地各项建设事业,在根据地的经济政策与经济建设,以及在与顽固派斗争的策略、方针、原则等方面,颁发了一系列切合实际的指示,作出了一系列正确的决策,为山西人民进行抗日战争指出了正确的方向和具体的道路,使山西的抗日战争不断发展,不断前进,不断取得胜利。这种在路线、方针、政策上的领导,是最根本的领导。

正确的路线、方针和政策制定之后,党的领导作用的实现,关键就在于采取什么样的具体措施。在这方面,各级党组织进行了大量的工作。在抗日战争准备时期,为了实现对日作战,中国共产党与阎锡山建立了特殊形式的统一战线关系,取得了广泛发动群众的合法权利,推动了山西抗日救亡运动的高涨。在抗日战争爆发之后,为了贯彻执行党的全面抗战的路线,各级党组织大力发动群众、武装群众,不但掌握了武装,掌握了政权,而且开辟了广阔的敌后战场,建立了抗日根据地,使抗日斗争具有了牢固的根基。在抗日战争进入极端困难时期之后,各级党组织全面加强对武装斗争的领导,组织武工队、游击队到敌后之敌后,实行"敌进我进"的方针,扭转了敌进我退的严重局面;实行减租减息,改善农民的生产条件和生活条件,调动了广大农民参军参战、支援前线的积极性;认真实行精兵简政,裁减骈枝机构,减少脱产人员,减轻人民的负担,提高机关工作效率和部队的战斗力,密切了军政、军民关系;组织军民开展以农业为主的大规模生产运动,自己动手,丰衣足食,增加了根据地的物质财富;进行全党的整风运动,提高党员、干部的马列主义水平和党性观念,增强了全党的团结。从而使根据地在军事上、政治上和经济上渡过了难关,得到了恢复,奠定了反攻作战的基础。在接近抗日战争胜利的最后两年,从组织局部攻势作战到扩大解放区、缩小沦陷区,再到加强城市工作、向交通要道和大中城市进逼,一直到实行全面反攻,最后取得了抗日战争的胜利。实践证明,只有结合具体实际,采取具体的措施,使党的路线、方针、政策具体化,党的领导作用才能得到充分发挥。

(二)动员一切力量,贯彻党的路线、方针和政策

贯彻执行党的路线、方针和政策的各种具体措施的实施,要靠人民群众的广泛发动和各种抗日力量的充分组织。在抗日战争时期,各级党组织在发动群众方面采取了一系列措施:第一,建立抗日民族统一战线,组织浩浩荡荡的革命大军。主要形式一是建立特殊形式的统一战线,团结山西上层,取得合法地位,戴着"山西帽子",自上而下地广泛发动和组织群众;二是建立公开的统一战线组织——第二战区民族革命战争战地总动员委员会,并在县、乡、村建立各级基层组织,以动员战地的广大群众;三是通过"三三制"政权的形式,吸收各党、各派、各界、各军代表参加民意机构和行政机构,健全和完善抗日民主政权,深入进行抗日的动员工作。第二,建立各种群众性的抗日救国团体,使之成为党与人民群众联系的纽带和动员群众的工作机构。为了加强对这些抗日救国团体的领导,不但在其领导集团中建立了党团组织,而且从1940年以后还在各级党委中建立了农委、工委、青委、妇委等领导机构,具体领导各阶层的群众工作。第三,抽调坚强有力的干部组成各种临时工作团、工作队,到基层、到群众中宣传党的路线、方针和政策,组织群众予以实施。这样就形成了全民动员的坚强力量,保证了党的路线、方针、政策的贯彻落实,这是实现党的领导的重要条件。

(三)加强党的自身建设,发挥党组织的核心领导作用和党员的模范

带头作用

　　党的领导,不是靠自恃正确而盛气凌人地要人家服从,也不是靠发号施令实现的,而是靠党组织的坚强、巩固去影响群众、号召群众、凝聚群众,靠共产党员的先锋模范作用去示范群众、引导群众、带动群众。因此,各级党的组织都把加强党的自身建设,作为实现党的领导作用的一个前提条件。为此,在抗日战争时期,各级党组织始终十分重视加强自身的政治建设、思想建设、组织建设和作风建设。抗日战争爆发之后,随着形势的发展和对党的领导的迫切要求,中共中央北方局和山西工委(省委)不但抓紧恢复原有的一些零星的党组织,而且大力发展党的队伍,新建各级党组织。1938年3月中共中央作出大量发展党员的决定之后,各地党的力量猛烈发展,党的组织迅速壮大。但是,由于民族矛盾居于主要地位,政治形势错综复杂,战役、战斗紧张频繁,党的组织在大发展中也存在着一些问题,主要是过分重视数量,未能充分注意质量,在实际工作中未免出现这样那样的问题,同时也有极少数不纯分子乘机混入了党内。为了充分发挥党组织的战斗堡垒作用和党员的模范带头作用,保证党的路线、方针、政策的贯彻实施,遵照党中央1939年8月作出的《关于巩固党的决定》,除个别地方之外,山西大多数地区党组织的发展工作一度暂缓,从1940年到1942年,先后开始了整理党的组织和整顿党的作风的工作。主要是在经过第一次反共高潮的考验之后,在农村基层组织中清理混进党内的不纯分子和投敌叛变分子,停止立场动摇、脱离革命的分子的组织关系,坚决割去自己身上的痈疽,以提高大多数党员的阶级觉悟和政治思想水平,坚定其无产阶级的立场和争取抗战胜利的信心,并进而改造基层组织,使立场坚定、斗争坚决、联系群众、为群众所拥护的党员掌握党支部的领导权,树立党在群众中的威信。从1942年开始,又在干部队伍中进行了整风运动,运用批评与自我批评的方法,以检查主观主义、宗派主义、党八股为主要内容,整顿学风、党风、文风,开展无产阶级思想对非无产阶级思想的斗争,清除资产阶级和小资产阶级思想的影响,使广大干部努力实现世界观的转变,逐步解决从思想上入党的问题,增强了无产阶级党性,提高了领导水平,以新的姿态、新的作风,全心全意为人民服务,获得了群众的信赖。从而使党的组织进一步发挥了核心领导作用,使党员进一步发挥了模范带头作用,有力地实现了党对抗日斗争的领导。

　　铭记历史,缅怀先烈,珍爱和平,开创未来。在纪念全民族抗战爆发80周年之际,3600万三晋儿女应继承和发扬抗日战争时期山西军民面对强敌不屈不挠的英雄气概与崇高的爱国主义精神,开拓创新,为山西的经济腾飞和社会进步,为实现中华民族伟大复兴的中国梦做出更大的贡献。

　　(此文原标题为《丰功彪炳史册　精神光耀千秋——山西抗战的伟大贡献和宝贵经验》,发表于 2005 年 7 月 31 日《山西日报》,编入本书时略有改动)

代
序

目　录

目录

目录

目录

山西抗日战争史

目
录

第 一 章
抗日救亡运动的兴起

第一节 日本侵略山西政策的形成

　　1931 年 9 月 18 日，日本关东军向中国东北军驻地北大营和沈阳城发动进攻，是为"九一八事变"。由于国民党统治者的不抵抗政策，4 个多月内，辽宁、吉林、黑龙江三省全部沦陷。日本帝国主义者得寸进尺，又将侵略目标指向华北（当时包括河北、山东、山西、察哈尔、绥远五省和北平、天津两市）。1935 年，日本策动了旨在灭亡中国的华北事变，中日民族矛盾逐渐上升为中国社会的主要矛盾。从此中华民族陷入了空前严重的民族危机。在中国共产党的领导下，12 月 9 日，北平青年学生发起爱国运动，以此为起点，中国人民迅速掀起了如火如荼的抗日浪潮，山西抗日救亡运动的序幕由此拉开。

一、山西的战略地位

　　山西雄踞华北，表里山河，自古以来就是兵家必争的战略要地。

　　从地理环境上看，山西地处黄土高原，山岳环绕，重峦叠嶂，是华北的天然屏障，素有"华北屋脊"之称。

　　从军事战略上看，山西雄踞华北，俯瞰中原，控制了山西便掌握了华北战场的主动权。攻则依地势而进，从东北方向出紫荆关可入平津外围，从正东方向出娘子关可入冀中，从东南方向下长治可入冀南；守则有恒山、五台山、太行山可供依托。可以说,山西之得失系华北之存亡,欲保卫华北必先巩固山西。"如山西高原全境保持我军手中,则随时可以居高临下,由太行山脉伸出平汉北段和平绥东段,威胁敌在华北之平津军事重地,使敌向平汉南进及向绥远进攻感到困难"。①

从经济上看,山西有丰富的矿产资源。日本侵略者早已垂涎:"华北煤炭的将来,对日本工业的未来,有着重大关系。特别是考虑到将来世界的燃料问题时,不可忘记,着眼在未来宝库的山西煤炭,极为重要。"

为此,日军在《昭和十二年(1937年)度作战计划要领》中就图谋,"向山西及绥东方面进行作战"。②日本的侵略野心由此可见一斑。

二、日本对山西的觊觎

"九一八事变",日本帝国主义开始了武装进攻中国的第一步,紧接着又将侵略魔爪伸向华北。

11月16日,日本陆军部起草的《对苏中两国作战计划大纲》中提出"扫荡沿海州及华北方面的敌军",③还计划"向华北方面(平津及山东方面)派遣4个师,迅速平定平津一带,并根据情况,以后使之对南京军作战。"④

1932年1月28日,日本发动"一·二八事变",进攻上海,中国第19路军奋起抗战。11月,"九一八事变"的主要策划者之一石原莞尔在《经略满蒙之我见》中露骨地提出:"山西的煤,河北的铁,河南、山东以南的棉"应该成为日本所用,并且强调,日本"开发中国本部首先是实现开发华北的方策"。⑤

---

① 任弼时:《山西抗战的回忆》,《中共党史资料》第10辑,第54页。
② 日本防卫厅防卫研究所战史室:《中国事变陆军作战史》第1卷第1分册,中华书局1981年版,第126页。
③ 日本防卫厅研修所战史室著:《大本营陆军部》(1),朝云社1974年版,第322页。
④ 日本防卫厅研修所战史室著:《大本营陆军部》(1),朝云社1974年版,第333页。
⑤ [日]角田顺编:《石原莞尔资料·国防论策篇》,原书房1977年版,第107~109页。

1933 年 1 月 3 日,日本制造山海关事件,兵锋直指华北。2 月,关东军沈阳特务机关长板垣征四郎到天津,成立特务机关,积极策划分裂华北。3 月 4 日,日军侵占热河省会承德,进而基本占领全省,并向长城各口进攻,进逼平津。中国军队同日军进行了近 3 个月的长城抗战,给骄横一时的日军以沉重打击。5 月 6 日,参谋部向日本驻北平、天津等特务机关下达《华北方面紧急处理方案》,提出在华北的方针是:"依靠关东军之武力继续实行强压,以此为基调实施相对应的对华北的方策,使现华北军政官宪真正屈服或导致其瓦解,并迫使满华国境附近的中国军队撤退,确保该方面的安定。"方案还规定其要领是"于华北、华中、华南各方面,分别进行促使其更加分立之方案。"① 5 月 17 日,关东军司令武藤信义发表声明,要求中国军队远离"满洲国"国境线。日本驻北平武官则要求中国军队撤至顺义、宝坻、芦台一线。5 月 22 日,日本政府下令进行停战谈判,关东军提出的停战条件,国民党表示完全接受。5 月 25 日,何应钦、黄郛等人商议,决定派参谋本部总务厅长熊斌为正式谈判代表,同时决定派黄绍竑赴庐山向蒋介石作汇报。5 月 31 日,中日停战谈判在塘沽正式举行。中方首席代表熊斌,日方首席代表是关东军副参谋长冈村宁次。经过简短会谈,熊斌完全接受日本所提"协定方案",是为《塘沽协定》。它确定了日本在长城一线享有驻军权,并且将长城线和中国撤军线划为"非武装区",中国军队不得进入,冀东至北平 20 余县成为特殊地区。这样,华北门户洞开,为日本侵略华北和全中国提供了前沿阵地。

7 月 6 日,日本陆军省和参谋本部向内阁提出《对华政策大纲》,要求内阁迫使国民党在华北势力解体。9 月 25 日,日本海军省制定《海军对华时局处理方针》,提出在华北根绝反日运动,消除国民党势力。10 月 20 日,日本内阁会议,对海、陆两省的提议没有表示意见。日本陆军和海军方面还提出了"支持中国大陆上之分治运动,驱逐国民政府势力于华北之外"的方针。

---

① [日]参谋部:《满洲事变作战经过概要》第 2 卷,中华书局 1982 年版,第 69 页。

1934 年 3 月和 6 月,满铁理事十河信二两次来中国考察,向日本政府、关东军和满铁提出对中国特别是对华北实行经济扩张的实施方案。

4 月 17 日,日本外务省情报部部长天羽英二在记者招待会上发表谈话,即"天羽声明",声称:"如果中国利用其他国家排斥日本、违反东亚和平的措施,或者采取以夷制夷的排外政策,日本就不得不加以反对。各国也应该考虑到由满洲事变、上海事变所产生的特殊情况,如果对于中国想采取共同行动,即使在名义上是财政的或技术的援助,必然带有政治意义。"声明公开宣布中国为其势力范围,反对各国对中国的援助。第二天,日本关东军沈阳特务机关长土肥原贤二假借"华北人民爱国协会"名义,向日本陆军参谋部提交了《挽救华北的政策》的机密文件,提出最迫切的是"建立一个新的华北政权"。10 月,日本中国驻屯军①司令部制订了《华北重要资源经济调查方针及要项》,明确提出了调查、开发华北资源的计划。12 月 7 日,日本陆军、海军、外务三省官员经过协商,研究制定了《关于对华政策的文件》(简称"三省决定"),确定日本对华北的目标是使南京政权的政令不能贯彻于华北,华北五省或者独立,或者自主,或者以河北省为中心建立自治地带,或者设立局外中心裁兵地区。

1935 年 1 月 4 日至 5 日,日本关东军在大连召开大连会议,关东军副参谋长板垣征四郎、沈阳特务机关长土肥原贤二、天津驻屯军参谋长酒井隆等参加,决定要在华北扶植能够"忠实贯彻日本要求的诚实的政权",始终企图整个问题之解决,在未达到最后目的之前,则用侧击旁敲的方法,逐步前进。②3 月,关东军召开第二次大连会议,并且在 30 日确定了分离华北的方针,即:(一)依据《塘沽协定》暨附带协议事项伸张日本既得权,导引华北政权绝对服从。(二)为使将来以民众为对象,在经济

---

①1901 年 7 月,日本以"护路"和"护侨"为名,向中国派遣了 2600 多名驻屯军,命名为"清国驻屯军"。《辛丑条约》签订后,驻屯军司令部移驻天津日本租界地张园,兵营分为天津海光寺和北京东交民巷。1912 年日本陆军省将之更名为"中国驻屯军",通常被称为"华北驻屯军"。因司令部设于天津,又称"天津驻屯军"。1936 年 4 月,日本裕仁天皇亲自任命田代皖一郎为司令官。

②梁敬镦著:《日本侵略华北史述》,台湾传记文学社 1984 年版,第 56 页。

上造成不可分离的密切关系,即须迅速促进棉、铁等产业的开发和交易。[1] 4月,关东军司令官南次郎和中国驻屯军司令官梅津美治郎商定,必须使华北五省脱离南京政府,作为一个自治区域。为此,二人还提出了具体的方法,首先以制造事端作为提出要求的借口,将国民党势力逐出平津及河北省,最后达到黄河以北事实上独立的目的。用日本人的说法就是:"在内蒙和内蒙以外的华北地区制造自治政权。在华北是要使这五省脱离南京政府,建立一个在日本领导下同'满洲国'有密切关系的特殊区域。"[2]

同年秋,日本的对华政策出现一个历史性的重大转折,企图大规模地越过长城南下,直接控制华北,进而独占中国。用日本历史学家信夫清三郎的话来说:"侵占了满洲的日本,自1935年以后,在开展'华北工作'的名义下,开始显露出对中国内地的野心。"[3]

8月6日,日本陆军省在《关于对北支(华北)政策》的文件中,露骨地提出华北五省"不受南京政令的支配,而成为自治色彩浓厚的亲日、满地带"。

9月18日,多田骏接替梅津美治郎就任中国驻屯军司令官,次日就向记者公开散发了其《日本对华之基础观念》的小册子,鼓吹华北应在日本的指导下实行自治。9月24日,多田骏就华北问题在记者招待会上发表谈话,即"多田声明"。声明提出:"逐渐使华北明朗化,这是形成满华共存的基础。"多田骏宣布三条要则:(一)把反满抗日分子彻底地驱逐出华北;(二)华北经济圈独立,要求救济华北的民众,只有使华北财政脱离南京政府的管辖;(三)通过华北五省的军事合作,防止赤化。[4] "多田声明"第一次公开提出从政治、经济、军事等方面,全面实现华北"自治"的要求,是日本分离华北侵略政策的代表作,一时舆论哗然。

9月28日,日本陆相川岛义之向内阁提出《鼓励华北自主案》。10月

①[日]古屋奎二编著:《蒋总统秘录》第10册,台湾中央日报社1977年版,第33页。
②复旦大学历史系编:《中国近代对外关系史资料选辑》下卷第1分册,上海人民出版社1977年版,第283~284页。
③[日]岛田俊彦等编:《现代史资料(8)·日中战争(1)》,みすず书房1964年版,第429页。
④[日]秦郁彦:《日中战争史》,原书房1979年版,第56~57页。

4日,日本冈田内阁召开会议,通过了《外、陆、海三相关于对华政策的谅解》及其《附属文件》(即外务省东亚局长与陆海军省军务局之间的谅解)和陆相川岛的鼓励华北自主案。日本内阁会议通过外相广田弘毅和陆军省、海军省共同拟定的《对华政策方案》,要求中国政府:(一)取缔排日的言论和行动,摆脱依靠欧美的政策,采取对日亲善政策;(二)正式承认"满洲国";(三)共同防共。至此,"广田三原则"正式出笼。它是九一八以来日本对华政策的总汇,是日本政府制定的"利用外交手段征服中国的计划"。① 10月7日,日本外相广田会见中国驻日大使蒋作宾,正式表明了日方的三原则,强调"以上三点为中日提携的绝对必要条件"。

在上述政策下,1935年日本制造了一系列的事件:1月中旬制造了察东事变,5月制造了河北事件,6月日本中国驻屯军司令官梅津美治郎与国民政府军事委员会北平分会代理委员长何应钦签订了《何梅协定》、国民政府代表秦德纯与日军代表土肥原贤二签订了《秦土协定》,6月制造了丰台事件,10月又制造了香河事件。这些事件统称为华北事变。

三、日本对阎锡山的拉拢

1935年4月,关东军和天津军共同策划了"华北自治运动"。"这一工作的对象,是察哈尔的宋哲元、济南的韩复榘、山西的阎锡山、河北的商震等华北将领。"② 因此,日本鼓动北洋余孽、亲日派游说宋哲元、阎锡山、韩复榘、商震等地方实力派人物。土肥原的策动计划是:"第一步先说服并切实掌握殷汝耕;第二步,在宋、阎、韩、商四人中选择突破口,首先切实掌握其中之一人,使与冀东结合起来成立一个新政权;第三步,再将其他三人包括进来。"③

① 《远东国际军事法庭判决书》,第323页。
② 日本防卫厅战史室编,天津市政协编译组译:《华北治安战》(上),天津人民出版社1982年版,第6页。
③ 天津市政协编译组译:《土肥原秘录》,中华书局1980年版,第41页。

山西基于重要的战略地位和丰富的煤炭资源,早被日本列为侵略扩张的目标,作为山西军政首脑的阎锡山也成为日本推行"华北自治"计划中极力拉拢的代表人物之一。日本认为阎锡山"是旧时代的军阀,并在全国统一之后,曾有背离中央的经历,故而对之颇为看重",① 将其作为"自治运动"的重点争取对象,千方百计地加以拉拢。早在 1934 年 12 月 7 日,日本陆军、海军、外务三省作出《关于对华政策的文件》,在"地方政权的策略"中就明确提到阎锡山。

　　根据上述策略,日本对阎锡山展开一系列的游说活动。1935 年六七月间,日本驻北平使馆武官高桥坦首先到太原,访问阎锡山,并以出任"华北自治"政府头面人物为诱饵,策动山西"自治"。之后,日本陆军部满蒙课课长、阎锡山的同学关东军沈阳特务机关长土肥原贤二相继到太原,对阎锡山极尽拉拢。日本军部还把九一八以后一直在西南工作的和知鹰二派到山西。12 月 2 日,天津司令官及参谋长向和知鹰二发出训令和指示,要他驻在太原,担任与本军华北施策有关的"山西工作","监视山西省当权派的政治动向,特别是与南京政府的关系,使山西省逐步脱离南京政府;同时,酿成日满互相依存的气氛,特别要促进经济合作,并使其自始就对华北新政权采取善意态度。"②1936 年 5 月 25 日,日本驻南京总领事须磨弥吉朗提出设立"华北五省特政会"方案,即以华北五省主席担任常委,并拟定以王克敏为秘书长、阎锡山任指导长官。同年 6 月,日本再次逼阎锡山表明态度,"使完全接收'华北明朗化'的计划,并强迫具体实施。"③

　　然而,出乎日本人意料的是,阎锡山并没有像他们想象的那样,会轻而易举地答应"自治"。他一方面对于频频而至的说客优礼有加;另一方面则婉言拒绝日本之华北自治。因为,阎锡山深知投靠日本帝国主义,必

---

① 南开大学马列主义教研室中共党史教研组编:《华北事变资料选编》,河南人民出版社 1983 年版,第 471 页。

② 臧运祜:《七七事变前的日本对华政策》,社会科学文献出版社 2000 年版,第 187 页。

③ [日]古屋奎二编著:《蒋总统秘录》第 10 册,台湾中央日报社 1977 年版,第 100 页。

将落得一个"千人所指,无病而死"的下场,为智者所不为。当时,日本驻华大使馆武官矶谷廉介就认为,让宋哲元去带动阎锡山、韩复榘的预行计划,无非是充饥之画饼。后来,日本战犯河本大作在供词中也承认日本"在离间阎锡山的活动中,遭到失败"。[①]

针对日本对地方实力派的拉拢,国民党政府也采取了相应的策略。1935年10月13日,蒋介石亲自北上到太原,拜会了阎锡山,劝阎不要参与日本人策动的"华北自治运动",并邀其参加国民党四届六中全会与五全大会。这是中原大战5年后蒋第二次与阎在并会晤。通过这次会晤,蒋断定"晋绥绝不为日方威逼利诱所能屈,其对华北全局自甚关切,但彼决无领导华北之意。"[②] 11月10日,蒋介石还指示参谋本部次长熊斌做宋哲元、韩复榘、商震等人的工作,向他们传达中央旨意,劝其"勿为日方间言所动"。

由于中国共产党抗日主张的影响,山西人民抗日救亡运动的开展,以及国民党政府对日政策的改变,包括阎锡山在内的华北地方实力派都没有在日方的威胁下接受他们提出的实行"华北自治"的要求,使日本处心积虑的华北"自治"计划受挫。

第二节　山西抗日救亡运动的兴起

1935年12月9日,在中国共产党领导下,北平学生爆发了轰轰烈烈的抗日救亡游行示威活动,并迅速扩大为全国性的抗日救亡运动,山西抗日救亡民主运动全面兴起。

---

①中央档案馆、中国第二历史档案馆、吉林省社会科学院合编:《河本大作与日军山西"戕留"》,中华书局1995年版,第697页。

②秦孝仪主编:《中华民国重要史料初编——对日抗战时期》《绪编》(一),台湾中央文物供应社1981年版,第703页。

一、"一二·九运动"

北平、天津的青年学生,对华北事变十分关注。清华大学救国会在《告全国民众书》中悲愤地喊出了爱国学生的共同呼声:"现在,一切幻想,都给铁的事实粉碎了!'安心读书吗?'华北之大,已经放不下一张平静的书桌了!"

早在11月1日,北平、天津10所大中学校学生自治会就发表《为抗日救国争自由宣言》,揭露国民党政府非法逮捕爱国青年的罪行。12月6日,北平15所大中学校的学生自治会发表《北平各校通电》,谴责国民党政府自九一八以来的妥协退让政策,痛陈今日之中国"强敌已入腹心,偷息绝不可得",指出"今日而欲求生路,唯有动员全国抵抗之一途"。

恰在此时,传来国民党政府准备于12月9日在北平成立冀察政务委员会的消息。北平学联党团果断决定,在12月9日这一天,发动一次抗日救国请愿游行。

12月9日,在以李常青、彭涛、周小舟等组成的中共北平临时工委领导下,由负责学生工作的共产党员姚依林、郭明秋、黄敬、宋黎等组织和指挥,东北大学、清华大学、燕京大学、师范大学、中国大学、北京大学等高等院校和部分中学的学生走上北平街头,举行抗日游行。数千名学生冲破国民党军警的重重阻挠,汇集在新华门前,向国民党北平当局请愿。学生推举出董毓华、宋黎、于刚等12位代表,提出六项请愿要求:(一)反对华北成立防共自治委员会及其他类似组织;(二)反对一切中日间秘密交涉,立即公布应付目前危急的外交政策;(三)保证人民言论、集会、出版自由;(四)停止内战,立即准备对外自卫战争;(五)不得任意逮捕人民;(六)立即释放被捕学生。何应钦的代表不但不理睬学生的正义要求,反而劝学生莫谈国事,"安心读书"。这些民主要求被当局拒绝后,游行指挥部立即决定将请愿改为示威游行。学生们高喊"打倒日本帝国主义"、

"反对冀察政务委员会的成立"、"反对华北自治"、"停止内战,一致抗日"、"武装保卫华北"等国民党当局所禁止的口号。国民党军警对手无寸铁的学生进行残酷的镇压,在大刀、水龙、皮鞭、木棍和枪刺的袭击下,有30多名学生被捕,数百人受伤。

面对国民党政府的镇压,学生并没有屈服。从12月10日起,北平各校学生宣布实行全市总罢课,准备更大规模的斗争。12月14日,北平的报纸刊登了国民党当局决定在12月16日成立冀察政务委员会的消息后,北平学联决定在16日再次发动大规模的示威游行,反对冀察政务委员会的成立。

12月16日,北平部分大中学校学生突破军警的阻拦,汇集到天桥广场,召开市民大会。北平各界群众和东北流亡同胞纷纷自动参加,人数达3万余。大会通过了"不承认冀察政务委员会"、"反对华北任何傀儡组织"、"收复东北失地"等决议案。会后举行声势浩大的示威游行,遭到军警的再次镇压,学生数十人被捕,300余人受伤。这次示威,迫使国民党当局宣布冀察政务委员会延期成立。

北平学生的爱国行动唤起了中华民族的新觉醒,全国各地民众纷纷响应。从12月11日开始,南京、天津、保定、太原、西安、济南、杭州、上海、武汉、成都、重庆等30多个城市,先后举行了学生抗日集会和示威游行。为声援学生的抗日爱国斗争,全国各地工人在全国总工会的号召下,举行罢工,抗议国民党政府对日妥协和镇压学生抗日运动,形成了席卷全国的抗日救亡运动新高潮。

为引导抗日救亡运动向纵深发展,12月20日,中共中央通过共青团号召广大青年:"把反日救国运动扩大起来!到工人中去,到农民中去,到商民中去!"平津学生联合会组织了500人左右的南下扩大宣传团。在此基础上,1936年2月1日在北平成立了中华民族解放先锋队(简称民先队)。学生深入农村,开展抗日宣传,促进了抗日救亡运动的发展。

"一二·九运动"是在中国共产党的领导下,由北平学联组织发动的一次大规模的抗日爱国运动。"一二·九运动"公开揭露了日本吞并华北进而侵略中国的阴谋,打击了国民党政府的妥协退让政策,极大地促进了中华民族的觉醒,标志着中国人民抗日救亡运动新高潮的到来。毛泽东对"一二·九运动"给予高度评价:"这个运动的发生,轰动了全国。它配合着红军的北上抗日行动,促进了国内和平和对日抗战,使抗日运动成为全国的运动。所以,一二·九运动是动员全民族抗战的运动,它准备了抗战的思想,准备了抗战的人心,准备了抗战的干部","将成为中国历史上的一个非常重要的纪念。"①

二、红军东征

在中华民族面临生死存亡的危急关头,中国共产党适时提出了建立抗日民族统一战线的主张。1935年8月1日,中共驻共产国际代表团草拟了《中国苏维埃政府、中国共产党中央为抗日救国告全体同胞书》(即《八一宣言》),10月1日正式以中华苏维埃共和国中央政府和中国共产党中央委员会的名义在法国巴黎出版的《救国报》上发表。

《八一宣言》分析了日本的侵华和蒋介石的不抵抗政策所造成的紧迫形势,揭露了日本侵占华北和国民党政府对日妥协的事实,指出中华民族已处在生死存亡的关头,抗日救国是全体中国人面临的首要任务。宣言明确提出:"抗日则生,不抗日则死,抗日救国,已成为每个同胞的神圣天职!"宣言强调扩大抗日民族统一战线的范围,建立包括上层在内的统一战线,呼吁全国各党派、各军队、各界同胞,不论过去和现在有任何政见和利害的不同,有任何敌对行动,都应当停止内战,集中一切国力去为抗日而奋斗。

11月13日,刚刚到达陕北的中共中央发布《为日本帝国主义并吞华北及蒋介石出卖华北出卖中国宣言》。宣言明确指出:"在亡国灭种的紧急关头,我们的出路,只有坚决的武装起来,开展反对日本帝国主义侵略

---

① 《毛泽东文集》第2卷,中央文献出版社1993年版,第253页。

的民族革命战争,与打倒卖国贼首蒋介石国民党的革命战争。"

11月28日,中共中央以中华苏维埃共和国中央政府主席毛泽东、中国工农红军革命军事委员会主席朱德的名义发表了与《八一宣言》内容基本相同的《中华苏维埃共和国中央政府、中国工农红军革命军事委员会抗日救国宣言》。

这三个宣言,在社会各界引起了强烈的反响,有力地推动了全国抗日救亡运动的高涨。

12月17日至25日,中共中央在陕西安定县(今子长县)瓦窑堡召开政治局会议,即瓦窑堡会议。这是一次极为重要的会议。会议讨论了全国政治形势和党的策略路线、军事战略,通过了《中共中央关于目前政治形势与党的任务决议》,确立了建立抗日民族统一战线的新策略。会议分析了当时政治形势的特点,认为日本帝国主义"正准备并吞全中国,把全中国从各帝国主义的半殖民地,变为日本的殖民地"。为此,一切不愿当亡国奴、不愿当汉奸的中国人的唯一出路,就是"向着日本帝国主义及其走狗汉奸、卖国贼展开神圣的民族战争"。会议认为,民族革命的新高潮推醒了工人阶级和农民中的落后阶层;广大的小资产阶级和知识分子已转入革命;一部分民族资产阶级,许多乡村富农和小地主,甚至一部分军阀也有对革命采取同情中立的态度以至有参加的可能。这就表明"民族革命战线是扩大了"。中国共产党应该采取各种适当的方法与方式,去争取这些力量到反日战线中来。因此,会议明确指出,最广泛的反日民族统一战线不仅应当是下层的,而且应当是包括上层的。党的策略是发动、团结与组织全中国全民族一切力量去反对当前主要的敌人——日本帝国主义与蒋介石。

会后,中共中央进一步加强对统一战线工作的领导,一方面积极促进全国人民抗日救亡运动的发展,另一方面尽可能地向国民党上层人士和军队将领宣传抗日主张。

根据瓦窑堡会议精神,为把"把国内战争同民族革命战争结合起来"和"准备直接对日作战的力量","猛烈扩大红军",中共中央决定红一方面军以中国人民抗日先锋军的名义实行东征。抗日先锋军以彭德怀为司令员,毛泽东为政治委员,叶剑英为参谋长,杨尚昆为政治部主任,下辖红一方面军团(军团长林彪,政委聂荣臻)、红十五军团(军团长徐海东,政委程子华)、红二十八军(军长刘志丹,政委宋任穷)。全军共2万余人。抗日先锋军首先向山西、绥远进军,并逐步向接近抗日前线的华北广大地区发展,以便与日军作战。

1936年2月17日,红军抗日先锋军发表《东征宣言》,宣告红军"为实现抗日,渡河东征"。2月20日夜,东征战役打响。抗日先锋军在北起绥德沟口、南至清涧沙口的百里黄河线上一举突破晋绥军的河防工事和碉堡封锁线,占领了三交、留誉、义牒等地。然后兵分三路:一路北上,围攻柳林;一路直逼中阳,继续东进;一路进占义牒,猛攻石楼。三路大军,在晋西迅速推进,三战三捷。到23日,抗日先锋军控制了宽50公里、纵深35公里的地区。

阎锡山十分惊慌,一面调集14个旅的兵力,编成4个纵队从北、东、南围堵红军,一面致电蒋介石增援。3月6日,晋绥军发起汾(阳)孝(义)会战。蒋介石任命陈诚为山西"剿共"军总司令,调集10个师,分两路增援。

3月8日,中共中央在交口县大麦郊召开政治局扩大会议,调整了作战部署。以红一军团并指挥第81师为右路军,担任主攻,向霍县出击,再沿汾河和同蒲铁路南下;以红十五军团两个主力师为左路军,向灵石佯攻,掩护主攻部队的南下行动;以方面军直属队和黄河游击师等为中路军,统归参谋长叶剑英指挥,巩固现有占领区,保护黄河渡口与后方联络线。红军与晋绥军在晋西北、晋西、晋西南展开激战,战斗持续了一个多月,红军俘获晋绥军的团长郭登瀛。红28军军长刘志丹在中阳县三交镇战斗中身负重伤,阵前牺牲。

为了避免内战,保存抗日力量,促进抗日民族统一战线工作的开展,4月28日,红军决定回师。从5月2日开始,东征军分别在清水关、铁罗关西渡黄河,5日全部返回陕北休整。5月5日,毛泽东、朱德以中华苏维埃人民共和国中央政府主席和中国人民红军革命军事委员会主席的名义,向南京政府及其海陆空军队发出《停战议和一致抗日通电》。通电表示:"红军革命军事委员会为了保存国防实力,以便利于迅速进行抗日战争,为了坚决履行我们每次向国人宣言停止内战、一致抗日的主张,为了促进蒋介石氏及其部下爱国军人们的最后觉悟,故虽在山西取得了许多胜利,仍然将人民抗日先锋军撤回黄河西岸。"并且呼吁:"我们愿意在一个月内与所有一切进攻抗日红军的武装队伍,实行停战议和,以达到停战抗日的目的。"①

红军东征,历时 75 天,转战山西 50 多个县,歼灭晋绥军 7 个团,俘虏 4000 余人,扩充红军 8000 余人,筹款 30 余万银元。同时,宣传了共产党的抗日主张,激发了人民群众的抗日热情,推动了山西乃至全国抗日救亡运动的高涨,并建立起一些抗日游击队和游击区,为次年八路军三大主力师开赴山西开辟敌后抗日根据地打下了基础。

三、牺盟会的成立与改组

瓦窑堡会议后,12 月 29 日,中共中央决定派刘少奇到华北,以中央驻北方代表的身份,主持北方局工作。其任务主要是加强对反日学生运动及游击战争的领导,大胆运用党的抗日民族统一战线策略,巩固党的秘密组织,使秘密工作与公开工作结合起来,推动抗日救亡运动。

1936 年二三月间,刘少奇抵达天津。他对华北抗日救亡运动的形势等进行了深入的调查研究,向北方局及河北省委传达了瓦窑堡会议的精神,阐明建立抗日民族统一战线的策略方针。他明确提出华北党组织的任务和工作方针是准备自己,准备群众,为保卫平津、保卫华北而战。为此,要联合华北一切可能抗日的党派、阶层,建立抗日民族统一战线。

在刘少奇的指导下,华北各级党组织根据青年学生的特点,积极引导他们开展多种多样的抗日救亡和促进统一战线的活动。1936 年 5 月 25

---

① 中共中央书记处编:《六大以来》(上),人民出版社 1981 年版,第 762 页。

日，毛泽东致信阎锡山，明确指出："先生如能与敝方联合一致，抗日反蒋，则敝方同志甚愿与晋军立于共同战线"。①这封信申述了红军与阎合作抗日的诚意，劝其与中共达成谅解，共同抗日。"国难日亟，谆三晋贤者决难坐视也。"毛泽东还写信给赵戴文、杨效欧等晋军高级将领："抗日讨逆，日我世仇，盼商之百川先生派遣代表，共商大计，以有利于国家。"②10月22日，毛泽东致信刘少奇，指出："北方统一战线非常要紧，特别着重于军队方面，加紧二十九军工作之外，晋绥应放在第一位。"③北方局通过华北联络局系统，委托朱蕴山以中华民族革命同盟华北办事处主任的身份到太原同阎锡山会谈，并达成取消山西以反共为宗旨的组织、取消对陕北革命根据地的封锁、组织抗日民众团体、发动民众开展抗日运动等共同意见。

同年6月，经中共中央批准，北方局将长期坚持斗争的一大批党的领导骨干从北平的国民党监狱中营救出狱。这些干部被先后派往山西、河北、北平、天津等地领导革命斗争，从而加强了北方地区党的力量。

就在党组织营救薄一波等出狱之时，因侵华日军步步进逼，政治态度发生了重大转变的山西地方实力派阎锡山，也派人去北平邀请薄一波回山西"共策保晋大业"。

遵照北方局的指示，薄一波于9月到山西，进行了为期40天左右的考察，对山西的政治经济情况和阎锡山的处境、思想动态、政治意图等有了比较全面、准确的了解，认为山西确已形成可以推动阎锡山参加抗日民族统一战线、开展群众性抗日救亡运动的有利形势。然后，薄一波返回北平，向北方局作了详细的汇报。

10月下旬，北方局决定派遣薄一波、杨献珍、韩钧、董天知、周仲英等人一同到山西，以抗日活动家的身份，推动山西抗日救亡运动，并组成以薄一波为书记的中共山西省公开工作委员会，只做公开工作、合法工作。

①《毛泽东书信选集》，人民出版社1983年版，第34、35页。
②沙健孙主编：《中国共产党通史》第2卷，湖南教育出版社1997年版，第728页。
③《刘少奇年谱》上卷，中央文献出版社1996年版，第163页。

组织绝对秘密,与张友清领导的中共山西工委不发生横的关系,党的秘密工作与公开工作完全分开。之后,北方局又陆续派冯基平、廖鲁言、王鹤峰、李力果、刘有光、侯振亚、唐方雷、傅雨田、牛荫冠、刘亚雄、谷景生共 11 人赴晋,公开工委成员增至 16 人。

11 月 3 日,薄一波等到达太原。第二天,便受到阎锡山等人的约见。经过会谈,阎锡山决定让薄一波以太原绥靖公署主任办公室秘书的名义,在牺盟会任常务秘书并主持日常工作。

依据当时抗日救亡的总任务和共产党的统一战线思想,薄一波提出"戴阎锡山的'帽子'、说'山西话'、做中国共产党的抗日救亡工作"三句话方针,创造性地开展了一系列工作,把山西抗日救亡搞得轰轰烈烈。

薄一波等首先接办、改组了牺盟会,使之成为中国共产党直接领导的群众抗日团体。山西牺牲救国同盟会(简称牺盟会)是在进步青年的倡议下,于 1936 年 9 月 18 日纪念"九一八事变"五周年之际正式成立的。牺盟会的领导机构是临时执行委员会,由阎锡山任会长,赵戴文任副会长,梁化之兼任总干事,宋劭文、戎子和、张隽轩等 27 人为委员。牺盟会的成立,在全国引起了强烈的反响,也引起日本帝国主义和蒋介石的不满,工作一度被迫停顿。

接办牺盟会后,薄一波根据北方局的指示精神,创造性地运用共产党的统一战线思想,改组了牺盟会。经过改组,牺盟会 7 个常委中,除梁化之外,其余 6 人都是中共秘密党员,实际主持领导工作的是薄一波;在 22 名执行委员中,共产党员和进步分子占到 80%以上。这样,牺盟会也就由纯粹官办的抗日救亡群众团体成为名义上由阎锡山领导,实际上由中国共产党直接掌控的特殊形式的抗日民族统一战线组织。同时,薄一波等采取"内方外圆"的策略,修改了牺盟会工作纲领。1937 年 2 月,在太原召开的牺盟会代表会议上,通过了由杨献珍执笔修改的牺盟会新工作纲领。这个纲领共 10 条,运用山西的形式和阎锡山惯用的术语,把中国共产党抗日民族统一战线的精神恰当地糅合进去,成为牺盟会的行动准则。从此,牺盟会在以薄一波为首的中共山西省公开工作委员会的领导下,广泛发动民众开展抗日救亡工作。

四、抗日救亡运动的发展

"一二·九运动"点燃了压抑在中国人民心中的民族怒火,全中国掀起了空前规模的抗日救亡高潮,山西的抗日救亡运动如雨后春笋般蓬勃发展起来。

在中国共产党抗日民族统一战线政策的感召下,1936 年 12 月 12 日,张学良、杨虎城发动了震惊中外的西安事变。中共力主和平解决西安事变,经过多方努力,西安事变和平解决。西安事变的和平解决,标志着国共合作的初步形成。"西安事变的和平解决成了时局转换的枢纽:在新形势下的国内的合作形成了,全国的抗日战争发动了。"从此,"中国政治生活走上新的阶段"。[①]

为促进国共两党合作的实现,中共中央于 1937 年 2 月 10 日发表《中共中央给中国国民党三中全会电》,提出五项要求和四项保证。五项要求是:停止内战,集中国力,一致对外;保障言论、集会、结社的自由,释放一切政治犯;召开各党各派各界各军的代表会议,集中全国人才,共同救国;迅速完成对日作战的一切准备工作;改善人民生活。四项保证是:如果国民党将上述五项要求定为国策,中国共产党愿保证实行停止武力推翻国民党政府的方针;工农政府改名为中华民国特区政府,红军改名为国民革命军;特区实行彻底的民主制度;停止没收地主土地的政策,坚持执行抗日统一战线的共同纲领。电文最后说:"国难日亟,时不我待",希望国民党三中全会"能允许本党之请求,使全民族御侮救亡之统一战线从此实现。"[②]

中国共产党提出的这五项要求和四项保证在全国引起了巨大的反

---

①《毛泽东选集》第 3 卷,人民出版社 1991 年版,第 1037 页。

②中央档案馆编:《中共中央文件选集》第 11 册,中共中央党校出版社 1991 年版,第 158 页。

响,也得到国民党内部抗日派的赞同。2月15日至22日,中国国民党五届三中全会在南京召开。国民党民主派宋庆龄、何香凝、冯玉祥等联合部分中央委员,向大会提出恢复孙中山的三大政策及联共抗日的提案。全会通过的宣言,在国内政策上确认了和平统一,扩大民主,开放言论等原则;在国共关系上接受了中共团结御侮的政策。国民党五届三中全会的召开,标志着以国共合作为基础的抗日民族统一战线的基本形成。

在中国共产党的领导下,山西党组织通过牺盟会等,广泛动员民众,迅速掀起了抗日救亡运动的高潮。

一是培养了抗日干部。根据阎锡山提出的"宣传民众"、"组织民众"、"武装民众"、"组织100万武装30万"的口号,牺盟会先后举办了军政训练班、民训干部团、村政协助员训练班、牺盟特派员训练班、国民兵军士训练团、国民兵军官教导团等。到1937年7月全国抗战爆发前,共训练培养了3万名干部。训练班的学员,除山西青年外,还有来自全国22个省、市的进步青年及东南亚的华侨,他们后来绝大多数成为山西乃至全国抗战的骨干。

二是广泛动员了民众。牺盟会3个月发展了20万名牺盟会员。通过牺盟会的组织宣传,动员了数百万的民众。1937年1月,1000多名村政协助员开赴全省农村。他们虽然名义上是协助村长办理村政,实际上担负抗日救亡的宣传工作。经过3个月的艰苦工作,发展了大量牺盟会员,极大地推动了山西农村的抗日救亡工作。同年三四月间,牺盟会又抽出180多名骨干,集中培训一个月,以牺盟特派员名义派到各县,建立牺盟会和各界抗日救亡团体。经过抗日宣传动员,山西民众的民族意识被唤醒了。正如薄一波在1938年9月写的《牺牲救国同盟会简史》中所说:"工作开始了,真如黄河决口,像一股不可遏止的洪流,几千年来被压抑着的民气觉醒起来了。"① 也如1943年11月,毛泽东在延安接见薄一波时说:"你们以少数人团结了多数人,取得了胜利,这是我们党统一战线政策的一个成

---

① 薄一波:《论牺盟会和决死队》,中共中央党校出版社1990年版,第82页。

功的例证。"[1]

山西抗日救亡运动的兴起,促进了民族意识的觉醒,为全国抗战爆发后八路军开赴山西抗战、创立敌后抗日根据地,奠定了坚实的群众基础。

五、绥远抗战

对于山西的战略地位,时任太原绥靖公署主任的阎锡山认为:"山西表里山河,中外军事家对他都有华北要塞之称,合上绥远,可以说是西北的门户,也可以说是西北的屏藩;就全国说,与华南互为犄角,是全国的一个堡垒。山西保不住,不只华北失掉了地理上的重心,西北和华南也感受重大的威胁。也就是因为晋绥占着这样重要形势,所以晋绥就成为敌人必争的目标。"[2]

从 1935 年起,阎锡山就在南起娘子关,经龙泉关、平型关沿晋绥东部省境,修筑有纵深配置的绵长的国防工事。随着日本侵华步伐的加紧,1936 年 4 月,他又成立了山西省防工事指挥部,专门负责省防工事的构筑,下属第一部和第二部两个办事机构。第一部由周玳负责,专管建筑材料的采购、运输、调拨和建筑资金的运用;第二部由孙楚负责,专管工事的战略部署、战术守备区的划分、地形勘察、工事位置的确定、构筑图纸的设计,以及施工组织和技术指导等。省防工事指挥部根据山西地形,以预想的敌人可能进攻的方向,确定了 7 个战略守备区。即:核心区,以太原为中心,西起关口、周家山、韩寨、青龙镇之线,另有阳方口区;雁门关区;平型关区;五台山区;娘子关区;东阳关区。每个战略区依地形,又分为若干战术守备区。每个战术守备区由前沿阵地、主阵地、预备阵地、炮兵阵地等组成。此外,在大同附近的孤山和天镇、阳高等地,也构筑了工

①薄一波:《七十年奋斗与思考》上卷,中共党史出版社 1996 年版,第 361 页。
②阎锡山:《第二战区二年来抗战工作报告与检讨》,《阎伯川先生救国言论选集》第 2 辑,第 94~95 页。

事。山西的省防工事，除核心区有部分丘陵地带外，其余绝大部分处于崇山峻岭之中，有取之不尽的岩石，可就地取材，进行构筑。这样既可节约大量的钢材、水泥，节约大量资金，而且可以提高工事的坚固性。为此，阎锡山自豪地说："利用山西的自然条件做工事，可使日本的飞机、大炮倒退 20 年。"① 这些防御工事，尽管不像阎锡山自诩的那样坚固，但为日后防御日军的进攻确也起了相当的作用。

就在阎锡山着手防御之时，1936 年 6 月 30 日至 8 月 4 日，在日军的督率下，伪蒙军数次进犯红格尔图等地。8 月初，傅作义率第 35 军抗击，毙敌数百，俘虏 60 余人。阎锡山指定王靖国第 19 军在晋部队及李服膺第 68 师并独立第 73 旅、独立第 8 旅等为先遣入绥部队。蒋介石也派中央军第 13 军汤恩伯部、骑兵第 7 师门炳岳部入绥作战。

11 月 15 日，伪大汉义军司令王英率伪军 5000 余人，由日本飞机掩护，在日本驻察哈尔特务机关长田中隆吉的指挥下，从商都进攻红格尔图。驻军晋绥骑兵赵承绶部奋起反击。激战 3 日，伪军败退百灵庙。

11 月 23 日夜，傅作义部孙兰峰旅、赵承绶部孙长胜旅奉命经 300 余里的长途行军，抵达百灵庙外围。午夜，向百灵庙发起总攻。经十几小时的激战，于次日上午收复百灵庙。此役共毙伤日伪军 500 余人，俘获日伪军 200 余人，缴获大量日伪文件和弹药等。之后，傅作义、赵承绶部队乘胜收复了日伪军另一个据点——大庙。

绥远抗战历时 5 个多月，先后歼灭日伪军一个步兵师、步骑兵两个旅，收复了百灵庙、大庙等，极大地激发了全国人民的抗日热情和胜利信心，被誉为"全国御敌先声"。

---

① 《山西文史资料》第 39 辑，第 159 页。

第二章
全国抗战的爆发

第一节　八路军出师山西抗战

1937年7月7日,日本帝国主义以制造卢沟桥事变为起点,发动了全面侵华战争。在此民族危难之际,内战十年兵戎相见的中国国民党和中国共产党摒弃前嫌,异党同音,发出共同抗日的心声,以国共合作为基础的全民族抗战呼之欲出,于是有了中国工农红军主力改编为国民革命军八路军开赴山西抗日前线与友军团结抗战的光辉乐章。

一、山西战略支点地位的确立

基于山西的战略地位,早在长征到达陕北后,中共中央就考虑把山西作为华北游击战争的战略支点。1935年12月召开的中共中央政治局瓦窑堡会议上,毛泽东作军事战略的报告,强调:红军应当利用当前蓬勃发展的抗日形势,积极向山西发展,在发展中求得苏区的巩固。毛泽东还详细阐明东征山西的有利条件和发展战略。会议通过的《中央关于军事战略问题的决议》指出,必须确定"把国内战争同民族战争结合起来"的方针,[①] 1936年"应准备直接对日作战","猛烈扩大红军"。据此,"即把红

---

①中央档案馆编:《中共中央文件选集》第10册,中共中央党校出版社1991年版,第589页。

军行动与苏区发展的主要方向放到东边的山西和北边的绥远等省份去。"①

全国抗战爆发后，中共中央和毛泽东提出全民族抗战的路线与敌后抗日游击战争的军事战略方针。1937年8月上旬，中共中央就对红军出师抗日的行动步骤作出初步设想，拟以"三分之一兵力，依冀察晋绥四省交界地区为中心，向着沿平绥路西进及沿平汉路南进之敌执行侧面游击战，另以一部向热察边区活动，威胁敌后方。"②

8月22日到25日，中共中央政治局在陕北洛川县召开扩大会议。毛泽东在会上作关于军事问题和国共关系问题的报告。他强调指出，抗日战争是持久战，当前日本进攻的主攻方向是华北，上海是其进攻的辅助方面；红军的主要作战地区是在晋察冀三省交界处，其基本任务是：1.创建根据地；2.钳制和相机消灭敌人；3.配合友军作战（战略支援任务，而不是战役战斗的配合）；4.保存和扩大红军；5.争取民族革命战争的领导权。会议最后决定，将红军主力编为八路军开赴山西恒山抗日前线，以此为战略依托，向察哈尔南部、热河南部和河北西部发展。这一部署的要旨是使八路军主力在出师后能向平、津日军的侧翼和后方深入展开，分割日关东军与平津的战略联系，从侧后袭扰、牵制和打击日军，钳制日军的正面进攻，协同、配合友军作战。

在9月一个月内，毛泽东几乎连日致电山西前线八路军总部或北方局，反复重申在山西开展山地游击战争的战略方针，适时调整中国共产党与八路军在山西的部署，提出八路军"在山西应分晋东北、晋西北、晋东南、晋西南四区"展开，③"支持华北游击战争"，并预见"山西将成为华

①中央档案馆编：《中共中央文件选集》第10册，中共中央党校出版社1991年版，第590页。

②《毛泽东军事文集》第2卷，军事科学出版社、中央文献出版社1993年版，第23页。

③军事科学院军事历史研究部编著：《中国人民解放军战史》第2卷，军事科学出版社1987年版，第35页。

北的特殊局面"。① 1938 年 2 月 21 日,毛泽东又指示八路军和中共中央长江局"长期抗战的重要战略支点有山西区、鄂豫皖区、苏浙皖赣边区、陕甘区、鄂豫陕边区、湘鄂赣边区等六处"。② 1938 年 4 月、12 月,根据毛泽东的指示,在巩固山西四区抗日根据地的同时,八路军大部主力先后开赴绥蒙、山东、河北,创建华北各抗日根据地。

二、八路军主力挺进山西抗日

"七七事变"后,中国共产党对出动抗战进行了充分的准备。中共领导下的武装力量的改编,是抗战爆发前国共谈判的核心问题之一。由于国共双方在军队改编的许多问题上存在严重分歧,故至抗战爆发仍未达成协议。红军将士满怀爱国热情,多次发表通电,向国民政府要求早日开赴抗日前线,并于 7 月 14 日宣布自行改编。

7 月 15 日,中共代表向国民政府递交了《中共中央为公布国共合作宣言》,表示:愿立即取消苏维埃政府,红军改名为国民革命军,受国民政府军事委员会指导,开赴抗日前线。加之,"八一三"淞沪战争爆发后,各战场均需大量兵力投入,于是,国共两党在以往谈判的基础上达成协议。8 月 22 日,国民政府军事委员会宣布红军主力部队改编为国民革命军第八路军,任命朱德、彭德怀为正、副总指挥,并同意设总指挥部,下辖 3 个师,每师 15000 人。

8 月 22 日至 25 日,中共中央在陕北洛川县召开政治局扩大会议,张闻天、毛泽东、周恩来、秦邦宪、朱德等 22 人出席会议。会议分析了抗日战争爆发后的国内外形势,确立了中共在抗日战争中的军事、政治指导方针。会议决定成立新的中央军委,毛泽东任主席,朱德、周恩来任副主

①《毛泽东军事文集》第 2 卷,军事科学出版社、中央文献出版社 1993 年版,第 83~84 页。

②《毛泽东军事文集》第 2 卷,军事科学出版社、中央文献出版社 1993 年版,第 160 页。

席,委员有毛泽东、朱德、周恩来、彭德怀、任弼时、叶剑英、林彪、贺龙、刘伯承、张浩、徐向前等11人。

8月25日,中国共产党中央革命军事委员会发布红军改编的命令。命令说:"南京已经开始对日抗战,国共两党合作初步成功。为着实现共产党中央给国民党三中全会红军改名之保证,使红军成为抗日民族战争的模范,推动这一抗战,成为全民族的抗日革命战争,以争取最后的彻底胜利,特依据与国民党及南京政府谈判结果,宣布红军改名为国民革命军第八路军。"命令指出,将中国工农红军第一、第二、第四方面军和陕北红军等部改编为国民革命军第八路军(9月11日,按全国统一的战斗序列,改称第18集团军),以朱德为总指挥,彭德怀为副总指挥(9月11日,又改称正、副总司令),叶剑英为参谋长,任弼时任政治部主任,左权任副参谋长,邓小平任政治部副主任。下辖第115师、第120师、第129师和总部直属队。第115师由红一方面军之第1、第15军团及陕南红军第74师等编成,下辖第343旅、第344旅以及独立团和3个直属营,全师共15500人。第120师由红二方面军之第2、第6军团和陕北红军第27、第28军及独立第1、第2师等部编成,下辖第358旅、第359旅以及教导团和5个直属营,全师共14000余人。第129师由红四方面军之第4、第31军及陕北红军第29、第30军等部编成,下辖第385旅、第386旅以及教导团和5个直属营,全师共13000人。总部直属队3000余人。全军近46000人。与此同时,还由各主力部队抽调部分部队组成八路军后方总留守处(同年12月改称留守兵团),萧劲光任主任,下辖警备第1至8团、第385旅旅部和第770团等部,担负保卫陕甘宁边区的任务。①

国民革命军第八路军序列如下:

第八路军总指挥部

总指挥　　　　　　　　　　　　朱　德

副总指挥　　　　　　　　　　　彭德怀

---

① 《第八路军战斗序列表》(1937年8月25日),见彭明主编:《中国现代史资料选辑》第5册,中国人民大学出版社1989年版,第536~538页。

参 谋 长　　　　　　　　　　　　叶剑英

副参谋长　　　　　　　　　　　　左 权

政治部主任　　　　　　　　　　　任弼时

政治部副主任　　　　　　　　　　邓小平

第 115 师　　　　师 长　　林 彪

　　　　　　　　副师长　　聂荣臻

　　　　　　　　参谋长　　周 昆

　　　　　　　　政训处主任　罗荣桓

　　　　　　　　副主任　　萧 华

　　第 343 旅　　旅 长　　陈 光

　　第 344 旅　　旅 长　　徐海东

第 120 师　　　　师 长　　贺 龙

　　　　　　　　副师长　　萧 克

　　　　　　　　参谋长　　周士第

　　　　　　　　政训处主任　关向应

　　　　　　　　副主任　　甘泗淇

　　第 358 旅　　旅 长　　张宗逊

　　第 359 旅　　旅 长　　陈伯钧

第 129 师　　　　师 长　　刘伯承

　　　　　　　　副师长　　徐向前

　　　　　　　　参谋长　　倪志亮

　　　　　　　　政训处主任　张 浩

　　　　　　　　副主任　　宋任穷

　　第 385 旅　　旅 长　　王宏坤

　　第 386 旅　　旅 长　　陈 赓

第八路军后方留守处　主任　　萧劲光

　　为加强党对八路军的领导,8 月 29 日,中共中央政治局决定成立中
央军委前方分会(后称华北军分会),由朱德、彭德怀、任弼时、张浩、林

彪、聂荣臻、贺龙、刘伯承、关向应等9人组成。朱德、彭德怀分别任正、副书记。同时,在前方军委分会领导下,各师成立军政委员会,由林彪、贺龙、刘伯承分任3个师的书记。10月16日,中共中央军委决定成立军委总政治部,任命任弼时为主任。22日,中共中央、中央军委决定恢复一度取消的政治委员制度,先后任命了师、旅级政治委员。聂荣臻、关向应、张浩分别任第115师、第120师、第129师的政治委员;萧华、黄克诚、李井泉、王震、王维舟、王新亭分别任第343、第344、第358、第359、第385、第386旅政治委员。并且撤销了各级政训处,恢复了师、旅级政治部。此外,中国共产党还在南京、太原等地公开建立了八路军办事处。

中国工农红军主力顺利改编,使中国共产党领导下的武装力量实现了由国内革命战争向抗日民族解放战争的伟大历史转变,为中共领导的武装出师抗战奠定了基础。

由于华北战况日趋严重,红军改编后未等整编补充就绪,中共中央军委即按既定部署,命令八路军从8月下旬起各部陆续开赴山西前线。第115师作为东进先遣队于8月22日由陕西三原地区誓师出征。8月31日,第115师主力经韩城县芝川镇东渡黄河,至侯马乘火车沿同蒲路北上,日夜兼程,直趋晋察冀交界地区。9月3日,第120师主力也由陕西省泾县云阳镇和富平县庄里镇出发,沿先遣队路线向山西前线挺进。9月6日,八路军总指挥部在朱德、彭德怀率领下,由陕西省泾县云阳镇东进山西前线指挥作战。

与此同时,八路军总部对八路军主力出师后的作战指导思想和具体部署向各师发出电文指示,指出:敌在华北作战计划,以占领平津、南口、张家口之线为第一步,以占领沧州、保定、涞源、大同之线为第二步,以进占德州、石家庄、太原、归绥为第三步。但敌现有兵力疲劳,进入山区后,部队供应困难,重炮、坦克均不能发挥其威力。在此形势下,八路军为坚持华北局面,尽可能保障山西持久战,争取民主政治的实现。为此,八路军在各方面须起积极模范作用:应以机动灵活的袭击战术,求得消灭敌之小部,兴奋友军,转变其死守、呆板之战术,造成持久胜利的发展局面,模范地遵守纪律,积极发动群众,组织群众,与群众打成一片;对一切友军政权,取尊重合作态度;扩大本身,利用时间加紧必要之训练。具体部署是:第120师主力以灵活的游击战向左云方向袭击,并发动晋西北及绥东群众,首先组织宁武、朔县、神池、五寨、平鲁、右玉、和林格尔、清水河、偏关、河曲、保德地域的游击队;王震率第718团进至五台东北豆村镇、台怀镇地区,开展五台以北、以东等地区之群众工作。第115师第343旅控制上寨附近,以小部袭扰灵丘、涞源之敌;第344旅位于阜平东北,随时协助第343旅相机袭击由灵丘向平型关西进或由涞源向平汉路南进之敌。在可能条件下,组织有力游击队深入紫荆关、蔚县、涿鹿之间活动。预计,第129师抵正太路以南,在辽县设后方机关,开展太行山脉工作。①

9月11日,国民政府军事委员会按战斗序列将八路军编为第18集团军(1938年1月隶属于第二战区)。9月17日,毛泽东致电朱德、彭德怀、任弼时、林彪、聂荣臻、贺龙、萧克、刘伯承、徐向前,指出在敌摆出重点进攻恒山架势的情况下,我军按原定计划,进兵恒山必将不利,"为战略上展开于机动地位,即展开于敌之侧翼,钳制敌之进攻太原及继续南下,援助晋绥军使之不过于损失力量,为真正进行独立自主的山地游击战,为广泛发动群众,组织义勇军,创造游击根据地,支持华北游击战争,并为扩大红军本身起见,拟变更原定部署,采取如下之战略部署:(一)我二方面军应集结于太原以北之忻县待命,准备在取得阎之同意下,转至晋西北管涔山脉地区活动。(二)我四方面军在外交问题(指正在进行的国共谈判——引者注)解决后,或在适当时机进至吕梁山脉活动。(三)我一方面军则以自觉的被动态势,现时进入恒山山脉南段活动。"②

按照中共中央的上述部署,八路军开始按计划分头进入指定地区。第115师主力于9月中旬进至五台、繁峙、灵丘等晋东北地区和冀西阜

①《朱、彭、任关于八路军作战指导思想与具体部署致各师电》(1937年9月20日),见《中国人民解放军抗战史料选编》第1辑第1册,1963年。

②《毛泽东军事文集》第2卷,军事科学出版社、中央文献出版社1993年版,第47~48页。

平地区;第120师主力于9月下旬进至宁武、神池等晋西北地区。总部和第120师第358旅也于是月末进入五台。9月30日,第129师整装完毕,由陕西省韩城芝川渡过黄河,向山西抗日前线进发,10月中旬抵达太原。至此,八路军全线出动完毕。

八路军出师山西,既是对正面战场中国军队对日作战的有力支持,同时更为中共坚持游击战争、确立华北游击战争的战略支点奠定了稳固的基础。中国共产党及其所领导的武装力量,在战斗中不断发展壮大,逐渐成为整个抗日战场上的一支关键力量。

第二节　山西抗日民族统一战线的成长

"七七事变"后,中共中央接连发出指示,要求华北党组织迅速、切实地执行党的抗日民族统一战线政策,用极大的力量发展抗日的民众运动,组织、动员起千百万民众,广泛开展游击战争,保卫华北。山西中共党组织在统一战线的旗帜下,积极组织民众,广泛组建抗日武装,卓有成效地完成了各项抗战准备工作。

一、中共与阎锡山的谈判

7月14日,中共中央军委命令红军做好开赴山西前线抗日的准备,同时电告在山西的彭雪枫做好一切准备工作。因为,红军如开赴山西对日作战,首先要争取阎锡山抗日。

7月15日,毛泽东致信阎锡山:"关于坚决抗战之方针及达到任务之方法问题,红军开赴前线协同作战问题,特派周小舟(毛泽东的秘书,受中共中央派遣到山西进行统一战线工作——引者注)同志晋谒,乞予接见并赐指示是祷。"① 信中分析了卢沟桥事变后全国的局势,再次表示了共产党抗日的决心,并提出与阎锡山商量进一步合作抗日的具体办法。信中说:"日寇进攻,华北危急",希望阎锡山"促成全国上下一致团结,救此危难"。

周小舟将信带到太原,转交阎锡山。阎锡山看了信之后,与周小舟就有关事宜进行了商谈,并拟"定了一个统一战线的办法"。②

7月17日,毛泽东又致信阎锡山:"关于红军协同作战,昨派周小舟趋谒,现令彭雨峰(即彭雪枫——引者注)速返太原,再求指示。日寇大举,全华北危险万状,动员全力抗战到底,发动民众与扶助义军工作,实属刻不容缓。兹有敝方指导华北工作者数人拟在太原驻止,祈先生予以方便。"③

7月22日,彭雪枫即会见阎锡山,商议红军东渡黄河前的有关事宜。阎锡山说,原拟在雁门关与敌决战之计划,因敌有将袭击雁门关之举,因此决战暂缓。彭雪枫向阎锡山提出,"红军即将入晋开赴抗日前线,你准备如何指挥晋军协同作战?"阎回答:"此事我已反复考虑,拟用两个原则:一、事先商量;二、临时拟定计划布置,即时通报贵军,由贵军自行酌情行动。"④ 最后,阎还要求彭将他的意思转告毛泽东、朱德、彭德怀等,并建议红军与晋军会合为一个集团军,在五台山周围建立根据地。

7月23日,彭雪枫将与阎锡山会晤的情况电告毛泽东,并报告阎锡山欲赠红军七九子弹、中正子弹各50万发,冲锋机关枪200挺,此外还准备汽车为办事处用等事项。彭雪枫在电文中还建议:"我军应依阎意,

---

① 中共中央文献研究室编:《毛泽东年谱》(1893-1949)中卷,人民出版社、中央文献出版社1993年版,第4页。

②《阎锡山评传》,中共中央党校出版社1991年版,第292页。

③ 中共中央文献研究室编:《毛泽东年谱》(1893-1949)中卷,人民出版社、中央文献出版社1993年版,第4~5页。

④ 彭雪枫致毛泽东电,《山西文史资料》第39辑,第21页。

活动于五台山以南地域,另一部配合王兆相部进击绥远。"① 这一建议得到中共中央的肯定,同意在五台山周围建立抗日根据地。

此时,日军兵分三路大举入侵平津。国民政府派庞炳勋第 40 军、孙连仲第 26 路军、万福麟第 53 军等部约 13 万人,北上应援宋哲元第 29 军。国共双方代表在庐山的谈判,取得了较大进展,蒋介石同意红军迅速改编,出动抗日。

在此背景下,阎锡山于 7 月 28 日复信毛泽东说:"周小舟君抵并,持诵大札,并述及先生抗日主张,至为钦佩。国事危急,非集合全国财力人力不足以渡此难关,愿与先生同赴国难也。"②

为督促阎锡山速下抗战决心,7 月 31 日,彭雪枫再次会晤阎锡山。他首先分析了平津陷落后的形势和日军可能采取的侵略步骤:沿平绥路西进,进攻山西,因此"在此形势极为严重的时刻,希望阎主任能够领导华北各军,立即实行抗战,并推动蒋及南京速下最后决心。"

阎锡山听了之后说:"关于抗日问题,我已经下定决心,一是坚决排除汉奸;二是加紧各种准备。"他还认为抗战有两种前途:"一、坚决抗战;二、不和不战。目前走上第二个前途的可能为大。"③

经过商谈,阎锡山向彭雪枫正式表示:"自今日始,你可以用红军和中共中央代表的名义,公开进行活动。"④ 至此,阎锡山与中共在山西省范围内正式建立了抗日民族统一战线。

8 月上旬,南京国防会议决定,红军改编为国民革命军第八路军,全部开赴山西,协同国民党军作战。

8 月 10 日,毛泽东致电彭雪枫,就与阎锡山交涉等问题做了进一步的指示:同各方接洽,在积极推动抗战的总方针下,要有谦逊的态度,要

---

① 彭雪枫致毛泽东电,《山西文史资料》第 39 辑,第 21 页。
② 转引自《阎锡山评传》,中共中央党校出版社 1991 年版,第 292 页。
③ 彭雪枫给毛泽东、周恩来的信,《山西文史资料》第 39 辑,第 22 页。
④ 山西省政协文史资料委员会:《阎锡山统治山西史实》,山西人民出版社 1984 年版,第 208 页。

向他们请教各方面的情况,不可自夸红军的长处,不可隐瞒红军若干不应该隐瞒的缺点。应向各方着重说明红军"只宜于在总的战略下进行独立自主的指挥,不宜于以战役战术上的集中指挥去束缚它,致失去其长处"。① 并且指出与阎锡山交涉红军出动路线问题,请阎同意红军由韩城渡黄河,经蒲县、孝义、汾阳开赴抗日前线。此外,立即开设太原公开办事处,以彭雪枫为主任。

经彭雪枫的交涉,阎锡山同意红军由韩城渡河,经同蒲路输送,并且就红军渡河日期、地点、船只等都商谈妥当。至此,红军本可迅速出师,入晋抗日。但南京国民政府对于《中国共产党为公布国共合作宣言》、纲领、红军改编后的指挥部、参谋长等问题尚有留难,以致尚须待朱德、周恩来与蒋介石在南京谈判结束,才能确定出动日期。因此,毛泽东致电彭德怀,望向阎锡山说明,以免引起阎的多疑。

8月17日,毛泽东为红军抗日的出动路线问题,分别致电朱德、周恩来、叶剑英和秦邦宪、林伯渠、彭德怀、任弼时,强调指出:"红军为安全计,为荫蔽计,为满足晋绥渴望计,决走韩城渡河,在侯马上车,到大同集中,再转至怀来、蔚县,决不走平汉路。"在给朱、周、叶的电报中还指出,红军"在独立自主的指挥与游击战山地战原则下受阎百川节制,速通知阎"。② 次日,中共中央在给朱德、周恩来、叶剑英关于与国民党谈判的十项条件的训令中指出,第一批出动红军的使用区域,在平汉线以西、平绥线以南地区,并受阎锡山节制。

红军改编后,八路军驻晋办事处在太原正式宣告成立,彭雪枫为主任,周恩来为中共代表。

8月30日、31日,毛泽东致电周恩来、彭德怀,要求二人赴太原,会晤阎锡山,商谈八路军进入山西后的活动地区、作战原则、指挥关系和部

---

① 中共中央文献研究室编:《毛泽东年谱》(1893-1949)中卷,人民出版社、中央文献出版社 1993 年版,第 12 页。

② 中共中央文献研究室编:《毛泽东年谱》(1893-1949)中卷,人民出版社、中央文献出版社 1993 年版,第 13 页。

队的补充计划等问题,并与阎锡山开诚晤谈,促使其努力抗战。在此之前八路军第115师作为先头部队,已于8月22日由陕西省三原县出发,边行军边改编,经富平、蒲城抵韩城芝川镇,然后东渡黄河,在侯马沿同蒲路北上抗日。

为了便于与阎锡山顺利达成协议,毛泽东特委派第129师副师长徐向前随同周恩来一同前往。因徐向前与阎锡山既是五台同乡,又有师生关系(徐曾在阎创办的山西省立国民师范读书)。

9月4日凌晨,周恩来、彭德怀、徐向前、聂荣臻、萧克、程子华等在西安乘蒋鼎文(陕西省政府主席)派的专列达潼关,然后换乘木船渡过黄河。时值黄河汛期,河水浊浪滔天,席卷着滚滚泥沙湍急而下,站在岸边就令人头晕目眩,渡船在翻腾的激流中颠簸着缓缓驶向北岸,顺利抵达风陵渡。

当时战事已发展到晋北,阎锡山处于不打一仗就无法向山西人民交代,打又没有把握的矛盾中,自然愿意八路军早日对日作战,因而,对于共产党、八路军入晋抗日态度是积极的,立即派其心腹秘书、上校军官梁化之用专列前来迎接。

9月5日下午,专列抵达太原。阎锡山让赵戴文代其迎接周恩来等,并在车站举行了隆重的欢迎仪式。随后,安排周恩来等在东缉虎营街傅公祠院内的绥署高级招待所下榻。不几日,周恩来便移住太原成成中学八路军驻晋办事处。

当时,阎锡山正在雁门关以西的太和岭口行营指挥部部署大同会战。9月7日凌晨,周恩来、彭德怀、徐向前等从太原动身,乘汽车前往太和岭口,会晤阎锡山。阎锡山尽管对共产党、八路军入晋问题做了多方准备,但他未想到中共中央军委副主席周恩来能够亲自前来,所以满面春风,热烈欢迎。

寒暄中,周恩来首先称赞阎锡山积极抗战。阎锡山见徐向前也在其中,便半开玩笑说道:"周公来山西也真会选人才呀,把我们五台同乡、又是我的学生徐向前带来与我会见谈判了?……你这次来山西,除了商谈合作,共同抗日,再没有别的用意吧,可不要带徐向前来刨我的墙角啊!"

周恩来马上答道:"百川先生把话说到哪里了。我这次同徐向前一块来,因为他是山西人,要他给我带路的。同时,向前又是百川先生二战区八路军第 129 师副师长,以后是你的部属了,和你见见面,以后,还要请先生多多关照哩!"①

之后,阎锡山设午宴款待周恩来一行。

下午,双方开始谈判,阎方代表有阎锡山、朱绥光、续范亭、王靖国、陈长捷、梁化之;中共代表有周恩来、彭德怀、徐向前、萧克、彭雪枫。谈判主要围绕以下三个方面的内容。

一是坚持国共合作,共同抗日。周恩来对阎锡山的联共态度和"守土抗战"主张,给予了积极的评价,希望阎锡山不负国人期望,履行诺言,与共产党合作抗战到底。阎为了"守土保疆",表示愿意联共抗日。

周恩来鼓励阎锡山要坚持抗战。他分析了抗战形势,说明日本帝国主义是可以打败的,虽然目前敌强我弱,但我们是正义战争,敌人是非正义战争,只要动员全体民众,团结奋斗,就可以削弱敌人的力量,增强我们的力量。打到一定时候,敌人会一天天弱下去,我们会一天天强大起来。阎锡山对周恩来的分析深表佩服,谈判后,他对薄一波说:"周先生对抗战前途看得非常清楚。"②

二是八路军入晋后的作战地域和方针问题。周恩来根据毛泽东的指示,提出八路军准备在阜平、唐县、曲阳、行唐、灵寿、平山、繁峙、浑源、五台、盂县及涞源、灵丘两县的南部地区活动、布防,创造游击根据地。现第 115 师已经入晋,正在侯马一带修火车路(因同蒲路被洪水冲断,阎锡山让八路军边修路,边前进);第 120 师即将入晋;第 129 师尚在整顿中,晚些时候才可出动。八路军入晋部队希望早日到达预定作战地域,请阎锡山给予支持和方便。阎锡山当即表示同意。

---

① 乔希章:《徐向前与阎锡山》,中国青年出版社 1991 年版,第 109~110 页。

② 薄一波:《深切怀念敬爱的周恩来同志》,《山西革命回忆录》第 1 辑,山西人民出版社 1983 年版,第 19 页。

　　为了能独立自主地进行山地游击战，周恩来提出，八路军根据自己的兵力及战术特长，开赴冀察晋绥四省交界的地区，以山地战、游击战侧击西进和南下的日军，配合友军正面作战。

　　阎锡山满口答应，并派员协助八路军开往中共要求的活动地区开展游击战争，同时扼要地介绍了他的大同会战部署。彭德怀等也提了些意见，供他参考。阎锡山在防御上采取阵地防御战法，想依托所构筑的防御工事抵抗日军。而对周恩来等主张的运动战和游击战相结合的战法，却不能理会，所以之后也未能加以采纳。

　　三是八路军入晋部队的薪饷和装备补充问题。既然八路军入晋抗战，也就意味着要受阎锡山的节制。但是，八路军薪饷短缺，装备很差，要同装备优良的强敌作战，必须解决后勤供应问题。为此，周恩来等向阎锡山提出八路军急需补充的物资，包括枪炮、子弹、炮弹、炸药、刺刀、手榴弹、军毯、皮衣、棉衣、通信器材及医药卫生材料等数十项，应在部队路过太原时，予以解决。周恩来提出，八路军的薪饷应与第二战区的友军同等待遇，不能厚此而薄彼。阎锡山当时曾十分爽快地答应，并下令兵站帮助运输大炮和炮弹。

　　会谈后，阎锡山还要求周恩来给他写一个第二战区对日作战计划，并希望周等去大同会晤傅作义，疏通关系，与晋军共同准备大同会战。必要时，还烦请周等到第一战区会见刘峙，商谈配合作战的问题。

　　周恩来当即表示同意，并于当晚开始着手起草作战计划，次日中午就写好，交给了阎锡山。阎锡山看了之后，十分惊讶，连声称赞说："写得这样好，这样快！如能这样打，中国必胜。"并慨叹道："周先生的确是个大人才。国民党是没有这样的人才！"①

　　9月8日下午，周恩来、彭德怀根据阎锡山的建议，离开太和岭口，赶赴大同，与傅作义商谈有关事宜。次日，周恩来一行返回太和岭口，阎锡山又主动约见，商谈平型关、雁门关的防御问题。当阎锡山谈到准备以王

①薄一波：《深切怀念敬爱的周恩来同志》，《山西革命回忆录》第1辑，山西人民出版社1983年版，第19页。

靖国和陈长捷两军分守平型关和茹越口，另以一个军守雁门关时。彭德怀提出，"你们坚守平型关正面；我第 115 师出五台、灵丘、蔚县地区，隐蔽集结在敌前进道路两侧，待敌进攻平型关时，从敌侧后夹击进攻平型关之敌军；我第 120 师位于晋西北地区，待敌进攻雁门关时，我军也从侧翼进击。"阎锡山表示赞同。

9 月 9 日，周恩来等返回太原后，又按阎的建议去河北保定会晤刘峙。此时，中日两军正在天镇、阳高交战，绥远空虚，山西局势更加危急。13 日，周恩来从保定回来后，又派南汉宸到太和岭口见阎锡山，让南汉宸转告阎锡山：敌人有可能以一部略取绥远；以重兵扫荡雁北直逼雁门关；以骑兵突破广灵、灵丘，攻入平型关、代县、五台之后直下太原；另以一部随刘汝明部之后先取涞源，后转向东，与涿州、沧州之敌三路攻取保定。并向阎锡山建议：迅速输送八路军到涞源、灵丘一带，以巩固恒山山脉；雁门关的防守不应单纯死守，宜实行出击，以侧击和扰击的方式作战；骑兵应向大同、兴和、商都之线活动。

9 月 21 日，朱德、任弼时、邓小平、左权等率领八路军总部到达太原，驻于八路军办事处。当天傍晚，周恩来与朱德一起乘车去太和岭口会见阎锡山（次日到达），商谈八路军的游击地区、军队驻扎以及兵力使用等具体问题。经过磋商，阎锡山同意八路军进行独立自主的山地游击战，朱德也同意在有利条件下配合友军进行运动战。

会谈之后，阎锡山和周恩来一道视察雁门关一带阵地。周恩来用望远镜观察地形后，用谦虚的口气问阎锡山："如果日寇进攻到这里，你准备怎么打？"

阎锡山没有正面回答周恩来，只说："我拼了老命也要保住山西。"[①]

9 月 27 日，周恩来在太原致电阎锡山、黄绍竑，提议：下令平汉退军转侧面发展游击战；催桂军立即北上增援娘子关；督促蒋介石迅速武装河北民众，组织河北游击战争。阎锡山复电表示赞同，并提出"华北局势

---

① 苗南新：《周恩来一生》，中国青年出版社 1987 年版，第 223 页。

日危"，"请将刘师(即第129师)早日北开以挽局势"。①

八路军总部根据与阎锡山商定的作战区域，将第115师推进到晋东北，第120师转赴晋西北，第129师开赴晋东南，实施战略展开的同时，开展山地游击战，于侧翼积极配合友军，打击敌人。

阎锡山作为割据山西多年的地方实力派，最大的特点是能根据其"需要"不断调整自己的政策。一年前，他积极反共，阻拦红军东征，而全国抗战爆发后，却能礼迎共产党、八路军入晋，来了个一百八十度的大转弯。尽管这一转变是在日本全面侵华，危及他"存在"的历史条件下发生的，我们也不能否定其积极意义。正如张闻天所说："我们承认阎百川先生是在当代政治家中间比较有远见的。不论在过去一时期内，他同共产党怎样立于完全对立的地位，想出了各种各样'防共'的办法，反对过共产党，然而当日本增兵华北，华北形势十分紧急的情况之下，阎先生就开始把'防共'的精力转向于'守土抗战'……阎先生的这种转变，是值得我们赞许的。"②

当然，我们也应该看到，阎锡山礼迎八路军入晋，一方面是根据国共两党协议进行的，另一方面也怀有其个人的目的——维护他在山西的统治。因为他深知，仅仅依靠他的晋军是根本抵挡不住日军的进攻的，他希望八路军这支新型武装与他共同对付日军，这样，他才可保住一些地盘。正是在这一思想的支配下，阎锡山也才答应给八路军相当的装备和给养。尽管他的承诺以后并未完全兑现，但毕竟为八路军开赴抗日前线创造了政治条件。

二、战动总会的成立

"卢沟桥事变"后，阎锡山觉察到日本势必要侵占山西。为了维护其

①1937年9月30日周恩来致毛、朱、彭、任电，《中共党史专题资料研究集——抗日战争时期(一)》，中共党史资料出版社1988年版，第7页。

②洛甫：《把山西成为北方游击战争的战略支点》，《解放》周刊第25期。

在山西的统治，他于7月下旬提出山西战时动员方案，8月13日在太原成立了山西总动员实施委员会，自兼主任，由赵戴文任副主任，王尊光任秘书长。各县、村也相继成立了分委员会。但是，当时各级动员实施委员会实际上多流于形式。

8月16日，阎锡山在分析中日战争时说："日本是个强国，我们是个弱国，此次抗战如果单靠军事，则最后胜利，必归强国。所以我们必须全民总动员，下最大的决心，拿上全国的人力物力来应战。中国四万万人民，无论男女老少，或上前线，或在后方，共同动作，抗战才能持久，才有把握。"[①]

基于阎锡山的上述认识，为了进一步促进与阎锡山的统一战线工作，推动山西抗日救亡运动的发展，刘少奇于7月下旬亲赴太原部署抗日工作，并首次提出在战区"准备建立战地委员会等抗日政权"[②]的主张。9月7日，周恩来等在太和岭口会晤阎锡山时，除商谈八路军入晋作战的有关问题外，还着重提出开放民运、发动群众、实行战争的全面动员问题。周恩来向阎锡山明确提出，要保卫山西，保卫华北，就必须动员广大群众参加抗战。彭德怀、徐向前、南汉宸以及随同阎锡山在行营指挥作战的爱国将领续范亭等，都对发动民众问题发表了各自的意见。阎锡山鉴于日军已侵入晋北，确实感到发动群众抗战的必要，于是说道：我早已知道这是一项重要的工作，前在南京开会时，我首先提出的就是武装民众500万，到现在尚未得到具体指示；在这紧急时候，我们可以在第二战区首先试行。[③]

经过磋商，阎锡山同意在绥远、察哈尔、晋北沦陷区成立第二战区战地总动员委员会。可是，阎锡山又存有戒心，规定战地总动员委员会的活

---

① 《民国阎伯川先生锡山年谱长编初稿》(五)，台湾商务印书馆1983年版，第2028页。

② 刘少奇1937年8月3日《为发给各地指示信向中央的报告》。

③ 《山西文史资料》第31辑，第24页。

动必须限于沦陷区,而且只发动群众,不得干涉县政,并且要求中共方面先拟出一个工作纲领。

9月9日,周恩来等回到太原,立即指定有关同志起草工作纲领,很快就写出了草案,并且征求了阎方代表王尊光、梁化之等人的意见。9月13日,由南汉宸、续范亭将拟出的工作纲领送至太和岭口,交阎锡山审批。阎锡山看了之后,对其中"该委员会由共产党、八路军领导"一句很不乐意,认为如果将沦陷区交由共产党领导,就等于以后没有自己的地盘了,觉得在这个问题上不能让步。薄一波以牺盟会负责人的身份向阎锡山解释道:现在把沦陷区交给共产党、八路军领导,是最大的人情,同时还可以加强抗日民族统一战线。如果不让,共产党、八路军一定要坚持,也无可奈何。那样,连个人情也得不到。① 阎锡山沉思了半晌,认为薄一波讲得有道理,反正这些地区已为日本人所占领,也只好如此。

然后,阎锡山十分仔细地审阅了纲领草案,对有的段落反复推敲,亲自修改其中的几处,将草案中"抗日民族自卫战争"提法改为他习惯的"民族革命战争",将"废除苛捐杂税"改为他习惯的"实行合理负担",将"不分党派、地域、地位"中的"党派"改为"信仰"。同时,阎锡山还将战动总会下设的人民武装部、动员分配部由第一、二位改为第三、四位。最后,阎锡山还在"战地总动员委员会"名称的前面,冠以"第二战区民族革命战争",改为"第二战区民族革命战争战地总动员委员会"。

阎锡山审阅完毕刚要签字,忽然又对草案中"战地总动员委员会以民主集中为原则"一句产生疑问,便问南汉宸:"这不是共产党的组织原则吗?"南解释说,这个原则强调战动总会是在您的命令之下进行活动。阎才批准了工作纲领,同意以第二战区司令长官命令公布实行。

《战动总会工作纲领》的主要内容有五个方面:(一)战动总会管辖地域及动员范围:雁门关长城内外18个县、察南5县和绥远全省。后扩大

---

① 薄一波:《深切怀念敬爱的周恩来同志》,《山西革命回忆录》第1辑,山西人民出版社1983年版,第19页。

到察哈尔全省与晋东北的 12 个县。(二)战动总会的任务:动员新兵上前线;组织人民自卫队;动员粮秣、运输;运送和招待伤病人员;组织人民团体;组织战地,侦察敌情,封锁消息,战地准备;进行铲除汉奸运动等 7 项。(三)为保障战动总会完成任务,战区各级政府所执行的款项。(四)战动总会的组织原则:民主集中制,及若干具体办法。(五)战动总会与各方面的关系:即与各地政府、各部队、各群众团体的关系。

阎锡山虽然批准了战动总会的工作纲领,并且默认了共产党、八路军对该会的领导,但是,对于战动总会主要负责人的人选安排,则颇费心机。对于这一关键问题,就中共方面来说自然也不会轻易让步,因而,双方经过多次协商才得以确定。

双方首先关注的是由谁来担任战动总会的主任委员,阎锡山自然不会让共产党人担任此职,共产党方面当然也不同意由阎锡山委派个旧官僚。因而必须推举一位双方都能接受,又能胜任的人选。周恩来建议由续范亭出任战动总会主任委员。续范亭是国民党元老,1935 年因不满蒋介石的对日妥协政策,在南京中山陵前剖腹明志被救。抗战开始后,任第二战区高级参议。阎锡山对续范亭虽并不完全信任,但觉得总比由共产党人担任为宜,于是只好答应了。

战动总会主任委员的人选确定后,接着在确定各部部长时,阎锡山最为看重的是人民武装部部长这个关键职位,坚持要派他的军官担任。周恩来不同意让阎方人员担任,对阎锡山说:战动总会要在敌人的后方打游击战争,我们的干部有经验,你们的军官就不行。①阎锡山深知自己的军官确实不会打游击战,只好同意由八路军人员担任,最后确定由山西籍的程子华任人民武装部部长。

经过积极筹备,1937 年 9 月 20 日,第二战区民族革命战争战地总动员委员会(简称"战动总会")在太原正式成立。成立大会在侯家巷山西大学礼堂召开,续范亭主持会议,周恩来、彭德怀及在太原的阎锡山的军政

①《程子华谈党派他到山西搞武装》,《山西文史资料》第 52 辑,第 140 页。

要员、蒋介石的高级将领应邀出席。战动总会由阎锡山、共产党的代表，晋、绥、察三省政府代表，战地各军和牺盟会、公道团、学联、教联的代表20多名委员组成。总会下设组织部、宣传部、人民武装部、动员分配部、铲除汉奸部和总务处。战动总会主任委员续范亭，副主任委员杨集贤（阎方代表）；组织部长南汉宸（中共党员），副部长梁化之（阎方代表）；宣传部长李公朴（著名爱国民主人士），副部长薄右丞（阎方代表），因李、薄均未到职，由赵宗复（秘密中共党员）作为阎方代表代理此职（后期由中共党员段云负责）；人民武装部长程子华，副部长郭宗汾（阎方代表）；动员分配部长王尊光（阎方代表），副部长武新宇（中共党员），因王未到职，武实际负责部务工作；铲除汉奸部长郭任之（国民党左派，后加入中共）；总务处长郝梦九（后为高孟清）。

战动总会的成立，改变了单纯依靠政府和军队抗战的做法，山西抗战进入了广泛发动民众的新阶段。正如战动总会《成立宣言》中所说："中国目前的政治形势，显然已跃进到一个崭新的阶段，全国政治力量已经集合一致，精诚团结，共同担负当前的使命了。无疑地，这种伟大的联合已经奠定了抗日的基础工作……而决定抗战到底最后胜利的条件，是充分执行民族革命的一切政治的民主的任务，我们不能只满足于目前全国武力联合的动员，我们还要发挥民族革命的积极意义，使整个民众力量动员起来，武装起来。我们更要使全面的抗战进而发展成全民的抗战，也只有全面全民族的持久抗战，才能取得抗日战争的最后胜利。"[1]

为此，《宣言》指明战动总会所遵循的原则和奋斗目标："（一）积极组织民众、武装民众；（二）实行真正的合理负担，改善人民生活；（三）实行民主政治，扶植抗日言论、出版、集会之自由。""在这总目标之下，动员广大民众参加战争，把一切人力、物力献给战争，争取抗战的最后胜利！"[2]

---

[1]《战动总会成立宣言》，中共山西省委党史研究室编著：《战动总会简史》，文津出版社1993年版，第201~202页。

[2]《战动总会成立宣言》，中共山西省委党史研究室编著：《战动总会简史》，文津出版社1993年版，第202页。

并且呼吁:晋察绥民众组织武装起来!晋察绥人力物力总动员起来!保卫晋绥,保卫华北,保卫中国,收复失地!驱逐日本帝国主义出中国!等等。上述主张,虽不是由阎锡山提出的,但是,得到了阎的首肯。正如张闻天当时所说:战动总会的成立,"是阎先生企图使山西的政府抗战多多少少能够取得山西民众的配合的开始","确实也是阎百川先生的思想向着全面的全民族的抗战的前途前进了一步的具体表示。这种进步,是值得我们大家赞扬的。"①

战动总会一成立,便开始了紧张的工作,除派出工作组分赴各地组建"动委会"外,还派出一个由 22 人组成的"动员宣传团",从太原出发,行程 1200 里,辗转于静乐、岢岚、五寨、保德、兴县、临县等地,宣传动员群众。

9 月底,经战动总会提名,阎锡山委派邓小平、罗荣桓、刘奠基为战动总会晋东北特派员,罗贵波、曾三、张干丞为战动总会晋西北特派员,分别领导这两个地区各县、区的动委会和抗日游击队的工作。忻口战役打响后,战动总会组织宣传队、剧团、慰劳队、救护队等,深入前线,支援抗战。同时,为了适应战争的需要,人民武装部在太原、离石开办了游击干部训练班,先后开办了 5 期,共培训干部 1060 人,分派到各县组建游击队。

这样,在短短的一两个月内,战动总会就把成千上万的人民群众组织与武装起来了。各县、区抗日游击队纷纷建立,甚至五台山的僧人也建立了抗日游击队和自卫队。

随着战事的扩大,阎锡山逐步放宽了战动总会的管辖地域和动员范围。原来规定在雁门关长城内外 18 县(即天镇、阳高、大同、怀仁、广灵、灵丘、浑源、应县、山阴、朔县、平鲁、左云、右玉、繁峙、代县、宁武、神池、偏关)、察南 5 县(即蔚县、阳原、怀安、宣化、涿鹿)及绥远全省,忻口战役期间,阎锡山批准战动总会的管辖地区扩展到察哈尔全省和晋西北的五

---

①洛甫:《把山西成为北方游击战争的战略支点》,《解放》周刊第 25 期。

台、定襄、静乐、岢岚、岚县、兴县、忻县、保德、河曲、临县、五寨、崞县等12县。

战动总会派工作队员深入到上述地区,开展各种形式的抗日工作:

首先,开展战地动员,提高民众的抗日意识。战动总会结合战地的实际情况,组织宣传队、剧团等,开展多种形式的宣传动员,如写标语、发传单,组织剧团,出版《战地动员》《战地通讯》等刊物,唤起了群众的觉悟,提高了群众的抗日民族意识。并派干部深入各地成立县、区、村各级动委会,广泛进行抗日动员。随着战争的推进,根据地的扩大,各部队急需补充兵源。1938年4月3日,由续范亭主持在岚县召开了动员新战士的各界联席会议,决定动员新兵1.38万人。不到一个月时间,各县动委会就动员2.8万余人,分配到八路军第120师、战动总会各游击支队、决死四纵队、工卫队,以及晋绥军骑兵第1、第2军和第35军、第14军、第71师各部队。据统计,仅晋西北一个地区,一年之内就动员新兵7万多人。

其次,组织抗日救亡团体,广泛开展群众性抗日救亡运动。根据沦陷区多半在广大农村的特点,战动总会从开展农民运动入手,组建农民协会,举办农民培训班,使农民运动逐渐开展起来。到1939年初,仅晋西北就有近25万农会会员。在农民运动的推动下,妇女运动、青年运动也得到发展,妇救会、青救会在各地相继成立。群众运动的广泛开展为抗战胜利奠定了坚实的基础。

第三,组建地方武装,开展抗日游击战争。战动总会在积极武装民众,建立游击队的同时,提出了"军民不过河,发展游击战,支援山西抗战,保卫华北堡垒"的口号。至1938年3月,战动总会共组建了25支游击支队,共计2.1万余人。阎锡山对游击队也给予支持,给了少量武器、经费和衣物。这些游击队积极配合八路军或单独进行游击战争,不仅在同蒲北线两侧、晋中平原、吕梁山区,袭扰敌人,破坏交通,而且还转战千里,挺进大青山,参与创建抗日根据地。

第四,建立过渡性的抗日政权。在日军压境的形势下,旧政权纷纷瓦解,"于是半群众半政权性质的战地动员委员会应运而生了(在冀中是救国会,冀西某些县份是自卫队……),它是动员组织群众和武装群众抗日的机关,也是决定并征收合理负担,供给部队给养,逮捕审讯汉奸,颁布减租减息、改良工人生活命令的权力机关。它负担了当时一切应该由政权负担而为残存的旧政权所不能负担的紧急任务"。"动委会成立之后,在极短的期间,即适当解决了当时抗战的一些紧迫需要,则是在事实上证明它为当时所必需,也可见它是正确的了。"① 动委会作为过渡性质的政权,为山西乃至华北抗日根据地创建抗日民主政权创造了条件。

总之,战动总会在日军占领区,发动民众,武装群众,使山西政治形势呈现出新生的气象。

三、山西新军的组建

全国抗战爆发后,山西形势急剧变化。为了适应战争的需要,阎锡山急需扩大其军队,以防范日军的入侵。他虽经多年经营,形成了自己的武装——晋绥军,但是,他也深知这支军队的实力,根本不可能抵挡拥有精良装备的日军的进攻。早在一年前红军东征,晋军一触即溃,所以同年下半年他就想过要扩军,并且想改用新的名称。绥东抗战后,阎锡山在一次形势讨论会上提出"假如日本人打进山西来,我们该怎么办?"② 让与会者讨论。董天知(中共党员)发言表示,"日军步步向我进逼,晋绥首当其冲,不早做准备,将来必将吃大亏。"建议成立一支以"保卫桑梓"为宗旨的抗日新军。阎锡山听后尽管内心深表赞同,但会上并未公开表态。会后他曾对赵戴文等人说:"共产党里就是有人才,董天知年纪那么轻(董当时是25岁),就能提出那么好的意见,真是了不起!"③ 但是,由于当时全

---

① 彭真:《关于晋察冀边区党的工作和具体政策报告》,中共中央党校出版社1981年版,第21~22页。

②《牺盟会和决死队》,人民出版社1988年版,第35页。

③《牺盟会和决死队》,人民出版社1988年版,第36页。

国抗战尚未爆发,阎锡山还有许多顾虑,对董天知的建议并未给予足够的重视。

"七七事变"后,日军在平津地区集结主力,准备西犯山西。在晋绥已朝不保夕的情况下,阎锡山急欲扩充军队,更多地依靠牺盟会来组织抗战力量,不得不考虑扩充实力,建立一支战斗力强的新军,以应付危局。一天,他找到牺盟会负责人薄一波说:"一波,战争开始了,还没有兵,你看该怎么办?"薄一波斩钉截铁地回答说:"组织新军,改革旧军。"阎锡山说:"旧军是不好改革啦,你就先组织一个新军团试试吧!"①

经过薄一波的发动和各方面的多次研究,决定组建抗日青年先锋队,后报告阎锡山。阎锡山认为不妥,便改为山西青年抗敌决死队。在得到阎锡山的许可后,1937年8月1日,山西青年抗敌决死队(简称"决死队")在太原国民师范大礼堂正式成立。阎锡山亲自参加会议,并在会上讲话说:"你们要成立'敢死队',我给你们改成了决死队。意思是说在民族革命战争中,你们都要有决死的决心。"②

决死队是由牺盟会举办的军政训练班、民训干部教练团和国民兵军官教导团第8、第9团一部组成,即决死1总队,薄一波任政治委员,牛佩琮任政治主任,阎锡山派军官任各级军事指挥职务。这是山西组建的第一支新军,名义上是中共与阎锡山合作建立的具有统一战线性质的军队,实际上是中国共产党领导的、受八路军总部指挥的民众抗日武装。

新军成员基本来自各阶层的爱国青年和革命知识分子,决死队一经产生就具有新的特点:它有较健全的民族革命的政治工作,有明确的中心思想,具体化为三大任务。即:争取民族革命战争的彻底胜利;建设光明灿烂民主共和的新中国;最后建立废除剥削制度,消灭社会不平,人人劳动、人人享受的新社会。决死队从队员的组成到管理都是全新的,由雇佣兵转为志愿兵,废除了旧军中的打骂制度,实行财政公开、官长减薪、

①王生甫、任惠媛:《牺盟会史》,山西人民出版社1987年版,第191~192页。

②王生甫、任惠媛:《牺盟会史》,山西人民出版社1987年版,第193页。

官兵一致的民主管理方法。特别是决死队实行政治委员制度,保证了这支武装的领导权牢牢掌握在共产党手中。

在决死队成立之时,阎锡山批准了由薄一波亲自拟订的《政治委员制度条例》。条例规定:政治委员为组织军队、政府派到部队中之全权代表,有直接处理部队中一切事宜之权;政治委员为部队中的最高首长,团长及政治主任均受其领导;一切军事政治命令训令等,均由政治委员、团长、政治主任共同署名;必要时,政治委员在军事政治方面有单独发布命令之权。①

决死 1 总队成立的次日,就开始了紧张的政治学习与军事训练。不久,决死队又组建了 3 个总队。9 月上旬,以驻祁县的军士训练第 2 团团部、政训部、第 2 营、第 3 营,驻太谷的军士训练第 1 团的 1 个营,及驻忻县的国民兵军官教导团第 9 团一部,组建为决死 2 总队,由张文昂任政治委员,韩钧任政治主任,辖 3 个大队,近 2000 人。9 月中旬,以驻寿阳的国民兵军官教导团第 10 团为基础,组建为决死 3 总队,由戎子和任政治委员兼政治主任,辖 3 个大队,约 1500 人。10 月上旬,以国民兵军官教导团第 5 团为基础,组建为决死 4 总队,由薄一波兼政治委员,李一清任政治主任。至此,决死队由 1 个总队扩建为 4 个总队,达 6000 余人。

9 月 21 日,根据中共中央在山西建立 3 个战略支点的部署,薄一波率决死 1 总队向晋东北进军,先期开赴五台、盂县地区,控制该地区并准备建立抗日根据地。在五台县台怀镇薄一波见到了朱德总司令。朱德对薄一波说:"八路军准备在这个地区建立抗日根据地。现在给你一个任务,马上率部南下,到晋东南太行山区建立根据地,那里现是个空子。"②他要求薄一波立即设法得到阎锡山的许可,把决死队尽快开到晋东南。朱德还告诉薄一波:"我们已得到情报,阎已委任托派、汉奸张慕陶为上党地区专员、游击司令,张要占据那块地方。你去把他撵走,能不能办

① 参见薄一波:《山西青年抗敌决死队政治委员制度条例》,《薄一波文选》,人民出版社 1992 年版,第 9 页。

② 中共中央文献研究室编:《朱德年谱》,人民出版社 1986 年版,第 172~173 页。

到？"薄很有把握地回答:"不成问题,可以做到。"①

9月底,薄一波到太和岭口第二战区行营指挥部,会晤阎锡山,向阎建议以山西8个"国民兵军官教导团"为基础,再组建5至10个旅的新军,同时提出上党是军事重地,愿意亲率决死队去控制这一地区,建立一个抗战的落脚点。对于前者,阎锡山鉴于雁北已失守太原岌岌可危的形势,当即以第二战区司令长官的名义,给了5个旅的番号,即国民革命军独立第1旅、第2旅、第3旅、第4旅、第207旅,并授权薄一波全权负责从速组建。对于后者,阎锡山则未及时答复,直至10月初他返回太原后,才准许薄一波率决死1总队赴晋东南,并且委任薄一波为山西第三行政区政治主任。阎锡山还说:"自古都说山西是形胜之地、表里山河,其实上党(古郡,今长治一带)才是表里山河的表里山河呢。历代都把那里看作是兵家必争之地。因为得了上党,跨过黄河就是洛阳,就可以得天下。"②

薄一波受命之后,积极扩编新军,首先于9月24日在太原组建了"工人武装自卫队",并将原来的4个总队(相当于团)扩充为4个纵队(旅)。按照阎锡山的要求,决死2、3、4纵队的政治委员分别由张文昂、戎子和、雷任民担任,韩钧和董天知改任政治部主任。政治委员人选确定之后,决死各总队相继进行了扩编,至1938年初由4个总队扩充为4个纵队。具体情况如下:

决死1总队于1937年11月扩编为决死1纵队,政治委员薄一波,政治部主任牛佩琮,纵队长鲁应麟。

决死2总队于1938年1月间扩编为决死2纵队,政治委员张文昂,政治部主任韩钧,纵队长陈庆华。

决死3总队于1937年12月底扩编为决死3纵队,政治委员戎子和,政治部主任董天知,纵队长陈光斗、颜天明。

决死4总队于1938年初在晋西北扩编为决死4纵队,政治委员雷任

①薄一波:《七十年奋斗与思考》上卷,中共党史出版社1996年版,第244页。

②薄一波:《朱总司令和山西青年抗敌决死队的成长》,《山西革命回忆录》第1辑,山西人民出版社1981年版,第46页。

民,政治部主任李力果、刘玉衡,纵队长梁浩、卢宪南。

工卫总队于1938年5月扩编为工卫纵队(后改编为工卫旅),郭挺一任纵队长兼政治委员,侯俊岩任政治部主任。

除此之外,还组建了政治保卫队和抗日游击第一路纵队。阎锡山从太原退到孝义后,电话通知决死2纵队政治委员张文昂,要张到临汾找杨爱源领手枪。300支手枪领到后,除排以上军政干部每人佩戴一支外,张文昂又从纵队4个团中挑选了120名精兵组成保卫队,每人配备手枪一支,以便保卫纵队部和行政专员公署。梁化之见这支队伍人员、装备均好,便把保卫队改编为政卫队(后改编为政卫旅),专门负责保卫阎锡山,队长张韶芳,政治主任廖鲁言。11月,动委会将太原、清源、交城、文水和汾阳等县游击队合编为抗日游击第一路纵队,由程子华兼任纵队司令,下辖第1、第2、第3、第4、第5支队。到1938年3月,动委会先后组建了25个基干支队,8月除第4支队随第120师开赴大青山外,其余整编为晋西北保安第二区队,续范亭为司令员。1939年夏,又整编为陆军暂编第1师,由续范亭任师长。

1937年11月,按照朱德总司令的指示并取得阎锡山同意,决死队先后开赴晋东南、晋西南和晋西北,协同八路军主力发动群众抗日工作,展开游击战争,创建抗日根据地。12月,日军纠集步、骑兵5000余人从平遥、阳泉、昔阳、和顺、寿阳、榆次分6路围攻驻扎在寿阳以南松塔、马坊地区的决死1纵队。面对强敌,决死1纵队英勇作战,5天内毙敌600余人,粉碎了日军围攻,经受了战斗考验。[①]

1938年2月,日军三路会攻临汾。刚组建不久的决死队便投入血与火的战斗中,配合晋绥军和八路军等打击日军,在战争的洗礼中锻炼成长。

日军分九路围攻晋东南抗日根据地时,为配合八路军主力作战,粉碎日军围攻,决死1纵队组织群众进行空室清野,并担任了牵制、消耗、

①《山西青年抗敌决死一纵队抗日战争史》(第14军军史丛书之一),1986年内部印行,第66页。

袭击来犯之敌,拖垮敌军的任务。2月下旬,东路日军突破东阳关,其中一部沿白晋路北上,决死1纵队即在襄垣虒亭一带阻敌北进,并侦知日军500余人在夏店附近休息时,随即占领有利地形,突然向敌发起攻击,歼敌50余人。之后纵队转至临(汾)屯(留)公路一带,不断袭击日军的运输队,一度占领良马、府城,切断了临汾、长治间日军的联系,尤其是在三不管岭的伏击战中,毙伤敌100余人,有力地配合了八路军第129师神头岭伏击战。日军因摸不着我主力部队行踪,疲于奔命,逐步陷于困境之中。此后,决死1纵队又与国民党友军第83师、第47师协同,在进占沁源之敌被迫撤退时截击、追击之,并配合八路军第344旅收复了沁县县城。4月27日,决死1纵队第2总队再次与第344旅配合,侧击长治南退之日军,先后在襄垣的虒亭、长治、高平地区进行战斗,歼敌百余,收复了长治县城。在这次反日军九路围攻作战中,决死队为保卫晋东南抗日根据地发挥了作用。反围攻作战胜利后,决死1纵队又活跃于同蒲铁路之霍县至临汾段。5月13日,纵队第1、第2总队袭击临汾车站,全歼守敌30余人。此后,又对洪洞县大、小胡麻据点进行突袭。为掩护灵(石)介(休)县政府开展工作,第3总队巧妙袭击了介休洪山村的日军,毙敌60余人。夏季,第3总队又发起榆次北田战斗,破坏马首至上湖段铁路,使日军一列运输车脱轨,伤亡惨重。8月28日,决死1纵队一部夜袭赵城磨头火车站附近之三关庙据点,打死、打伤敌111人。[①]

决死2纵队在日军占临汾后,及时提出"发展游击战争,保护人民,打倒伪政权,恢复抗日政权,创建根据地,扩大决死队"的口号,积极开展游击战争。曾一度截断汾(阳)隰(县)公路,断绝敌补给供应。之后又在同蒲路沿线,实行游击,破坏交通。特别是3月20日晚对同蒲路介休至洪洞段的破袭作战中,使敌一列火车出轨,死伤100余人。4月初,又在韩信岭设伏,毙伤敌多人,击毁汽车20余辆。

决死3纵队在安泽、古罗一带,对西进之敌实施阻击,激战整日。在

---

① 《山西青年抗敌决死一纵队抗日战争史》(第14军军史丛书之一),1986年内部印行,第66、77页。

日军占领临汾(2月28日)后,又以两个团的兵力在临汾附近开展游击战,并在张礼车站袭击日军一列火车,缴获很多军用物资。4月20日,第9总队分数路攻入沁水城,打死守敌近百名,迫敌撤退,占领了县城。7月,日军一运输大队300余人、汽车百余辆由阳城开往沁水,在翼城、沁水间的东坞岭遭决死3纵队第7、第8总队各一部伏击,被全部消灭。同年秋,决死3纵队又参加了正太路与同蒲路连接处附近之北营、鸣李段的铁路破击,袭击寿阳东关,炸翻火车一列,缴获大批军用物资。[①]

决死4纵队则在北同蒲沿线和太(原)汾(阳)公路沿线,进行游击战争,破路、袭敌,取得不少战果。在晋西北,决死4纵队配合第120师反围攻,展开七城战役,在围困岢岚和追击残敌中胜利完成了阻击和袭扰任务。[②]

晋西南政卫队从1938年2月起,也先后进行了黑龙关、三关峪、古城镇、秦王岭岭头村、王庄等战斗,在晋南反"扫荡"战斗中屡立战功。

据统计,决死1、3纵队,仅从1938年2月至8月半年时间中,进行大小战斗100余次,打死打伤日伪军2000多人,缴获步枪420支,大炮1门,战马多匹。决死2纵队,截至1939年8月底的两年中,共进行战斗328次,毙伤俘敌5000余人。[③]

在抗战的烽火中,决死队逐渐发展壮大,至1938年底已发展成为一支拥有30个团的抗日武装。

决死1纵队,除原来的第1、2、3总队外,又建立了游击第1、2、3团。另外还有第三专区的保安第5、第6团,共8个团,兵力1万人。

决死2纵队,除原来的第4、5、6总队外,又建立了游击第4、5、6、9、12团及保安第12团(其中6团改编为游击9团划归政卫旅),共9个团,

---

①薄一波:《回忆山西新军》,载《八路军回忆史料》,解放军出版社1988年版,第165~167页。

②薄一波:《回忆山西新军》,载《八路军回忆史料》,解放军出版社1988年版,第165~167页。

③《牺盟会和决死队》,人民出版社1988年版,第97~98页。

兵力 1.4 万余人。

决死 3 纵队,除原来的第 7、8、9 总队外,又建立了游击第 10、11、32 团。另外还有第五专区的保安第 9、第 10 团,共 8 个团,兵力 8000 余人。

决死 4 纵队,除原来的第 10、11、12 总队外,又建立了游击第 7、8、18 团,共 6 个团,兵力 8000 余人。

以上新军若加上工卫旅、政卫旅(第 209、212、213 旅)共计 43 个团,总兵力 4 万多人。[1]

到 1939 年"晋西事变"前,山西新军已拥有:(1) 4 个决死纵队,每纵队辖 3 个总队和 3 个游击团,合计 24 个团;(2)一个工人武装自卫总队,辖 3 个团;(3) 3 个政治保卫旅,即第 209、212、213 旅,每旅辖 3 个团,合计 9 个团,外加 3 个游击支队(团);(4) 1 个暂编第 1 师,辖 4 个团,1 个游击支队(团)。以上全部新军共 50 个团(其中 46 个正规团,4 个游击支队)5 万多人,[2] 在实际兵员和武器数量上都超过了山西旧军,成为活跃在山西各地的一支主要抗日民众武装。

山西新军虽在建制上归第二战区,实际上是在中国共产党领导下的抗日武装,是中国共产党抗日民族统一战线正确路线、政策和策略的产物。这支部队活动于晋西北、晋西南、晋东南地区,积极配合八路军发动群众,建立根据地,广泛开展抗日游击战争,为敌后战场的开辟及坚持敌后抗战发挥了重要作用。[3]

四、牺盟会第一次全省代表大会的召开

"卢沟桥事变"的次日晚,牺盟会即召开紧急会议。与会者一致认为,卢沟桥事件不是偶然的,也不是地方性事件,而是日本帝国主义有计划、

①《牺盟会和决死队》,人民出版社 1988 年版,第 101 页。

②参见黄华:《关于新军发展概况报告》(1939 年)。

③参见军事科学院军事历史研究部著:《中国抗日战争史》中卷,解放军出版社 1994 年版,第 118 页。

有步骤向中国全面进攻的开始。牺牲已到了最后关头,应立即准备对日作战。

7月下旬,刘少奇到达太原后,专门同阎锡山的代表梁化之面谈了牺盟会的工作,指出牺盟会是共产党帮助建立而发展起来的,是为了抗日救亡,不存在谁挖谁的墙角的问题。[①]通过这次开诚布公的谈话,阎锡山对共产党的一些疑虑得到了缓和。在这样的形势下,牺盟会得到了较快的发展。主要表现为:

一是加强牺盟会自身建设。9月27日至30日,牺盟会在太原国民师范礼堂召开了全省第一次代表大会,阎锡山因在太和岭口督战,特派梁化之与会转达他对大会的意见。大会选举了牺盟会执行委员会,阎锡山仍为会长,梁化之、薄一波、牛荫冠、宋劭文、冯基平、傅雨田、雷任民为常务委员,戎子和、张文昂、董天知、周子贞、顾永田、李力果、刘岱峰、张隽轩、张干丞、徐宏文、王永和、娄化蓬、郭挺一、杜春沂、薄右丞、智生元、刘玉衡等17人为执行委员。

这次大会还修改、通过了牺盟会工作纲领:

(一)本会以坚决实行民族革命,争取中华民族的彻底解放为当前的主要任务;

(二)要挽救当前的民族危机,首先必须实行全面抗战,驱逐日本帝国主义出中国;

(三)没收日本帝国主义在华财产及汉奸的财产,充作抗战经费;

(四)为实现全民族的抗战,全国民众必须总动员,组织训练民众,并立即武装民众,组织民众的武装部队,在日寇占领的地带,进行游击战争;

(五)改善人民生活,彻底执行合理负担的累进税,减租减息,以巩固全民抗战的基础;

---

①《牺盟会和决死队》,人民出版社1988年版,第59页。

（六）裁撤不必要的机关及支薪不做事的公务员，减低公务员的薪水，以抵消抗战时期的经济消耗；

（七）实现爱国自由及人民集会、结社、言论、出版之自由；

（八）与各党派各界各阶层密切地合作，将一切爱国的民众，不分性别、不分老幼、不分职业，团结在组织之内；

（九）改革政治机构，使它适应抗战需要；

（十）为了挽救目前的危局，以确保民族革命能够取得胜利，必须广泛地动员民众，参加抗日先锋队，开赴前线与日本帝国主义血战到底。①

会后，牺盟会根据新工作纲领的要求和抗战形势的变化，对领导机构进行了调整：压缩了总会的组织机构，充实了各中心区、县分会等基层组织，为开展广泛的群众工作提供了组织保证。到1939年夏，牺盟会会员已发展到300万人左右。②

二是提出抗日建议。1937年9月15日，牺盟会召开全体工作人员紧急大会，向政府提出了七项具体主张：

（一）立即改造充实全省总动员实施委员会，使之成为真正能负起动员任务的机构，并实行民主集中制，最后给总动员实施委员会以最高权力；

（二）立即下令严惩阻碍动员及动员不力的官吏、公务员，严禁官吏豪绅等侵犯人民爱国自由的权利，并扶植与保障人民抗日言论集会结社等自由；

（三）立即下令减租减息、增加工资、实行合理负担，以改善人民生活；

（四）政府与人民一齐总动员，为保卫山西而战，立即下令裁撤政府各机关之冗员，禁止公共机关浪费，撤销并惩办抗战中有消极

①王生甫、任惠媛：《牺盟会史》，山西人民出版社1987年版，第247~248页。
②《牺盟会和决死队》，人民出版社1988年版，第315页。

怠工以及不能胜任的分子;

（五）通令政府各机关执行动员令,一月之内要动员 5 万少年先锋队到前线,立即发枪支给人民;

（六）坚决执行已经颁布了的优待抗战军人办法;

（七）严惩自动放弃阵地的军官,甚至枪决。①

上述七项主张,阎锡山均予以赞同,并逐渐付诸实施。

1938 年秋,牺盟会拟定了《关于组织自卫队问题》和《征调新战士应注意的几个问题》两份文件,阎锡山不仅同意,而且责成牛荫冠,以他的名义从随营学校毕业生中选派各县武装自卫队的正副队长。

对此,薄一波后来在回顾这段历史时,也谈到阎锡山对牺盟会提出的意见,"一般都能采纳"。②

三是开展民众工作。牺盟会为了推动山西工人抗日救亡运动的开展,于 1937 年 9 月 18 日在太原召开了九一八纪念大会,近万名工人和两万多群众参加。会后,在工人纠察队保护下,举行了声势浩大的游行示威,并向政府要求,发给工人武器,进行武装抗日。经工人代表交涉,阎锡山答应发给工人冲锋枪 500 支、步枪 2500 支。

9 月 19 日,又成立了山西省总工会,工人运动蓬蓬勃勃地开展起来,仅太原市就有工会会员 5 万余人。

在开展工人运动的同时,牺盟会积极发动农民参加抗战。阎锡山批准由刘少奇代牺盟会起草的《山西农民会章程(草案)》,使农会取得了合法地位。此外,青年运动、妇女运动也得到长足的发展。至 1939 年夏,以牺盟会名义组织起来的农救会会员达 170 万人,工救会会员达 20 万人,妇救会会员达 30 万人,青救会会员达 30 万人。③

---

①《牺牲救国》第 38 期,转引自王生甫、任惠媛:《牺盟会史》,山西人民出版社 1987 年版,第 211 页。

②薄一波:《在纪念牺盟会成立五十周年座谈会上的发言》,《牺盟会和决死队》,人民出版社 1988 年版,第 314 页。

③《牺盟会和决死队》,人民出版社 1988 年版,第 314 页。

第 三 章
晋 北 防 御 战

第一节　中日双方的军事部署

日军占领平津后,兵分三路全面进攻华北。其中,沿平绥铁路西进之日军,兵锋直指山西。为保卫山西,八路军、山西新军与国民党军团结御敌,同日军在三晋大地展开了激战。

一、日军的侵晋计划

日军占领平津后,以主力巩固平津地区,将一部兵力部署于平津以南的长辛店到独流镇一线,企图待国内援军到达后,再向华北内地发动新的进攻。8月7日,中国驻屯军根据参谋部的指示,修订了第二期作战计划(第一期为平津地区作战)。这个计划的方针是:"一、为消灭侵入河北省的敌野战军,计划大致在集中完了后进行决战。决战时间预定在9月下旬或10月上旬。二、军使逐步集中的第5师团及铃木兵团,从平绥沿线地区开始作战,席卷察哈尔省,进入山西省北部及绥远地区。"[①] 8月9日,日陆军参谋部决定由中国驻屯军和关东军共同实施察哈尔作战。关东军于8月14日编组了察哈尔派遣兵团。

---

① 日本防卫厅防卫研究所战史室:《中国事变陆军作战史》第2卷第1分册,中华书局1981年版,第216页。

8 月 21 日,日军参谋部提出,除原向华北派出第 20、第 5、第 6、第 10 师团外,拟再向华北派出第 16、第 101、第 108、第 109 师团和一批特种部队。24 日,日本内阁会议通过了 4 个师的动员。日陆军参谋部也于同日决定改组中国驻屯军司令部为华北方面军司令部。8 月 31 日,日军参谋部根据军令陆甲第 13 号,编成华北方面军,其战斗序列如下:

华北方面军　　　　司令官　　　寺内寿一
　　　　　　　　　参谋长　　　冈部直三郎
　第 1 军　　　　　司令官　　　香月清司
　　第 6 师团　　　师团长　　　谷寿夫
　　第 14 师团　　　师团长　　　土肥原贤二
　　第 20 师团　　　师团长　　　川岸文三郎
　　集团军直属部队
　第 2 军　　　　　司令官　　　西尾寿造
　　第 10 师团　　　师团长　　　矶谷廉介
　　第 16 师团　　　师团长　　　中岛今朝吾
　　第 108 师团　　　师团长　　　下元熊弥
　　集团军直属部队
　方面军直属部队
　　第 5 师团　　　师团长　　　板垣征四郎
　　第 109 师团　　　师团长　　　山冈厚重
　　临时航空兵团　兵团长　　　德川好敏

重炮兵大队、防空部队、通信队、铁道队、兵站部队、中国驻屯混成旅团、宪兵队。

华北方面军共辖 2 个军、8 个师团、17 个旅团、34 个特种兵团和 1 个临时航空兵团,外加关东军察哈尔派遣兵团 4 个独立混成旅团和 2 个支队,总计约 37 万人。

8 月 31 日,日军参谋部以临参命第 83 号,派华北方面军到华北;又以临参命 88 号,给予华北方面军司令官的任务为:"负责占据平津地方及其附近主要地区，并确保该地区的安定。以挫伤敌人的战斗意志获得结束战局的机会为目的，应迅速消灭河北省中部的敌人。"① 9 月 20 日，日军参谋总长晋见天皇，上奏《作战计划大纲》。这份大纲的对华作战方针提出："大致以 10 月上旬为期，在华北与上海两方面发动攻击，务必给予重大打击，造成使敌人屈服的形势。"如果对华决战，在华北则"以华北方面军(以 8 个师团为基干)击败河北省中部之敌，依据情况方面军的兵力可为 9 个师团。"

从日军的部署可以看出，山西成为华北方面军进攻的重要目标。

二、第二战区的防御部署

晋北是宁、甘、晋、陕之门户，地位非常重要。平津失陷后，国民政府军事当局判断日军必将向中国内地发动大规模的进攻，于是加紧防御作战准备，迅速组建了新的统帅机构，划分战区，调整部署。8 月 6 日，国民政府在南京召开第一次最高国防会议，做出了华北方面的防御部署。8 月 12 日，国民政府最高当局决定以军事委员会为最高统帅部，蒋介石为海陆空军总司令。8 月 14 日，中国政府发表自卫抗战声明书，指出："中国为日本无止境之侵略所逼迫，兹已不得不实行自卫，抵抗暴国。"②

8 月 20 日，国民政府颁布了《战争指导方案》和《作战指导计划》，将全国划分为五个战区。第二战区，司令长官阎锡山，作战区域为山西、察哈尔和绥远。《战争指导方案》判断，日军进攻的重点(也即抗日战争的主战场)在华北方面。而"主战场之正面在第一战区，主战场之侧背在第二

---

① 日本防卫厅防卫研究所战史室：《中国事变陆军作战史》第 1 卷第 2 分册，中华书局 1981 年版，第 24 页。

② 《中国近代对外关系史资料选辑》下卷第 2 分册，上海人民出版社 1977 年版，第 11 页。转引自张宪文主编：《中华民国史纲》，河南人民出版社 1985 年版，第 477 页。

战区"。规定第一战区的作战任务是："近迫该当面之敌，实行柔性之攻击，以吸引其主力，俾我第二、第三战区之作战，得从容展布。但如敌军企图(以)真面目与我决战时，则应毅然尽全力以防制之。"第二战区的作战任务是："打破敌军惯用包围行动之企图，使其对我第一战区不敢放胆施行正面之攻击，同时牵制热河以东之敌军，使其对青岛、淞沪之作战不能转用兵力。"①

《作战指导计划》提出指导要领：第二战区"为华北唯一屏障，务须永久固守，以为国军尔后进出之轴心。"② 并且明确要求："依战况之推移，对于山西东北方面，厚积兵力，以其永久固守。"③ 第二战区在作战计划中也提出："防军如遇敌之攻击，应死力固守，勿稍退让，如遇好机即转攻势，勿稍犹豫。"④

为加强华北的防御力量，国民政府统帅部从8月上旬开始急向华北调集兵力，将傅作义之第7集团军一部向平绥路东段的张家口和南口地区集中，准备迎击日关东军和中国驻屯军向西进攻。

至8月中旬，各部队的部署已基本上就绪。第二战区方面，以第35军、第13军等部组成第7集团军，由傅作义任总司令，汤恩伯任前敌总指挥，部署于察哈尔地区，阻击沿平绥路东段前进的日军；第6集团军总司令杨爱源部，位于晋北地区，防御平绥路西段；阎锡山自兼总预备军总司令，位于太原地区。另外，八路军总指挥朱德部为第2机动兵团，部署于蔚县、涞源一带，准备策应平绥路上宣化及万全方面的作战，并负责袭击日军后方。

---

①《大本营颁国军战争指导方案训令》(1937年8月20日)，中国第二历史档案馆编：《抗日战争正面战场》(上)，江苏古籍出版社1987年版，第12页。

②《国军作战指导计划》，中国第二历史档案馆编：《抗日战争正面战场》(上)，江苏古籍出版社1987年版，第4页。

③《国军作战指导计划》，中国第二历史档案馆编：《抗日战争正面战场》(上)，江苏古籍出版社1987年版，第5页。

④阎锡山：《第二战区二年来抗战工作报告与检讨》，《阎伯川先生救国言论选集》第2辑，第96页。

8月20日,国民政府公布了编组各战区的命令和战斗序列。其中,第二战区的战斗序列如下:

第二战区　　　司令长官　　　阎锡山

　第6集团军　　总司令　　　　杨爱源

　　　　　　　　副总司令　　　孙　楚

　第33军　　　军长　　　　　孙　楚(兼)(辖第73师,独立第3、第8旅)

　第34军　　　军长　　　　　杨澄源(辖第71师,新编第2师,第196、第203旅)

　第7集团军　　总司令　　　　傅作义

　　　　　　　　副总司令　　　刘汝明

　　　　　　　　前敌总指挥　　汤恩伯

　第35军　　　军长　　　　　傅作义(兼)(辖第211、第213、第218旅)

　第61军　　　军长　　　　　李服膺(辖第101师,第200旅、独立第7旅)

　第68军　　　军长　　　　　刘汝明(兼)(辖第143师、独立第40旅)

　第17军　　　军长　　　　　高桂滋(辖第84、第21师)

　第13军　　　军长　　　　　汤恩伯(兼)(辖第4、第89师)

　集团军直属部队　　　　　　(辖第94师,新编第5旅、第6旅,骑2旅)

　预备军总司令　　　　　　　阎锡山(兼)

　第八路军　　总指挥　　　　朱　德(辖第115、第120、第129师)

　第19军　　　军长　　　　　王靖国(辖第205旅、第209旅、独立第2旅)

　骑兵第1军　　军长　　　　　赵承绶(辖骑兵第1、第2师)

二战区共辖2个集团军、10个军(军团、路)、15个师另15个旅及其他部队,约 30 万人。

9 月 27 日,军委会拟定的《第六、一、二战区第二期作战指导计划》如下:

第一,方针

第六、一、二战区以确保山东、山西两战略要地,使国军尔后作战容易进展为目的,在冀省中部竭力抵抗并固守晋北,以待增援部队之到来,再转攻势击灭敌人。

第二,指导要领

第六、一、二战区和沧州抗战不到万不得已时,应在南皮泊头、献县之线竭力抵抗,以一部沿运河东岸,以主力沿运河西岸地区持久抵抗,最后须在德州东西之线竭力拒止敌人,以待第五战区兵力之转进。

第二战区以一部于集宁、绥远线节节抵抗,阻敌西进,各集团主力南下须袭击敌侧背,以主力固守雁门关、平型关现阵地,加以机动部队在平型关外及阜平一带山地为根据,见机袭击晋北方面及沿平汉线南下敌之侧背,与第二、第一战区正面兵团相策应击灭敌人,并酌以各一部在龙泉关、黑山关、娘子关各隘路增强工事。

各战区、各兵团对于阵地前方之铁道、桥梁、道路、电线,准备必须之器材于必要时行彻底之破坏,以迟滞敌之前进。①

与此同时,8 月 2 日,阎锡山应蒋介石之召,飞赴南京,参加国民党最高国防会议。8 月 6 日下午,阎锡山在与军政部部长何应钦的谈话中表明了自己对抗日战略的设想:

1.政略:抵抗日本之侵略。

2.战略:实行持久战,放弃土地,无关紧要。在持久战中,应研究减少敌人 3 种力量,即:飞机、战车、大炮。

3.战术:现敌军甚为骄傲。香月说:中国军队若干师,均等于一

---

① 《第六、一、二战区第二期作战指导计划》,中国第二历史档案馆编:《抗日战争正面战场》(上),江苏古籍出版社 1987 年版,第 450~451 页。

师。又说:中国军队师长以上,不知有国家,只知有个人。最好在敌傲慢之下,第一次会战须求得胜利,以正世界视听,尔后再将军队疏散,实行持久战。

4.战斗:日军除运用火力外,他无所恃。其军官士兵(1)生活优裕;(2)感觉战争无意义。故在战斗上只要避开其火力,使其火力不能充分发挥,必可取得胜利。故我宜在有利之地形与之作战,使其飞机、战车、大炮皆失作用。①

阎锡山的这番谈话,既对敌情作出了分析,也表明了他的抗战决心与设想。应当说,阎当时在大敌当前的情况下,抗日态度是坚决的、进取的。

8月7日,会议结束。第二天中午12点,阎锡山便匆忙由南京明故宫机场飞回太原。

此时,日军已兵分三路,沿平绥、平汉、津浦路向西、向南进攻,其中由平绥路西进之日军意在夺取绥远、山西。所以,阎锡山一回到太原,便着手进行军事部署:将晋绥军编为两个集团军:即第6、第7集团军,分别由杨爱源、傅作义任集团军总司令;并在东起娘子关,沿太行山各要隘地区,经广灵、天镇到丰镇、平地泉、百灵庙一线的防御阵地上,部署防御兵力,将主力兵力集结于天镇、大同等重点地区。其部署是:"北区以天镇、平地泉为两大据点,以兴和、陶林、百灵庙等点构成外围警戒线,大同、绥远成为两大核心。中区系由平型关经凌云、茹越、阳方各口到利民堡之线,拟构成国防北部主线。平型关方面,在砂河、繁峙等地,准备一斜交阵地,以作决战地带,更以灵丘、广灵编成一机动区。南部系由东阳关经娘子关、六岭关至龙泉关之线,拟构成东部国防主线。寿阳、忻口等处,尚拟设备中间防线,以太原为总核心。"②

---

① 《卢沟桥事变后国民党政府军事机关长官会报记录》(第27次),载《民国档案》1987年第3期。

② 阎锡山:《第二战区二年来抗战工作报告与检讨》,《阎伯川先生救国言论选集》第2辑,第96页。

就在第二战区谋兵布阵、调兵遣将但尚未部署完毕之际,日军两路大军已气势汹汹杀将而来。

第二节　天镇、阳高战斗

正当第二战区排兵布阵防范入侵之敌时,日军向晋东北的天镇猛扑而来。第二战区派第61军一部阻击日军,打响了山西抗战的第一枪。

一、天镇之战

8月27日,南口、张家口失守,日军乘势突破察哈尔省平绥路各据点后,兵分两路,向晋绥深入:关东军察哈尔派遣兵团约4个旅团偕伪蒙军9个骑兵师,从张家口沿平绥路西进;板垣征四郎第5师团从怀来向蔚县进攻,兵锋直指天镇、阳高,直叩晋北门户大同。日军还出动飞机轰炸大同、太原,山西形势顿趋紧张。

第二战区司令长官部判断日军的军事行动有两种可能:一是"以一部兵力由蔚县向广灵行佯攻,以主力沿平绥路西进夺取大同,以图切断我晋绥之联络线。"二是"以一部兵力向天镇行牵制攻击,以主力向广灵进攻,企图截断我雁门后路。"[①] 于是采取机动的作战方针:以主力配置于天镇、阳高、广灵、灵丘、平型关各地区,以一部控制于大同、浑源、应县附近,以资策应。阎锡山一面电令傅作义率第35军主力经张家口西返大同,并令该军之第211旅第421团(团长刘景新)在孔家庄车站下车,配合第61军之第200旅向万全城南山地对敌进行阻击,掩护主力安全西

---

①《第二战区平型关战役作战计划》,中国第二历史档案馆编:《抗日战争正面战场》(上),江苏古籍出版社1987年版,第451页。

撤;一面电令李服膺第 61 军由柴沟堡等处后撤,于天镇、盘山、阳高占领既设阵地,阻止日军西犯,以掩护二战区主力军第 35 军、第 19 军、骑兵第 1 军等部在大同地区集结,准备与日军决战,御敌于晋省之外,以保疆圉。在阎看来,用自己的部队,胜则固无论矣,败则再请中央军各路大军固守雁门也不迟。

8 月 28 日,阎锡山乘坐用汽车改装的铁甲车离开太原,赴原平,然后改乘汽车到代县雁门关东的太和岭口,亲自督战,并作诗一首:"张垣失守雁绥危,无何岭口把节移。兵不主动难为策,千里布防更欠宜。"① 在这里,阎锡山一面发表文告,鼓舞士气;一面调兵遣将,指挥作战。阎锡山根据其日军必沿平绥线西攻大同的判断,认为敌我双方可能于雁门山以北摆开战场,因而拟定了一个大同会战计划。

大同又称平城、云州、西京和凤凰城,雄踞于雁北大同盆地的西北部,北有外长城作屏障,西南以管涔山为依托,东南凭恒山为支撑,与平型关遥相呼应,足以控制桑干河域,而且又是平绥、同蒲两铁路的交汇点,扼晋、察、绥交通要冲,自古就是军事重镇、晋北门户。如果大同及周边地区为我所控制,北出外长城,可制西进之日军左侧背;反之,如果大同为敌所占,则可沿同蒲路南下,直扑太原。

为进行大同会战,阎锡山确定了机动的作战方针,即"以主力配置于天镇、阳高、广灵、灵丘、平型关各地区,以一部控制于大同、浑源、应县附近以策应各方之战斗,相机转移攻势",② 以达到利用山地歼灭敌人之目的。

为了达到上述目的,阎锡山设想了几个战略步骤:

一、在灵丘、广灵、东井集、天镇各地区附近,配备强有力之部队,以阻绝其前进,以一部配备于大同附近,以大部控置于浑源、应

①《民国阎伯川先生锡山年谱和编初稿》(五),台湾商务印书馆 1988 年版,第 2037 页。

②《第二战区平型关战役作战计划》,中国第二历史档案馆编:《抗日战争正面战场》(上),江苏古籍出版社 1987 年版,第 451 页。

县附近,以策应各方之战斗。

　　二、如敌以主力进攻广灵时,该处守兵应固守待援,以总预备队主力应援该方面之战斗,此时东井集之部队应向广灵敌之侧背威胁,以使该方面之战斗容易成功。

　　三、如敌以主力进攻天镇时,我天镇守军拼死待援,以大同附近之总预备队相机向天镇附近推进,以浑源附近兵力渡桑干河,向天镇右翼实行侧面反击,以图牵制敌人,俟其顿挫,由天镇两翼夹击之。

　　四、骑兵军以主力位置[于]商都、尚义、化德等处,相机威胁敌之侧背,以一部守备大庙、百灵庙各据点。

　　五、第18集团军到达后,应进出灵丘、蔚县附近,威胁敌之侧背,以使进攻之敌不敢孤军深入,在敌我决战时期,该军应向敌侧背实行猛扑,以期我军确获战捷。①

据此,阎锡山将此计划上报蒋介石,得到了蒋介石的批准与鼓励。蒋介石还答应速将刘茂恩第15军派往山西,列入第二战区序列,作为拉走汤恩伯3个师的补偿。于是,他立即分兵派将,部署军队。其具体作战方案如下:

以李服膺第61军及其所辖李俊功第101师、刘谭馥第200旅,共7个团,附属一个山炮营,在山西东北边界的西湾堡、天镇、阳高等地,占领既设工事,阻止日军西进,掩护大同东面的聚乐堡主阵地带,并沿平绥铁路节节抗击,诱敌至大同外围,之后北移于镇边堡加入北兵团序列。

以王靖国第19军及其所辖田树海、杜堃、段树华3个旅,共9个团,附属山炮团、野炮营又一个重炮连,占领大同东面15公里的聚乐堡主阵地,吸引敌于熊耳山和外长城线间的南洋河盆地。

以杨澄源第34军及刘茂恩第15军为南兵团,以杨爱源为指挥,集结

---

① 《第二战区平型关战役作战计划》,中国第二历史档案馆编:《抗日战争正面战场》(上),江苏古籍出版社1987年版,第451~452页。

于浑源、东井集间;以傅作义第35军(3个旅共计9个团的兵力)及绥远的两个骑兵旅附一个山炮团、一个野炮营为北兵团,以傅作义为指挥,集结于丰镇、得胜口等地待机。俟敌被诱至聚乐堡主阵地时,南北两军立即发动钳击,合击敌于该地区。

陈长捷第72师和新编独立第4旅于镇河部编为预备兵团,由阎锡山直接掌握。

此外,以骑兵集团军赵承绶、门炳岳部设防于绥东的兴和东北地区;刘奉滨第73师布置在广灵以北的火烧岭——洗马沟一线,担任警戒。孟宪吉独立第8旅设防于雁门关上;章拯宇独立第3旅部署在五台、龙泉关间。

然而,战争的发展常常是出乎预料的。日本关东军察哈尔派遣兵团,除在伪蒙军的配合下,继续沿平绥路西进,其先头部队独立混成第15旅团推进至柴沟堡,直指天镇外,又兵分三路向南、向西挺进:一部由张家口趋兴和,以图集宁;一部自怀安逼阳原,进攻浑源;一部从怀来扑蔚县,直插广灵。三路大军分进合击,对大同乃至晋北形成了包围之势。

天镇是雁北东部的门户、大同的前哨,自然是日军进攻的首要目标。

为部署大同会战,阎锡山电令第61军军长李服膺率部固守天镇以东盘山迄北山之线和天镇城3天以上。

李服膺奉命后,一面亲莅部队讲话,印发告全军官兵书,进行战前动员;一面进行紧急部署。由于对敌情、任务估计不够充分,仓促中作出一线式消极防御部署:以第200旅之第400团占据盘山制高点,固守尚未竣工的国防工事阵地;以第101师占领盘山以北罗家山、李家寨、铁路西侧迄北山瓦窑口之线阵地;第399团驻守天镇城防工事。由李俊功率第201旅及第401团驻于天镇城内,负责指挥全线作战。李服膺本人率军司令部,坐镇阳高城内,统一指挥作战。

9月2日,日关东军右路主力独立混成第15旅团于晚间乘火车抵达天镇县东陲永嘉堡,左路主力独立混成第2旅团沿怀安——天镇大道进至天镇县境的史家窑一带。

9月3日,日军混成第15旅团先锋部队1500余人,携野跑20多门,向晋绥军第213旅第425团(团长李在溪)驻守的砖窑村前沿阵地进攻。守军与敌血战竟日,毙伤日军300余人,尽管伤亡500余名,始终控制着阵地。

次日,日军左右两路联合,在30余架飞机和炮兵的支援下,向天镇发动大规模的进攻,地空配合,集中兵力猛攻李家寨、罗家山一线主阵地。这次,日军进攻的战术有所改变,不用步炮协同的战术冲锋,而是先以步兵拥至我阵地前沿,猛烈射击,诱我守军全部进入阵地后,再以飞机低空轰炸和扫射,继之以炮火猛烈轰击,如是轮番数次,守军构筑的工事被夷为平地。守军依然奋力抵抗,虽伤亡数百,但主阵地仍掌握在我手中。

9月5日,日军出动飞机30架,坦克、装甲车50余辆,步、骑兵3000余人,猛扑天镇主阵地——盘山。

盘山,位于天镇东南约4公里处,山峰高峻险要,既可俯瞰平绥铁路,又能屏障天镇城。守军奋勇抵抗,激战终夜,冲锋4次,与敌肉搏,战况至为激烈。李服膺在阳高城内坐卧不安,急率幕僚人员与直属骑兵连进驻天镇城西村庄,指挥作战。

为阻止日军迂回西进大同,阎锡山急忙调第19军在丰稔山、聚乐堡一带紧急布防,声援天镇。同时,致电蒋介石:"此次决战无论胜败,敌我双方均应是极大损失。钧座对积极方面,收复察、平,或增兵固守晋绥,俟敌再度来攻;或消极固守山西,均应早有打算。"[①]蒋介石次日回电道:"敌攻大同时,当由平汉、津浦两方面令卫(即卫立煌——引者注)部同时反攻策应,以收复平津及察省也。"[②]

9月6日,日军再攻盘山、周家山,除空军轮番轰炸外,竟施放毒气

①《阎锡山致蒋介石电》(1937年9月5日),转引自张宪文主编:《抗日战争的正面战场》,河南人民出版社1987年版,第55页。
②《阎锡山致蒋介石电》(1937年9月5日),转引自张宪文主编:《抗日战争的正面战场》,河南人民出版社1987年版,第55页。

弹。守军与敌拼死鏖战,多数殉国,仍坚守阵地。日军于是改变战术,乘夜间猛攻据守盘山制高点的第 400 团,先以密集的优势火力猛轰,继之以步兵猛冲到我阵前,双方展开肉搏血战。激战中第 400 团营长高保庸牺牲,全团官兵伤亡达 500 余人,损失惨重。终因寡不敌众,弹尽粮绝,团长李生润请求增援,但师、旅部均无兵可派,盘山阵地于次日遂告失守,日军兵临天镇城下。李服膺率残部退往王千户岭,天镇城仅留第 399 团固守。

9 月 8 日,日军开始攻天镇县城。骄横的日军先派 10 多人的小队,列队朝东城门而来,被我派到城外的活动小组全歼。日军乃改变战法,先以大炮猛轰城墙,把城墙轰得乱七八糟,然后步兵在装甲车和机枪的掩护下冲锋,一连数次攻击,均被守军击退。日军于是一面派飞机轰炸、投燃烧弹和毒瓦斯弹、扫射城墙,继续攻击;一面以 1 个联队兵力偕坦克 10 辆绕过天镇,奔袭阳高。

阳高,位于天镇西南,城墙破烂不堪,低处仅丈余高,根本无险可据。奉命守城的为第 61 军第 200 旅第 414 团 600 余人。

9 月 8 日晨,日军先以飞机低空侦察、轰炸、扫射,然后集中炮火猛轰城墙薄弱部,步兵在战车掩护下猛攻城垣。一时烟尘滚滚,炮声隆隆。我守军伤亡甚重,敌乃突破城墙。团长白汝庸亲自督战向敌反击,但未能挽回颓势。日军突入城内,于是双方展开巷战。守军伤亡过半,遂于夜晚突围出城。阳高于 9 月 10 日失陷,日军进城屠杀群众千余人。

阳高失守,天镇后路被截,李服膺乃下令弃守天镇,全军撤退,并将平绥路各桥梁一律炸毁。第 399 团奉命于夜间有秩序地撤出天镇城。11 日,日军占领天镇,屠杀城内居民 2300 余人。

至此,大同完全丧失屏障。日军乘此间向大同附近集结兵力,大同危在旦夕。

二、大同的失守

正值大同告急之时，广灵方面战火又起。日华北方面军第5师团在占领察南要地阳原、蔚县后，兵分两路向晋察交界的广灵进攻：一路以师团主力第9旅团及山炮兵联队等，从蔚县攻击广灵附近的阵地；一路以步兵第21旅团及野炮兵联队，从阳原附近迂回到中国守军的左侧背，配合主力作战。

广灵地处晋察两省的交通要道，与天镇互为策应，由刘奉滨第73师驻防，并协同从南口撤退于此的汤恩伯部取守势防御。但是，蒋介石又电令汤恩伯第4、第89师速开平汉线顺德，整理补充，第84师开广灵，第21师开蔚县，第94师开涞源布防。阎锡山得知后，急电蒋介石："汤军两师南调，三师撤防，非特第二战区陷于危殆，即第一战区影响亦大，请钧座迅赐电令阻止。"[1] 蒋乃电令汤撤回命令。

为了加强该地区的防御力量，阎锡山还电呈蒋介石派兵固守涞源，电云："涞源地形有天然要塞之形势，尤为第一、二两战区之枢纽，此地一失，一、二两战区后路均受威胁。十八集团军集中为期尚早，请迅在涞源派得力部队两三师固守，以易县、涞源之师防其东去，广灵、灵丘之兵堵其西来。此部署如成，并可相机歼敌。"[2]

汤恩伯奉蒋介石之命指挥第17军及第73师，在广灵一带布防，以阻止日军西侵入晋。具体部署是：李仙洲第21师一部约1个步兵团，于暖泉镇附近担任警戒，主力控制于广灵西北之南村一带，构筑预备阵地；刘奉滨第73师在伊家店、马山之线占领阵地；高桂滋第84师在马山至火烧岭一线占领阵地。

---

[1]《阎锡山致蒋介石密电》(1937年9月3日)，中国第二历史档案馆编：《抗日战争正面战场》(上)，江苏古籍出版社1987年版，第453页。

[2]《阎锡山致蒋介石电》(1937年9月2日)，《民国阎伯川先生锡山年谱长编初稿》(五)，台湾商务印书馆1988年版，第2043页。

9月12日,蔚县日军2000余附炮10余门,冒雨击退暖泉镇警戒部队。次日拂晓,日军又出动步兵1000余人,在10余门炮和6架飞机的支援下,向广灵正面安头山、洗马庄一带第73师阵地猛攻。守军与敌激战至中午,第423团团长吕超然阵亡,阵地被敌突破。同日,日军步兵第41联队向广灵阵地左侧翼伊家店迂回,企图切断中国守军后路。阎锡山即令汤恩伯指挥所部,相机夹击该敌。

同日(12日),由原阳南下之日军第21旅团进攻广灵西北火烧岭,与守军交战,经7个小时的激战,攻占火烧岭东北大白山阵地。该地守军在火烧岭守军的配合下,将阵地收复。13日,日军2000余人,步炮联合,向刘家沟阵地迂回。李仙洲即以第63旅(欠第124团)在望狐村至乱岭关以北占领阵地,第61旅增援刘家沟,并亲率第124团进驻赵家坪督战。高桂滋也率预备队抵小关村附近,向敌攻击。但因洗马庄阵地被敌突破,高桂滋部(第84师)向贺家窑附近及其东侧高地转移,李仙洲部(第21师)向鳌峪山(不含)、上白羊、石人山、岔口之线阵地转移。

9月14日,日军攻陷广灵后,派4个大队分别向浑源和灵丘追击。阎锡山于15日严令第73师师长刘奉滨在广灵南山坚守阵地,不得再退,否则以军法论处,并严令第17军在新的防御线固守。日军2000余人,在炮火掩护下,由广灵向第73师松树山阵地攻击,冲锋10余次将阵地攻占。刘奉滨急抽兵力,进行反击,夺回阵地。日军乃集中火力向侧翼阵地攻击。激战中,刘奉滨负伤,守军伤亡过半。阎锡山鉴于该师损失甚重,遂令其向义泉岭附近一带高地转移。而此时刘茂恩第15军尚未到达浑源,浑源北东井集仅有第34军的梁鉴堂一个旅。因此,阎锡山感到惶惑不安,拟转移主作战方向于浑源方面。

与此同时,日军察哈尔派遣兵团由天镇、阳高长驱直入。在聚乐堡前方,遭到段树华第209旅的积极抵抗,激战两昼夜。王靖国一面向阎锡山告急,请陈长捷的预备军应援;一面让集结丰镇的第35军南移大同支援。这样,阎锡山大同会战的基础已开始动摇。

9月11日,日军突破聚乐堡附近阵地,其机械化部队直驱大同城外,伺机攻城。而此时配合大同防守的刘茂恩第 15 军仍未到达大同布防，城内兵力薄弱，防守空虚。驻军见大同难以坚守，便于当晚(11 日)炸毁御河铁桥，弃城南撤广武、雁门关一线。

这样，日军在未受任何抵抗的情况下，便于 9 月 13 日占领晋北重镇——大同。蒋介石获悉后，急电警示阎锡山："集中兵力于一点，与敌决战，是失我所长，而补敌短，此非不得已，切勿轻用。弟意晋绥阵地(当)取积极防御为主也。"[1]

对于大同弃守，阎锡山事后也承认是"战略上的自动放弃"。[2]从天镇战斗的枪声到大同的沦陷，仅仅 10 天时间，日军便突破他苦心经营的晋北第一道防线，致使晋北门户洞开。这一结局撇开中日双方军事实力等因素，单从军事战略角度来看，阎锡山败在了他东京士官学校的同窗板垣征四郎手下。如前所述，阎锡山曾预测日军进攻山西，或以主力沿平绥路西进，夺取大同，切断晋绥联系，或以主力攻广灵，截断中国军队后路雁门关，所以决定利用山地及既设国防工事，诱敌至大同外围后加以南北合击。可万万没料到的是，板垣却选择了他认为是最安全的地带:从蔚县—广灵—平型关一线突破。

板垣之所以选择平型关这个突击方向，是因为无论在地理上还是中国军队的防御上对日军都是极为有利的。从地理上看，平汉路西侧是太行山山脉，同蒲路东侧是恒山山脉，两山峡谷中纵贯一条从平绥铁路伸出，经察哈尔蔚县至山西代县的大道——蔚代公路。而且这一狭长地带，地形复杂，在军事地理上是静态战役走廊，为兵家之大忌。从国民党第一、第二战区防御部署上看，恰恰忽视了这一地带，形成了一个 200 公里的大空隙。蔚代公路以东是太行山北端，与平汉路相接，是第一战区涿州防线的左侧后;蔚代公路以西是恒山北端，是第二战区大同防线的右侧后。两个战区各自为政，互不衔接，将涿州、大同两点之间的中央地带敞

①《蒋介石致阎锡山密电稿》(1937 年 9 月 11 日)，中国第二历史档案馆编:《抗日战争正面战场》(上)，江苏古籍出版社 1987 年版，第 454 页。

②《山西文史资料》第 73 辑，第 13 页。

开,既不控制蔚代公路,又不在太行山北端屯兵,从而形成涿州——大同防线的中央裂缝。板垣正是看准了这个空隙,决计沿蔚代公路突破察晋边界,打了阎锡山一个措手不及。

阎锡山之所以疏于防守,不是他不知道这一带的重要,而是认为日军人地生疏,绝不敢冒险通过这个走廊的。可他忘了面临的对手板垣对这一带的地形并不生疏,而且可以说了如指掌。当日军陷广灵、灵丘,直逼平型关时,阎锡山才十分后悔地回忆起一件事来:1936 年夏天,他留日时士官学校的同窗板垣,作为日本关东军的特使,前来山西拜访他。当时板垣拒绝阎氏迎接,不乘飞机或汽车,而是特地从察哈尔省蔚县沿蔚代公路徒步"旅行",对周围的地形做了一一勘察。当时阎对板垣的举动并不在意,如今,当板垣率兵沿此线突入山西时,他才恍然大悟,但是,悔之晚矣。

大同会战计划破产,日军长驱入晋,影响了整个华北战局,全国舆论哗然。为了掩人耳目,阎锡山将责任推卸到从天镇弃城南撤的李服膺身上。阎说大同会战计划的落空,主要是由于第 61 军在天镇、阳高作战不力所致,因而下令把军长李服膺扣押在岭口行营。并派军械处长刘树勋去第 400 团扣捕团长李生润(第 200 旅旅长刘谭馥主使李逃跑。阎锡山得知后,马上通令全军,逮捕李归案),可是未能抓到。李生润后来投靠胡宗南,历任要职。

李服膺属晋军将领中的"五台派",是阎锡山一手提拔起来的,自以为"为人忠诚不欺","没有做对不起长官(指阎锡山——引者注)和部下的事",[①] 也知弃城不对,但相信阎锡山不会将他如之奈何。出乎他意料的是,阎锡山以召开军长会议的名义,将李服膺扣捕关押,不久押回太原。阎亲自对李面训说:我将你从排长提拔到军长,不想你指挥失误,以一个军的兵力,竟固守不住本战区的门户盘山坚固阵地和天镇城防永久

---

① 《山西文史资料》第 39 辑,第 135 页。

工事,让敌军很快长驱直入……如此影响战局,罪责实难宽恕。①话毕,不容李置答一词,也未经正式军法审判,就令左右于10月4日将李服膺处决了。对此,直到今天仍有不同的看法。需要说明的是,李服膺是在完成了阻敌任务的情况下,才撤出天镇的。阎锡山曾令李服膺:"在原线坚守3日,拒敌西进"。后又电令:"续守3天,掩护大同会战"。②李从9月3日一直坚守到11日,这是不容否认的。那么,阎锡山为何要置李于死地?这一点与时隔百日后(1938年1月24日)蒋介石枪毙韩复榘有惊人的相似之处。

第三节　平型关战役

大同失守后,中日两军在内长城一线展开激战,八路军在平型关首战告捷,打破了日军"不可战胜"的神话,极大地振奋了全国人民的抗战信心。

一、中日双方的军事部署

大同失守后,阎锡山及时调整部署,将战区主力全面南撤到内长城一线。其撤兵情况如下:杨澄源第34军由东井集撤至应县下社、茹越口,收容李服膺部的第101师、第200旅等残部(李服膺第61军番号被撤销),归入该军;而把原属该军的郭宗汾第71师和续儒林新编第11旅编为第2预备军,由郭宗汾任军长,置于繁峙城附近。王靖国第19军由大同、聚乐堡撤至雁门关,加入方克猷独立第2旅,守备雁门山。傅作义第

①《山西文史资料》第22辑,第108页。
②《山西文史资料》第39辑,第128~129页。

35军由绥东丰镇撤至阳方口、宁武。骑兵赵承绶军退至朔县、神池方面，警戒雁门、宁武西翼。原陈长捷第72师及于镇河新编独立第4旅，分别经雁门关、虎峪口撤至雁门山南的代县，予以新的第61军番号，由陈长捷任军长。

日军第5师团陷广灵后，续向灵丘、浑源进攻，同第73师等部激战。为防日军攻占平型关，切断雁门关的后路，阎锡山急调雁门关附近的孟宪吉独立第8旅驰赴平型关，增援第73师；另调第6集团军副总司令孙楚至大营，指挥高桂滋第17军、第73师以及第33军的独立第3、第8两个旅，在平型关南北的既设阵地阻敌。与此同时，空军司令员周至柔于9月12日电告阎锡山，由陈栖霞率空军4个中队北上支援。14日，空军编为北正面支队，设司令部于太原。

与此同时，日军也进行新的作战部署，决定采用两路分进合击的"钳形"迂回战术，即以第5师团万余兵力为主攻，以察哈尔派遣兵团万余人为助攻。主攻方向的作战任务是，首先攻占平型关，抢夺南下通路——滹沱河河谷，继而以迂回战术，直扑忻县，夺取恒山之战略中枢，企图将该地区中国军队聚而歼之，然后乘胜南下直取太原。

恒山山脉处于晋、察、绥3省交界地带，横亘于晋北中部，山势雄伟，诸峰矗立，有平型关、雁门关等要隘，内长城蜿蜒其上，形成一道天然屏障。它的正面——雁门山，纵深达30公里，峰峦叠嶂，山势陡峻，易守难攻，是著名的古战场。而它的右侧却是宽10至30公里的滹沱河河谷，卧在恒山脚下。在军事地理上这条川道是恒山山脉的战役走廊。这条走廊握于我手，不但保障了恒山守军的战役机动，而且结成了连接五台山的纽带，加强了战略上的主动性。反之，如果丧失了这条走廊，恒山山脉东麓（中、南段）的宽大正面则暴露无遗，驻守该地区的各军将陷于被禁锢的地位。由此可见，恒山既是晋北的第二道天然屏障，又是第二战区的战略支点或战略中枢地带。正因恒山有如此之重要地位，阎锡山在长期军阀混战中依托恒山山脉，建有"永备"火力点和野战工事，构成一道比较坚固的内长城防线。在晋北一线失利的情况下，退守此防线，可以利用有利的地形和既设工事,有效地阻击日军的进攻,以确保太原及山西腹地。

9月15日,汤恩伯奉命调往第一战区,阎锡山即令第6集团军副总司令孙楚接替广灵方面作战;并令傅作义将第35军防务交由独立第7旅附新编第3团接替,该军作为预备队集结于阳明堡附近待命。同时,针对日军两路分进合击的战术,阎锡山又调整部署,将内长城防线分为左右两个地区:以杨爱源为右地区总司令,孙楚为副总司令,辖第33军、第17军;傅作义为左地区总司令,辖第61军、第34军、第35军、第19军;以第71师及第72师为预备军。①

9月中旬末,阎锡山在太和岭口召开军长以上人员参加的军事会议,研讨作战方案。会上,他根据1927年参加北伐时与奉军大战于灵丘、繁峙间的战例,提出了把日军放进平型关以内进行围歼的计划。即以逐次抵抗的方式,诱敌深入到砂河以西地区,然后从恒山、五台山两方面发动钳击,并截断平型关要隘,会歼日军于滹沱河上游砂河至大营间的盆地里。阎锡山称之为"口袋阵",要"把敌人放进口袋里,给以狠狠的打击!"②其具体部署为:

平型关方面:以孙楚第33军两个旅(独立第3、独立第8旅)及从广灵退守的第73师,在正面排列阻击;高桂滋第17军在北侧的团城口一线占领阵地。其任务是先依险要地势阻击,予敌以伤杀,然后主动向南经大营、砂河移至五台山,作为南机动兵团,待机出击。总指挥为孙楚,指挥所设于大营。以上兵力计3个师又2个旅。

茹越口方面:以杨澄源第34军第101师和梁鉴堂第203旅,分守北楼口、大小石口、茹越口间的已设阵地,重点防守繁峙北的茹越口。并从太原调姜玉贞第196旅至繁峙以北地区,归入第34军序列。第2预备军置于繁峙待机。以上兵力计2个师又3个旅。刘茂恩第15军设防于恒山外侧。

①蒋纬国主编:《抗日御侮》第4卷,台北黎明文化事业公司1978年版,第150页。
②《文史资料选辑》第13辑(总第113辑),中国文史出版社1987年版,第45页。

雁门关方面:以王靖国第 19 军(3 个旅),东连第 34 军,扼守五斗山、马兰口、虎峪口、水岭口至阳方口间的阵地,重点防守代县与雁门关间。该军所属的陈长捷第 72 师和于镇河新编独立第 4 旅编为第 1 预备军,置于雁门关南代县。以上兵力计 1 个师又 4 个旅。

阳方口方面:由傅作义第 35 军(两旅两团),配属第 61 军之马延守独立第 7 旅负责。第 35 军于宁武集结后,向代县东进,适时进出于繁峙以北的恒山方面,与刘茂恩军组成北机动兵团,由傅作义指挥,从繁峙北翼展开,俟敌胶着于繁峙主阵地时,围而歼之。

赵承绥骑兵第 1 军(两个师)在神池、朔县,担任侧翼警戒。

以上总兵力六七万人,[①]欲与日军在砂河及繁峙城间进行决战。阎锡山对此计划颇为满意,自诩为:"布好口袋阵,让敌人进得来,出不去。"[②]因此,他信心倍增,亲自召集有关将领到岭口行营,面授机宜,并率众将领至繁峙、砂河间的主阵地带进行周密的实地勘察,以便选定极扼要地形,构成最坚固的"口袋式"纵深阵地网。这还不放心,又派高参前往平型关、团城口、恒山各方,向孙楚、刘茂恩、高桂滋等传达指示。

正当第二战区调兵遣将在内长城一线布防之际,日军两路大军便紧追而来。9 月中旬,察哈尔派遣兵团混成第 15 旅团从大同沿同蒲铁路南下,兵锋直指山西省会太原;第 5 师团则由阳原、蔚县突破晋察省界,进攻广灵。

日军于 9 月 17 日占领浑源,20 日攻占灵丘。21 日,板垣即命步兵第 21 旅团长三浦敏事指挥第 42 联队第 2 大队(缺 2 个中队)、第 11 联队第 1 大队、第 21 联队第 3 大队,附 1 个野炮兵大队,约 4 个大队的兵力,沿灵丘——大营镇大道,直扑平型关;又命令步兵第 21 联队长粟饭原秀率该队(缺第 3 大队)从浑源出发,企图攻击平型关右侧后。

平型关位于灵丘县西南,为内长城南端重要关隘,两山峡谷中纵贯

---

① 有关布防兵力另有 3 万~4 万、5 万、10 万余之说。

② 《山西文史资料》第 14 辑,第 148 页。

一条大道——蔚代公路,公路两侧地形复杂,峰峦叠起,陡峭险峻,既是控制冀、察入晋之交通要道,也是日军由灵丘进攻雁门关侧背的必经之路。在关前,从平型关山口至灵丘县东河南镇是一条由西南向东北的窄沟,最窄处仅能通过一辆汽车,地势险要,是理想的伏击地。

为阻止日军,迄9月21日,第73师奉命占领平型关南之马跑泉经平型关至东跑池南侧之线;第17军占领东跑池经团城口至西河口西北高地之线;第15军占领大坪村经凌云口至北楼口之线阵地;新编第11团在蔡家峪南北高地之线担任警戒;独立第3旅在神堂堡、马跑泉以南地区占领阵地;原在平型关、团城口、西河口、牛心堡之线构筑工事的独立第8旅,俟第17军占领阵地后,集结于大营附近。

9月22日,日军第21旅团先头部队到达平型关,与担任修筑工事的独立第8旅展开激战,守军1个连伤亡过半,阵地易手数次,失而复得。次日拂晓,日军主力四五千人到达,又向平型关、团城口一带阵地大举进攻,并以数十辆战车沿公路向平型关推进。

孙楚即令高桂滋第84师(辖第250、第251旅)出击,第251旅之第502团首先迎敌。日军以飞机、大炮、机枪和坦克猛攻,冲击平型关。敌我相距仅400米左右,双方短兵相接,形势危急。团长艾捷三身先士卒,率一连步兵,阻击敌军,不幸中弹负重伤,战况更趋紧张。高桂滋急令第250旅增援,该旅两个团先后参加战斗,战斗极为激烈,双方伤亡惨重。日军不断增加,并在飞机的配合下,攻占了晋军据守的1886.4高地,控制了全线阵地。阎锡山闻讯大为震惊,提出悬赏万元夺回1886.4高地。第251旅之第501团组织奋勇队,冒着敌人的炮火夺回高地,战局才转危为安。

与此同时,日军2000余人进攻东跑池西北高地,因第73师尚未全部到达指定位置,高地仅有独立第8旅2个连,经奋力苦战一夜,终因后援不继而全部牺牲。日军继续深入,我第73师、第84师等部相继赶到,与日军交火。激战至24日午后,方始将敌击退,收复东、西跑池及附近高地。

为了确保平型关,9月23日,阎锡山调整部署:命令傅作义率领预备军增援平型关,与杨爱源联合指挥作战;新编第 2 师赴西河口地区待命;第 71 师于当晚向大营东北地区前进;第 72 师即向砂河集结待命。同时,阎锡山电告朱德:22 日夜日军忽然奇袭平型关阵地,发生激烈战斗,要求八路军配合作战。朱德接电后,同彭德怀立即电令:"一一五师应即向平型关、灵丘间出动,机动侧击向平型关进攻之敌,但须控制一部于灵丘以南,保障自己之右侧。"① 并且回电阎锡山,报告进攻准备情况。

正在日军正面进攻相持不下之际,粟饭第 21 联队于 9 月 21 日从浑源出发,次日晨到达羊投崖,向南进攻,遇到守军抵抗,战斗没有进展。23 日,被迫从该地撤出,转进到棚子沟方面,企图由龙嘴村、大坪村直捣大营,断我平型关守军退路。但在龙嘴村一带遭到第 15 军的阻击,激战两日,仍未突破我防线。后因平型关正面战事陷于胶着,该敌乃奉命增援正面作战。

9 月 24 日,傅作义率预备军两个旅到达平型关。日军亦增兵 5000人,分别向东西跑池、1886.4 高地、团城口及讲堂村各处猛攻,炮击甚烈。激战终日,终因我军伤亡过重,1886.4 高地及东、西跑池再度陷于敌手。

同日,傅作义、杨爱源与八路军第 115 师联络参谋共同商讨,决定次日(25 日)拂晓,以第 71 师和第 115 师合击团城口之敌。具体攻击计划如下:

(一)正面以第 71 师附新编第 2 师为主攻部队,第 84 师仍固守原阵地。

(二)第 71 师 4 个步兵团,按此要领部署攻击。

(1)以 1 个团由团城口于 2141.96 高地间,沿山麓向东攻击,再向南旋回,以蔡家峪、小寨为攻击目标。

(2)以两个团由 2141.96 高地至西河口之间向东攻击,并掩护团城口正面攻击部队之侧背,截断向浑源撤退之道路,以王庄堡为攻

---

① 《朱德、彭德怀关于侧击进攻平型关之敌的命令》(1937 年 9 月 23 日),中共中央文献研究室编:《朱德传》,人民出版社、中央文献出版社 1993 年版,第 411 页。

击目标。

（3）以 1 个团为预备队，由团城口附近前进。

（三）独立第 8 旅以一部协同第 71 师之攻击，以辛庄（在东跑池东北约 2 公里）为攻击目标。

（四）第 115 师担任敌后攻击，以东河南、蔡家峪为攻击目标。[①]

第二战区各出击部队遂按计划准备向敌反击。9 月 24 日，第 6 集团军给第 115 师送来《平型关出击计划》，拟定以第 71 师附新编第 2 师及独立第 8 旅一部，配合第 115 师向平型关以东之日军出击。第 115 师立即组织指战员到乔沟至东河南镇地段察看地形，部署伏击。具体部署为：以第 343 旅第 686 团占领小寨村至老爷庙以东高地，实施中间突击，分割歼灭沿公路开进之敌，尔后向东跑池方向发起进攻；以第 685 团占领老爷庙西南至关沟以北高地，截击敌先头部队，协同第 686 团围歼进入伏击地域之敌，并阻击东跑池之敌回援，尔后协同防守平型关的友军，夹击东跑池之敌；以第 344 旅第 687 团占领西沟村、蔡家峪、东河南镇以南高地，断敌退路，并阻击由灵丘、浑源方向来援之敌；以第 688 团为师预备队。[②]

二、平型关大捷

9 月 24 日夜，八路军第 115 师冒着倾盆大雨，设伏于平型关东北老爷庙至小寨村公路附近高地。

9 月 25 日晨，日军第 21 旅团第 21 联队之第 3 大队，携带大批辎重车辆，沿着公路西进。7 时许，敌全部进入我乔沟伏击圈。由于雨后泥泞，日军车辆相拥，行动迟缓。第 115 师采用拦头断尾、中间突击、分割歼敌

---

①蒋纬国主编：《抗日御侮》第 4 卷，台北黎明文化事业公司 1978 年版，第 153~154 页。

②军事科学院军事历史研究部编著：《中国人民解放军战史》第 2 卷，军事科学出版社 1987 年版，第 38 页。

的战术,居高临下,突然向敌发起猛烈的攻击。第685团迎头截击,歼敌一部,封闭了日军南逃之路。第687团分割包围了日军后尾部队,切断了其退路。第686团实施突击,冲向公路,与日军展开白刃格斗。日军利用车辆作掩护,进行反击,拼命夺取老爷庙制高点,企图向北突围。第686团第2营顽强抵抗,连续打退了日军多次反扑,将日军压缩在峡谷之中。板垣急令在蔚县的第21旅团和涞源以西的第9旅团各一部,火速增援。第115师独立团、骑兵营在灵丘以北和以东地区阻击增援日军,并在腰站毙伤日军300余人。被围困在小寨地区的日军,在6架飞机的掩护下,再次向老爷庙反扑。第686团与敌短兵相接,展开白刃格斗,血战至中午13时许,取得了伏击战的重大胜利。

为了扩大战果,八路军又发扬连续作战的精神,第343旅主力向平型关正面东跑池一线之敌进击,于黄昏时攻占了东跑池东北1900高地,将日军压缩包围于该地。但由于晋绥军未按预定计划出击,致使粟饭部约2个营向西北团城口突围逃窜,失去了消灭更多日军的机会。

是役,八路军第115师歼灭日军1000余人,击毁汽车100余辆、马车200余辆,缴获步枪1000余支、机枪20余挺、野炮1门,以及大量军用物资。第115师亦伤亡400余人。平型关大捷,是全国抗战爆发以来中国军队在华北地区主动寻歼日军的第一个大胜利。八路军出师山西,初战告捷,打击了日军气焰,振奋了国民士气,提高了八路军的声威。

三、撤守内长城

平型关之战,由于八路军英勇杀敌,创造抗战首胜的光荣战绩。阎锡山为此感到很欣慰,彻底放弃了原来把敌人放进关内,进行砂河会战的计划,而欲与敌在平型关外决一雌雄。本来,战斗开始不久,阎锡山就听信孙楚等人的建议,对原定作战计划有所动摇,令平型关、团城口一线所部固守,相机出击。而现在阎又为八路军平型关大捷所鼓舞,加之雁北方面的敌情无多大变化，又觉得平型关外的局势大有可为。于是他一面命令郭宗汾第 71 师坚守涧头、迷回阵地；一面令在代县的陈长捷第 61 军火速驰援平型关。

然而，战事的发展，又出现了新的变化。正值傅作义指挥部队向敌反击时，日军主力又转向团城口方面猛攻。团城口位于平型关北 5 里处，为平型关隘前的制高点，也是晋北主阵地之要点，一旦被敌突破，则雁门关感受威胁。但是，守军高桂滋第 17 军竟不顾大局，在日军重压之下退出团城口阵地，致使东、西跑池以北的鹞子涧、六郎城一带险要阵地相继为日军所占领。阎锡山获悉后，非常气愤，但又无可奈何，因为守军是蒋介石派来的中央军。事后，阎同其将领回忆起此事还愤慨地说："高桂滋放弃团城口，比刘汝明放弃张家口，更为可杀！"①

团城口丢失，第 71 师及独立第 8 旅不得不占领迷回村、黄圪底窳一带，构筑阵地，先对敌进行阻击，激战至中午，将日军右翼击溃，夺回数个山头，稳住了阵脚。陈长捷又率第 72 师及时赶到，随即乘胜反攻，由公路两侧出击，夺回鹞子涧一带高地，将日军包围于东、西跑池之深沟内。这样就"将出击的作战变为争夺山头"之战。

同时，阎锡山鉴于杨爱源、孙楚对客军没有笼络统御能力，特命傅作义前往大营，全权指挥平型关方面作战。并且设想俟陈长捷部到达平型关后，仍调度高桂滋、刘茂恩两军，协同反攻团城口，然后再联合八路军，歼灭板垣师团于平型关、东河南间。

为此，9 月 26 日晚，阎锡山给各集团军下达命令如下：

（一）〈庚〉关（即平型关——引者注）正面之敌，连日与我激战，已被我击溃。宥日（26 日），敌由浑源、灵丘增援甚众，煌据部约 2000余，炮 20 余门，向我〔茹〕越口一带进攻，敌似有进入关内之企图。

（二）我决集中兵力，迅速抗拒各个正来犯之敌。

（三）六集团军应联合十八集团军及总预备军，迅速击破进攻平

---

① 《山西文史资料》第 14 辑，第 148 页。

型关之敌,七集团之杨爱源军,应竭力抗拒在[茹]越口一带之敌,其余各军固守阵地,以待我主力转移反攻该敌。

(四)各集团军应本以上要旨,妥筹部署,即行开始动作。[①]

就在阎锡山调整部署的同时,板垣急调第42联队主力,由蔚县增援平型关。26日,该部加入团城口、鹞子涧、六郎城一带的战斗,并集中兵力向迷回村方面猛攻。激战至晚,中国军队终将包围圈缩小。

9月27日拂晓,日军步、空、炮协同作战,向迷回村、盖房沟等阵地发动全面攻击。同时,察哈尔派遣兵团南下部队为直接支援第5师团作战,派十川支队经浑源向平型关中国军队左翼绕攻,在西河口一带遭到第21师的抵抗,终未得逞。28日,第71师第214旅3个团,向六郎城、鹞子涧日军攻击,连夺山头、村庄数个,歼敌1000余人。但程继贤第434团,因突入太深,被敌包围,除数十人突围外,其余自团长以下均壮烈殉国。傅作义即令第218旅支援,日军也增兵反扑,敌我双方在团城口一线胶着,呈对峙状态。

9月29日,日军又以两个纵队向我进攻,阵地数濒危殆,经守军奋勇抵抗,方挽回颓势。至此,平型关血战已达八九日,日军终未能越雷池一步,中国军队也无法全歼敌于平型关外。

正值平型关鏖战之际,日关东军混成第15旅团南下应县,于9月27日向恒山与雁山的邻接部——茹越口发动猛攻,以策应平型关方面的第5师团。

茹越口亦为内长城防线的交通要冲,是从应县至繁峙的必经之处,向为兵家必争之地。阎锡山虽在此处筑有国防工事,但山地纵深较浅,而且处于晋军和刘茂恩军的结合部,守军兵力单薄,仅有第34军梁鉴堂第203旅防守。其后方25里险要的铁角岭、五斗山,虽有既设阵地,却未布置守兵。战斗一开始,日军步兵4000余人,在炮火掩护下,向我阵地猛

①《阎锡山致大本营密电》(1937年9月26日),中国第二历史档案馆编:《抗日战争正面战场》(上),江苏古籍出版社1987年版,第463页。

攻。第 203 旅第 227 团顽强抵抗,损失惨重。这时,阎锡山即令第 34 军派队出击。日军也增兵,战事均无进展。翌日,日军再度强攻,激战至午,防线被敌突破。梁鉴堂率余部退守繁峙以北的铁角岭阵地,继续抵抗。阎锡山又命预备军 3 个团投入战斗,但未能阻止日军。29 日,日军得到补充后,以重兵猛攻铁角岭阵地,梁鉴堂督率余部与日军鏖战,最终自旅长以下官兵 1400 人全部殉国,阵地失守。日军乃向繁峙急进,30 日陷繁峙城。

在茹越口失陷的当日,阎锡山由岭口赴砂河督战。在听取了平型关方面的战况报告后,阎锡山判断日军是以一部兵力在阳方口、茹越口方面实施牵制,而以主力攻击平型关。因此,战区的注意力仍应集中在平型关方面,依然贯彻实施原定计划。

9 月 29 日上午,阎锡山乘车前往大营视察战况。当晚,他在砂河南边的东山底召集前线高级将领开会,商讨对敌之策。傅作义等总部幕僚拟定出两个方案:一是围攻茹越口、繁峙,歼灭平型关外之敌。其步骤为:先以代县东的马延守、姜玉贞两旅协同五斗山以西的方克猷独立第 2 旅,攻击进入茹越口、繁峙间之敌,予以围阻牵制;繁峙以东的第 35 军董其武、孙兰峰两旅仍向团城口前进,先击垮六郎城、鹞子涧线上之敌,配合活动于敌后的八路军,歼灭平型关外的板垣主力兵团,然后再消灭繁峙之敌。二是坚持平型关、团城口阵地,夹击入侵繁峙之敌。即先以位于繁峙东西的第 35 军全部夹攻侵入繁峙之敌,驱敌出茹越口后,带动刘茂恩军向团城口方面转进,以主力包围抄袭平型关、灵丘间的板垣师团。

上述两个方案相比较而言,第二方案较为可行。从兵力对比看,平型关正面为第 5 师团主力,而侵入繁峙之敌仅关东军第 15 旅团;我平型关方面守军经数日激战,伤亡较重,欲全歼板垣主力实为不易,而繁峙方面我后方兵力雄厚,如能迅速调集强大兵力,同心协力,多方夹击,是不难一举歼灭该敌的。从战略与战局上看,关东军侵入繁峙,威胁我主战场侧后;平型关虽战事胶着,但主动权依然在我手中,即使一时不增援出击,尚可坚持,所以,先围歼繁峙之敌,方可解除平型关后路被截之忧,否则,日军由侧后与正面两面夹击,平型关我军将陷于不利境地。

阎锡山先以第一方案问各将领,将领们顾虑重重,一时难以决定。阎又提出第二方案,依然各执一词。正当讨论当中,接到前线紧急报告说,平型关日军正向平型关南翼的白崖台、东长城村方向移动;茹越口方面,从五斗山反攻铁角岭、茹越口的方克猷旅,溃退代县。阎锡山一时拿不定主意,便听从了杨爱源"繁峙之敌有可能经峨口直窜五台山"的提醒,深恐通往五台山的退路被截,竟拍案而起,说道:"我看如此战局,无法补救了,迟退且陷全灭!星如(杨爱源字)、宜生(傅作义字)就下令全线撤退吧!"① 于是,决定缩短战线,各路大军向五台山区的神堂、车厂、楼圪梁、峨口、峪口,经代县、雁门关至阳方口之线转移,占领斜角阵地阻敌。会议结束,已是午夜 1 时(即 30 日 1 时)。阎锡山又给在代县的王靖国打电话,但电话已不通。他更感不安,计划全线撤退至石岭关以南的忻口地区以保卫太原。部署完毕,阎锡山趁夜骑着毛驴赶往五台县台怀镇,路上不禁触景生情,赋诗一首:"雪天彻夜走清凉,飞灯光耀遍山梁。老人途中迟行进,徒步渲泥衣带霜。"② 这首诗仿佛是一幅自画像,将自己在朦胧月夜缓缓跋涉于蜿蜒泥泞山路的旅途劳累的样子,惟妙惟肖地勾画出来了。

9 月 30 日上午,阎锡山抵达台怀镇,正式下达了由内长城防线全线撤退的命令;雁门关方面则由行营参谋长朱绶光代其下达撤退命令。岭口行营人员及卫队也由朱绶光率领撤回太原,行营随即撤销。然后,阎锡山由台怀镇抵达豆村,召开了紧急军事会议,杨爱源、续范亭、张培梅、朱德、任弼时、林伯渠等与会。会议着重讨论了保卫太原和八路军弹药、给养补充等问题。

从撤退命令下达至 10 月 2 日,内长城防线各军相继向预定地区转移集结。这样,阎锡山在砂河和平型关外歼敌的计划也随之破灭。阎锡山为此感言:"撤兵令下意凄凉,指挥杂军愧无方。原由平型复南口,孰意茹越殒殇鉴

---

① 《文史资料选辑》第 13 辑(总第 113 辑),第 65 页。
② 《阎锡山日记》,1937 年 9 月 29 日。

堂。"①

平型关作战期间,中国空军北正面支队(队长陈栖霞)曾多次轰炸大同、繁峙、平型关等地日军阵地。9月19日,以30架飞机对日军进行轰炸和扫射,炸毁大批重型设备;并在大同和太原的空战中击落日机2架,击毙日集成飞行团侦察机中队长平长一。9月21日,中日双方在太原进行了华北战场上的首次空战。日关东军飞行第16联队第1大队长三轮宽率"川崎95"式战斗机15架,掩护第12联队"93式"轰炸机6架,从阳高机场起飞,于14时30分侵入太原空域。驻太原的中国空军第5大队28中队长陈其光率"霍克Ⅲ"式战斗机4架迎战,并有航校暂编大队的战鹰3架助战。经半小时激战,三轮宽座机的发动机被击中,迫降于太原以北大盂麦田之中,被当地农民击毙。②

内长城防御作战从战斗打响到撤退,历时10余日,二战区所属军队凭险据守,进行了积极的抵抗,付出了沉重的代价,广大爱国官兵浴血奋战、为国捐躯的精神是值得后人称道的。而作为第二战区司令长官的阎锡山,亲自赴岭口督战整整一个月,无疑也是值得赞赏的,但其中也暴露出了他在战役指导上的一些失误。如:把敌"放进关内围打"的计划,不啻为引狼入室的一步臭棋。如前所述,内长城防线是阎锡山苦心经营多年的一道防线,完全可以依此阻敌,平型关方面与敌相持10余日就是最好的例证。相反,把敌放进平型关再进行围歼,不但使内长城防线丧失作用,而且将凭险据守的积极防御作战变为同装备优良的日军进行阵地消耗战,实为失己所长,补敌所短。当时在山西前线的八路军副总指挥彭德怀曾将阎锡山的上述计划报告了中共中央。毛泽东于9月21日给彭德怀的电报中说:"阎锡山现在处于不打一仗不能答复山西民众,要打一仗则毫无把握的矛盾中,他的这种矛盾是不能解决的。你估计放弃平型关,企图在砂河决战的决心是动摇的,这种估计是完全对的。他的部下全无

---

①《阎锡山日记》,1937年9月28日。

②参见王德中:《抗战初期的华北空中战场》,《抗日战争研究》1995年第2期,第66页。

决心,他的军队已失战斗力,也许在雁门关、平型关、砂河一带会被迫地举行决战,然而大势所趋,必难持久。"① 事实完全证实了毛泽东的判断。当关东军第 15 旅团突破茹越口防线,攻陷繁峙之时,阎锡山仍无信心围歼。试想如果将板垣第 5 师团放进平型关内,能否将敌全歼? 幸好后来未实行原计划,否则果真把板垣放进关内,其后果更不堪设想。

有鉴于此,致使作战计划变化太快。从军事战略学上讲,指挥官应根据战局的发展与变化,及时修订其作战计划与方针。但是,阎锡山在此次战役中,还未全面实施其把敌"放进关内围打"的计划,就一改初衷要歼敌于平型关之外,而且其计划的改变还不是依据战况的发展,而是听信他人所言。这些无疑给整个战役带来了消极的影响。

对于上述失误,阎锡山不知是有自知之明还是故作姿态,于 9 月 30 日下午在台怀镇特致电蒋介石,请求处分。电文除报告了战况及军队部署外,说:"山指挥无方,丧失关隘,贻误国事,非特自疚,实为国法所不容,恳钧座呈请政府严予惩处。"② 蒋介石当然不敢在大敌当前的形势下,责备一方"诸侯",于 10 月 2 日复电,对阎锡山加以慰勉。电文曰:"吾兄躬亲督师,为国操劳,殊深嘉佩。平型小挫,请毋介怀,仍盼策励各军,继续杀敌,以争最后胜利。"③

---

① 《毛泽东军事文集》第 2 卷,军事科学出版社、中央文献出版社 1993 年版,第 53 页。

② 《阎锡山致蒋介石密电》(1937 年 9 月 30 日),中国第二历史档案馆编:《抗日战争正面战场》(上),江苏古籍出版社 1987 年版,第 473 页。

③ 《蒋介石致阎锡山密电》(1937 年 10 月 2 日),中国第二历史档案馆编:《抗日战争正面战场》(上),江苏古籍出版社 1987 年版,第 475 页。

第四章
忻口会战

第一节　第二战区的作战计划

日军突破山西内长城防线后,第5师团尾随撤退的国民党军,于10月1日攻陷代县;察哈尔派遣兵团独立混成第1旅团西出朔县、阳方口,向宁武进攻,威胁中国守军左翼。太原已危在旦夕。

为了保卫太原,阎锡山急忙调集8万兵力,采用攻势防御的战术,以一部扼守五台山、崞县,掩护大军集中,主力向忻口附近集结,占领既设阵地,阻敌南下,筑起保卫太原的最后一道防线。

当时,周恩来根据该地区的自然条件和扬长避短、发挥优势的指导思想,曾建议阎锡山在中地区应以小部钳制当面之敌,而以大部诱敌,求得侧面出击,消灭敌人;同蒲路东的右地区部队应以广泛的游击牵制敌军;同蒲路西的左地区应以游击来破坏和阻止敌军前进;并电请南京方面增派3个师主力军实行战略上的北上出击。

10月1日,日军统帅部鉴于山西的"政略价值",下达作战命令。命令华北方面军"以一部兵力在山西省北部作战占领太原";命令关东军"以一部入列华北方面军指挥下",[1]协助该方面军作战。华北方面军当夜便令第5师团主力集结代县,准备攻占太原;并命令位于长城以南的关东

----

①日本防卫厅防卫研究所战史室:《中国事变陆军作战史》第1卷2分册,中华书局1981年版,第62页。

军察哈尔派遣兵团4个半旅团划归板垣指挥。同时又将向保定转进的第9旅团抽出2个大队,经平绥线运至大同归还第5师团建制。这样,集结在山西北部的日军有:第5师团(欠第9旅)约1.2万人;独立混成第2、第15旅团、大泉支队、堤支队1.2万余人;独立混成第1旅团3000余人。总兵力约2.8万人(不含归还建制的第9旅团2个大队)。日军动用如此重兵,目的在于迅速拿下太原,以山西为战略基地,解决华北战事。

面对日军即将发动的强势进攻,阎锡山再向蒋介石求援。蒋介石"为挽回危机,着眼于山西要地之确保,决定转用平汉线兵力"。[1]

10月2日,蒋介石急令卫立煌率第14集团军4个半师,分乘94节铁皮闷罐车,分成10列,每15分钟一列,星夜由石家庄经正太路运往太原,转赴晋北对日作战。

同日,阎锡山从五台回到太原,决定在忻口附近与敌决战,并制定作战计划(10月6日下达各部队)如下:

一、忻口会战方针

(1)本战区军以攻势防御之目的,以主力占领蔡家岗、灵山、界河铺、南怀化、大白水、卫家庄、1482高地迄阳方口既设阵地线,两翼依托五台及宁武各山脉,缩短战线,集中兵力,对侵入之敌乘其立足未稳,迅速击灭之。

(2)以一部占领五台山、罗圈沟、峨口至峪口之线,另以主力之一部占领中解村、阳明堡、虎头山、黑峪村之线,竭力阻止敌之前进,不得已时,撤据崞县、原平、轩岗一带,逐次消耗敌之实力,以掩护大军之集中。

二、敌情判断

(3)敌以主力由大营、繁峙,以一部由大同、雁门沿汽车路进攻,另以一部由阳方口附近实行牵制攻击,以使其主力攻击容易。

三、指导要领

---

①何应钦:《八年抗战之经过》,文海出版有限公司1982年版,第11~12页。

（4）在阳明堡、虎头山一带之部队，应竭力阻止敌之前进，以掩护后方部队之集中及主阵地之占领。

（5）以18集团军之林、贺（指林彪、贺龙——引者注）各师，分由平型关及雁门关施行包抄，并截断敌后方联络线，以使主力之作战容易，并派有力之一部，由马兰口方面相机威胁敌之右侧背，形成优越之包围态势。

（6）主阵地之部队，借前方之掩护，竭力充实战斗诸准备，在战斗间竭力阻止敌之进展，相机出击，并协同林、贺各师，包围敌人于原平以北地区而歼灭之。

四、战斗前敌我态势

〔略〕

五、兵团部署

（1）以第18集团军（欠120师）、第73师（附炮兵1营）、第101师（附炮兵1营）及新编第2师为右翼军，归朱（德）总司令指挥，在五台山、罗圈沟、军马厂、翠岩峰、挂月峰迄峨口、峪口之线，占领阵地。

（2）以第14集团军、第9军（欠第47师）、第15军、第17军、第19军及第196旅、炮兵27团（欠第4、第6连）为中央军，归卫（立煌）总司令指挥，在蔡家岗、灵山、界河铺、南怀花［化］、大白水至1482高地之线占领阵地，以另一部在中解村、阳明堡、虎头山、黑峪村之线占领阵地。

（3）以第68师、第71师、第120师及独立第7旅、炮兵23团第3营、炮兵24团第3营、炮兵28团第3营为左翼军，归杨（爱源）总司令指挥，在黑峪村迄阳方口之线占领阵地。

（4）以第34军（欠196旅）、第35军、第61军（陈长捷）、第66师及独立第1旅、独立第3旅为总预备军，归傅（作义）总司令指挥，位置于定襄、忻县一带，策应各方。①

①《第二战区忻口战役作战计划》，中国第二历史档案馆编：《抗日战争正面战场》（上），江苏古籍出版社1987年版，第476~478页。

作战计划确定后,阎锡山任命卫立煌、傅作义为前敌正副指挥官,负责指挥前线作战。对此任命,阎锡山颇费心机,让卫立煌任前敌总指挥,既显示对蒋介石派中央军入晋作战的欢迎和对卫立煌的信任,又便于指挥参战的中央军。

卫受命后,立即开赴前线,在忻县设总指挥部,部署战前事宜。卫还于10月8日致电蒋介石:"窃查此战至关重要,宜有空军协助。据空军支队陈司令栖霞面称:由南京或汉口方面拨驱逐机一队来晋,即可敷用。"①

蒋介石将第26路军、第3军调归第二战区指挥,并令正在北上的川军第22集团军迅速入山西参战。

第二节 崞县、原平阻击战

正当阎锡山调整部署,准备与敌在忻口决战之际,日军也在大营镇附近迅速整顿兵力,欲抢占太原,并以一部兵力紧追阎军,在砂河附近同掩护各部的第35军激战之后,向崞县猛扑。

一、崞县战斗

为争取部署时间,阎锡山命王靖国第19军附炮兵1个团死守崞县城10天;令姜玉贞第196旅附炮兵第26团第2营坚守崞县原平镇;令马延守独立第7旅守卫轩岗,阻敌南进,以掩护大军在忻口附近从容备战。

板垣接统帅部攻占太原的命令后,立即投入作战准备。关东军司令官为配合华北方面军作战,乃令察哈尔派遣兵团主力向崞县、原平进攻。

---

① 《卫立煌致蒋介石密电》(1937年10月8日),中国第二历史档案馆编:《抗日战争正面战场》(上),江苏古籍出版社1987年版,第484页。

崞县、原平之战拉开了忻口战役的序幕。

10月1日，日军独立混成第2旅团沿公路向崞县急进，并以飞机10余架轰炸县城。2日开始，以步兵、骑兵、装甲车、飞机协同进攻崞县。4日，日军在继续攻击崞县的同时，以独立混成第15旅团1000余人由崞县城以西迂回，直趋原平镇。阎锡山于当日下午电令王靖国，派有力部队，跟踪敌后，夹击进攻原平之敌。

但是，从五台山向忻口转移的晋绥军尚须两日方可到达指定位置，卫立煌部队也还未赶到，形势危急。为了使主力部队有充裕的时间进行战前准备，阎锡山下令"死守崞县、原平、忻口镇、忻县各要点，迟滞敌人前进，以待后续部队到达"，[①] 与敌决战。

10月5日拂晓，日军增兵，并以飞机、重炮协同步兵续攻崞县，城内外房舍多被摧毁，北关守军第407团一营阵地被击毁，士兵伤亡达2/3。

10月6日上午，日军2000余人附20余门炮，从三面围攻崞县，并集中炮火猛轰北关第407团阵地，将该团阵地完全摧毁，全团官兵全部殉国。

在崞县、原平激战之际，阎锡山急忙调兵遣将，于6日给前线各部下达命令：

> 本战区拟对侵入平型关、雁门关、阳方口之敌乘其立足未稳，迅速击破，并先歼灭围攻原平、崞县之敌。
>
> 右翼军以一部对平型关方向警戒，以主力进出代县、繁峙，截击敌人。
>
> 中央军由忻口通崞县公路两侧地区，向原平、崞县之敌进攻。
>
> 左翼军速扫荡宁武、朔县之敌，并进出广武以北地区，遮断敌之后路联络。
>
> 骑兵何（柱国）军应协同左翼扫荡朔县以北残敌，尔后进出岱岳

---

① 《黄绍竑致蒋介石密电》(1937年10月6日)，中国第二历史档案馆编：《抗日战争正面战场》(上)，江苏古籍出版社1987年版，第483页。

（广武北 25 公里）附近地区，断敌后方联络；骑兵赵（承绶）军在平鲁、右玉、凉城以西地区活动，阻止绥远方面敌军南下，并相机进出大同附近，截断平绥铁路。

总预备军暂位于太原以北地区，尔后随战况之进展再行推进。[①]

10 月 7 日，围攻崞县日军增至五六千人，猛攻城西北隅，先以 20 余架飞机、30 余门野重炮对城垣猛轰滥炸达 6 小时之久。北城墙被毁，守兵伤亡极为惨重，第 409、第 410 团伤亡殆尽，日军由城墙缺口蜂拥登城。东西两城守军奋勇夹击，与敌展开巷战肉搏，反复冲杀，伤亡惨重，团长石焕然壮烈殉国。入夜，战况愈烈，守军高级军官亦率部参战，而日军却有增无减，局势已无力挽回。8 日凌晨，王靖国率余部突围，崞县陷落。

二、原平据守

姜玉贞奉阎锡山之命集结原平镇后，积极进行战前准备，接着，又接到阎锡山的命令，要求不惜代价固守原平 7 天。原平镇坐落在忻口以北 15 公里处，是日军进攻忻口必经之路的又一重镇。如果日军于我军在忻口集结完毕之前拿下原平，即可直下忻口，战局将不堪设想。从 10 月 4 日起，原平守军与敌交战，打退了日军一次次进攻。

10 月 6 日，日军集中兵力，在优势炮火支援下，采用波浪式的集团冲锋战法，猛攻城东北角，破城而入。守军与敌展开巷战，双方隔街据守，逐院争夺，伤亡均重。

10 月 7 日，日军攻破城西北防线，姜玉贞率部撤至城西南一带，继续阻敌。8 日，崞县日军除以一部尾随第 19 军外，以大部及后续部队围攻原平。此时，原平守军已完成预定阻击任务，可阎锡山又电令姜玉贞，务必再坚持 3 天，虽剩一兵一卒，也要死守原平。姜玉贞率余部与敌拼死战斗，阵地易手数次，失而复得，战况极为惨烈。

---

①《第二战区忻口会战纪要》。

10月10日，日军以飞机、战车、装甲车掩护步兵2000余人，迭次进攻，激战终日。守军拼死抵抗，击毁敌战车两辆，并与敌肉搏多次，双方伤亡极众。

为了解原平之围，阎锡山于当日下午给已抵达忻口的各部下达如下命令：

右翼军应以一部由东冶镇通中解村、苏龙口道路，乘中央军与敌激战之际，进出于阳明堡方面，断敌归路。

中央军应于真日（11日）拂晓前，一部进出于原平东方1625高地至神山高地之线，并速向围攻原平之敌进攻，援助姜旅。

左翼军应于真日（11日）以主力进出于王家庄（原平西偏北约17公里）、彭家塔之线，协助中央军之进攻。

总预备军以主力推进〔于〕部落镇附近。①

右集团军朱德总司令，遂令八路军第115师一部进出苏龙口，一部渡滹沱河，袭击繁峙日军，一部经中解村袭击代县日军。中央集团军卫立煌总司令，亦令第9军以一部解第196旅之围；第15、第14军增派有力部队在东西岔村及神山南侧一带，支援第9军。左集团军杨爱源总司令，亦以八路军第120师与宁武附近骑兵第1军第2师袭击崞县日军。

10月11日，日军以步空协同，再度猛攻原平，姜玉贞率余部浴血苦战，每一房屋的侵占，均使敌付极大的代价。激战至下午，全旅官兵仅存两三百人，山炮全毁，仍退守镇东北角，与敌肉搏巷战，最后仅留3个院，犹与敌死拼，自姜玉贞旅长以下官兵伤亡殆尽，原平遂陷入敌手。阎锡山为此战役而作诗一首："全区原平战最烈，三团只还五百人。据守三院十一日，玉贞旅长兼成仁。"②

崞县、原平守军与日军激战数日，阻止了日军进攻，为忻口大军的集结与部署赢得了宝贵的时间。阎锡山在忻口战役后曾赞曰："忻口布阵得

---

① 《第二战区忻口会战纪要》。

② 《民国阎伯川先生锡山年谱长篇初稿》（五），台湾商务印书馆1988年版，第2051页。

从容,全凭原平抗敌功。"①两地失守后,忻口便处于日军的直接攻击之下。

第三节　忻口鏖战

忻口,古为军事要地。相传汉高祖刘邦被匈奴困于平城(今大同东),后突围退到此地,观于地势之险要,六军欣然,故而得名忻口。它位于太原北面 100 公里处的忻(州)定(襄)盆地北部,是五台山、云中山东西两山峡谷中的一个隘口。在这个峪谷川道中凸起一条高度不大,南北长 16 公里、东西宽 3 公里的山岭,头枕界河铺,脚伸至秦城。忻口镇紧贴在山岭北端右侧脚下,地势十分险要。以界河铺为基点,左侧是连绵起伏的云中山,右侧为岗峦重叠的五台山,恰如这盆地的葫芦口。在地理上是出入晋中的交通孔道,在军事上是屏障太原的最后一道防线,可称之为战略咽喉要地。忻口的得失直接关系到太原的安危,故此一场鏖战在即。

一、战役部署

至 10 月 12 日,敌我双方各自完成了军事部署。日军方面,以独立混成第 2 旅团和大泉支队 6000 余人,担任二线守备,守卫内长城以南的运输线和各军事要点。忻口前线为第 5 师团约 1.5 万人;独立混成第 15 旅团约 5000 人;堤支队约 700 人,总兵力计 2 万余。②攻击阵地设于解村、平地泉、王家庄、永兴村 4 点之间地区;前线指挥所设于泥沟,并设有临时机场;师团司令部置于原平镇。板垣依然采用两路迂回战术,以独立混

①《阎锡山日记》,1937 年 11 月 2 日。
②有关日军布防兵力有 2 万、3 万～4 万、5 万、10 万之说。

成第 15 旅团、堤支队为右翼,主攻大白水一线阵地;第 5 师团为左翼,主攻忻口岭之河南村一线阵地。

国民党军方面,各路大军相继到达忻口既设阵地,并于 10 月 11 日晚完成战前准备。12 日,阎锡山又命傅作义率预备集团军之第 35、第 61 军、独立第 2、第 3 旅等部开赴忻口,加入中央集团军作战。这样,忻口前线总兵力达 13 个步兵师又 5 个步兵旅,约 13 万人。[①]

阎锡山根据对日军的侦察,调整部署,将中央集团军分为 3 个兵团:以第 15、第 17、第 33 军等部组成右翼兵团,由刘茂恩指挥;以第 9、第 19、第 35、第 61 军等部组成中央兵团,由郝梦龄指挥;以第 14 军及第 66、第 71、第 85 师等组成左翼兵团,由李默庵指挥;以卫立煌为前敌总司令,统一指挥 3 个兵团作战。前线指挥所设于忻口公路右侧 9 号石窑(国防工事编号)。

10 月 13 日拂晓,日军在板垣指挥下,以中央突破的战法,向忻口发动全线攻击。一时间,硝烟弥漫,黄尘蔽日,一场鏖战迅速展开。日军先以飞机 30 余架及大批战车(五六十辆)、火炮(四五十门)掩护步兵 5000 余人,猛攻中央兵团南怀化与左翼兵团阎庄阵地。激战 2 时许,南怀化阵地工事被毁,守军伤亡过大。日军突破阵地,并攻占南怀化东北的制高点 1200 高地。卫立煌急令第 21、第 10、第 71 师各一部协同夹击敌人。郝梦龄当即率增援的第 61 军新编独立第 4 旅,协同第 54、第 21 师各一部反攻,激战至夜,终于将突入南怀化之敌包围歼灭。同日,中国空军空袭原平、崞县日军,炸毁日军坦克 24 辆。

10 月 14 日,日军增兵后,在空军支援下,反攻南怀化,并同时向我阵地左右两翼攻击。中央地区守军与敌展开激烈的争夺战,山头失而复得数次,战况甚为惨烈,交战中第 21 师师长李仙洲、新编独立第 4 旅旅长于镇河相继负伤。下午 1 时,日军增兵 3000 余人,并以飞机 30 余架、战车 30 余辆、炮数十门相支援,南怀化阵地又被攻陷。

---

①关于中国军队参战人数有 8 万余、10 万余、12 万、13 万、17 万之说。

右翼兵团第 15 军与日军 2000 余人交火，激战至暮，将敌压迫于滹沱河东岸迄灵山脚下一带。

同时，日军 1000 余人向我右侧后第 9 军阵地攻击，守军第 54 师第 161 旅渐感不支。奉命袭击板垣前线指挥所所在地旧河北村的第 35 军第 218 旅，恰好推进至下王庄，旅长董其武见第 161 旅支持不住，一面抽调第 436 团增援，一面督率第 420 团攻击弓家庄（下王庄西约 2 公里处）。弓家庄为威胁我军左翼的要害，如能夺取，不但可解除威胁，而且可瞰制从北面来犯之敌。第 420 团于夜间向敌发起突然袭击，激战数小时，将其攻克。日军步兵 1000 余人，在 15 架飞机、20 余门炮、10 辆战车的协同下，向下王庄至弓家庄一线反击，被守军击溃，战斗中董其武旅长左臂负伤。

左翼兵团第 10 师在克复右翼阵地——旧练庄的同时，左翼阵地——大白水即遭到日军 2000 余人的攻击。第 83 师即抽调 1 个团兵力增援阻敌，日军也增援兵力，双方形成对峙状态。

阎锡山得知中央兵团 1200 高地丢失，忻口正面前沿阵地被敌突破，十分焦急。因为 1200 高地为中央兵团阵地的制高点，该高地被敌所占，我方阵地正侧两面均受其瞰制，威胁甚大。日军不时以飞机投掷重磅炸弹，俯冲扫射，或以重炮、山炮、野炮向我阵地猛轰。所以，阎锡山一再严令卫立煌立即抽兵反攻，并催已出发的晋军兼程火速北进，以图收复失地。

在此危急关头，阎锡山依据重赏之下必有勇夫的惯例，提出若能拿回 1200 高地者，赏大洋 50 万元。

卫立煌受命之后，为了挽回战局，决定抽调 5 个旅的兵力，从三面向 1200 高地反攻，并于当晚率独立第 5 旅至忻口督战。鉴于忻口附近部队庞杂，指挥系统不一，易误机宜，遂令陈长捷指挥第 21 师、独立第 2、第 3 旅（欠第 4 团）、新编独立第 4 旅，负责肃清南怀化之敌；又令郝梦龄指挥忻口正面第 54 师附独立第 3 旅之第 4 团、第 218、第 217 旅各部。

这时，蒋介石致电阎锡山："刻晋北各军单位虽多，但在第一线兵力，并非绝对优势，与敌决战在即，故第一线各军，必须统一指挥，始能适机运用决战,以期收歼敌之效。"根据蒋介石的指示,阎锡山遂将指挥权交于卫立煌,"并决定以后增加部队均归卫总司令统一指挥"。①

10月15日,依据阎锡山的意图,卫立煌计划发动全面大反攻。其兵力部署为:

左翼以第14军(欠第10师)、郭宗汾第71师、孟宪吉独立第8旅为机动主力军,由李默庵指挥,在大白水一线出击,图将敌压迫于同蒲路与滹沱河之间。

右翼由郝梦龄、陈长捷指挥原忻口前线各部,先夺取南怀化,然后,出击云中河以北,协同左翼李默庵部歼灭该地之敌。

高桂滋第84师于滹沱河东,警戒军的右翼。

为配合反攻,阎锡山还命在宁武、轩岗间的赵承绶骑兵,向崞县、阳明堡分别截袭日军后方,牵制其后续部队。

反攻的关键在于能否夺回南怀化。为此,卫立煌、傅作义亲到红沟前敌指挥所督战。卫当场宣布:夺回南怀化者,奖大洋10万元,得胜各部长官均请颁发"青天白日最高勋章"。

然而,未等中国军队实施反攻,已楔入南怀化东南高地的日军,自拂晓起,以炽盛炮火向官村以南阵地及1300高地一带阵地猛攻,并以步兵1000余人分三路进犯,以图扩大战果。守军第21师官兵沉着应战,激战至午,毙敌甚多。下午,日军又集中炮火,以全力向左翼阵地轰击,炮火之烈,前所未有,将阵地完全击毁,守兵一连全部殉国。而我守军誓与阵地共存亡,全部出击,打退敌人7次进攻,坚守原阵地,与敌对峙。

右翼兵团第15军向桃园村、北郭下村之线进攻,与日军1000余人激战竟日,未能进展。

左翼兵团第14军及第85师与日军主力七八千人,激战一昼夜,往复进攻,敌我伤亡惨重,卒成对峙之势。

由于南怀化为全线锁钥,关系到整个战局的胜负,卫立煌当即令第

①《蒋介石与阎锡山往来密电》(1937年10月15~16日),中国第二历史档案馆编:《抗日战争正面战场》(上),江苏古籍出版社1987年版,第490页。

21 师及独立第 5 旅协同独立第 2 旅增援新编独立第 4 旅,歼灭南怀化日军;并以第 68 师由秦家庄、旧练庄向前后城头进出,夹击该敌,限于 16 日零时左右开始攻击。

10 月 15 日晚,阎锡山获悉忻口正面日军以 300 余辆汽车运来援兵万余人,中央集团军兵力益感不足,遂电令朱德总司令指挥五台山区部队截断敌后交通,阻止敌增援;并令第 73 师及第 101 师之第 201 旅附第 399 团,火速轻装赴忻县,归卫立煌指挥。

10 月 16 日拂晓,滹沱河左岸至灵山脚下一带日军增至三四千人,在炮兵支援下向我右翼兵团灵山、1263 主峰攻击。阎锡山急电刘茂恩,令其集结兵力,收复灵山,以免影响战局。刘乃严督所部拼死抵抗,激战至傍晚,终将敌击退。左翼兵团亦激战整日,双方均无进展。

忻口正面,第 218 旅由弓家庄向南怀化日军之侧背攻击,相继攻占旧河北村与南怀化北端河岸,但因孤军深入,三面受敌,被迫退回。是时,日机 10 余架,协同南怀化日军一部一再反攻。我正面主力亦向敌施行反攻,双方在南怀化再次展开激烈的争夺战,战况空前激烈,达到白热化程度。第 9 军军长郝梦龄、第 54 师师长刘家祺、独立第 5 旅旅长郑廷珍身先士卒,躬督所部,士气大振,连克数个山头,歼敌甚多。正值战斗进行到扭转战局的关键时刻,郝、刘、郑三位将军竟相继阵亡,指挥中断,攻势受挫。至此,反攻南怀化的战斗失利。中央兵团因连日血战,损失惨重,兵力日趋不足,遂于 17 日转攻为守。

为了挽回战局,卫立煌致电蒋介石,陈述前线部队消耗过巨,请迅速筹划增兵。蒋介石一面回电卫立煌,"忻口会战关系至大,望督励所部一鼓歼敌为盼";[1] 一面令在潼关的第 22 集团军日夜兼程驰援忻口。

阎锡山闻讯后,急忙抽调援兵,命令在龙泉关附近的第 94 师及第 177 师之第 529 旅,星夜赶赴宏道镇,归卫立煌指挥。并加派晋军步兵一个旅、山炮两个团附 50 门山西造火炮,于 17 日下午抵达前线。

---

① 《蒋介石致卫立煌密电稿》(1937 年 10 月 17 日),中国第二历史档案馆编:《抗日战争正面战场》(上),江苏古籍出版社 1987 年版,第 494 页。

二、鏖战 23 天

鉴于日军增兵，忻口守军兵力不足而援军又未及时到达的情况，卫立煌于 17 日零时下达命令，调整部署如下：

一、独立支队（支队长第 94 师朱怀冰师长），应迅速即以一小部分占领营房里、隘路口及龙王堂两侧高地，主力置于龙王堂东端，与右地区队协调，尔后依战况待命向原平东北附近地区挺进，直接威胁敌之后方。

二、右地区队（第 15 军、第 17 军〈欠第 21 师〉总指挥第 15 军刘茂恩军长），应即就现占领张家庄北侧西南贾村、灵山迄界河铺（不含）之线纵深据点阵地，重点置于灵山方面，与中央地区密切联系，拒止当面之敌，并于东西荣华占领前进阵地。

三、中央地区队（第 19 军、第 35 军、第 61 军、第 9 军、第 21 师、炮兵第 28 团、战防炮两连、装甲车一队，总指挥第 19 军王靖国军长，副总指挥第 61 军陈长捷军长），应即就现占领界河铺、官村、秦家庄（不含）之线纵深阵地，重点置于中央方面，与右左两地区队密切联系，拒止当面之敌；并于红沟、1300 高地至刘家庄（不含）之线，构筑据点式预备阵地，仍须迅速歼灭侵入南怀化及其以东之残敌。

四、左地区队（第 14 军、第 68 师、第 71 师、第 85 师、炮兵第 27 团、第 2 师炮兵营、战防炮营〈欠两连〉，总指挥第 14 军李默庵军长），应即就现占领新练庄（不含）、秦家庄、大白水、卫村、南峪之线村落及山地据点，重点置于中央方面；并仍须确保旧练庄、兰庄、卫家庄、麻港之线各前进据点。另于刘庄、小唐林、杨胡村间，利用村落，迅速构筑据点工事。

五、各地区应利用山地、村落构成火网，于夜间多派出小部队在阵地前方活动，扰敌阵地，依情况占领之。

六、作战地境

右地区队与中央地区队间：为大有张村、高城以北沿滹沱河右岸经桃园东端亘原平东端相连之线。

中央地区队与左地区队间：为泉子沟、井沟、新练庄、前城头、西泥河、班村相连之线。

七、总预备队位置：独立第5旅交防后，在部落村附近地区；第529旅在忻口附近地区。①

10月17日，日军以空、炮、战车联合掩护步兵，不断向灵山、南怀化东北高地、官村、大白水等阵地猛攻，并一度突入阵地。守军奋力反击，与敌反复肉搏，终将敌击退。18日，日军兵分三路再度猛攻。

阎锡山令赵承绶率骑兵第1军出阳方口，向广武方面活动，焚毁南桑干河大木桥，断敌之交通；令马延守独立第7旅与八路军第120师张宗逊第358旅联络，袭击敌之右侧背；令卫立煌、傅作义整饬构筑忻县附近及石岭关各处工事，总预备队由卫立煌统一指挥。

忻口正面，日军自17日起便以炮、空联合向界河铺、忻口镇及南怀化一带猛烈轰击，其步兵1000余人附坦克，仍不断向南怀化方面进犯。此时，因郝梦龄殉国，由陈长捷接任中央兵团前敌总指挥，继续同敌苦战。独立第5旅沉着应战，伤亡奇重。18日，日军增至四五千人，以炮火轰击，步兵冲锋，反复攻击，守军奋力抵抗，形成拉锯战。此后，双方在南怀化以南的红沟展开激战，战事颇为激烈，双方伤亡均重。日军终未获得更大进展，于是，以主力猛攻我左翼阵地。

左翼方面，正值李默庵指挥所部向敌侧击时，受到敌前来增援的一个纵队的攻击，乃退守东常村、大白水一线，凭借已筑工事抵抗。大白水系忻口左翼一个重要突出据点，与正面阵地互为犄角。日军欲向南深入，非拿下大白水不可。即使日军夺取大白水，而不同时攻下朦膝村，则会受到我方侧背的威胁。因此日军以战车30余辆、炮100余门，掩护步兵约

_____

①蒋纬国主编：《抗日御侮》第4卷，黎明文化事业公司1978年版，第181~183页。

3000人,向大白水东西阵地全线猛攻。大白水正面战斗最为激烈,村落以外的据点工事及所有交通壕全部被敌炮空及坦克所毁。守军李默庵第10师、刘戡第83师奋勇迎敌,伤亡惨重,仍顽强应战。

当日军将大白水外围工事及障碍物摧毁后,便由东、西、北三面将大白水包围。日军坦克3辆竟顺着东关交通路线突入大白水市街,战况至为紧张。由于我方没有攻击坦克的火器,只得以集束手榴弹和汽油喷浇坦克,始将敌坦克一辆击毁,其余两辆仓皇逃窜。

但日军之进攻并未因此而稍歇,坦克、战车仍在我阵地前沿横冲直撞。李默庵急调军部战车防御炮营,击毁敌坦克及装甲汽车多辆;独立第8旅与郭宗汾第72师和两个炮兵团相继加入战斗, 左翼阵地始转危为安,与敌呈对峙之势。

右翼方面,日军以1000余人,攻击我东西荣华村及灵山一带阵地,被守军击退,之后双方展开争夺战,我伤亡达2/3。刘茂恩令第84师固守蔡家岗亘灵山、界河铺之线,与由南郭下村方面来犯之数千日军交战。

日军在全线进攻受挫后,又将攻击重点指向中央阵地,并增加一个旅的兵力注入南怀化,发动新一轮进攻。日机配合密集的炮火,从早到晚轰炸不休。而我前线竟无高射武器以资抵抗,敌机更加猖狂,官村以南阵地,从高地到谷地,处处受轰,工事全毁。守军乃以麻袋实土再垒成掩体,待日军步兵冲锋到壕前时,即以手榴弹轰击,如此反复恶斗,终将谷地之敌击退。

日军对谷地的冲击未能得逞,转而争夺官村南高地。该高地如被敌占,不但扼守官村的第54师阵地受到侧后的袭击,难以维持,而且从南怀化不断增援之敌可以得到支持,直贯红沟。于是该高地南北2000余米的战斗面, 乃成为敌我争夺的焦点。阵地一昼夜竟敌我易手达13次之多。每次争夺,敌我炮火齐轰,攻者守者霎时同归于尽。20及21两日,日军猛攻官村一带阵地,并用催泪瓦斯弹射击,双方拼死争夺高地,敌伤亡甚重,我官兵伤亡约2/3。日军于21日晚攻占官村以南数山头,忻口西北发生动摇。卫立煌急令第85师连夜增援,先头部队于22日凌晨抵达,即

第四章 忻口会战

99

向该敌猛攻,激战 4 小时,将所失山头全部夺回。日军于是向官村西南一带反攻,除以飞机、大口径炮猛烈轰击外,竟施用呕吐催泪瓦斯弹、烧夷弹、烟幕弹、达姆弹,我方阵地前后顿成火海。守兵被溅上凝缩汽油,除倒地滚转外,无法加以救护,伤亡极众,仍奋勇搏战,并对敌进行局部反攻,但进展不大。

鉴于忻口战事处于胶着状态,虽极力苦撑,尚无明显转机的迹象,阎锡山于 10 月 22 日命左翼集团军司令杨爱源返回太原,筹划晋南防务,左翼军交由卫立煌指挥。左集团军除八路军第 120 师担任游击外,已别无部队。

此时,日华北方面军因将第 6、第 16 师团及国崎支队(从第 5 师团调出)等转进到淞沪作战,也几乎没有余力向忻口增兵。而忻口作战各部在中国军队的奋力抵抗下,战况无多大进展,尤其是雁门后方交通被八路军截断,粮秣补给极感困难。

这又使卫立煌看到希望之光,决定乘日援军未到的情况下,围歼忻口之敌。他一面令中央地区各部队全力抵抗,力图规复南怀化突破口;令左右两翼全线以小部队深入敌后方,袭敌侧背;一面电请蒋介石"倘能立派有力 3 师参加晋北作战,则此残敌众可指日消灭"。[1]

10 月 24 日,忻口防线守军各以一部出击,袭扰日军。而日军因得到萱岛支队(22 日到达战场)的增援,亦向中方发起攻击,双方激战,但均无进展。

10 月 25 日,卫立煌又电蒋介石:"顷闻寺内寿一所率援军即将陆续到达,倘即刻不能运用内线有利条件,万一援军到达,前途殊感棘手。务予严厉指派、增加部队三四师先歼此敌,再行转击晋东之敌。再迟即无法挽救。"[2]

①《卫立煌致蒋介石密电》(1937 年 10 月 24 日),中国第二历史档案馆编:《抗日战争正面战场》(上),江苏古籍出版社 1987 年版,第 506 页。

②《卫立煌致蒋介石何应钦密电》(1937 年 10 月 25 日),中国第二历史档案馆编:《抗日战争正面战场》(上),江苏古籍出版社 1987 年版,第 507 页。

10月26日,日军5000余人,集中炮空力量猛攻我左翼朦朦村北侧及西北高地主阵地,迄午后,第83师及第71师守兵牺牲殆尽,各该高地遂为敌陷。日暮后,该兵团各抽一部反攻,血战竟夜,冲锋10余次,卒将该山头恢复。在右翼,日军新增审野联队两个大队,猛攻灵山及南郭下村以南阵地,后将东西荣华夺去。

正面之日军,几度进攻,均被我军击退。于是,日军改变进攻方式,于接近我阵地四五百米线上,乃停止进攻,就地筑起阵地,逐步进逼,并且以飞机在白天对我阵地轰炸,压制我炮兵的反击,掩其步兵、工兵的对壕作业,直到入夜始行沉寂,翌日又复进行。

为了破坏日军的坑道攻击法,守军乃组织小突击队,于夜间潜出,用黄色炸药包塞进敌阵和坑道掘进口予以破坏,并出敌不意进行夜袭,方法十分有效。10月27日,日军增兵一二千人,采用坑道攻击法向中国阵地逼近,我方各部用对壕前进及小部侧击的方法对付日军。

在对壕近战的同时,我炮兵改变战法,白天暂匿于石窑洞里躲避日机轰炸,黄昏后进入不断变换的放列线,对南怀化和泥河一带日军炮兵群与机场予以突然的猛轰,迫使敌将机场撤到原平镇。

忻口对阵战渐有转机,但娘子关失守,使晋东门户敞开。阎锡山急调傅作义第35军回太原部署城防。

10月28日晨,日军向中央兵团第215旅阵地强袭,"各种利器兼施,并用一部利用坑道秘密逼近我,守兵单薄,增援不及,情势甚危。当悬赏6000元,士气大振,毙敌200余"。[①]次日,日军向中方阵地再次发起全线进攻。日军新增第11师团第71联队猛攻我左翼朦朦村阵地,第83师与敌奋勇肉搏,歼敌2000人。该师连日牺牲重大,全部战斗员不足一团。正面之敌在南怀化、下王庄增加野炮20余门向我猛攻,激战终日,南郭下村以南高地被敌突破二三里宽,然最高山头仍在我手。

10月29日,阎锡山又令第73师归卫立煌直接指挥。卫立煌即令该

---

① 《第二战区忻口会战纪要》。

师接替第 19 军及第 61 军阵地守备；第 126 旅接替第 85 师阵地守备，各交防部队集结于忻口附近为中央兵团预备队。

11 月 1、2 两日，日军以炮、空轰炸我全线阵地，工事多被摧毁，守军以手榴弹奋勇迎敌，与敌白刃肉搏至烈。正面第 54 师一个团及第 177 师一个旅、官村西南阵地守兵伤亡殆尽，阵地被敌攻陷。左翼第 94 师逆袭得手，乘胜出击，连夺重要山头数个，日军增兵一个联队，并以战车应援，双方处于对战中。

三、八路军的密切配合

忻口会战期间，八路军运用灵活机动的战术，在日军之侧翼和后方广泛开展游击战，打击日军，有力地配合了友军作战。

10 月 3 日，朱德和彭德怀命令第 120 师主力协同晋绥军独立第 7 旅利用神池、宁武西南山地迟滞日军，并令宋时轮支队尽力破坏雁门关、岱岳镇、怀仁一带桥梁、道路、电线，袭击日军的小部队；令李井泉支队在利民堡、神池、八角堡地区之间尾袭南向之日军。10 月 6 日，朱德、彭德怀向各部队发出电令如下：

我军以协同友军展开战局保卫山西之任务，部署如下：

一、115 师以待机姿态，协同友军袭取平型关、大营镇，相机略取浑源、应县之目的，徐旅（即第 344 旅，旅长徐海东——引者注）进至五台、台怀以东之麻子沟、白堂子附近地区，封锁消息，侦察平型关、大营镇敌情、地形。陈旅（即第 343 旅，旅长陈光——引者注）进至石咀、台怀镇间之白火庵、石佛镇地域，侦察砂河镇、龙泉村之敌情、地形。独立团暂在上寨、下关、冉庄，迅即补充棉衣、弹药后，进至浑源、大营镇、灵丘之间，向繁峙、应县、浑源积极活动，尽可能切断广武、山阴段公路，与宋支队东西呼应。

二、120 师张旅（即第 358 旅，旅长张宗逊——引者注）主力，应即配合马旅(即独立第7旅,旅长马延守——引者注)夹击宁武以南之敌。得手后集结义开镇待机。宋支队背靠岱岳镇以西山地后,应即向岱岳镇、怀仁、山阴活动,破坏公路交通。王震率所部进至忻县以西后,即归还贺、萧(即贺龙、萧克——引者注)指挥。

三、我129师及晋军61军,另行规定。[1]

同日,朱德、彭德怀又电令八路军第129师由同蒲路运至河边村转五台,准备协同第115师从台怀间向平型关、繁峙、浑源出击。八路军各师根据总部命令,开展游击战,打击和钳制日军。

第115师在晋东北地区不断袭击日军的后方和交通线。第344旅主力于10月13至14日在平型关东北小寨村附近截击由灵丘驶出的日军汽车130余辆,激战终日,毙敌100余人,毁汽车数十辆,迫使日军退回灵丘县城,随后,又连续收复平型关、团城口、砂河镇及繁峙、浑源县城。第115师的出击,有力地打击了日军的运输部队,并切断了张家口至代县的日军后方交通线。独立团由晋东北向察哈尔南部地区出击,于10月10日攻占涞源县城。15日,该团又在广灵至灵丘之间的冯家沟伏击日军第5师团的运输大队,毙伤日军100余人,缴获100余辆车和大量弹药给养,并于16日乘胜收复广灵县城。骑兵营于10月18日袭击曲阳县城,歼敌大部,收复县城。紧接着,又连克平山、唐县、完县等县城,袭击清风店车站,给平汉铁路北段的交通造成威胁。

第120师主力在晋西北地区不断袭击日军的侧翼和后方。10月1日,雁北支队袭击井坪,歼敌一部,收复该镇;4日,收复平鲁县城;7日夜袭击岱岳,攻占榆林、马邑,并破坏桥梁数座。10日夜,在怀仁、岱岳之间的辛庄伏击运输队,毙伤日军100余人,击毁汽车18辆。之后,该支队在雁北地区多次袭击日军,对同蒲铁路北段的交通构成了严重威胁。10月14日,第358旅在第359旅协同下,攻占大牛店,歼敌一部。18日,第358

---

[1]《朱德、彭德怀关于敌军和友军情况与八路军的战略部署致林彪等电》(1937年10月6日),转引自郭汝瑰、黄玉章主编:《中国抗日战争正面战场作战记》上册,江苏人民出版社2002年版,第435页。

旅第 716 团主力在雁门关以南黑石头沟公路两侧高地设伏,袭击日军运输队,毙伤敌 300 余人,击毁汽车 20 余辆。20 日夜,第 716 团一部袭击雁门关,另一部破坏广武至太和岭间的公路、桥梁,一度切断了雁门关至忻口的交通。21 日,第 716 团再次在黑石头沟地区伏击日军运输队,击毁汽车 10 余辆。第 359 旅主力在阳明堡西南之王董堡附近数次伏击运输汽车队,共毙伤敌 300 余人,毁汽车 30 余辆,使敌交通运输陷于瘫痪。

第 129 师一部夜袭日军阳明堡机场。第 129 师先头部队第 769 团于 10 月 16 日到达代县阳明堡以南滹沱河东岸的苏龙口、刘家庄地区,发现滹沱河北岸有日机频繁起飞。经反复侦察,得知日军机场就在阳明堡西南约 3 公里处,有 1 个联队驻守。第 769 团决定出其不意,夜袭机场。具体部署为:以第 3 营袭击机场;以第 1 营钳制和阻击由崞县出援的日军;以第 2 营(欠第 7、8 连)为团预备队,以第 8 连破坏王董堡西南的桥梁,保障第 3 营侧后的安全;团迫击炮连位于滹沱河南岸,支援第 3 营。10 月 19 日凌晨,第 769 团各部分头到达预定地区。第 3 营渡过滹沱河后,利用夜色接近机场,发起猛攻。经 1 小时激战,毁伤全部日机 24 架,歼灭日军 100 余人,削弱了忻口当面之敌的空中力量。

八路军"发挥机动效能",[①] 神出鬼没袭击敌人,有力地配合了忻口正面作战。八路军的积极作战,不仅消灭了日军的有生力量,而且切断了日军的交通运输线,使忻口日军与大同、张家口的交通出现严重困难,粮、弹、油料等供给濒于断绝,不得不用飞机输送给养,甚至向当地百姓征收杂粮充饥。第二战区前线总指挥卫立煌在电报中称:"敌自雁门被截断,粮秣极感困难,现向地方征发杂粮中。"[②]

忻口战役虽然激战多日,日军终未突破我防线,但因晋东战事失利,忻口守军侧后受威胁。阎锡山于 11 月 1 日令卫立煌:"我晋东军因受优

---

① 《蒋介石致何柱国密电稿》(1937 年 10 月 22 日),中国第二历史档案馆编:《抗日战争正面战场》(上),江苏古籍出版社 1987 年版,第 495 页。
② 《卫立煌致蒋介石何应钦密电》(1937 年 10 月 24 日),中国第二历史档案馆编:《抗日战争正面战场》(上),江苏古籍出版社 1987 年版,第 505 页。

势之敌军压迫,正逐次向太原以东地区转进,除已令副(傅)总司令在太原布置城防以固我资源重地外,希贵部在莱水垴、青龙镇、天门关之线占领阵地,俟敌接近一举而歼灭之,并协助固守太原之傅(作义)军依城野战,以保固太原。"① 2日,卫立煌奉阎锡山命令,命忻口部队,"为确保太原计,不得已忍痛定今夜向太原以北青龙镇东西线既设阵地转移"。② 忻口军队全线撤退。

　　至此,为期一个月的忻口战役结束。此役,中国军队以伤亡数万人的代价,歼敌2万余人,③是抗战初期华北战场上作战规模最大、最激烈的一次战役。忻口战役无论是作战时间、参战人数还是战况之激烈程度,在华北地区都是空前的,故与淞沪、徐州、武汉会战并称抗战初期的四大战役。虽然,忻口战役因多种因素而失利,但是,它所产生的影响及意义远远大于战役本身,不仅沉重打击了日军的嚣张气焰和不可一世的骄蛮姿态,而且在战略上有效地配合了淞沪会战。忻口战役中,国共两军较好地配合,是国共两党军队合作抗日的典范。

---

　　①《第二战区忻口会战纪要》。

　　②《卫立煌致蒋介石等密电》(1937年11月2日),中国第二历史档案馆编:《抗日战争正面战场》(上),江苏古籍出版社1987年版,第517页。

　　③关于忻口战役歼敌人数有2万余、3万~4万之说。

第 五 章
娘子关战役与保卫太原

第一节　娘子关战役

正当国共两军在忻口苦战之时，日军为策应第 5 师团，以第 1 军从石家庄向西进攻，直叩晋东门户——娘子关，中日两军在娘子关展开了激烈的交战。

一、娘子关防务

娘子关位于晋、冀两省交界之处，是正太铁路（今石太线）上的重要关隘，自古为兵家倚重之要地。唐代平阳公主曾屯兵于此，故而得名娘子关。明朝嘉靖年间即在此筑城置戍。从娘子关往东，群峰递次下落，沟壑万千，易守难攻，可谓一夫当关，万夫莫开，故兵书有"攻不破的娘子关"之说。

阎锡山在长期军阀混战中，在娘子关、旧关（亦称故关，历史上称井陉关、土门关）筑有窑洞式半永久性工事和钢筋水泥永久性火力点，构成宽正面、大纵深的防御配系，称得上是一条具有实战价值的防线。

因此，无论从地理位置还是军事战略讲，娘子关都是晋东的门户和防御重点。10月6日，毛泽东致电周恩来等，要其转告阎锡山及国民党军事当局："敌占石家庄后，将向西面进攻，故龙泉关、娘子关两点须集结重兵,实行坚守,以使主力在太原以北取得胜利。"故"要求南京速加派生力军三四个师位于娘子关"。①

阎锡山也曾判断日军攻占石家庄后,必然进攻娘子关,从东北两方面包围山西,并且认为日军对晋北方面是主攻,平汉路方面是助攻。但由于兵力有限,阎在集中全力于忻口与日军决战时,无力兼顾晋东方面,也未抽调相应的兵力驻守娘子关。石家庄被攻破之前,晋军仅以一个团(新编第10团)驻娘子关构筑工事,而把希望寄托于中央军或第一战区。阎锡山曾对新任第二战区副司令长官的黄绍竑说:"平汉路方面如能在石家庄之线守得住,敌人自然不能进攻娘子关;即使石家庄之线守不住,而平汉路正面我军能与敌人保持紧密的接触,敌人如西攻娘子关,平汉路我军就侧击敌人的后方,也是有利的。"②

正值中国方面调兵遣将,部署忻口战役之际,日华北方面军为歼灭河北平原的中国军队,于10月6日命令第1军向石家庄进攻,然后向顺德附近急进;并以一部进入井陉以西的要地,切断山西的交通,以策应第5师团的作战。第1军奉命于10月10日攻占平汉线重镇——石家庄,然后以一部沿正太路西进;其他各部也纷纷出击,将国民党几十个师压迫于黄河北岸,濒于背水一战的困境。出乎日军统帅部意料之外的是,第5师团在忻口受到第二战区军队强有力的抵抗,毫无进展,遂改变原先的战略企图,急令华北方面军转兵西进,攻略晋中,迂回太原,增援第5师团。华北方面军乃决定停止追击河北平原的国民党军,以有力兵团转进山西,并于10月中旬抽调第20师团,配以第108师团、第109师团之第31旅团,组成西进兵团,由川岸文三郎统一指挥,兵分左右两个支队,沿正太路直扑娘子关而来。

为了确保山西,10月6日,蒋介石乃令第2集团军总司令孙连仲率

①《毛泽东军事文集》第2卷,军事科学出版社、中央文献出版社1993年版,第76~77页。
②黄绍竑:《娘子关战役前后》,《晋绥抗战——原国民党将领抗日战争亲历记》,中国文史出版社1994年版,第261页。

第 26 路军入晋增援忻口；9 日，又令冯钦哉率第 27 路军、第 3 军、第 17 师、第 30 师及第 38 军教导团，向娘子关方面既设阵地转移，以掩护第二战区之右侧。冯钦哉奉命后，于次日 2 时令所部在井陉南北一线布防：第 17 师赵寿山部布防于娘子关前的雪花山、荆蒲关迄曹泉之线；第 3 军曾万钟部布防于雪花山南的南障城、测鱼镇迄九龙关之线；第 30 师张金照部、第 169 师武士敏部及教导团布防于曹泉至唐家会之间的滹沱河南岸；第 42 师柳彦彪部为预备队，置于北冶附近。

日军侵占石家庄后，川岸文郎即令其右支队——第 20 师团第 7 联队 3 个大队附山炮兵 2 个中队，沿正太路西进，企图策应第 5 师团，两路合击会攻太原。

据黄绍竑回忆：

娘子关方面情况相当危险。第一是正面布置得太宽，北起龙泉关，南至马岭关，从地图上看就有 150 余公里，只有 5 个师（陕西军 3 个师，第 3 军 2 个师），都是一线配备，没有重点，也没有机动部队。敌人如突破一点，则全线都要动摇，尤其是尚未指定统一指挥的人。①

阎锡山于 10 月 10 日急派黄绍竑赴娘子关指挥作战，并确定作战计划如下：

一、作战方针

为保固山西，将来收复华北失地容易，使我晋北作战军无后顾之忧起见，以第一战区由保定南移之部队，进占娘子关一带山地，确实保守之，并相机进袭石家庄，威胁由平汉路南进之敌军。

二、指导要领

1.在开战之初，应于雪花山前进阵地配备强有力之部队，以迟滞敌之前进，并掩护主力部队迅速占领阵地。

2.主力在北青掌、梁家垴、旧关、核桃园、乏驴岭、大台山之线占领阵地，总预备队分置于槐树铺、好汉池、娘子关附近，以应援各方

---

①黄绍竑：《娘子关战役前后》，《晋绥抗战——原国民党将领抗日战争亲历记》，中国文史出版社 1994 年版，第 262 页。

之战斗。

3.为防遏敌人由我阵地右翼迂回攻击,在西回村、张家垴、南垴沟、神仙洞、娘子关之线择要构筑预备阵地。

4.如敌由核桃园方面进攻时,该处部队应竭力阻止其前进,娘子关之预备队由核桃园之右翼袭其侧背,以期击破其攻击能力。

5.为防万一计,在桥头村、城子岭、驷穰镇、东道沟、上董寨之线构筑阵地,准备尔后之作战。①

10月11日中午,黄绍竑抵达井陉。但是,各部仍未全部到达指定位置,情形颇为混乱。黄当即命令第17师一部趋南河头警戒,第30师以一部在上庄到南陉向北警戒,第3军向井陉附近靠近,主力集结于旧关、大小梁家。

然而,此时日军已乘中国军队向西转进之际,跟踪追击,向贾庄、井陉进攻。日军骑兵100余在贾庄附近,向第169师突袭;日军1000余人,向西王舍及贾庄附近第30师阵地攻击。傍晚,日军八九百人向雪花山、长生口第17师阵地进攻,遭到守军抵抗,又增兵至2000余人,乘夜进攻,战斗彻夜未停。次日拂晓,日军在飞机支援下,进攻更为猛烈,激战至17时,右翼阵地——刘家沟被敌突破。日军乘胜尾追,连陷我井陉、长生口、大小龙窝,直指旧关。第17师退守雪花山和乏驴岭。雪花山、乏驴岭均系石山,构筑工事相当困难,守军只能用麻袋装土做成简易掩体,抵御日军。

阎锡山闻讯,即令增援忻口的孙连仲部回援娘子关。当时,孙部第31师一部已抵达太原,其余各部正由寿阳及阳泉一带向太原转进。孙连仲奉命后率部东返,并根据黄绍竑之命,令第27师在娘子关外的南峪、北峪占领阵地,支援第17师作战,主力集结于娘子关附近;第44旅相机进占六岭关。

---

① 《第二战区娘子关保卫战作战方针和指导要领》,中国第二历史档案馆编:《抗日战争正面战场》(上),江苏古籍出版社1987年版,第520~521页。

二、娘子关作战

10月13日拂晓,日军逼近旧关。旧关地交要冲,为晋东关键,但处于第17师与第3军防线的接合部,在战线上是薄弱环节。冯钦哉忙派第27路军工兵营附特务连,驰赴旧关,与日军1200余激战半日,午后旧关失守,守军退守旧关以西高地。

与此同时,日军1000余人向雪花山阵地进攻。黄绍竑急令第17师固守雪花山,并以一部向长生口出击,以迟滞敌人。

第17师师长赵寿山奉命后,遂抽一个团的兵力,亲自指挥于13日下午5时,分三路主动向井陉南关日军右侧背出击。右翼出击部队由第98团团长陈际春率领,相继克复刘家沟、长生口;中路在第101团团长张桐岗率领下,于雪花山麓与日军增援部队1000余人相遇。我军趁敌休息之际,发起冲锋,敌向东奔窜,我跟踪追歼,连克施水村、板桥、朱家川、南关车站,缴获大炮等战利品。

不料,雪花山守军指挥官疏忽,致使阵地失守。赵寿山立即增兵反攻,由于日军兵力增加,激战至次日晨,我伤亡1000余人,仍未恢复阵地,不得已向乏驴岭和荆蒲关转进。为肃军纪,赵寿山将丢失雪花山的第102团团长张世俊处决。

为了策应第17师作战,黄绍竑令第3军由南障城向西转移。13日夜,第12师之第35旅占领甘桃驿东南高地,并以一部向旧关反攻,与敌肉搏数次,伤亡数十名官兵,终未得手。曾万钟乃增加兵力,以图恢复旧关,并亲自到前方指挥,日军扼险死守,虽反攻数次,终未能成功,暂时形成相持局面。

10月14日晨,阎锡山下令调整部署:"(一)第3军派3个团,在九龙关、北孤台之线设防,其余在旧关西南集结,歼灭旧关之敌。(二)第94师及第177师之第529旅,占领黑山关、龙泉关一带阵地。(三)第26路军派兵 1 个团扼守六岭关。第 27 师在娘子关集结,并以重兵进占葛丹阵地。第 30 师以 1 旅进占桃林坪、小枣之线阵地。第 31 师速由阳泉至程家陇底为预备队。"[1]又令在五台的八路军第 129 师(欠 1 团)速赴阳泉,归黄绍竑指挥,配合娘子关正面作战。第 129 师于 10 月 18 日到达平定以东,并于 20 日至 24 日先后在长生口、东石门、马山村等地,打击日军。

当日,日军第 77 联队 1300 余人,分向旧关镇及苇泽关进犯,第 27 师一部与敌交战,歼敌 400 余人。旧关日军 1000 余人附炮六七门,全力向新关进攻,刚抵阵地的第 12 师第 35 旅,沉着应战,终将敌击退,并占领甘桃驿及其两侧高地。日军退据王家岭西端山及旧关东西高地,据险顽抗。此时,第 27 师出击部队,一度攻占核桃园及大小龙窝;第 12 师第 34 旅也由王家岭向大小龙窝迄旧关之线推进,对由旧关侵入关沟的 1500 日军形成夹击之势。关沟之敌企图由地都东南夺路而逃,遭我第 79 旅迎头痛击,大部被歼。旧关日军在炮火掩护下,企图解关沟之围,遭到我之阻击,仍退回旧关。当夜,第 35 旅进行夜袭,攻占旧关东南高地,因受到正东高地斜面敌机枪阻击,未能得手。

由于第 20 师团在旧关方面陷于窘境,第 1 军司令官香月清司乃增派第 20 师团 1 个步兵大队和 1 个山炮中队增援右支队;并派第 1 军 2 个步兵大队、1 个炮兵大队,予以支援。

10 月 15 日,阎锡山下令"娘子关方面战事以孙副总司令连仲负责指挥","旧关附近之敌兹限 16 日完全解决……希严督进攻部队拼命杀敌,该总司令、军长应亲自督战,有畏缩不前者,就地枪决。"[2]

当日拂晓,第 12 师与第 27 师继续与日军在旧关附近激战,至晚,毙敌大队长中岛利男以下 500 余人。

为了歼灭旧关附近之敌,黄绍竑决定翌日拂晓,对敌发起全线进攻。以第 3 军为主攻部队,攻击旧关之敌;第 27 师主力由大小龙窝切断敌归

①蒋纬国主编:《抗日御侮》第 4 卷,黎明文化事业公司 1978 年版,第 196 页。
②《第二战区娘子关会战纪要》,转引自张宪文主编:《抗日战争的正面战场》,河南人民出版社 1987 年版,第 69~70 页。

路,以一部肃清关沟之敌,协同第3军会攻旧关。16日拂晓,攻击开始,而日军也行反击,战斗至为激烈。核桃园东北1000高地之日军以猛烈炮火向第34旅射击,并以飞机不断轰炸,该旅仍退回原阵地。中国军队虽将关沟残敌肃清,但未取得反攻之果。傍晚,第27路军工兵营所在的旧关西南高地,被敌突破。第27路军教导团李振西部,奉命增援,与敌激战,夺回敌固守山头3座,肉搏五六次,将敌压迫至旧关以东高地。次日,日军增兵进行反攻,全团官兵浴血奋战,激战终日,将敌击退。是役,该团伤亡奇重,几至全部牺牲。第27师主力拟先切断旧关之敌后路,然后将其歼灭,但遭敌大举反攻,双方激战至17日,肉搏十多次,终将核桃园至旧关通路截断。

10月17日夜,第12师第34旅1个团与第7师1个团,分别向核桃园及旧关东南各高地攻击,第35旅亦以一部向旧关出击。激战至次日中午,虽突破东南高地敌阵地,但因旧关高地未克,不能收夹击之效,双方处于对峙中。

此时,忻口日军在南怀化受到中国守军的顽强抵抗,战事陷于胶着。10月17日,日华北方面军命令第1军以精锐兵力迅速突破正太线方面的中国军队阵地,进出榆次附近,以便于第5师团攻占太原。然而,娘子关方面战况并无多大进展。旧关至核桃园一带日军,连日遭守军猛击,伤亡甚众,山沟中积尸累累,残敌1000余退守旧关附近高地。19日晨,日军增加两个联队,在优势炮火及飞机掩护下,向乏驴岭第17师阵地猛攻,守军依托阵地,奋起还击,激战至下午1时,团长以下军官伤亡达27人之多,士兵伤亡过重,弹药殆尽,即以石击敌,终因寡不敌众,阵地失守。

10月19日,川岸文郎接到第1军"攻击当面之敌,攻占阳泉平原(平原疑为平定之误——引者注)"的命令,乃调整部署:"以右纵队(原来的右翼支队)沿井陉——新关——石门口大道及其以北攻击敌人;以左纵队(以步兵4个大队、山炮兵1个大队为基干)沿微水镇——测鱼镇——

石门口大道地区前进,进入右纵队正面的敌人背后。"① 即采取迂回战术,企图抄袭娘子关和旧关中国守军的后路。

从 10 月 20 日开始,日军在飞机和大炮掩护下,发起大规模进攻。第30 师第 88 旅在北峪附近与敌肉搏十余次,大部阵地被敌占领,仍据守右翼阵地,继续抵抗。孙连仲乃令第 89 旅侯镜如部驰援。第 27 师与敌激战至暮,阵地亦大部失陷,仅第 157 团残部 100 余人固守最后一个山峰。21日,第 88 旅被敌压迫,退至驴桥岭南北一线。22 日,日军以飞机、火炮协同步兵,再度猛攻,突破我方防线多处。鉴于日军连日猛攻,守军伤亡极重,黄绍竑当即令第 26 路军,即日缩短战线,占领绵山至苇泽关一带阵地,阻敌西进。同时,又令由五台增援娘子关的八路军第 129 师进驻七亘村、马山村地区,掩护娘子关守军右侧背。

阎锡山闻讯后,致电孙连仲:"希仍督令努力固守阵地"。② 但是,第26 路军已在娘子关血战 8 昼夜,战斗人员不足 6000 人,各级官长伤亡达3/5,负责数十华里的正面防线,实感困难。孙连仲于当夜回电阎锡山:"第26 路军自房山、琉璃河起,累经激战,从未休息整补;西移娘子关后,连战十余日,伤亡甚重,所存兵力不满 6000,阵地绵亘 50 余里,兵力至感单薄,如任何一点被敌突破,即无法应付,请速调生力军增援。"③ 阎锡山乃令川军第 122 师、第 124 师沿正太路前往增援。此后,直至 10 月 26 日,娘子关正面中日双方一直处于对峙状态。

日军在正面进攻无重大进展的情况下,乃以左纵队步、骑、炮联合计三四千人,向中国军队右翼迂回。22 日晚,其大部到达南北障城,一部进抵测鱼镇,一部两三百人达刘家栅、固栏村附近。24 日,测鱼镇方面日军3000 余人,在七亘村受到八路军第 129 师第 386 旅阻击,因众寡悬殊,我

---

① 日本防卫厅防卫研究所战史室:《中国事变陆军作战史》第 1 卷 2 分册,中华书局 1981 年版,第 72~73 页。

② 《阎锡山致孙连仲电》(1937 年 10 月 22 日),转引自张宪文主编:《抗日战争的正面战场》,河南人民出版社 1987 年版,第 71 页。

③ 蒋纬国主编:《抗日御侮》第 4 卷,黎明文化事业公司 1978 年版,第 204 页。

颇受损失。日军向马山村进攻,将刚到该处的川军一部击退。

为缩短战线,第3军由固栏村后撤至1314高地、北青掌迄甘桃驿之线。日军一股约300人遂乘机由空隙窜入十字路、乱安村,向固驿镇第3军右侧背进攻。黄绍竑急令第122师集结兵力攻击敌人外,又令第3军抽右翼主力由敌侧后方夹击。至25日,敌左纵队突破东回镇南北一线守军阵地,全部到达固驿镇附近,与守军交战。

10月25日,日军越过马山村继续西进,直指平定,其后方辎重部队1000余人进至测鱼镇宿营。八路军第129师刘伯承师长决定在七亘村,利用高山峡谷、道路曲折的有利地形设伏,歼灭日军辎重部队。26日拂晓前,第386旅第772团第3营在七亘村至甲南峪间地区设伏。9时许,日军进入我伏击地域,遭到第3营的突然攻击。经两小时激战,毙日军300余人,缴获骡马300余匹及大批军用物资。刘伯承判断日军辎重队必将沿原定路线继续西进,决定第386旅在七亘村再次伏击日军。28日,日军辎重部队果然在400余步骑兵的掩护下西进,11时许进入伏击区。第772团第3营突然发起猛冲,战至黄昏,歼日军100余人,缴获骡马数十匹。

此时,马山村通往平定大道除战斗力薄弱的第122师之外,已无部队可派。为防止日军断我后路,黄绍竑于25日夜电呈阎锡山,征得阎同意后乃下令:"抱最大决心以(26)路留一小部守娘子关,主力移至巨城镇、移穰镇,进出柏井驿、桥头村",并以"川军(124)师之一旅推进石门口,准备对敌总攻"。①此外,还令增援忻口的第27路军冯钦哉部暂留3个团于上下盘石至巨城间,阻击由娘子关西进之敌。

10月26日,各部队奉命后撤。娘子关遂于是日晚被日军攻陷。当夜,日军调整部署:将两路纵队分作右追击队和左追击队,分别向阳泉、平定追击。

10月27日,左路日军主力继续西侵,先头已到达桥头村。右路日军

---

①《黄绍竑致蒋介石密电》(1937年10月26日),中国第二历史档案馆编:《抗日战争正面战场》(上),江苏古籍出版社1987年版,第535~536页。

于当夜击退第 17 师,攻陷巨城。另以一部 3000 余人,由娘子关沿正太路进逼移穰镇,当日攻陷该镇。

当日,阎锡山电令在五台山区的八路军第 115 师(欠 1 旅)及第 120 师,速赴阳泉归黄绍竑指挥。

10 月 28 日,移穰镇日军向乱柳村一带猛攻;桥头村日军 2000 余人,在 8 架飞机支援下,向第 30 师右侧上庄阵地猛攻,激战 5 小时,1121 高地守军两连全部殉难。守军全线被敌突破,伤亡奇重,乃退守西沟村、王家庄、966.5 高地,继续抵抗。同时,日军一部向石门口进攻,守军第 372 旅与敌激战,在只剩 400 余人的情况下,退至西郊村附近。

同日,黄绍竑移驻寿阳。孙连仲鉴于前线状况,分别电呈蒋介石、阎锡山、黄绍竑,请增派援军配置第二线阵地,阻击敌人,以确保太原、榆次。

蒋介石为解除晋东危机,于 28 日一面电阎锡山:"娘子关失守影响全晋,我为保障晋北最后胜利及待川军增援起见,在娘子关方面作战各军应在寿阳以东地区利用山地坚强抵抗。如无命令,即将全部牺牲亦不许退至寿阳以西,如有不听命令者,决依军法从事。"[①]一面令第一战区立即向石家庄、娘子关迂回攻击。但是,远水不救近火,日军继续长驱西犯。

10 月 29 日,孙连仲奉命率部在寿阳以东抵御日军。那时,第 26 路军仅存 5000 余人,而且两翼已无友军配合,陷于孤立之境。当日,日军即向孙部进攻,激战终日,其中第 27 师 2 营官兵仅余 6 人,终因寡不敌众,平定陷落。30 日,日军又在阳泉以南将第 26 路军各师包围攻击,各部伤亡极重,乃向西撤退,转入第二抵抗地带。日军于当日进占阳泉。至此,晋东局势已无法挽回。

10 月 30 日,黄绍竑电请蒋介石"确定晋省以后作战方针,勿再迟误,致难收拾。"[②]蒋介石于 31 日调汤恩伯军团参加晋东作战。11 月 1 日,蒋

---

① 《蒋介石致阎锡山等密电》(1937 年 10 月 28 日),中国第二历史档案馆编:《抗日战争正面战场》(上),江苏古籍出版社 1987 年版,第 536 页。

② 《黄绍竑致蒋介石密电》(1937 年 10 月 30 日),中国第二历史档案馆编:《抗日战争正面战场》(上),江苏古籍出版社 1987 年版,第 540 页。

又致电程潜，要汤恩伯速率部攻击敌之侧背。汤于当日率第13军由涉县、昔阳向平定进发。

然而，还未等汤恩伯军赶到，日军便于11月2日攻占寿阳。至此，沿正太路西进日军约5个联队，其中2个联队已达寿阳。与此同时，左路日军步兵第31旅团（欠1个联队）亦由九龙关进入昔阳，向榆次急进。

为阻止日军的西进，八路军总部于10月28日率第115师师部及第343旅由五台南下，30日到达平定西南地区，统一指挥各部，以伏击战术阻击日军。11月2日，第129师第386旅在昔阳东南之黄崖底一带，伏击日军第109师团第136联队1个大队，共毙伤日军300余人、战马300余匹。11月4日，第115师第343旅在广阳伏击日军第20师团辎重队，经4小时激战，歼日军近千人，缴获骡马700余匹、步枪300余支及大批军用物资。11月7日，第129师主力在第151师一部的配合下，又于广阳以东之户封村地区设伏，毙伤日军250余人。八路军在晋东对日军的连续伏击，沉重地打击了西进的日军，掩护了沿正太路撤退的国民党军。

为保卫太原，正太路各部于11月3日奉命向太原转移。

娘子关保卫战，历时20余日，歼敌数千，中方付出伤亡两万余人的重大代价，最终还是以失败而告终。更为严重的是，由于娘子关的失守，致使晋北忻口防御战我方阵线迅速处于腹背受敌境地，大大地动摇了阎锡山在忻口与敌决战的决心。所以阎锡山十分痛心，曾做诗云："当时若非娘关败，忻口岂只二十三。"[①]

---

① 山西省政协文史资料研究委员会编：《阎锡山统治山西史实》，山西人民出版社1984年版，第221页。"二十三"指忻口守了23天。

第二节　依城野战

在晋北、晋东进行积极有效抵御、阻击日军一个多月之后,第二战区军队被迫退守太原,与日军开展了保卫太原之战。不料,太原在短短数天就陷于敌手,山西抗战形势急转直下。

一、城防部署

太原是山西省省会,全省政治、军事、经济、文化的中心,也是华北重要的工业基地之一,自古以来就是军事要地。

晋东战事失利,日军沿正太路西进,直逼太原,忻口守军腹背受敌。山西形势至为紧张,一时人心惶惶,商家富豪、达官贵人纷纷携财带眷外逃。

太原作为山西省会城市,既是阎锡山统治山西 20 多年的首府,也是他苦心经营军事工业及其他工业的基地,自然不愿轻而易举地让给日本人。所以,阎锡山命傅作义由忻口撤至太原,负责构筑防御工事,并"利用太原四周既设阵地线,实行依城野战,以阻敌前进"。^①为攻占太原,10月30日,日军派第 1 飞行大队空袭太原。中国空军以 4 架战机迎敌,在忻县上空,击落日机 1 架。

11 月 1 日,阎锡山召集少数干部,举行秘密会议,商议由他指示朱绶光起草的保卫太原的作战计划,以及军政机关撤退等方案。会上,周恩来曾建议:保卫太原,"必须背靠山地,在野战中求得胜利,不应以多数兵力

---

①《第二战区太原会战纪要》,转引自蒋顺兴、李良玉主编:《山西王阎锡山》,河南人民出版社 1990 年版,第 168 页。

守城或正面堵击"。① 最后，会议初步作出了依城野战的方案：

一、方针

本会战在利用太原四周既设阵地线，实行依城野战，以阻敌前进，消灭其兵力，待我后续兵团到达，再施行反攻夹击而聚歼之。

二、指导要领

（一）在殷家堡、西吴村、大吴村、黄陵村、北营村、窑子上、赵家坡、张河村、店儿上、菜水塌、横岭上、常峪村、西黄水、青龙镇、周家山既设阵地线上，竭力加固工事，尤其对南北铁路正面及周家山方面，更应坚固编成之。

（二）如因北面作战影响，敌由黄寨镇方面向南进攻时，拟定作战要领如下：

1.本阵地以持久防御之目的，在阻绝敌之前进，逐渐消灭其力量，以待后续兵团之到达。

2.主战斗正面，东由小岗头，西至周家山，长约 15 公里，须以步兵 2 万、山炮兵 2 团、野炮兵 1 营、骑兵 4 连守备之。

3.兵力部署，以主力配备铁道正面，以强有力之一部配置于周家山，以预备队分置于青龙镇、周家山后方地区。

4.敌情判断——敌将以主力沿公路南攻，以强有力之一部攻周家山，以协助其主力之攻击。

5.指导要领

A.此阵地以持久战为主，为达成持久战之任务，各地区队应相机逆袭敌人，以消耗其兵力。

B.后续兵团到达后，应由思西村（周家山西北）地区出击，以期在黄寨附近地区包围敌军而击破之。

C.在会沟至青龙镇东北地区，构成浓密之火网。

（三）如因东路军作战影响，敌人由正太路方面沿铁路进攻太原

---

① 《中共党史资料专题研究集——抗日战争时期（一）》，中共党史资料出版社 1988 年版，第 8 页。

时,拟定作战要领如下:

1.在殷家堡、黄陵村、北营、东西砖井之线,右翼依靠汾河,左翼依靠山地,竭力阻绝敌之前进,以待后续兵团达到而夹击之。

2.主战斗正面由殷家堡至赵家坡,长约16公里,须以步兵2万5千、山炮1团、野炮兵2营、骑兵2连守备之。

3.兵力部署,以主力配备于铁道正面,以强有力之一部配备于赵家坡、河口村附近,以预备队分置于许坦村、五龙沟附近地区。

4.敌情判断——敌将以主力向河口附近进攻,以有力之一部沿铁道进攻,以协助其主力之攻击。

5.指导要领

A.此阵地以持久战为主,但为达成持久战之任务,各地区队应相机袭击敌人,以消耗其兵力。

B.俟汤(即汤恩伯——引者注)兵团大部到达子洪口附近时,主力应由砖井村附近出击,包围敌军而聚歼之。

(四)为巩固北正面计,在凤阁梁、欢咀村、郭家窑、陈家窑、拦岗村、岗北村构筑内部防御线,以期达到持久战之目的。

(五)将太原城编成复廓要塞,以资作最后之战斗。

(六)敌如由正太及黄寨两面同时进攻时,应在主战斗线东西以配备少数部队掩护侧背,其战斗计划临时再按情况拟定之。

三、战斗前敌我态势(附图一、二)

〔略〕

四、兵团部署

(一)着第35军(第211旅、第218旅)、独立第1旅、第213旅、新编第3第8第9各团、第73师之一旅及炮23团刘团长(倚衡)指挥之炮21团、炮22团(欠第2营营部及第36连)、炮25团第1营、炮垒大队并由忻口开拔中之第71师、独立第7第8旅等部,统归傅总司令(作义)指挥,布置太原城防。

(二)以黄副司令长官指挥之各部,在北营、赵家坡、张河村、刘家河及孟家井、上庄一带占领既设阵地,以卫总司令(立煌)指挥之各部队,在菜水垌、青龙镇、天门关一带占领既设阵地,统归卫总司令指挥,太原附近准备依城野战。

(三)以达到黎城东阳关之汤恩伯军向榆次附近推进,俟敌攻太原时,与太原附近部队夹击而歼灭之。

(四)太原近郊并城周重要工事,由新编第6旅、独立第1旅之步兵一部及骑兵连担任警戒。[①]

11月2日,阎锡山在绥靖公署中和斋会议厅举行高级将领会议,商讨保卫太原的问题。周恩来也参加了会议。会上,阎锡山提出了固守太原、依城野战的具体方针。在谈到由谁来负责守城的问题时,会场上一片沉寂。按实际说,太原的工事都是阎的亲信部队构筑的,地形地物最熟悉,守太原是最合适不过的。但是,阎的亲信将领与阎彼此心照不宣,有的低头不语,有的面面相觑。个别晋军将领则旁敲侧击地说,守太原的这项任务恐怕非有丰富经验和非凡的指挥能力的将领担负不可!一直保持沉默的傅作义挺身而起说:"弃土莫如守土光荣,太原城我守!"阎锡山就是等傅的这句话,傅作义话音未落,他马上面带喜色地说:"宜生当年在天镇、涿州给咱争了面子,守太原不会给咱丢人。"[②] 会议决定由第35军守太原,另配备第61军第213旅、独立第1旅陈庆华部、新编第3、第8、第9团,以及炮兵第22团刘倚衡部,共3旅4团10000余人的兵力,布防省垣。

傅作义,字宜生,1895年生于山西荣河县安昌村(今属临猗县)。1918年以优异成绩毕业于保定陆军军官学校,历任排长、连长、营长、团长、师长。1926年5月奉命守天镇城,坚守3个月,赢得了"守城名将"的称誉。1927年10月至1928年1月,又在河北涿州坚守3个月,名扬天下,以师长之职荣膺国民政府军事委员会委员,在民国史上是空前绝后的。1931

---

①《第二战区太原保卫战作战计划》,中国第二历史档案馆编:《抗日战争正面战场》(上),江苏古籍出版社1987年版,第543~545页。

②董其武:《戎马春秋》,中国文史出版社1986年版,第146页。

年初任第 35 军军长兼第 73 师师长,12 月又被任命为绥远省主席。此次自告奋勇,守太原城,并写下遗书,表示:"只要一息尚存,誓与日寇血战到底,为国捐躯,义无反顾。"

11 月 2 日,阎锡山按照上述部署,令晋北忻口方面的作战部队向太原附近阵地转移。黄昏后,忻口部队开始南撤。为了迷惑敌人,各部以小分队对当面之敌出击。同时,阎还令王靖国指挥第 84 师等掩护大军。具体部署为:以第 84 师第 203 旅于忻县城北的曹村、芝郡村、匡村堡、东社村、外涧沟西南 1098.4 高地之线,为第一线掩护阵地;以第 66 师第 206 旅(欠 1 团)附山炮 1 连半及第 21 师于杨家坟、王家山、石岭关、宋川村之线,为第二掩护阵地。

在阎锡山的秘密布置下,忻口大军在日军毫无觉察的情况下,乘夜转移,3 日上午全部撤到指定地区。

11 月 3 日晨,板垣发觉中国守军可能撤退了,于是一面令飞机侦察中国军队动向,一面令前线部队以若干小分队向中国守军阵地进行试探性进攻。当得知中国军队已南撤的确切消息后,板垣立即急电华北方面军司令部,并部署向太原方面追击。

11 月 5 日拂晓,担任掩护南撤的各部在给敌以袭击迟滞后,也撤退完毕。这时,晋北仅有骑兵第 1、第 2 两军在雁门关外及静乐间;八路军在五台山区,对敌进行袭扰。

是时,晋东方面各部也奉命向太原东南既设阵地转移。阎锡山电令第 18 集团军总司令朱德,"以主力牵制晋东方面之敌,并广为破坏交通,极力迟滞敌军西进,以一部协同骑兵赵承绶部,努力迟滞敌军南进,尔后进出东关口西北地区,威胁敌人",[①]掩护太原守军之左侧。

在国民党军纷纷向太原转移之际,为了迅速攻略太原,日华北方面军于 11 月 3 日令第 5 师团由第 1 军统一指挥。4 日,第 1 军令第 5 师团继续攻略太原,以一部向汾阳附近追击;令第 20 师团以一部攻占榆次西

---

①蒋纬国主编:《抗日御侮》第 4 卷,黎明文化事业公司 1978 年版,第 216 页。

北地区,对太原东南方阵地监视,以主力进出榆次附近后,继续向介休附近追击,但令昔阳支队先进出榆次;第109师团(欠步兵第118旅团及骑兵大队)随昔阳支队之后向榆次前进。

在日军兵临城下的情况,阎锡山命令傅作义负责太原城防。

11月4日,阎锡山调整第二战区各部之隶属关系,将各部队整理为8个单位:骑兵、炮兵各为一个单位,步兵6个集团。即第3军归第2集团军;第27路军、第15军、第17军、第94师并归第14集团军;川军均归第22集团军;新编第2师并归第18集团军;晋绥军留守太原的部队全归第7集团军;其余归第6集团军。骑兵仍在雁门关外游击,炮兵除附属各部队外,均由炮兵副司令刘振衡统一指挥。阎锡山还委任卫立煌为第二战区前敌总司令,指挥除第18集团军及第6集团军外的各部队;委任傅作义兼太原守备司令,并决定省政府为统筹省政便利计,移驻临汾,第二战区司令长官行营移至接近省城的地方指挥。

同日,阎锡山在绥靖公署会议厅再次召集军事会议,商讨太原防守事宜。与会的有黄绍竑、孙连仲、卫立煌、杨爱源、傅作义、王靖国等高级将领,山西省政府主席赵戴文、参谋长朱绶光、参谋处长楚溪春等。阎锡山首先讲了保卫太原的理由,又重申了他的依城野战计划:以忻口方面退下来的各部据守太原北郊的既设工事,并派一部守汾河西岸高山工事;以娘子关撤退的各部据守太原以东的高山既设阵地;以傅作义部死守太原城。

出乎阎锡山意料的是,他的依城野战方案,受到黄绍竑等人的反对。黄绍竑并非认为太原附近的既设国防工事不应固守,而是认为忻口和娘子关两方面的部队正在败退,恐怕在未占领阵地之时就被敌压迫到太原城边来。万一那些部队站不住脚,被敌人压迫下来,前方后方许多人马都混杂在太原城区的盆地里,其后果是不堪设想的。因此,不应该以野战来支持守城,而应以守城来支持野战部队的休整。即以守城部队坚守太原,娘子关方面部队撤至寿阳以南和榆次以东的山地收容整理,并与八路军联络。日军如直攻太原,则从敌侧后予以袭击。日军如向南进攻,则沿同蒲路东侧山地逐步撤向太谷、平遥。忻口方面的部队,除派一小部守北郊既设阵地作守城的警戒部队外(必要时撤过汾河以西),其余皆撤过汾河,占领汾河以西的高山地区,监视敌人,进行整顿,必要时则侧击敌人。这样,东北两方面的撤退部队,既可休整又可牵制敌人攻击太原城,城内部队也可为城外部队的支援,相互策应。黄的上述意见,得到孙连仲、卫立煌的赞同,而晋绥军将领则对阎的计划不敢表示异议。阎锡山与黄绍竑各持己见,相持不下,会议开到深夜1点多钟仍无结果。最后阎锡山说:"军队已经行动了,要改变也无从改变了。"原来阎锡山在会前已给各部队总司令下达了命令。当夜,阎锡山率赵戴文等匆匆离开太原,沿晋西公路退往交城。

阎锡山虽然最后敲定了固守太原的战略方针,但黄绍竑、卫立煌均不赞成,而且阎锡山临阵先退,更引起黄、卫二人的不满;加之,日军紧追不舍,立足不易,他们并未按阎锡山的计划行事。从晋北撤下来的中央军各部至太原时,均未进入既定的防守阵地,而是绕城南撤。晋东方面预定防守太原城东的部队,因日军已逼近太原,有的未能及时撤回,有的虽已撤回却无斗志,与敌一接触即向南撤。实际上依城野战的部队,只有晋军王靖国、陈长捷部在北郊一线防守,郭宗汾第71师及独立第7、第8两个旅在城西一带布防。

傅作义就是在这样的情况下,硬着头皮承担起守卫太原的重任的。但他并未因此而有所动摇,而是抱着誓与日军血战到底的决心,部署城防。他将所辖1万余兵力(战斗员6000余)部署在三道防线上,第一道在城外,第二道以城墙为屏障,第三道左翼在三桥街一带。另以第35军副军长曾延毅为戒严司令。其城防部署为:北城,第218旅董其武部;东城,第211旅孙兰峰部及第73师;南城,第213旅杨维垣部;西城,因背临汾河,仅以新编独立第1旅陈庆华部守备。炮兵分布在全城的各个炮兵阵地。城厢前进阵地:北关兵工厂由第218旅之第420团团长李思温带两个营防守;东北城外黄国梁坟地由第211旅之第419团的张惠源营防守;东南城外郝庄、双塔寺阵地由第211旅之韩春富营防守;南城、西城外,由担任城防的杨维垣、陈庆华两旅,分别在太原火车站和汾河东岸派出警戒部队;第35军的骑兵连,则在汾河西岸,担任游动巡逻。其余部队编为总预备队,由傅作义亲自掌握,以便随时支援第一线作战。

一切部署就绪,11月4日,傅作义集合部队作战前动员说:"我们奉阎长官的命令守太原城"[1],表示要与城共存亡。

当天下午,卫立煌从忻口撤到太原,会晤傅作义。鉴于当时形势,卫认为依城野战,已不可能,只剩太原孤军守城,徒耗实力,不会有什么好结果,建议傅改变计划,一同南下。傅作义虽同意卫的意见,但是,迫于情势,仍坚持据守太原,并表示:"守土抗战,军人有责。野战军在太原当然要守;野战军走了,太原还是要守。"[2]至于后果,则考虑不了那么多了。在送卫出城后,傅下令封城,准备与敌决战。

11月5日,日军以装甲车部队猛攻青龙镇,刚转移至阵地的第54师受敌机轰炸,立足未稳,即退至阳曲湾。日军尾随而至,霎时阳曲湾亦出现混乱,各部队分向南、向西撤退。西线守军闻讯后也即向南撤走。晋东方面之敌已迫近太原东南车站、双塔寺、大营盘,对太原城形成南北合围之势。

这样,太原东、北、西三面依城野战的部队已无一兵一卒。阎锡山的依城野战作战计划便成了一纸空文,形成了傅作义孤城应战的局面。

二、太原失陷

从忻口跟踪而至的日军迫近城郊后,从东、北、西三面包围了太原,完成了攻城部署:以主力第5师团及独立混成第15旅团占领太原城东北享堂村、黄国梁坟园及城正北兵工厂,作为攻城准备阵地;以进抵城东

---

① 《文史资料选辑》第54辑,第15页。

② 韩伯琴:《第35军太原守城亲历记》,《晋绥抗战——原国民党将领抗日战争亲历记》,中国文史出版社1994年版,第302页。

的萱岛支队,击退少数中国守军后由东面攻城;第21旅团在萱岛支队之后向南攻击,并同城东南的第20师团取得联系。

11月6日拂晓,日军步兵开始向太原北关兵工厂和东北城外黄国梁坟园的城厢前进阵地进攻。日军炮兵则在飞机的指示下,以数十门榴弹炮、野炮,集中火力,向城东北角的城墙猛烈轰击,城墙上部在硝烟弥漫、地动山摇的震撼中,逐渐被打成缺口(当晚修复)。守城炮兵也开炮还击,双方展开激烈的炮战。

兵工厂阵地的守兵在李思温团长的指挥下,面对优势日军的进攻,顽强抵抗,击退敌多次冲击,黄昏后奉命撤入城内。守黄国梁坟阵地的张惠源部受敌压迫,被迫退回城墙主阵地。日军跟踪而至,向城垣猛攻,受到守军的阻击,先后退出战场,进行整顿。

当晚,日华北方面军第1军下达作战命令,令第5师团及指挥的北线部队为攻城的主攻部队;第20师团一部协同第5师团作战。命令还决定,8日对太原城发动总攻。

11月7日拂晓,北城外日军利用城厢建筑物作掩护,东门外日军利用丘陵复杂地形作掩护,同时向城墙秘密接近,准备实施强攻。同时,日军一部绕过东城,向火车站迂回;另一部则由汾河上游渡河,进出于城西的汾河西岸,对太原形成合围之势。日军主力步、炮、空协同作战,先以优势火力将城北角炸开一个缺口,然后步兵在坦克、装甲车掩护下向缺口猛冲,蜂拥登城。守军第419团官兵奋力堵截,给敌以重大杀伤。日军继续向城内冲击。守军与敌展开肉搏,双方伤亡甚众,第419团团长袁庆荣负伤。日军一股(约一个营)由豁口突入城内,一部分沿城墙向小北门城楼攻击,另一部分冲入城内,与守军发生巷战。在小东门防守的第422团一面对敌进行堵截,一面请示孙兰峰旅长,拟将旅预备队投入战斗,围歼入城之敌。该旅3个团各选一个连,组织奋勇队,对日军实施反击,经过血战,终将既失阵地收复。与此同时,城内守军经巷战终将突入城内之敌全歼。

入夜,日军炮击更烈,傅作义一面亲巡各城,鼓励士气,以迎击日军的再次进攻;一面急电蒋介石,报告战况。守城兵力本来就少,经两日战斗伤亡减员,有战斗力者仅剩 2000 余人。11 月 8 日晨,日军按原计划向太原城发动总攻。其步炮主力全集中于城下,13 架飞机轮番轰炸,北城楼被焚,东、北两城到处起火,火焰弥漫全城。9 时,城东北角及西北角均被敌密集炮火轰陷,不久东、北两面城墙亦相继被轰开缺口十余处,城墙各掩蔽部及弹药洞多被轰塌。日军步兵在飞机、大炮掩护下,向城内猛冲,在城墙埋伏的炮垒队亦被敌击散。守军奋勇截击,一面拼力阻击突入城之敌,一面封锁城墙各口,敌我伤亡惨重。激战至午,防守东北城角的第 435 团一个营伤亡过半,日军从该阵地前面的城墙缺口蜂拥入城。董其武即率预备队驰援,在小东门、小北门之间的大教场、坝陵桥一带,与敌展开激烈的巷战,双方形成对峙状态。其他守军官兵也拼命抵抗,战至 16 时,始将城墙各口封锁,并经激烈巷战将入城之敌 1000 余歼灭大半。黄昏时,日军一部空降于城中大教场,扩张战果,19 时攻至总司令部。随即日军又从城东北角突破口向城内增加大量步兵,并利用夜间隐蔽,夹杂混战,处处突袭,我官兵伤亡甚多,而且西、南两城部队及预备队亦为敌袭散。此时应战兵力已不敷分配,除总司令部官佐及特务连勉力抵抗外,已别无兵力可资应援。至 21 时,日军愈进愈多。傅作义见局势已无法挽回,乃下令撤退。各部纷纷从大南门、新南门撤出城外。这样,华北重镇——太原,于 11 月 8 日夜失陷。

第 六 章
敌后抗日根据地的创建

第一节 八路军实施战略展开

太原失陷后，在华北以共产党为主体的游击战争进入主要地位，八路军在晋东北、晋西北、晋东南、晋西南广泛开展独立自主的游击战，创建抗日根据地，成功实施战略展开。

一、太原失陷后的山西形势

太原失陷以后，华北形势发生了巨大变化。国民党军相继失掉了察哈尔、绥远、河北 3 省全部及山西大部、山东、河南黄河以北的广大地区。华北基本上沦入日军之手。此时，日军在华北的总兵力为 7 个师团，14 万人左右，分别驻守在北宁（山海关南）、平绥、北同蒲、正太、平汉及津浦（黄河北）铁路沿线。

1937 年 11 月 12 日，毛泽东在《上海太原失陷以后抗日战争的形势和任务》中明确指出："在华北，以国民党为主体的正规战争已经结束，以共产党为主体的游击战争进入主要地位。"他判断说："目前是处在从片面抗战到全面抗战的过渡期中。片面抗战已经无力持久，全面抗战还没有来到。这是一个青黄不接的危机严重的过渡期。""在此期间，中国的片面抗战可能向三个方向发展：第一个方向，结束片面抗战，代以全面抗战。这是国内大多数人的要求，但是国民党还没有下决心。第二个方向，结束抗战，代以投降。这是日寇、汉奸和亲日派的要求，但是遭到了中国大多数人的反对。第三个方向，抗战和投降并存于中国。这将是日寇、汉奸和亲日派无法达到第二个方向的目的，因而实行其破裂中国抗日阵线的阴谋诡计的结果。他们正在策动这一着。这个危险严重地存在着。""因此，从片面抗战转变到全面抗战的前途是存在的。争取这个前途，是一切中国共产党党员、一切中国国民党的进步分子和一切中国人民的共同的迫切的任务。"①

11 月 16 日，周恩来在《目前抗战危机与坚持华北抗战的任务》一文中分析了抗战以来的战局，指出："在上海、太原相继失陷以后，目前抗战局势正遇着一个新的危机。这个危机的特点，是政府军队抗战颇难为继而全民抗战犹未兴起的青黄不接，国内外调停的空气相当抬头。"从战局看，"华北方面，敌人自占领太原后，已进逼汾阳、介休、子洪镇之线；平汉、津浦亦有前进消息。日寇企图是想在稍加整理后，压迫我大军退过黄河南岸，以便其向全世界宣告：华北战事已告段落，上海亦已占领。它将从事于华北自治，上海中立，分化蒙古，捣乱华中、华南的计划。"文章认为："华北的抗战如真告一段落，抗战的危机便严重到万分，而且日寇也可以喘一口气再干。因此，坚持抗战必须以坚持华北战争为中心。"在华北坚持持久抗战，发展游击战争有许多有利条件，如地形、气候、民众基础等，而八路军留在华北作战则是"推动和领导华北持久抗战的重要因素"。②

二、中共敌后游击战方针的确立

在抗日战争中，游击战争占据着十分重要地位。正如毛泽东所说："游击战争是在全战争中占有一个重要的战略地位的。没有游击战争，忽

①《毛泽东选集》第 2 卷，人民出版社 1991 年版，第 388~390 页。
②《周恩来选集》上卷，人民出版社 1980 年版，第 81~85 页。

128

视游击队和游击军的建设,忽视游击战的研究和指导,也将不能战胜日本。……因此,游击战争虽在战争全体上居于辅助地位,但实占据着极其重要的战略地位。抗日而忽视游击战争,无疑是非常错误的。"① 中国共产党根据抗战形势的变化及时提出了游击战的战略方针。

1937 年 8 月 1 日,毛泽东等在发给周恩来、博古、林伯渠的电报中首次明确提出了独立自主的游击战原则。电报指出,红军对日作战须坚持两条原则:"甲、在整个战略方针下执行独立自主的分散作战的游击战争,而不是阵地战,也不是集中作战,因此不能在战役战术上受束缚。只有如此才能发挥红军特长,给日寇以相当打击。乙、依上述原则,在开始阶段,红军以出三分之一的兵力为适宜,兵力过大,不能发挥游击战,而易受敌人的集中打击。其余兵力依战争发展,逐渐使用之。"②

8 月 4 日,毛泽东等在发给出席南京国防会议的周恩来、朱德、叶剑英的电报中提出了中国共产党关于国防问题的意见。电报强调,对日作战应实行"正规战与游击战相配合,游击战以红军与其他适宜部队及人民武装担任之,在整个战略部署下给予独立自主的指挥权"。"担任游击战之部队,依地形条件及战况之发展,适当使用其兵力。为适应游击战性质,原则上应分开使用,而不是集中使用。"③ 8 月 18 日,中共中央书记处在给朱德、周恩来、叶剑英的指示中再次强调,红军充任战略的游击支队,在总的战略方针下,执行独立自主的游击战争。

8 月 22 日至 25 日,中共中央在陕北洛川冯家村召开政治局扩大会议,规定了红军在敌后作战的基本方针是放手发动独立自主的游击战,建立敌后根据地。当时,在党内有一些同志忽视游击战争。为此,毛泽东多次指示开赴山西前线的八路军,要坚持游击战的方针。9 月 12 日,毛泽

---

① 《毛泽东选集》第 2 卷,人民出版社 1991 年版,第 552~553 页。

② 《毛泽东军事文集》第 2 卷,军事科学出版社、中央文献出版社 1993 年版,第 20 页。

③ 《毛泽东军事文集》第 2 卷,军事科学出版社、中央文献出版社 1993 年版,第 22~23 页。

东在给彭德怀的电报中,对独立自主的山地游击战方针的内涵作了较系统的说明。他指出:八路军独立自主的山地游击战方针包含以下内容:

（一）依照情况使用兵力的自由。（二）红军有发动群众创造根据地组织义勇军之自由,地方政权与邻近友军不得干涉。（三）南京只作战略规定,红军有执行此战略之一切自由。（四）坚持依傍山地与不打硬仗的原则。①

9月21日,毛泽东在给彭德怀的电报中又指出:我军要深入敌后,发动群众,创造根据地,开展独立自主的游击战。他强调:"今日红军在决战问题上不起任何决定作用,这就是真正独立自主的山地游击战(不是运动战)。要实行这样的方针,就要战略上有有力部队处于敌之翼侧,就要以创造根据地发动群众为主,就要分散兵力,而不是以集中打仗为主。集中打仗则不能做群众工作,做群众工作则不能集中打仗,二者不能并举。然而,只有分散做群众工作,才是决定地制胜敌人、援助友军的独一无二的办法,集中打仗在目前是毫无结果可言的。目前情况与过去国内战争根本不同,不能回想过去的味道,还要在目前照样再做。"②9月25日,毛泽东在致北方局电中再次强调指出:"整个华北工作,应以游击战争为唯一方向。一切工作,例如民运、统一战线等等,应环绕于游击战争。华北正规战如失败,我们不负责任;但游击战争如失败,我们须负严重的责任。"10月16日,毛泽东电示林彪:"我军应坚持既定方针,用游击战配合友军作战。此方针在京(即南京——引者注)与蒋何(即蒋介石、何应钦——引者注)决定,周彭(即周恩来、彭德怀——引者注)又在晋与阎当面决定,基本不应动摇此方针。"③

---

①参见《毛泽东军事文集》第2卷,军事科学出版社、中央文献出版社1993年版,第44页。

②《毛泽东军事文集》第2卷,军事科学出版社、中央文献出版社1993年版,第53~54页。

③《毛泽东军事文集》第2卷,军事科学出版社、中央文献出版社1993年版,第85页。

太原失陷后,11月8日至下旬,毛泽东连电周恩来、朱德、彭德怀等,指出:在华北正规战争业已结束,游击战争阶段开始转入主要地位。八路军各部队的部署纲领,"以控制一部为袭击队,大部尽量分散于各要地,组织民众武装为第一义。"① "红军任务在于发挥进一步的独立自主原则,坚持华北游击战争,同日寇力争山西全省的大多数乡村,使之化为游击根据地,发动民众,收编溃军,扩大自己,自给自足,不靠别人,多打小胜仗,兴奋士气,用以影响全国,促成改造国民党,改造政府,改造军队,克服危机,实现全面抗战之新局面。"② 他特别强调:"坚持山西游击战争的方针,是中央已定下的方针,谁也不应该对此方针发生动摇。"③

随着战争形势的发展,独立自主山地游击战的方针也得到不断发展。1938年5月,毛泽东在《抗日游击战争的战略问题》一文中,系统地阐明了抗日游击战争在整个抗日战争中的重要战略地位:一般说来游击战争只是一种起辅助作用的作战形式,它不担负着战略任务,但是,在抗日战争中,八路军等进行的游击战争则担负着战略任务。他指出,中国是一个处在进步时代的大而弱的国家,被另一个小而强的国家——日本帝国主义所攻击,这是我们提出和思考问题的基本依据。这就导致了两种现象的发生,一是敌人占地甚广,二是战争的长期性。敌人占地甚广,但兵力不足,在其占领区留下了很多空虚的地方,因此抗日游击战争就主要地不是在内线配合正规军的战役作战,而是在外线单独作战。由于中国处在进步时代,有共产党领导的坚强的军队和广大的日益觉醒了的人民群众,因此抗日游击战争就不是小规模的,而是大规模的。这种大规模的、在外线单独进行的游击战争,客观上就存在着战略防御和战略进攻

---

① 《毛泽东军事文集》第2卷,军事科学出版社、中央文献出版社1993年版,第114页。

② 《毛泽东军事文集》第2卷,军事科学出版社、中央文献出版社1993年版,第116页。

③ 中共中央文献研究室编:《毛泽东年谱》中卷,人民出版社、中央文献出版社1993年版,第39页。

等一整套的高层次战争指导问题。战争的长期性及残酷性，又进一步提出了根据地的问题、向运动战发展的问题等等。"于是中国抗日的游击战争，就从战术范围跑了出来向战略敲门，要求把游击战争的问题放在战略的观点上加以考察。特别值得注意的，是这样又广大又持久的游击战争，在整个人类的战争史中，都是颇为新鲜的事情。"[①] 8 月 5 日，毛泽东在对抗日军政大学第 4 期毕业学员的讲话中又说，现在抗战，"游击战争"四个字，是制敌的一个锦囊妙计，要下决心到敌人后方去进行游击战争。

中国共产党游击战争战略方针的确立，对于八路军在山西敌后开展游击战争，支撑华北战局，推动抗日游击战争的迅猛发展，取得抗日战争的伟大胜利，起了重要的指导作用。

三、中共中央北方局的具体部署

卢沟桥事变后，中共中央于 7 月 8 日向中共中央北方局发出关于华北工作方针的指示，提出了"保卫平津、保卫华北"的口号，号召全体爱国军队、全体爱国人民紧急动员起来，抵抗日本帝国主义的进攻。平津失陷以后，中共中央北方局根据形势的变化，提出了新的方针：

第一，党在平津的组织转入长期的秘密工作，应利用一切合法的可能保存与积聚力量，以等待和准备将来反攻时期收复平津。目前的主要任务是援助平津附近乡村中的抗日游击战争，城市工作服从乡村工作，干部人员除必须留在平津者外，应退到乡村组织游击队。

第二，在冀东（这里是在几年前就被日寇占领并划为特别区的地方），应准备迅速发动抗日武装起义配合全国的抗战，并坚持游击战争。……

---

①《毛泽东选集》第 2 卷，人民出版社 1991 年版，第 405 页。

第三，在华北其他地区（我军的后方），应动员群众、动员一切力量参加抗战，支援前线；同时准备独立自主地进行游击战争。……

第四，在华北即将失守的城市、矿山、铁路、工业区，应动员工人、职员能迁移者，迅速迁移；不能迁移者，准备和组织在失守以后的对敌斗争。号召工人、职员在敌人到来时，组织工人游击队，或到乡村同农民一起打游击。①

7月中旬，刘少奇与中共中央北方局军委书记朱瑞由延安出发，于28日到达太原。8月初，他与到太原的中共中央北方局副书记杨尚昆等组成北方局新的领导机关，刘少奇任书记，杨尚昆任副书记，彭真任组织部长，李大章任宣传部长，朱瑞任军委书记，林枫任组织部副部长，全面部署华北的游击战。

8月3日，刘少奇在给华北各地党组织的指示信中明确指出："我们在平津附近及日军后方，应普遍发动游击战，在平津应加紧准备，响应抗日军的武装斗争，以致武装暴动，收复平津。在我军后方，加紧统一战线的活动，组织与动员群众参战，为各地党部主要任务。准备游击战争，组织志愿兵、自卫军等。在战区，准备建立战地委员会等抗日政权。"②

9月间，北方局在太原召集山东、绥远等省的负责人开会，并与华北有关省市的党委负责人进行研究、部署配合八路军发动抗日游击战争的各项政策，号召每个优秀的共产党员都脱下长衫，到游击队中去。同时，北方局与周恩来讨论了游击战争的战略部署问题，计划将华北划为九个战略区，即：绥西、绥察边、晋西北、晋南、冀察晋（以阜平、五台为中心）、直南、直中、冀东（包括平津在内）、山东，并派人到上述地区进行组织游击战争的工作。10月16日，刘少奇以陶尚行的笔名发表了《抗日游击战争中各种基本政策问题》一文，指出"游击战争将成为华北人民反对日本帝国主义的主要斗争方式"，"华北人民的中心任务，是广大地组织与发展抗日游击战争。广大的游击战争是华北人民抗日最有效的方式。一切

---

① 《刘少奇选集》上卷，人民出版社1981年版，第254~255页。
② 中共中央文献研究室编：《刘少奇年谱》上卷，中央文献出版社1996年版，第186页。

愿意在华北继续进行抗日斗争的人们，都不应该放弃或逃避游击战争。"① 他强调，华北游击战争的重要意义：（一）能牵制日本的极大兵力于华北，在战略上配合华北、华南战场；（二）能消耗日本力量；（三）能部分地收复失地；（四）能鼓舞人民，打击汉奸，暴露失败论者的面貌；（五）能发展自己，解放华北。他在该文中，还对开展游击战争中的各项基本政策问题做了阐发。

11月15日，刘少奇为中共中央北方局起草了《独立自主地领导华北抗日游击战争》的决定，明确指出：

一、华北的正规战争大体结束，今后在华北坚持抗战的，将是以八路军为主的游击战争。

二、我党在华北就是要进一步独立自主地去领导游击战争，动员最广大的群众参加游击战争，争取广大的乡村成为游击战争的根据地，以配合华中华南的正规战争，推动国民党、国民政府及其军队的改造。

三、华北游击战争有重新转变为正规战争、驱逐日寇出华北的胜利前途，这取决于八路军若干倍的扩大，武装民众和争取与改造友军的成功。因此，我党在华北一方面要动员人民坚决反对妥协求和的倾向，反对退却逃跑，反对国际上任何牺牲中国利益的和平方案；同时要集中全力动员群众，扩大八路军，建立游击队，争取友军。准备在极困难的条件下和日寇作长期的艰苦斗争，争取游击战争胜利的前途。

四、我党要在民族统一战线的原则下，更加独立自主地去发动民众运动。除开深入与扩大我党的政治宣传外，必须坚决广泛地发动群众的经济斗争，使群众的经济斗争与抗日武装斗争联系起来。

五、在游击战争中，我党应以华北最大政党的资格出来建立统一战线的民主的抗日政权与新的抗日武装部队。在各根据地成立边

---

① 《刘少奇选集》上卷，人民出版社1981年版，第81页。

区政府、军区司令部,改造与建立各县、区、乡政府。要尽可能联合各党各派来建立这种政府与部队,并取得南京中央政府的承认。同时,还必须建立工会、农会、民族解放先锋队及妇女抗日救国会等整个系统的组织,使之成为群众运动的直接领导机关。

六、在游击战争中,我党已成为政权、武装与群众运动的主要领导者,因此,我党应即公开。要建立公开的党的领导机关,发展党员,建立地方党部,增加领导机关的人员,扩大党内的民主,加强我党在政权、武装及群众运动中一切方面的领导作用。①

刘少奇为中共中央北方局起草的这个决定,内容全面而丰富,既是对华北抗战以来的实践经验的科学总结,又是对新形势下包括山西在内的华北抗日游击战争的具体指导纲领。

与此同时,刘少奇还在11月出版的《奋斗》创刊号上发表了以K.V.署名的《为发动华北广大群众的抗日救国运动而斗争》一文,大声疾呼:"今天全华北党的中心任务,是组织与发动广大的反日游击战争。但是要最高度完成这个任务,中心的一环是能发动广大的群众运动。"由于统治当局不愿意发动群众,而且用一切方法来压制群众,因此我们必须独立自主地发动和领导群众运动。文章指出:"为了广大的发展与充实群众的救亡运动,并发动广大的群众走上民族革命的战场,坚决的去发动与组织群众的经济斗争是一个最重要的关键。因此,我们必须用抗日救国,保卫华北、山西等政治口号去直接动员群众,还必须同时用经济口号去动员群众。"

11月15日,《中共中央北方局关于目前形势和华北党的任务的决定》指出:华北正规战争大体结束,今后将是以八路军为主的游击战争。

1938年2月5日,刘少奇在《关于抗日游击战争中的政策问题》中指出:游击战争只有取得人民的拥护、赞助和参加,才能够坚持、发展与胜利。

---

①《刘少奇选集》上卷,人民出版社1981年版,第94~96页。

依照中共中央北方局和八路军总部的部署，山西党组织和八路军以更加高昂的姿态，在"坚持华北抗战"、"创造敌后抗日根据地"的行动口号下，坚持独立自主的原则，以晋东北、晋西北、晋东南、晋西南为依托，迅猛地实行新的战略展开，使抗日游击战争的烽火很快在五台山、恒山、管涔山、太行山、太岳山和吕梁山区普遍燃烧起来。

四、八路军在敌后的战略展开

八路军是坚持山西抗战的决定力量。早在全国抗战之初，中国共产党就估计到"华北有全部沦陷的危险，国民党的军队会大部退出华北，华北的旧政权及国民党党部也会退走，那时，坚持华北抗战的责任就会全部或主要地落在八路军身上。"① 八路军三大主力部队出师山西，相继进入晋东北、晋西北和晋东南后，分别立足于五台山、管涔山和太行山，占据了敌后游击战争的战略阵地。利用这一阵地，八路军一面以主力配合国民党友军进行了平型关战役、忻口战役、保卫太原等战役，一面派出工作团，分散各地，协助中共地方党进行抗日宣传、组织和发动工作，为坚持长期的游击战做充分准备。

太原失陷后，日军继续向华北内地进攻：沿同蒲路南下之日军推进至太谷、文水一线；沿平汉路南犯之日军也于11月上旬突破第一战区漳河防线，进占大名和豫北重镇安阳；沿津浦路南犯之日军则于11月中旬进至齐河、济阳、黄河北岸，准备渡河攻占济南，夺取山东全境；沿平绥路西犯之日军更早在10月中旬即占领了归绥、包头。至此，第一、二战区的国民党军已丧失华北的最后战略支撑点，退出了冀、察全境和晋、绥大部以及山东北部地区。八路军主力所在的晋东北和晋西北已成敌后，客观上为敌后战场的开辟创造了条件。

对于华北战局的这一发展变化，中共中央早有预测。10月13日，毛

---

① 《刘少奇选集》上卷，人民出版社1981年版，第255页。

泽东就向国民政府提出关于太原失守后华北战略部署的意见，要求蒋、阎改变集中主力分战线固守的消极阵地防御方针，以运动战、歼灭战对付入侵之敌，变被动为主动，以此支持华北持久抗战，保卫中原各省。① 遗憾的是，这个正确方针并未被当局所采纳。太原失陷的当日（11月8日），毛泽东曾致电周恩来、朱德、彭德怀、任弼时等，指出："太原失守后，华北正规战争阶段基本结束，游击战争阶段开始。这一阶段游击战争将以八路军为主体，其他则附依于八路军，这是华北总的形势。"② 11月9日，中共中央军委当即向八路军总部发出指示，指出："在华北正规战争业已结束，游击战争转入主要地位的形势之下，日寇不久即将移其主力向着内地各县之要点进攻。"③晋西北、晋东北、晋西南、晋东南日军均将向之前进。因此，八路军3个师的部署，应控制一部兵力担负袭击敌人的任务，大部分兵力分散到各要地，进一步发挥独立自主的精神，在统一战线基本原则下，放手发动群众，废除苛捐杂税，减租减息，建立群众武装，筹集军饷，收编溃军，扩大八路军，准备充分力量，以对付日军向处于内线的八路军发动的围攻。④ 同日，毛泽东又致电朱德、彭德怀和八路军各师领导人，更为明确地强调：八路军当前的任务是"发挥进一步的独立自主原则，坚持华北游击战争"。⑤ 与此同时，毛泽东在延安党的活动分子会议上作了《上海太原失陷以后抗日战争的形势和任务》的报告。报告强调：在华北以共产党为主体的游击战争进入主要地位的情况下，中国共

---

① 《毛泽东向国民党提出太原失守后华北战略部署的意见》（1937年10月13日），详见何理等编写：《八路军事件人物录》，上海人民出版社1988年版，第11页。

② 《毛泽东军事文集》第2卷，军事科学出版社、中央文献出版社1993年版，第111页。

③ 《毛泽东军事文集》第2卷，军事科学出版社、中央文献出版社1993年版，第114页。

④ 《毛泽东军事文集》第2卷，军事科学出版社、中央文献出版社1993年版，第114页。

⑤ 《给朱、彭、任及周、刘、杨并告林、聂、贺、萧、关、刘、徐、张的电报》（11月13日），见国防大学编：《中共党史教学参考资料》第16册，第24页。

产党必须更加坚持统一战线中的无产阶级领导权和独立自主原则,反对阶级投降主义和民族投降主义,扩大与巩固抗日民族统一战线,变国民党的片面抗战为全面抗战,这是"把抗日民族革命战争引向胜利之途的中心一环"。①

　　根据上述指示,八路军总部作出部署,规定各师除留一定数量野战兵团作战略机动外,主力即行转入创建山西抗日根据地的斗争。第115师一部以五台为中心,向察南、冀西发展,创建晋察冀边区抗日根据地,师部率第343旅向晋东南太岳山脉和晋西南吕梁山脉挺进,创建以吕梁山为依托的晋西南抗日根据地;第120师依托管涔山,以晋西北为中心,伸向晋察绥边,在东、西两个方向上,同时挺进桑干河流域和大青山;第129师则以晋东南为支点,开展太行山脉的游击战争,并伺机向冀、鲁、豫平原地区发展,创建晋冀鲁豫抗日根据地。八路军在山西实施战略展开,开始创建抗日根据地的伟大斗争。

第二节　敌后抗日根据地的创建

　　抗日战争是持久战,它的长期性和残酷性决定了开展游击战争,必须创立牢固的抗日根据地。1937年11月,八路军3个主力师挺进敌后,放手发动群众,开展独立自主的游击战争,分别以五台山、管涔山、太行山、吕梁山为依托,在很短的时间内相继创建了晋察冀、晋西北、晋冀豫、晋西南四大抗日根据地,山西成为华北抗战的战略支点,成为敌后游击战的主战场。

----

①《毛泽东选集》第2卷,人民出版社1991年版,第394页。

一、晋察冀抗日根据地的开辟

晋察冀边区地处恒山、五台山和燕山山脉的连接地带,控制着日军入侵关内的咽喉要道,直接威胁着敌占之平绥、同蒲、正太、平汉、津浦等交通大动脉和北平、天津等大城市,战略地位非常重要。这里地形复杂,便于开展游击战争,是八路军坚持华北抗战的战略支点。

早在 1937 年 9 月 20 日,毛泽东就电示八路军:"五台山脉应使之成为重要的游击战争区域之一,现在就宜加紧准备。"① 24 日,毛泽东又强调指出:"关于五台山脉之游击战争,应着重发展地方党的布置。山西地方党目前应以全力布置恒山、五台、管涔三大山脉之游击战争,而重点于五台山脉"。"该处应设置军政委员会一类的领导机关,应选择能独立领导党政军各方面之干部,应立即开始普遍的组织地方支部及群众组织,在半个月内应全部布置完毕,并表现初步成绩。"② 10 月 11 日,毛泽东又电示聂荣臻:"你们应着重一个月内建立武装与群众工作之基础,以便有充分力量反对日寇的进攻。"与此同时,根据中共中央北方局的指示,中共晋察冀省委于 9 月 26 日在阜平县成立,赵振声(李葆华)任书记,刘秀峰任组织部长,王平任武装部长,开始在阜平山区组织人民武装。

据此,八路军总部在平型关战役后,部署第 115 师主力南下时,以一部兵力留在五台地区协助中共地方组织开展群众工作,创建抗日根据地。9 月下旬,第 115 师政训处主任罗荣桓率政训处机关、骑兵营、教导大队和第 686 团第 6 连等部组成若干个工作团进入阜平一带,着手发动群众,组织抗日武装,开辟抗日根据地。10 月下旬,八路军总部又决定:聂荣臻副师长(10 月 28 日任政治委员)率独立团、骑兵营、师教导队和八路军

---

① 《毛泽东给八路军总部电》(1937 年 9 月 20 日),军事科学院军事历史研究部编著:《中国人民解放军战史》第 2 卷,军事科学出版社 1987 年版,第 50 页。

② 《毛泽东军事文集》第 2 卷,军事科学出版社、中央文献出版社 1993 年版,第 55 页。

总部特务团团直大部和第 3 营两个连一部及地方工作团等共 3000 余人,以五台山为中心开辟晋、冀、察三省边界地区敌后抗日根据地。

聂荣臻受命之后,给各部队和分散发动群众的工作团发出指示:要不失时机地迅速开展工作,号召晋察冀三省同胞,参加游击队、义勇军,武装保卫家乡,开展游击战争;组织各种抗日救国团体,摧毁汉奸维持会,建立抗日的地方政权;肃清土匪,抚济流亡,恢复地方秩序,改善人民生活;团结一切不愿当亡国奴的人们,创造抗日根据地,变敌后为前线。[①]同时提出"坚持华北抗战,誓死与华北人民共存亡"、"卫国保家保田园,好男儿英勇上前线"、"有钱出钱,有力出力,有枪出枪,实行合理负担"、"减租减息,废除苛捐杂税,改善人民生活"等行动口号。他遵照中共中央的决定和部署,于 10 月 27 日在五台县组织了晋察冀军区司令部,组织留下来的部队,在中共地方组织的积极配合下,以五台山为中心向东、西、南、北四面拓展,在察南、冀西、五台和定襄、平山和盂县等 4 个地区展开工作,在晋察冀三省边界地区大刀阔斧地展开了晋察冀抗日根据地的创建工作。

在北部地区,杨成武、邓华率师独立团向冀察边界发展。10 月 10 日,独立团收复涞源县城。15 日,在广灵、灵丘间的冯家沟设伏,歼灭日军第 5 师团第 2 运输大队 100 多人,并于 16 日乘胜收复广灵县城。23 至 26 日,又相继克复灵丘、蔚县、浑源、阳原等县城。在积极作战的同时,独立团以民运科为基础增加部分人员,组成了若干个工作团、工作组,深入到各县、区,放手发动群众,宣传共产党的主张和各项政策,建立县、区、村各级救国会,派出县长、区长;同时,惩治汉奸,消灭股匪;布告安民,稳定人心。到 10 月底,独立团已发展到 7000 人,扩编为独立第 1 师,杨成武任师长,邓华任政治委员,下辖 3 个团,成为晋察冀抗日根据地初创时期的一支主力部队,并在各县成立了游击支队。从此,打开了晋察冀边区北部地区的局面。

---

① 宋劭文:《晋察冀边区行政委员会工作报告》,1943 年 1 月。

在东部地区，中共中央北方局于9月下旬即派王平为首的地方党政工作团和第115师骑兵营（营长刘云彪），以阜平为中心，在冀西的曲阳、行唐、完县、唐县等地，协同中共地方组织，发动群众，组织义勇军和游击队等，并在阜平县成立了动委会。在这个地区活动的骑兵营向东部冀西地区挺进，于10月8日至11月11日克复曲阳、唐县、完县、满城等县城，并夺占保定附近的江城日军兵站，缴获弹药1000多箱。与此同时，他们还组建了4000余人的"抗日义勇军"和游击队，以阜平为中心的抗战局面初步打开。

在南部地区，第120师第359旅于10月初在五台县柏兰镇组成约250人的工作团，在第717团政训处主任刘道生率领下，于10月和11月初先后进到滹沱河以南、正太路以北的平山、盂县为中心的地区，发动群众组织和扩大抗日武装。11月初，八路军总部又派第343旅副旅长周建屏加强工作团的领导。他们在当地中共党组织的配合下，一面不断袭击日军兵站、医院、弹药库、汽车运输队，一面发动群众，在井陉、获鹿、正定、阳泉、平定等地农村组织起若干支游击队。10月29日，又收复了平山县城。在不到一个月的时间内，就成立了近2000人的第一个"平山团"。赴盂县的工作组，建立了一个中心县委。随后，工作团又分赴阳曲、寿阳、平定、正定、灵寿、井陉、获鹿等县，在滹沱河以南地区全面展开工作。

在西部地区，八路军总部进驻五台县茹村一带后，政治部派出以民运部和宣传队干部组成的工作团，开展了以五台、定襄为中心的群众工作。10月下旬，总部特务团一部也留在此地开展工作。他们在中共地方组织的协助下，很快建立起各县、区动委会，动员组织群众，支援抗战，号召参军，广泛组织农会、工会、青救会、妇救会等群众团体。之后，改造了五台、定襄两个县的县、区政权机构，开辟根据地的工作很快扩展到代县、繁峙、崞县、忻县等广大地区，还组织起各县的抗日游击队，成立了中共晋东北特委和游击司令部。从此，打开了晋察冀边区西部地区的局面。

各地区工作团一面作战，一面配合中共地方组织，发动群众，宣传抗日，组织抗日武装。在摧毁日伪政权，建立抗日民主政权的基础上，开始实行减租减息、没收汉奸财产、废除苛捐杂税等抗日的经济政策,并在可能的条件下改造各级政权。由于工作深入,民众抗日情绪高涨,经过一个多月的艰苦工作,各地区工作团都迅速地打开了抗战局面。北部地区除组建了一批游击支队外,独立团已由出征时的1700余人发展到7000余人,扩编为独立师,还成立了党的特委和政权机构——行政委员会,统一领导各县的工作。东部地区不仅骑兵营自身有较大发展,还在各县成立起抗日义勇军和游击队共4000余人。南部地区除成立了"平山团"外,还组织了井(陉)获(鹿)、平(山)井(陉)正(定)获(鹿)、盂(县)平(定)阳(泉)寿(阳)等3个游击队。西部地区工作团及总部特务团留下的部队也都发展到2300余人,并成立了晋东北特委和游击司令部。师主力部队迅速扩大到7600余人,这就为进一步发展抗日游击战争奠定了基础。

在此基础上,根据中共中央军委的命令,[①] 11月7日,成立了八路军晋察冀军区,聂荣臻任司令员兼政治委员,唐延杰任参谋长,舒同任政治部主任,查国桢为供给部长,叶青山为卫生部长。为了便于各地区武装的统一指挥,晋察冀军区于13日以各地区工作团为基础成立了4个军分区:第一军分区(兼独立第1师),由杨成武任司令员,邓华任政治委员,辖雁北、察南、平西、平汉路保定至北平段以西的冀西地区的灵丘、广灵、阳原、蔚县、涞源、易县、涞水、定兴、徐水、满城等县;第二军分区,由赵尔陆任司令员兼政治委员,辖晋东北和太原以北的晋北地区的五台、定襄、忻县、崞县、代县、繁峙、应县、浑源、山阴等县;第三军分区,由陈漫远任司令员,王平任政治委员,辖平汉路保定至新乐以西地区及路东部分地区的阜平、曲阳、唐县、完县、望都、新乐及定县的一部分;第四军分区,由周建屏任司令员,刘道生任政治委员,辖平汉路新乐至石家庄以西和正太路石家庄至寿阳以北地区的平山、行唐、灵寿、正定、获鹿、井陉、平定、

---

①10月25日,朱德、彭德怀、任弼时在向毛泽东《关于冀察晋绥军事部署的报告》中明确提出:平绥铁路以南、同蒲铁路以东、正太铁路以北、平汉铁路以西为晋察冀军区,以聂荣臻为司令员兼政治委员。第二天,毛泽东代表中共中央正式批准了这个决策。

孟县、寿阳、阳曲等县。12月，各军分区主力部队均整编为支队，每个支队下辖3个大队。每个大队下辖3至4个中队（相当于团），有1500至2000人。晋察冀军区的成立，促进了游击战争的开展和根据地的创建。

11月18日，晋察冀军区领导机关从山西省五台县移至河北省阜平县城。11月底，中共晋察冀省委由黄敬任书记，赵振声改任组织部长，刘秀峰改任宣传部长。随后，各地区党的特委和县以下各级组织先后建立起来。至此，在平汉、正太、同蒲、平绥4条铁路干线之间的晋察冀边区中心抗日根据地初步形成，为在敌后山岳地带创造抗日根据地提供了成功经验。

1938年1月10日至15日，晋察冀边区军政民代表大会在阜平召开，参加大会的有39个县政府的代表和119个群众团体的代表。大会制定了统一边区的军事、行政、财政、经济、文化教育和民运工作等各项方针政策，民主选举产生了边区的政权机构——晋察冀边区临时行政委员会，宋劭文、聂荣臻、刘奠基、吕正操、胡仁奎、李杰庸、孙志远、张苏、娄凝先等9人为委员，并推选宋劭文为主任委员，胡仁奎为副主任委员。1月30日，经国民政府行政院正式批准，取消了临时机构的名义，晋察冀边区政府行使政权职能。边区政府成立后，"全区政权系统、政策法令得到了统一，实行减租减息，改善人民生活，社会秩序开始稳定下来。有了政府，人民群众就有了靠山，同时，也使我们在华北坚持敌后抗战，有了一个坚强的依靠。"[①] 晋察冀边区和晋察冀边区抗日民主政权的建立，标志着晋察冀边区抗日根据地的正式建成。

到1938年初，晋察冀抗日根据地已拥有冀西、晋东北、冀中、察南、平西的广大地区，共43县，[②] 人口1200余万，中心区域的五台、阜平等十

①《晋察冀抗日根据地》第2册，中共党史出版社1991年版，第4页。

②包括：蔚县、广灵、浑源、应县、涞源、灵丘、繁峙、五台、代县、崞县、忻县、定襄、阜平、曲阳、唐县、完县、易县、徐水、满城、盂县、寿阳、平定、井陉、平山、行唐、灵寿、高阳、无极、藁城、深泽、安国、安平、饶阳、博野、蠡县、肃宁、河间、任丘、大城、文安、雄县、新镇、安新。

余县完全连成一片。晋察冀边区已成为全国和世界瞩目的敌后抗日根据地。

二、晋西北抗日根据地的创建

晋西北地区位于同蒲铁路以西,黄河以东,平绥铁路以南,汾(阳)离(石)公路以北,东以同蒲铁路为界与晋察冀、晋冀鲁豫抗日根据地相邻;西隔黄河,与陕甘宁边区相望;南达晋南三角地带的风陵渡;北迄内蒙古,与今蒙古人民共和国接壤,是陕甘宁边区的东面屏障和联系华北各敌后抗日根据地的枢纽。

1937年9月17日,毛泽东致电八路军总部,要求第120师应活动于晋西北之管涔山脉地区。19日,毛泽东又致电彭德怀,指出"贺龙部应位于晋西北,处于大同、太原之外翼,向绥远与大同游击,方能给敌南进太原以相当有效的钳制作用"。因此,第120师"应速赴晋西北占先着"。①八路军总部具体要求第120师主力以灵活的游击战袭击左云方向之敌,并发动及组织晋西北及绥东群众,首先是在宁武、朔县、神池、五寨、平鲁、右玉、和林格尔、清水河、偏关、河曲、保德地区组织游击队,并派得力干部领导。

第120师遵照毛泽东和八路军总部的命令,以师部率第358旅于9月28日抵达神池、八角堡地区。次日,便以第358旅之第716团第2营组成雁北支队(即宋时轮支队),由团长宋时轮率领,开赴雁北地区,开展敌后游击战争。师主力部队则一面侧击沿同蒲铁路南侵的日军,配合友军作战;一面在晋西北大力展开群众工作。10月1日,师政训处主任关向应(11月2日任政治委员)率政训处机关大部和教导团共700余人组成工作团,到达岢岚、五寨、保德等地开展游击战争和进行群众工作。工作团

---

① 《毛泽东军事文集》第2卷,军事科学出版社、中央文献出版社1993年版,第50页。

在中共晋西北临时区党委及牺盟会和动委会的配合下,广泛宣传《抗日救国十大纲领》和抗日民族统一战线政策,收编散兵游勇,安定社会秩序,发动组织群众,建立抗日武装。

太原失陷后,第120师在晋西北广大地区全面开展了根据地的创建工作。工作团随师主力进至汾阳、离石地区和晋中平原,开始在整个晋西北的工作。在工作团的动员组织下,广大群众抗日情绪高涨,一个月内即在神池、五寨等14县组织起抗日游击队和脱离生产的自卫军1.1万余人。到年底,在晋西北14县,陆续建立起工、农、青、妇等抗日救国会及儿童团、少先队组织。

经3个多月的努力,在神池、五寨等14县全部建立了抗日民主政权,并在县、区两级普遍建立了中共党组织,还在一些村建立了党支部。尤其是抗日武装得到了迅速发展:第358旅在崞县、宁武地区组成忻崞独立团,在汾阳、孝义地区组成了三泉游击队;第359旅在忻县、崞县地区组成了崞县独立团,留在平山、井陉地区的工作团组成了平山独立团;宋时轮支队在雁北地区组织了3000人左右的游击队;师工兵营扩编为警备第6团,师骑兵连扩编为骑兵营。1938年1月,第120师进行了整编训练。经过整编,全师由出征时的2个旅3个团8200余人,扩大到2个旅6个团共2.5万余人。雁北支队由出征时的1个营扩大到5个营。各县也都成立了一两千人的自卫军和游击队。至此,晋西北抗日根据地初步形成。

三、晋冀豫抗日根据地的创建

晋冀豫地区西起同蒲铁路,东至平汉铁路,北起正太铁路,南临黄河北岸,包括晋东南、冀西、黄河以北的豫北部分地区。这里以太行山为依托,高山连绵,地势险峻,向东可直下冀鲁豫平原,向南可逐鹿中原,是华北的战略要地之一。

1937年9月28日，毛泽东电令第129师主力立即开进正太路南北地区。10月中旬，第129师师部率第386旅挺进平定地区，一方面以主力部队侧击西进之敌，一方面以教导团第5连和部分机关干部组成工作团或游击队，协同当地中共党组织，深入太谷、榆次、寿阳、平定、阳泉、昔阳、和顺等县发动群众，开展抗日游击战争，随后编成第129师独立支队（亦称秦赖支队）。10月底，冀豫晋省委成立，书记李菁玉，组织部长李雪峰，宣传部长徐子荣。省委对外称第129师编辑部，随师部行动，建立地方党组织。11月初，第129师又派骑兵营深入临城、赞皇地区，开展冀西游击战争。

11月7日，八路军总部在山西和顺县石拐镇召开军事会议，传达中共中央军委关于创建以太行山脉为依托的晋冀豫边抗日根据地的指示。11月13日，第129师在和顺县石拐镇召开干部会议，传达军委和总部的指示，具体部署开展游击战争的各项工作任务。会后，从部队中抽调部分骨干组成的工作团与步兵分队，由师政治部副主任宋任穷、组织部部长王新亭、宣传部部长刘志坚率领，分别深入沁县、长治、晋城、武乡、襄垣、平顺、沁源、安泽、屯留等地，发动与组织群众，建立抗日政权，扩大抗日武装。并以师参谋长倪志亮负责着手组织晋冀豫军区的工作。

各工作团深入各地，在中共地方组织及牺盟会、决死队的密切配合下，通过宣传共产党的抗日政策和改造旧政权、实行减租减息、合理负担等工作，极大地调动了人民群众的抗战积极性。在晋东南和冀西地区很快组织起了工会、农会、青救会、妇救会和各种抗日自卫队，建立了新的抗日民主政权。

在发动群众抗日的同时，师主力部队也得到了发展。至1938年2月中旬，除秦（基伟）赖（际发）支队外，还相继由教导团派出部分干部组建了第129师游击大队〔亦称谢（家庆）张（国传）大队〕；由教导团的30余名干部与地方党协同组建了游击支队〔亦称桂（干生）张（贻祥）支队〕；以教导团2个连为骨干组成了先遣支队；以第771团的1个步兵连和教导团的部分干部为基础组建了独立游击支队〔亦称赵（基梅）涂（锡道）支队〕;由第 386 旅派出 2 个连组成了挺进支队。第 129 师和各旅还直接扩建了一些部队,其中,由第 769 团抽调干部和 1 个连为基础扩建为汪乃贵支队,由师派出的部分干部组建了独立团,以第 772 团 4 个连为基础组建了补充团,师骑兵营扩编为骑兵团。此外,第 129 师还从教导团抽调30 余名干部组成挺进支队,越过平汉线,于 1937 年 12 月 13 日进入冀南地区开展活动。随后,又以第 385 旅抽调 3 个步兵连、1 个机枪连和第386 旅 1 个骑兵连组成东进纵队,由第 386 旅副旅长陈再道率领于 1938年 1 月中旬挺进冀南,开辟抗日根据地。

晋冀豫抗日根据地的开辟和抗日武装的迅猛发展,对日军构成一定的威胁。日华北方面军第 1 军为维护其后方交通,巩固占领区,遂调集步骑兵 5000 余人,于 1937 年 12 月 22 日起,分六路由太谷、榆次、寿阳、阳泉、平定、昔阳出动,以马蹄形的阵势,围攻活动于寿阳以南地区的第129 师部队。刘伯承师长当即命令第 386 旅旅长陈赓指挥第 772 团在内线之花泉、松塔及南北军城等地打击敌人;第 769 团、汪支队、秦赖支队等部在外线袭扰和钳制敌人。八路军内外线部队密切配合,先后在里思、松塔及南北军城等地予进犯之敌以打击,日军被迫于 24 日至 26 日相继撤退。是役,八路军共毙伤日军 700 余人。第 129 师开创晋冀豫根据地伊始,首次粉碎敌之围攻的胜利,对鼓舞广大军民抗日的胜利信心、坚持敌后游击战争和推进晋冀豫抗日根据地的创建,都具有重要意义。

1938 年 1 月 18 日,邓小平接替张浩任第 129 师政治委员。2 月 6 日,第 129 师师部在辽县(今左权县)西河头村召开团以上干部会,具体部署开展创建根据地和开展游击战争等工作。会后,派新建的补充团南下,协同赵涂支队,开辟太行山南部地区及道(口)清(化)铁路沿线地区。3 月中旬,又派师政治部副主任宋任穷率骑兵团进抵冀南,协同先期到达的东进纵队及当地抗日武装,创建与发展冀南抗日根据地。2 月下旬,还派出部分干部协同中共晋豫边特委,发展了数支抗日游击武装,并于 4 月 28日正式成立了晋豫边游击支队,唐天际为司令员,在中条山地区开展抗日游击战争。4 月下旬,晋冀豫军区正式成立,第 129 师参谋长倪志亮兼任司令员,黄镇任政治委员,王树声任副司令员,赖际发任政治部主任,军区对外称第129师后方司令部。按各基干支队活动地区划分为5个军分区,各军分区对外仍以支队名义出现。秦赖支队为第一军分区,秦基伟任司令员,赖际发任政治委员;游击支队为第二军分区,桂干生任司令员,张贻祥任政治委员;先遣支队为第三军分区,张贤约任司令员,张南生任政治委员;谢张大队为第四军分区,张国传任司令员,谢家庆任政治委员;赵涂支队为第五军分区,赵基梅任司令员,涂锡道任政治委员。

至此,晋冀豫边区的游击战争全面展开,晋冀豫抗日根据地初步形成。

四、晋西南抗日根据地的创建

晋西南地区位于黄河以东、同蒲铁路以西、汾离公路以南,吕梁山脉纵贯南北,是陕甘宁边区的东面屏障。

早在太原失陷前,毛泽东主席就电示八路军总部,于适当时机派部队进至吕梁山脉活动。在太原失守的当天,毛泽东又进一步指出:"吕梁山脉是八路军的主要根据地,但其工作尚未开始,因此,不但徐旅(即第115师第344旅,旅长徐海东——引者注)须立即迅速转移,林(即林彪——引者注)率陈旅(即第115师第343旅,旅长陈光——引者注)亦不应在东边恋战,亦以立即开始转移为宜。"[①] 11月9日,八路军总部即令第115师师部率第343旅南进,适时转向吕梁山脉,创建抗日根据地;第344旅则随八路军总部继续在正太铁路沿线活动。

第115师主力南下洪洞、赵城地区后,就地进行休整补充。12月底,从各团抽调部分骨干,加上2000余名新兵组成第343旅补充团。

1938年2月中旬,日本华北方面军第1军向晋西南地区发动大规模

---

① 《毛泽东军事文集》第2卷,军事科学出版社、中央文献出版社1993年版,第111页。

进攻，吕梁山部分地区变为敌后。于是，第115师师部率第343旅由洪(洞)、赵(城)地区进至孝义地区打击日军。2月19日，第343旅在孝义以西之兑九峪、辛庄等地袭击、侧击由孝义西进之敌，并于20日收复大麦郊。21日，该旅在川口附近与由双池镇西犯之日军1600余人遭遇，经激战毙伤敌200余人，阻止了敌之西进。与此同时，第115师抽调干部组成工作队，深入石楼、永和等县，发动群众，组织抗日武装，建立抗日政权，同当地中共组织一起展开了创建抗日根据地的工作。

2月下旬，日军在占领隰县、临汾后，继续向西向南推进，直接威胁着陕甘宁边区的安全。

2月28日，毛泽东电令第115师："敌从军渡、碛口两点猛击河西，准备渡河，绥德危急。""陈旅全部应即改变作战计划：(1)迅速以一部控制大麦郊、水头、川口、石口地区，发动群众组织游击队，巩固战略枢纽。(2)派出足够工作员猛力发动石楼、永和两县群众，组织游击队，巩固渡河点。(3)向灵石、汾西两县派出工作员，发动群众组织游击队。(4)主力转入隰县、午城、大宁地区，寻机作战，相机消灭该敌。"①第115师师长林彪(3月2日，林彪在隰县以北的千家庄被友军哨兵误伤，回延安治疗，由第343旅旅长陈光代理师长)、政治部主任罗荣桓根据毛泽东关于巩固战略枢纽和寻机歼敌的指示，一面组织工作队深入各地发动群众建立根据地，一面率主力进至隰县、午城地区待机。

3月14日12时许，第115师直属队在午城镇以东地区与由蒲县西进的日军第20师团先头部队1000余人遭遇。先遣分队经两小时激战，毙敌100余人。当日下午该敌侵占午城，并继续西犯大宁。16日，第343旅主力于罗曲、午城、井沟公路两侧设伏，将日军辎重部队200余人、骡马100余匹全歼。17日，第343旅第686团于午城以西伏击日军运输队，截获汽车6辆，毙敌200余人。当日，第343旅又以第686团第3营和第685团两个连夜袭午城之敌，毙敌50余人，缴获轻机枪5挺，步枪60余

①《毛泽东军事文集》第2卷，军事科学出版社、中央文献出版社1993年版，第167页。

支,毁敌汽车 10 余辆,余敌乘夜幕逃窜。

午城战斗后,第 115 师首长判断日军连遭打击,定会进行报复。当即决定再次伏击日军,令第 343 旅以第 686 团和汾西游击队预伏于井沟至张庄公路两侧,以第 685 团在午城南北高地,阻击大宁援敌。果然不出所料,3 月 18 日,日军急忙从临汾调集第 108 师团步骑兵 800 余人,在飞机掩护下,经蒲县西进驰援大宁。14 时许,当日军全部进入伏击区时,第 686 团突然发起攻击,日军顿时陷入混乱。八路军乘其队形混乱,立即展开围歼战。这时,日机 6 架轮番向我阵地轰炸扫射,投弹 100 余枚。被围日军乘机疯狂反扑,第 686 团反复冲锋肉搏,连续打退日军数次反扑,战斗异常激烈。当晚,第 343 旅在游击支队的配合下,再次向敌发起猛攻。战至 19 日拂晓,日军除 100 余人逃窜外,均被歼灭。

午城、井沟战斗中,八路军第 115 师共歼日军 1000 余人,焚毁汽车 60 余辆,缴获骡马 200 余匹、各种枪 200 余支、山炮 2 门及大批军用物资,自身伤亡 200 余人。这一胜利,沉重打击了日军,粉碎了日军西犯黄河河防的企图,打开了晋西南的抗战局势。

4 月,第 115 师师部率第 343 旅进到汾阳、孝义以西地区,发动群众,开展抗日游击战争。与此同时,他们还协同中共山西省委,在隰县、蒲县等 16 个县建立了抗日民主政权,并在各县普遍建立了抗日自卫队、游击队。

至 1938 年夏,以孝义、灵石、隰县为中心的晋西南抗日游击根据地初步形成。

第三节　粉碎日军对抗日根据地的首次围攻

八路军在山西敌后创建抗日根据地的行动,引起了日军的恐惧,于是调集重兵对根据地进行围攻,企图将刚刚建立的抗日根据地扼杀在摇篮里。山西抗日根据地军民在中国共产党的领导下,以机动灵活的战略战术,粉碎了日军的数次围攻,巩固了根据地。

一、晋察冀抗日根据地的反八路围攻

晋察冀军区成立不久,日军便集中第 5、第 14、第 109 师团及关东军察哈尔派遣兵团各一部共 2 万余人,在飞机、坦克的支援下,于 1937 年11 月下旬由平绥、平汉、同蒲、正太等铁路沿线出动,分八路向晋察冀抗日根据地进行首次大规模的围攻,企图一举消灭或驱除八路军,摧毁晋察冀抗日根据地。第一路 1500 余人,由怀来、涿鹿经桃花堡向蔚县进攻;第二路 1500 人,附骑兵 500 人,由天镇、阳高向蔚县进攻;第三路 1400 余人,由应县进攻浑源、广灵;第四路 3000 余人,由保定、易县经紫荆关向涞源进攻;第五路 1700 余人,由定县、新乐向曲阳、行唐进攻;第六路2000 余人,由石家庄、井陉、获鹿出动,进攻平山、灵寿;第七路 1500 余人,由平定、寿阳出动,进攻盂县;第八路 1500 余人,由忻县、代县向繁峙、定襄进攻。

晋察冀军区首长判断,日军此次围攻的目的,"是想压迫我们向深山退缩,以保证其交通线安全,但是,它的兵力不足,地形生疏,又不敢贸然深入我们的腹心地区。"因此,指令"各军分区把有基础有经验的团队部署在机动位置上,而依靠大量新组建的游击武装对付敌人的围攻,以削弱、消耗和疲惫敌人。"① 并以此确定了如下具体部署:以部分老部队为骨干,带领新组建的抗日游击队,广泛开展游击战,不断袭扰、消耗、疲惫日军;以部分游击队不断袭击日军后方据点及交通线;以第一军分区主力于广(灵)、灵(丘)、涞(源)之间,第二军分区主力于五台地区,第四军分区主力于上社镇、洪子店地区,第三军分区尽力于阜平地区隐蔽集结,

①《聂荣臻回忆录》中,解放军出版社 1986 年版,第 378 页。

待机歼敌。11月23日,晋察冀军区发出反围攻的指示,准备反击入侵之敌。12月5日,毛泽东致电八路军总部,要求此次反围攻作战应"避免正面抵抗,袭击敌之后尾部队。在敌之远近后方活动,使敌进一步仍在我包围中。同蒲、正太路必须积极活动,予以有力的配合。注意在敌后方破坏伪组织、伪军。加紧瓦解敌军工作。在确有胜利条件下,集结适当力量给敌以部分的歼灭和有力打击,增加敌恐怖与进攻困难是必要的"。[1]

自11月24日起,各路日军开始向晋察冀抗日根据地进犯,根据地军民密切配合,展开了反围攻作战。在北线,日军首先从关东军及华北方面军各抽调一部,分四路向第一军分区发起围攻。关东军察哈尔派遣兵团部队分为三路:由涿鹿、怀来出动的日军于11月24日经桃花堡向蔚县进犯;由天镇、阳原出动的日军于26日与怀来之敌钳击蔚县;由应县出动的日军于27日分向浑源、广灵进犯。华北方面军第14师团一部3000余人为一路,由保定、易县出动,并在飞机掩护下向涞源进犯。第一军分区部队的主力一部,配合民兵、游击队,采取各种战法,巧妙灵活地袭击敌人,以迟滞其进攻;主力部队则隐蔽行踪,寻机歼敌。11月26日至12月5日,第一军分区先后经过大龙华、乱岭关和北口村等战斗,歼日军600余人,给北线围攻之敌以沉重打击,使其不敢贸然南犯。

南线之日军自12月中旬起分四路对晋察冀南部地区开始了围攻。日军第14师团一部于12月13日自新乐、定县出动,分向曲阳、行唐进犯。第三军分区主力一部在曲阳以东之高门屯地区予敌以痛击,迫其退回定县、行唐。日军第109师团及关东军察哈尔派遣兵团各一部由代县、原平、忻口向繁峙、定襄进犯。第二军分区部队乘敌后方空虚之际,夜袭原平镇,歼敌100余人,残敌分向代县、忻口逃窜。日军第5师团第21旅团2000余人、第109师团一部1600余人各为一路,于12月15日由石家庄、获鹿、井陉及平定、寿阳等地出动,分向平山、盂县等地进犯。第四军

---

[1]《毛泽东军事文集》第2卷,军事科学出版社、中央文献出版社1993年版,第126页。

分区军民密切配合,予敌以连续打击,使其疲惫不堪。与此同时,第115师之第344旅于平山、井陉间之小寨地区设伏,歼灭日军第5师团第21旅团100余人。第四军分区主力则于清城镇袭击向盂县进攻之敌,歼灭第109师团200余人。21日,日军第5师团第21旅团分由平山、井陉向温塘合围,第344旅及第四军分区各以一部分头伏击该敌,经数小时激战,歼其400余人,残敌退回平山。

八路军第120、第129师各一部则分别在同蒲铁路北段和正太铁路沿线展开破袭战,配合晋察冀军区反围攻作战。至12月21日,进犯晋察冀边区的日军除占据浑源、广灵、蔚县、定襄、盂县、平山和行唐等县城外,其余先后退回铁路沿线。

此次反围攻作战,晋察冀军区在兄弟部队的有力配合下,对日军展开广泛的伏击、侧击、夜袭,经20多天的英勇奋战,终于取得了最后的胜利。是役,军民共毙伤日伪军2000余人,并缴获了大批武器、弹药和其他军用物资。这一胜利,使晋察冀抗日根据地在敌后站稳了脚跟,并极大地鼓舞了边区军民的抗战热情。至1937年底,根据地发展到30余个县,主力部队发展到2万余人,使初创的晋察冀抗日根据地在斗争中不断发展壮大。

1938年2月上旬,为配合国民党军正面战场的作战,根据八路军总部的命令,晋察冀军区对平汉、正太、同蒲铁路进行了破袭作战。2月9日夜,第三军分区部队向平汉线保定至新乐段展开破袭,先后袭占新乐、定县、望都三县城及清风店、方顺桥等车站,并袭入满城和保定城关,毙伤日伪军370余人,争取伪军100余人反正,破坏铁路数十公里,焚毁新乐等6处火车站。9日至16日,第一、二、四军分区部队分别攻占了蔚县的九宫口、北口,袭击了浑源、忻口、原平、崞县、代县等城镇,给同蒲、正太铁路沿线之敌以有力打击。八路军前总在给毛泽东、周恩来的报告中说,这一胜利"不但缴获了许多军用资材,而且钳制了正在沿平汉线南进之敌,直接援助了津浦线上的作战,兴奋了友军,打击了敌人,帮助了统一战线的巩固与发展。"① 2月12日,晋察冀军区获得毛泽东主席的嘉勉。

日军于是调集1.2万余人的兵力,从3月4日起,由易县、满城、完县、定县等地出动,向晋察冀边区再次发起了进攻。晋察冀军区部队于曲阳、阜平间的贾口、党城等地设伏,先后毙伤日军200余人,并以游击队向敌之后方交通线猛烈袭击,迫使日军不得不于10日夜由阜平撤退。我军乘胜追击,于曲阳北之南庄又歼敌200余人。

3月中旬,日华北方面军第114师团以一个联队的兵力,由易县向涞源进攻,企图打通易、涞间公路。21日至27日,日军先后进占王安镇,侵入涞源。第一军分区于25日夜袭王安镇,毙伤日军400余人。并以一部围困涞源城,以主力不断出击日军之运输线。4月3日至10日,仅在二道河、佟川、浮图峪3次伏击战中,就毙伤日军300余人。日军连遭打击后,于4月11日夜弃城回窜。第一军分区部队收复涞源、易县广大地区。经20多天的作战,晋察冀军区部队共消灭日军1400余人,不仅打退了日军对根据地的围攻,而且使晋察冀抗日根据地北岳区日益扩大,为日后向平北、平西和冀东地区的发展奠定了基础。

二、晋冀豫抗日根据地的反九路围攻

1938年2月,第129师为了打击与钳制向晋南、晋西进攻的日军,与正太铁路以北的第115师之第344旅协同,向正太铁路阳泉至井陉地区的日军展开进攻。21日夜,首先以第386旅设伏于井陉、旧关间的长生口附近。22日拂晓,以第769团强袭旧关之敌,井陉之敌200余人分乘汽车8辆增援。当日军进入伏击地域后,第386旅突然发起攻击,毙警备大队长荒井丰吉以下130余人。与此同时,第344旅袭击娘子关至井陉间之日军据点,毙伤日伪军200余人,拆毁铁道100余米,一度切断了正太线

---

① 转引自军事科学院军事历史研究部著:《中国抗日战争史》中卷,解放军出版社1994年版,第105页。

交通,有力地钳制了向晋西、晋南进攻之敌。

长生口战斗后,第 129 师南下寻歼邯(郸)长(治)大道之敌。该大道是日军西进的主要交通运输线,地形复杂,是比较理想的伏击战场。师领导经实地勘察后,决定采用"吸打敌援"的战术,即:"袭击黎城驻止之敌,以吸引涉县、潞城两地敌人来援,在必经之路东、西黄须和神头村予以伏击。"① 具体部署为:以第 769 团一部袭击黎城,团主力则于东、西黄须伏击由涉县可能来援之敌;以第 386 旅(辖第 771、第 772 团及补充团)设伏于神头岭,准备歼灭潞城方向可能来援之敌。并限各部于 3 月 16 日拂晓前,完成一切战斗准备。

神头村是潞城东北 10 余公里外的一个小山村,周围冈峦起伏,有利于设伏。3 月 16 日 4 时许,第 769 团第 1 营按预定计划强袭黎城。黎城之日军向涉县、潞城求援。涉县援军在东、西黄须被第 769 团主力击退。潞城援军 1500 余人于 9 时 30 分全部进入第 386 旅伏击区。陈赓、王新亭指挥部队从东、西、北三面突然向敌发起冲击,第 771 团从北面迎头痛击,第 772 团、补充团从公路两侧实施夹击,并以一部切断敌之退路。血战至 16 时,日军除后尾的 100 余人逃脱外,其余全部被歼。此役,第 129 师共毙伤敌 1500 余人,俘敌 8 人,缴获长短枪 550 余支,击毙与缴获骡马 600 余匹,第 129 师仅伤亡 240 余人。

神头岭战斗是八路军继平型关、广阳伏击战之后进行的又一次较大规模的伏击战。由于掌握敌情准确,并采取了"攻其所必救"、"吸打敌援"② 、伏击歼敌于运动之中的战术,这一仗打得干脆、利落,以小的代价换取了大的胜利。就连日军统帅部也把它看成是八路军的"典型的游击战"。

为进一步打击西犯日军,第 129 师首长决心在邯长大道上再次伏击日军的运输部队。副师长徐向前根据敌情和地形条件,决定把伏击的地点选在涉县至东阳关之间的响堂铺地区。具体部署是:以第 771 团及第

①《刘伯承传》,当代中国出版社 1992 年版,第 188 页。
②《刘伯承军事文选》,解放军出版社 1992 年版,第 176、180 页。

769团主力预伏于响堂铺以北之后宽漳至杨家山一线山地；第769团一部前出到河南店钳制涉县之敌；以第772团主力集结于马家拐为预备队。3月31日8时许，日军第14师团辎重部队汽车180余辆由黎城经东阳关向涉县开进，9时许全部驶入伏击区。伏击部队先向日军实施猛烈火力袭击，随即发起冲击，经2小时激战，将敌全歼。在战斗激烈进行之际，黎城及东阳关之日军400余人，涉县之日军200余人赶来增援，均被八路军阻援部队击退。16时许，当日军飞机10余架对响堂铺实施轰炸时，八路军伏击部队已安全转移。此次战斗，第129师共毙伤日军少校以下400余人，焚毁汽车180余辆，缴获各种枪130余支、迫击炮4门，以及大批其他军用物资。八路军也伤亡300余人。

晋冀豫边区抗日斗争的迅猛开展，对华北日军构成严重威胁。为保障其后方安全，日军遂以华北方面军第108师团主力及第16、第20、第109师团各一部共3万余人，从4月4日开始，由同蒲、正太、平汉铁路沿线及长治、屯留等地出动，分九路向晋东南地区大举围攻，企图将八路军主力和在该地区的国民党军围歼于辽县、榆社、武乡地区。

为了粉碎日军的围攻，八路军朱德总司令、彭德怀副总司令决定：采取以一部兵力钳制其他各路日军，集中主要兵力寻机歼灭日军一路的作战方针。第129师、第115师之第344旅及决死队第1、3纵队等部，根据八路军总部的命令，在部队中进行了深入的政治动员，并协同地方党组织发动群众，进行了空室清野等各项准备工作。当日军开始出动时，八路军总部指令：第129师主力及第344旅之第689团由辽县以南转移至敌人合击圈以外的涉县以北地区隐蔽待机；晋察冀军区和第120师各以一部兵力向平汉、同蒲等铁路线出击，钳制日军。

4月10日前后，由榆社出动的第109师团两个大队被第129师独立支队阻滞于阔郊、马坊一带；由祁县、太谷出动的第109师团1个联队被防守在该地区的国民党军第94、第169师与八路军游击队阻滞于东、西团城地区；由洪洞出动的第20师团1个联队被决死队1、3纵队和国民党军第17军等部阻滞于沁源地区；由涉县出动的第16师团两个大队被国民党骑兵第 4 师阻滞于麻田地区；由邢台出动的第 16 师团 1000 余人被第 129 师先遣支队阻滞于浆水镇以东；由元氏、赞皇出动的第 16 师团 1 个大队被第 129 师游击支队和当地游击队阻滞于九龙关以东地区。至此，九路日军在八路军和游击队的英勇抗击下，有三路日军被阻；只有由屯留、长治、平定等地出动的日军第 108 师团的三路，侵入晋东南根据地腹地，且不断遭到阻击袭扰，处于恐慌不安的境地。

4 月 11 日，八路军总部令第 129 师主力及第 689 团由外线转向内线，进至武乡以北地区，寻机歼灭侵入根据地腹地的孤立之敌。

4 月 15 日，侵占武乡的日军第 108 师团之第 117 联队及配属的特种兵共 3000 余人，北犯榆社扑空后，仓皇撤回武乡，并于当日黄昏又放弃武乡，连夜沿浊漳河东撤。第 129 师首长决定以 4 个主力团歼灭该敌于运动之中。具体部署为：以第 772、第 689 团为左纵队，以第 771 团为右纵队，沿浊漳河两岸平行追击；以第 769 团沿武乡至襄垣大道尾追日军。16 日晨，担任平行追击的部队在武乡以东长乐村以西截住了日军大部，将敌拦腰斩断。日军遭到八路军突然猛烈的打击，顿时乱了阵脚，1500 余人及车辆、马匹被压缩在狭窄的河谷里，丧魂落魄，欲战无力，欲逃不能。为解救其被围的部队，已过长乐村的日军集中 1000 余人向第 772 团左翼戴家垴阵地猛攻，一度攻占该地。12 时，第 689 团赶到，经七八次反复冲锋肉搏，又将阵地夺回。14 时，日军第 108 师团第 105 联队 1000 余人由辽县赶来增援，实施反突击，炮火十分猛烈。"此时炮轰如雨，战斗之激烈为抗战来第一次。"[1] 17 时，日军又从辽县调 1000 余人来援。此时，被围之日军已被全歼，第 129 师首长遂决定主动撤出战斗。此次战斗，八路军共毙伤日军 2200 余人，自身伤亡 800 余人，第 772 团团长叶成焕光荣殉国。长乐村战斗的胜利，再次给日军以重创，对粉碎日军九路围攻起了决定性的作用。

此后，各路日军纷纷撤退。八路军、决死队及国民党军乘胜追击，先

---

①《陈赓日记》，解放军出版社 2003 年版，第 90 页。

后在沁源以南及沁县至沁源间、辽县至和顺间歼灭日军一部。4月27日，八路军又在高平县以北的张店等地截歼日军1000余人。至此，日军对晋东南地区的九路围攻被彻底粉碎。

反九路围攻历时23天，八路军共歼灭日军4000余人，收复县城19座。此次战役的胜利，不仅打破了日军企图用分进合击的战术驱逐或消灭晋东南八路军的计划，而且进一步提高了共产党和八路军的威望，极大地鼓舞了人民群众抗战胜利的信心，使晋冀豫抗日根据地更加巩固，为八路军向冀南、豫北平原发展创造了有利条件。正如刘伯承在回忆录中写道的："粉碎敌人九路围攻的胜利，使我们的脚跟在太行山上站得更稳了，使我党我军的威信更为提高，广大人民的胜利信心更为高涨。"[①]

三、晋西北、晋西南抗日根据地的初步巩固

1938年2月中旬起，第120师遵照八路军总部的命令，对同蒲铁路北段及太原、忻县间的公路展开了破袭战。2月18日，第359旅首先破袭平社车站，并相继攻克铁路沿线及附近豆罗火车站和麻会镇、石岭关、关城镇等日军据点。第358旅主力在平社以南之黄岭村附近伏击日军南行军用列车，歼敌一部，并以一部兵力袭扰太原城和飞机场之敌。经10天激战，第120师即歼灭日军500余人，攻占平社等车站7处，炸毁日军用火车3列、汽车10余辆，破坏桥梁8座，拆毁铁路10余公里，有力地配合了国民党军作战。

正当第120师对同蒲铁路展开破袭战的时候，日军调集驻蒙军第26师团、华北方面军第109师团及伪蒙军各一部共1万余人的兵力，于2月下旬分五路向晋西北发起了进攻，妄图摧毁晋西北抗日根据地，迫使第120师西渡黄河。21日起，日军先后占领宁武、神池、偏关、河曲、保德、五寨、岢岚等7座县城及离石、军渡、碛口等地，并西渡黄河，一度攻陷保

---

① 《刘伯承回忆录》，上海文艺出版社1981年版，第19~20页。

德对岸的府谷。

为粉碎日军之围攻,第 120 师师长贺龙、副师长萧克、政治委员关向应率主力于 2 月 28 日由同蒲铁路星夜回师根据地,命令第 358 旅主力西进至离石、军渡以北地区,侧击西犯之敌;令第 359 旅北进至岢岚、五寨地区,阻敌南侵。3 月 2 日,军渡、碛口之日军撤离黄河渡口,向北进犯,日军围攻晋西北根据地的企图已明。为此,毛泽东于 3 月 6 日电示八路军总部及第 120 师:应与国民党军傅作义部协同作战,集中主力打击敌军一路,"目前重点在坚决击破正向静乐、方山、五寨三点前进之敌,必须击破此三路中之一路或二路,方能破坏敌之包围计划,巩固晋西北根据地,策应其他区域之作战。"①

根据毛泽东的指示,第 120 师立即集中 4 个团的优势兵力,首先打击五寨、岢岚日军,尔后再向神池、宁武日军反击。3 月 7 日,第 359 旅首先将日军第 26 师团步兵第 11 联队 1000 余人围困在岢岚城内。被围困三天三夜后,日军在水源及补给断绝的情况下,于 10 日弃城北逃三井镇。第 359 旅第 717 团趁敌立足未稳之际,夜袭三井镇,歼敌 300 余人,俘敌 28 人,其余日军逃向五寨。三井残敌会同五寨之敌共 1000 余人,凭借五寨城固守。第 120 师以第 718 团及地方游击队一部兵力围困五寨城,主力则集中在五寨至神池之间,相机歼敌。3 月 12 日,日军 400 余人由五寨出城反扑,被第 358 旅之第 715 团击退。17 日,第 358 旅于义井以南之虎北村、山口村与神池出援五寨的日军 1000 余人遭遇。经激战,歼日军 300 余人,迫敌退向义井。18 日,三岔堡日军出动 200 余人增援五寨,又被第 359 旅第 717 团击退。五寨之日军,完全陷于孤立。与此同时,警备第 6 团、雁北支队及地方武装,不断袭击日军的交通线,使侵入晋西北的日军补给十分困难。自 3 月 20 日起,日军被迫全线撤退。第 120 师遂收复五寨、保德、河曲、偏关 4 城,并乘胜截歼撤退之敌。21 日,第 120 师在田家

---

① 《毛泽东军事文集》第 2 卷, 军事科学出版社、中央文献出版社 1993 年版,第 185~186 页。

洼、凤凰山等地又歼敌 300 余人，并随即收复神池。随后，第 120 师调集兵力，以第 716 团及第 718 团 1 个营围困宁武县城，以第 358 旅、第 359 旅主力集结于宁武至阳方口之间的石湖河地区，待机歼敌。31 日，朔县之日军 600 余人，在飞机的掩护下，经阳方口企图接应宁武之敌，在石湖河遭到第 359 旅的突然袭击。宁武日军 500 余乘机出城接应，又被第 358 旅第 715 团拦击。激战至黄昏，日军被歼 300 余人，其余分别退回原地。4 月 1 日，第 120 师乘胜收复宁武县城。至此，被日军侵占的晋西北 7 座县城全部被第 120 师收复。

此次反围攻作战，晋西北抗日根据地军民共歼灭日伪军 1500 余人，缴获山炮 1 门、步机枪 200 余支、汽车 14 辆、骡马 100 余匹。这一胜利，不仅挫败了日军摧毁晋西北根据地的企图，巩固了晋西北抗日根据地，而且增强了广大军民的抗战信心。

与此同时，晋西南抗日根据地也得到初步巩固。1938 年 9 月上旬，日军为配合武汉会战，沿汾离公路西犯晋西南抗日根据地。第 115 师第 343 旅与补充团等部于 14 至 20 日在午城镇东西公路附近伏击，歼敌 200 余人；在午城、离石间的油坊坪歼敌 100 余人；在王家池伏击，歼敌 500 余人，取得了三战三捷的辉煌战绩，粉碎了日军的企图，巩固了晋西南抗日根据地。

是年冬，第 115 师主力奉命东进，以补充团和晋西游击队组成晋西独立支队，由第 343 旅参谋长陈士榘率领，继续在晋西南抗日根据地坚持抗日游击战争。

第 七 章
敌后抗日游击战的
战略展开

第一节 八路军敌后游击战的发展

太原失陷后,八路军主力和山西新军等抗日武装全面实施游击战战略,及时深入敌后,放手发动群众,大力发展抗日武装力量,广泛开辟敌后战场,充分利用山西特殊的地理环境,深入开展山地游击战,机动灵活地打击日军。

一、八路军游击战战略的全面实施

八路军自 1937 年 8 月开赴山西抗日前线,到次年春,已经在山西敌后创立了四大战略支点,为华北敌后游击战争的开展提供了战略基地。

朱德总司令对华北敌后游击战作过全面的阐述,指出:"华北在军事上是占很重要地位的。华北境内,有恒山、太行山、吕梁山、泰山、大青山(阴山)等山脉,纵横其间,有许多天险要隘便利于群众斗争,游击战争的存在和发展,在政治和经济的条件上可以独自为战。华北群众斗争与游击战争的存在和发展,给敌人进窥华南威逼武汉的企图以极大威胁和阻碍。华北游击战争的支持与发展,北可伸至绥远,东可直逼关外,南面可达华中,为战略上最富于机动的位置。总括说来,华北是我们中国的重要之一部,我们必须收复一切失地。华北抗战,是扼整个抗战的重心,贯彻于战略的各个阶段。因此,坚持华北的游击战争,努力创造和扩大抗日根据地,是整个战略问题的中心任务。"[1]

日军在占领华北交通沿线和主要城市后,计划沿同蒲、津浦两路,攻占临汾、徐州两点。西线日军占领临汾后,由晋南渡过黄河,然后沿陇海路东进;东路日军沿津浦路以南北对进的攻势占领徐州后,则沿陇海路西犯。在这一作战计划中,同蒲路之日军将从右翼迂回,首先攻略晋南,夺取华北左侧山岳地带,压迫国民党军退出冀南、豫北、鲁西平原,廓清运河以西的黄河左岸地区,在横方向上接通与津浦路的联系。

中共中央革命军事委员会在对日军的战略意图作出分析判断后,就全国的军事战略部署,提出了一个完整的方案。1938年2月23日,由毛泽东起草,并与任弼时联名发往八路军总部、各师、北方局和长江局的电文指出:

甲、敌情判断:

(一)敌为夺取陇海、平汉两路直取西安、武汉,决胜点必在潼关、武胜关。

(二)敌取潼关,依地形,由洛阳西攻较难,由临汾南攻较易,因此,平汉、同蒲两路之敌,似力求由东北两方,分数路向晋南,其总目的在驱逐晋境我军,占领临汾、风陵渡,最后夺取潼关,保障进攻武胜关之右翼。其沿道清路西进之敌,似有由孟津渡河先占洛阳,迫令晋境我军南退之意图。

(三)敌攻武胜关之兵力,主要当从津浦路转来。平汉、同蒲两路之敌,主要当用于夺取潼关;

乙、战略计划第一部:

(一)为保卫潼关及西安而战,不是将全部兵力处于平汉以西、黄河以南之内线所能胜任的。如此必致不能保卫潼关与西安,正和

①朱德:《八路军抗战的一年》,《新华日报》1938年7月24日。

过去将全部兵力处于雁门关、娘子关内线不能保卫太原相同。

（二）为保卫潼关，我们认为必须将兵力分二部：第一部刘峙、宋哲元、商震、胡宗南、樊崧甫诸军固守郑洛潼线，策应该线以北诸军之作战，反对敌人渡河。第二部黄河以北诸军，包括阎、卫及八路军全部坚持晋南晋西战局。在好的情况下，力图在临汾以北、以东两地区歼灭敌人，顿挫敌之进攻，并出有力一部于道清路北钳制企图渡河之敌。在坏的情况下，万一临汾不守，洛阳被占，我晋境诸军亦万不可过河，而应转入外线，反过来攻敌之背，截断敌之来路，并图歼敌，根本破坏敌攻潼关计划。在敌进占晋城、霍县、隰县三点时，我军即应以不少于半数之兵力，转入三点之外翼（转入敌后），方能制敌。

（三）我们认为必须力求蒋、白、阎、卫同意上述计划并鼓励各军执行，方能保卫潼关，亦即保卫了武胜关，保卫了武汉，否则潼关一失，武胜关即处危险中。

（四）假如阎、卫不愿或不能执行上述计划而溃退过河时，则这些军队不但不能参加保卫潼关，反有影响洛潼诸军之虞。

丙、战略计划第二部：

（一）为保卫武胜关及武汉而战，首先须潼关确保在我手中，其次则用正面之阵地战，配合两翼之运动战。

（二）两翼运动战必须确定至少有20万左右兵力长期位于平汉以东，这与在山西位置重兵同等重要，非万不得已，不退豫鄂西，方能配合正面及西面诸军，有力地保卫武胜关及武汉，即使武汉不守，亦使敌处于我之包围中。

丁、八路军将来之行动：

（一）假设在山西配合阎、卫作战有力，达到了歼灭钳制敌军确保潼关、西安之目的，同时武胜关尚无危险，则全部继续在山西作战，并准备加派一部出河北，建立华北坚强抗战堡垒，用以捍卫中原、西北及武汉。

（二）假设阎、卫能够执行前述计划，潼关、西安巩固，但武胜关、武汉危险,则应抽出一个师转入武胜关以东,配合友军作战。

(三)假设阎、卫不能执行前述计划,潼关、西安危险,但武胜关、武汉尚无危险,亦应抽出一个师转入潼西线,配合友军作战。

(四)假设潼关、武胜关均危险,则抽出两个师南下,一个位于平汉以东,一个位于平汉以西,配合友军作战。仍留一个师,活动于山西、河北,非至某种必要时期,不撤回来。

(五)边区留守部队,担负陕甘任务。

戊、我们认为必须告诉国民党,如果近百万军队均退至黄河以南、平汉以西之内线,而陇海、平汉尽为敌占,则将形成极大困难。故总的方针,在敌深入进攻条件下,必须部署足够兵力于外线,方能配合内线主力作战,增加敌人困难,减少自己困难,造成有利于持久战之军事政治形势。①

这个战略建议,是中国共产党总结了国民党军事失利的教训后提出的。它强调积极防御作战,提出对日军只有采取"攻势防御"的作战行动,才能变被动为主动。而要达到这一目的,必须部署足够的兵力于外线,把内线防御和外线进攻结合起来,即阵地战和运动战密切结合。从这一原则出发,在使用兵力和组织防御方面必须作适当的调整。遗憾的是,这个正确的建议并没有为国民党政府和蒋介石所采纳。

根据中央军委的部署,八路军各师相继派出强大支队深入敌占区,一方面继续开辟抗日根据地,一方面广泛发动群众,开展游击战争。八路军以山西省为战略支点,东出太行,奋战平郊,挺进热辽,达渤海之滨;北上察绥,进阴山,达蒙古草原;南下豫北……游击战争犹如大海的波涛,一浪接一浪,迅速朝着华北广大地区推进。

---

① 《毛泽东军事文选》第 2 卷,军事科学出版社、中央文献出版社 1993 年版,第 162~164 页。

二、山区抗日根据地的保卫与发展

八路军除抽调部分主力部队挺进冀鲁平原外,主力部队则在晋察冀、晋冀豫、晋西北、晋西南等广大山区敌后抗日根据地,展开了更加广泛的游击战争,巩固和发展了山区抗日根据地。1938年6月15日,毛泽东致电朱德、彭德怀,指出:"敌之主要进攻方向在武汉,对华北、西北则均暂时无法多顾及,给我以放手发展游击战争并争取部分运动战的机会。"①6月27日,毛泽东就关于发展华北游击战争致电朱德等,指出:"徐州失守后,判断敌将以进攻武汉为作战计划之中心。""以为敌置武汉抗日的重心于不顾,而将主力立即移向华北及西北,打击游击队及切断中苏交通的估计是不适当的。""在上述情况下,华北游击战争还是广泛开展的有利时机"。② 根据中共中央的部署,八路军在山西展开了机动灵活的游击战,神出鬼没,给日伪军以沉重打击。

(一)发展晋冀豫边区的抗日游击战争

八路军第129师在徐向前等率主力一部向冀南挺进的同时,留在平汉路西的部队继续发展晋冀豫区的抗日游击战争。

1938年4月22日,八路军总部命令第115师第344旅立即向晋南发展;命令第129师主力立即由晋东南向豫北、冀西发展,以便扩大晋冀豫抗日根据地及策应冀鲁平原抗日游击战争的发展。

4月下旬,第129师第386旅在陈赓旅长的率领下,进入平汉路西邢台地区,统一指挥先遣支队等部,经1个多月的艰苦战斗,先遣支队基本控制了武(安)涉(县)大道地区。6月上旬,第386旅主力继续南下至漳河

---

①《毛泽东军事文集》第2卷,军事科学出版社、中央文献出版社1993年版,第355页。

②转引自刘家国:《浴血奋战——抗日英雄八路军》,广西师范大学出版社1994年版,第62页。

以南、道清路①以北的豫北地区后,统一指挥先期抵达的补充团、赵涂(即赵基梅、涂锡道)支队等部,连续攻克观台、水冶,袭入汤阴、辉县及平汉线上的潞王坟等车站据点,至 8 月间,共歼灭日伪军 1000 余人,将日伪势力从山区驱至铁路沿线。

在第 386 旅在豫北展开抗日游击战的同时,第 129 师于 6 月 12 日又以第 769 团、独立团和汪乃贵支队组成新的第 385 旅,由陈锡联任旅长,谢富治任政治委员。该旅组成后,在正太铁路以南、平汉铁路石家庄至邢台段以西地区继续袭击、伏击日伪军,粉碎了日军依托交通线扩大占领区的企图。

向晋南推进的第 115 师之第 344 旅于 7 月初进至晋城、阳城等地后,日军第 108 师团正由晋城西进,企图配合第 20 师团围攻晋西南的国民党军。第 344 旅奉八路军总部的命令立即投入战斗,决心在阳城、沁水之间打击与钳制西犯之日军,以配合国民党军队作战。7 月 6 日上午,日军第 108 师团一部分乘汽车 50 余辆,并有骑兵一部先后出晋城西犯。第 344 旅主力先敌占领町店以北高地和上、下黄岩以北有利地形待机歼敌;另一部则迅速进占町店东南美泉村公路两侧高地阻击援敌。上午 10 时许,当日军先头部队进至上、下黄岩,其主力进至沁水东南之町店附近时,第 344 旅各部按预定部署随即向敌发动攻击。第 687 团主力向进至町店之敌攻击,第 688 团主力向进抵上、下黄岩之敌发动猛攻。日军在八路军的猛烈袭击下不知所措,一片混乱。经几小时激战,死伤 500 余人,损毁汽车 20 余辆。此次战斗,迟滞了日军西进的速度,有力地策应了国民党军队卫立煌部在侯马地区的反围攻作战。

6 月,中共晋冀豫省委作出关于建立巩固的晋冀豫边抗日根据地和广泛开展游击战争的决定,许多地区开始实行减租减息和交租交息政策,积极开展肃清汉奸及改造各级抗日政权的斗争,相继在冀西建立了 7 个县的抗日民主政权,在豫北建立了 3 个县的抗日民主政权,使根据地

①道清路,河南省北部与平汉铁路交叉的一条铁路线,由道口(今滑县)至清化(今博爱)。

人民的民主权利得以实现,在全区农民中形成了积极参军的热潮。短短几个月中,各基干支队很快由原来的几百人发展到几千人,晋冀豫军区所辖之基干武装已由几千人发展到约 2 万人,抗日游击战争得到迅猛发展。在 1938 年 5 月至 10 月的半年时间里,晋冀豫抗日根据地军民在第 129 师统一指挥下,第 385、第 386、第 344 旅等八路军主力部队及各基干支队在广大群众配合下,先后对平汉、正太、道清等铁路进行了十余次破击战,使日军交通运输处于半瘫痪状态,有力地策应了国民党军队的徐州和武汉会战,发展与巩固了晋冀豫抗日根据地。

(二)汾离公路三战三捷

1938 年 7 月 8 日,毛泽东、滕代远电示陈光、罗荣桓:"目前李旅(李旅,指以李天佑为代旅长的八路军第 115 师第 343 旅——引者注)仍以对同蒲、太军(太军,指太原至军渡之公路——引者注)两路大肆破坏,妨碍敌渡黄河为主要任务,协助地方发展游击队为辅助任务。"①

遵照这一指示,第 115 师立即命令第 343 旅活动于汾离公路及其以南以及介休至灵石铁路沿线,不断破袭敌之交通线。

9 月上旬,为策应武汉会战和围攻晋察冀边区,日华北方面军以第 108 师团一部沿汾离公路西犯,相继占领离石、柳林,进逼军渡、碛口,并炮击黄河西岸宋家川,直接威胁黄河河防和陕甘宁边区。为打退日军之进攻,保卫黄河河防和陕甘宁边区的安全,第 115 师迅速率第 343 旅向汾离公路开进,并命令第 686 团于 9 月 14 日拂晓进至吴城镇东南的薛公岭附近设伏。第 686 团充分利用薛公岭公路弯曲、公路两侧山高林密便于隐蔽的有利地形,以主力设伏于公路南侧,一部设伏于公路北侧。当日上午 10 时许,由汾阳西进之敌 200 余人分乘 20 余辆汽车进入第 686 团伏击区。该团突然开火,随后便发起冲击,激战约 1 小时,将敌全部歼灭,并缴获汽车 20 辆。

9 月 17 日,第 115 师又令第 343 旅补充团在吴城镇至离石间的油房

①转引自军事科学院军事历史研究部著:《中国抗日战争史》中卷,解放军出版社 1994 年版,第 134 页。

坪附近再次设伏,歼灭由汾阳出动的日军运输队 100 余人,击毁敌汽车 9 辆,并缴获一批军用物资。沿汾离公路西犯的日军第 108 师团,在连续遭受八路军伏击、汾离公路补给线被切断的情况下,被迫于 9 月 19 日开始由离石向东撤退。第 115 师乘日军撤退之机,立即命第 343 旅第 686 团、第 685 团一部及补充团于薛公岭东南的王家池附近公路两侧设伏。次日拂晓,参战部队均按计划进入预定伏击地域。上午 9 时许,日军 800 余人进入我伏击区后,八路军当即发起猛烈攻击,经 1 小时激战,全歼该敌,并缴获各种枪 400 余支、军马 100 余匹。

第 115 师主力部队在一周的时间内连续取得了汾离公路三战三胜的战绩,共毙伤敌 1200 余人,击毁汽车 30 余辆,缴获各种枪 560 余支、战马 100 余匹,沉重打击了日军,保卫了陕甘宁边区的安全。

(三)晋察冀边区反击日军围攻

1938 年 4 月,中共晋察冀边区召开第一次代表大会后,晋察冀军区部队积极向东、向北发展游击战争。第 120 师第 359 旅奉命于 5 月下旬由崞县进入浑源、广灵、灵丘等地,协同晋察冀军区第一军分区向平绥线发展。6 月上旬,该旅攻克应县东南之下社,进至浑源、灵丘、广灵、蔚县、涞源地区,并以一部深入到桑干河以北地区,先后袭击了大同东南的友宰堡及后子口,歼灭日伪军 300 余人,还连续袭击了平绥铁路之聚乐堡、罗文皂、永嘉堡等车站。

9 月中旬,日军决定在南取广州、中攻武汉之际,调集其在华北的第 110 师团、第 26 师团、第 109 师团及独立混成第 2、第 4 旅团共 5 万余人,准备分由平汉铁路北段、平绥铁路东段、同蒲铁路北段及正太铁路沿线同时出动,以五台、阜平为其主要攻击目标,对晋察冀抗日根据地进行大举围攻。此次围攻,日军改变了以往长驱直入的战法,采取稳步推进、压缩包围圈、分割"清剿"、各个击破的作战方针,企图一举歼灭晋察冀军区主力及领导机关,摧毁晋察冀抗日根据地。

针对日军的进攻企图,八路军总部要求晋察冀军区部队在当地广大民兵及抗日游击队的配合下,采取内线与外线、广泛的游击战与有利条件下的运动战相结合的方针,坚决粉碎日军之大举围攻。八路军总部并分别于9月23日和9月28日致电第120师和第129师,命令他们配合、策应晋察冀军区反围攻作战。

晋察冀军区根据八路军总部的指示和日军之企图,很快制定出反围攻的作战方针:即在敌围攻处于锐势时,我军以小分队不断袭扰、消耗、疲惫敌人,为大部队创造有利战机,而主力部队则隐蔽集结于机动位置,伺机歼敌;当敌兵力占优势,我军阻击其进攻困难时,则以主力一部和群众武装采取灵活的游击战法与敌周旋, 主力迅速转移至外线机动作战;当敌侵入我根据地腹地进行分割"清剿"或据守据点时,我内线部队则应积极出击,不断袭扰敌人,并采取彻底的"空室清野",或采取围困战方式逼退敌人,外线部队则应猛烈袭击敌之后方交通线及其据点,迫敌回撤;当敌被迫撤退时,应立即集中兵力,抓住有利战机,采取追击、伏击和截击方式歼灭撤退之敌。晋察冀军区及边区党委明确提出了"一切服从战争,一切为了前线胜利,保卫家乡"的战斗口号,在全边区范围内组织和动员反围攻作战。

晋察冀边区的反围攻作战大体经历了以下三个阶段:

第一阶段(9月20日—10月6日)

9月20日,日军分由平汉、同蒲、平绥、正太等铁路线出动,向晋察冀抗日根据地四周各要点进犯。日军采取既定的分进合击、稳步推进、压缩合围的作战方针,东西对进、南北夹击,企图将晋察冀军区主力和领导机关合围在五台、阜平间加以消灭。晋察冀军区则按既定部署,以主力一部与广大民兵游击队相结合,用阻击、伏击、袭击等手段,钳制、消耗、疲惫各路日军,主力部队则隐蔽于机动位置待机歼敌。

在东线,由平汉路之定县、望都、保定等地出动之日军,于9月20日分路向曲阳、唐县、完县进犯。当东线之日军进犯至曲阳之七里庄和唐县之店头镇时,被第三军分区毙伤250余人。由于日军施放毒气,第三军分区被迫撤出战斗,曲阳、唐县、完县被日军进占。9月24日,曲阳、唐县、完县之日军继续西犯。9月27日,日军兵分三路进占党城、灵山、王快一线,并企图向阜平进犯。

鉴于东线日军对根据地威胁最大，晋察冀军区司令员兼政治委员聂荣臻适时调整部署，命令第一军分区主力部队立即向南台以北机动，准备侧击经王快进犯阜平之日军；令第三军分区以一个营的兵力节节抗击日军，以待第一军分区主力部队到达；令冀中第三纵队之独立旅立即西进，尾击日军。9月30日，聂荣臻致电八路军总部和中共中央："我已无绝对把握击溃敌人一面，如勉强行之，将造成更不利之势，而以三万之众束缚于大荒山地，无食无住，且不能周旋。""五台很有可能失守，请速令129师及120师徐旅给我配合，若五台失守仍须积极配合我作战，否则我将处于最不利之地位。"①

中共中央和八路军总部密切关注着晋察冀军民的反围攻作战，毛泽东、朱德、彭德怀、王稼祥、刘少奇、彭真于10月2日电示聂荣臻，指出日军"此次围攻较前任何一次来得较有计划与持久性"，因此应"在党政军民中进行深入的政治动员，建立起持久抗战胜利信心，争取持久，准备艰苦奋斗，是一切工作的重心"。"动员群众参战"，"实行清野空舍，埋藏粮食器具。""根据敌人构筑据点，步步推进，紧缩边区及敌人顽强与敌〔兵〕力不足的优缺点"，要"相当地集中主力于我有利的各种条件（敌人弱，地形有利）方面，准备待机"；"以小部队与敌进行极不规则的小战，迟阻和疲惫敌人，以相当有力部队转入敌之后方交通线，打击敌之运输"；"如敌无弱可乘，不便我主力集中打击或消灭敌时，待敌人进至利害循环变换线，即将主力转至敌后方，仍以小部队分途逐渐引敌深入，使敌疲惫疏忽扑空，待敌转移方向或退却时，给敌以突然的袭击或追击"。同时还命令第129师派部"对正太路有计划地进行破坏，并相机以适当兵力越路北进，分途尾击敌人"；令第120师"积极地吸引原平、忻口、关城之敌，并相机越路东，尾击东进之敌"，②以配合晋察冀军区反围攻作战。这一指示，

---

① 《聂荣臻传》，当代中国出版社1994年版，第229~230页。
② 《毛泽东军事文集》第2卷，军事科学出版社、中央文献出版社1993年版，第369~370页。

对于晋察冀军区进行反围攻以至最终粉碎日军的大举围攻具有十分重要的指导意义。

10月3日,向东、西庄一线进行试探性进攻的日军进至王快、方代口时,经第三军分区一部的袭击,伤亡100余人,被迫退回。10月4日晨,日军千余人在飞机和炮火掩护下,以骑兵开道,向阜平进犯。第一、第三军分区和冀中独立旅各一部,在东西庄地区与进犯阜平之敌展开激战,毙敌甚众,仅在方代口一地即歼敌300余人。激战至中午,由于数千名日军增援,并施射毒气弹400余发,八路军有5个营遭敌毒气弹袭击,八路军遂撤出战斗。10月6日,东线之日军进占阜平。东、西庄战斗,八路军共毙伤日军1300余人。

在西线和南线,9月24日,西线之日军由代县、定襄出动,南线之日军由盂县、井陉、平山出动,兵分五路,向五台、洪子店等主要进攻目标围攻,企图合击晋察冀抗日根据地党政军领导机关及军区主力部队。第四军分区第九大队立即赶到上社镇,对盂县出动之敌实施突然袭击,歼敌一部。与此同时,由定襄、代县出动的西线之日军在向东冶镇、河边村进犯时,遭到第二军分区第六大队的有力阻击,行动迟缓。9月29日拂晓,南线之日军北渡滹沱河,并在飞机掩护下开始向柏兰镇进攻。为保障在耿镇、石咀、金岗库地区的晋察冀军区领导机关的安全,担任掩护任务的第二军分区第五大队及军区学兵营,在牛道岭袭击向柏兰镇进犯之敌,歼敌一部。当晚,日军进占耿家庄。9月30日晨,日军继续向柏兰镇进攻。八路军一部迅即在敌侧后展开猛攻,歼敌400余人。10月3日,西线与南线之日军进占五台县城。

在北线,9月20日,由蔚县、广灵、浑源等地出动的日军第26师团及独立混成第2旅团,分别进占晋察冀抗日根据地之北口、九宫口、松子口等地。9月24日,北口、九宫口、松子口、易县日军分头出动,向灵丘、涞源等地进犯。八路军第120师第359旅主力及第一军分区一部,密切协同,分别在邵家庄、圣佛寺等地不断阻击日军。9月26日,日军在炮火掩护下,分别向邵家庄、圣佛寺一带八路军发动进攻。八路军与敌激战终日,给敌以很大杀伤,傍晚日军遂退至张家湾、直峪宿营。八路军连续作战,当夜袭击直峪,歼敌一部,并解放被掳民夫2000余人。经6昼夜激战,八路军共毙伤日军800余人,有效地迟滞了日军的进攻。直至10月1日,日军进占涞源、灵丘县城。

至10月6日,日军虽然侵入晋察冀边区腹地,进占阜平、五台等县城,但聚歼八路军晋察冀军区主力和军区领导机关的企图未能得逞。至此,晋察冀边区反围攻作战第一阶段结束。

第二阶段(10月7日—10月中旬)

日军进犯五台、阜平、涞源、灵丘等城镇后,立即加紧修筑公路,建立据点,企图采取先分割、后“清剿”的作战方式,以达到其各个歼灭晋察冀军区主力及军区领导机关,彻底摧毁晋察冀抗日根据地的目的。

针对日军之企图,晋察冀军区于10月7日决定以主力一部化整为零,以大队、营、连为单位配合民兵游击队,大力开展广泛分散的游击战,不断袭扰敌人,攻击或围困敌薄弱据点,以疲惫敌人。军区主力则深入敌后,断敌交通,截获补给,增加深入晋察冀根据地腹地之敌的困难,使其难以立足。根据军区的部署,各部队立即行动,展开了灵活的游击战争。第一、三军分区主力立即进占阜平之敌侧后,在定县、曲阳至阜平的交通线上袭击日军之辎重部队,歼敌一部。第二军分区主力向高洪口至耿镇、五台至东冶的公路出击,切断敌之运输线;第359旅第717团在王家庄、限门口一线侧击向石咀进犯之敌。第四军分区第九大队,在第二军分区部队主力到达柏兰镇地区后,立即向东转移,破袭正太路阳泉至井陉段铁路,破坏敌之运输。10月中旬,侵占五台之西线和南线的日军3000余人,在北线和东线日军的配合下,开始向晋察冀抗日根据地党政军领导机关驻地石咀、台怀、金岗库等地区进行“清剿”。晋察冀军区当即派出少量部队与敌周旋,军区主力和党政军机关则乘敌尚未形成严密的包围之前,迅速向南转移至敌后方蛟潭庄地区隐蔽待机。日军扑空后,东线之敌开始东撤,北线之敌也开始北返,南线日军撤向盂县。第二军分区部队马上展开追歼南撤之敌,歼敌一部。与此同时,龟缩于台怀地区的西线日军,由于不断遭到八路军的袭扰,补给日益困难,也于10月13日向砂河撤退。

由于八路军参战部队的积极打击,使侵入晋察冀根据地内的日军难以立足,再加上晋西北、晋东南以及冀中八路军积极向敌占之同蒲路北段、正太路沿线和平汉路北段频繁出击,迫使日军抽调参加围攻的部分兵力回防其主要交通线,从而有力地策应了晋察冀抗日根据地军民的反围攻作战,使日军分割"清剿"、各个击破八路军主力的企图未能得逞。

第三阶段(10月中旬—11月7日)

日军虽侵入晋察冀抗日根据地,但在晋察冀军民连续20余天的打击下,被迫退缩于阜平、五台、蔚县、涞源、广灵、灵丘、盂县、温塘等据点。晋察冀军区当即抓住这一有利时机,以一部兵力配合民兵游击队继续困扰敌人,以一部兵力破袭敌后方交通线,断敌补给,集中主力相机歼灭困守据点或撤退之敌。首先,晋察冀军区集中第一、三军分区主力及第359旅第717团攻打深入根据地腹地阜平之敌,以击退东线日军。第一、三军分区主力部队在当地广大人民群众的配合下,相继在曲阳至阜平的交通线上对日军的运输部队进行了19次袭击或伏击,其中10月20日郑家庄伏击战,缴获日军向阜平运送粮弹的大车200余辆。与此同时,军区骑兵营则袭击曲阳、定县间之高门屯日军后方粮站,从而完全断绝了阜平之敌的后方补给。10月21日,曲阳、阜平两地日军共出动约6000人,企图夹击八路军,恢复其曲阳至阜平间的交通运输线。由于八路军迅速秘密转移,致使曲阳和阜平两地之日军于当夜在韩家峪发生误战。八路军第359旅第717团和第一军分区第3团乘阜平之敌惶恐动摇之际,于10月26日夜袭入阜平县城,日军在夜战中自相混战。10月27日晨,阜平日军在飞机掩护下,大量施放毒气后弃城东逃。八路军立即收复阜平和曲阳以西地区。

北线灵丘、涞源之日军处境也十分困难。为扭转被动局面,日军北线指挥官独立混成第2旅团旅团长常冈宽治由蔚县到广灵,准备亲自前往灵丘督战。晋察冀军区获此情报后,立即以第359旅第719团于广灵以南设伏,以第718团于灵丘西北之黄台寺设伏,随时准备打击可能出犯之敌。10月28日上午,常冈宽治果然亲自出马,在200余人护送下乘汽车由广灵南下。8时许,当该敌进入邵家庄伏击区时,第359旅第719团突然向敌发动攻击,歼敌大部。与此同时,由灵丘出动接应常冈宽治之日军分乘12辆汽车北驶至黄台寺八路军伏击区时,引爆了八路军埋设于道路中的地雷,第359旅第718团乘敌慌乱之际,向敌发起猛烈冲击,击毁敌汽车5辆,歼敌200余人。随后,第717团主力在蔚县、涞源县间之明堡设伏,击毁敌汽车35辆,全歼日军大队长以下400余人,缴获重迫击炮1门、大炮1门、轻机枪12挺、步枪180余支、无线电话机1部及其他军用物资。

为加强晋察冀军区反围攻作战的力量,第120师第358旅主力奉命于10月下旬东越同蒲路,到达五台东南地区寻机歼敌。11月3日,第358旅获悉日军第109师团一个大队500余人由五台向高洪口地区进犯,遂以第719团和第716团在高洪口以西之滑石片两侧高地设伏,并令714团在滑石片西北之南院村地区,准备打击可能由五台来援之敌。是日夜,当日军进入滑石片伏击区时,设伏部队当即向敌发起冲击,激战至第二天拂晓,毙伤敌500余人,俘敌20余人,缴获步枪300余支,轻重机枪30余挺,各式炮6门,军马100余匹,电台1部及其他军用物资。

为彻底粉碎日军对晋察冀边区的围攻,在南线作战的军区部队积极出击,不断破袭正太铁路线,迫敌撤退。10月中旬,第四军分区以第九大队在正太铁路阳泉至井陉段积极开展破袭战,以第七大队袭击回舍、洪子店等地日军。第129师为配合晋察冀军区反围攻,抽派主力一部向正太路沿线出击,以迫使平山、盂县等地日军回防正太铁路沿线。晋察冀军区部队乘敌兵力回撤正太铁路沿线之机,收复回舍、洪子店等地区。

八路军历经48天的艰苦作战,于11月7日基本结束反围攻作战,取得了反围攻作战的胜利。此役,八路军参战部队共进行大小战斗136次,毙伤日伪军5200余人,缴获长短枪570余支,轻重机枪49挺,各种炮10门及其他军用物资,彻底粉碎了日军消灭晋察冀党政军领导机关及晋察冀军区主力、摧毁晋察冀边区的企图。

八路军在山西敌后战场广泛开展游击战，牵制和消耗了大量日军，巩固和扩大了抗日根据地，有力地配合了国民党正面战场的作战。

第二节 国民党军游击战的开展

山西国民党军队根据国民政府军事委员会汉口军事会议的部署，在八路军游击战的直接影响下，也相继进行了一些游击战，取得了一定的战果。

一、国民党游击战方针的确立

山西是国民党游击战的重点区域之一。国民党政府1937年3月制定的1937年度国防作战计划中就规定："作战期间，应有专门机关指导民众，组织义勇军并别动队，采游击战术，以牵制敌军，并扰乱其后方。"[1]是年冬，在汉口召开的军事会议上，国民政府军事委员会副总参谋长白崇禧提出"采取游击战与正规战配合，加强敌后游击战"的建议，[2]被蒋介石采纳。12月13日，军事委员会颁布的《第三期作战计划》中明确提出："国军以确保武汉为核心，持久抗战，争取最后胜利之目的，应以各战区为外廊，发动广大游击战。"要求除正面阻敌外，"同时组织训练民众，使连〔联〕合军队，共同施行游击，以牵制扰乱破坏敌之后方，前后呼应，敌攻我正面，则游击队由各方进击，如攻我游击队，则不与决战，使其前

---

①彭明主编：《中国现代史资料选辑》第5册（上），中国人民大学出版社1989年版，第134页。

②《白崇禧回忆录》，解放军出版社1987年版，第303~304页。

进迟滞"。①

　　1938年6月,国民政府军事委员会在汉口召开军事会议。会上有人提出:以我劣势装备对优势装备之敌,以我脆弱之空军对优势空军之敌,若仍像徐州、淞沪、太原等会战,采用正规战与敌硬拼,势恐难持久。为适应长期战争需要,在战略上实行"消耗持久战"方针的同时,战术上应采游击战与正规战配合,加强敌后游击,扩大面的占领,争取沦陷区民众,扰袭敌人,使敌局促于点线之占领。同时打击伪组织,由军事战发展为政治战、经济战,再逐渐变为全面战、总体战,以收"积小胜为大胜,以空间换时间"之效。②

　　汉口会议后,国民政府军委会通令各战区,做好游击作战准备。徐州沦陷时,军委会留置第69军于津浦铁路北段(黄河以北)地区、第89军于津浦铁路南段(黄河以南)地区,领导并支援冀、鲁、苏三省地方武力展开游击。第一、第二、第五、第八战区也奉令在平汉铁路北段和同蒲、正太、平绥等重要铁路线以及被日军侵据的豫北、山西、绥远及鄂、皖边区,以部分兵力展开游击战,并借恒山、五台山、太行山、中条山、吕梁山、大别山及太岳诸山脉之复杂地形,建立游击根据地,为进一步实施游击作战打下了基础。

二、二战区国民党军游击战的开展

　　根据国民政府军委会的部署,山西国民党军在八路军的配合下,相继开展了游击战,取得了一定的战果。第二战区成为国民党游击战开展得较早且取得成效最大的地区。

　　自太原沦陷后,国民政府军委会在汉口开会,决定第二战区部队不

---

　　①中国第二历史档案馆编:《抗日战争正面战场》(上),江苏古籍出版社1987年版,第18页。
　　②陈三井等:《白崇禧先生访问记录》(上),台湾"中研院"近代史研究所口述历史丛书(4),1984年,第350~351页。

得退过黄河,须就地打游击,违者以军法从事。军委会调第一战区司令长官卫立煌兼第二战区副司令长官,率所部第14集团军进入山西,加强防守力量,确保山西根据地。第二战区司令长官部拟定了游击战指导方案,将山西划分为七个游击区。1938年3月上旬,军委会电令第二战区:"分区向山地转进,全面游击,长期抗战。"①抗战进入相持阶段后,国民政府军委会在加强游击战方针下,指示第二战区和山西境内各军以游击战与正规战并用,在中条山、吕梁山、太行山及陕北,分南、东、西、北四路建立游击根据地。其部署如下:

南路军:以卫立煌为总司令(兼),辖第3、第9、第14、第15、第17、第38、第47、第93、第96、第98军等10个军,计16个师另6个旅,分别部署于晋西南中条山、王屋山等处,建立游击基地。任务为向同蒲路南段沿线之敌袭击,并协助第一战区歼灭企图渡河之敌。

东路军:以朱德为总司令,辖第18集团军3个师。任务以和顺、辽县为根据地,向正太路沿线之敌袭击,并破坏其交通。

西路军:总司令杨爱源,辖8个师另3个旅,主力建立吕梁山根据地,一部对同蒲路两侧之敌袭击,破坏其交通。

北路军:总司令傅作义,辖7个师另8个旅。其任务以一部对朔县、宁武间铁路施行破坏,主力向大同以西之敌袭扰。

五台区:总司令杨澄源,辖暂编第2师及一部游击部队。任务为以一部向同蒲路沿线以东施行袭击,主力在雁门以东山地建立游击根据地。

按上述初步部署,第二战区各部队分别就位,据守有利地形,实施作战任务,相继进行了一系列的游击作战。

1938年徐州会战期间,第二战区副司令长官卫立煌奉军委命令于5月16日开始,在晋南三角地带开展游击战,至月底收复所失黄河渡口;傅作义在晋北攻击同蒲、正太、平绥各铁路。武汉会战时,第二战区在同

---

①蒋纬国主编:《抗日御侮》第3部,第6卷,台北黎明文化事业公司1978年版,第53页。

蒲路、正太路与平汉路北段、平绥路,分别开展游击战。这些游击战,虽不像八路军的游击战那样灵活机动,但也不同程度地牵制了日军,有力地配合了正面战场。

第八章
敌后抗日游击战的
广泛开展

第一节 武汉失守后的军事斗争

武汉失守后,中国抗日战争进入战略相持阶段,日军侵华战略作了重大调整,侵华重点转向"确保占领区",具体推出"肃正治安"行动;国民政府相应调整军事策略,在主力配置正面抵抗的同时,"以一部增强被敌占领地区内力量,积极开展广大游击战,以消耗敌人";共产党领导的敌后抗日根据地军民,则按照中共六届六中全会提出的"巩固华北、发展华中"的方针,广泛开展游击战,给侵晋日军以沉重打击。

一、日军侵华战略的调整

日军1937年12月占领南京后,日军大本营陆军部开始研究攻占武汉、广东的作战计划。1938年8月22日,日军大本营正式下达进攻武汉的作战命令,各路日军展开大规模的进攻。为保卫武汉,国民党军进行了英勇的抵抗,给日军以很大杀伤。但是,国民政府军事委员会于10月25日决定放弃武汉。27日,日军占领武汉。与此同时,华南日军第21军、第18、第104师团于10月12日由大亚湾登陆后,分两路进攻广州。21日,日军占领广州。

日军占领广州、武汉以后，中国抗日战争逐渐转入战略相持阶段。其时正值国际局势发生急剧变动的时期，在欧洲，英、法对德、意法西斯的侵略行径采取纵容妥协的绥靖主义政策，并于 1938 年 9 月背着捷克斯洛伐克政府在慕尼黑签订将苏台德地区割让给德国的协议。11 月，英国正式承认意大利吞并阿比西尼亚（今埃塞俄比亚）。在远东，日本加紧对中国的侵略，并在第二次近卫声明中提出"建设东亚新秩序"，使它同英、法、德等国的矛盾加剧。

从中日战争来看，从全面抗战到武汉会战，中日已进行了 15 个月的战争。日军占领和控制了珠江口、长江下游沿岸，以及华北、华中主要铁路沿线等经济较发达地区。到 1938 年底，日本陆军在中国战场上的兵力已达到 24 个师团，在中国东北有关东军 8 个师团，国内只留有 1 个师团。尤其是随着战局的扩大、战线的延长，日军兵力更加分散，士气日渐低落。沉重的战争消耗和军事工业的畸形发展，使日本的财政经济日益陷入困境，迫使其调整侵华战略。

在政略上，1938 年 10 月 21 日，日本内阁会议在《关于时局的处理方案》中提出："今后，不仅要用武力，更要倾注政治、经济、文化等国家的总力，向建设新中国迈进。"[1]

在军事上，11 月，日军大本营陆军部制定《陆军作战指导纲要》，确定作战的基本方针为"确保占领地区，促使其安定，以坚强的长期围攻态势，扑灭残余的抗日势力"。[2]

在经济上，日本侵略者为弥补其兵力和资源的不足，加紧贯彻"以战养战"的方针，大肆劫掠占领地区的资财，发行货币，统制金融，掠夺工矿资源和农副产品，建立所谓"长期自给体制"。

在思想文化方面，日军在占领区内强制推行奴化教育，宣传所谓"新

---

① ［日］防卫厅防卫研究所战史室：《中国事变陆军作战》（2），朝云新闻社 1976 年版，第 464 页。

② 日本防卫厅防卫研究所战史室：《中国事变陆军作战史》第 2 卷第 2 分册，中华书局 1981 年版，第 68 页。

民"思想和"日中亲善"、"共存共荣"等等,以麻痹中国人民的抗日意志。侵略者还加紧对中国的文化掠夺,日军所到之处,大批文物被抢掠,许多著名的古迹和文化设施被毁坏。

在外交上,日本对英法等国施加压力,阻止它们在物质上支持中国,同时加强对中国海岸线的全面封锁,以求窒息中国,在持久战中拖垮中国。

在具体行动上,日本华北方面军推行"治安肃正"计划。1938年秋,日军大本营就"决定了华北作战指导基本原则,命令华北方面军确保所占领地区的安定"。① 华北方面军在分析占领情况时指出:"方面军占领地区的状况,从我军兵力及治安实情来看,实际上势力所及只限于重要城市周围及狭窄的铁路沿线地区,仅仅是'点和线',其他大部分是匪占地区。""为了保证安定,仅保持'线'的占领无何意义。必须保持'面'的占领,使华北在政治和经济方面都能独立经营,尤其应该承担开发和获得日本国内扩大生产所需重要资源的重任。为此,必须积极进行肃正作战,实现包括各个要地在内的'面'的占领。"② 为确保在华北占领地区的"安定",华北方面军制定了"治安肃正"计划。其战略方针是:"通过讨伐作战,全部摧毁匪军根据地,同时彻底进行高度的分散部署兵力,随后即依靠这些分散的据点,对匪军反复进行机敏神速的讨伐,使残存匪团得不到喘息时间和安身处所。"③

1938年11月18日,日本陆军省研究制定了《(昭和)十三年秋季以后的战争指导方针》,指出:陆军将停止以前大规模的地面进攻作战,"以恢复并确立占领区治安为第一要义"。

---

①日本防卫厅战史室编,天津市政协编译组译:《华北治安战》(上),天津人民出版社1982年版,第107页。

②日本防卫厅战史室编,天津市政协编译组译:《华北治安战》(上),天津人民出版社1982年版,第107、108页。

③日本防卫厅战史室编,天津市政协编译组译:《华北治安战》(上),天津人民出版社1982年版,第109页。

根据这一指导方针,从 1938 年底起,日军开始以主力回师华北,并相继从华中、华南正面战场及其国内抽调了 7 个师团又 5 个独立混成旅团加强华北方面军。至 1939 年 4 月,华北日军总兵力达到 15 个师团、9 个旅团,占其侵华总兵力 30 个师团(不含关东军)的半数以上(6 月,日军从华北调出 5 个师团,但仍保留 10 个师团、11 个独立混成旅团的兵力①),并且把正太路以北之山西(尤其是太原平原)等列为“应迅速确立治安的主要地区”。②根据陆军省这一部署,日军大本营进一步制定出《对华作战指导纲要》,以《大陆命令第 241 号》下达了大本营作战企图和各军的任务,明确指出:大本营之企图为“努力确保占领地区,促其安定,并以强大的长期的围攻态势压制与消灭残余抗日势力”。《命令》给华北方面军的具体任务是“确保当时占领地区的安定,特别是迅速恢复河北北部、山东省、山西省北部及蒙疆重要地区的治安”。③

根据大本营的命令,日华北方面军把“以武力为中心的讨伐肃正作为完成确保安定的首要条件”,以“积极的肃正作战,实现包括重要地区在内的‘面’的占领”,来“显示皇军的绝对威力”。④为迅速恢复日军在河北北部、山东、山西北部以及蒙疆等重要地区的“治安”,日华北方面军拟定了《治安肃正纲要》,指出:(1)实行“分区扫荡”,“分进合击”以克服华北地区辽阔、自身兵力不足之困难;(2)实行“集中作战”,“分散配置”,以保证广大地区之占领,同时又可随时集中,进行讨伐;(3)实行“奇袭”和“急袭”,瞅准目标,远道奔袭,使“扫荡”部队与守备部队密切配合,延长“扫荡”时间;(4)巩固据点,修建交通线,并以之为基点、基线,逐渐扩

①〔日〕崛场一雄:《日本对华战争指导史》,军事科学出版社 1988 年版,第 222~224 页。

②《陆军对华处理方针》,何理等选编:《百团大战史料》,人民出版社 1984 年版,第 349 页。

③《大本营对华作战指导》,何理等选编:《百团大战史料》,人民出版社 1984 年版,第 352 页。

④《华北方面军治安肃正计划》,何理等选编:《百团大战史料》,人民出版社1984 年版,第 352 页。

张"面"的占领。①

为达到上述目标,日华北方面军制定了 1939 年度"治安肃正"计划,确定从 1939 年 1 月至 1940 年 3 月分三期进行:第一期,从 1 月至 5 月,首先集中兵力,"扫荡"冀中、冀南等平原地区的抗日力量,而后即行转入对晋西、晋北、五台山以东等山区根据地的讨伐;第二期,从 6 月到 9 月,在一期作战基础上,实行分散配置兵力,广泛建立据点,并依托据点,反复进行"扫荡",以实行对占领区域的有力控制;第三期,从 10 月至次年 3 月,继续完成第二期任务。② 为此,日华北方面军调整了兵力部署:以第 1 军所辖 5 个师团和 3 个独立混成旅团,部署于山西全境;以第 12 军所辖 4 个师团和 3 个独立混成旅团,部署于山东全境和苏皖北部;以驻蒙军所辖 1 个师团和 1 个独立混成旅团及骑兵集团,部署于察绥地区;以方面军直辖的 5 个师团和 4 个独立混成旅团,部署于河北全境和河南北部,实施机动作战。

二、国民政府军事策略的变化

1938 年 11 月 25 日至 28 日,国民政府军事委员会在湖南南岳召开军事会议。中共中央代表周恩来、叶剑英等也应邀参加。会上,蒋介石阐述了对抗战全过程的基本设想。他认为,抗战可分为两个时期,从七七事变到武汉撤守是抗战的第一时期;武汉失守后属于抗战的第二期。会议在蒋介石主持下确定了第二期抗战的军事方针,和"政治重于军事,游击战重于正规战"③ 的原则。

---

① 《关于对纲要之见解》,何理等选编:《百团大战史料》,人民出版社 1984 年版,第 370 页。

② 日本防卫厅战史室编,天津市政协编译组译:《华北治安战》(上),天津人民出版社 1982 年版,第 109~128 页。

③ 陈三井等:《白崇禧先生访问记录》(上),台湾"中研院"近代史研究所口述历史丛书(4),1984 年,第 373 页。

根据这一原则,会上作出的第二期作战的战略指导、作战方针为:"国军应以一部增强被敌占领地区内力量,积极开展广大游击战,以牵制消耗敌人。"① "连续发动有限度之攻势与反击,以牵制、消耗敌人,策应敌后方之游击部队,加强敌后之控制与袭扰,化敌后方为前方,迫敌局促于点线,阻止其全面统治与物资掠夺,粉碎其以华制华、以战养战之企图,同时抽出部队,轮流整训,强化战力,准备总反攻。"② 在这一方针指导下,国民政府军委会决定派出相当于 60 个师的正规部队转入敌后(其中大部已在敌后),并划分前方若干地区为游击区。并明确规定:"各战区要以三分之一兵力于敌后扰袭敌人,于本战区内担任游击作战任务。"③ 此外,军委会在 1939 年春变更战斗序列。为加强日军后方之游击力量,特设冀察、鲁苏两游击战区,以统一指挥冀察方面和苏北及山东方面的敌后游击作战。为了实施"加强游击作战"方针,加强战地政务,国民党中央又于 1939 年 3 月在日军占领区设置了以蒋介石为委员长的战地党政委员会,以担负发动民众抗战,消灭日伪组织,阻止日军政治、经济、文化侵略的任务。该委员会在各沦陷区设立了分会,以各战区最高军事长官兼任主任委员。

1939 年 1 月,军委会正式颁布敌后游击作战指导方案,其方针确定:国军应以一部增强被占领区内力量,积极展开游击战,以期消耗敌人,极力保持现在态势,不得已时,亦应固守,以便于地区附近牵制敌人,借获时间上之余裕。俟新战力培养完成,再行策动大规模之攻势。④ 其指导要领则对各战区游击战进行之重点地区、力量部署、打击目标作了具体规定。要求第二战区继续展开广大之游击战,其重点指向正太、同蒲各要

① 中国第二历史档案馆编:《抗日战争正面战场》(上),江苏古籍出版社 1987 年版,第 32 页。

② 蒋纬国主编:《抗日御侮》第 3 部,第 6 卷,黎明文化事业公司 1978 年版,第 2~3 页。

③ 何应钦:《日军侵华八年抗战史》,黎明文化事业公司 1982 年版,第 268 页。

④ 蒋纬国主编:《抗日御侮》第 3 部,第 6 卷,黎明文化事业公司 1978 年版,第 58~60 页。

线，以有力部队配合中条山地区与黄河右岸河防部队协力阻止敌军渡河。敌若由包头、归绥进犯甘肃、宁夏，应以有力部队，由晋北向包、绥侧击敌人。第十战区应与第二战区协力巩固河防设备，分别控制有力部队于潼关、大荔、韩城及西安各地区，策应第一、二、八各战区之作战。冀察战区应于冀中及冀西太行山区建立游击根据地，极力保持之，并发动民众展开广大游击战，重点指向平汉、津浦、北宁、平绥各要线，尽力牵制、消耗敌军。鲁苏战区应于鲁南山岳地带及苏北湖沼地区建立游击根据地，发动军民，展开广大游击战，重点指向津浦、陇海、胶济各要线，尽量牵制、消耗敌军，策应第一、五及冀察各战区之作战。除上述具体部署外，方案还指出了游击作战的"反扫荡战"、"应战"以及"破坏敌伪政治、经济设施"的主要作战形式和达到目标。①

为适应游击作战发展的需要，并接受中国共产党的建议，蒋介石决定从 1939 年 2 月 15 日起，在南岳由国共两党共同举办游击干部训练班，以调训各战区军政游击干部。该训练班隶属于军事委员会，最初以第 31 集团军司令汤恩伯兼任主任，八路军参谋长叶剑英为副主任。不久由军委会军训部长白崇禧以军事训练机构应隶属于军训部为由，报经蒋介石批准，改隶军训部，由蒋介石亲自兼主任，白崇禧、陈诚兼副主任，汤恩伯改任教育长（后由李默庵担任），叶剑英改任副教育长。训练班拟定招收学员的对象是各战区部队营长以上的军官和高级司令部的中级幕僚人员，要求以军为单位选派战术修养较好而又有作战经验的军官参加训练，毕业后回原部队办班，训练连、排、班长等基层军事骨干，编组游击队伍，到敌人的侧面和后方去，开展游击作战。训练班以 3 个月为一期，教育训练实行政治、军事并重，许多中外知名人士以及共产党干部都曾被邀至训练班讲课、演说、做报告。其中，中共有 30 多人，主要负责游击战的战略战术和游击战的政治工作两门课程的教授和训练。南岳游击干部

① 蒋纬国主编：《抗日御侮》第 3 部，第 6 卷，黎明文化事业公司 1978 年版，第 58~60 页。

训练班的举办,对国民党敌后游击战争的开展是个有力的推动。①

南岳军事会议后,为加强对游击战争战略之指导,军委会军训部还编辑了《游击战纲要》一书,分发至各战区及军事学校作为开展游击战之教材。《纲要》共有 14 篇 389 条及纲领 9 项,对于游击队之任务与作战主旨、游击队之组成与领导、根据地之创设与扩展、游击队之政治工作与军民关系、游击队之战法与战斗技术之训练等,均作了详尽的规定和说明。②因而,国民党各战区敌后游击战曾一度得到一定的发展。

三、第二战区的"春季攻势"

1939 年 3 月下旬,南昌会战开始。为策应华中方面中国军队作战,晋绥各路军奉军委会命令,向山西之日军发起"春季攻势"。按战区作战方案,南路军作战目标为晋南三角地带之日军第 20 师团;东路以一部攻击静乐、宁武之日军,主力切断正太路,阻止日军转移;西路军分别攻击离石、中阳、静乐、宁武、榆次、介休、黑龙关之日军,并破坏平绥路,阻断同蒲路;北路军向平鲁、朔县之日军攻击,相机收复神池;五台部队向代县、崞县、忻县一带之日军攻击。第八战区方面协同攻击包头。

4 月 10 日,各路军分别出动,并按作战计划向日军发起攻击。日军凭坚固守,双方沿同蒲和绥包路展开激战。夏县、解县等日军重要据点曾一度为我攻克,交通也被毁坏多处,但因敌工事坚固,抵抗顽强,大多据点屡攻无效。在给日军以一定打击、初步达成战斗目标后,各部留少数兵力监视敌人,主力相继退回中条、吕梁基地。

第二战区"春季攻势"后,由于各部以太行、中条、吕梁、五台、恒山等山脉为游击根据地,占领了广大地区,使日军只能困守于正太、同蒲两铁路沿线的狭长地带,给敌以很大压力。为此,自 1939 年春后,日军结合其"肃正作战",曾 8 次攻打中条山等地,企图摧毁第二战区主力所在之游击基地。

5月下旬,日军第 109 师团由汾阳、孝义向离石、中阳移动。6 月 2 日进攻军渡,遭第二战区游击部队西路军第 13 集团军坚决阻击后撤退。6 月上旬,日军第 1 军以主力两个师团分由夏县、解县南进,进攻中条山,沿途即遭第 4 集团军阻击。13 日,日军突进至茅津渡、平陆附近,又遭第二战区一部迂回侧击,遂放弃企图,于 17 日开始撤退,中国军队恢复原基地。

7月,正当第二战区各部奉令策应发动夏季攻势向山西境内之日军作主动出击时,日军突然于 7 月 2 日在晋东南先后向中方发起攻击行动。日军此举之目标在于打通白晋公路,以沟通同蒲、道清两铁路线之联系。日军这次出动采取分进合击战术,其主力第 9 师团、第 108 师团、第 20 师团,分由同蒲路南段白圭镇、平遥、洪洞、翼城等处东越太岳山区,向长治、晋城地区进攻。另有豫北之日军第 35 师团由博爱向北攻晋城,以作策应。7 月 13 日至 18 日,长治、高平、晋城先后陷于敌手。第二战区南路军卫立煌部先避敌锋芒,主力转至附近山地,俟敌进据晋东南各城镇,深入我游击根据地后,乘敌兵力分散据守点线之际,全力展开反击,出动主力围攻长治、高平、晋城、屯留、沁水、端氏、董封等城镇的驻守日军,并于 7 月 20 日至 8 月 11 日,连续收复了董封、端氏、阳城、沁水、沁源等处,迫使入侵晋东南之日军放弃其占据的大部区域,除在白晋沿线占据的少数要点留下部分兵力据守外,大部退回原居地。白晋公路也不断遭我游击部队袭击、破坏,日军打通白晋路,沟连同蒲、道清两线之企图也未能得逞。

日军 7 月间在晋东南的攻势作战未获理想战果,乃于 10 月间再次调集重兵作"扫荡潞安周围作战",以达成"驱逐消灭山西境内之国民政府军(重庆军、山西军)"的企图。可是,由于第二战区军队的坚强抗击,日军虽占据了铁路、公路、沿线城镇和一些据点,但驱逐中国军队的目的终未达到。

四、国民政府军委会发起"冬季攻势"

抗日战争进入 1939 年后，日军在正面战场停止了全局性的战略进攻，转而致力于保守和巩固已占领的地域，企图消灭占领区内数目庞大、系统复杂的中国敌后游击队。对于正面战场上的中国军队，采取攻势防御，只进行局部性的进攻，这种攻势主要包含两种意图：一是占领某些战略要点，改善日军占领区所处的战略态势。二是寻机打击、消耗中国野战军主力，挫折中国军队的士气。在第二种情形下，日军每次进攻持续的时间均甚为短暂，一般在两周左右，而且进攻结束后都几乎退至原有防线。

（一）"冬季攻势"计划的制订

在第一次南岳军事会议上，国民政府制定了《国军第二期作战指导方案》，规定："应在现地线附近，尽量牵制敌人，获取时间之余裕，俟新战力培养完成，再行策动大规模攻势。"[1] 蒋介石也表示，中国已进入第二期抗战，已到了转守为攻的时期。军事委员会判断日军在国际上四面楚歌，对华战争已是进退维谷，"似在长江珠江两岸均改取守势，抽调兵力，注重华北方面，实行所谓扫荡我游击队之计划，妄图巩固占领区域，造成华北军事根据地。"[2] 因而，军事委员会继春季攻势、破坏日军战略意图之后，又先后指示各战区抽调部分兵力发动夏季攻势和秋季攻势。实际上，除春季攻势尚具规模外，夏、秋季攻势均未投入有生力量，效果甚微。不过，值得肯定的是，这种有限度的主动出击的战略指导仍是武汉弃守前所未曾有过的。1939 年进行的第一次长沙会战，日军未受重创便匆匆返回原来防线，这使蒋介石及其左右都相信日本国力穷困，日军的力量

---

①中国第二历史档案馆编：《抗日战争正面战场》（上），江苏古籍出版社 1987 年版，第 32 页。

②秦孝仪主编：《中华民国重要史料初编——对日抗战时期·作战经过（一）》，国民党中央委员会党史委员会 1981 年版，第 183 页。

已至极限,日本国内人民及在华士兵都开始产生厌战情绪,因而产生了一种轻敌乐观心理,认为日军已丧失继续进行战争和大规模攻势的余力。且欧战已经爆发,国际反法西斯阵营和法西斯阵营之间的壁垒已日渐分明,中国的抗战已与欧洲战争连接起来,国际形势的演变对中国有利。因此,中国应乘此绝好时机组织大规模的反攻,"企图夺回重要据点,树立最后胜利之根基"。① 恰逢此时,中国的第二期军队整训工作已大体上完成,部队实力大为恢复和增强。1939 年 10 月底召开的第二次南岳军事会议遂决定发动"冬季攻势",预备将第二期整训部队主力加入攻势,反攻规模将远远超过春季攻势等历次反攻。

　　1939 年 10 月 10 日,军事委员会军令部制订了《国军冬季攻势作战计划》,准备将全部兵力的 46%、约 80 多个师投入反攻。规定第二、第三、第五战区为主攻方面,第二战区的使命是肃清同蒲线南段晋南三角地带日军;第三战区攻击荻港、贵池等沿江日军,切断长江交通(长江为湘鄂赣华中日军的主要补给线,切断它,整个华中地区的日军便陷于孤立,难以立足);第五战区则负责扫荡平汉线南段武汉、信阳间的日军;第一、第四、第八、第九及苏鲁、冀察等战区则担任助攻,牵制各地日军,使主攻方面作战容易,同时全面破坏各地交通动脉。该计划确定的作战重点是晋南和华中地区,计划策定者显然是乐观和雄心勃勃的,意欲一举扭转中日战局的形势,使其从根本上有利于中国。蒋介石也对"冬季攻势"寄予莫大希望,亲自确定了各战区应努力夺取的战略要地和重要城市,其中有武昌、汉口、信阳、开封、包头、南宁等,并规定了完成任务应得的赏金,如占领汉口或武昌便奖赏 100 万元。

　　11 月 19 日,蒋介石正式向各部队下达了"冬季攻势"命令。命令指出,"冬季攻势"的方针如下:"(1)国军以消耗敌人导国军尔后作战有利之目的,以本会直辖整训部队主力,加入第二、第三、第五、第九各战区,

---

① 《林蔚次长冬季攻势讲词》(1940 年 4 月 1 日),国民政府军令部战史会档案,中国第二历史档案馆藏。

实行主攻;(2)为牵制敌之兵力,俾主攻方面奏功容易,其余第一、第四、第八及鲁苏、冀察各战区,向当面敌人实施助攻,策应主攻方面之作战。"命令强调:各战区作战应"诱导敌人于要点外,行运动战而击灭之。依状况控置主力于待机位置,截断其策应赴援之敌,或乘虚取其要点。但务须特别注意,避免攻坚"。①预定助攻战区于11月底开始攻势,主攻战区则于12月上旬开始行动。12月12日,"冬季攻势"全面展开时,蒋介石电示各战区将士,强调了"冬季攻势"的意义:"此次冬季攻势为我抗战转败为胜之唯一关键,亦即我第二期抗战最后胜利之开始","我军歼敌唯一之良机,至今确已到来","此次进攻不惟足以粉碎敌军冒险侵略之野心,且足以促成敌国对内对外整个之崩溃"。②

根据军委会的部署,在华北"冬季攻势"以第二战区为主攻,第一、第八、苏鲁、冀察战区等为策应。1939年11月中旬,军委会赋予各战区的任务是:第二战区切实截断正太、同蒲两铁路的交通,并肃清晋南三角地带(翼城、绛县、闻喜、安邑、运城一带)的日军。第一战区攻击陇海路上的开封与道清路上的博爱,牵制日军。第八战区以一部协同第二战区作战,主力攻击归绥附近的日军。苏鲁战区拟由东西两面向泰安、临城间攻击。冀察战区以主力切断保定、邢台及石家庄附近日军之交通;一部切断沧县、德县附近日军交通,以策应山西方面作战。其中,第二战区的作战要领为:"(子)由汾河北岸击破新绛、稷山、河津敌人,向南进出,由同蒲路东侧横水岭、夏县、平陆向同蒲路攻击,重点置于翼城东侧地区,击破当面敌人,沿同蒲路向安邑进击,协力肃清三角地带敌人,并以晋冀边境十八集团军部队,切实截断正太路交通;(丑)切断同蒲路北段(拟为南段——引者注)介休、临汾间,及白晋公路之交通,攻击长治,并各以有力一部由东西两面向曲沃、侯马、汾城攻击,掩护主力之侧背;(寅)以北路军主

①中国第二历史档案馆编:《抗日战争正面战场》(上),江苏古籍出版社1987年版,第45~46页。

②《蒋介石致各战区将士电》(1939年12月12日),国民政府军令部战史会档案,中国第二历史档案馆藏。

力指挥张砺生部,向归绥东南附近地区围攻敌军,并策动伪军反正。"①

11月末,日本的中国派遣军总司令部破译了中国方面的密码,掌握了中国军队"冬季攻势"的计划与意图,并通报各地日军注意警戒,但各地日军对中国军队反攻能力颇为轻视,在"冬季攻势"即将全面发动的12月10日,日方许多将领尚断定,"所谓抗战第三期的总反攻,肯定是痴人说梦",因而许多地区的日军并未刻意准备应付中方的"冬季攻势"。② 在"冬季攻势"前夕,日军在桂南突然登陆,占领了南宁,从而极大地吸引了重庆方面的注意力,使得反攻南宁成了"冬季攻势"中最主要的一个方面。

(二)"冬季攻势"在山西的开展

根据军委会的命令,第二战区作出部署:主攻兵团为南路军总司令卫立煌部,下辖第14、第4军、第5集团军;东路军总司令朱德部任务是截断东阳关、娘子关,阻止日军增援,破坏正太、白晋及同蒲路介休至太原段交通,以一部包围长治一带日军;西路军司令陈长捷部协同南路军攻击晋南日军;北路军总司令赵承绶应率部破坏太原以北同蒲路,主力向归绥东南附近地区围攻日军,与第八战区协同作战。

晋南为中日两军激战不已的区域,在第二战区攻势发动前,日军第36师团及第108师团各一部万余人于12月3日在30架飞机、10余辆战车的支持下,向在闻喜、夏县以东的第5集团军曾万钟部阵地攻击,战斗至为惨烈。8日,卫立煌总司令赴前线督战,指挥各部分头迎战。至11日,日军遭受重大伤亡后,全部退往闻喜。经9昼夜苦战,中国守军击毙日军大队长以下官兵2000余人,付出伤亡2800名官兵的代价,坚守住了中条山。

12月15日,日军第37师团又由翼城、绛县方面向中条山中部发动

---

①中国第二历史档案馆编:《抗日战争正面战场》(上),江苏古籍出版社1987年版,第45页。

②日本防卫厅防卫研究所战史室:《中国事变陆军作战史》第3卷第1分册,中华书局1981年版,第85页。

攻势,恰好与出击的第14集团军遭遇。至18日,日军攻势受挫,退守夏县张店镇。到12月20日,南路军围攻同蒲线南段沿线日军,将日军主要据点完全包围,但攻守双方都无足够力量消灭对手,战事胶着至1940年1月中旬。

晋东南方面,第27军范汉杰部向长子、屯留一线进击,12月4日,该军派遣2营部队诱长子日军出城,5日在石哲镇设伏围攻日军,日军死伤百余人,残军退向长子,范军乘势跟踪包围了长子县城,分兵一部进出屯留,13、14日占领了屯留附近的一些小村镇。1940年1月1日,日军四五千人为解长子之围,发动了一次短暂的反攻,第27军守住了阵地。3日晨发起反击,日军不支,中国军队一直追至长子城郊。庞炳勋第40军则向壶关外围日军各据点袭击,攻占了修善村、大山、南贾村等日军据点。八路军第115师、第129师各一部参加了"冬季攻势",12月23、24日,相继收复黎城、东阳关等重要地区。28日一度攻克潞城,共毙伤日军200余人,缴获长短枪60余支。

在晋西,西路军陈长捷部和北路军赵承绶部则在第二战区司令长官阎锡山的授意下,利用"冬季攻势"企图消灭决死2纵队等,围攻山西新军。阎锡山不仅未按国民政府军委会作战部署开展"冬季攻势",并且发动了"十二月事变",全力对付山西新军及八路军,致使第二战区"冬季攻势"计划无从实施。

第一战区为助攻方面,主要任务为破坏陇海路等重要铁路及公路线,消耗牵制日军,声援第二战区肃清晋南三角地区日军。该战区的主要对手为日军第14、第35师团及骑兵第4旅团等。在"冬季攻势"期间共毙伤日军5000余名,缴获机枪50余挺,一度还攻入河南省城开封,并破坏了陇海、平汉、道清等铁路交通及公路交通。

第八战区在"冬季攻势"中的任务是协助第二战区作战,但晋北的北路军赵承绶部忙于围攻山西新军,未对归绥附近日军发动攻势,而担负配合任务的傅作义部在绥西则有出色表现。第八战区副司令长官傅作义负责统率绥西部队,他接到"冬季攻势"命令后,向军委会表示:"职已下决心,当以整个力量向敌猛拼,牵制敌人,俾利主攻。"[1] 并选择战略地位重要的包头、固阳、安北一带为主要攻击目标。

国民党的"冬季攻势",虽进行了大张旗鼓的部署,连日军都认为:"国民政府军的冬季攻势,表现了从未曾有过的战斗意志",[2] 但是并未收到预期的效果。究其原因,是多方面的。对此,蒋介石也承认,"'冬季攻势'各战区均未〔收〕预期效果,原因固多,而最重要者,由于高级将领中或有对于抗战现势尚缺深均(切)的认识";还有战术上的缺点,如"各战区、各集团军及各军攻势计划中并未明确指出进攻企图及进攻应达成之目的,主攻方面未部署优越兵力,后方部队未前调增加进攻力量";"进攻部队所负任务及敌情不明,以致行动迟缓,失去胜利之信心";"每遇敌侧攻或迂回时,不能为适当之处理"等等。[3]

与此同时,1939 年 12 月 3 日至 18 日,日军再次发动"晋东作战",占领了潞安地区,但其南面山地以及中条山脉地区仍在中国军队控制之下。南路军卫立煌部于 1940 年 3 月将一个军主力从黄河南岸向高平(潞安南约 70 公里处)一带推进。担任山西防御任务的日军第 1 军为扩大治安区,消灭晋南国民党军主力,遂下决心将"扫荡"晋南地区作为 1940 年度"肃正讨伐"的重点,特从第 12 军和驻蒙军中各抽一部兵力配属于第 1 军,令第 35 师团的一部从清化镇向泽州活动,以全面策应第 1 军晋南作战。4 月 17 日起,日军各部在第 1 军统一指挥下,以第 37 师团攻击运城以南中条山脉的中国军队,第 41 师团从沁水东面,第 36 师团从陵川、高平袭击各自面前的中国军队,企图一举进占泽州平原。然而,日军的各路进攻均遭到凭据坚固阵地作战的中国军队的顽强抗击。由于晋南作战,

①《傅作义致蒋介石电》(1939 年 12 月 6 日),国民政府军令部战史会档案,中国第二历史档案馆藏。

②日本防卫厅战史室编,天津市政协编译组译:《华北治安战》(上),天津人民出版社 1982 年版,第 126 页。

③《程潜致蒋介石电》(1940 年 2 月 9 日),国民政府军令部战史会档案,中国第二历史档案馆藏。

日军同蒲沿线守备力量减弱,我军之一部乘虚出击,与沿线日军多次展开激战,敌受此袭扰,不得已命正在晋南作战之第 37、第 41 师团转向乡宁方面,以便同这个师团协同,对中国军队实施夹击。而晋南国民党军各部则乘机展开积极反击,迫使乡宁方面作战的日军从 5 月 17 日起转向汾河平原,夹击我军意图作罢。5 月 15 日至 6 月 20 日,国民党军主动向晋东南之日军展开反击,但由于日军力量较强,未有大的进展。是年底,日军作短暂喘息后卷土重来,再向吕梁、中条、太岳之第二战区国民党军发起进攻,均未得手。

山西作为国民党游击战的重点区域,敌后游击战在牵制日军、破坏交通等方面发挥了积极作用,也涌现出若干抗日英雄,如第 98 军军长武士敏等。但是,我们也看到国民党军敌后游击战的局限性:一是战术上偏向于对正面战场的配合,丧失了许多歼灭日军的战机。对此日军也认为:"国民党系统军队的政治工作与游击战,与中共方面相比较,则相形见绌,不够熟练和妥善。"[①] 二是游击战中与八路军配合不够,客观上削弱了抗日力量。

五、中共领导的反"扫荡"作战

在日军占领武汉时,中共中央为及时预见到战争形势,于 1938 年 9 月 29 日至 11 月 6 日在延安召开了扩大的第六届中央委员会第六次会议。会议总结了抗战 15 个月的经验教训,分析了今后抗战的发展趋势,规定了中国共产党在抗战新阶段的战略任务。

六中全会通过的政治决议提出新阶段"全中华民族的基本任务应该是:坚持抗战,坚持持久战,巩固和扩大抗日民族统一战线,以便克服困难,增加力量,停止敌之进攻,实行我之反攻,以取得驱逐日寇出境和建

---

① 日本防卫厅战史室编,天津市政协编译组译:《华北治安战》(上),天津人民出版社 1982 年版,第 201 页。

立独立自由幸福的三民主义新中国的光荣胜利。"①决议还提出全国人民当前必须抓紧实施的 15 项具体任务,它们涉及政治、军事、经济、外交、教育、宣传组织等各个方面,对日本侵华新方针及中国抗战可能出现的新问题均具极强的针对性。

六中全会科学地预见到在即将到来的新阶段中,日本将集中主要力量保守占领区,向敌后战场发动残酷的进攻,因此,要求全党继续把工作重点放在敌后和战区,并把巩固和发展敌后游击战争的问题作为党的军事战略的首要问题。全会分析了敌后游击战争在各地的不同情况后,明确提出今后开展敌后游击战争的基本方针是"巩固华北,发展华中华南"。

在中日战争形势发生重大变化的历史关头,中共六届六中全会及时制定了适应战争发展变化的各项战略任务和具体措施,为全党全军在新阶段中克服困难、坚持抗战指明了方向。

中共中央北方局和八路军总部根据敌情变化和中共中央赋予的"巩固华北"的战略任务,指示各级党组织和八路军深入发动和组织群众,壮大抗日武装力量,巩固与扩大抗日民族统一战线,建立与健全抗日民主政权;实行减租减息,以调动农民积极性;注意征集资财,发展生产,爱惜民力,以支持长期战争;加强宣传教育,以坚定军民抗战胜利信心。针对日军先对平原根据地"扫荡"的计划,更大规模地展开冀、鲁、豫平原的游击战争,中共中央、中央军委决定将八路军 3 个师主力由山西全部开入平原,协同先期到达的部队和地方党领导的抗日武装,共同执行开辟、巩固平原抗日根据地的战略任务。1938 年 10 月至 12 月,八路军总部先后命令第 120 师主力挺进冀中、第 129 师主力挺进冀南、第 115 师主力挺进冀鲁豫边平原和山东地区,巩固华北抗日根据地。

在八路军主力开赴平原作战的情况下,山西抗日根据地军民针对日军"治安肃正"作战意图,展开了多种形式的反"扫荡"。

①中央档案馆编:《中共中央文件选集》第 11 册,中共中央党校出版社 1991 年版,第 751 页。

（一）北岳区军民的反"扫荡"作战

晋察冀边区之北岳区历来被日军视为"共产军在山西蠢动策源地"。[①]1939 年,北岳区多次集中兵力,对深入根据地比较孤立的日军予以歼灭性打击。3 月 13 日,日军 600 余人深入灵山,向庞家洼进犯,第三军分区第 2 团毙伤其 130 余人。3 月 25 日,盂县日军 300 余人经上社据点东犯上、下鹤山,第二军分区第 4 团歼敌 270 余人。5 月,日军对晋察冀边抗日根据地的"扫荡"重点由冀中平原转向北岳山区,制定了"五台作战方案"。从 5 月 8 日起,日军调集重兵首先围攻五台以南台怀地区八路军,随后又分别由五台、台怀一线和原平、代县、砂河一线合击五台以西地区八路军,紧接着又对龙泉关地区和滹沱河谷地区进行"扫荡",企图一举摧毁北岳山区抗日根据地。此刻,第 120 师第 359 旅(当时归晋察冀军区指挥)正在晋东北的恒山及五台山地区开展抗日游击战争,旅直属队位于三楼、河浙村、神堂堡、大寨口、大营、砂河等地区,第 717 团主力位于茶铺、豆村地区,第 718 团主力位于上寨地区,第 719 团主力位于砂河、大营以北。

5 月 8 日至 9 日,日军第 109 师团和独立混成第 3 旅团各一部共 5000 余人,兵分三路出犯。其中,从五台出动的日军 2000 余人经耿镇、石咀进犯长城岭、铜钱沟地区;从豆村出动的日军 1000 余人进犯台怀镇;从大营出动的日军 1000 余人经白坡头、大寨口进犯神堂堡,企图将晋察冀军区领导机关围歼于阜平以西驻地龙泉关地区。

针对日军的企图,晋察冀军区火速命令第 717 团由茶铺、豆村地区向龙泉关方向转移,以阻击由五台、豆村东进的日军;令第二军分区第 4 团及第 6 大队向豆村、台怀镇游击,迟滞日军前进;令第 359 旅旅部率第 718 团由下寨开至神堂堡地区,待机歼敌。

5 月中旬,由大营镇出动的日军独立混成第 3 旅团一个大队 800 余人,在进至台怀镇后,见我主力已转移,只好继续北进,因途中大雪封山,

---

①《聂荣臻回忆录》(中),解放军出版社 1984 年版,第 433 页。

准备沿原路经神堂堡回撤。第359旅获悉后,决定利用神堂堡至上、下细腰涧一带有利地形,全歼该敌于运动中。于是,立即以第717团由峨河进抵文溪里一带,做好合击该敌的战斗准备;以第718团和教导营、骑兵大队预伏于口泉村、青羊口以南,准备伏击北撤之敌;以第719团钳制繁峙和砂河镇之敌;第359旅还同时要求晋察冀军区第二军分区派适当兵力钳制五台、豆村方向之敌。

5月12日,日军果然原路北返。5月13日,土川里、盘道村日军由原路向大营镇回撤,在口泉村地区当即遭到第718团、教导营和骑兵大队阻击。当晚,该敌放弃经神堂堡回撤大营镇之企图,改为经上、下细腰涧撤回大营镇。第359旅发现日军变更回撤路线后,立即命令第718团等部跟踪追击,同时命令第717团火速进至上、下细腰涧截击。5月14日清晨,该敌在上、下细腰涧被第359旅包围,激战至第二天中午,我军歼敌500余人,缴获炮5门,轻重机枪19挺,步枪400余支,取得了歼敌于运动中的胜利。5月18日,日军开始第二期作战,发现五台山西部山地并无八路军大部队,原定3个星期的作战,只进行4天便于21日草草收场。第三、第四期作战也由于八路军适时向东部转移而扑空。第四期作战中,日华北方面军直辖的第10师团一部配合行动,亦无收获。日军第109师团参谋山崎重三郎后来回忆:"1939年5月的五台作战是继1938年秋季作战的再一次剿共作战,其结果与初次相同,毫无所获。""作战期间,几乎无法掌握共军的动向,甚至连共军的踪影也弄不清。因而,从未进行过较正规的作战。另外,由于战地民众实行'空室清野',第一线部队在作战期间也未遇到居民。"[1]

晋察冀军区部队相继进行了大华龙、陈庄等战斗,给日军以沉重打击。日军于1939年10月中旬,调集其独立混成第2旅团、第110师团主力共2万余人,对北岳山区抗日根据地发动了更大规模的"扫荡",企图打通曲(阳)、阜(平)之间的交通联系,缩小八路军的回旋余地,彻底摧毁

----

[1]日本防卫厅战史室编,天津市政协编译组译:《华北治安战》(上),天津人民出版社1982年版,第132~133页。

北岳山区抗日根据地。

10月25日,灵丘、涞源日军1000余人,向上寨、下关地区合击,企图合击围歼第120师第358旅第715团。第715团在雁北支队的配合下,连续阻击和不断袭扰该敌,毙伤敌200余人。在八路军的不断打击下,该敌只得放弃其合击计划,被迫于10月28日撤退。

此次反"扫荡"作战,北岳区八路军共作战100余次,毙伤日军3600余人,成功地保卫了北岳区抗日根据地。

(二)太行区军民的反"扫荡"作战

1939年1~2月间,日军就开始作"扫荡"晋冀豫抗日根据地的准备,由正太、同蒲铁路沿线出动,先后侵占和顺、辽县、翼城、浮山、安泽等城镇,4月初占领沁源的王和及白晋公路线上的灵石南关。

7月3日,日军以第20、第109师团为主,加上第10、第35、第108师团和独立混成第4、第9旅团各一部计5万余人,在第1军司令官梅津美治郎统一指挥下,以正太、同蒲、道清、平汉四条铁路为基地,兵分九路,对晋冀豫之太行山区进行大规模"扫荡",企图围歼第129师部队,分割和摧毁抗日根据地。正太路方面,日军独立混成第4旅团(1个大队)从和顺向辽县方向进犯。同蒲路方面,日军第109师团(7个步兵大队、4个炮兵大队)从南关镇向武乡、襄垣进犯;日军第108师团(6个步兵大队、1个炮兵大队)分别从安泽、浮山向屯留、长子进犯;第36师团以1个步兵大队插入第109师团与第108师团之间,控制沁县之分水岭,另以1个大队从太谷向榆社进犯;第20师团从绛县向晋城、高平进犯。道清路方面,第35师团(5个步兵大队、3个炮兵大队)从清化(博爱)向晋城进犯,并作为后续梯队,负责后勤供应。平汉路方面,第10师团从武安向黎城、潞城进犯,并以一部兵力控制林县县城,保护主力侧翼安全。日军此次"扫荡"的目的,是首先打通白(圭)晋(城)、邯(郸)长(治)、平(定)辽(县)等地交通线,占领主要城镇,分割晋豫抗日根据地,尔后进行分区"清剿",逐步压缩围歼八路军第129师主力部队,并彻底摧毁晋冀豫抗日根据地。

当时在晋冀豫抗日根据地内计有八路军第129师2个旅6个团,第

115师第344旅3个团及决死3纵队15个团,共24个团2万余人。根据日军兵力较大,来势凶猛,并欲长期控制我根据地内重要城镇和交通线的企图,八路军总部和第129师师部决定以分散、持久的游击战疲惫、消耗敌人,主力避敌锋芒,分散隐蔽,以旅为单位作战,给敌以逐个打击。为此,第129师第385旅部署于武乡、辽县、榆社之间区域;第386旅部署于沁源、屯留之间地区;第115师第344旅部署于晋城、高平地区;决死2、3纵队部署于长子、壶关地区。为便于反"扫荡"作战,以上部队均由第129师统一指挥。

7月5日,同蒲、正太、平汉、道清等铁路沿线日军相继出动。日军主力沿白晋、平辽、邯长等交通要道向根据地腹地推进,企图将第129师主力合击于辽县、榆社、武乡地区;日军另一部则向阳城、晋城进攻,企图合击太行山南部地区的抗日部队。此时,根据地军民已做好了与敌长期斗争的思想准备和作战部署,并破坏了日军可能利用的城墙、围寨和道路。

7月6日,日军第109师团、独立混成第4旅团侵占沁县、武乡、辽县等县城,并开始沿平辽、邯长等交通线推进,企图合击榆社地区八路军主力。第129师各部先以小部队配以民兵游击队对正太、平汉、同蒲等交通线展开破袭,牵制、消耗出动之敌,主力则集结于武乡西北和辽县西南等地区待机。因此,当日军第109师团和第107联队进至榆社以西云竹镇时,第129师第386旅突然向敌发动袭击,激战一昼夜,毙伤敌180余人,迫使敌回撤。与此同时,日军独立混成第4旅团在辽县以西石匣村也遭到第129师第385旅的伏击,死伤300余人。由武安沿邯长路西犯之日军,在涉县城西之河南店也与第129师特务团遭遇,被歼数十,敌合击企图破产。然而日军凭借优势兵力,打通了白晋路北段和邯长路,至14日,沿白晋路南犯的日军占据了长治及其周围的襄垣、屯留、长子、壶关、潞城等城镇。

8月7日,由涉县、潞城出动日军,占领了黎城等城镇,打通了邯长路。日军控制了交通线,对抗日根据地进行分割,而后逐一"清剿"。针对敌之企图,第129师指挥机关命令参战部队对敌占交通线,主动展开袭击战、围困战,以冷枪、埋设地雷,破坏道路、桥涵,切断电话线等多种手段,疲惫敌人,打击敌人。在八路军的不断袭扰下,日军为巩固其已占点线,于8月下旬撤出阳城、晋城、沁水等城镇,向长治周围收缩兵力,以巩固长治及其周围地区。当日军第20师团一部经高平向长治收缩时,八路军第344旅在高平以北三甲镇设伏,毙伤日军160余人。第129师在7~8月的反"扫荡"中,共作战70余次,歼敌2000余人。至此,太行区军民的反"扫荡"作战结束。

自8月下旬至12月初,晋冀豫根据地军民共作战200余次,歼敌2800余人,相继收复榆社、武乡、沁源、高平、襄垣、沁水、阳城、晋城、壶关等城镇,粉碎了日军聚歼八路军主力的企图,取得了反"扫荡"作战的胜利。

(三)晋绥军民的反"扫荡"作战

1938年12月下旬,第120师主力由晋西北挺进冀中后,以留在晋西北地区的第714团、警备第6团等部为基础,奉命合编为新358旅,旅长彭绍辉,政治委员罗贵波,下辖第714团、警备第6团、独立第1、第2、第5团和雁北支队等部,在晋西北地区坚持抗日游击战争。此时,晋西北地区还有晋绥军骑兵第1军、暂编第33军、游击第3师和第11专署保安队等部。

1939年3月1日,日军第109师团、独立混成第3旅团各一部共4000余人,兵分五路,对晋西北抗日根据地之静乐、岚县、方山等地区进行"扫荡",企图扩大其在同蒲铁路西侧的占领区。日军于当天占领静乐,从此静乐县城成了日军一个重要据点。

晋西北地区的抗日武装在新358旅的统一指挥下,进行了坚决的反"扫荡"作战。第714团、独立第1团等部,在决死4纵队、新编第1师、工卫旅和警备第6团的配合下,以灵活的游击战不断袭扰、伏击日军。3月9日,静乐日军1000余人进占岚县,第714团在岚县县城周围不断袭击和伏击敌人,次日,日军弃城撤回静乐。接着,第714团在警备第6团和工卫旅的配合下,收复方山,粉碎了日军的"扫荡",保卫了晋西北抗日根据地。

此外,新358旅在晋西北坚持对日军作战的同时,还担负着繁重的护送任务,保障了陕甘宁抗日根据地与山西各个抗日根据地的交通联络畅通,仅1939年5月至12月新358旅就相继护送过往人员1万余人及大批物资、文件。

总之,以八路军为主体、国民党军参与的山西敌后游击战的开展,有力地打击和消灭了日军的有生力量。对此,邓小平总结道:"我们基于敌后持久抗战的方针,敌我力量的对比,敌我的优缺点,确定我军在敌后作战的原则是'基本的是游击战,但不放松有利条件下的运动战'。在此原则下,每个抗日军队和游击队,都须具有高度的自动性、积极性与灵活性,要不断地经常地去袭扰敌人,疲困敌人,消耗敌人,迷惑敌人。并且要不放松每一个可能的机会,求得在运动战中消灭敌人。而运动战的良机,也只有在广泛的游击战争的配合下,才能顺利地求得并取得胜利。同时,我军无论在任何时机,均须站在主动的地位,这样才能算着敌人而不为敌人所算。敌人企图消灭我之主力,并逐渐肃清我之游击队;我们则以游击运动战的原则,机动灵活地去消耗与消灭敌人,以便于与敌人进行持久的艰苦的斗争,一直到反攻的胜利。""过去八路军和许多友军在敌后方与敌进行武装斗争,所以能够取得不断的胜利,给了敌人以打击,正是这样的原则,起到了极重大的战略作用。他们不但没有被敌消灭,而且还大量地消耗和消灭敌人,增强了自己,为敌人所畏惧。"①

①中共中央文献研究室、中国人民解放军军事科学院编:《邓小平军事文集》第1卷,军事科学出版社、中央文献出版社2004年版,第95~96页。

第二节　山西团结抗日局面的维持

随着抗日战争的发展,国共磨擦增多,甚至形成反共事变。1939年冬至1940年春,国民党顽固派掀起第一次反共高潮。但大敌当前,救亡图存仍为主流,在中国共产党的争取下,山西抗日民族统一战线得以维持。

一、抗日浪潮的勃兴

"卢沟桥事变"后,山西抗日救亡运动有了新的发展,从城市到乡村,无论是知识分子还是工农大众,都以自己的方式表达对民族存亡的关心,迅速形成一股锐不可当的抗日浪潮。

工人阶级在抗日救亡运动中起着先锋的作用。太原失守前,在太原等地组织了以工人、学生为主要成分的山西工人自卫队。正太铁路、阳泉煤矿、榆次纱厂等单位工人,都组织了自己的游击队,后来合编为榆太游击支队。

中国共产党领导的敌后抗日根据地的工人抗日救亡运动,较之全国其他地区发展的更为深入。中共中央设立了职工运动委员会,各抗日根据地都建立了相应的工会组织。据1939年至1940年的统计,晋察冀边区有县级工会31个,会员约7万人;晋东南、晋西南抗日根据地都有基层工会组织。抗日根据地的工人阶级在抗日战争中积极参军、参战,是中国共产党领导的抗日武装力量兵员的重要来源之一。据统计,从抗战开始到1938年春,通过晋东南各级工会登记的参军和支前的工人就有3万余人。同蒲铁路有工人8000人,直接参加八路军的在700人以上。据北岳区19个县统计,从1939年至1941年间,工人参军的有5270人。广大工人除直接参军参战外,还积极参加根据地的各项生产活动,为战胜敌人的包围、封锁和坚持敌后游击战争做出了贡献。

广大妇女组织起来,投入伟大的抗日民族解放战争。1937 年 8 月,八路军战地服务团随军开赴抗日前线,行程 1500 公里,深入山西 16 个县市、60 多个村庄,宣传抗日。太原妇女捐献的金银首饰折合国币达 7000 余元。晋察冀边区于 1938 年 3 月 6 日召开第一次边区妇女代表大会,成立了晋察冀边区妇女抗日救国联合会。从 1939 年 3 月到 1940 年夏,晋西北、晋东南等抗日根据地先后建立了妇女抗日救亡运动的领导机构。

著名佛教圣地五台山的爱国僧人,组织武装,进行训练,参加抗日斗争。1938 年 4 月 16 日,五台山佛教救国会成立,将五台山青、黄两庙 18 至 35 岁的四五百名青年僧人组织起来,参加了牺盟会开办的抗日救亡集训班。同年秋,日军进犯五台山,五台山僧人自卫队队长慈荫率领 100 多名青年僧人自卫队员,配合八路军阻击日军。还有数十名僧人脱下袈裟,加入抗日队伍。

此外,少数民族也积极参加抗日救亡运动。回族是人口较多、分布最广的少数民族,散居山西各地。全国抗日战争爆发后,山西回族人民投身于抗日洪流之中,同日本侵略者展开了英勇的斗争。壶关组织了回族游击队,长治组建了回民营,武装抗日,充分反映了中华民族团结一致共同抗击日本侵略者的伟大爱国精神。

二、国际援助在山西

中国人民的抗日战争得到了国际社会的支持和援助。加拿大白求恩医疗队、印度医疗队、朝鲜义勇队等先后参加山西抗战。

诺尔曼·白求恩(Henry Norman Bethune),加拿大共产党员,1890 年生于加拿大安大略省,毕业于多伦多大学医科,曾任蒙特利尔皇家维多利亚医院外科医师和圣心医院胸外科主任。受加拿大共产党和美国共产党委托,白求恩率领医疗队于 1938 年 3 月到达延安。5 月 14 日,医疗队由陕北清涧出发,经过 12 天行程到达神木县贺家川八路军第 120 师重伤员收容所。白求恩一到这里,不顾长途跋涉的疲劳,就对重伤员进行检查和处理。吃过晚饭,白求恩又立即提着手电筒进行第二次查房,对每一个伤病员的伤势及生活情况都做了详细记录,连续 3 天给 50 名重伤员做了手术。5 月 24 日,白求恩到达第 120 师驻地岚县,受到贺龙、关向应的接见。6 月中旬,白求恩到达晋察冀边区,在五台县金岗库受到晋察冀军区司令员聂荣臻的接见。在五台县松岩口晋察冀军区后方医院,他连续工作 18 个小时为 19 名重伤员做了手术。在这里工作的 4 周时间里,他为 147 名伤员做了手术。

与此同时,在白求恩的积极筹建下,1938 年 9 月 13 日第一所模范医院——国际和平医院在松岩口成立。白求恩被任命为晋察冀边区卫生部顾问以后,想方设法举办卫生训练班,为根据地培训了一批又一批医疗卫生骨干。

白求恩不顾个人安危,多次穿过日军的封锁线,进入极其危险的冀中平原救治八路军伤员。1939 年 11 月,白求恩为一名头部患蜂窝组织炎的伤员做手术,在掏取碎骨的过程中左手中指被划破,感染上致命的病毒,未及处理又立即参加黄土岭战斗,在火线上抢救伤员。战斗结束后,白求恩预感到自己的病难以救治,便抢在昏迷之前给聂荣臻写了一封信,交代了自己的希望和未及办完的事情。①

1939 年 11 月 12 日,白求恩在河北唐县逝世。晋察冀边区政府为白求恩举行了隆重的葬礼,在唐县军城村修建了白求恩墓。12 月 21 日,毛泽东写了《纪念白求恩》的文章,高度评价了白求恩的高尚精神,称颂他是一个"把中国人民的解放事业当作他自己的事业"的外国人。

印度援华医疗队是印度国民大会组织和派遣的,成员有队长 M·M·爱德尔,队员 M·R·卓克尔、D·S 柯棣尼斯、B·K·巴苏、D·木克吉等 5 人。

---

① 《聂荣臻回忆录》(中),解放军出版社 1984 年版,第 488 页。

医疗队于 1938 年 9 月 17 日到达广州,29 日到达武汉,11 月 21 日撤至重庆。在重庆经过多方交涉和几番周折,最后才获准去延安。在赴延安之前,泰戈尔国际大学中国学院教授谭文山应 5 位印度医生之请,给他们每人起了一个中国名字:爱德尔称安德华(后称爱德华);卓克尔称卓凯华;柯棣尼斯称柯棣华;巴苏称巴思华(后称巴苏华);木克吉称慕客华。

1939 年 2 月 12 日,医疗队到达延安,14 日受到毛泽东、王明的接见。3 月 18 日,爱德华、巴苏华、柯棣华被派到八路军军医院任外科主治医生。卓凯华被分配到卫校任教师。以后,印度医疗队又先后到各抗日根据地服务。

巴苏华,1911 年生,印度共产党员,1938 年毕业于印度医科大学,同年 9 月来到中国,1943 年 6 月回国,1985 年卒于印度。1939 年 3 月至 10 月,在八路军军医院外科任主治医生,同年 11 月与爱德华、柯棣华一起,先后到晋东南、晋察冀前线作救护工作,参加了著名的百团大战。

柯棣华,1910 年生,1938 年印度医科大学毕业,志愿参加印度援华医疗队。柯棣华到延安后,在八路军军医院工作,不足半年,就提出要到抗日前线去。

经毛泽东的慎重考虑和批准,柯棣华与爱德华、巴苏华离开延安,先到晋东南,后到晋察冀,并参加了百团大战。在百团大战的火线上,柯棣华连续工作 13 天,接收 800 多名伤员,为 585 名伤员施行手术。在最紧张的时刻,柯棣华连续三天三夜不休息。柯棣华在担任晋察冀白求恩国际和平医院第一任院长期间,在医疗药品的供应和医务人员的培训上都提出了许多切实可行的建议,为晋察冀边区的医疗事业做出了贡献。晋察冀军区司令员聂荣臻称他是"能解决实际问题的科学家"。柯棣华的身体本来不甚健壮,并患有严重的由蛛虫引起的癫痫病。到敌后战场以后,由于环境艰苦,营养不良,食无定时,居无定所,癫痫病越发严重。由于顽固的癫痫病频繁发作,抢救无效,柯棣华于 1942 年 12 月 9 日在河北省唐县葛公村逝世,年仅 32 岁。各地军民都为柯棣华举行了隆重的悼念仪式。毛泽东专门送了亲笔书写的挽词:"印度友人柯棣华大夫,远道来华,援助抗日，在延安、华北工作 5 年之久，医疗伤员，积劳病逝，全军失一臂助，民族失一友人。"

此外，朝鲜义勇队华北支队在太行山上与八路军并肩作战。[①] 朝鲜义勇队是诞生于中国抗日烽火中的一支抗日武装力量。1937 年 11 月，在朝鲜民族革命党的积极推动下，组成了统一战线性质的抗日组织——朝鲜民族战线联盟。征得国民党政府同意后，于 1938 年 10 月 10 日在武汉成立了朝鲜义勇队。之后，义勇队转战 6 个战区、13 个省份，参加了中条山反"扫荡"作战。经八路军总部安排，朝鲜义勇队相继汇集到山西辽县(今左权县)的桐峪镇。1941 年 7 月，朝鲜义勇队改称朝鲜义勇队华北支队，支队长朴孝三，队本部设在桐峪镇上武村，下辖 1、2、3 支队及留守队。这是最早在山西敌后抗日根据地参加抗日斗争的由外国友人组成的武装部队。[②]

朝鲜义勇队华北支队的主要活动为：一是组建武装宣传队，配合根据地军民的反"扫荡"，对日伪开展政治宣传。支队组建了若干支武装宣传队，配合八路军进行对敌宣传工作。据统计，从 1941 年 7 月至 1942 年 8 月，朝鲜义勇队华北支队共散发中、日、韩文传单 3 万多张，漫画 4 万多幅，"发挥了特殊重要的作用"。[③] 二是积极配合八路军，对日作战。从 1941 年 7 月至 1942 年 8 月，华北支队共参加大小战斗 40 余次。1942 年 5 月，日军调集 2.5 万人，向八路军总部所在地合击，企图聚歼八路军主力。由于日军行动诡秘，加之后方机关人员庞大，行动迟缓，5 月 24 日八路军总部、中共中央北方局等机关及朝鲜义勇队华北支队等 1 万余人，被日军包围在偏城与辽县交界的南艾铺、十字岭一线。5 月 25 日拂晓，日

①主要参考石建国：《简述华北敌后抗日根据地的朝鲜义勇队华北支队》，《抗日战争研究》，2003 年第 3 期。

②太行革命根据地史总编委会：《太行革命根据地史稿》，山西人民出版社 1987 年版，第 246 页。

③太行革命根据地史总编委会：《太行革命根据地史稿》，山西人民出版社 1987 年版，第 130 页。

伪军1万多人在飞机的掩护下,从四面"铁壁合围"。八路军总部警卫部队和朝鲜义勇队华北支队30多名队员奉命掩护总部机关突围。激战至黄昏,八路军总部和北方局等机关大部突围,八路军副参谋长左权英勇牺牲。29日,担任掩护的义勇队华北支队部分队员不幸被日军包围。朴孝三支队长率部英勇作战,于夜间与日军激战5小时,突出重围。在战斗中,华北支队重要成员、华北朝鲜青年联合会负责人之一石正(尹世胄),中共党员、太行区党委党校副校长、华北朝鲜青年联合会负责人之一陈金华(金昌华),朝鲜义勇队干部胡维伯(南基东)等光荣牺牲。因义勇队华北支队战功突出,战斗结束后,八路军总部首长奖给支队一挺轻机关枪,并在枪柄上刻上"为了共同理想我们永远站在一起"的赠言。

三、"十二月事变"的和平解决

太原失陷后,山西抗战形势发生了很大的变化,特别是面对共产党领导的八路军、山西新军的发展壮大,阎锡山对共产党产生了戒备心理。1938年2月10日,阎锡山在临汾温泉村召集军政民高级干部,举行"第二战区抗战工作检讨会议",即临汾会议。鉴于军政磨擦、新旧派之间的矛盾,阎锡山决定成立一个新的组织机构,统一领导第二战区军政民工作。在阎锡山的授意下,参会的108人签名发起组织"民族革命同志会"(简称"同志会")。2月16日,"民族革命同志会"正式成立。阎锡山任会长,赵戴文为副会长,孙楚等13人为委员。

7月1日,阎锡山在吉县古贤村秘密召开晋绥军高级干部会议(即第一次古贤会议)。他在会上说:"抗战以来,我们打光了,唯独八路军不但不减少,反而增加,再加上牺盟会、决死队和共产党合作,今后还有我们晋绥军立足之地吗?"① 会议决定将原来准备给决死队两个军的番号(第33、34军)拨给旧军,于是将第71师扩编为第33军,教导2师扩编为第

---

① 《山西文史资料》第29辑,第180页。

34军,由孙楚、杨澄源分别任军长。

9月25日至10月8日,阎锡山在古贤村召开由军政民干部参加的"抗敌行政工作检讨会议"(即第二次古贤会议)。会议通过了《抗敌行政十大纲领》《抗战人员必戒二十条》《抗战必要条件六项》。

1939年3月25日至4月22日,阎锡山在秋林镇召开晋绥军政民高级干部会议,即"秋林会议"。参加会议的有师、独立旅长以上的部队军官,各区专员、保安司令以上的行政干部,以及一部分县长、"公道团"县团长、牺盟会县特派员等正式代表102人,列席代表65人。阎锡山在会上说:"武汉失守以后,抗战越来越困难,二战区削弱了,只有共产党、八路军壮大了。现在,我们要自谋生存之道。"①因此,他提出"无条件存在"的口号。

薄右丞在会上公开说:"牺盟会、决死队中成分复杂,靠不住。"当即遭到牺盟会和山西新军干部的反驳。阎锡山便"手谕牺盟会暂停发展,各行政专员权力予以缩小,不准再自由委派县长,各行政区派保安副司令,遴选正规军团长充任,负责指挥及训练各行政区保安队,减少各专员之军权"。②他还通过行政手段规定:"县长、公安局长由省政府训练任免。遇情况紧急,不易到达时,也要就合格人员中推荐请省政府委用。专员对县长、公安局长,只准列举事实,呈请省政府撤换。各县秘书、科长、区长、巡官,专县只能派代,请省政府核委"。③从而将牺盟会专员、县长的人事任免权力归省政府。

这样,秋林会议成为阎锡山准备压制新派,削减决死队,取消战动总会,策应国民党反共声浪的动员会。

10月29日,"民族革命同志会"在陕西秋林召开临时代表大会。会议

①王生甫、任惠媛著:《牺盟会史》,山西人民出版社1987年版,第472页。
②国民党中统局调查专报:《山西新军叛变之真象》,转引自《阎锡山评传》,中共中央党校出版社1991年版,第330页。
③《晋绥军政民高级干部会议记录》,转引自王生甫、任惠媛著:《牺盟会史》,山西人民出版社1987年版,第485页。

期间,新旧两派在讨论"民族革命同志会"公约时,发生激烈的争论,矛盾日益公开。阎锡山表面上持克制态度,实际上支持旧派。山西呈现出"山雨欲来风满楼"的局面。

12月1日,阎锡山第61军以突然袭击的方式,解决了游击12团一部。3日,第19军又在永和县解决了决死2纵队的第196旅旅部,将旅政治部6名政治工作人员逮捕,并袭击了永和县政府。同日,旧军包围政卫第209旅和八路军晋西支队,杀害牺盟会干部和晋西独立支队隰县后方医院伤病员100余人。5日,第19军派一个营偷袭孝义县政府。此外,旧军还捣毁大宁、蒲县、临汾、洪洞、赵城等县政府、公安局、牺盟会,残杀共产党员和进步人士。

八路军晋西支队以政治委员林枫和支队长陈士榘的名义,致电阎锡山,请求制止冲突。可是,阎锡山对此未予理会。旧军则有恃无恐,公然提出"驱逐吕梁八路军"的口号。第19、第61军各部屡向晋西支队防区汾阳、孝义、灵石节节进逼,并派兵枪杀晋西支队隰县上庄休养所的伤员及工作干部,制造惨案。

与此同时,在晋东南的第8集团军总司令兼第三行署主任孙楚,借助国民党中央军的力量,挟持决死3纵队,策动决死3纵队内部的反动军官,将3个主力团拉走。中央军先后将沁水、阳城、晋城、壶关、陵川、高平等7县山西新派领导的抗日民主政权摧毁,并残杀数百名共产党员和进步分子。旧军还对在稷王山地区的政卫第212旅、八路军晋南支队和活动于襄陵、汾城、夏县、平陆地区的政卫第213旅进行军事封锁和包围,杀害第213旅旅长郝玉玺,武装解决襄陵县抗日政权。

在此情况下,决死2纵队政治部主任韩钧于12月7日以个人名义致电阎锡山,表示对第61军的抗议。阎锡山接到电报后,立即召开高干会议,在会上宣读和传阅了韩钧的电文,当即下令:"韩钧着即撤职拿办"。[①]于是,决死2纵队当即成立"抗日拥阎讨逆军总指挥部",张文昂任总指

---

①《国民党政府军令部战史会档案(廿五888)》,转引自王生甫、任惠媛著:《牺盟会史》,山西人民出版社1987年版,第617页。

挥,韩钧任副总指挥兼前敌总指挥,廖井丹为参谋长兼政治部主任。总指挥部决定一部兵力在当地进行自卫作战,主力部队兵分两路,一路出击隰县,一路出击石楼、永和,然后会师午城,直捣大宁、蒲县,彻底粉碎旧军的包围和进攻。后因新旧军力量悬殊,总指挥部调整部署,实行战略转移,精简机构,把非战斗人员集中转移到太行山八路军前方总部;将决死2纵队5个团编成第一梯队,晋西支队2个团编为第二梯队。12月23日,两个梯队先后西进,抵达中阳境内。第二梯队与第33军激战两日,歼其2个团。第一梯队南下石楼被阻,乃折回三交与第二梯队会合。最后越过离(石)军(渡)公路转移至晋西北。27日晚,部队向北越过汾(阳)军(渡)公路,全部到达临县以南的招贤镇地区休整。

在阎锡山的旧军大举进攻新军之际,中共中央为巩固山西抗日民族统一战线,指示彭德怀从洛阳直达秋林,劝说阎停止进攻,团结抗日。12月20日,彭德怀到达秋林,面晤阎锡山。12月29日,彭德怀离开秋林回到八路军总部后,又以朱德和他的名义,致电阎锡山,报告孙楚在晋东南以武装手段大肆杀害抗日进步分子和共产党员的行径,希望阎锡山加以制止,以免酿成大的不幸。然而,阎锡山仍置若罔闻,继续指示赵承绶、郭宗汾进攻山西新军。

中共中央军委于12月27日电示晋西北部队:立即出动接应决死2纵队等部北上,并令第120师主力从晋察冀边区赶回晋西北,组成"晋西北拥阎抗日讨逆总指挥部",以集中力量进行反击。从1940年1月2日至12日,经过旬余作战,赵承绶等部被压缩于临县一隅。1月13日晚,赵承绶等部仓皇从临县弃城南逃,越过军汾线时,已纷溃不堪,赵承绶骑兵竟自相惊扰,几近全军覆没,郭宗汾部也损失过半。2月,贺龙、关向应率第120师主力由冀中返回晋西北,巩固了晋西北抗日根据地。在晋东南,八路军第129师第386旅和总部特务团进入太岳地区。政卫第212、第213旅先后突破包围,抵达太岳区的沁源县,与决死1纵队会合。

1月中旬,蒋介石令刘戡第93军、范汉杰第27军一部及第一战区黎明游击队,向临(汾)屯(留)公路以北推进,攻击决死1纵队。阎锡山也令其第 19 军暂编第 2 旅旅长薛文教、新编第 2 师师长金宪章,分别率部由晋西北、晋东北南下,首先袭扰晋中地区,然后与北犯的蒋军策应,企图围歼决死 1 纵队。

为了配合决死 1 纵队等部作战,八路军总部令陈赓率第 386 旅主力进入太岳区。1 月 30 日,第 386 旅新 1 团与第 385 旅主力(2 个团)及独立支队主力,在榆次东南地区全歼薛文教旅。2 月 2 日,第 386 旅新 1 团、独立支队在榆社以北歼灭金宪章师大部,余部北窜。

在军事打击的同时,中共中央为了维护山西抗日民族统一战线,争取阎锡山继续抗战,再次出面调停。1940 年 1 月 27 日,中共中央以陕甘宁边区留守兵团主任萧劲光的名义,致电阎锡山,表示愿意调解新旧军冲突,恢复与发展山西团结抗战的局面。同日,毛泽东、王稼祥发电报给山西前线的朱德等,指示山西新军领导人仍然和阎锡山讲团结,并表示愿和平解决山西内部问题,免为敌人利用。同时指出,尽管八路军被攻击,但愿继续团结在阎锡山领导下抗战,如阎愿意谈判,则准备派人去谈。根据这一指示,山西新军各部将领相继打电报给阎锡山,表示愿与旧军恢复团结,在阎锡山指挥下一致抗日。阎锡山收到电报后,不能不慎重思考,感到一时解决新军尚不可能,既然新军愿继续归他指挥,何不借此与中共言和? 于是,他复电中共中央,默许同意和平解决山西新旧军冲突问题,并表示如"萧主任有暇,希望前来一谈"。

2 月 25 日,中共中央派萧劲光、王若飞持毛泽东给阎锡山的亲笔信到达秋林,① 同阎锡山谈判。萧劲光与王若飞首先向阎锡山转达了中共中央赞成新旧军团结,拥阎抗日,巩固阎之地位等意见。阎锡山、赵戴文、杨爱源等表示赞同,王靖国、薄右丞等亦表示愿意和平解决新旧军纷争。萧劲光、王若飞向阎锡山提出以下和平建议:(1)双方停止军事行动;(2)双方停止政治攻击;(3)新军表示拥阎,不受某方改编;(4)双方互不处罚,互不侵犯;(5)今后统一进步,实行阎之十大纲领;(6)恢复阎与新军

---

① 参见《阎锡山评传》,中共中央党校出版社 1991 年版,第 346~347 页。

电台联络、人员来往。阎锡山当即表示:(1)新军仍属晋绥军是其愿望,但问题已交国民党中央,不便说话,只好让其自然演变,不了自了;(2)已令各军停止军事行动及政治攻击;(3)与新军电台经常联络;(4)今后注意以进步求团结。阎锡山还同意八路军恢复晋西兵站,但不同意沿线驻兵。经过谈判,4月初,阎锡山与中共达成协议,确定以汾阳经隰县、离石至军渡公路为晋西南与晋西北的分界线;以汾河为晋东南与晋西南的分界线,晋西南为旧军防区,晋西北、晋东南、晋东北为八路军、决死队活动区域。经过中国共产党坚决的斗争和有理有节的让步,山西团结抗战局面始得以维持。

第九章
日本对山西的殖民统治与经济掠夺

第一节　日本对山西的殖民统治

日本侵略者在军事占领山西后，便对占领区实行完全的殖民统治，扶植傀儡政权，以实现其"以华制华"的目的。

一、日本"以华制华"方针的提出

随着全面侵华战争的推进和在中国占领地区的日益扩大，日本在占领区所推行的各种政略、战略，逐渐形成系统的"以华制华"和"以战养战"政策体系。

日本"以华制华"的方针是其总力战战略的一个组成部分，1938年，日军统帅部提出《昭和军制建设纲要》，强调："总体战发展到顶点，就要毫无保留地统一部署国家的全部力量，并始终指导和运用它来贯彻战争目的。所使用的手段分为武力、经济、政治和思想等四个方面，它们互相联系，互相影响。"同时确定，为达成日本的战争目的，应建成以"日满华"三国合作的"核心圈"，并"确保其绝对安全"，此外要强化"同有关系国家的合作而防卫自给圈"。① 即从军事战略和经济资源等多种角度来设计

①［日］堀场一雄：《中国事变战争指导史》，时事通讯社1962年版，第151页。

213

对占领地的统治与利用。1938年7月,日本五相会议确定对国民政府诱降的具体方针:当中国现在的中央政府投降时,日本基于御前会议决定的方针,将其合并于新兴中国中央政府之下。

日本"以华制华"方针的中心目标在于,继军事占领完成之后巩固其殖民统治。因此,在占领区建立适合于日军进行殖民统治的政权或行政组织,就成为"以华制华"战略要解决的首要问题。日本在占领区都伪善地挂有"自治政府"之类的招牌,甚至虚伪地要求建立各级政权都"必须真正适合于汉民族的特性",① 或者"在各方面讲求自强之道,广收人心",② 达成征服战争的实际目的。

日本"以华制华"方针推行的原则是实行"分治合作"。1938年7月19日,五相会议制定《内部指导中国政权的大纲》,其中规定:"方针:帝国从内部对中国政权进行指导的目标,在于对这次事件的解决有利,并促进日华两民族的合作,又与确立日满两国不可分割的友好关系相结合,以适应我国的国防国策。……恩威并施,以促进一般民族的自发的合作。"又规定:"在联合委员会或新中央政府之下,在华北、华中、蒙疆等各地,各自组织适应其特殊性的地方政权,给予广泛的自治权,进行分治合作。""使各个政权进行以下工作:努力打倒和摧毁抗日容共政权,特别是要拉拢反蒋反共分子,以激起他们之间的内讧。"③ 同年11月3日,御前会议制定《日华新关系调整方针》,强调"新中国政治形态政策应遵循分治合作原则加以推行"。分而治之原则的制定,说明日本想以"蛇吞象"的方式,实现逐渐吞并中国的愿望。

---

① 复旦大学历史系编译:《日本帝国主义对外侵略史料选编》,上海人民出版社1983年版,第421页。

② 《土肥原秘录》,中华书局1980年版,第43页。

③ 《日本外交年表和主要文书》(下),原书房1969年版,第390~391页。转引自军事科学院军事历史研究部著:《中国抗日战争史》中卷,解放军出版社1994年版,第521~522页。

二、伪政权的建立

随着"以华制华"方针与"分治合作"原则的制定与推行,日军在军事势力所及之处加紧建立各种殖民统治机构。1937年8月12日,日本陆军省制定的《华北政务指导纲要》就提出:"华北政务指导主要在于对作战后方地区(含冀东)的各项政务工作进行统一指导,使该地区成为实现日、满、华提携共荣之基础。"① 8月14日,日本关东军制定的《对时局处理大纲》中说:以五省自治为最终目标,先将河北及山东二省(将来也包括山西)组成一个政权。另将察南、晋北合并建立一个政权。前者设于北平,后者设于张家口。两政权内各配日本顾问"进行幕后指导"。9月4日,日华北方面军设立特务部,任命原驻华武官喜多诚一为特务部部长。特务部的主要任务是"对日军作战的后方地区(包括冀东)执行各有关政务事项,统辖指导中国方面的机关,为使上述地区成为实现日满华合作共荣的基础而进行各项工作",并准备"在华北建立政权"。9月6日,该军参谋长指示喜多诚一,"关于建立华北政权的准备,暂建立政务执行机关,以统治现在及将来的军队占领区的中国方面各机关,且尽量使之成为将来华北政权的基础"。② 12月24日,日本《事变处理大纲》中又提出:华北"在政治上以成立防共亲日政权"为目标,具体规定了政治指导方针,明确华北新政权所包括的区域,虽依军事行动进展而定,但大致为河北、山东、山西三省及察哈尔省的一部分。③

于是,在侵华日军的策划和扶植下,山西出现了两个由日军炮制和

---

① 章伯锋、庄建平主编:《抗日战争》第六卷(日伪政权与沦陷区),四川大学出版社1997年版,第218页。

② 居之芬主编:《日本对华北经济掠夺和统制——华北沦陷区资料选编》,北京出版社1995年版,第3页。

③ 日本防卫厅战史室编,天津市政协编译组译:《华北治安战》(上),天津人民出版社1982年版,第56~57页。

操纵的傀儡政权。

（一）"晋北自治政府"

日军占领大同等地后，网罗地方汉奸势力，成立傀儡政权。1937年9月4日，在张家口成立察南自治政府。10月15日，由清朝拔贡夏恭在大同成立晋北自治政府，下设官房、宣抚班、民生厅、财政厅、公安厅，并由日本人大羽政章任官房顾问。10月27日，在归绥成立蒙古联盟自治政府。日本关东军为了把察哈尔和晋北地区拉入所谓的"蒙疆"版图，实行高度"防共自治"，该军参谋长东条英机令张家口特务机关长统一各地的地方政权，尽快成立三政权联合委员会。1938年11月27日，日军召集三个伪政权的头目开会，成立了蒙疆联合委员会。该委员会的委员长，为前伪蒙古军自治政府总裁德王；并设总务委员会，决定最高政务及管理各自治政府行政等事项，以日本人金井章二为最高顾问，代行总务委员会委员长的职权。是日，这些汉奸又与关东军司令官以秘密换文方式，订立秘密协定，规定该委员会所有命令及一切政务的执行，要根据日军占领的需要，由日军及日、满两国予以充分之协助；委员会的最高顾问、顾问及主要职员都要由日、满人充任。这样，该委员会完全置于关东军的控制之下。联合委员会总务委员长一直空缺，直至1939年4月底才由德王担任。总务委员会委员由三方代表组成，即蒙古的卓特巴札布、陶克陶、金永昌，察南的于品卿、杜运宇，晋北的夏恭、马永魁。产业委员会委员有陶克陶、于品卿、马永魁，金融委员会委员有陶克陶、杜运宇，交通委员会委员有金永昌、夏恭，最高顾问金井章二，参议杉谷彦次郎。

最初的蒙疆联合委员会只是一个协商性质的机构，但关东军仍不满意，其目标"是建立一个由蒙汉回及其他民族大联合的单一性的统一政权，以便在防共的第一线树立起强有力的政府"。1939年7月，兴亚院提出以"亲日防共"作为施政纲领，建立蒙疆统一政权。在日本军部与金井章二的精心策划下，9月1日伪蒙疆联合委员会会议又决定改为"蒙古联合自治政府"，以张家口为首都，德王为政府主席，原伪晋北、察南自治政府头目夏恭和于品卿为副主席，另立年号和旗帜。其旗帜是由上至下以黄、青、白、赤、白、青、黄的四色七条组成,黄、青、白色分别代表汉、蒙、回族,赤色代表日本,即表明它是"以日本人为轴心,联成回、蒙、汉各民族大联合的政体"。伪蒙古自治政府下设2个政厅、3个市和5个盟公署。其中,晋北政厅辖大同、朔县、浑源、应县、阳高、天镇、左云、怀仁、山阴、灵丘、广灵、右玉、平鲁等13县,政厅长官田汝弼,次长森林雄次郎。

该伪政府原在关东军的庇护之下,1939年后归华北方面军驻蒙兵团管辖。1941年8月,日本又将伪蒙古自治政府改为"蒙古自治邦",对人员作了大幅度调整,一切活动都由日军直接指挥。1945年8月,日本无条件投降,蒙疆伪政权随之瓦解。

(二)伪山西省政府

太原失陷后,1937年12月日军太原陆军特务机关长谷萩那华雄在太原网罗汉奸白文惠、曾纪纲、高步青、韩谦等策划成立了山西省政府筹备委员会。

经过半年多的筹备,1938年7月24日,日伪山西省公署在太原成立,由苏体仁任省长。省公署隶属于日伪华北政务委员会,办公地址设在原督军府,下设秘书处、民政厅、财政厅、教育厅、建设厅、警务厅。同时,还设立了省公署顾问室,由太原陆军特务机关长谷萩那华雄兼任顾问,下设顾问辅佐5人,主要由特务机关各班长兼任。政治班长河口善八,控制民政、财政两厅;经济班长宫崎益观,控制建设厅;文教班长铃木传三郎,控制教育厅;政法班长芥川,控制警务厅。1939年,日军将太原陆军特务机关扩编为山西陆军特务机关。1943年1月底,苏体仁赴京"养病"。2月1日,经山西陆军特务机关长花谷正等策划,由冯司直任山西省省长。1944年2月1日,冯司直辞职。2月3日,由王骧任山西省省长,直到1945年8月15日日本宣布无条件投降。

第二节　日本对山西的经济掠夺

山西矿产资源丰富，尤以煤炭储量大而著称，成为日本侵略者掠夺的重点省份。侵晋日军通过多种方法，掠夺了山西大量资源，有的直接服务于侵华战争，有的运回国内。

一、日本经济掠夺政策的制定

"七七事变"后，日本军政当局根据华北在战争和日、满、华经济圈中的地位，制定了相应的经济掠夺政策。1937 年 12 月 24 日，日本政府在《处理中国事变纲要》中提出，华北经济开发方针是"为了加强日满经济的综合关系，开发华北经济，以确立实现日满华合作共荣的基础。"

（一）经济掠夺领导机构的设立

"卢沟桥事变"后，中国驻屯军扩编为华北方面军，成为侵占华北的主力部队，也是战时华北占领区政治、经济等一切事务的最高指挥机构。1937 年 9 月 4 日，该军设立的特务部的主要任务除筹建伪政权以巩固日军后方的治安外，还充当统制华北经济的策划者、主持者和指挥者的角色。从特务部的机构设置也可看出，统制华北经济是其重要工作之一。该部仅设总务课负责政务工作，而经济方面则设了 3 个课，即交通、通讯邮政、建设课，课长均为大佐或中佐级军人。10 月 26 日，日本内阁决定在内阁设置第三委员会。11 月 6 日，第三委员会成立，由企划院次长青木一男任委员长，成为日本政府内专门负责策划对华经济统制的机关。

为了协调军政各方的对华工作，经日本天皇裁可，日本政府于 1938 年 12 月 16 日设置兴亚院，掌管对华事务。兴亚院以首相为总裁，外、藏、陆、海省四相为副总裁,处理除外交之外的中国占领区政治、经济及文化事务,制定有关政策,监督和统制在华企业的业务。兴亚院成为日本对华进行经济掠夺的统制机关,在北平和张家口各设华北联络部和蒙疆联络部,对两个伪政权实行分而治之,从而取消了华北方面军特务部和关东军张家口特务部。

(二)经济统制的方针政策

日华北方面军特务部于1937年9月中旬制定的《华北产业基本对策要纲草案》指出,"开发华北产业的根本"是"获得以扩大日本生产力所必需的资源和必要程度的加工","以弥补日满经济的缺陷为目的"。方针是"以把华北包容在帝国经济圈为目标"。根据该草案,日本企划院第三委员会于12月16日制定了《华北经济开发方针》,将对华北经济统制的方针确定为"开发华北经济,为了加强日满经济的综合关系,以确立实现日满华合作共荣的基础","建立日满华不可分割的关系","扩充我方在日满两国方面的广义的国防生产力",企图把华北划入其蓄谋已久的所谓"日满华经济圈"内,成为其殖民地,建成永久的以战争需要为主的国防资源的基地。当前首要的任务就是,改变过去那种靠政治军事威胁控制和垄断华北经济主要部门的手段,在日军占领的地区,以军队占领和军管为先导,牢牢统制华北的经济命脉,在保证战争需要的同时,迅速恢复原有企业的生产,"开发"日本和伪满缺乏而战争又急需的国防资源,尽快地把华北经济转变为以日本为中心的殖民经济体制。所以,日华北方面军特务部纠集有关人员制定了一系列长期的全面扩充华北生产能力的计划,其所定的主要国防资源的生产量和输出量指标极高,胃口极大,处处反映了日本要在很短时间内霸占中国的野心。1938年7月19日,日本政府又提出:"经济方面,根据日满华互通有无的原则进行开发,努力为完成三国经济圈而向前迈进。"

1938年10月,日军攻陷武汉和广州后,中国的抗日战争转入相持阶段。于是,日本调整对华的策略。在政治上,提出"以华制华"策略,企图"建立东亚新秩序",把巩固现存的占领区治安作为当务之急。在经济上,则实行"以战养战"的策略，强调经济的互补和合作，强调战时经济的需要。1938年11月30日，日本内阁制定的《调整日华新关系的方针》中，把华北和蒙疆"划定国防上、经济上（特别是有关资源开发利用方面）的日华紧密结合地区"。对华北的经济要求是"以寻求日满所缺乏的资源（特别是地下资源）为政策的重点"，"在产业经济等方面根据取长补短，互通有无为原则"，[①] 实现所谓的经济合作。在华北等占领区，要确保交通线的畅通，"迅速达到恢复治安的目的"，"并努力使其实现长期自给的局面"。其应急政策是，"主要恢复与总动员、充实部队急需物资和治安等相关联的局部地区的人民生活，并同时改善交通"。对于"永久性产业的建设"，应主要"在治安地区的重要区域"逐步进行；而在作战地区，"除特殊个别的以外，原则上只限于商业交易及与商业有关的附属事业"。[②] 也就是说，日本在华北建立的殖民经济体制，是要从战争和战时经济的实际出发，由日本的国策会社和财阀统制交通、通讯、发送电、矿山、盐业等既定的统制性行业的同时，不放弃与日华民间资本的所谓"合作"，以利用各方资金，维护、巩固和扩展其在占领区的政治经济统治，既要保证占领区的自给，也要尽量大幅度地向日本提供国防资源。

根据这些策略，日本兴亚院华北联络部开始修改对华北经济统制的方针政策，即分轻重缓急，重点掠夺那些对日本侵华战争急需的国防资源和物资。1939年五六月间，华北联络部制定的《华北产业第一次三年计划实施草案》《华北蒙疆钢铁业统制开发基本要纲》等文件中，提出制订计划要"根据重点主义而定"，以保证对日供给为前提。如要"急速开发华北蒙疆主要矿业，确保对日铁矿石的供给，并复兴和建设当地制铁业"等。这表明日本军政当局已经基本确立了"以战养战"的经济统制方针，一切从战争需要出发，对华北经济统制以尽量提供战争急需的国防资源

---

①复旦大学历史系编译：《日本帝国主义对外侵略史料选编》，上海人民出版社1983年版，第281、283页。

②复旦大学历史系编译：《日本帝国主义对外侵略史料选编》，上海人民出版社1983年版，第287~288页。

为目的,显然带有赤裸裸的军事殖民主义色彩。

日军侵占华北之后,日本国内财阀欣喜若狂,争先恐后地涌入华北,加入分赃行列,以扩大各自的势力。满铁是掠夺华北经济的急先锋,率先行动,在华北有相当势力的"满铁"子公司,兴中公司则成为日军的总后勤部。随着军队侵入各个城镇,接收和代管了日军侵占的50多个工矿企业,并提出了《兴中公司组织修正案》,要脱离"满铁",成为"一元化的华北经济指导的综合机关"。日本的电业、通讯、纺织等业也不甘示弱,有的迅速重建被毁的工厂,有的购地进设备,有的联合同业筹划投资等等,都要在华北占一席之地。

日华北方面军特务部作为华北经济统制机关,则竭尽调配组织之能事,一方面迅速调动"满铁"、"满洲"电信电话会社和日本国内、朝鲜的铁路通讯部门的技术管理人员到华北,组成军管理的执行机关,恢复铁路、通讯和电力等战争急需的生命线,确保军队南侵;另一方面在制定统制华北经济的方针政策时,重申以往的原则,规定新的投资方向,指导各财阀投资于战争所需的国防资源等行业。1937年9月该军制定的《华北经济开发基本要纲案》中强调,华北的企业"根据帝国资本的参加分为统制企业和自由企业"。统制企业包括交通、通讯、发送电、重要矿山、盐业以及以此为原料的加工业等。日本军政当局还决定组成一个由"满铁"、日本国内资本和国家投资的国策会社,统制华北的主要产业。日本军政当局在如何调动各方力量统制华北经济的方针上,是采取以军队为后盾,充分利用满铁等财阀的资金、技术和经验,纠集国家和财阀的财力、物力和人力组成国策会社,对华北的重要行业和经济命脉进行有计划的统制性管理,以便迅速地、最大限度地掠取华北的重要国防资源和物资,为侵华战争服务。

(三)《华北产业开发第一次五年计划》的制定

华北沦陷后,日本逐步控制了华北的经济命脉。1937年8月,满铁抛出《华北产业开发计划概要》《华北产业开发计划明细表》《华北经济开发事业资金表》等一系列掠夺计划。不久,日本军政当局还要求当地统治者

"照应日满两国的生产计划，根据日满华北一体的原则"，在华北制定经济"开发"五年计划。于是，日华北方面军特务部召集"满铁"等有关人员共同筹划，原则是"在制定华北的经济开发计划，特别是矿业开发计划时，考虑日本国内产业实际情况，并在情况允许的范围内，采取措施，利用日本国内该项企业的技术、经验和资本"；对于华北重要的产业，"一方面要适应日满两国的重要产业计划，一方面必须经常顾及我国实际情况，注意轻重缓急"。经在华北日军和"满铁"等多次开会讨论研究，并将草案送到东京与军部和各有关部门磋商，最后获日本企划院第三委员会认可，终于在 1938 年 6 月制定出其占领华北后的第一个五年计划，即《华北产业开发第一次五年计划》。

这个五年计划参考了"满铁"1937 年 8 月的各项指标和特务部 1937 年 9 月的《华北开发国策会社要纲草案》中的事业计划等，规定了从 1938 年至 1942 年的五年内华北主要统制性企业的生产数量和输日目标。计划所需要资金总额达 14.23 亿元，范围包括交通、运输港湾、通信、电力、矿业、制盐等。[①] 这个"开发"计划，是日本军政当局为进一步掠夺华北资源和物资而制定的掠夺性计划，既是当时日本军政当局统制华北经济的既定目标，也是参与掠夺华北经济各财阀会社的行动指南。但是，这些计划有极大的盲目性，从一个侧面反映出侵略者要尽快地最大限度地掠夺华北资源的急不可待的心情。

第一个五年计划尚未实行，抗日战争开始进入相持阶段。于是，日华北方面军特务部根据形势和政策的需要继续修订计划，1938 年底《华北产业开发四年计划》（即生产力扩充计划）出笼，并得到日本政府的认可。该计划与前者相比，投资规模没有缩小，投资重点仍是交通、发送电、矿山、液体燃料和盐等，其中对交通行业的投资所占投资总额的比重比原计划大大增加，由原来的占 31.41% 上升到 55.26%；对煤铁等矿山的投资

---

①参见居之芬主编：《日本对华北经济掠夺和统制——华北沦陷区资料选编》，北京出版社 1995 年版，第 23~25 页。

比重为 21.72%。这表明日本侵略者此时着力于建立完善的交通网络和巩固扩大占领区。

1938 年底,华北开发公司正式成立,具体推行落实生产力扩充计划,准备进入所谓的"开发"阶段。兴亚院华北联络部纠集华北开发公司和满铁成员等,在"华北蒙疆要补充帝国的国防上和经济上的要求"的方针下,根据日本和伪满的生产力扩充计划和物资动员计划,以华北既成事实的生产状况为基础,进一步修改了对华北的掠夺计划,这就是 1939 年6 月制定的从 1939 年至 1941 年的《华北产业开发修正三年计划》。这个计划表明日本统治者是要在加强铁路和能源的建设、确保其生命线和动力的前提下,掠夺华北的重要国防资源,以维持当时的战争格局和巩固扩大占领区。

综观日本的华北经济掠夺计划的制订和演变过程可以看出,其目的在于对包括山西在内的华北重要资源的掠夺,如煤、铁等战争所需资源,以实现占领区经济的殖民化。

二、日本对山西经济的全面掠夺

日军入侵山西后,对山西的机器设备、矿产资源、劳工等展开了殖民性的全面掠夺。

(一)对工矿企业设备的直接掠夺

1937 年 11 月 8 日, 日军占领太原后, 首先对山西最大的企业集团——西北实业公司的机器设备进行了大规模的掠夺,或者说是赤裸裸的抢劫。

西北实业公司是阎锡山于 1933 年 8 月创办的近代工业,到战前已发展到拥有 33 个工矿企业、职员 2051 人、工人 18597 人、机器设备 4900 余台件的大型企业集团。其中,不少设备来自欧美等发达国家,如西北机车厂兴建时陆续由国外各大名厂购置各种工作机器 893 部,这些机器在当时国内外均属先进水平。战前阎锡山仅将西北实业公司一小部分设备搬迁往陕西、成都等地,1939 年 7 月 1 日在陕西宜川县官亭镇组建了新西北实业公司。

日军将西北实业公司下属各机械厂十分之九的机器设备拆卸,并于 1938 年 8 月底运往日本和中国东北。据不完全统计,“大阪 1707 部,小仓 1300 部,东北 263 部,东京 397 部”。[①]西北炼钢机器厂的 398 部机器被日军劫运至日本。[②]其他如机车厂、水压厂等厂的机器设备,也大批被日军劫掠而去。

(二)对工矿企业的“军管理”与委托经营

日军在占领山西的过程中,派军队强占工矿企业,并对这些企业实行“军管理”。所谓军管理,按日本兴亚院的解释是,依照“国际公法”或“战时法规”没收“敌人官产”,并暂为保管私人企业,以防止“不逞之徒”的破坏。实际上是日军借此机会完全控制山西的交通、通信、电力等全部经济命脉,以确保为战场输送兵力和物资,保证占领地的统治,并且利用军事手段来恢复占领区内各个企业的生产,尽快地向日本提供战争所需的战略物资。

到 1938 年 8 月,日军以“军管理”方式统制山西重要厂矿达 38 个之多,约占整个华北“军管理”企业 82 个的近一半。[③]另据不完全统计,日军强占并实行“军管理”的华北各地的矿山企业共有 115 个。其中山西省最多,达 38 个,占华北的 33.04%。从行业上看,除交通、电力、通信和矿山外,还有轻工业等。最多的是面粉厂共 21 个,其中山西有 7 个,占华北

①《日军搬出西北实业公司机械报告》,山西省档案馆藏。转引自岳谦厚著:《战时日军对山西社会生态之破坏》,社会科学文献出版社 2008 年版,第 53 页。

②景占魁编著:《阎锡山与西北实业公司》,山西经济出版社 1991 年版,第 239 页。

③陆仰渊、方庆秋主编:《民国社会经济史》,中国经济出版社 1991 年版,第 684 页。

的三分之一。[①]

日军对"军管理"的各类企业采取不同的方式管理,有的实行军事管理,有的委托给中兴公司及在华的日本专业公司或仍在军管理形式下经营。日军占领了太原内外的所有企业和矿区后,即指定随军财阀和商社代表负责经营,日军和这些经营者共同商定了具体方案:(1)凡军事管制的工矿企业的固定资产、库存产品和原材料全部没收,无偿交付经营者使用;(2)委托经营者负责流通资金、技术和经营管理;(3)负责经营的日本财阀和商社,享受与日本军属同等待遇;(4)日军支持经营者在所属企业成立厂警队、矿警队,以维护企业的治安;(5)产品要优先保证军事需要;(6)所得利润由军队和经营者分享。不仅如此,日军还给日本各经营者限定了开工日期。

铁路是日军实行"军管理"的重点,日军每到一处即占领铁路,实行军事管制。山西的正太、同蒲线全部用于日军行动,成为侵华战争的运兵线或掠夺物资的运输线。

除直接实行"军管理"外,日军把"军管理"的各矿山和电力企业委托给以兴中公司为首的日本在华各财阀经营。其中兴中公司"奉军部命令参与了作战上所需的种种事业",俨然成了日军的后勤部。在煤矿行业中,山西省的阳泉、寿阳、白家庄、丰坨村、孝义、介休、灵石、轩岗等煤矿都由兴中公司大肆进行掠夺性采掘。1939年,兴中公司所经营的煤矿共产煤204.4万吨。大同和下花园煤矿虽由伪蒙疆政府管理,但其产品的调配和贩卖也委托给兴中公司经管。铁矿中由兴中公司委托经营的有阳泉铁厂、太原炼铁厂和太原铸造厂等。然而,山西各厂则"因为治安方面的原因"迟迟不能生产。

除管理这些受委托的企业外,兴中公司还有许多"自营"和"旁系"企业。该公司还伙同日本东亚电力联盟收买了在大同、包头等地的电灯公

①参见居之芬、张利民主编:《日本在华北经济统制掠夺史》,天津古籍出版社1997年版,第87页。

司已经基本控制了山西的电业、矿山等,是当时日本在华势力最大的经济机构,在掠夺资源方面起了相当大的作用。

(三)华北开发公司对山西重要产业的统制

华北开发公司是当时日本在关内最大的公司,它作为日本的国策会社,主持实施日本统制华北经济的方针政策和计划,投资并统管交通、通信、矿山等全部统制性企业,是日本军政当局在华北推行殖民经济的大本营。

早在1935年7月,关东军首次提出建议,即纠合日本国内资本,设立大投资公司,对华北的矿山、交通、贸易、棉花等进行总括性投资,并以国策会社的方式,使其有权威性。1936年2月,中国驻屯军制定了《华北产业开发机关——计划设立华北兴业有限公司纲领案》,计划"以中日合办设立企业投资的中枢机构——官民联合的特殊的大投资会社"。① 1937年9月,日华北方面军又制定了《华北开发国策会社要纲草案》,其方针是,在华北把国策性事业综合统一起来经营,"以资补充日、满经济圈的缺陷","促进华北的经济开发"。会社名称仍暂定为"华北兴业公司",资本5亿日元,预定经营范围有钢铁及附属业,煤矿、煤炭液化,铁路船舶,制盐制碱,发送电等等,对这些行业的事业进行统一计划和统一经营。同年底日本政府在《华北经济开发方针》中决定,为了开发和统制华北经济,设立一个国策会社,它是"以体现举国一致的精神和动员全国产业的宗旨而建立的组织"。于是,日本军政当局动员朝野力量,开始组建华北开发公司。

1938年3月15日,日本内阁制定了《华北开发股份公司大纲》,规定新设国策公司的名称为"华北开发公司"。4月30日,经日本第73届帝国议会通过,正式公布了《华北开发公司法》。同时,由日本政府和军部主持成立了华北开发公司设立委员会,由各省次官、两院议员和50名财阀组成。11月7日,华北开发公司在日本东京成立创立大会,由政府任命正副

① 参见居之芬、张利民主编:《日本在华北经济统制掠夺史》,天津古籍出版社1997年版,第113页。

总裁,确认理事和监事,华北开发公司正式成立,成为掠夺华北资源的重要工具。

华北开发公司的总社虽设在日本东京,但其活动中心在华北,所以大部分机构和人员都在华北,北京分社(支社)实际上是业务上的总社,另外在张家口设有分社,天津、太原、济南、青岛设办事处。华北开发公司是负有特殊使命的国策会社,所以日本政府公布的《华北开发股份公司法》中给予其许多特权。该公司不能仅筹集到更多资金,而且可放手对矿业等利润少的企业投巨资,以掠夺急需的国防资源。华北开发公司的经营范围包括交通、通信、发送电、矿产、制贩盐,以及"为促进华北经济开发之特别必要的统合调整事业"。它主要以投资和融资的方式指导各企业,并综合调整轻重缓急,从而控制华北经济的命脉,借此提高日本的战争能力。华北开发公司成立后,根据其设立意见书和事业计划,相继接收了"满铁"和兴中公司在华北的企业,很快地掌握了华北的经济命脉。到1939年底,华北开发公司对华北重要产业投资达10471.8188万元,融资14281.6568万元,共近2.5亿元。[1]

煤炭是华北开发公司统制的重点,日本政府规定要"确保对华北煤炭资源的控制力"。1937年9月,日军占领大同矿区,掠夺晋北矿务局永定庄、煤峪口等矿,用电气机械设备新建同家梁、四老沟(宝藏坑)、白洞矿(国宝坑)、土窑沟的大北沟坑、拖皮村与石头村之间的平旺炭矿、怀仁县鹅毛口昭和坑,并没收庄瓦沟、大青窑、马口窑、苏家堡、和尚嘴、黄土沟、梅家坑、杨树坑、小窑沟等十几处大小煤窑。新建井总投入资金4000万元,其中"蒙疆政府"2000万元,"北支那开发株社会社"和"南满州铁路株社会社"各1000万元。[2]在日军的统制下,大同煤矿日产量1937年为500吨至1000吨,1938年秋后增至2500吨,当年产量约85万吨;1939年

①居之芬主编:《日本对华北经济掠夺和统制——华北沦陷区资料选编》,北京出版社1995年版,第162~164页。

②大同市地方志编纂委员会编:《大同市志》上,中华书局2000年版,第189页。

11 月后,日产量增至 4200 吨。[①]

经兴亚院调整,1939 年 2 月华北开发公司成立七大集团经营七大煤矿,其中山西有两个集团,即满铁的大同集团、大仓矿业的太原集团,成为日本掠夺山西重要国防资源和统制山西经济命脉的重要工具。大同煤矿在日本统制下,1938 年产量为 80 万吨,1939 年达到 250 万吨。[②]

日本通过种种手段掠夺了山西大量煤炭资源,并将绝大部分运回日本,作为工业生产的动力或原料。据统计,1938 年太原西山、阳泉煤矿分别产煤 132023 吨、98761 吨,其中运往日本则分别为 128152 吨、73370 吨,分别占总产量的 97.1% 和 74.3%;1939 年两矿年产煤分别为 214179 吨、341880 吨,输日原煤为 207005 吨和 297400 吨,分别占总量的 96.7% 和 87%。[③]1940 年,日本向国内输送山西煤炭达 450 万吨以上。[④]

(四)对农业的统制

日军入侵山西后,不仅不断进行大规模的烧杀抢掠,血腥屠杀无辜百姓,给农业生产和农民生活造成极大的破坏和摧残,而且大规模掠夺山西的农产品。

山西是华北杂粮的主产区。为了掠夺山西粮食,日军成立了专门的机构——山西杂粮组合。据日本战犯古海忠之等编写的《日本帝国主义侵略中国史》称:"盘踞在山西省的第一军将阎锡山留下的 46 个工厂和 10 余座矿山作为军管进行经营。这些厂的职员和工人所需粮食必须从省内获得。"此外,榆次、新绛、太原等地有纺织厂,必须获取作为原料的棉花、羊毛、麻类等农产品原料。"1940 年和 1941 年前后,第一军司令部经理部以三井物产、三菱商事等大财阀的资金和人员为中心成立'山西杂

①中央档案馆、中国第二历史档案馆、吉林省社会科学院合编:《华北经济掠夺》,中华书局 2004 年版,第 610 页。

②丁钟晓编著:《山西煤炭简史》,煤炭工业出版社 2011 年版,第 113~114 页。

③《山西煤炭工业志》编委会编:《山西煤炭工业志》,煤炭工业出版社 1991 年版,第 251 页。

④丁钟晓编著:《山西煤炭简史》,煤炭工业出版社 2011 年版,第 118 页。

粮组合'，进行粮食的垄断收购。从'收购'的粮食中按军方规定价格将军方所需数量交纳给军经理部，其余部分规定可以由杂粮组合自由处理。因此，这部分粮食铁路可以对其优先运输，运往苦于缺粮的河北，特别是京津地区进行高价抛售，牟取暴利。""山西杂粮组合的总部设在太原，在潞安、运城、忻县、临汾、平遥等粮食集散地设支部，以雄厚的资金压倒中国人粮栈，或将其纳入自己手下，收集晋南的小麦、晋东南的谷子、忻县的高粱等。军司令部通知各地驻军，杂粮组合的收购人作为'军队御用'，应为其活动尽可能提供方便。""这样一来，事实上除杂粮组合之外，任何人都不可能收购粮食，组合成为唯一的垄断收购者。"①

此外，日军对山西农业的统制与破坏还主要体现在以下两个方面：一是对农业生产的破坏。日军入侵山西后，山西农村土地荒芜，生产资料丧失，农民流离失所，生产力严重不足，加之天灾不断，农业生产迅速衰退。据"满铁"调查部调查，到1937年12月底的短短半年内，同蒲路沿线自山阴岱岳镇到雁门关至崞县、原平和忻口一线大片地区的小麦、高粱、玉米等作物损失近100%，牲畜家禽全部被掠，车马农具全被强征。正太路沿线的井陉至阳泉一线的农作物亦损失严重。二是对主要农作物的统制。棉花是主要的战略物资，日本为了"开发"华北棉花生产，1939年3月在伪华北临时政府成立华北棉花改进会，总部设在北平，在天津、保定、济南、太原等设分会，并在重点产棉区设立了数十个指导区办事处，负责棉种的培育、改良和推广。日军对山西农产品掠夺与统制的程度，由此可见一斑。

（五）对税收的统制

伪华北临时政府的税收为河北、山东、山西三省关税、统税（包括所得税）和盐税，其中向伪临时政府缴纳统税收入的全部、盐税收入的七成、关税剩余金的五成，统税中的所得税的全部与伪临时政府分成。

---

① 中央档案馆、中国第二历史档案馆、吉林省社会科学院合编：《华北经济掠夺》，中华书局2004年版，第734~735页。

伪华北临时政府设置了财务局（后升格为财政部），以确立伪财务行政体制。设置行政委员会审计处，实施对伪政府各部和各省市的一般预算的审查。同时对华北各地原有的税务机构进行接收、整顿和扩充，形成了自上而下系统的税务机构。为此，日本军部特从伪满洲国调来5名日籍官员接收了原国税总署，并改称统税总署，将华北各地的征税管理处改称统税分局，并先后设置了北平、天津、石门、太原、青岛、济南、烟台、开封、唐山等9所分局。

"七七事变"后，日本加强了对山西地区工农业产品的税收统制，增设矿山开采税，使统税征收额不断增加。1939年山西省的统税成倍增加，尤其是日军将山西省近代工矿企业全部军管或进行委托经营后，生产规模有所扩大，进出山西的物资不断增加，使税收来源增多，统税收入是1938年的6倍多。

（六）对非统制行业的垄断

"七七事变"后，日本财阀会社以及中小企业云集山西，借日军之力，通过强占等方法，侵占原有企业，并利用山西丰富的资源和廉价劳动力，扩大本身的势力。

对棉纺织业的统制。棉纺织业是投资少、利润高的行业。"七七事变"之后，日军一方面强占了一些纱厂，委托给日本各纺织会社经营，榆次的晋华纱厂委托给东洋纺织会社经营，甚至连规模不大的新绛的大益成、生雍裕纱厂，在太原和祁县的晋生、益晋织染厂，也委托给日本钟渊等纺织会社瓜分经营。另一方面，日本的钟渊纺织和东洋纺织会社则另开途径，兼营其他，如钟渊还经营山西的西北实业公司毛织厂和皮革厂、电化厂，等等。

对面粉的统制。"七七事变"后，山西大部分面粉厂被日军霸占，委托给日本三大面粉会社——日东、日清、日本制粉会社经营。日东制粉会社占有太原的两个面粉厂，并在榆次、平遥、临汾、太谷、祁县等地设面粉厂。此外，还在一些据点新建面粉厂，1938年在大同设资本55万元的大同面粉厂；1940、1941年在大同设资本2万元的大野制粉工厂和资本100

万元的中日合资日蒙制粉公司。

对水泥等企业的统制。山西的西北洋灰厂被小野田水泥会社和浅野洋灰会社控制。大同沦陷后,日本的磐城士敏土株会社在大同城内设立蒙疆洋灰工业股份有限公司。该公司投资 200 万元蒙疆币,在口泉镇建造一座日产 120 吨水泥的机械化立窑水泥厂,取名口泉洋灰厂,全套设备从德国进口,并聘用德国技师组织施工,历时一年多于 1940 年 11 月上旬完工。按设计,日产水泥 120 吨,年产水泥 3.6 万吨,因中国工人的反抗斗争,实际每天只产六七吨水泥,年产水泥 2000 多吨,直到 1945 年 8 月日本宣布无条件投降。[①] 太原的晋恒制纸厂,也被日本王子制纸会社侵占。

(七)对金融的统制

日军入侵华北后,立即着手统制蒙疆地区的金融业。1937 年 9 月建立伪察南银行,资本 100 万元,名义上由伪察南自治政府出资,实际是向日本"满洲"中央银行借款抵充。11 月 22 日,改称伪蒙银行。根据伪蒙疆政府公布的《蒙疆银行条例》,该行成为统一发行货币和统制蒙疆地区金融的最高机构。

伪蒙疆银行总行设在张家口,注册资本 1200 万元,由内蒙古、察南、晋北 3 个伪自治政府各自出资 400 万元,先缴足 1/4 的资本即开业,由上述三者先行出资 100 万元共 300 万元。银行发行的蒙疆银行券与日元等价联系,流通地域为内蒙、察哈尔和山西北部地区。

1938 年 2 月 5 日,伪临时政府组织设立委员会,筹建伪中国联合准备银行,并公布了《中国联合准备银行条例》。3 月 10 日,伪中国联合准备银行(简称中联银行)在北平正式开业。

伪中联银行成立后,首要的工作是统制货币发行。发行的货币分为纸币和辅币两类,纸币面值分别为 100 元、10 元、5 元、1 元 4 种;辅币为 5 角、2 角、1 角、5 分、1 分 5 种。该银行通过多种方法推行伪币,如充作财

---

①大同市地方志编纂委员会编:《大同市志》上,中华书局 2000 年版,第 448 页。

政支出;收购物资,经营实业;强迫其他银行接受,等等。

蒙疆银行券和联银券在山西的发行,严重扰乱了山西的金融市场,导致货币贬值,通货膨胀。

(八)对劳工的强制掠夺

日本在大规模掠夺山西物产资源的同时,还大肆掠夺人力资源。早在 1936 年,日本就从山西掠往东北劳工 2408 人,其中制造业 1284 人,农业 224 人,土木工 72 人,建筑业 131 人,杂役 304 人,商业 290 人,运交业 57 人,矿业 46 人。[①] 随着侵略战争的扩大,日本对劳工的需求日益增加,掠夺的人数也逐步增加。

1939 年 9 月,日华北方面军第四课与兴亚院华北联络部联合作出设立华北劳工协会的决定,制订了"华北劳工协会筹备设立计划的根本方针"及协会设立的有关文件。经过半年的磋商,1940 年 9 月兴亚院华北联络部设政务局劳务室,同时在兴亚院华北联络部内设"中央劳务统制委员会",负责在华北实施劳务统制与计划分配的日常事务。

据中国社会科学院近代史研究所的专家统计,日本从华北强掳、输出劳工,1935 年 40.05 万人,1936 年 35.8 万人,1937 年 31.9 万人,1938 年 49.2 万人,1939 年 98.6 万人,1940 年 131.9 万人。[②] 其中,山西劳工也不在少数。

日本在山西强制劳工主要用于以下两方面:一是修筑军事工程。1940 年日本在华北实施"囚笼政策",企图以铁路、公路为"链",据点、碉堡为"锁",将八路军在山西的各抗日根据地分割、包围、封锁,以便各个击破。为此,日军在山西大规模强征劳工,修筑工事。据兴亚院华北联络部内设的华北产业开发计划设定委员会第六分科会(劳务)1940 年 6 月

---

①居之芬、庄建平主编:《日本掠夺华北强制劳工档案史料集》上,社会科学文献出版社 2003 年版,第 83 页。

②居之芬:《对日本强掳输出华北强制劳工人数考证问题的一点看法》,《抗日战争研究》1999 年第 2 期,第 218 页。

的调查统计,当年在华北用于修军事工程的劳力达 20 万人。[①] 二是开发矿山等。据兴亚院华北联络部劳务室 1940 年底报告称,1939 年日人计划向蒙疆输入华北劳工总数为 61000 人,其中大同煤矿 8000 人。后来,大同煤矿矿工增加到 1.8 万人。

　　日本对山西的经济统制,给山西人民带来了深重的灾难。一是导致重工业畸形发展。因日本在山西偏重于原料生产,为其侵略战争服务,使山西工业结构畸形发展,重工业超重,轻工业下降。 二是加速了农村经济的凋敝。日本的侵略战争严重地破坏了山西农村经济,而经济统制和劳工掠夺又使农村经济雪上加霜。三是造成民族工业的衰败。日本对山西经济的统制与掠夺,严重地打击和摧残了民族工业,许多本省企业纷纷破产和倒闭,严重阻碍了山西经济的发展。四是造成通货膨胀。因日本对金融统制实行通货膨胀政策,大量发行纸币,必然造成物价飞涨,民不聊生。

---

　　①转引自居之芬:《关于日本在华北劳务掠夺体系与强制劳工人数若干问题考》,《抗日战争研究》2002 年第 3 期,第 133 页。

第十章
敌后抗日根据地的巩固

第一节　1940年春夏反"扫荡"作战

　　山西抗日根据地军民发扬不屈不挠的民族精神，面对日军的疯狂"扫荡"，开展了英勇的反"扫荡"作战，歼灭了大量日伪军，巩固了抗日根据地。

一、日军的"扫荡"计划

　　1940年，日本帝国主义急于结束对华战争，以便准备力量，伺机南进或北进，并对山西各抗日根据地进行连续的大规模"扫荡"。日华北方面军认为：在华北"占领区内特别在山西北部、东部，河北一带及山东大部地区，共军无论在质量上、数量上均已形成抗日游击战争的主力。因此，占领区内治安肃正的主要对象，自然是中共势力。"① "1940年度，不仅要在上年度的基础上继续推行各项施策，争取治安地区的扩大，更须推动有关建设部门，为奠定东亚新秩序的基础——'华北特区'的建设而奋勇前进。"从军事上来说，共军"势力迅速发展壮大，不容轻视。如不及早采取对策，华北将成为中共天下。为此，方面军的讨伐重点，必须全面指向

---

　　①日本防卫厅战史室编，天津市政协编译组译：《华北治安战》（上），天津人民出版社1982年版，第216页。

共军。"①

日华北方面军在1939年度"治安肃正"未果的基础上，又制定出1940年度肃正建设的基本方针，强调仍将"以'治安第一'为各项施策的基础"。②该计划分两期进行：第一期从4月到9月，第二期从9月到年底，重点"讨伐"地区为平汉、津浦两线之间地区。命令要求在1940年度，治安区须扩展到平陆、沁水及泽州（今晋城）平原，打通保定、石门（石家庄）和滏阳河、卫河的水路交通，以第1军及驻蒙军"扫荡"山西省北部和南部的抗日根据地。

3月15日，日华北方面军召开了所属各兵团参谋长会议，具体部署贯彻上述方针，特别强调"讨伐重点在于剿灭共军"。③重点是晋察冀根据地的平西和冀中平原，另一重要目标是晋西北地区。随后，日华北方面军各部即遵照上述方针及部署，调集第207、第110师团，独立混成第15旅团及第2军，开始对山西各抗日根据地进行"扫荡"。

二、抗日根据地军民的反"扫荡"

为粉碎日军的"扫荡"，中共中央和中央军委于2月10日在关于战略任务的指示中，明确提出八路军、新四军当前的战略任务是：粉碎敌人"扫荡"，坚持游击战争，打退一切投降派和顽固派的进攻，将整个华北、华中化为民主的抗日根据地，坚持华北、华中抗战，稳定全国统一战线，争取时局好转。并着重提出：在华北应以继续巩固为主，在巩固中求发展。根据中共中央的指示和敌后战场的形势，中共中央北方局和八路军

---

① 日本防卫厅战史室编，天津市政协编译组译：《华北治安战》（上），天津人民出版社1982年版，第223页。

② 日本防卫厅战史室编，天津市政协编译组译：《华北治安战》（上），天津人民出版社1982年版，第224页。

③ 日本防卫厅战史室编，天津市政协编译组译：《华北治安战》（上），天津人民出版社1982年版，第227页。

总部于 4 月在晋东南的黎城召开高级干部会议。会议在强调执行建党、建军、建政三大任务的同时，必须做好反"扫荡"的准备。为巩固抗日根据地，八路军在山西广泛开展反"扫荡"作战。

1940 年 2 月，为加强晋西北抗日作战，根据中共中央、八路军总部关于在晋西北"南起汾离公路，北至大青山脉化为巩固的根据地，建立西北和华北的战略枢纽"① 的指示，第 120 师主力在协助晋察冀边区军民取得反围攻胜利后，由晋察冀返回晋西北。其所属各部立即开展晋中平原与同蒲路北段的游击斗争，同时增加了大青山地区的抗日力量，游击战迅速向绥东发展。

2 月下旬，日军调集 5000 余兵力，对晋西北的五寨、静乐、临县、方山、文水及交城以西等地进行春季"扫荡"。2 月 23 日，五寨日军 500 余人向南进攻，暂 1 师、工卫旅与敌激战一昼夜，将敌击溃。随后，宁武、静乐、太原、大武、柳林之敌连续出扰。日军共出动 1.2 万余人，先后占领岚县、临县、方山 3 个县城和 11 个市镇。到 4 月 1 日，第 120 师和山西新军将日军击退，收复上述各城镇。在反"扫荡"作战中，晋西北军民共进行大小战斗 30 余次，伤亡 600 余人，毙伤日军 1000 余人，俘敌 200 余人，缴枪 100 余支。

5 月中旬，日军又在晋西北抗日根据地周围部署 2.5 万余人，加紧修筑公路，增修据点，准备物资，并不断派特工人员潜入根据地内侦察，开始准备夏季"扫荡"。

5 月底，日军开始进行"扫荡"兵力的调动，具体部署为：第 26 师团一部由大同、平鲁、朔县等地向偏关地区集结；独立混成第 3 旅团由崞县、代县等地向五寨、神池、宁武地区集结；独立混成第 9 旅团由文水、交城、忻县、太原等地向静乐、河口、古交地区集结；独立混成第 16 旅团则集结于离石、大武、柳林等地。

针对日军的部署与动向，第 120 师抓紧对部队进行战斗动员，准备战

①《中共中央文件选集》第 12 册，中共中央党校出版社 1991 年版，第 286 页。

备物资,勘察地形,侦察敌情,组织群众进行空室清野,制定反"扫荡"作战方案。研究决定分三个阶段进行反"扫荡"作战:第一阶段,相对集中兵力,打击敌之薄弱一部,力争歼敌一部。第二阶段,采取以分散的游击战为主,不断袭扰、疲惫与消耗敌人,减弱敌军战斗力。第三阶段,相机集中兵力,争取歼敌一路于运动中。具体部署为:以第358旅并指挥第2支队,在王狮、普明之间隐蔽待机;以第3支队集结于岚县以北之河口地区,准备打击向岚县进犯之敌;以独立第1旅开至临县、三交以东地区,准备打击由大武向临县进犯之敌;以决死队2纵队活动于离石、方山之间;以决死队4纵队在汾离公路沿线不断出击,袭扰敌后方,破坏敌交通;以独立第2旅与新军暂编第1师集结于岢岚、五寨以西地区,待机打击由五寨向岢岚进犯之敌;师特务团和工卫旅在文水、交城西北地区,积极打击该地区之敌。第120师首长还命令驻黄河西岸宋家川之第359旅第718团,相机以一部兵力东渡黄河,在军(渡)离(石)公路沿线袭扰敌军,配合反"扫荡"作战。

6月6日,日军第1军和独立混成第3、第9、第16旅团及驻蒙军两个支队计2万余人组成"讨伐队"开始出动。根据这次"山西西北部肃正计划",日军将首先占领岢岚、岚县两城,驱逐或消灭交城、文水以西八路军,并占领黄河各渡口,切断晋西北通往陕甘宁边区的道路,尔后由东、南、北三面向晋西北抗日根据地中心区合击。①

6月7日,第一阶段反"扫荡"作战开始。当日下午,集结在静乐的日军1100余人,兵分两路向岚县进犯,于次日晨攻占岚县城。独立第3支队从10日至13日不断袭击岚县之敌,伏击静岚公路敌之运输队。为打击进占岚县日军,第120师令第358旅由白文镇开赴岚县、静乐以南地区,15日第358旅到达东村附近。

6月12日,文水、交城、古交和静乐等地日军2500余人,兵分九路向文水西北的双龙镇、兑九镇地区合击,企图一举歼灭第120师特务团和

①日本防卫厅战史室编,天津市政协编译组译:《华北治安战》(上),天津人民出版社1982年版,第270页。

工卫旅。特务团和工卫旅跳出合击圈,使敌围歼企图落空。15日,日军占领兑九镇、双龙镇。

6月15日,第120师召开作战会议。贺龙师长在会上分析了形势后,判定日军战役进攻部署已经完成,并指出南面是日军主要进攻方向,于是又下达补充作战指示:令第358旅将主力集结于东村东南地区待机;令第3支队牵制岚县之敌;令独立第1旅以第715团于三交以东地区打击由大武出犯之敌,待敌向临县进攻时,再转移至机动位置待机;令独立第2旅主力与暂编第1师在五寨、岢岚间打击由五寨向岢岚进犯之敌,并将敌向保德方向吸引,以减轻敌对第358旅等部的压力;令决死2纵队在日军大举"扫荡"临县、方山时,转至大武、方山至三交的交通线上袭扰敌军;令决死4纵队以2个团的兵力切断敌在汾离公路线之交通;令特务团与工卫旅在文水、交城西北地区坚持开展游击战,以牵制日军兵力。

同日,第358旅按师部命令由赤坚岭向东村以南之曲井村、上马铺地区转移。6月16日,第358旅侦悉由静乐进攻兑九镇地区的村上大队700余人扑空后,北返静乐县米峪镇。第358旅遂决心利用米峪镇附近有利地形歼敌于运动中。于是,命令第716团、独立第4团及独立第2支队于当日下午隐蔽地开至米峪镇以北的大夫庄附近设伏。设伏部队久等未见米峪镇之敌出动,第358旅即令独立第2支队于大夫庄对娄烦方向实施警戒,主力迅速向米峪镇开进,并准备以预期遭遇战消灭该敌。6月17日,第358旅和独立第2支队在曹家掌附近将村上大队包围。当日上午7时许,第358旅独立第4团在曹家掌与该敌遭遇后,迅速抢占有利地形与敌展开激战。约9时许,第716团赶至参加战斗,战至中午,参战部队占领了曹家掌西山与南山阵地。17时,参战部队向敌发起总攻,歼敌大部,残敌据守窑洞负隅顽抗。6月18日,两路日军分别从静乐和古交驰援米峪镇村上大队,同时日军对晋西北抗日根据地的全面"扫荡"已经开始。在此情况之下,第120师遂令第358旅以独立第4团围歼残敌,主力向赤坚岭转移。独立第4团歼残敌大部后,于6月19日迅速转移。米峪镇战斗,第358旅共毙伤敌500余人,俘虏4人。至此,第120师第一阶段反"扫荡"作战结束。

从6月20日开始,日军集中众多兵力,分数路向晋西北抗日根据地腹地推进。第120师遂令开始第二阶段的反"扫荡"作战。

日军独立混成第16旅团由汾离公路一线向北,独立混成第9旅团由岚县等地向西、向南合围临县、方山地区。柳林日军1500余人18日北上,连占孟门、碛口、安家庄、清凉寺、兔坂,24日到克虎寨。大武日军2000余人分两路北上,一路经峪口于21日占方山,一路经三交于22日占临县及临县北之窑头。23日,窑头日军派出1000余人,于25日占罗峪口。独立混成第9旅团占岚县后兵分两路,一路向西南,经普明直扑方山;一路先向西后向南,经大小坪头、任家坡、花子村,于22日抵窑头,与独立混成第16旅团北上部队会合。日军村上大队被歼后,静乐、古交、交城三路日军共1500余人,于20日拂晓赶到米峪镇附近,企图报复。当时,第358旅主力已向西北方向转移。日军又企图与由方山北上、由普明南下的部队一起合击第358旅于赤坚岭。

第358旅发觉日军的企图后,由赤坚岭,经寨上、康宁镇,跳出其合围圈,于6月21日晨转移至阳坡、寨上等地区。日军发现后,立即紧随其后,企图继续围歼。6月21日夜,第358旅利用夜幕作掩护,迅速由阳坡、寨上向北转移至兴县附近,并与第120师师部会合,摆脱了日军的围追。

日军独立混成第16旅团一部3500余人进占三交、碛口和临县县城后,便向驻在安家庄、清凉寺、梁家会等地的第120师独立第1旅发起进攻。由于独立第1旅适时转移,日军围攻扑空。日军于6月24日和25日先后抢占了黄河沿岸的罗峪口、克虎寨等地。与此同时,从偏关地区分路出动的日军第26师团4500余人,于6月17日至24日先后占领岢岚、保德、河曲、旧县镇、沙泉等地。

第120师根据日军的围攻战术,果断下令采取分散游击作战方式,避敌锋芒,插至敌之侧翼及后方,以伏击、袭击等作战手段,疲惫与消耗敌人。同时,决定派出一部分兵力断敌交通。具体部署如下:第120师机关率第 358 旅主力集结于兴县以北地区;独立第 1 旅由雷家碛以北转移至临县窑头以西地区,袭击或伏击由临县出动之敌;独立第 2 旅及暂编第 1 师由保德地区转移至敌侧翼,以一部兵力活动于五寨至岢岚以西地区,以 1 个团进至三岔、五寨间,以 1 个团进至新屯堡以北,袭扰三岔、岢岚、新屯堡等据点之敌;决死 2、4 纵队进至大武、离石间以及汾阳附近开展活动;第 359 旅第 718 团以 1 个营由碛口东渡黄河,并在柳林、李家垣、离石之间活动,威胁与牵制日军后方据点。

日军对晋西北抗日根据地 20 余日的"扫荡",只占据数座空城和一些村镇,不仅歼灭晋西北八路军主力的企图未能得逞,而且侵入根据地内的日军在第 120 师部队不断打击下,昼夜不得安宁,根本无法立足,遂于 6 月 26 日开始撤退。至此,第 120 师第二阶段反"扫荡"作战结束。

但是,日军并不甘心,仍图谋在撤退时寻机报复。于是,第 120 师又展开了第三阶段反"扫荡"作战。6 月 28 日,日军集结约 3000 兵力,分三路向兴县合击。至 7 月 2 日,日军从东、西、南三面对驻兴县的第 120 师领导机关和第 358 旅形成包围态势。

第 120 师首长遇险不惊,迅速率第 358 旅从兴县及其以北地区转移至兴县西南的曹家坡、张家圪台地区待机歼敌一路。当第 120 师首长侦知参加此次"扫荡"的日军大部撤回原地,进攻兴县之日军已处于孤立突出地位时,当即决定集中兵力,在兴县以东二十里铺伏击从兴县东退之敌。于是命令在康宁镇的第 358 旅和在窑头以西的独立第 1 旅于 7 月 3 日前赶至二十里铺至明通沟以南山地设伏;命令从冀中返回的独立第 3 支队和独立第 5 支队进至兴县会阳崖以北山地设伏;命令独立第 2 旅监视从保德、岢岚地区南下的日军。决死 2、4 纵队和工卫旅及师特务团在外线配合作战。

7 月 3 日,第 358 旅由康宁镇西北到达冯家沟地区,独 1 旅及第 5 支队到达明通沟以南地区。4 日,师部进至羊湾子指挥战斗。

7 月 4 日上午,兴县之日军独立混成第 9 旅团 2000 余人,分为三个梯队沿大川向东撤退至会阳崖东西地区。在此设伏的独立第 1 旅第 2 团和第 358 旅第 715 团突然向敌发起攻击,给敌以重大杀伤。17 时,第 358 旅赶到加入战斗,反复向敌猛攻。但因北面空虚未能形成包围,且各部加入战斗先后不一,未能形成同时的突然攻击,敌固守村庄顽抗,难以迅速结束战斗。4 日晚,由保德南撤的独立混成第 3 旅团 1000 余人到达兴县,5 日晨继续东窜,与独立混成第 9 旅团汇合后,仓皇向东突围。鉴于敌情的变化,第 120 师首长下令以一部尾击侧击撤退之敌外,主力撤出战斗。日军仓皇突出包围,于 7 月 6 日撤回岚县。此次战斗,八路军共毙伤敌 700 余人,再次给"扫荡"之敌以沉重打击。

7 月 6 日,日军全部撤出晋西北根据地,第 120 师夏季反"扫荡"遂告胜利结束。历时月余的反"扫荡",第 120 师及其晋西北抗日武装共作战 250 余次,歼日伪军 4490 人,俘日伪军 53 人,缴获枪 300 余支,并收复了兴县、临县、方山、保德、河曲等县城。

第二节　根据地军民对日控交通的破击

日军虽多次"扫荡"山西抗日根据地,但都被根据地军民打退。1939 年 9 月,日华北方面军总司令易人,由多田骏接任杉山元。多田骏上任后,当即提出了"竭泽而渔"的所谓"囚笼政策"。即:以铁路为柱,公路为链,碉堡为锁,辅之以封锁沟、墙,从控制区向根据地构成网状"囚笼",以此对根据地抗日力量实行分割、压缩、包围,束缚八路军和游击队之机动,便于敌之奇袭、捕捉,同时借此切断八路军与民众的血肉联系。为此,华北日军大肆修筑铁路、公路、据点、碉堡。公路上每隔 10 里、铁路上每隔二三里设一据点。在平原、湖泊地区,则迫使群众挖掘新的河沟,把根据地划成不相连接的若干小块。而后,日军以守备部队、"扫荡"部队相配合,"点"与"面"相联系,实施"分区扫荡""分散配置""灵活进剿",以达其

"治安战"的目的。

　　为粉碎日军的"扫荡"，打破其"囚笼政策"，八路军和地方武装、民众三结合开展"交通破击战"。晋冀豫边是日军"治安肃正"的重点，在1939年夏季"扫荡"中，根据地内大部县城为敌所占。日军还在境内白晋路北段、邯长、平辽、武沙等公路交通线两侧新建了不少据点，以此对根据地封锁、分割，以实现其由"点"到"面"的占领计划。为粉碎日军的企图，战斗在晋冀豫边的八路军第129师号召边区军民向交通线，开展广泛的交通破击战，打破日军对根据地实行的"囚笼"政策。从1939年12月至1940年6月，在第129师统一指挥下，八路军第129师主力、第115师第344旅和晋冀豫军区部队在根据地民众的配合下，相继进行了邯长公路、白晋铁路、武沙公路大破击。

一、邯长公路破击战

　　位于太行山山区的邯郸、长治是日军进攻晋冀豫抗日根据地的两个据点。邯（郸）长（治）公路横跨晋冀两省，穿越太行山区，既是日军的重要补给线，也是日军对晋东南抗日根据地分割、包围的封锁线。切断邯长公路，既可打击日军对根据地的封锁，又使邯郸、长治的日伪军处于孤立，陷于人民战争的包围之中。

　　1939年12月，八路军第129师及晋冀豫军区部队，乘驻白晋铁路及邯长公路之日军第20师团、第36师团以及独立混成第1旅团换防之机，发起邯长公路破击战。12月8日，首先以地方自卫队、游击小组对邯长线之日伪军进行不间断的袭扰，以转移日军之注意力，掩护主力集结。从12月14日起，第344旅第688团、第689团和第129师特务团开始向潞城、赵店镇、黎城、停河铺、东阳关、响堂铺等日军据点展开袭击，并破坏交通线；第129师第769团切断黎城至涉县间的公路，并猛烈攻击响堂铺、涉县日军据点。12月22日上午，第129师特务团以一部兵力与地方武装,在下桂花、麦仓方向钳制黎城日军,主力则兵分两路向赵店镇迂回;第344旅第687团、第688团各以一部兵力,兵分三路,经东岭沟袭击赵店镇,击溃守敌500余人,并于当晚22时攻克该镇。12月23日,第129师特务团主力兵分两路,向黎城袭击;第129师第769团以一部兵力袭击七里店,并乘胜收复东阳关。同日下午,八路军集中优势兵力猛攻黎城,守军900余人被迫弃城东窜。12月24日,第129师第769团及第344旅一部等袭击涉县,先遣支队一部攻击涉县城东北的井店,经彻夜激战,于25日晨攻克这两个据点,并相继收复涉县城、响堂铺及井店镇。在八路军的大力破袭下,26日邯长公路完全中断。

此次破击战,八路军及地方武装共攻克涉县、黎城、响堂铺、井店等日军据点23处,歼灭日伪军700余人,太南、太北重新连成一片,取得了破击战的胜利。

二、白晋铁路破击战

日军在积极抢修山区的白(圭)晋(城)铁路的同时,还计划修成临(汾)邯(郸)铁路,以此将太行、太岳根据地分割成四块,以便于"分区清剿"。

为了打破日军的计划,第129师部队在根据地群众的协助下,于1940年5月初发起白晋铁路破击战。具体部署为:第129师特务团及部分地方武装袭击东关至来远段,第385旅、平汉纵队主力与晋冀豫边区纵队第1、第3团破袭来远至权店段,并攻击南关镇;第386旅及决死1纵队破袭权店至段柳段。5月5日,八路军与当地军民在100多公里的铁路线上展开大破袭,并袭击了白晋铁路沿线的沁县、固亦、漳源、权店、南关、来远等据点,歼敌数百人。6日,太谷、来远、沁县日军出动,向八路军破袭部队进行反扑,均遭痛击。由于八路军与地方武装、根据地群众的密切配合,一两天内就将日军经营一年的白晋线损坏。至7日,破击战结束,日军修路分割晋东南根据地的企图完全落空。此次破袭战,根据地军民共破坏铁路数十公里,毁坏大小桥梁 50 余座,炸坏火车一列,歼敌 350 余人,缴获与毁坏大批军用品,并解救了被押的 1000 余名修路工人。

这次破击战的意义,刘伯承师长在 1940 年 5 月 20 日曾作了深刻的总结。他指出:

> 敌人修筑白晋铁路,是想用现代装备的优势兵力持久连续"扫荡"晋东南根据地。假如没有筑成晋东南骨干交通线白晋铁路,那么,敌军深入我腹地的灵敏移动及军需辎重的源源接济是不可能的,飞机、装甲车、大炮、机关枪一切现代装备就成了死的东西,更谈不上对晋东南内外夹击的"扫荡"。……敌人原来占据的铁路不论它由点而线而带的进展,都在我们广大面积的抗日根据地包围与打击下,现在敌人反企图对我们的根据地用据点的铁路、公路筑成网状,把抗日军民紧缠起来,作一个比喻来说,敌人要用铁路作柱子,公路作链子,据点作锁子,来造成一个囚笼把我们军民装进里边去凌迟处死。对此,我们的同志要有充分认识。我军破击白晋铁路的原因也在此。[①]

三、武沙公路破击战

日军为割断太行、冀南两个抗日根据地的联系,于 1939 年冬开始修建武(安)沙(河)封锁线。1940 年初,日军又修筑邢台至羊范、沙河至公司窑等公路。

为打破日军的计划,八路军第 129 师于 6 月中、下旬发动了武沙公路破击战。6 月 20 日晚,八路军第 129 师以第 769 团和第 32 团分别攻击了刘石岗和范下曹的日军据点。战斗进行时,公司窑之日军 600 余人出援,在下关村遭第 129 师第 14 团阻击,敌伤亡 100 余人。6 月 21 日,第 769

---

①《刘伯承军事文选》,军事科学出版社 1992 年版,第 167~168 页。

团、第 32 团又相继攻袭刘石岗和范下曹。此役，八路军共歼敌 700 余人，缴获枪 270 余支、炮 2 门，破坏公路多处，粉碎了日军分割、封锁太行抗日根据地的企图。

1940 年，日军在华北推行"肃正建设"，把进攻矛头全面指向八路军。据日方统计，在 1939 年 1 月 10 日至 1940 年 11 月 30 日将近两年期间，日军在华北出动讨伐次数大小合计有 29168 次，讨伐战斗 2759 次。[①] 另据我方记载：为配合这些"讨伐"，日军大肆修筑铁路、公路、据点、碉堡，两年间在华北修复铁路 1870 公里，公路 15600 公里，新建碉堡 2740 个。[②] 在日军疯狂"扫荡"、"讨伐"和"囚笼政策"面前，山西军民同仇敌忾，同日军展开了英勇的交通破袭战。对此，日军也承认"共军的情报收集、传递，非常巧妙而且迅速。日军的讨伐行动，往往在事前便被侦悉。到处都有彼等安插的密探。就连日本方面的雇佣人员，对他们也必须提高警惕，以防他们通敌。与此相反，……几乎无人提供关于共军的可靠情报。"[③] 日军第 101 师团长桑木崇明哀叹：根据地的组织是"神秘、微妙、不可理解的"，"老百姓可以随便用眼色或手势传达八路军要知道的消息，速度比电话还快。"[④] 在交通破击战中，更体现了人民战争的威力。据记载，第 120 师太原作战时，参战群众达 3 万多。日军在山西根据地军民的铜墙铁壁面前，陷入不能自拔的泥淖之中。

---

① 日本防卫厅战史室编，天津市政协编译组译：《华北治安战》（上），天津人民出版社 1982 年版，第 278 页。

②《聂荣臻回忆录》（中），解放军出版社 1984 年版，第 452 页。

③ 日本防卫厅战史室编，天津市政协编译组译：《华北治安战》（上），天津人民出版社 1982 年版，第 157 页。

④《聂荣臻回忆录》（中），解放军出版社 1984 年版，第 416 页。

第三节 抗日根据地的巩固和发展

抗日根据地是抗日民族解放战争的战略基地,山西抗日根据地军民在军事上开展反"扫荡"的同时,加强政权建设、经济建设、文化建设和党的建设,使抗日根据地得到日益巩固和发展。

抗日游击战争敌后战场的猛烈发展,使山西抗日根据地得以迅速扩大。但是,由于日军的"扫荡",根据地长期处在战斗频繁、条件艰苦的险恶环境中,山西根据地的巩固与否,直接关系到华北抗战。为此,中共中央、中央军委自 1939 年下半年始,先后发出一系列关于加强根据地和军队建设的指示,明确要求各抗日根据地的党政军领导机关,切实做好党的巩固工作,努力加强抗日民主政权建设,发展生产,改善群众生活,巩固并加紧训练军队,以适应抗日战争形势发展的需要。1939 年 8 月 25日,中共中央政治局作出《关于巩固党的决定》,指示各级党组织要把整理和巩固党的组织作为今后一个时期的中心任务。1940 年 2 月 1 日,中共中央又作出《关于目前时局与党的任务的决定》,明确提出要巩固和扩大抗日根据地,巩固与扩大党的组织和共产党领导的军队。2 月 10 日,中共中央、中央军委在《关于目前形势和任务》的指示中,重申了执行 2 月 1日中共中央《关于目前时局与党的任务的决定》的重要性,要求八路军将华北化为民主的抗日根据地。

遵照中共中央的指示和决定,中共中央北方局和八路军总部于 1940年 4 月 11 日至 26 日在山西省黎城召开了太行、太岳、冀南地区的高级干部会议,史称"黎城会议"。杨尚昆作了《目前政治形势与统一战线中的策略问题》的报告,刘伯承作了《党军建设问题》的报告,邓小平就成立冀南、太行、太岳行政联合办事处(简称冀太联办)和财经问题作了重要讲

246

话。会议着重讨论解决在新形势下巩固和建设根据地的问题,提出了建党、建政、建军的三大任务。这次会议解决了抗日根据地由开创阶段转变为巩固和建设阶段所面临的一系列问题,具有重要的历史意义。会后,山西各抗日根据地的党政军领导机关和八路军各部队遵照中共中央北方局和八路军总部的指示,广泛深入地开展了加强根据地建设的工作。

(一)抗日民主政权建设

政权建设是根据地建设的首要问题和根本问题。1940 年 3 月 6 日,中共中央发出《抗日根据地的政权问题》的指示,指出:"在抗日时期,我们所建立的政权的性质,是民族统一战线的。这种政权,是一切赞成抗日又赞成民主的人们的政权,是几个革命阶级联合起来对于汉奸和反动派的民主专政。"① 创建抗日根据地,必须努力建立抗日民主政权,特别是随着敌后抗日游击战争的猛烈发展,抗日根据地迅速扩大,抗日民主政权建设更为迫切。因此,山西各抗日根据地把抗日民主政权的建设摆在非常重要的位置上。

晋察冀边区是中国共产党领导人民建立的第一个敌后抗日根据地。1938 年 1 月 10 日,晋察冀边区军政民代表大会在阜平县城第一完全小学校隆重开幕。出席会议的代表共 148 人,其中有共产党和国民党的代表,有各抗日的正规军(包括八路军和坚持抗日的国民党军队)和群众武装游击队、义勇军的代表,有各抗日阶层 119 个群众团体的代表,有晋察冀三省边界 39 个县的政府代表,还有蒙古、回、满等少数民族的代表及五台山的和尚、喇嘛等宗教界人士。全体代表以"抗日高于一切"为前提,在团结抗战、实行民主的目标下,共商抗日救国大计。会议的主要议题是:建立边区统一的政权以巩固和扩大抗日根据地,以及财政问题和战时经济政策等。全体代表根据抗日民族统一战线的方针和抗日救国十大纲领,对各项议题及提案进行了热烈讨论。大会通过了坚持抗战到最后胜利的宣言,指出:"为着创立与巩固晋察冀抗日根据地,保持华北游击

---

① 《毛泽东选集》第 2 卷,人民出版社 1991 年版,第 741 页。

战争;为着统一与整理晋察冀边区内军事、财政、经济以及一切行政机构,保持持久的必然胜利;为着打击汉奸政权,团结一切抗日力量,争取徘徊歧途的动摇分子,晋察冀边区有成立临时政权的必要。边区代表大会就是在这个意义上胜利的开幕了。"大会通过了《政治问题决议案》《军事问题决议案》《财政问题决议案》《经济问题决议案》《文化教育决议案》《群众运动决议案》及《妇女问题诀议案》。最后,大会以民主的无记名投票的方法,选举产生了晋察冀边区临时行政委员会,聂荣臻、宋劭文、刘奠基、吕正操、胡仁奎、张苏、孙志远、娄凝先、李杰庸等9人为委员,孟阁臣(后因通敌叛国被处决——引者注)、王斐然、张仲瀚为候补委员,并推选宋劭文为主任委员,胡仁奎为副主任委员。晋察冀边区临时行政委员会下设财政厅(厅长由宋劭文兼)、民政厅(厅长由胡仁奎兼)、实业厅(厅长由张苏兼)、教育厅(厅长由刘奠基兼),秘书长由娄凝先兼。

1月15日大会结束,晋察冀边区政府宣告成立。正如大会宣言所指出的那样:"边区临时行政委员会,是以民族统一战线的政权形式,包含着各党、各派、各阶层及各种民族分子。它的实际内容是贯彻抗日与真正民主。在行政的体系上,也是中华民国的地方政府。"2月上旬,边区政府收到阎锡山转来国民政府行政院1月30日正式批准成立边区政府的电报。这样,边区政府的产生"不但经过了人民的选举,而且经过了阎主任和国民政府的批准"。① 后来,国民政府行政院长孔祥熙还派人到边区进行联络。边区行政委员会成立后,根据阎锡山和国民政府的意见,取消了"临时"的名称,并将政府各厅改为处。

晋察冀边区政府的成立,是中国共产党正确执行抗日民族统一战线政策所取得的巨大成果,标志着中国共产党领导的敌后第一个抗日民主政权的诞生。它的建立不仅结束了抗战初期各自为政的紊乱状态,使社会秩序得到稳定,人民群众在自己的政府领导下,更加坚定了坚持抗战的信心,而且对于巩固和扩大抗日根据地,坚持抗战都有着深远的影响。

---

①彭真:《论晋察冀边区抗日根据地的政权》,载《解放》第 55 期。

为加强统一领导,1939年1月,晋察冀分局改为中共中央北方分局,彭真担任分局书记(1941年,彭真离开边区去延安,北方分局又改为晋察冀分局),代表中共中央和北方局对边区党、政、军和群众工作实施全面领导。在建立各级抗日民主政权的基础上,晋察冀边区政府颁布了20条施政纲领(简称《双十纲领》),对各级抗日民主政权的组织原则和任务、人民群众的权利和义务以及各项具体政策都做了明确的规定,使根据地各项工作均有章可循。中共中央和毛泽东曾高度评价晋察冀抗日根据地,充分肯定了所取得的卓越成绩。1939年3月2日,毛泽东在为聂荣臻写的《抗日模范根据地晋察冀边区》小册子的序言中写道:"晋察冀边区是华北抗战的堡垒,那里实行了坚持抗战的民族主义,那里实行了民主自由的民权主义,那里也开始实行了改良民生的民生主义,总之一句话,那里实行了互相联结不可分离的三民主义。""晋察冀边区坚决实行三民主义的精神,是值得钦佩、值得奖励的。过去汪精卫辈开口闭口八路军与游击队'游而不击'。某些应声虫起而合之,然而汪精卫却'游'到日本怀里去了,应声虫们则在四圈八圈麻将世界大打其'游击',真不识人间有羞耻事!晋察冀边区里面没有汪精卫党徒,也没有四圈八圈麻将,那里却坚决实行了三民主义,用艰苦奋斗的游击战争创立了华北抗战的堡垒。"至1940年底,晋察冀抗日根据地上到边区、下至村级的抗日民主政权基本上建立起来,并在全区范围内进行了基层政权民主大选举运动。1940年开展的全区民主大选举运动,是一次由广大群众参加的革命运动,平均参选人数占公民总数的80%以上,使各级政权初步实现了"三三制"原则,在中国民主政治发展史上产生了极为深远的影响。晋察冀各级抗日民主政权领导着面积达21万平方公里、人口约1500万人的抗日根据地。

在晋西北抗日根据地,1937年9月就成立了晋西北临时省委,1938年10月改称晋西北区党委。"十二月事变"后,1940年初晋西北成为完全由中共领导的抗日根据地。1月31日,中共中央军委指示晋西北党组织和八路军第120师完成政权的改造任务;要使晋西北从行署至乡区机关均须掌握在共产党员与进步分子手中，建设真正的抗日民主政权；各级政府须根据民族革命十大纲领，颁布具体切实的施政纲领，并认真实行之。1月15日，晋西北专员、县长、群众团体及新军负责人各界代表会议在兴县召开。2月1日正式成立了晋绥游击区行政公署（亦称晋西北行政公署），公推续范亭为主任，牛荫冠、武新宇为副主任，统一领导晋西北、大青山两地区政权工作。接着颁布了施政纲领，对各专员公署、县、区、村各级政权进行了整顿。至1941年8月，晋西北行政公署辖6个专署、36个县。即：二专署辖河曲、保德、岢岚、五寨、偏关、朔县、神池；三专署辖静乐、岚县、阳曲；四专署辖临县、临南、方山、离石、离东；五专署辖平鲁、右玉、左云、山朔（阴）、大同、怀仁、右南；六专署辖宁武、静宁、崞县、忻县；八专署辖交城、文水、汾阳、交西、太原、清徐、榆太、平介、祁北；直属县为兴县。

与此同时，按照中共中央的指示，晋西北、晋西南两个区党委合并为晋西区党委，由林枫（原晋西南区党委书记）任书记，赵林任副书记。随后，又成立晋西北军政委员会，由贺龙任书记，关向应任副书记，统一领导晋西北的党政军民工作。成立晋西北新军总指挥部，续范亭任司令员，罗贵波任政治委员。

在晋冀豫抗日根据地，1938年4月5日，中共中央在《关于建立晋冀豫边区抗日根据地问题的指示》中，明确提出了政权建设的指导意见。各级党组织根据中央的指示精神，对旧政权进行改造。比如，武乡县委采取团结、联合、斗争和撤换等办法逐步改造了各级旧政权。1940年4月，黎城会议提出巩固根据地的"建党、建军、建政"三大建设工作，正式成立太行军政委员会，以邓小平为书记，刘伯承、薄一波、宋任穷、杨秀峰、蔡树藩、安子文、李雪峰、李菁玉为委员，统一领导太行、太岳、冀南三区。会后，进一步加强了政权建设工作，8月1日在涉县东辽城成立了冀南、太行、太岳行政联合办事处，设立行政委员会，由杨秀峰任主任，薄一波、戎子和任副主任。冀太联办是根据地最高行政领导机关，辖冀南、太行、太岳3个行政区、15个专区、115个县。同时，在根据地实行了民主普选，成

山西抗日战争史

立了区乡等抗日基层政权。在建立各级抗日民主政权的基础上,冀太联办颁布了《冀南太行太岳行政联合办事处施政纲领》,对于根据地建设的进一步发展起了重要作用。

总之,山西各抗日根据地经过 1939 年至 1940 年的努力,抗日民主政权得到进一步加强与巩固,对于巩固华北,坚持持久抗战,乃至夺取抗日民族解放战争的胜利奠定了可靠的政治基础。当然,我们也应看到这一时期的抗日政权建设尚处于初创阶段,存在着两种政权并存的局面,而且各根据地政权建设发展还不平衡。

(二)经济建设

山西各抗日根据地相继开展了多方面的经济建设,从而为根据地的巩固与发展奠定了坚实的经济基础。

1.发展生产

山西各抗日根据地在加强经济建设的过程中,把努力动员和组织群众发展生产,改善人民群众生活,作为加强抗日根据地建设的一项重要任务。

中国是一个经济落后的农业大国,而山西抗日根据地又主要建立在广大的农村地区,这就决定了"农业生产是边区经济的支柱"。[①] 为调动广大农民的生产积极性,各根据地先后颁布了一系列的政府法规。一是奖励垦荒。1938 年 2 月晋察冀边区行政委员会公布《垦荒单行条例》,规定凡本边区内未开垦之地及已垦而连续两年来未经耕种者,不论公有私有,一律以荒地论,准许人民无租耕种,土地所有权归承垦农民。1939 年 4 月颁布《晋察冀边区奖励生产事业暂行条例》,规定:凡增加生产,改善民生,充实抗战力量,投入生产之资金,政府皆给予绝对保障。9 月,又颁布《晋察冀边区垦修滩荒办法》,规定了奖励修复滩地的办法。1940 年,边区政府开展修滩运动,并发放 300 万元贷款。据统计,1940 年仅晋察冀边

①彭真:《在中共中央北方局扩大干部会议上的报告》(1940 年 9 月 1 日),《晋察冀抗日根据地》第 1 册,中共党史资料出版社 1989 年版,第 447 页。

区北岳区第三、第五两个专区就开荒 12.7 万余亩;第一至五专区修滩达到 15.6 万亩。二是兴修水利。1938 年 2 月,晋察冀边区政府颁发《奖励兴修农田水利暂行办法》,采取民办公助的方法,兴修农田水利。1939 年夏,晋察冀抗日根据地遭受 20 多年罕见的水灾,无情的洪水冲毁了一万多个村庄,根据地军民面临饥饿的挑战。为了战胜困难,1940 年春,中共北方分局和边区政府发出了发展生产的指示,号召各级党政机关和部队发动与组织群众自力更生,生产自救。各区广泛开展了以兴修水利为中心的生产运动。据不完全统计,北岳区修筑堤坝 310 多处,开凿渠道 2000 余条,打井 3500 余眼,保证了 17 万亩土地得以灌溉。晋察冀军区所辖各部队,也努力抽调人力、畜力帮助群众发展生产,修复河滩、耕地 18 万亩,开荒 3 万余亩,还利用战斗间隙帮助群众生产自救。

在发展农业生产的同时,山西各抗日根据地还注意发展工业、手工业生产,特别是与群众生活息息相关的纺织、造纸、榨油、磨面、开矿等手工业生产。正如彭真所说,根据地"发展军事工业,发展矿业、冶铁业、制盐和制油业。但手工业和家庭副业则是边区工业发展之主力。"① 晋察冀军区除了帮助群众发展工业和手工业生产外,还自己动手办起了机械厂,制造手榴弹和地雷等武器。边区政府还号召全区发展商品经济,努力改善群众生活。

晋绥抗日根据地的抗日民主政府刚一成立,就立即着手进行财政经济的恢复工作,确定了开源节流、自力更生的财政经济工作的总方针,还颁布了发展生产、改善民生、减租减息和交纳公粮等法令,从而使晋绥抗日根据地内社会安定。

山西各抗日根据地在发动与组织群众发展生产的同时,党、政、军机关和部队还自己动手开荒、种菜、养猪等,尽力解决自身生活所需,减轻群众的负担。各根据地的党政军机关和部队自己动手从事农副业生产的

① 彭真:《关于晋察冀边区党的工作和具体政策报告》,中共中央党校出版社 1981 年版,第 83 页。

举动,深受根据地人民的赞扬,并对根据地人民群众发展生产、改善群众生活起了积极的推动作用。

2.建立银行

山西抗日根据地创建初期,根据地内的货币市场非常混乱,省有省钞,县有县钞,一些有权势和资金雄厚的银行、钱庄,乃至商号、货栈、酒铺、当铺、信用合作社也都发行流通券,或称信用券,有的数额较少,有的则多达几百万。日军侵入山西后,日伪银行钞票也大量涌入根据地。国民党政府曾于 1935 年 11 月实行币制改革,废除银本位,以中央银行、中国银行、交通银行、农民银行发行的纸币为法定货币,以统一全国货币。法币虽成为主要流通货币,但没有独占市场,形形色色的钞票依然通行。如晋察冀根据地处于三省交界部,金融尤为纷杂,主要有河北钞、法币、晋钞,还有平津杂钞与地方钞,若加上各种土票及代用券,多达百余种。

为自力更生发展根据地经济,解决军政费用开支,打击日伪的经济掠夺,山西各抗日根据地相继设立了银行,发展根据地的金融事业。

1938 年 1 月,晋察冀边区军政民代表大会召开时,各地代表强烈要求建立自己的银行,统一边区货币。阜平农会提出《筹设边区银行案》,灵丘县代表提出《发行县纸币以活动金融案》,曲阳县政府提出《请筹设边区银行以活动金融案》,孟平代表提出《边区内钞票一律通行案》等。大会接受了这些意见,决定整理并管理金融,建立并发展信用制度,定出具体措施 12 项,其中首要一项就是创设边区银行。1938 年 3 月 20 日,边区银行诞生,由关学文任行长,行址设在山西省五台县石咀村,资金共 10 余万元,其中 4 万元是聂荣臻从八路军津贴费中捐献出来的,3 万元是吕正操部缴获安国县豪绅及汉奸筹建维持会的资金。钞票采用石印,纸张是从敌占区冲破层层封锁线运进来的。边币的发行以粮食、棉花和法币作保证。在边区 76 个县里设有银行代办所或办事处。边区银行经营储蓄、汇兑、贷款和兑换等业务,还负有代理金库的使命。银行成立不久,就制定了边区银行办理各级金库暂时章程的制度,金库负责边区公款及地方款的保管和支付。边区政府提出的货币政策是:边币为边的本位币,独占发行,边区内部贸易一律使用边币;法币及各种杂钞在一定时期内允许使用,在使用中逐步加以清理,以保证根据地货币统一,绝对禁止法币外流,使其不为敌人吸收,严禁伪钞入境等。1938 年 8 月 17 日,毛泽东、刘少奇等致信聂荣臻、彭真,指出边区应有比较稳定的货币作为浩大军费的主要来源,边区纸币数目,不应超过市场的需要量;边区的纸币应有准备金。由于日军占领城市及封锁线,我据有农村,因此,边区应有适当的对外贸易政策,作为货币政策之后盾。关于财政货币政策,应着眼于将来军费之来源。

晋冀鲁豫根据地,在晋东南的长治设立了上党银号。晋冀豫省委于 1938 年 8 月中旬在沁县召开会议,讨论建设根据地经济问题,提出了建立根据地自己的银行。银行被命名为"上党银号",由晋东南第三、五两行政专署统筹,第三专署的秘书处、财粮科负责具体的筹办工作。当时,创办银号的准备基金近百万元,一部分是阎锡山给抗日部队的经费,一部分是三专署财政拨款 20 万元、各县上缴的款项以及士绅富商捐助共 30 万元、百姓捐助抗日政府 10 余万元。1938 年 8 月底,"上党银号"在沁县的南沟村成立,不久迁往沁县郭村,由薄一波兼任经理。"上党银号"票最先是发给三、五两专署职员和决死队员的津贴。一经市场流通后,百姓都简称其为"上党票",流通于山西省第三、第五专区。1938 年发行的面额有拾元、伍元、贰元、壹元、伍角、贰角伍分、贰角、壹角等 8 种票面 10 种版别。从创立到 1940 年结束,"上党银号"共发行上党票 300 余万元。1939 年 10 月 15 日冀南银行在河北省南宫县后索沪村成立后,上党银号并入该行。冀南银行发行冀钞,开始只在冀南和太行两个地区流通,为这两个地区的法定本位币,后来发行范围不断扩大。根据彭德怀 1940 年 1 月 20 日指示,冀南银行与山东北海银行、晋察冀边区、晋西北银行等实行沟通,取缔"山西票"(旧币),注意保护法币,不使其倾销。关于"冀南票"(边币)的生产,角票壹元票尽量发,贰元票发一部,伍元票暂停发,准备发行 1500 万元,铜元改为分。7 月,太北行政专员公署召开财政经济扩大会议,决定冀钞为冀南、太行、太岳三大战略区的法定本位货币。

在晋绥根据地,晋西北区党委决定由民主人士(地下党员)刘少白创办兴县农民银行。经过筹备,1937年11月底兴县农民银行在兴县城成立,刘少白手书对联:"大多数农民从此解放鼓起精神打日本,这一个银行开始营业集中财力破天荒"。[1] 1940年5月10日,在兴县建立了西北农民银行,发行西北农民银行币,与法币等价流通。

上述银行的建立,对于保护和促进山西抗日根据地的生产建设事业,改善人民生活,支持敌后抗战,发挥了积极作用。一是解决财政开支。晋察冀边区银行1938年至1940年政府用款额占到年度货币发行量的96.60%、75.93%、89.46%。[2] 西北农民银行从1940年5月到8月底,共发行货币100万元,全部用于财政开支。至1941年8月增加到300万元,其中财政开支占到93%,贷款占到6.7%。[3] 二是开展贷款,主要是生产贷款,也有部分赈灾贷款。晋冀鲁豫边区发行生产贷款,1940年为1216万元,1941年增加到2596万元。三是开展货币战。为统一根据地货币,各银行打击日钞、伪钞,逐步取缔杂钞等,不断扩大根据地银行发行货币的流通范围,逐步建立起统一的本位币市场。

抗日根据地银行的建立与发展,不仅为巩固根据地和坚持抗战提供了资金保证,而且为新中国银行的发展奠定了基础。1948年7月晋察冀边区银行与冀南银行合并,改称华北银行。12月,华北银行又与北海银行、西北农民银行合并,成立中国人民银行。

3.合理负担

根据地财政工作的基本任务是保障抗日军队和民主政府的物质供给。抗战经费的来源包括没收汉奸财产、赋税和军政自身生产收入等几方面,其中主要来源于根据地人民的赋税。抗日民主政府在抗日民族统一战线方针指导下不断完善赋税政策,使各阶层人民的负担日趋合理,

---

①杨世源主编:《晋绥革命根据地货币史》,中国金融出版社2001年版,第19页。

②河北省金融研究所编:《晋察冀边区银行》,中国金融出版社1988年版,第39页。

③杨世源主编:《晋绥革命根据地货币史》,中国金融出版社2001年版,第53页。

既满足了抗战的需要,又改善了广大贫苦农民的生活。

山西抗日根据地在初创时期,财政比较混乱,负担也不尽合理,部队所需粮秣,虽有些地区按公平负担分派,但大多数地方仍然是根据旧政府的钱粮册,按地亩负担的银两摊派。这不仅造成了平均摊派和负担面过窄,形成了地区间负担不平衡,而且给八路军的给养也带来了困难。在战争环境下,通常是粮草就地征发,住哪里,吃哪里,开条子,要东西。一些打着所谓"抗日"旗号的杂牌军和土匪队伍,也勾结地痞流氓、不法地主,自立关卡,滥征赋税,巧立名目,随意摊派。

各根据地抗日民主政府建立后,首先在财政方面做了大量的工作。晋察冀、晋绥和晋冀鲁豫地区大多由动委会负责征收抗日经费,实行合理负担或公平负担,取消了几十种苛捐杂税,有的停止了田赋,以摊派、募捐的办法筹措经费。合理负担,简单地说就是有钱出钱,大家出力。它是由阎锡山提出来的,动委会和抗日民主政权将其付诸实施,开始实行于晋东北 18 个县,即天镇、阳高、大同、怀仁、广灵、灵丘、浑源、应县、山阴、朔县、平鲁、左云、右玉、繁峙、代县、宁武、神池、偏关。继之,在山西各根据地相继实施开来。

1938 年初,晋察冀边区军政民代表大会通过了财政经济问题的决议案,决定在财政方面,废除一切苛杂的间接税,建立合理的直接税和关税,取消薪饷制,统一财政制度,实行财政统筹统支。3 月,公布了《村合理负担实施办法》《村合理负担评议会简章》《民户合理负担比较分数调查表》《合理负担统一累进分数表》,对合理负担作了严格的规定,强调除县政府、村公所外,无论任何机关、军队、团体,均不得越权办理,擅自摊派,违者按借势借端勒索或强募财物论,处以死刑、无期徒刑或 10 年以上有期徒刑。纠正了"富户捐"和"摊派制"的偏向,规定以村为基础,每年实行合理负担两次。村合理负担的办法是:各种负担(后来包括公粮征收)皆按村户"分数"负担,村户"分数"是根据其财产、收入和消费的情况制定的,资产的计算方法是平均每口不及 50 元者不计,在 50 元以上者,每 50 元作 1 厘,每 500 元作 1 分,以此类推。收入计算的方法是按《合理负担累进表》计算,每年每人平均收入不足30元者免征,30元以上每5元作1厘,每50元作1分,从50元至500元之间每50元为1级,从500元至1000元每百元为1级。《晋察冀边区村合理负担实施办法》还规定,各县在实行过程中可以结合具体情况,因地制宜地制定具体办法,使负担更趋合理。这种新税制比过去的负担办法合理得多,负担面扩大到50%左右。农村中大多数贫农、雇农负担较轻或免于负担,生活得到改善,激发了他们发展生产和支援抗战的积极性。村合理负担,也减轻了边区小商人和自由职业者的负担,促使了边区小商业的活跃。

晋察冀边区还依照合理负担的原则征收救国公粮。1938年9月,边区政府制定公布了《征收救国公粮条例》。救国公粮的征收办法是:按户全部收入折米计算,以其人口平均,每人平均小米1石4斗以下者不计,1石5斗至2石者收2%,2石1斗至3石者收5%,以上每加1石递增1%,增至10%为止。救国公粮成为根据地一项重要的农业税,其与"军用粮票制"相配合,大大方便了军队的粮食供给,也便利了群众。

在晋冀鲁豫根据地,自黎城会议后,对合理负担政策进行了许多修正,使之逐渐趋于完善。黎城会议确定每年征收一次公粮的制度,规定起征点从贫农开始计算,个人最高负担率不超过收入的30%,"纠正过分取之于地主富农的现象"。会议决定统一征收,实行统筹统支的财政制度,禁止县、区、村私自向人民筹款。冀太联办于1940年8月19日发出实行新合理负担的指示信,20日公布了合理负担条令。为保证合理负担政策能够真正实施,边区的广大农村按民主的原则建立起合理负担审查委员会,保证负担的公平合理。如武乡县韩壁编村成立了审查委员会后,制定了详尽的规则,规定审查的标准为:尽量发扬民主精神,纠正不合理现象,反对逃避负担,对无力负担者可以免征等。在方法上规定,先由农救小组提出名单讨论,然后分配干事下乡实地调查,设立意见箱,审查农救小组意见,召开村干部与士绅联席会议提出意见,最后在群众大会上决定。还规定了惩罚条文,对审查委员有偏见者处以罚金,对审查委员的贪污行为交由民众大会公审。正是在这种民主监督下,确保合理负担政策的真正贯彻执行。

1940年初晋西北行政公署建立后，把实行合理负担作为一项中心工作。为缓解当时的严重财政困难，从2月15日开始，晋西北行署实行四项紧急动员，即扩兵、献金、征收抗日公粮和做军鞋。根据地人民响应民主政府的号召，都尽其所能，在数月之中便超额完成了征收计划。据不完全统计，仅献金一项即完成221930元，大大超过原定任务数，对解决当时严重缺粮和金融紊乱的状况起到重要作用。但在动员过程中也出现了严重强迫命令、没收地主财产等"左"的错误，说明这时的合理负担政策还未完全走上正轨。同年9月，晋西北行署召开第二次行政会议，对半年来根据地出现的"左"的错误进行了纠正，会议做出了关于村财政的规定，制定了整理田赋办法草案，建立公粮征收、保管、支付等制度，改变了过去以动员方式为主的临时筹款办法。10月，晋西北行署颁布了征收救国公粮条例，确定一年征收一次公粮的制度，规定除政府法令许可免征者外，不论何种职业，一律按条例交纳公粮。条例规定以每人实际产量为计征标准，每户每人平均满5斗小米起征1%，累进至10石征收30%为最高率。但由于晋西北经济落后，面积较小，完全按规定税率征收，不能满足需要，因此，1941年9月晋西北行署又颁布了《征收抗日救国公粮条例》，规定以粮多的多出、粮少的少出、扩大负担面到人口的80%、总负担不超过总收入的20%、个人负担最高不超过个人收入的30%为原则。还规定每户每人平均满4斗细粮起征1%，累进至2石征收30%为最高率，又规定随粮附征公草，克服了过去机关部队定价强买草料引起的混乱。这一年实征公粮达到210450石。

山西抗日根据地由于实行了合理负担政策，整顿了财政，使根据地人民的负担得到不同程度的减轻。如在晋东南的阳城实行合理负担后，人民负担比抗战前减少了2/3以上。据调查，1937年平均每年每人负担1.733元，1938年则减至1.18元，到1939年度更减至0.629元。由于各地认真贯彻了合理负担政策，使抗日经费来源保持了稳定并能逐年增加。合理负担的实行，调动了根据地各阶层人民的抗日和生产积极性，巩固了抗日民族统一战线,促进了生产力的发展。

4.减租减息

减租减息是抗日战争时期中国共产党根据抗日民族统一战线斗争的需要所提出的土地政策。早在 1926 年 10 月,国共两党就曾协商做出"减轻佃农田租 25%","禁止重利盘剥,最高利率,年利不得超过 20%"的规定,[1] 但由于蒋介石背叛国民革命,未能贯彻实行。西安事变后,中国共产党提出停止没收地主土地。

抗战前,山西的土地关系极不合理,地主富农占有大量土地,土地集中现象十分严重。据晋察冀边区北岳区 28 个县 88 个村的调查,抗战前占农村总户数将近一半的贫雇农,每户平均只有 2.5 亩至 7.5 亩土地,而农村总户数不到 2.3%的地主,每户平均占有土地高达 97 亩。[2]

1937 年 8 月,洛川会议通过的《抗日救国十大纲领》,把减租减息作为中国共产党在抗日战争时期解决农民土地问题的基本政策后,各抗日根据地先后在施政纲领和减租减息法令中规定实行"二五减租"或"五一减租"(即按原租减去 25%或 20%)等,并在晋察冀边区和太行区的少数群众基础较好的地方初步实行减租减息。1938 年 2 月,晋察冀边区行政委员会公布《晋察冀边区减租减息单行条例》,这是山西抗日根据地第一个减租减息条例。条例规定"地主之土地收入不论租佃、半种,一律照原租额减收 25%","钱主之利息收入不论新债旧欠,年利率不得超过 1 分(即 10%)"。从此,群众性的减租减息在晋东北等地相继开展起来。但是,减租减息的实行,也遇到不少困难,出现明减暗不减的现象,甚至有的农民因畏惧地主私自把已减的地租送还地主。晋冀豫抗日根据地于 1938 年 6 月以后在条件较好的辽县、和顺、沁县等县,初步开展了减租减息工作。1939 年 1 月,中共中央北方分局召开代表大会,根据中共六届六中全

①荣孟源主编:《中国国民党历次代表大会及中央全会资料》上,光明日报出版社 1985 年版,第 286 页。

②魏宏运、左志远主编:《华北抗日根据地史》,档案出版社 1990 年版,第 132~133 页。

会精神,提出了巩固和建设边区根据地的方针和任务,决定开展群众性的减租减息运动。

但是,由于战争及主观认识等因素,直到 1939 年冬以前,山西各敌后抗日根据地的减租减息尚停留在颁布法令、宣传号召方面,实际执行的为数很少。正如彭德怀所指出的:各根据地"都颁布了比较进步的法令如五一减租、减息分半,但真正深入下层过细检查,这些法令大多没有被执行,或者表面上执行了,实际上纳税人所纳的租税、利息和负担并没有得到应有的减轻"。①

1939 年 11 月 1 日,中共中央在《关于深入群众工作的决定》中提出:"在经济改革方面,必须实行减租减息、废止苛捐杂税与改良工人生活。凡已经实行的,必须检查实行程度。凡尚未实行的,必须毫不犹豫地立即实行。"② 1940 年 2 月 1 日,中共中央又发出《关于目前时局与党的任务的决定》,再次强调:"要认真实行减租减息减税与改良工人生活,给民众以经济上的援助,才能发动民众的抗日积极性,否则是不可能的。"③

山西各抗日根据地从 1939 年冬开始陆续开展了不同程度的减租减息。1940 年 2 月,晋察冀边区行政委员会对《晋察冀边区减租减息单行条例》进行了修正,重申实行"二五减租"、"一分利息",对佃农耕地副产物、预收租、佃租契约等作了更为明确的规定和若干补充,并强调要以政治和法律手段保证这一政策的实施。同时,颁布《三十年内典当地收回法令》,规定:"典当地出典后未出 30 年者,典物均得回赎,如典权人强将典物取得者,出典人均得以原典价回赎;如出典人缺乏现金无力回赎者,应将典物从典权人手中收回,照原典价与典权人订立借贷典约,按年利率 1 分行息。"④ 减租减息条例的修正和典当地收回法令的颁布,大大调动了

---

①彭德怀:《巩固敌后抗日根据地》,《解放》(1939 年 10 月)第 87 期。

②《中共中央文件选集》第 12 册,中共中央党校出版社 1991 年版,第 191 页。

③《中共中央文件选集》第 12 册,中共中央党校出版社 1991 年版,第 263 页。

④谢忠厚、李昌远、申玉山、李翠艳著:《新民主主义社会雏形——彭真关于晋察冀抗日根据地建设的思想与实践》,人民出版社 2002 年版,第 241 页。

边区广大农民开展减租减息的积极性。到 1940 年上半年,中心区北岳区的大部分地区实行了减租减息,仅在第一、第二、第三、第五等 4 个专区 16 个县中,总计减息 32 万余元,仅第二、第五两个专区就有 1840 余顷土地减了租,减租额 12290 石粮食。①

晋西北行政公署于 1940 年 4 月颁布了减租减息条例,规定"普遍实行减租 25%,并取消一切附加";"不论新欠旧债,年利一律不准超过 1 分。"在晋绥抗日根据地开始实行减租减息。冀太联办于 12 月 3 日公布《减租减息暂行条例》,要求在冀南、太行实行减租减息。

减租减息在山西抗日根据地的初步开展,减轻了农民的负担,调动了他们的生产和抗战积极性。据晋察冀边区农民救国会 1940 年 6 月关于北岳一、三、五专区 16 个县的不完全统计,减租后的租率一般都在总收获量的 37.5%以下。

(三)军队建设

随着敌后抗日游击战的发展,八路军也得到了发展和壮大。1939 年,是八路军迅猛发展的一年。截止到 1939 年 12 月,八路军的总兵力由 1938 年的 15.6 万余人发展到 27 万余人。八路军的迅速发展,使山西各抗日根据地的抗日武装力量得以发展壮大,但是也出现了一些新问题,如八路军中新干部增加,新成员增多,许多新部队尚未及时进行系统教育与严格训练,军政素质有待于进一步提高,部队的组织体制亟须进一步整顿等。八路军总部于 1939 年上半年和 1940 年 2 月 21 日连续发出整军训令,以巩固大发展的成果,使八路军适应持久抗战的需要。1939 年 2 月 7 日,朱德、彭德怀、左权、傅钟签发八路军整军训令,指出:"估计全国战局开始进入相持阶段时,华北战局必然更加严重致〔及〕难〔艰〕苦。为着求得战胜将来的严重困难,保障与巩固根据地,以争取持久抗战之胜利,坚强部队的战斗力,用一切努力加强部队党与政治工作,巩固党的领导,提高自觉纪律,提高战斗力与技术教育,切实建立军队中的一切制

---

①黄韦文:《关于根据地减租减息的一些材料》,《解放日报》1942 年 2 月 11 日。

度,克服游击主义,使之正规化,特别注意提高各级干部军事、政治与文化水平。"在军政整训的基础上,还要进行组织编制整顿。计划规定 1939年两期整顿 60 个团,1940 年两期再整顿 50 个团。

为保证整军计划的顺利进行,八路军总政治部于 1939 年 2 月 14 日做出关于加强整军中的政治工作的指示,指出:"保证整军任务的完成,是坚持华北抗战与克服困难的关键。各级政治委员、机关党委会必须以最大毅力保障总司令部整军命令的全部执行。政治机关应立即开始动员,举行会议报告解释整军工作的意义,反对任何疏忽与懈怠,须依具体情况制订计划。"并且强调,注意加强整军中的政治工作。

八路军各部队坚决执行八路军总部的整军训令,整军中始终把加强党的建设放在首位,采取各种形式举办干部党员学习班、新党员训练班,认真学习中共六届六中全会精神,学习与研究毛泽东的《中国革命和中国共产党》、马克思主义哲学、政治经济学等,并进行党的基本知识的教育。在学习理论的基础上健全党的组织生活,勇于开展批评与自我批评,使每位党员努力从思想上入党。经过整顿,使部队党员的数量和质量都得以提高。据对一些部队的调查统计,整军后,主力团的党员人数一般占部队总人数的 40%左右,地方团队也达到 30%。

与此同时,八路军各部队还遵照八路军总部的指示,普遍进行了形势教育、阶级教育、光荣传统教育、艰苦奋斗教育和政策纪律教育,使八路军全体指战员进一步明确了对抗战的前途和所肩负的神圣的历史使命的认识,更加坚定了抗战的必胜信心。

为提高军事实战能力,八路军各部队全面地开展了投弹、射击、刺杀、爆破、土工作业及单兵、班、排、连等技术战术训练,使部队的军事素质有了明显提高。

在军政整训的基础上,八路军各部队按照八路军总部整军规划进行整编。

到 1940 年 10 月,第 115 师部队发展到约 7 万人。11 月,部队共编为 6 个教导旅、3 个支队和 12 个军分区。

第 120 师于 1940 年 1 月至 4 月间利用战斗间隙完成了部队整训与整编。2 月 26 日,晋西北军政委员会在临县窑头召开第 120 师和新军旅以上干部联席会议,根据中央和军委赋予的战略任务,统一部署军事工作。3 月 10 日至 19 日,召开了晋西北各军参谋长会议,总结 1939 年整军工作,制定 1940 年整军计划。会后,第 120 师和新军开始整军。这次整编,第 120 师主力部队共补充 1.1 万余人,充实了编制,第 714、第 715、第 716 团、第 4 团均达到 3000 人;师特务团、第 2 团均达到 2000 人。彭绍辉第 358 旅改编为独 2 旅,辖第 714 团、第 5 团、第 6 团(后改称第 9 团)。截至 4 月,第 120 师部队共计 52021 人。

第 120 师在整训与整编的过程中,还指导与帮助山西新军完成了整训与整编。山西新军的整军,从 3 月开始,为期 4 个月,补充了 3000 余名新兵。整军后,暂编第 1 师辖第 36、第 37 团,决死 2 纵队辖第 4、第 5、第 6 团,决死 4 纵队辖第 19、第 20、第 35 团,工卫旅辖第 21、第 22 团,共 12092 人。经过这次整军,山西新军实际上成为由中国共产党领导的一支人民军队。

到 1939 年,第 129 师主力部队及军区基干武装发展到 5.6 万余人。1940 年,该师进行了整编,除第 385、第 386 旅及原属第 2 纵队之新 1 旅外,新编了新 1 旅、新 7 旅、新 8 旅、新 9 旅、新 10 旅、新 11 旅等 6 个旅,调整了军区、军分区的划分,撤销晋冀豫军区,成立太行、太岳军区。

1939 年至 1940 年的整军运动,提高了八路军全体官兵的军政素质,军队战斗力的大大提高,对于坚持山西敌后持久抗战具有重要意义。

(四)文化建设

抗日根据地的文化建设是根据地建设的一个重要方面。毛泽东明确指出:"我们的工作首先是战争,其次是生产,其次是文化。没有文化的军队是愚蠢的军队,而愚蠢的军队是不能战胜敌人的。"[①] 1937 年 8 月中共洛川会议通过的《抗日救国十大纲领》,明确提出要实行抗日的教育政

---

① 《毛泽东选集》第 3 卷,人民出版社 1991 年版,第 1011 页。

策,要求"改变教育的旧制度、旧课程,实行以抗日救国为目标的新制度、新课程"。[①] 1938 年 10 月, 在中共六届六中全会上毛泽东进一步提出:"伟大的抗战必须有伟大的抗战教育运动与之相配合。"

山西抗日根据地的教育。为适应抗战的需要,"每个根据地都要尽可能地开办大规模的干部学校,越大越多越好"。[②] 中共中央还决定在延安组织抗大分校,开赴敌后办学,直接为根据地培养急需的干部。1939 年 7 月,中共中央决定抗日军政大学总校迁往晋察冀根据地;1940 年 2 月,又移至晋东南。敌后抗日根据地结合实际创办了一些干部学校和各种短期训练班,如晋察冀除了华北联合大学和抗大二分校外,还办有抗战建国学院、白求恩卫生学校、军政干部学校等。这些学校为抗日根据地的各项事业培养了大批骨干。与此同时,山西抗日根据地的普通教育也有很大发展。各抗日根据地克服困难,因陋就简,办起大批中、小学。到 1940 年,晋察冀根据地有小学 7697 所。到 1940 年 7 月,晋冀豫根据地 32 县有小学 3770 所,有近 1/3 的县恢复到战前水平的 81%~93%,有些地区已超过战前水平。晋绥边区的小学教育恢复和发展很快,据 1940 年 9 月底 19 个县的统计,有完小 26 所,初小 1393 所,学生 61938 人。此外,各根据地还通过开办夜校、冬学、识字班(组)等形式的社会教育,普及文化知识。据统计,晋察冀边区 1939 年冬学 5379 处,比上年增加了一倍;参加人数达到 39 万,比上年增加了 21 万。经过几年的冬学运动,根据地的文盲逐年减少。如晋冀豫、冀鲁豫边区,抗战前文盲约占人口总数的 95%~97%,到 1940 年已相继办起冬学 1801 处, 参加人数达 73824 人, 占文盲总数的 23.5%。

山西抗日根据地的新闻出版。新闻出版是宣传抗日, 巩固和建设根据地,坚持抗战的一条重要舆论战线。山西各抗日根据地相继创办了多种报刊,出版了大量书籍。1940 年,影响较大的有《新华日报》华北版、太

---

① 《毛泽东选集》第 2 卷,人民出版社 1991 年版,第 356 页。
② 《毛泽东选集》第 2 卷,人民出版社 1991 年版,第 769 页。

岳版,《晋察冀日报》《中国人报》《群众》等。《新华日报》华北版是中共中央北方局的机关报,1939年元旦创刊,逢单日出刊。发行量每期3万份,1940年初达到5万份,遍及华北各地。《晋察冀日报》的前身是《抗敌报》,1937年12月11日在阜平创刊,1938年4月成为中共晋察冀省委的机关报,1940年11月18日改称《晋察冀日报》,每期发行1500至6000份,最高达1.7万至2.1万份。《中国人报》(周刊)是中共冀豫晋省委的机关报,1938年6月创办,1940年秋《新华日报》华北分馆接办。太行文化教育出版社和《新华日报》华北分馆,1939年至1941年共印行社会科学、马列主义著作和教材达40万册。新闻出版事业的发展,对于动员抗战和满足根据地人民的文化生活需要,起了重要作用。

山西抗日根据地的文艺。全国抗战开始后,众多的爱国青年和进步文化人士纷纷奔赴延安和敌后抗日根据地,这就为根据地的文艺发展创造了条件。1937年8月,由作家丁玲、吴奚如和国际友人史沫特莱等在延安发起,组成了西北战地服务团,随八路军到山西抗日前线,采访战地消息,或者以戏剧、歌咏等群众喜闻乐见的形式,广泛开展抗日宣传。1938年底,晋察冀边区组织"晋察冀一周"的活动,号召边区人民将最有意义的工作或生活片断写出来。1938年10月,太行抗日根据地创办了第一个文艺刊物《文化哨》。1939年11月,中华全国文艺界抗敌协会晋东南分会成立,开展抗战文艺活动。1939年晋东南、晋察冀等抗日根据地都成立了全国剧协分会,到1940年戏剧运动在山西抗日根据地相当活跃。

(五)党的建设

整顿党的组织,加强党的建设,是坚持敌后抗战的重要一环。全国抗战爆发后,中共中央为适应抗日的需要,采取大量发展党员的方针,党员人数得到了迅速发展。1939年6月13日,毛泽东在延安高级干部会议上明确指出:去年3月中共中央政治局会议以来,"党已在全国有了大数量的发展。现在的任务是巩固它"。[①] 8月25日,中共中央政治局做出《关于

---

① 《毛泽东文集》第2卷,人民出版社1993年版,第232页。

巩固党的决定》，进一步提出：今后一定时期的中心任务是巩固党的组织。而巩固党的中心一环，是加强党内马克思列宁主义教育、阶级教育和党的教育。同时，必须建立新老干部之间相互学习、相互尊重的和谐关系，加强党的团结，并加强党的纪律。决定强调，只有尽一切努力巩固党的组织，严密党的队伍，把党团结得像一个人一样，才能使党有准备克服目前的困难，反对国内投降分裂的危险，团结全国人民，引导抗战到最后的彻底胜利。为此，中央组织部于 10 月 7 日发出《关于执行中央巩固党的决定的指示》。

在抗战的艰苦环境中，山西各抗日根据地和八路军都努力把加强党的建设作为巩固大发展成果中的中心任务。

晋察冀抗日根据地，在 1939 年至 1940 年期间，进行了整顿党支部和加强对党员（尤其是新入党的党员）的教育等项工作，对党支部以上的党的领导干部普遍进行了审查，对所有的基层党支部进行了整顿，利用多种形式对党员进行党的基本知识教育，并发扬生活民主，运用批评和自我批评的方法纠正和克服工作中的缺点和错误。通过整顿，健全和纯洁了党组织，提高了共产党员的政治觉悟和责任感，进一步加强了党支部的战斗堡垒作用。

晋冀豫抗日根据地，从 1938 年 3 月开始按照中共中央精神，大量发展党员，到 1939 年 9 月党员人数十倍、百倍地增长。1939 年 9 月，中共晋冀豫区党委第一次党代会决定把巩固党组织作为党的建设的中心工作。1940 年中共晋冀豫区党委召开了第二次组织联席会议，讨论了党的整顿问题。从 5 月开始，在全区范围内普遍开展整党。

抗日根据地整顿党的组织工作的开展，使山西各个抗日根据地的各级党组织更加坚强有力，为坚持抗战奠定了组织基础。

（六）抗日根据地的巩固

在中国共产党的领导下，山西抗日根据地军民广泛开展敌后游击战，粉碎了日军一次又一次的"扫荡"，沉重地打击了日军，牵制了日军大量兵力。据日方记载：至 1940 年，日本在华北有 9 个师团和 12 个旅团的强大兵力被钉死在那里，从而大大地消耗了日本的国力，导致日本侵华"整个战局陷入完全被动的局面"。不仅如此，山西抗日根据地军民还在极为艰苦的条件下，克服困难，开展根据地各项建设事业，使根据地得到了巩固和发展。

到 1940 年底，晋察冀边区已成为地跨晋、察、冀、热四省，包括同蒲路以东，正太路以北，长城以南，渤海以西，北岳、冀中、冀东、平西、平北五块根据地在内的广大地区，面积 20 余万平方公里，人口约 1200 万。

晋冀豫根据地成为一个拥有 10 万部队和 2000 万人口，东起津浦路，西至同蒲线，北接晋察冀，南临黄河，地域辽阔的根据地。八路军总部和中共中央北方局均设在根据地太行区内，成为华北持久抗战的堡垒和核心。

晋西北根据地北起大青山，南至汾离公路，东到同蒲路，西至黄河广大地区，成为保卫陕甘宁边区和保卫中共中央的坚固屏障。

第十一章
百团大战的主战场

第一节　八路军总部的战略部署

1940年秋,八路军总部统一指挥晋察冀军区、第129师、第120师等共105个团,在华北发动了以破袭正太铁路为重点的战役,这就是震惊中外的百团大战。山西是百团大战的主战场,在抗战史上写下了极其光辉的一页。

一、战前形势

百团大战,是八路军根据当时国内外形势的发展和广大人民群众的强烈愿望而发起的,正如聂荣臻元帅所说:"是顺乎民心的救国救亡之举"。①

1940年,中国人民的抗日战争进入第四个年头,国内外形势发生了巨大变化。4月9日,德国出兵占领丹麦,突然袭击挪威,击退英法远征军后,于6月10日占领挪威全境。5月10日德军入侵西欧,5月15日、28日,6月22日,荷兰、比利时、法国先后投降。英军退出欧洲大陆,英国本土受到入侵的严重威胁。

---

①聂荣臻:《纪念百团大战胜利五十周年》,中国人民革命军事博物馆:《百团大战历史文献资料选编》代序,解放军出版社1991年版。

侵华日军在欧洲战局急剧变化、德国法西斯军队取得暂时性胜利的刺激下,决心利用有利时机,"迅速解决中国事变"。[1] 5 月 10 日,日本陆军省制定了《以昭和十五、十六年为目标的处理中国问题策略》,并在 5 月 18 日召开的陆军省、部首脑会议上正式通过。7 月 27 日,日本政府和大本营联席会议通过《适应世界形势发展之时局处理纲要》,提出,"帝国必须适应世界形势的变化,改善内外形势,加速中国事变的迅速解决"。为此, 要运用政略、战略等一切手段, 迅速迫使国民党蒋介石政权屈服。[2]

为达此目的,日本一方面进一步加强了对中国的军事压力和封锁。5 月 1 日,日军发动了武汉会战以来规模最大的枣宜战役,不久又在广东方面发动了良口战役,企图对中国政府施加军事压力。在枣宜战役中,日军本无意于长期占领宜昌, 但受德军 6 月 14 日占领法国首都巴黎的鼓舞,改变初衷,决定占领宜昌,以便直接威胁重庆,动摇国民政府的抗战意志。日军航空兵以宜昌为基地,使 5 月 18 日开始的日军航空兵对大后方的战略轰炸进一步升级。与此同时,日本趁英、法在欧战中遭受严重失败,在亚洲势力减弱之机,进一步对英法施加压力,威胁它们封锁中缅、中越国际交通线,企图切断中国西南方面的国际交通运输线。6 月 20 日,法国同意全面封锁中越边境, 准许日本军事人员入越监视对华禁运情况。7 月 12 日,英国通知日本同意关闭滇缅公路,并于 16 日正式宣布:自 7 月 18 日起 3 个月内禁止通过缅甸向中国运送军械、弹药、汽油、载重卡车及铁路材料,香港亦同时禁运。英法的绥靖政策,使日本侵略者又一次得势,却使处于抗战困难的中国武器进口减少约 51%。另一方面,日军加紧对国民党及军队进行政治诱降,对当时正在香港与国民党秘密进行的"桐工作"寄予了极大期望。在日本军部的策划下,汪精卫同华北、华中地区的汉奸傀儡政权于 1940 年 3 月在南京成立了伪中央政权,汪精卫任行

①日本防卫厅战史室编,天津市政协编译组译:《华北治安战》(上),天津人民出版社 1982 年版,第 206 页。

②何理等选编:《百团大战史料》,人民出版社 1984 年版,第 380 页。

第十一章 百团大战的主战场

政院长、代理主席。

1939 年 11 月中旬，国民党五届六中全会通过以军事限共为主、政治限共为辅的方针，国民党顽固派于 1939 年底至 1940 年春掀起第一次反共高潮。1939 年 12 月，国民党军胡宗南部在陕甘宁边区西部陇东地区和南部关中地区袭击八路军，摧毁地方政权和群众抗日团体，先后攻占宁县、镇原、栒邑（今旬邑）、淳化、正宁等县城。同时，国民党军向山西新军和八路军发动进攻，企图削弱并逐步消灭共产党的力量，掌握华北的控制权。

由此可见，日本全面加强对中国的经济封锁、军事进攻和政治诱降，增加了抗战的困难程度，国民党内一些人更加动摇，妥协投降危机空前严重。

为克服这一严重危机，中共中央在 1940 年 7 月 7 日发表的《中共中央为抗战三周年纪念对时局宣言》中指出：日本"企图用封锁我国际交通线、向我正面进攻及举行天空轰炸等加重压力与加重困难的办法，达到其分裂中国内部，逼迫中国投降之目的。中国的一部分动摇分子，在这种增加了的压力与增加了的困难之下，必然更加动摇起来，走上对敌投降的道路。这些人头脑昏聩，意志薄弱，熬不住艰难困苦，看不清抗战前途，一遇危难，就想动摇，这些人是抗日阵线中最危险的人物。……现在是中国空前投降危险与空前抗战困难的时期"，号召"全国应该加紧团结起来，克服这种危险与困难"。①

于是，八路军总部决定把酝酿成熟的破袭正太路设想付诸实施，猛烈出击敌后交通线，给日华北方面军以有力打击，粉碎日本帝国主义的罪恶企图，以利全国局势好转，并进一步打破日军的"囚笼政策"，发动了驰名中外的百团大战。

---

① 中央档案馆编：《中共中央文件选集》第 12 册，中共中央党校出版社 1991 年版，第 411~412 页。

二、战略部署

1939 年冬以来,日军加紧推行"以铁路为柱,公路为链,碉堡为锁"的"囚笼政策"。为此,华北日军大肆修筑铁路、公路、据点和碉堡。从 1939 年到 1940 年的两年间,日军修复了同蒲、正太、胶济、道清、平汾(平遥至汾阳)、阳原(阳明堡至原平)等铁路,计 1870 公里,新建白(圭)晋(城)、石(家庄)德(州)等铁路,计 477 公里,合计 2347 公里。新建(北)平大(沽口)路、唐(山)大(沽口)路、邢(台)济(南)路、邯(郸)济(南)等公路 1.56 万公里。新建碉堡楼据点 2749 个,1940 年即较 1939 年增加 4 倍。[①]

正太铁路是日军施行"囚笼政策"的重要支柱之一。正太铁路,由河北正定到山西太原,横越太行山脉,全长 200 多公里,是连接山西、河北的重要交通命脉。日军在铁路沿线大小城镇、车站和桥梁、隧道附近,均筑有坚固据点,各配以数十至数百人的兵力守备,并经常派装甲火车巡逻。铁路两侧 10 至 15 公里的要点,还筑有一线外围据点。日军妄称正太铁路沿线是"不可接近"的地区,用它隔绝八路军总部、第 129 师活动的太行抗日根据地与晋察冀边区的联系,并以它为依托进攻抗日根据地。与此同时,日军对抗日根据地进行疯狂的大"扫荡",到 1940 年 7 月,日军对华北 1000 人以上的"扫荡"有 109 次之多,使用兵力在 50 万左右。其中 1 万至 2 万人的"扫荡"有 7 次,3 万人以上的"扫荡"有 2 次,还有 1 次 6 万人以上的大"扫荡"。[②]

在这种情况下,1940 年春,彭德怀、左权、刘伯承、邓小平和到太行山八路军总部的聂荣臻讨论确定破袭正太铁路计划。切断该路,可使日军在山西的一切运输补给失去保障;对八路军来说,有利于将太行、晋察冀

---

①彭德怀:《八路军七年来在华北抗战的概况》,章伯锋、庄建平主编:《抗日战争》第 2 卷(中),四川大学出版社 1997 年版,第 1292 页。

②彭德怀:《八路军七年来在华北抗战的概况》,章伯锋、庄建平主编:《抗日战争》第 2 卷(中),四川大学出版社 1997 年版,第 1292 页。

这两大基本区连成一片。

1940年下半年，日华北方面军约有27万人，华北伪军约14万人（含苏北）。驻正太铁路沿线及其附近地区的有独立混成第4旅团（驻娘子关及其以西，司令部驻阳泉）、第8旅团（娘子关以东，司令部驻石家庄）、第9旅团（太原附近地区）。百团大战之前，日本中国派遣军于7月20日从华北抽调了6个步兵大队和1个山炮大队到武汉，增强对该地区的守备，其中有独立混成第4、第9旅团的部队。加之，独立混成第8旅团主力在冀中"扫荡"，因此正太铁路沿线日军兵力相对减少。

1940年7月中旬，八路军副总司令彭德怀第二次派副参谋长左权赴第129师向刘伯承、邓小平征询发动大规模交通破击战的意见，刘邓表示赞同。随后，彭德怀主持召开总部军事会议，研究并形成了正太路破击战的具体方案。

7月22日，八路军总部向晋察冀军区、第129师、第120师下达了《战役预备命令》，同时上报中共中央军委。《命令》分析了国内外形势的变化，规定了此次战役的目的，以及八路军参战部队等。

《命令》指出："为打击敌之'囚笼政策'，打破进犯西安之企图，争取华北战局更有利的发展，决定趁目前青纱帐与雨季时节，敌对晋察冀、晋西北及晋东南扫荡较为缓和，正太沿线较为空虚的有利时机，大举破袭正太路。""战役目的以彻底破坏正太线若干要隘，消灭部分敌人，收复若干重要名胜关隘据点，较长期截断该线交通，并乘胜扩大拔除该线南北地区若干据点，开展该路沿线两侧工作，基本是截断该线交通为目的。"同时，对其他重要铁路，特别是平汉、同蒲铁路，应组织有计划的总破袭，以配合正太路破袭战的行动。《命令》规定，直接参加正太线作战的总兵力应不少于22个团，要求晋察冀军区派出10个团，第129师派出8个团，第120师派出4至6个团，总部炮兵团大部、工兵一部也参战；在其他铁路配合作战的兵力，由各区自行安排。①预备命令要求八路军参战

①中国人民革命军事博物馆编：《百团大战历史文献资料选编》，解放军出版社1991年版，第15~16页。

部队于 8 月 10 日前完成战役的各项准备。

命令下达后,晋察冀军区、第 129 师、第 120 师立即进行战前准备,侦察敌情,训练部队等。山西各抗日根据地政府也动员与组织群众,做支前准备。

8 月 8 日,八路军总部下达《战役行动命令》,确定战役部署及其作战地域如下:

> 晋察冀军区以主力 10 个团破坏正太铁路平定(不含)东至石家庄段,重点破坏娘子关、平定段;对边区周围的北宁、津浦、德石、沧石、平汉等铁路,应同时分派足够部队破袭之,阻击可能向正太铁路增援之敌。第 129 师以主力 8 个团,附总部炮兵团 1 个营,破击平定(含)至榆次段,重点破坏阳泉、张净段;对根据地周围的平汉、德石、同蒲、白晋铁路及邯大、临屯公路,应同时分派足够部队破袭;对平辽公路应派有力部队积极活动。第 120 师应破袭平遥以北同蒲铁路及汾离公路;破袭同蒲铁路部署应以重兵置于阳曲南北,阻敌向正太路增援,并力求以约两个团进至榆次南北地区,配合第 129 师作战;对晋西北腹地内各个敌据点与交通线,应分派部队积极破袭。总部特务团集结于下良、西营地区待命。战役统一由八路军总部指挥,战役发起时间为 8 月 20 日。[1]

同日,八路军总部还发出《关于百团大战破坏战术之一般指示》,强调:"破坏工作为此次战役中最中心之环节"。破坏工作之成功与否,取决于人力、物力的准备,敌情、时间之可能及破坏方法是否适合于战术的要求等。指示对破坏的对象、方法、顺序等,都做了详尽的部署。[2]

据上述部署,初期直接参加正太铁路破击作战的总兵力约 20 个团,但配合作战的兵力远远超出此数,于是形成了八路军百余团参加正太战

---

[1] 中国人民革命军事博物馆编:《百团大战历史文献资料选编》,解放军出版社 1991 年版,第 21~22 页。

[2] 中国人民革命军事博物馆编:《百团大战历史文献资料选编》,解放军出版社 1991 年版,第 23~25 页。

役或配合正太战役的宏大战局。

第二节　作战经过及影响

百团大战,从 1940 年 8 月 20 日的破击战开始,至 1941 年 1 月 24 日反"扫荡"结束,历时 5 个多月,经历了两个主动进攻阶段和一个反"扫荡"的阶段。

一、第一阶段作战

百团大战第一阶段从 8 月 20 日至 9 月 10 日,为时 20 天,中心任务是开展交通总破袭战,重点是摧毁正太路。8 月 20 日,八路军冒雨通过山谷河流,避开日军外围据点,直接运动到正太路两侧,当晚 8 时向正太路全线突然发起猛烈攻击,奇袭成功。日军事前毫无所知,措手不及,一时全线被动。

时任晋察冀军区司令员的聂荣臻回忆当时的情景说:"20 日晚,正太路全线准时发起了攻击。……一颗颗攻击的红色信号弹腾空而起,划破了夜空,各路突击部队简直像猛虎下山,扑向敌人的车站和据点,雷鸣般的爆炸声,一处接着一处,响彻正太路全线。"①

晋察冀军区负责破袭正太路东段。此段有日军坚固设防的天险娘子关和重要燃料基地井陉煤矿,守备严密。晋察冀军区把参战部队分成主攻部队、牵制部队和总预备队。主攻部队又分为左、中、右三个纵队。

晋察冀军区右纵队(辖第 5、第 19 团)负责破袭正太铁路娘子关至乱柳段。娘子关,易守难攻。20 日 20 时,主攻部队第 5 团一部首先潜入娘子

①《聂荣臻回忆录》(中),解放军出版社 1984 年版,第 506 页。

关村,歼灭村内伪军。然后依托村庄,仰攻日军堡垒,战士们攀登陡峭的山坡,迎着浓密的火网,勇猛向敌攻击,经3小时反复冲杀,攻克全部堡垒,将守敌大部歼灭,黎明时分,胜利的旗帜终于插上了三年来日军践踏的娘子关!这是正太线最早攻克的重要战略要点。接着,主力部队掩护工兵,大量破坏敌工事,并将关东铁路桥炸毁,收集了缴获的物资,在日军增援到达之前,主动撤离娘子关。

另一个大的战斗是袭击磨河滩车站。20日晚,第5团第1营第1连袭入磨河滩,但遭到日军反击,21日拂晓撤出车站。当晚第1连又渡过棉河,攻入车站,日军仓皇退入营房抵抗。磨河滩日军有近千人(其中800人是乘火车路过该站的退役军人)凭坚固守,难以解决战斗,又值天降大雨,棉河水涨,不能徒涉,第1连遂抢占车站西面村庄固守。22日下午,日军400多人开始反击,第5团主力在棉河北岸向敌实施火力袭击。第1连在歼敌50余人后撤出战斗,第19团曾攻入巨城和移穰车站。

右纵队因有左右友邻部队的策应,受日军反击较晚,破袭战绩较大。23日,第5团再次攻占娘子关,并炸毁娘子关以东1里左右的石桥,还破坏了程家陇底、磨河滩之间的铁路。当晚第19团再次攻入移穰车站,炸毁水塔、铁路。24日至27日,右纵队还炸毁了岩会附近的9孔大石桥、移穰东面的8孔石桥和3孔石桥以及程家陇底、西武庄间的石桥,烧毁程家陇底以东木桥。在右纵队大力破袭下,从25日起正太路娘子关至乱柳段日军交通完全断绝,日军各据点各自为战,陷入异常恐慌之中。

晋察冀军区中央纵队(辖第2、第3、第16团)负责破袭正太路娘子关至微水段和井陉煤矿。井陉煤矿是日军重点守备目标,在新旧两矿周围筑有近4米高的敷设电网的围墙,墙外又增设铁丝网与外壕。在围墙之内,老矿有15个堡垒,新矿有4个堡垒,并在矿北山上筑有3个碉堡,以瞰制全矿区。20日夜,第3团对井陉煤矿的岗头老矿和东王舍新矿同时发起攻击。第1营在矿工帮助下首先切断电源,迅速攻入新矿,歼敌警备队一部,残敌躲入碉堡死守。第2天下午,全歼守敌。接着在工人帮助下,将14台机器、10个锅炉、3座风车、两个大水池、两座烟筒、5座铁桥和绞车房、电机房、火车站以及矿区重要建筑全部炸毁,搬走了大部物资,使其半年以内不能恢复生产。第3团还夺取了贾庄、南正日军据点,破坏了南正至微水间铁路。第2团攻占乏驴岭铁桥东端堡垒,掩护工兵将铁桥炸毁一段,并一度占领蔡庄日军据点。第16团第2营于20日夜攻入北峪,将守敌大部歼灭,21日掩护工兵破坏北峪石桥;其他各部攻占地都,并将南峪守敌大部歼灭。24日,中央纵队侦知井陉县城已有日军1000余人,南峪、地都也有大批日军增援,日军有大举反扑的可能,乃决定以一部监视和袭扰铁路沿线之敌,主力集结于机动位置待机。

晋察冀军区左纵队(辖冀中警备旅第2团、军区特务团、平井获支队)负责破袭微水至石家庄段。20日夜,平井获支队袭击岩峰,爆破铁路;特务团掩护群众破坏岩峰至威州电线、公路。22日夜,特务团又攻击上安车站。23日夜,警备旅第2团攻入头泉车站,夺下堡垒两个。随后,左纵队撤出铁路沿线。25日至27日,又连续出击,破击平山、获鹿、微水、岩峰间公路。

八路军第129师负责破袭正太路西段。该段有日军独立混成第4旅团司令部驻地、煤矿基地阳泉,并有榆次方面独立混成第9旅团的策应。因而这里成为敌我争夺更为激烈的地区。

第129师左翼破击队辖第386旅第16团、决死1纵队第38、第25团等部,负责破袭正太路寿阳、榆次段。20日20时总攻发起后,第16团5个连进攻芦家庄车站,连克碉堡4座,将守敌大部歼灭。第16团向榆次游击的两个连配合工兵炸毁了芦家庄至段廷之间的所有桥梁。第38团以突然袭击动作,攻占了上湖、和尚足两个车站。第25团攻克马首车站,日军仓皇逃向寿阳。

第129师右翼破击队由新编第10旅第28、第30团等部组成,任务是破袭正太路阳泉至寿阳段。20日晚总攻发起后,第28团兵分三路,攻击狼峪、张净、芹泉车站;第30团向桑掌、燕子沟进攻。当晚攻占桑掌,并将该处大桥彻底破坏。21日,占领燕子沟,炸毁当地两座铁桥。到23日,又攻克狼峪、芹泉等据点。在此期间,右翼队还攻克了坡头、辛庄、赛鱼、铁炉沟、小庄、张庄等车站和据点。

第 129 师总预备队第 772 团于 8 月 22 日、25 日两次强袭平定西南冶西日军,歼敌大部,占领冶西。第 769 团围困落摩寺日军 10 天,到 8 月 31 日将其全歼。

至此,正太铁路西段除寿阳等少数据点外,均为第 129 师所控制。由于八路军攻击猛烈,正太路西段日军数日内联络中断,各据点日军在被攻击围困之中孤军作战,迅速被歼。第 129 师提出"不留一根铁轨,不留一根枕木,不留一个车站,不留一个碉堡,不留一座桥梁""破一里铁路等于消灭一连敌人""让敌人用脚同我们赛跑""让敌人用牛驴搬炮弹、飞机、大炮"等口号,教育、鼓舞部队,并动员、组织民众,争取铁路员工,采用搬拆、爆破、火烧、水淹等方法,大力破坏铁路、车站及其附属设施。

为掩护师主力的破袭作战,战役开始时,第 129 师即以总预备队的第 14 团占领狮垴山。狮垴山位于阳泉西南 4 公里处,是正太铁路西段的咽喉要地,占领该地可以控制阳泉以西十几公里的铁路线,并对阳泉构成严重威胁。日军独立混成第 4 旅团为挽救其守备部队被各个歼灭的命运,扭转阳泉的被动态势,从 8 月 21 日上午起集中阳泉日军,并武装日本侨民,连日出犯狮垴山。日军兵力由 200 余人增至 600 余人,在约 20 架次飞机轰炸扫射和施放毒剂的支援下,连续进行反扑。第 129 师总预备队顽强阻击,战至 25 日,先后打退敌多次进攻。26 日,日军进一步增兵,继续向狮垴山反扑。第 14 团在取得坚守 6 昼夜、歼敌 400 余人的重大战果后,主动撤出狮垴山主峰,继续以小分队钳制敌人,主力转移执行新的破路任务。

第 120 师主力为配合正太路破袭战,于 8 月 20 日晚对同蒲路北段和铁路两侧的主要公路展开了破击,攻取铁路和公路线上的日军据点。

康家会位于忻县至静乐的公路线上,是日军独立混成第 9 旅团独立步兵第 39 大队守备的一个重要据点,也是日军的重要粮站,驻有日伪军 50 余人,其东北石神有敌 30 人,西南利润有敌 10 余人,静乐有敌 100 余人。第 358 旅决心以第 4 团 1 个营进攻康家会,两个营在康家会以东的炭窑沟、青龙庄间设伏,准备歼灭石神增援之敌;以第716团在康家会以西的砚湾设伏,准备歼灭利润、静乐增援之敌。8月21日零时30分,第4团第2营向康家会发起攻击,拂晓时将守敌全歼。由静乐乘2辆汽车增援的日军40人被第716团歼灭,由石神增援之敌也大部被歼。攻克康家会是一次部署周密的速决全歼战,缴获了大批军用物资品,它是第120师发起破袭战役不久即取得的第一个大胜利。

为扩大战果,第358旅以第4、第716团各一部强袭丰润,其余部队负责打援,8月25日晨将丰润山上碉堡攻占。正当组织火力准备攻击猬集山下大庙内的日军时,日军增援部队赶到,攻击部队遂撤出战斗。

第120师独1旅于8月23日开始行动,第715团先后两次袭击寨子村,同时袭击岚县。第2团在群众配合下,破坏峪口至圪洞公路数里,又在班家庄以西山地伏击日军,并连袭石门鄢、寺圪塔敌据点。8月31日凌晨,独2旅第714团猛袭宁武、朔县间阳方口,烧毁了车站,破坏了附近铁路设备,切断了同蒲铁路。这次战斗,全歼守敌,毙伤敌120余人,俘日军2人、伪军32人。此外,暂编1师一度袭入五寨;决死2、4纵队切断了汾离公路,并一度袭入汾阳以西的王家池;第359旅第717团多次击退柳林出扰之敌。

至此,第120师在晋西北先后作战180多次,歼日伪军800余人,攻克康家会、阳方口、平社、龙泉等日军车站和据点,一度切断了同蒲铁路北段以及忻(县)静(乐)、太(原)汾(阳)、汾(阳)离(石)公路日军交通线,钳制了日军大量兵力,使其难以增援正太路,有力地支援了第129师、晋察冀军区方面的作战。

与此同时,山西抗日根据地军民对其他铁路和公路进行了广泛的破击,攻克了一些日军据点。在根据地军民的攻击下,正太线破袭战取得重大胜利,第一步战役目标基本实现。日军参谋记载说:"石太路沿线各小据点(以分队为主)大半已被消灭。……多处枕木被烧毁,铁轨被拆除,铁路桥梁大部遭到破坏或损伤。"① 日军经如此严重的打击,开始增强兵力,频繁向破袭部队反扑,山西南部日军第36、第37、第41师团也准备北援正太路。

8月26日,八路军总部下达了第二步行动方案,指示在正太路不能继续坚持作战或彻底完成正太战役任务的情况下,行动方针是乘胜开展正太线两侧战斗,力求收复深入各个根据地内的某些据点,继续坚持正太线的游击战。具体部署是:晋察冀军区一部向盂县以北地区活动;第129师一部进击和辽公路,力求收复和、辽两县;第120师一部继续破袭同蒲铁路忻县、太原段,乘胜拔除根据地腹地之敌据点。命令指示,各部可向指定区域预做准备,但不要放松现有任务的执行。②

8月27、28日,八路军总部连续致电正太线作战集团,部署了新的行动方针。电报指出:"估计各线敌人正向正太线增援,正太线南北各据点敌仍图坚守不放。因此,我各线配合作战兵团应继续积极破击阻敌往援,正太作战兵团除继续彻底破路拔除可能拔取之据点,特别应对出击或来援敌一个大队以内之兵力,集结最大优势之兵力歼灭之。"③ 并一再强调继续破路和集中优势兵力歼灭增援部队。

根据上述指示,晋察冀军区于8月27日命令右纵队继续破路一两天。第129师除以部分兵力监视各据点日军外,主力每日轮班破路。在第129师连续破袭下,正太路西段除寿阳、阳泉等少数城镇外,基本被破坏,交通完全断绝。

8月31日,八路军副总指挥彭德怀致电贺龙、关向应、聂荣臻、刘伯承、邓小平等,要求继续扩大战果。命令指出:"此次百团战役胜利中已暴

① 日本防卫厅战史室编,天津市政协编译组译:《华北治安战》(上),天津人民出版社1982年版,第305页。

② 中国人民革命军事博物馆编:《百团大战历史文献资料选编》,解放军出版社1991年版,第31页。

③ 中国人民革命军事博物馆编:《百团大战历史文献资料选编》,解放军出版社1991年版,第32页。

露敌之严重弱点,是兵力不够分配,华北战场上之兵力缺乏,已抽调出去不少。因此,引起我们考虑以下问题,彻底毁灭正太路和彻底毁灭同蒲路之忻县、朔县段,如能达到目的,使三个基本根据地连成一片,在任何方面与我有利,并可引起华北战局某些变化,你们认为可能时请即电告并同时准备继续扩大之。"①

9月2日,八路军总部命令:从3日起结束正太战役;各集团按8月26日命令的第二步行动方针转移兵力,乘正太路遭破坏后,日军不能转移兵力的有利时机,完成第二步计划的任务。

晋察冀军区按照总部26日命令,组织进行盂北战役。第129师由于日军主力反击,转入打击出犯日军的作战,对进击和辽公路,收复和顺、辽县两城的任务留待下阶段完成。

9月2日起,晋察冀军区部署新的战役行动,以第2、第5、第1、第6、第19团参加主要方向作战,立即向盂县和寿阳以北出动,收复该地区内日军据点,并规定第19团歼灭上、下社敌人,第5、第16团夺取盂县城,第2团向西烟、宗艾出击;以第3团、第4军分区特务营及平井获游击支队一部,继续钳制正太路东段之敌;以骑兵第1团主力、第120师骑兵营、行灵游击支队及军区教导团在平汉线方面执行钳制任务。

由于正太线的破袭战,使盂县以北日军主力南调增援,守备兵力减弱,各据点已感到恐慌,晋察冀军区部队展开锐猛攻势后,不少据点守军开始动摇。9月5日下午,下社日军在上社日军接应下,退到上社,与上社日军一同连夜向盂县方向逃跑。9月5日晚,第19团赶到上社附近后,即与第2军分区特务营向逃敌展开追击。此时,第19团进至神泉、普田地区的第1营截断了日军退向盂县的道路。6日9时,将该敌包围于兴道村,经5小时激战,歼其大部,残敌80余东逃罗里掌山,复陷于第19、第5、第16团包围之中。9日夜,日军大半被歼,只剩下40余人趁浓雾突围,逃进盂县城。

---

① 中国人民革命军事博物馆编:《百团大战历史文献资料选编》,解放军出版社1991年版,第34页。

第 2 团第 3 营于 7 日占领西烟村,8 日夜冲入日军据守的土寨,后由于日军大肆施放毒气,突击部队全部中毒后退出,双方各伤亡 20 余人。9 日、10 日继续围困。11 日,西烟日军在盂县日军 200 余人接应下,逃回盂县。

9 月 4 日,日军抽调 2000 余人增援盂县地区,开始反扑。9 月 10 日,晋察冀军区命令第 19、第 5 团留盂县以东、以北地区待命,准备配合第 129、第 120 师行动;其余各团向根据地东部、东北部转移,准备执行新任务。

为了钳制正太线方面八路军的破袭作战,转变被动态势,日军纠集独立混成第 4 旅团 4 个步兵大队（配属第 36 师以 1 个步兵大队为基干的支队）、独立混成第 9 旅团 3 个步兵大队（配属第 36、第 41 师均以 1 个步兵大队为基干的支队各 1 个)等部,向第 129 师实施反击。8 月 30 日,独立混成第 9 旅团自太谷、榆社之间地区,9 月 1 日,独立混成第 4 旅团自平定、和顺、辽县、榆社一带相互策应推进,企图以松塔、安丰、马坊地区为中心合击第 129 师。

在日军主力转取反攻的形势下，第 129 师各路破击队即由破击作战转入打击出犯日军的作战。左翼队连日在高坪、道坪、红凹、中兰、卷峪沟地区予敌以打击。特别是卷峪沟约 15 个小时的阻击战，毙伤敌 200 余人,沉重打击了日军合击安丰、马坊地区的企图,掩护了师指挥机关、后勤部门及右翼队的安全转移,变被动为主动。这次战斗后,左翼队亦安全转移到外线。6 日,左翼队、第 772 团将太谷出犯之日军 500 多人包围在榆社西北的双峰地区,激战一昼夜,歼敌 400 余,大挫其锐气。第 385 旅于 6 日于张建设伏,重创向辽县撤退的日军。右翼队于 9 月 3 日离开正太线向根据地转移,在平定以西打击阳泉出扰日军,消灭日军 100 余人。随后,部队即行分散,展开广泛游击战。至 9 月 15 日,第 129 师粉碎了日军万余兵力的连续反击。

9 月 10 日,百团大战第一阶段大体上结束。在第一阶段中,由于部署周密,准备充分,部队行动迅速、隐秘,给日军以沉重打击。因此,从敌后到大后方的报刊大力传播胜利的消息,祝捷电文、信件从四面八方飞向延安和八路军总部,极大地鼓舞了根据地的民心和士气。延安还召开了祝捷大会。

二、第二阶段作战

9 月 10 日,中共中央指示,"在华北则应扩大百团战役行动到那些尚未遭受打击的敌人方面去,用以缩小敌占区,扩大根据地,打通封锁线,提高战斗力",这"是目前军事行动的总方针。"①

9 月 16 日,八路军总部下达了百团大战第二阶段作战命令,指出作战目的是扩大战果;作战基本方针是继续破坏敌人交通,摧毁深入根据地的某些据点。作战部署是:第 120 师集结主力破击同蒲路宁武、轩岗段;晋察冀军区集结主力破袭涞灵公路,夺取涞源、灵丘两城(主要是涞源),并以有力一部在同蒲路东侧配合第 120 师作战;第 129 师以收复榆社、辽县为目的,开展榆辽地区斗争,并以有力一部不断破击白晋铁路北段。此外,对破袭沧石、德石、邯济、平汉、平绥、北宁、津浦铁路,阻敌修复正太铁路,也作了部署。

百团大战第二阶段,从 9 月 22 日至 10 月上旬。晋察冀军区主要进行了涞灵战役,第 129 师主要进行了榆辽战役,第 120 师主要破击了同蒲路。

(一)涞灵战役

根据八路军总部的部署,晋察冀军区决定调集部队,组织涞灵战役。驻涞源、灵丘及其附近的是日军独立混成第 2 旅团(司令部驻张家口)、第 26 师团(司令部驻大同)各一部,共 1500 余人,另有伪军 1000 余人。日军受到第一阶段打击后,提高了警惕,各据点纷纷增加兵力(其中涞源城

---

① 中央档案馆编:《中共中央文件选集》第 12 册,中共中央党校出版社 1991 年版,第 488 页。

已增到 500 人左右），增修加固工事，储备粮弹，严加戒备。

9 月 10 日，晋察冀军区下达作战命令，具体部署是：以第 1、第 2、第 3、第 20、第 25 等 5 个团及游击第 1、第 3 支队，第一军分区特务营，军区骑兵第 1 团的一个营，共约 1.5 万人，组成右翼队，在战役初期夺取涞源及其附近据点，打敌增援，而后视情况转移攻势于灵丘外围，协助左翼队相机夺取灵丘；以第 6、第 26 团和察绥游击支队，共约 5000 人，组成左翼队，在战役初期阻敌增援，以有利于右翼队作战（其中第 6 团暂归右翼队指挥），而后在右翼队协助下转移攻势，夺取灵丘及其附近据点。此外，以冀热察挺进军平西军分区第 9 团袭击桃花堡及其附近据点，随时准备打击向蔚县、涞源增援之敌；以第二军分区第 4 团活动于五台地区，钳制向灵丘增援之敌。同时，命令冀中军区除以主力一部配合冀南军区破击沧石、德石铁路，另以一部袭击北宁、津浦铁路外，组织任（丘）河（间）大（城）肃（宁）战役，钳制驻冀中日军，使其不得西援。

9 月 22 日 22 时，涞灵战役开始。右翼队向涞源县城及其周围据点发起猛烈攻击，经一夜激战，夺占东、西、南关和两个外围据点，日军退入城内固守。涞源城面积不大，方圆不足 2 公里，但系用巨型条石建造，城坚且高，易守难攻。23 日，右翼队决定先集中力量拔除外围据点，再行攻城。当夜，第 2 团在第 1 团 1 个营及炮兵配合下，猛攻涞源城东 10 公里处涞（源）易（县）公路上的日军重要据点三甲村，歼敌大部，将其占领。同时，第 3 团向涞源城东北日军另一重要据点东团堡发起猛攻。该据点由日军第 2 混成旅团的一个教导队共 130 余人驻守，成员全系各部队选来的士官，训练有素，武器精良，并有坚固的环形防御工事为依托。攻击部队不顾敌人的猛烈火力和不断施放毒剂的威胁，连续勇猛进攻，至 24 日夜，攻克该村周围全部堡垒，挫折了敌人的锐气，将残敌压迫于村中数间房屋。25 日，日军将据点库存武器、物资、粮食全部烧毁，准备突围。攻击部队再度发动猛攻，残敌突围无望，投火自焚。东团堡歼灭战，显示了八路军的英勇顽强，对日军震动很大。至 26 日，右翼队其他部队和平西军分区第 9 团也连克桃花堡、白乐堡、吉家庄、辛庄、北口、下北头、白石口、中庄、王喜洞、刘家嘴、张家峪、北石佛、金家井等 13 个据点。

9 月 28 日,日军开始由张家口等地南援。由于破路不彻底,日军推进迅速。28 日中午,日伪军 3000 余人搭乘汽车,在 20 辆坦克、4 架飞机的掩护下,进抵涞源城。

鉴于右翼队已难开展有利的攻势,晋察冀军区乃决心转移攻势于灵丘地区,第一步扫除灵丘、浑源间敌据点,第二步夺取大营东南至神堂堡一线及大营、砂河以北山地内敌据点。10 月 2 日,晋察冀军区命令右翼队主力集结涞源以东及东南地区,一部监视钳制涞源之敌,另以第 1、第 2团归左翼队指挥,加入左翼队作战。

10 月 8 日夜,第 1 团第 1 营乘南坡头日军一部出动袭击第 2 团之机,向南坡头发起进攻,一举袭入敌阵,歼敌大部,残敌逃窜。同时,第 6团第 1 营攻克抢风岭,青磁窑日军望风而逃。9 日夜,第 6 团第 3 营又攻击了金峰店。此外,向灵丘、广灵间出击的第 26 团 8 日夜一度攻入黄台寺。

10 月 9 日,灵丘方面,浑源、广灵日军 1300 余人南援,开始反扑。涞源、易县、保定、望都、定县、完县、唐县、曲阳、五台等地,日军正集结兵力,准备粮弹。根据以上情况,军区判断日军可能趁军区主力远在灵丘、浑源、广灵地区作战之机,大举"扫荡"根据地,遂于 10 日命令左翼队放弃第二步计划,立即结束涞灵战役,第 1、第 2 团归还第一、第三军分区原建制,第 6、第 26 团主力集结适当地区休整,准备反"扫荡"作战。

涞灵战役持续 18 天,晋察冀军区共毙伤日伪军 1000 余人,俘日军49 人、伪军 237 人,八路军伤亡 1419 人。

(二)榆辽战役

由阳泉经平定、和顺、辽县到榆社的公路,是日军突入太行根据地最深的一条公路。日军企图将该路向西南延伸,经武乡与白晋铁路相连,以达到分割太行区,灵活调动正太、白晋两线兵力的目的。其中榆辽段长 45公里,沿线有榆社、沿壁、王景、管头、铺上、小岭底、石匣、辽县等 8 个据点,由日军独立混成第 4 旅团第 13 大队守备。

9月22日,八路军第129师下达榆辽战役基本命令,决定以突然袭击手段消灭榆社至小岭底之敌,收复据点,摧毁公路,并乘势向辽县进展,相机收复辽县。作战部署是:以第385旅(附第32团)为右翼队,主力攻取管头、铺上、小岭底等敌据点,一部扼守辽县以西狼牙山,阻击辽县可能西援之敌;以第386旅、决死1纵队各2个团为左翼队,攻取榆社、沿壁、王景等据点;以新编第10旅为平辽支队,破击平辽公路和顺南北段,截击南援之敌;以太岳军区第17、第57团组成沁北支队,破击白晋铁路沁县至分水岭段,钳制敌人由白晋铁路抽调兵力增援榆辽地区。

9月23日夜,攻坚作战开始。24日,左翼队攻克沿壁、王景,右翼队攻克铺上、小岭底。至25日,榆社县城也被攻克,小岭底至榆社一线只剩管头据点之敌仍在顽抗。同时,平辽支队积极活动,攻占辽县以北寒王镇;沁北支队积极破路,频繁出击,使武乡、白晋路日军受到钳制。

9月26日,第129师令右翼队以一部继续围攻管头之敌,主力和左翼队东移,乘胜收复辽县并消灭可能援辽之敌。

9月27日拂晓,右翼队进攻辽县以西石匣,当夜将其占领。左翼队28日进抵马厩附近,准备当晚进攻辽县。这时,和顺、武乡日军分别向辽县、管头增援。八路军总部命令停止进攻辽县,以一部钳制和顺南下之敌,主力转移至红崖头、关帝垴地区,准备歼灭武乡东援之敌。第129师遵令转移兵力,同时猛攻管头,在29日24时将其攻克。30日9时左右,左翼队赶到红崖头以南山地,右翼队尚未到达预伏地区。此时,武乡日军600余人正越过预伏地区,其先头与右翼队遭遇。左翼队当机立断,迅速向日军的后尾、侧翼同时展开攻击,日军四面受围,在8架飞机掩护下,占领高地顽抗。激烈的战斗持续了两天一夜,双方伤亡惨重。到10月1日黄昏,辽县西援日军500余人突破右翼队阻击,逼近左翼队指挥所附近,左翼队奉命撤出战斗。同日,八路军总部鉴于辽县、武乡日军会合,阳泉南援日军1000余人已抵辽县以北的寒王镇,第129师相当疲劳,伤亡较大,判断增援辽、榆地区的日军可能趁势"扫荡"太北地区,乃决定结束榆辽战役。

（三）破击同蒲铁路

同蒲路北段是日华北方面军第1军和驻蒙军的接合部，宁武至朔县段由驻蒙日军第26师团第11联队的一个步兵大队守备，忻县至轩岗段则由日华北方面军第1军独立混成第3旅团的一个步兵大队守备，总兵力约2000人。9月12日，第120师下达了同蒲铁路北段行动计划，决心从9月20日开始破击同蒲铁路宁武、忻县段（重点在宁武、大牛店之间）。作战部署是：第358旅破击原平、宁武段，并准备袭击轩岗、良庄、东寨等据点；独1旅破击忻县、原平段，并准备袭占忻口、楼板寨等据点；独2旅破击宁武、朔县段；特务团位于宁化堡附近，掩护后方联络线；暂1师阻击岢岚、五寨增援之敌。前线各部统由第358旅指挥。

经过第一阶段的打击，日军已在同蒲铁路两侧重要据点集结兵力，加强了对铁路线的保护。因此，破击同蒲铁路的部队在进入破路作战之前，必须先扫清前进道路上的日军据点障碍。

9月14日，第358旅从根据地娄烦以西地区出发，北跨静乐、岚县公路，16日到达马家沟集结。马家沟与同蒲路宁武、轩岗段之间，隔有头马营、东寨、宁化堡、分水岭、羊圈岭等日军据点。该旅以第3支队（辖第7、第8团、特务营）袭击头马营。9月18日24时，第3支队以特务营向头马营发起攻击，以第7、第8团打援。战斗至翌日晨，宁化堡日军40余人增援头马营，行至山寨村被打援部队包围歼灭。20日，羊圈岭日军200余人前出至里鄢村企图反扑。该旅第716团于当日14时向里鄢村之敌发起攻击，次日拂晓，该敌唯恐被歼，逃回羊圈岭。

独1旅于9月16日夜东渡汾河，18日得悉，羊圈岭日军400余人袭击雁北支队扑空后返回上庄，乃决心围歼该敌。遂于18日13时向该敌发起攻击，激战至19日凌晨，旅主力撤出战斗执行破击任务，残敌向羊圈岭退去。这次战斗，独1旅伤亡105人，毙伤日军约200人。

参战部队击破阻挠之敌后，即投入对同蒲铁路的破击作战。9月22日晚，第358旅第4团（附师属工兵连）、师特务团前出到段家岭、轩岗间破坏同蒲铁路数段。与此同时，第2团袭击奇村，第715团袭击忻口、楼板寨。23日晚,第2团破坏忻口以南铁路,第715团破坏忻口以北铁路。25日夜,第715团再次破坏了大牛店、轩岗段铁路。独2旅也于朔县、宁武间破坏铁路数段。第120师经过6天的破击作战,使同蒲铁路交通再次中断。

10月初,日军开始对华北抗日根据地进行报复性大"扫荡",八路军总部调整战略,命令参战部队停止攻击作战,准备反"扫荡"作战。至此,百团大战第二阶段随告结束。

三、第三阶段作战

日军连续遭到八路军两次大规模攻势的打击,损失惨重,受到震慑,深感八路军力量的可怕和对其威胁的严重。于是,调集重兵,从10月6日起,先后对山西各抗日根据地进行疯狂的报复"扫荡",企图趁八路军连续作战来不及休整之机,打击八路军主力,毁灭抗日根据地。

早在榆辽战役结束的10月1日,八路军总部在给各大区的指示中就指出增援辽、榆之敌可能顺势"扫荡"太北地区,各部应有相应的准备。10月19日,八路军总部下达了反"扫荡"作战命令,要求各根据地进行深入的战斗动员,部队集结于适当位置,坚决消灭一至两路进犯之敌,并注意各区的策应配合。遵照八路军总部的指示,八路军各部以连续作战的精神,展开了反"扫荡"作战。

(一)晋东南反"扫荡"

为打击八路军第129师主力,毁灭抗日根据地,日军从10月6日至12月5日,先后"扫荡"晋东南的太行、太岳区。第129师来不及休整补充,即投入艰苦的反"扫荡"作战。

从10月6日起,日军独立混成第4旅团、第36师团各一部共1万人,开始对太行抗日根据地榆社、辽县、武乡间的浊漳河两岸和清漳河东西地区进行"扫荡"。为了打破日军的企图,第129师组织反"扫荡"作战。

10月6日，冀西武安日军800余人，开始"扫荡"阳邑一带。11日，日军独立混成第4旅团一部从辽县、武乡出发，第36师团一部共3000余人从潞城、襄垣出发，南北策应，"扫荡"榆、辽、武之间的浊漳河两岸地区，合围"清剿"榆辽公路以南，武乡、蟠龙以北地区后，14日自洪水、蟠龙、西营一线东犯东田、左会地区。八路军第385、第386旅和决死1纵队等部在内线节节阻击进犯之敌，新10旅在外线积极作战。15日上午，新10旅2个团在和辽公路弓家沟伏击日军汽车运输队，毁敌汽车40多辆，歼灭押车日军100余人。此后半个月，日军再不敢在和辽公路上运输。17日，"扫荡"之敌分途退去。

10月20日，日军第36师团及独立混成第4旅团等部近万人，分由武安、辽县、武乡、潞城等地出发，"扫荡"清漳河东西地区，重点指向中共中央北方局、八路军总部机关及第129师师直、晋冀豫边区党政机关所在地的麻田、左会间地区及涉县、偏城一带。由于此次"扫荡"距上次"扫荡"间隙甚短，规模较大，抗日根据地军民缺乏思想上、组织上的准备，主力部队未能转到外线，只在内线被动抗击，难以给敌有力打击，致使日军进入合击地区后，连续数日实行疯狂的"清剿"和烧杀。26日，日军开始回撤，路上实行分区"扫荡"，根据地受到严重破坏和摧残。

为了摆脱被动局面，八路军总部要求第129师下决心寻机歼灭一路日军，使其不敢再以大队为单位独立行动，从而拉开"扫荡"间隔，便于根据地军民机动。10月29日，"扫荡"黄崖洞之日军第36师团一部500余人，辎重民夫400余人，经左会进到蟠龙以东的关家垴，准备返回武乡。当日13时，八路军总部令第129师集中主力歼灭该敌。当日夜，第129师以第385、第386旅主力，新10旅及决死1纵队各一部，将该敌包围于关家垴，拟于次日4时发起总攻，被围之敌为改变不利态势，固守待援，除紧急构筑工事外，趁夜暗袭占了关家垴西南的凤垴顶高地，以两处制高点互为犄角，固守顽抗。第129师按原定计划向关家垴之敌发起进攻，并分兵一部夺取凤垴顶，被围之敌在飞机火力支援下拼命顽抗。第129师部队以高昂的士气，勇猛攻击，迅速突破敌防御，将其压缩于狭小地区，展开白刃搏斗,激战持续到 31 日拂晓,敌大部被歼,仅剩 60 多人死守阵地。下午,黄崖洞方面日军 1500 余人,在 10 余架飞机掩护下驰援。第 129 师鉴于关家垴被围之敌基本歼灭,来援之敌又过大,为保持主动,再寻有利战机歼敌,遂迅速撤出战斗。残敌在援敌接应下,遗尸 280 余具,向洪水逃去。至此,日军大部已由根据地中心区撤走。

11 月初,太行南部黎城日军北犯南、北委泉,继向西井进犯,襄垣日军经西营向蟠龙进犯,企图合击东田及八路军总部所在地砖壁一带。为掩护八路军总部转移,第 386 旅奉命急赴蟠龙以东的大陌村南北一线阻击进犯之敌。11 月 3 日 9 时,部队刚在大陌村一带部署就绪,即与来敌展开激战。日军连续发动进攻,并夺占大陌村部分阵地。第 386 旅顽强扼守,一直坚持到 4 日凌晨 4 时,在八路军总部顺利转移后,才撤出战斗。日军合击企图未逞,于 5 日向白晋线退去。太行区北部,和顺日军 2500 余人经寒王镇、长城镇于 11 月 3 日到榆社,加强了榆、辽、武地区日军力量。此后,对榆辽公路以南讲堂、岭上、宋家庄、郭郊、大有一带进行了反复"扫荡"。在根据地军民的袭扰打击下,至 13 日,日军先后退回据点。太行区历时 40 天的反"扫荡"结束。

11 月 17 日,日军以第 37 师团一部从沁县、虒亭镇、南关镇出发,以独立混成第 16 旅团一部从平遥、介休、霍县出发,以第 41 师团一个大队从洪洞出发,共 7000 余人,分路合击沁源及其以北的郭道镇地区。这时,赴太行区的第 386 旅第 16、第 772 团,决死 1 纵队的第 25、第 38 团未归,太岳区兵力薄弱。为避敌锋芒,太岳军区将领导机关与主力部队组成沁东、沁西 2 个支队,转移于日军合击圈外的沁河两岸地区,打击敌人分散活动的部队。日军在地方武装袭扰下,于 23 日进抵合击地区后,即实行分散"清剿",大烧、大杀、大抢,企图破坏根据地军民的生存条件,彻底毁灭根据地。据不完全统计,仅沁源县被害群众达 5000 余人,占全县人口的 1/10;牲畜被杀近万头,被抢走 7000 余头;房屋被毁三四万间。

太岳军区部队抓住日军四处"清剿"、兵力分散的机会,积极打击敌人。11 月 23 日,沁西支队第 42 团在官滩歼灭日军 100 余人。27 日,第

42、第59团各一部又在胡汉坪、马背一带毙伤日军160余人。沁东支队第17、第57团，先后在光凹、陈家沟、龙佛寺、吾元镇、南卫村、南里等处予敌以重创，其中第17团龙佛寺战斗，即歼日军100余人。第212旅在交口地区也予敌以打击。日军合击企图落空，又遭到不断打击，在对根据地烧杀一阵后，被迫于12月5日分路撤出太岳区。

（二）晋察冀边区反"扫荡"

晋察冀边区的反"扫荡"作战，从日军首先进攻的平西地区开始，然后扩展到北岳区，逐次展开。

日军正进攻平西之时，10月19日，八路军总部指示：进攻平西、太行区之敌均可能转而进攻北岳区，晋察冀边区应立即准备粉碎敌之"扫荡"的作战，党政军民应切实配合，进行深入的战斗动员，主力应集结适当位置，准备坚决消灭一两路进犯之敌。总部还指示第129、第120师积极配合作战。晋察冀军区用一个月的时间进行休整，对部队作了补充和调整，加强了战备和敌情侦察，地方工作也作了相应的部署。

11月9日，日军第110师团等部及伪军共1.4万余人，首先重点"扫荡"第一军分区所属地区。易县、大龙华、王安镇、涞源、插箭岭之线日伪军由北向南，保定、满城日伪军由东向西，相互策应，企图压迫军分区部队于狭小地区，进行决战。

11月10日，晋察冀军区下达反"扫荡"的作战方针和部署，决定在日军进攻的头一阶段，避免与敌决战，采取广泛积极的游击战，使日军在"扫荡"中住不得其所，行不得其时，食不得其饱，最大限度地疲乏与消耗敌人；主力兵团立即集结起来，置于机动位置，准备于适当时机打击敌人，歼灭敌之一路或两路，以转换战局，彻底粉碎敌之"扫荡"；一切后方机关，均须适当编组，独立自主地分散在适当地区内转旋隐蔽。① 12日，针对日军大肆烧杀与破坏的行动，晋察冀军区又指示：主力在不妨碍机

---

①聂荣臻等致各兵团首长并报彭（德怀）、左（权）、毛（泽东）、王（稼祥）电，1940年11月10日。

动原则下仍可分散一部(不超过 1/3 的兵力)坚决打击敌之烧杀企图。

11 月 9 日,由涞源、易县、保定出动之日军 6000 余人,连续合击管头、银坊、黄土岭和神北等地。12 日,日军合击扑空,即在当地烧杀后分路撤退。此时第一军分区集结第 1、第 25 团,乘机进行截击。日军一路 800余人,14 日由吴家庄向苑岗撤退中遭到截击,死伤一部,该敌在飞机掩护下突出重围,向管头退去,途中再遭第 20 团截击,伤亡甚大,逃回满城。

11 月 13 日,完县、唐县、定县、正定、行唐日伪军出动 2700 余人,向第三军分区所属地区进犯。14 日,定襄、东冶、五台日伪军约 2600 人分两路向阜平及其西南地区迫进。日军东西两线策应,合击阜平以北的台峪。

晋察冀军区司令部及第三、第五军分区指挥机关和第 2、第 3、第 6团等部队在敌合围圈即将形成之前,适时跳出,转移外线。11 月 16 日,日军合击台峪、张家峪地区。未能转移出去的游击军艰苦奋战,司令员王溥、政治部副主任郝玉明英勇牺牲,部队伤亡 100 余人。

11 月 18 日,合击台峪之日军从王快进占阜平城。21 日,由大营经神堂堡、吴王口之敌,和由五台经台怀、石咀、龙泉关、下关之敌,也会合于阜平城。日军占阜平后,由阜平中心区向外、由周围各据点向内,对第三军分区所属地区连续合击,反复"扫荡",残酷烧杀破坏。

在此期间,晋察冀军区主力部队,根据敌情变化,机动转移,使敌合击屡屡扑空,始终处于有利地位,只以一部分部队与敌人保持接触,了解敌人的动向,钳制敌人的行动。各分区部队仍不脱离根据地,积极与敌周旋,各游击部队不断袭击敌人,破坏交通,阻敌修路,扰敌后方。11 月 21日夜,第 2 团选派 30 余人袭入党城,以手榴弹袭击日军宿舍,日军惊慌失措,枪炮射击彻夜未停。侵入根据地之敌,不断遭到打击,饥疲交困,遂于 25 日分路撤退,至 12 月 3 日,日军大部退出北岳区。

(三)晋西北军民反"扫荡"

日军独立混成第 16 旅团等部约 4000 人,从 10 月下旬开始"扫荡"晋西北第八军分区和第三军分区米峪、娄烦一带,遭到当地军民打击。12 月中旬,日军抽调驻晋南的第 37 师团、驻晋东南的第 41 师团各一部,配合驻晋西北的独立混成第3、第9、第16旅团及第26师团各一部共2万余人,准备全面"扫荡"晋西北。

第120师积极准备反"扫荡"。10月30日,该师奉命组建晋西北军区,11月7日(俄国十月革命纪念日)在兴县李家湾举行了军区成立大会。晋西北军区辖直属军分区及第二、第三、第四、第八、雁北等6个军分区。军区在成立过程中,调整了一些部队的建制,精简了机关,充实了战斗连队,部队更加精干。12月14日,晋西北军区指示各军分区:反"扫荡"作战方针基本上是游击战,但需有相当主力集结,以便机动;各分区需有一个团以上的兵力,以连、营为单位分散游击;各正规军派出的游击队及地方武装,须围绕着进攻之敌不断扰击,并派一部在敌后破坏交通;各分区须负责保护粮食,立即帮助、检查群众空舍清野工作。

从12月14日起,日军各路相继对晋西北地区进行全面"扫荡"。从太汾、汾离公路据点出动的日军5000余人,北犯第八军分区米峪镇地区;从离石、柳林出动的日军4000余人,进犯临县地区;日军6000余人于19日从岚县、岢岚等据点出动,进攻兴县和保德以南地区。至12月23日,日军侵占了晋西北除保德、河曲两县以外的全部县城、大部集镇和黄河渡口,开始有计划地实行烧光、杀光、抢光的"三光"政策。日军和汉奸伪装八路军,诱杀群众;派出基干支队分进合击,反复"扫荡",寻歼我党政军领导机关,重点破坏八路军后方机关和设施。日军所到之处,奸淫烧杀,无恶不作,残暴、野蛮、毒辣至极,根据地遭受到严重的摧残和破坏。据不完全统计,此次"扫荡"中,群众被惨杀者达5000余人,仅兴县地区被抢、被烧的粮食即达15万斤,仅第四军分区被抢、被杀牲畜即达5000余头,被烧毁的房屋、窑洞达1.9万多间(孔)。

晋西北军区部队在反"扫荡"初期,主要以部分兵力配合地方部队和游击队,开展广泛的游击战,袭扰、钳制进攻之敌,破袭敌之交通运输,掩护群众转移。主力部队避开敌之锋芒,转到外线,寻机袭击敌人。第四军分区部队先后袭击了方山、峪口、信义等据点,并多次袭击临县和安叶村。师属教导团等部曾袭入兴县东关,又在兴县以南伏击敌"清剿"部队。

第358旅和工卫旅,分别对"扫荡"米峪镇之敌进行多次袭击和阻击。独1旅和决死4纵队在大武以北不断袭击敌据点,破坏公路,断敌交通。在晋西北军民的有力打击下,日军难以继续"清剿",遂改为修筑公路,设立据点,企图长期驻守,以分割晋西北抗日根据地。

为打破日军的企图,12月27日,晋西北军区指示各分区动员一切力量,打破日军修路筑点计划;命令第358旅负责打击岚县至大蛇头、普明至赤坚岭修路之敌,独1旅负责破击大武至临县公路,决死4纵队破击大武至方山公路。据此,独1旅第2团组织群众2000余人两次破击大武、三交间公路,使临县之敌不得不绕道方山与离石联系;离石游击队带领群众两次破击离石、军渡间公路,毁公路30余里;第2、第35团各一部,连续袭击汾阳至柳林公路线上的信义、上白霜、张家山等据点。在内线坚持的各团还抽调干部组成便衣工作团与地方工作团一起,在精干部队掩护下破坏敌新建据点周围的"维持会"。第715团一部与临县游击队一起袭入临县县城,捕捉了南关"维持会"代表。决死2纵队第4团深入到晋中平川,在下曲镇诱伏文水之敌,歼日伪军100余人;工卫旅在太汾公路连续进行了破击战。独2旅第714团、暂1师第36团和雁北支队各一部,曾袭入神池、阳方口等据点,并3次袭入义井镇;第714团在朔县利民堡西南解家岭击溃了企图伏击该团的日伪军,并歼其一部。第358旅第716团奉命由娄烦以西出发,三天赶到兴县界河口附近,与在该地区活动的第7团相配合,打击"扫荡"之敌,袭击驻此之敌,使敌不敢出扰,保护了群众的利益。

在根据地军民的英勇战斗下,日军修路建点计划破产。从1941年1月2日起,日伪军开始分途撤退,到1月24日全部退回原据点。晋西北军区冬季反"扫荡",历时40天,作战217次,歼敌2500余人,破坏公路125公里、桥梁23座,收复在战役中被敌侵占的所有城镇。

四、战绩与意义

百团大战,历时5个多月,取得了巨大胜利,积累了大规模作战的经验,经受了严峻的锻炼和考验。据1940年12月10日八路军总部的不完全统计,从8月20日至12月5日的3个半月中,八路军共进行大小战斗1824次,毙伤日军20645人(内有大队以上军官18人),伪军5155人;俘虏日军281人,伪军18407人;日军自动携械投诚者47人,伪军反正者1845人(以上共46480人);俘骡马1510匹、军犬29只、军用鸽57只;摧毁日伪据点2993个;缴获各种枪5942支(挺),各种炮53门;破坏铁路474公里,公路1502公里,桥梁213座,汽车98辆,大车1148辆,火车34列,火车站37个,隧道11个,铁轨21.7万余根,枕木154.9万余根,电线杆10.9万余根,收电话线42.4万余公斤;破坏煤矿5个,仓库11所。①此外,还缴获与破坏了其他大量军用物资。日伪军兵力损失,若加上晋察冀军区阜平战役毙伤的2000余人,晋西北反"扫荡"毙伤的2500余人,则达到50980余人。这些战果绝大多数是在山西取得的。

当然,我们也应看到百团大战是在敌强我弱的情况下进行的战略性进攻战役,不可避免地付出了重大代价,八路军在大战前3个半月作战中,伤亡1.7万人,中毒2万余人。同时,战役规模和持续时间都超过了部队和根据地补给能力的限度,部队消耗过大,当日军进行报复性"扫荡"时,八路军已无力对日军进行有力的打击,使根据地遭到严重的摧残和破坏,加重了以后的困难,如太岳、平西抗日根据地开始出现缩小现象。

百团大战,是抗日战争期间八路军在华北地区发动的一次规模最大、持续时间最长的战略攻击战役,不仅在中国抗日战争史上有极其重要的历史地位,而且在世界反法西斯战争史上也产生了重要的影响。

---

① 中国人民革命军事博物馆:《百团大战历史文献资料选编》,解放军出版社1991年版,第404~406页。

一是沉重地打击了日军的"囚笼政策"，消灭了日军的大量有生力量，坚持了敌后抗战。由于日军推行"囚笼政策"，频繁地对华北抗日根据地"扫荡"，八路军控制的县城由 1939 年春的 103 个减少到 1940 年夏的两个。百团大战，有力地破坏、干扰了日军的"囚笼政策"，破袭了日军的交通线，坚持和巩固了抗日根据地。时隔 40 多年后，聂荣臻元帅评价道：百团大战"给了日本侵略军以沉重打击"，"而紧重要的战果，则是打破了敌人的'囚笼政策'，钳制了敌人大量的兵力"。① 对此，日华北方面军在作战记录和向陆军省的报告中写道："盘踞华北一带的共军，按照第 18 集团军总司令朱德部署的所谓'百团大战'，于 1940 年 8 月 20 日夜，一齐向我交通线及生产地区(主要为矿山)进行奇袭。特别是在山西，其势更猛……此次袭击，完全出乎我军意料之外，损失甚大，需要长时期和巨款方能恢复"；"石太路破坏极为严重，规模之大无法形容，敌人采用爆炸、焚烧、破坏等方法，企图对桥梁、轨道、通信网、火车站设施等重要技术性设备，予以彻底摧毁。在进行破坏时，隐秘(密)伪装得极为巧妙。"② 日华北方面军司令部把此战役称之为挖心战，并把每年的 8 月 20 日作为挖心战纪念日。③

　　二是有力地配合了国民党正面战场的作战，"拖住了它进攻正面战场的后腿，"④也得到国民党军的策应。1940 年 5 月，日军发动枣宜会战，于 6 月 12 日占领宜昌，并从 5 月 18 日开始对重庆、成都等西南城市进行连续的轰炸。百团大战的发动，迫使日军从华中抽调 2 个师团的主力部队增援华北，并于 9 月 4 日停止对重庆等地的轰炸。1941 年初，日军又将第 17、第 33 师团由华中调往华北，从而进一步减轻了华中正面战场的压力。正如邓小平在《迎接 1941 年》一文中所说："百团大战，取得了空前

　　①《聂荣臻回忆录》(中)，解放军出版社 1984 年版，第 503~506 页。
　　②日本防卫厅战史室编，天津市政协编译组译：《华北治安战》(上)，天津人民出版社 1982 年版，第 295、296、309 页。
　　③《彭德怀自述》，人民出版社 1981 年版，第 237 页。
　　④《聂荣臻回忆录》(中)，解放军出版社 1984 年版，第 506 页。

的伟大胜利,迫使日寇不能不去考虑到正面进攻中的后方问题,而被迫停止正面进攻,转到敌后进行反复的'扫荡'。"①

在百团大战期间,国民党军给八路军以相应的战役策应。战役开始后,8月27日,八路军总部向国民政府军事委员会报告了百团大战的情况,并提请"电各战区、各友军部队,抑制当前之敌,以利大战进展。"②9月7日蒋介石下令:"各战区应以十八集团军此次在正太、同蒲、平汉铁路之游击破坏动作为法则,拟定自本年9月起至12月止之持久计划,加强敌后游击战。""在此游击期间,其第一要义,务使敌军不能抽调其在各地区之部队。"③太行山的庞炳勋、吕梁山的阎锡山部、中条山的卫立煌部,从华北南部对日军发动了进攻。范汉杰的第27军各师进攻晋城,一度攻入城内,毙敌200余人,缴获机枪、步枪30余支。裴昌会的第9军进攻博(爱)晋(城)公路沿线之敌,并将晋城西南方附近公路破坏。刘戡的第93军各师分别攻长治、高平及阳城近郊,破坏日军粮弹车50余辆,第10师将阳城西南近郊外围各据点攻占。对此,八路军第129师师长刘伯承说:"在晋南及中条山一带的中央军,在卫司令长官英明指挥下,积极出动,一致配合作战。"④时任中共中央军委总参谋部第一局局长的郭化若在《论百团大战及其胜利》一文中对此给予了肯定:"这次战役虽以正太路为中心,但北自大青山、古北口,东至海滨,西起管涔山,南至中条山都有军队参加或配合动作。"⑤

三是极大地增强了全国军民的抗战信心,"遏止了当时妥协投降的

---

①《邓小平军事文集》第1卷,军事科学出版社、中央文献出版社2004年版,第125页。

②中国人民革命军事博物馆编:《百团大战历史文献资料选编》,解放军出版社1991年版,第149页。

③中国人民革命军事博物馆编:《百团大战历史文献资料选编》,解放军出版社1991年版,第232页。

④《新中华报》1940年10月27日。

⑤中国人民革命军事博物馆编:《百团大战历史文献资料选编》,解放军出版社1991年版,第471页。

暗流"。① 百团大战是在中国抗战十分困难、妥协投降空气甚浓的时候发动的。百团大战的捷报传开之后,各报社电台相继发表社论、社评,各地纷纷举行祝捷会、庆功会,群情振奋,抗战信心倍增,遏制了妥协投降的暗流。尤其是百团大战的胜利,提高了共产党、八路军的声威。8 月 30 日,《新中华报》发表社论指出,百团大战的胜利"将使中国人民对八路军更加爱戴与拥护,将使全中国特别行都重庆的遇难同胞得到快慰"。② 事实恰是如此,百团大战的胜利粉碎了诬蔑八路军"游而不击"等谎言,表明了中国共产党及其领导的军队,是抗日的中流砥柱。

四是有效地推迟了日本的南进步伐,促进了世界反法西斯战争的胜利。1940 年 7 月下旬,日本内阁在《适应世界形势发展之时局处理纲要》中决定,为解决南方问题可行使武力,而行使武力只限于以英国为战争对手,但对美开战将难避免,故须做好充分准备。为此,要实行强力政治,广泛发动总动员,确立战时经济态势,积聚战争资材及扩充船只,扩大生产及调整与充实军备,统一国内舆论等,并强调完成各项准备工作的时间以 8 月末为目标。作为南进的第一步,日军第 5 师团于 9 月 23 日在法属印度支那北部强行登陆。但是,"背着中国事变的包袱去武力解决南方问题是极其危险的冒险",③ 这迫使日军调整南进计划。于是日本只有暂时收回南方作战的矛头,乘机南进只好以"口号演习"宣告收场。百团大战推迟了日本的南进步伐,支援了英美及东南亚各国的反法西斯战争,对国际反法西斯战争做出了重大贡献。

五是充分彰显了中华民族的精神和力量,提高了中国共产党和八路军的国际声望。苏联《红星报》发表评论,赞扬八路军说:"华北地区之中国军队,目前正在山西省进行主动之作战,第八路军正展开大规模攻势,中国人民……始终表现高度之民气,对自身之力量具有信念。中国人民

---

① 《聂荣臻回忆录》(中),解放军出版社 1984 年版,第 506 页。

② 《新中华报》1940 年 8 月 30 日。

③ 何理等选编:《百团大战史料》,人民出版社 1984 年版,第 381 页。

为自由独立、争取最后胜利而战,依然表现最大之决心而不能动摇。"①
美国合众社等驻北平记者冲破日军新闻封锁,在百团大战期间连续报道
了交战消息。美国著名记者史沫特莱在《伟大的道路》中写道:"经过长时
间的筹划,朱德和彭德怀在 1940 年 8 月初发布最后命令,对日军展开百
团大战。……整个华北地区,从晋北山区到东海岸,从南面的黄河到北面
的长城,都成了战场,战斗日以继夜,一连厮杀了五个月。一百团人打击
了敌人的整个经济、交通线和封锁网,战斗是炽烈而无情的。敌人所有的
煤矿、电厂、铁路、桥梁、公路、车辆和电讯都遭到破坏。"八路军在国际上
的影响扩大,声誉大为提高。

①《新中华报》1940 年 8 月 30 日。

第 十 二 章
敌后抗战出现严重困难

第一节　中条山战役

1940年后,日本调整侵华政策,先后在华北推行五次"强化治安运动",并于1941年发动了中条山战役,国民党军损失惨重,被迫退出了中条山地区。

一、日本侵华战略的调整

1941年,苏德战争和太平洋战争的爆发,使第二次世界大战的规模空前地扩大,有61个国家和地区先后卷入战争。中国的抗日战争成为世界反法西斯战争的重要组成部分。1942年1月1日,以美、英、苏、中四国为首的参加对德、意、日轴心国作战的26个国家,在华盛顿签署共同进行反法西斯战争的《联合国家共同宣言》,标志着国际反法西斯统一战线的正式形成。

国际形势的变化,给中国抗战以重大影响。世界反法西斯统一战线的扩大,中国与其他同盟国军事联合的实现,为中国人民争取抗日战争胜利,创造了有利的国际条件。

在这样的情况下,日本改变侵华战略。1940年11月13日,日本御前会议通过《处理中国事变纲要》,规定其对华战略方针是:"一、除继续行使武力外,须严加杜绝英美援蒋行为,并采取调整日苏邦交等一切政战两略之手段,削弱重庆政权之抗战意志,使之迅速屈服;二、适时积极改善内外态势,恢复与增强完成长期大持久战及建设大东亚新秩序所需之帝国国防力量的机动性。"① 同时提出,加强殖民政治体制。

12月26日,东条陆相提出:"必须迅速解决中国事变。……同时要注意经济压迫即加强全面封锁。"至此,加强"谋略或作战谋略",特别是"彻底肃正华北治安",成为日军最重要的指导方针。

1941年1月16日,日军大本营制定了《大东亚长期战争指导纲要》《对华长期作战指导计划》,确定"在1941年秋季以前,大体上不放松现行对华压力,在此期间采取一切手段,特别是利用国际形势的变化,谋求中国事变的解决"。②

根据日军大本营上述两个方案,同年2月,日本华北方面军召开了管区内参谋长联席会议,讨论制定了华北方面军1941年度肃正建设计划。其基本精神是:"鉴于国内外的形势和方面军的任务,在1941年度,应使作战及肃正建设等项工作更加积极开展。此项计划具体推进时,在时间和地区方面也要使重点集中,从而尽快地在全中国,首先在华北促进中国事变的解决,以适应国际局势的转变,重新调整我国体势。"③ 计划的指导方针是:"1941年度要彻底进行正式的剿共治安战,已经成为空前未有的大事。"④

日军把解决中国事变的重点放在了华北,试图以华北问题的解决推动整个中国事变的解决。为此,日军把整个华北分为三种地区:即治安区

①章伯锋、庄建平主编:《抗日战争》第2卷(中),四川大学出版社1997年版,第935页。

②复旦大学历史系编:《日本帝国主义侵华资料长编》(上),四川人民出版社1987年版,第612页。

③日本防卫厅战史室编,天津市政协编译组译:《华北治安战》(上),天津人民出版社1982年版,第362页。

④日本防卫厅战史室编,天津市政协编译组译:《华北治安战》(上),天津人民出版社1982年版,第362~363页。

（日军的巩固占领区）、准治安区（双方势力交错地区）、未治安区（抗日根据地）。所谓肃正，就是在准治安区建立和强化伪政权，大力发展伪军；广泛组织伪群众团体，并特别强调逐步向农村渗透。其重点在于割断人民群众与八路军的联系，摧毁八路军的群众基础，在基层建立日本的殖民统治。日军称之为"治安强化运动"。

二、日军中条山作战计划

中条山位于山西省南部，紧靠晋、豫、陕三省边界地区，处于黄河由南北向转为东西向之弯曲部，东西约 170 公里，南北约 50 公里，东至太行山、太岳山，西连吕梁山，南镇洛阳，西屏潼关、西安，北控晋南，东控豫北，是华北、中原和西北的战略枢纽地带。

太原失陷后不久，中国军队分散于晋南山地进行游击作战，建立了以中条山为依托的抗日基地。驻守中条山地区的第一战区卫立煌部近 18 万人，与环绕中条山外围之日军 4 个师团成对峙状态。抗日战争进入相持阶段的二三年内，日军对中条山地区发动了十多次围攻，企图摧毁中条山根据地，肃清黄河北岸的中国军队，但始终未能得逞。

中国派遣军根据大本营陆军部会议对华长期作战指导计划提出："1941 年度的作战，根据当前任务，大致确保现在的占领地区，尤其在夏秋季节须发挥综合战力，对敌施加压力，特别期待于在华北消灭山西南部中央军的一战（后述的中条山会战）。"①

2 月 25 日至 26 日，华北方面军司令部在北平召开有各军、各师团参谋长参加的治安肃正作战会议，确定了本年度第 1 号作战计划，明确提出："当前的任务是消灭和扫荡盘踞在晋豫边区的中央军主力，消灭其在黄河以北的势力"，"扩大和利用这次会战的战果，借以确保华北的安定，

---

①复旦大学历史系编：《日本帝国主义侵华资料长编》（上），四川人民出版社1987 年版，第 615 页。

并加强对重庆政权的压力"，[1] 并要求中国派遣军增加兵力。

4月18日以前，环绕中条山外围与中国军队对峙的是日本华北方面军第1军司令官筱冢义男率领的第25、第36、第41师团，分布于豫北的沁阳、博爱及晋南的晋城、阳城、沁水、闻喜、夏县、安邑一线。为了加强进攻的力量，除由武汉方面抽调第33师团至晋南外，又从苏州地区抽调第17师团至徐州接防，原在徐州的第21师团转用于晋南，参加中条山作战。此战由第1军司令官筱冢义男指挥，所属部队有第21师团(田中久一)、第35师团(原田熊吉)、第33师团(樱井省三)、第36师团(井关仞)、第37师团(安达二十三)、第41师团(清水规矩)、独立混成第9旅团(池上贤吉)、独立混成第16旅团(若松平治)、骑兵第4旅团(佐久间为人)等共6个师团、3个旅团，总兵力约10万人。此外，为增加空中力量，日军大本营于4月19日调关东军第7飞行团之轻轰炸第32战队和第2飞行团之侦察第83战队配属第3飞行集团。第3飞行集团辖第1、第3飞行团，有轻轰炸第90战队、独立战斗第10中队、独立侦察第83中队和侦察直协第44战队，共有飞机约200架。

日军第1军根据1941年2月26日华北方面军本年度第1号作战计划，制订了进攻中条山的作战计划。其作战目的是：歼灭黄河以北晋南、豫北地区的中央军主力，以确保华北之安定并给予重庆政权以重大打击。其作战指导是：彻底歼灭张马、垣曲之线以西的中国军队，严重打击该线以东的中国军队。其兵力部署是：对中条山西部地区，以第41师团和独立混成第9旅团分别由翼城、绛县并列南下，攻占垣曲，切断第5集团军与东部第14集团军之联系，并对第5集团军实施双重包围；以第36师团和第37师团分别由闻喜、运城从夏县以南并列东进，进行双重迂回包围，与第41师团和独立混成第9旅团会合后，围歼第5集团军及第80军；独立混成第16旅团由平陆沿黄河北岸快速东进至济源，与东路的第

---

①日本防卫厅防卫研究所战史室：《中国事变陆军作战史》第3卷第2分册，中华书局1983年版，第132~133页。

35、第21师团在邵原会合,切断第5、第14集团军向黄河南岸的退路。对中条山东部地区,以第35师团和第21师团,分别由温县、沁阳并列西进,经济源、王屋攻占邵原,与独立混成第16旅团会合,切断守军退路后,由济源至邵原的公路线北上进攻第14集团军。以第33师团由阳城南下,协同第35、第21师团对第14集团军进行南北夹击。协同作战的航空兵部队,主要配合西路部队的作战,作战开始后从空中切断西安至洛阳的陇海路。

为此,日军进行了多方面的准备工作。首先,进行了准备性作战。1941年3月,日军第1军第36师团向集结在陵川一带的国民党范汉杰第37军发动了进攻;同时,第37、第41师团进攻了翼城以南、绛县以东武庭麟第15军阵地,占领了一些制高点,为大规模进攻创造了有利态势。其次,进行了频繁的战前侦察和施用了疑兵计。临战前,日军白天把大量舟船和战略物资运往风陵渡,晚上再原路运回,造成准备渡黄河夺取西安的假象。还用汽车、马车伪装成大炮,派骑兵拖拉树枝扬起灰尘,进行示威。另外,日军派出大批特务、飞机对中条山阵地进行了连续的地面和空中侦察,并用降落伞投下无线电发报机等,还强迫沦陷区的人民修筑了横岭关的公路。

三、国民党军的部署

中条山既是国民党正面战场向华北进击的前进基地,也是国民党军队实施敌后游击作战的首选之区,其战略地位极为重要。1941年初,第一战区在晋南的部队,计有3个集团军又3个军,分驻于黄河以北晋南的中条山和晋东南的太行山。在中条山区之西部、从平陆县的茅津渡以东至垣曲(现新城镇)一线以北,驻有曾万钟的第5集团军和孔令恂的第80军;从垣曲至孟县以东的贾营、南庄一线以北,驻有刘茂恩的第14集团军和裴昌会的第9军;在太行山以东的河南省林县与河北省的涉县,则驻有庞炳勋的第 24 集团军;范汉杰的第 27 军驻于长治东南的陵川县。

第一战区当时指挥的部队共有 8 个集团军。在黄河以南的部队有孙桐萱的第 3 集团军,驻于郑州及以西的巩县和新郑向南一带地区,对中牟、开封和黄河以北温县的日军第 35 师团进行警备;在巩县至洛阳以西的新安黄河南岸,驻有孙蔚如的第 4 集团军;在新安以西至潼关的黄河南岸,驻有李家钰的第 36 集团军;在信阳以北至驻马店一带,驻有孙连仲的第 2 集团军;在南阳及叶县地区,驻有汤恩伯的第 31 集团军。

第一战区部署于黄河以北晋南地区之部队如下:

第一战区　　司令长官　卫立煌　洛阳

　　　　　　参　谋　长　郭寄峤

第 5 集团军　总 司 令　曾万钟　夏县以东之马村

第 3 军　　　军　　长　唐淮源　夏县以东

　第 7 师　　师　　长　李世龙

　第 12 师　　师　　长　寸性奇

　第 34 师　　师　　长　公秉藩

第 14 军　　　军　　长　陈　铁　驻黄河南岸

　第 83 师　　师　　长　陈　武　驻黄河南岸

　第 85 师　　师　　长　谷　熹(该师作战后至黄河北岸旋又返回)

　第 94 师　　师　　长　刘明夏　在横岭关以东

第 17 军　　　军　　长　高桂滋　垣曲县皋落以北之横关东西两侧

　第 84 师　　师　　长　高桂滋(兼)

　新第 2 师　　师　　长　金宪章

第 14 集团军　总 司 令　刘茂恩　阳城县西南横河附近

第 93 军　　　军　　长　刘　勘　太岳山、沁水县王壁村

　第 10 师　　师　　长　陈牧农　阳城县董封、河北镇、东治镇

　第 166 师　　师　　长　刘希程　沁水县城东北地区

　新第 8 师　　师　　长　马叔明　沁水县以东仙翁山以东

第 15 军　　　军　　长　武庭麟　垣曲东北、中条山最高峰舜王坪

以北以西地区

第 64 师 师　　长 姚北辰

第 65 师 师　　长 邢清忠

第 98 军 军　　长 武士敏 阳城县以西之董封至沁水县以南之下川

第 42 师 师　　长 王克敏

第 169 师 师　　长 郭景唐

第 43 军 军　　长 赵世铃 属阎锡山第二战区的第 8 集团军,防守舜王坪以西地区

第 70 师 师　　长 陈庆华

暂编第 47 师 师　　长 孙瑞琨

战区直辖:

第 9 军 军　　长 裴昌会 防守中条山东口之盂县济源至东冶镇

第 47 师 师　　长 郭贻珩

第 54 师 师　　长 王　晋

新编第 24 师 师　　长 张东凯

第 80 军 军　　长 孔令恂 防守中条山西口,平陆以东之茅津渡、圣人洞、张店至夏县以南的庙前一线

新编第 27 师 师　　长 王　竣

第 165 师 师　　长 王治岐

河北民军 指　　挥 乔明礼

第 24 集团军 总 司 令 庞炳勋 河南林县、河北涉县一带

第 40 军 军　　长 庞炳勋(兼)河南林县

第 39 师 师　　长 刘世荣

第 106 师 师　　长 马法五

新编第 5 军 军　　长 孙殿英 河北涉县

暂编第 3 师　师　　长　刘月亭

暂编第 4 师　师　　长　康　翔

以上第一战区在黄河以北的中条山地区部署了 7 个军,另有 4 个军部署于太岳和太行山区。

4 月,日军开始向中条山周围地区集结。重庆国民政府军事委员会军令部才电令黄河沿线"各战区应速加强阵地及河防工事",^①并拟定了三个作战方案:"第一案:主力向黄河南岸撤退,巩固河防;第二案:乘敌集中尚未完毕,制敌机先,以击破其攻势;第三案:采取机动战术,变内线为外线作战。"^②

4 月 18 日,军事委员会参谋总长何应钦在洛阳主持召开第一、第二、第五战区军以上长官军事会议,研究中条山地带作战计划。4 月 20 日,何应钦在作战准备会议上提出对中条山地区的作战方案。何应钦指出,为确保中条山,第一步,应相机各以一部 93 军(刘戡,在太岳山区)由北向南、以 27 军(范汉杰,在太行山区)由东向西与中条山阵地右翼各部合力攻取高平、晋城、阳城、沁水间地区,以恢复 1940 年 4 月前的态势;第二步,与晋西军及第二、第八战区协力包围晋南三角地带的敌人而歼灭之;第三步,最低限度,亦须能确保中条山。但他对第一步和第二步都未采取具体行动措施,而只要求中条山守军加强纵深防御,加紧修筑防御工事,侦察敌情,加强各部队间联络,改进通信网,注意协同动作和注意对敌战法研究,等等。^③

4 月 28 日,重庆国民政府军事委员会判断日军有由济源、横皋大道进犯垣曲的企图,于 5 月 2 日令第一战区加强中条山阵地工事,破坏、阻

---

①军令部电:《各地区应速加强阵地及河防工事》(1941 年 5 月 4 日),中国第二历史档案馆藏。

②转引自郭汝瑰、黄玉章主编:《中国抗日战争正面战场作战记》(下册),江苏人民出版社 2002 年版,第 1022 页。

③中国第二历史档案馆编:《抗日战争正面战场》(下),江苏古籍出版社 1985年版,第 995~1001 页。

塞主阵地前道路;先制出击,以一军向高平、高博,另一个军向闻喜、侯马、夏县采取攻势,以打破敌之攻势;第二战区晋西部队向同蒲,第五战区黄汜东部队向陇海线牵制策应。

5月3日,第一战区长官司令部依据何应钦的方案,确定了中条山作战方针,即:为打破敌之进攻企图,应制敌机先,积极实施游击,以粉碎敌之攻击准备及兵力集中。这个方针仍然完全不提第一步和第二步的打算。可5月4日蒋介石却致电卫立煌、阎锡山、朱绍良等人,却强调要"积极加强各该方面阵地及河防工事",把重点放在防止日军过河上。

上述计划在下达过程中,因中间指挥系统繁杂,迟延费时,加之各部对敌疏于防范,出击部署尚未及全部实施,这就为战役失利埋下了祸根。

四、战役经过

战役开始前,日军于4月下旬至5月4日将主力分别集结于豫北道清铁路西段阳城、绛县、闻喜、夏县及张茅大道一线。5月3日,第一战区命令各军以一部向当面之敌游击。出击部署尚未完成之时,日军已开始进攻。5月6日、7日,日军航空兵首先发动攻击,轰炸了西安、咸阳、潼关、郑州等地,并炸断陇海铁路。

5月7日晚,日军6个师团另3个旅团采取钳形夹击、中央突破与分割包围战术,由东、北、西三个方向,多路向豫北道清路西段和中条山的中国军队发起全面进攻。

在东线,由原田雄吉指挥的日军第35师团主力、田中久一指挥的第21师团和骑兵第4旅团各一部,以及伪军张岚峰、刘彦峰等部二三万人,从道清路西段的沁阳、博爱分三路出发,在飞机、战车、火炮支援下开始向西进攻孟县、济源。防守在这里的是第一战区直属部队裴昌会第9军及丁树本部等。第9军在此地与日军已对峙了3年,既没有积极加强阵地工事构筑,见日军攻势凶猛,也未作大的抵抗,便于8日中午放弃济源、孟县向西撤退。8日夜20时,第一战区司令长官部命令第9军"以主力于封门口南北既设阵地,拒止沁、济之敌西犯,以一小部对敌侧击"。①裴昌会按照这个命令,要新编第24师主力、第54师116团守封门口一线,第47师和第54师驻王屋,独立4旅等在孤山一线游击。9日中午,日军步骑兵2000余人,在炮火、毒气掩护下,向第9军玄坛殿、李八庄前沿阵地猛攻,守军放弃阵地继续西撤。下午三四点钟,日军跟踪迫近封门口主阵地,猛烈施放毒气,第54师116团中毒者达1/3。接着,日军万余人前来增援。这时中路日军已于8日晚攻陷垣曲,并分兵进攻邵源。第一战区司令长官卫立煌因河防空虚,怕日军渡黄河攻洛阳,遂命令第9军主力由"官阳南渡,以策应河防。"②11日,日军飞机百余架,对官阳东西渡口进行了轰炸和封锁,船只多被炸毁,仅有第54师在遭受较大伤亡之后渡至黄河以南;第47师、新编第24师等部都没能渡河,退至封门口至邵源以北山地。12日,日军以一部经洪阳、毛西西进,占领黄河沿岸各渡口,主力则沿封门口西进至邵源,与从垣曲东进的日军会合,日军遂完成东线对14集团军的内线包围。由于第9军"并未坚强抵抗,全军自由后退未加制止,使敌得以迅速合围,影响14集团军作战甚大,狂口渡亦早落敌手,豫北退路全被封锁"。③

在东北线,由樱井省三指挥的日军第33师团和独立混成第4旅团一部于7日晚分经阳城、沁翼大道向董封东西线发起进攻。刘茂恩第14集团军司令部设在董封西南数十公里处的横河镇。这里的守军有:武士敏第98军的第42师、第169师;武庭麟第15军的第64师、第65师;刘戡第93军的第10师、第166师和新编第8师则处于阳城北面的端氏一带。

①《中日战争中条山会战史纪要》,国民政府战史编纂委员会档案,中国第二历史档案馆藏。

②《中日战争中条山会战史纪要》,国民政府战史编纂委员会档案,中国第二历史档案馆藏。

③《国民党军委会桂林办公厅对豫北晋南会战失败之检讨陈述意见》(1945年5~7月),中国第二历史档案馆藏。

5月7日,日军第41师团及独立混成第4旅团一部向董封镇东第98军阵地进攻。第98军在贾寨一带将敌一部击溃,毙伤日军约200人,迫使敌撤回原地。8日拂晓,日军又向第98军防守的梁树腰、南岭一带阵地猛攻。第98军与敌激战5小时,多次打退日军进攻。10日,第98军奉第一战区司令长官卫立煌"避免与敌决战,诱其深入于有利地带"的命令,放弃梁树腰阵地,退至索泉岭一线,日军随后来攻。第98军利用居高临下的有利地形,经过两小时激战,将敌击退至白龙庙,又用机枪封锁庙门,连向庙内开炮,使敌死伤惨重。军长武士敏抓住有利时机,令第42师第25团反攻梁树腰,当日下午夺回阵地。11日,日军多次犯第98军阵地大口岭及坨腰岭,均被击退。12日,日军大佐滨田亲率所部再攻大口岭及坨腰岭。武士敏指挥官兵冒雨空腹抵抗,经过两昼夜血战,再歼敌300余人。第98军亦伤亡500多人。接着,第98军与第93军第10师配合,将敌包围于二里腰、吉德等地,经数度肉搏,将滨田大队主力歼灭,毙滨田以下700余人,缴获轻重机枪12挺,步枪200余支,防毒面具120余副。武士敏指挥第98军在董封东西线上坚守了五六天,多次击退日军的进攻,并给敌以重大杀伤,这是整个中条山战役中所少有的。到13日,日军大队增援,武士敏为掩护集团军司令部转移,将第98军南撤至横河镇一线。

在日军发动进攻的第3天,第14集团军司令部根据第一战区长官司令部命令要求第93军主力南下,打破高、沁敌之封锁线,直捣刘村镇,威胁阳城、董封;第10师以有力一部向阳城东、西、南积极活动,侦袭流窜之敌;第98军附毕梅轩纵队确保现阵地,并竭力恢复已失阵地;第15军与第43军联系,确保现阵地,并拒止敌东犯。10日,第一战区长官司令部却以"济源、垣曲间各主要渡口渐次被敌封锁,该集团军整个补给线中断,兼阳城、南山贫瘠,不适于大部队生存"①为由,又命令第14集团军注意"北进道路侦选","阳城以西部队主力,迅向沁翼公路以北分路转

———————

①中国第二历史档案馆编:《抗日战争正面战场》(下),江苏古籍出版社1985年版,第1014页。

移,以旋回钻隙战法,打击敌侧背"。① 然而此时,第14集团军及退到封门口至邵源以北的军队因北面之敌攻势猛烈,西面第10师与第98军结合部二里腰阵地被突破,南面陷邵源之敌向西北攻来,日军东线包围圈已形成,全部陷于敌包围圈中,已没法向北撤退。

在北线,由清水规矩指挥的日军第41师团和池之上贤指挥的独立混成第9旅团及伪军共2万余人,于7日下午,从绛县横岭关向横垣(曲)大道东西两侧发动猛烈进攻。横垣大道是曾万钟第5集团军和刘茂恩第14集团军的结合部,也是日军的进攻重点。日军的作战意图是攻占横垣大道,直取垣曲县城,把中条山分割成两块,对两个集团军实行分割包围,予以各个歼灭。防守横垣大道东北侧的是赵世铃的第43军,防守西侧的是高桂滋的第17军。第43军阵地东西桑池一线,面对着绛县境内的柴家峪、陈村峪、里册峪等深山大谷,地势险要。1939年日军占领陈村峪东侧三大尖山后,与华山守军隔沟对峙。战役开始,日军在向横岭关发起进攻的同时,从尖山分两路:一路翻越寒门壑,猛攻里册峪的庙子上;一路从华山背面通天壕的陡崖上,以铆钉拴绳,拽绳直上,抄华山守军后路。华山守军仓皇逃窜,横岭关东北侧第43军暂编第47师阵地被突破。赵世铃命令第47师第1团和第3团1、3营前去堵击,经两三小时战斗,第1团仅剩30余人,赵遂下令放弃阵地,向望仙庄退却。日军向刘张、同善一线包围,暂编第47师残部败逃沁水,赵世铃亲率第70师逃往阳城。横岭关西南侧第17军依靠工事和有利地形,与日军展开激战,毁敌战车两辆。后因该军右翼及左翼唐王山方面阵地皆被敌突破,第17军便退出阵地,转向横垣大道西侧山区。日军突破北路防线后,一路沿桑池、贾家山、杜村河南下(桑池守军第15军一部溃逃);一路沿亳清河南下,经皋落、长直、王茅,直取垣曲县城。陈铁第14军第94师奉第一战区司令长官部令,渡黄河前来增援第17军,行至皋落南的青廉与敌遭遇,未进入阵地即被击溃;第14军第85师第253、第254团渡河增援第94师,未等

① 中国第二历史档案馆编:《抗日战争正面战场》(上),江苏古籍出版社1985年版,第1014页。

渡河完毕,第94师已溃败。这两个团渡河官兵也遭敌包围,苦战一夜,第254团团长欧阳鹏、副团长陈新民和第253团副团长张祖农牺牲,第253团少数人返回南岸。8日黄昏,日军在伞兵部队配合下,占领黄河岸边的垣曲县城(今古城),截断了与黄河南岸的联系。日军实现了中间突破计划,中条山国民党军被切成两半。9日、10日,日军兵分两路,一路向东,一路向西。东路于12日晨攻克邵源,与济源西进日军会合;西路于11日进至五福涧,与9日攻占五福涧的日军会合。至此,日军的内层包围圈完全形成,中条山守军黄河沿线的补给线和退路全被截断。

在西线,井关仞指挥的日军第36师团、安达二十三指挥的第37师团及若松平治的独立混成第16旅团及伪军第24师一部,也于7日下午分数股向闻喜、夏县东南的国民党军发起攻势。这一线守军为第80军第165师和新编第27师,第3军第7师和第12师,以及直属第5集团军司令部指挥的公秉藩第34师。7日下午2时,日军第37师团(第226、227联队)主力及伪军第24师,分多路纵队,呈正面形,集中炮火,并以飞机诱导步兵,向西村、辛犁园、王家窑头、杨家窑头新编第27师右翼第80团(第80军与第3军结合部)阵地发起猛攻。另以独立第3旅团附第37师团一部,向刘家沟、古王、计王王治岐第165师进行佯攻,牵制作战。当晚8时,新编第27师右翼部队防守的王家窑头阵地及观音殿、燕家坪、任家窑线阵地相继失守,第80军与第3军间联系被切断。新编第27师于午夜退守石头山、门坎山、将军岔、解垣、刘家沟一线阵地。乔明礼率河北民军第1、3团增援石头山、门坎山。8日晨2时,日军3000余人分三路向石头山、门坎山、刘家沟进攻,双方展开争夺战,新编第27师阵地先后被敌摧毁,第80军两师间联系亦被截断。日军钻隙南进,河北民军和新编第27师向虎头山、神仙岭、黄家庄、羊皮岭、毛家山、解垣、刘家沟等地退却。日军7000余人在数十架飞机掩护下,再由大石岭、九眼窑分路猛攻毛家山、羊皮岭,并施以毒气。8日下午,第165师防守的黄家庄、羊皮岭阵地皆失守,部队退守峨罗山、神仙岭。此时,在战线的西北方向五龙庙发现有敌便衣队三四百人在活动,在古王、计王、槐树下也发现有大批日军东进,新编第24师和河北民军遂溃逃至曹家川和太寨一线。驻望原的第165师师部下令防守张(店)茅(津)大道以东的各团撤到望原集中。下午2时,第165师师部遭到北山来的日军袭击,仓皇撤退至曹家川和太寨一线,第165师各团也纷纷东撤。乘隙而进的日军挺进队于当晚进到茅津渡以下的槐坝、尖坪等渡口。9日中午12时,退到太寨附近的第80军和河北民军各部正在村里用饭,突然听到北边曹家川一带传来枪声,接着是轰鸣的飞机声,部队放下饭碗,拿起武器走上山头。此时日军便衣队和溃军混在一起,胡乱射击,空中敌机低空不断轰炸扫射。在一场混战中,新编第27师师长王竣和参谋长陈文杞等多名军官牺牲在太寨村西的雷公庙岭附近,剩余部队等傍晚退到黄河渡口南沟。第80军军长孔令恂见部队溃败,同第165师师长王治岐丢弃部队逃过黄河。新编第27师副师长梁希贤,投身黄河自尽。军队失去指挥,丧失凝聚力,相互夺取船只逃命。南沟位于黄河三门峡下游,两岸为高山陡岸,河床狭窄,浪高水急,漂渡者大都溺水而亡。第165师部分部队在南沟东西山头上抗击日军,又遭重大损失。余部转移到上游的槐坝和下游的下坝滩渡口,一部分渡过黄河,其余未渡河者或战死或被日军俘虏杀害。

7日晚,日军36师团六七千人从夏县分三股向东进犯,主力一股3000余人,向第3军第7师左翼之张家峪、下焦庄、大斋村一带进犯;一股千余人,由通峪村东南进攻蔡家窑头;第三股千余人侧袭涧底河第3军第7师防线。8日拂晓,日军突破涧底河第7师第21团防守线,攻占中条山北交通要道泗交村。然后,日军又分为两股,一股向西北迂回包围第7师师部驻地王家河,第7师师长李世龙率军突围脱险;一路向东南沿野猪岭奔袭第3军军部驻地唐回。因在前五天第3军预备队被军长带去援增第7师,兵力空虚,唐回被奔袭而来的日军和空降部队占领。接着,日军沿艾叶沟和任家窑而上,直取黑虎庙岭和马家匣,进袭第5集团军司令部驻地马村。但是,这里仅有一个特务营防守,且三天前日军伞兵部队即已降落到马村制高点鲁山坪。8日下午,在日军腹背夹击下,曾万钟率司令部人员勿忙逃向东山。

同时,闻喜日军第36师团先头部队3000余人,向公秉藩第34师防守的野峪、十八坪、唐王山等阵地猛攻,并迅速攻陷唐王山。公秉藩组织部队反攻,收复唐王山周围阵地,但因其左翼友邻部队阵地皆被突破,第一战区司令长官部又令其率部驰援马村,第34师便放弃唐王山等阵地,退至胡家峪。

不仅如此,在战役开始前几天,日军派出飞机,在西线各战略要地、制高点和国民党军队军事机关所在地周围投下大量伞兵。战役开始后,日军的挺进队和化装成小商贩的便衣队乘隙而入,直插入黄河边各渡口,与其伞兵部队合在一起,封锁了国民党军南渡黄河的退路。

至此,中条山东、西、北各防线均被日军突破。日军推进至黄河一线,形成对中条山守军的内外层全面分割包围,迅速实现了其第一阶段的作战任务。

5月11日以后,日军即转入第二阶段作战。这一阶段的主要任务,是对其包围圈内国民党军进行追剿和"扫荡"。

在西线,日军"各兵团自11日并排向北返转,然后又自5月15日再次转向黄河线,如此再三,反复进行篦梳扫荡,一直进行到6月10日。在这样反复扫荡期间,各兵团所到之处消灭了敌人三千至五千名"。①

西线日军包围圈内,主要是国民党军第5集团军司令曾万钟所指挥的第3军、第17军、第34师、第一战区直辖游击第1纵队,以及战争开始从河南渡河增援的第14军第94师和第83师两个团。由于日军实行穿透战术,分割包围,很快切断了这些部队与集团军司令部的联系,使西线部队失去统一指挥,形成各自为战的被动局面。由于各部队对敌情不明,缺乏统一作战目标,重要交通要道均被日军堵塞,并时时遭到日军围攻,东冲西突,处处被动,处处挨打,伤亡惨重,仍难以冲出日军包围圈。

8日下午,曾万钟带领第5集团军司令部向东转移到涧南沟。马村被围时,第一战区长官司令部电话指示,万不得已时,除后方人员及一部酌

---

① 日本防卫厅防卫研究所战史室编:《中国事变陆军作战史》第3卷第2分册,中华书局1983年版,第132页。

由五福涧方面南渡外,主力应分向东北及西北敌后转移。但是,8日晚和9日上午,日军已经占领祁家河和五福涧,通往黄河南岸的通道全被切断;并有日军千余人分两路袭击涧南沟,空中10余架飞机助战。曾万钟只好率总部转移至架桑东的马沟崖,11日9时抵桃沟,又遭日军八九百人袭击,无线电人员被敌冲散,从此与大部队失去联系。不久,第5集团军司令部参谋长周体仁带特务营向北突围,曾万钟身边只剩下警卫员、军需处长等少数人。他们先在夏县东北庄村的山沟藏身,后越过东沟河转移到杨家沟、栾家岭和金家岭一带,经当地百姓护送渡过黄河到渑池宝山,转到洛阳。

第5集团军主力第3军阵地被日军攻破后,第3军第7师、第12师和第5集团军直辖第34师均退到泗交西北部的东西交口、大寺坪、胡家峪、温峪、架桑一带。9日,唐淮源军长指挥部由张家后转移到樊家沟,10日再转移到温峪附近,准备带部队向南与第5集团军总司令部会合,然后由五福涧渡口过黄河。此时日军内部包围圈已形成,开始北转围歼包围圈内的中国军队,唐淮源决定部队分散向北突围。可日军行动迅速,由马村北进之敌已到温峪附近,并利用原在王家圪塔山上修筑的工事向第3军开火,第12师第34团部队仓皇向东北、西北退去。当一部分部队退到大寺坪附近时,又遭到西边圪马沟来的日军攻击,第3军再次遭到重大伤亡。于是,第3军一部沿青道退上尖山。同时,第12师第35团在东西交口,第36团在上、下太平,第34团在关王庙等地均遭日军包围,展开激战。12日,唐淮源率军直人员和第35团退守尖山。闻喜、垣曲、夏县的日军一齐向尖山发起进攻,唐淮源陷入日军重重包围之中。山顶的尖山庙被日军的炮弹炸毁,唐由山顶转移到半山一石洞中躲避。此时,天降滂沱大雨,部队弹尽粮绝,伤亡惨重。唐淮源见到四周敌军围困重重,感到绝望,遂举枪自尽。唐淮源将军牺牲后,国民党元老于右任亲书挽联哀悼:"国土未复失壮士,碧血千载祭中条。"12日,第12师师长寸性奇带领第36团由上下太平向水泉沟突围,遭敌包围。寸性奇师长亲自指挥所部与敌苦战,胸部中弹负重伤。13日拂晓,他带部队进至毛家湾,第三次陷入日军重围,二次负重伤,右腿骨被炮弹炸断,他不愿做俘虏,遂拔剑自刎。第3军第12师某团团长李召在水泉沟带领200多人冲出日军重围后,收容其他团溃兵400余人,组成新编第5团,继续坚持战斗,直到全部壮烈牺牲。第3军在中条山战役中损失殆尽。最后,只有第7师师长李世龙带不完整的一个团,冲出重围,在当地群众的大力帮助下,经稷山、乡宁渡过黄河。

唐王山阵地失守后,公秉藩率第34师先退到架桑一带,遭到北进的日军堵截,遂转身向北突围至申家沟。13日遭到日军包围,部队伤亡惨重,溃不成军。公秉藩被日军搜山部队俘获,仅第204团团长陶学渊率少数部队突围出去。

第17军退向横皋大道西部山地后,高桂滋带领军部由皋落南的柴家古垛转移到夏县的架桑村,企图与第5集团军司令部取得联系,但未成功。在寻找部队过程中,高桂滋和副军长高建白等人被日军冲散,在当地老百姓的保护下,逃出重围,回到陕西。第17军在徐家山、焦家庄、胡家峪、马蹄沟一带被敌包围,其野补团团长艾亚春及全团牺牲,其余团亦损失严重,少数部队则冲出重围,渡过汾河和黄河回到陕西。

魏凤楼的第一战区直辖游击第一纵队3个团约4000人,配属第3军军长唐淮源指挥,担任夏县地区防务。在中条山战役中,同样遭日军包围,损失严重,参谋长李涤生、政治部主任李超凡牺牲,2团、3团被消灭。仅尹景湖和1团团长黄文炳带部队突围,由韩城、潼关一带过黄河,最后收容者仅有500余人。

陈铁的第14军第94师在青廉地区被敌击溃,损失严重。溃军退到马沟崖,又遭敌军包围,再次遭到损失。11日部队突围时,师长刘明夏只身离开部队,被日军俘虏。

东线包围圈内,刘茂恩的第14集团军被日军追得溃不成军,处处挨打。11日,在南北两面敌人迫近时,第14集团军司令部即依照第一战区司令长官部的电话指示,下令要部队向北撤退。12日晚上,刘茂恩率领其司令部离开横河镇,经析城山东进。13日,到达桑村封。因武士敏、武庭麟两军仍与敌激战,刘茂恩率总部于 14 日又折回庄西凹,以便就近指挥。这时向北突围各部队均受到日军围攻,掩护总部的第 10 师在西冶北小王庄被敌阻,于 16 日也折回西庄凹。18 日,日军约 3000 人分由析城山、风山岭、老君堂向西庄凹实行包围。刘茂恩因大部队不易行动,将总部一分为二,刘亲率一组计有第 10 师两个团及第 65 师一个团,东渡沁河;由参谋长符照骞率一个组,计有第 15 军两个团及郭景唐两个团北进,定于 19 日晚分别突围。20 日,刘部抵岩底(距沁河八里),被日军千余人前堵后追,激战竟日,伤亡惨重。21 日,第一战区司令长官部电令刘茂恩率第 15 军主力、武士敏军及陈牧农师一部,分期分组南渡。23 日,刘行抵西承台附近,再遭敌拦阻。24 日,刘抵达坡头,击退敌千余人围攻,陆续经西清河过黄河。符照骞率领的一组,在阳城转了半个月,于 6 月 1 日由桑林、风山岭分组行动,在 5 日至 8 日乘夜突过封锁线,由柿林村、西清河、小浪底等处渡过黄河。

坚守董封防线、顽强地抗击了日军进犯的武士敏第 98 军,13 日遇到增援的大队日军,为掩护集团军司令部转移,将部队撤至横河镇一线,14 日奉命向北突围。第 98 军冲破日军层层包围,于 6 月初进入沁河以东地区,伤亡惨重,仅剩下两个团。

第 14 集团军副司令兼第 93 军军长刘戡,于 5 月底率第 93 军军部及部队 3 万余人,由沁水、端氏一带向北撤退,进入安泽县唐城。6 月初,与太岳根据地领导人陈赓、薄一波达成协议,在太岳根据地八路军帮助和护送下,经太岳根据地,越塔儿山,跨同蒲路,渡过汾河,由吉县渡过黄河,退到陕西。

在中条山战役期间,毛泽东多次向八路军总部指示:"我们的基本方针是团结对敌,是配合作战。""在敌后猛击敌人,与正面友军配合作战,决不计较国民党的反共仇恨。"[①] 八路军各部队,一如既往,仍从抗战大局出发,给予友军积极的支援。

---

① 《毛泽东军事文集》第 2 卷,军事科学出版社、中央文献出版社 1993 年版,第 641~643 页。

早在中条山战役之前,战斗在太行、太岳抗日根据地之八路军第129师部队,就曾将日军图谋进攻中条山的情报告知国民党驻军指挥机关,希望他们做好作战的准备工作。同一期间,为对付日军之进攻,中共中央还特别采取了应急措施,即以八路军副总司令彭德怀的名义,致电国民党第一战区司令长官卫立煌,提出八路军以主力一部进入中条山及汾(河)南三角地区,担任同蒲、白晋铁路南区之破袭,黄河北岸之控制,以援助友军作战。战役开始的当天(即5月7日),八路军总部为配合国民党军队作战,遂向晋冀鲁豫军区部队和晋察冀军区部队发出关于猛烈开展交通破击战的命令。遵照命令,八路军太行、太岳、北岳、冀南、冀中等部队,对同蒲、白晋、石太、平汉等铁路线展开破袭,先后作战200多次,给敌以有力打击。如:5月7日夜,八路军一部攻入白晋铁路线之牛寺,将敌地堡、铁道全部摧毁。9日,攻克同蒲铁路线赵城以北31多个据点。10日,八路军在同蒲铁路之平遥以南、白晋铁路之长治以南、平汉铁路之石家庄以南各段广泛开展了猛烈的破击战。14日,八路军某部设伏于子洪口以东地区,摧毁满载敌兵及其军用物资的汽车15辆;另一部进袭阳曲之敌,焚烧其仓库粮食3万多斤。在同一期间,八路军还破坏了邢台至沙河段铁路,使敌交通中断数日。为牵制日军,太岳军区一部还跨越临(汾)屯(留)公路,挺进岳南,开展游击战争。据统计,仅晋察冀部队在交通破击中即作战481次,攻克敌据点31处,毙伤日伪军300余人,缴获步枪2800余支、轻重机枪20挺、迫击炮20门、掷弹筒27个。

当中条山国民党军队陷入敌之重围,面临严重危局时,蒋介石即通过周恩来"转电"中共中央,要求华北八路军"配合行动",用游击战争的办法,切断同蒲路、正太路、平汉路等敌交通线,以解中条山驻军之围。5月14日,毛泽东致电彭德怀,指出:目前,国民党十分恐慌,望我配合甚切,我之基本方针是团结对敌,配合作战。根据毛泽东的指示精神,八路军总部当即作了部署:在平津、平保及太原以北之铁路线,开展较大的游击战争;在临汾、安阳之南北地区,对敌作灵活的进击;如敌南进潼(关)洛(阳)地区,应组织较大规模的战役。彭德怀正式发布了配合国民党军队作战的命令,向八路军所属各部队具体下达了破击同蒲、平绥、正太、白晋、平汉等敌铁路交通线的作战任务。随之,华北八路军部队及地方武装和民兵组织,在已有破击战的基础上,进一步扩大范围,展开了广泛的交通破击战,从而给敌后之日军以沉重打击,给进犯中条山的日军以有力牵制,不仅配合了国民党军队作战,而且也为他们撤退赢得了时间。对此驻重庆的英国路透社记者于5月28日作了这样的报道:"中国北部军队(指八路军部队)全体同时出动,袭击了日军占领之重要交通线之平汉路、平绥路,同蒲路、正太路及山西省公路皆遭华军四面出击。上述各战线努力援助晋南之华军作战。"①

此外,撤退中的国民党军队在路经共产党领导的抗日根据地时,也得到了八路军部队的配合和必要的策应。除刘戡的第93军外,李铁军的第76军也在太岳区抗日军民的支援下,顺利通过白晋线,向东转移至河南境内。第98军则在武士敏军长率领下,继续留在岳南,同根据地军民一起坚持抗战。

6月15日,日军宣布"中条山会战以赫赫战果胜利结束"。中条山全境的主要交通线、险隘地和黄河渡口被日伪所占领。此役,日军仅战死673人,负伤2292人,以近1:20的极小代价打败了中条山地区的国民党军。而国民党军被打死4.2万余人,被俘3.5万余人,付出了7万余人的惨重代价,其中牺牲和被俘的少将以上军官达十多人。据中国政府公布的数据:"计毙伤敌官兵9900名,中国军队共伤亡、中毒、失踪官兵达13751名。"毛泽东在1941年6月9日给周恩来的电报中指出:"此次中条山损失,为上海战役以来最大损失。"蒋介石也承认,中条山战役"为最大之错误,亦为抗战中最大耻辱"。②

---

①《解放日报》1941年5月30日。

②《蒋介石对于晋南作战失败之检讨》(1941年5月28日),国民政府军令部战史会档案,中国第二历史档案馆藏。

五、失败原因

中条山战役是太原会战之后日军对华北国民党正面战场发动的又一次大规模进攻。国民党军在会战中处处被动挨打，失败惨重。从军事上分析，失败的原因是多方面的。

第一，对敌情判断失误。日军发动中条山战役的目的在于消灭中条山的卫立煌军，"把对敌警备线向黄河线推进，以便改善山西省内的治安"。但是，不论国民党上层还是下层军事指挥者，均未识破敌人全面进攻中条山的真实企图，以致疏于防备，直到日军向中条山集结，才匆忙制定作战计划。

第二，防御十分薄弱。当时，中条山防线有"中国的马其诺"之称。国民党在中条山部署的正规军队计有两个集团军、8个军、19个师，近18万人，但部署极不合理，绝大部分军队被部署于第一线，以单线式配备，分兵把口，难以发挥其作用。防御工事也太薄弱，除前线挖有一些简单的战壕、交通壕和构筑一些堡垒外，在中条山纵深的交通要道、隘口、军事首脑驻地、军事补给线以及黄河重要渡口，均缺乏防御设施和重兵把守。苏联军事顾问视察时曾对此尖锐批评说："中国军队太不注意防御工事，还要把中条山誉为'马其诺防线'，实在可笑。现在防御工事要把大山都挖空，汽车和炮车可以通行，中条山的防御工事太儿戏，希望赶快加强。"①

第三，参战部队间缺乏协同。由于许多部队久驻中条山，并曾多次击退日军的进攻，从上到下普遍对日军轻视和缺乏警惕性。战役中，各个战线、各个部队之间由于缺乏密切的协同和配合，当遭到日军猛烈的攻击后，便陷入混乱状态，一些军事指挥机关失去了对部队的指挥能力。

中条山战役尽管失败了，但是，唐淮源军长、寸性奇师长等数万名国民党官兵为保卫国土、抗击日军的侵略流血牺牲，表现出浓烈的爱国精

---

① 《陕西文史资料》第18辑，第174页。

神和民族正气。还有日本方面也不得不承认在中条山"会战中对日军进行最顽强抵抗"[①]的武士敏第 98 军值得后人永远缅怀和敬仰。

第二节　日本对山西经济的强制性掠夺

1940 年后,日军在对山西抗日根据地进行疯狂"扫荡"的同时,加大了对山西的经济统制与重点掠夺,从而进一步加剧了山西抗日根据地的困难。

一、日本经济掠夺政策的变化

1940 年 7 月初,日本兴亚院制定了《华北产业开发第二次五年计划(试行案)》(又称《华北产业开发五年计划综合调整要纲》),获得日本政府企划院批准。计划着重提出集中资金、技术力量,重点"开发"国防生产急需要的煤、粮食和为之服务的交通、港湾、电力、通讯业等。[②] 11 月 5 日,日本企划院又制定了以《日满华经济建设纲要》为指导的重要经济国策,提出建立以日本、伪满洲国和中国(指日本在华北和华中等关内的占领区)三方紧密结合的"三位一体"的自给自足"经济共同体",并以此为核心,来建立和扩张日本在东亚的经济实力,直至推行其所谓"大东亚经济共荣圈"的狂妄计划。按照这个《要纲》,从 1941 年至 1943 年 7 月,日

---

①日本防卫厅战史室编,天津市政协编译组译:《华北治安战》(上),天津人民出版社 1982 年版,第 461 页。

②居之芬、张利民主编:《日本在华北经济统制掠夺史》,天津古籍出版社 1997 年版,第 156~157 页。

本对华北进行了大规模的经济控制与掠夺。

日本建设"大东亚经济共荣圈"的计划实施不到一年，就因其在太平洋战争的败势而夭折。因华北蕴藏着极为丰富的煤、铁、盐、矾土等发展钢铁、轻金属和化工原料及人力资源，有着为日本扩大军备生产提供更多钢铁、轻金属、燃料和化工产品的巨大潜力。1943年下半年，日本在太平洋上渐次失去了制空权与制海权，与南洋联系和抢运物资日益困难，遂把与其本土距离很近、地域广大、资源丰富的中国东北和华北等占领区作为其获取战略资源的主要来源地。后又制定了《基于"黄海渤海地域国土计划"之华北产业建设要纲》，对华北在最后决战阶段的经济统制政策和产业开发计划作了重大调整。

总之，在战争后期，为维持其庞大的军备生产，日本加强了对华北经济的全面统制与紧缩，以支撑日本法西斯战争机器的运转。而这个计划是建立在牺牲和大幅度缩减包括山西在内的华北广大人民生存条件基础之上的。

二、日本对山西经济的大规模掠夺

随着抗战的发展，为支撑侵略战争，日本对山西在原有基础上，重点展开了强迫建设、强征劳工、强推合作等大规模的经济掠夺。

（一）强迫建设

日本对山西经济的掠夺，重点是对矿产资源的掠夺。1940年1月，华北开发公司对大同晋北和保晋煤炭公司进行军管，由华北开发公司、满铁及伪蒙古联合自治政府出资4000万元，在张家口成立了大同煤矿股份有限公司（后总部又移往大同县永定庄）。1943年后，日本首先将大同煤矿公司资本额由4000万元增资到1.2亿元，期望其产煤量较1941年扩大2倍。同年初，日本还将山西煤矿等煤炭矿业所予以增资扩建，升格为煤炭股份有限公司，为大规模掠夺山西煤炭铺路。

在冶金业方面,1940年11月由华北开发公司与大仓财团折半出资接管经营了太原和阳泉两个炼铁所,逼其恢复生产。

在化学方面,为了提高华北棉花产量,提高硫氨化肥的自给率,日本在1942年10月设立了华北氮肥股份有限公司,在盛产石膏原料的山西太原附近设氮肥制造工厂,以后又陆续融资,促其投产。

在电力工业方面,太平洋战争爆发后,华北电业公司用军管、强行收买等方式,扩大了对华北电业的统制经营,并且竭力增建发电设备,提高发电能力,不断恢复和扩建送电线路,努力实现部分地区的联网。1943年2月,又接收了太原、榆次、太谷、临汾等地5家电厂。

日本除直接掠夺山西资源外,还指使傀儡政权为其掠夺各地资源。1942年10月至12月,伪山西省政府把煤炭生产作为重点。如,雁门道清源县月产煤90万斤,寿阳增加石炭产量9000吨,阳曲煤产量113354吨。冀宁道煤年产20余万吨,棉花年产263万余斤,皮年产约22000余张,毛年产约4万余斤,比上年同期增长20%。河东道食盐年产2766990担,较上年减少40%;棉花年产量为7937365斤,较上年减收50%;煤年产量为30万吨。上党道沁水县煤年产量为800余万斤,潞城县年产煤750吨,长子县年产煤约2770吨,襄垣年产煤为54万公斤。①

此外,伪山西省冀宁道、河东道、上党道等还展开金属废品的收集。1942年底,伪山西省各县市公署共收集废铜329斤,废铁1922斤,杂铜132187斤,共计134438斤。至1943年底,雁门道共收集了70580斤废金属品,冀宁道收集了19167斤,河东道收集了45281斤,上党道收集了58178斤。②

不仅如此,为满足种植水稻的需要,伪山西省政府还令各地开凿水井。伪山西省冀宁道平遥县1941年凿井30眼,1942年增加至472眼。赵

---

① 转引自江沛著:《日伪"强化治安运动"研究》,南开大学出版社2006年版,第210页。

② 转引自江沛著:《日伪"强化治安运动"研究》,南开大学出版社2006年版,第212页。

城县 1942 年凿井 300 眼,灌溉土地 3560 亩。交城县 1942 年凿井 100 眼。祁县 1941 年凿井 18 眼,1942 年凿井 300 眼,灌溉面积 9355 亩。河东道襄陵县 1941 年凿井 20 眼,1942 年凿井 230 眼, 年灌溉面积大井 20 亩、小井 10 亩。夏县 1941 年凿井 20 眼,1942 年凿井 100 眼,灌溉土地 1800 亩。平定县 1941 年凿井 30 眼,1942 年凿井 400 眼,每眼井可灌溉 15~20 亩。上党道晋城县 1942 年凿井 450 眼, 灌溉面积 500 亩。雁门道忻县 1941 年凿井 25 眼,1942 年凿井 200 眼。[1]

(二)强征劳工

为了进一步掠夺华北劳工,1941 年 7 月华北方面军成立"华北劳工协会",在山西设有支部,并在太原、榆次、临汾、运城等地设有办事处,强征山西劳工。据日本兴亚院华北联络部关于 1941 年度华北劳工分配计划表,本年度山西需供给华北劳工 6.5 万人、"满洲"10000 人、"蒙疆"3000 人,合计 7.8 万人。[2] 仅 1941 年春夏,日军在不到两个月的时间就在汾阳、离石、文水、阳曲、宁武、偏关等县占领区,捕捉青年壮丁 3 万余人运往太原集中。[3]

1942 年,日军"拟在山西抓捕壮丁 12 万人,送至太平洋充当炮灰。[4] 据初步统计,晋察冀北岳沦陷区青年同胞被劫走者已达 75 万人以上。[5]

1943 年, 日军华北重要产业劳力需求增加, 预计山西需增加劳力 402000 人,其中煤炭 1.4 万人,铁矿 4000 人(推算),其他矿业 10000 人,化学工业 6000 人(推算),铁道 1000 人,运输 4000 人,电业 800 人,电报

---

①日伪山西省公署档案,山西省档案馆藏。转引自江沛著:《日伪"强化治安运动"研究》,南开大学出版社 2006 年版,第 212~213 页。

②居之芬、庄建平主编:《日本掠夺华北强制劳工资料集》下,社会科学文献出版社 2003 年版,第 653 页。

③《抗战日报》,1941 年 12 月 30 日。

④《新华日报》(华北版),1942 年 1 月 26 日。

⑤《新华日报》(华北版),1942 年 1 月 30 日。

电话 400 人。①

　　由于日本法西斯分子的疯狂摧残迫害,华北"强制劳工"死亡率高得惊人,如在龙烟铁矿、大同煤矿两地被折磨死的劳工就达 8.7 万余人,占 1942 年后被强征运往蒙疆的华北劳工总数 17 万人的 50%以上。对此日本殖民会社满铁在对大同煤矿作业环境的调查中,也不得不承认,"大同煤矿作业环境恶化,为节省必要坑木等","根本谈不上采煤粗放化以至安全等考虑",并承认劳工伤亡惨重。据统计,八年间,大同煤矿约有 6 万矿工死亡,即每开采 1000 吨煤就有 4 个中国矿工死亡。② 山西煤矿工人的命运,正如 1943 年太原白家庄西山采煤所矿工和村长为死难矿工在高家河的山坡上立的一块慰灵碑所说:"此等从业员,大抵皆离乡游子,或无人收殓,即或安葬,亦潦草从事,以致死骸狼藉,触目皆是。"③

　　太平洋战争爆发后,由于华北劳工来源的日渐枯竭,日本开始在本土、东北和蒙疆等地使用大批中国"战俘劳工"。这些"战俘劳工",有在中条山战役和豫湘桂战役中被俘的国民党军战俘,还有相当部分是被抓的无辜群众和百姓。

　　为了把这些战俘和百姓"教化"为"归顺"的战俘劳工,从 1943 年 3 月起,日本华北劳工协会把原设在北平、石门、太原、济南及河南洛阳西工等地的 10 余所"战俘集中营"改为所谓"劳工教习所",由华北劳工协会派员在当地日军协助下,对这些"战俘劳工"实行种种法西斯酷刑和恐怖手段,迫其"归顺"。这些法西斯酷刑,除了刑讯、逼供外,通常还有毒打、饿饭、"品粪"、灌辣椒水或煤油、跪砖头、骑活马、压杠子、坐红铁(烧红的铁)、坐暗井、吊挂、冻冰人、坐电椅、烟熏、火烤、喂狼狗……。其中最灭绝人性的是把战俘当"活人靶子"或做"活体解剖实验"。据统计,在山西太

<hr>

　　①居之芬、庄建平主编:《日本掠夺华北强制劳工资料集》下,社会科学文献出版社 2003 年版,第 655 页。

　　②刘慰曾、曾江华主编:《山西采煤史话》,山西人民出版社 2001 年,第 39 页。

　　③《西山采煤所从业人员殉职慰灵碑》(1943 年),见丁钟晓编著:《山西煤炭简史》,煤炭工业出版社 2011 年版,第 121 页。

原赛马场、河南陕县山西会馆及济南新华院里,仅 1942 年至 1944 年内就曾先后从上述三家"战俘劳工教习所"里拉出战俘 650 名当"活人靶子",让日本新兵练刺杀,残忍地把他们活活刺死。

（三）强推合作

强推合作,也是日本在一定区域进行经济掠夺的方式。伪山西省长在对日系合作社指导员训话时说:"若欲完成全面的治安维持工作,必须首先安定民众之生活,使成军政施行之协助者。盖欲求农民之经济的安定,务须使唤民众心悦诚服,来归于新政权之伞下,始能达到,民众之定着与人心之安定,产业之开发与农村之繁荣,亦无不以安定为先决条件者也"。[1]

在日军第五次强化治安期间,伪山西省所属各道,试行以合作的形式,垄断农村的金融流通与物资供应。如,伪山西省雁门道原设有合作社191 处,资本总额 120173 元,社员 45914 名。1942 年末,新增合作社 20处,资本 2340 元,社员 2122 名。冀宁道至第五次强化治安结束共有县区合作社 627 处,资本总额 69444 元,社员 165879 名。河东道各县设有合作社 846 处,有股金 770280 元,社员 322588 名。上党道各县设有合作社 830处,资本总额 220540 元,社员 94448 名。[2] 1942 年对山西省 31 个市县级合作社的统计,在总共 914 个合作社中,创立于强化治安运动期间的合作社占 659 个,有 14 个县的县级合作社是此期间建立的,涉及入股社员304282 人,总资本额 8198.3504 万元。有 46 个县建立了县级合作联合社46 个,涉及入股社员 154486 人,总资本额为 7880.4482 万元。[3]

在物资供应方面,伪山西省各道普遍缺乏棉花、石油、小麦、砂糖、煤油等,于是,山西仍"以植物油代替煤油,以蜂蜜代糖,凡日用物资,均由

---

[1]《晋铎》第 11 号(1941 年 12 月 1 日),山西省档案馆藏。转引自江沛著:《日伪"强化治安运动"研究》,南开大学出版社 2006 年版,第 224 页。

[2]中国第二历史档案馆编:《中华民国史档案资料汇编》第 5 辑第 2 编附录(上),江苏古籍出版社 1997 年版,第 530 页。

[3]《山西省统计年鉴(1942 年)》下卷,山西省档案馆藏。

合作社配给"。其价格由各道规定,并"由经济督察专员及经济警察班巡回监督","明密彻查奸商囤积居奇暗码交易,以保物价减低之效"。①

通过这些直接或间接的方法,日本掠夺了山西煤炭等大量资源,为其侵略战争服务。

第三节　山西敌后根据地面临的严重困难

由于日军推行"强化治安运动",对根据地进行疯狂"扫荡"和封锁,以及严重的自然灾害,1940年后山西抗日根据地出现严重困难,根据地面积缩小,人民生活困难。

一、日军推行"治安强化运动"

从1941年春开始,日军调整政治和军事的策略,将对敌后抗日根据地实行军事"扫荡"为主的方针,发展成为大力扶植、利用汉奸和伪军,日伪合作,对华北敌后抗日根据地进行所谓"三分军事,七分政治",集军事、政治、经济、文化、交通、特务为一体的"总力战",并把"治安肃正运动"发展成为"治安强化运动"。

为此,日军把华北划分为三种地区:一是"治安区"(即日军占领区);二是"准治安区"(即游击区);三是"未治安区"(即抗日根据地)。并且拟订了"华北治安区的三年长期计划",规定了扩大敌占区、游击区和缩小抗日根据地的具体目标,即从1941年7月开始,"治安区"、"准治安区"、

①中国第二历史档案馆编:《中华民国史档案资料汇编》第5辑第2编附录(上),江苏古籍出版社1997年版,第530~531页。

"未治安区"所占面积分别以 10%、60%、30% 为基数,1941 年(第 1 年度)分别达到 20%、50%、30%,1942 年(第 2 年度)分别达到 40%、40%、20%,1943 年(第 3 年度)分别达到 70%、20%、10%。同时,在"计划"中还分别确定了各类地区的"施策大纲",即:

在"治安区",直至县城、乡村,均设有华北政权行政机关,使之遵守法令,具有中国方面警备力量承担治安的工作。日军尽可能早日撤出,向准治安区推进。应推进文化的、经济的施策,使居民得以安居乐业,使中国方面积极地活动,以促进亲日反共形势的发展。

在"准治安区",部署固定的日军主力,在其指导、支援下,建成并加强县警备队及保乡团等,以图控制县政。应不断搜寻中共的势力,加以"扫荡",扼制其活动,削弱其势力。逐渐提高伪政权的政治、军事力量,使之过渡到治安地区。

"未治安区"是指中共方面的根据地和策源地,不断对之进行有计划的讨伐作战,并拆除、破坏其设施及军需品,使中共方面不能安身和进行建设。作战结束后,日军虽然撤退,但应反复进行扫荡,使中共方面难以重建根据地。随后,日军进驻、分散部署,设置行政机关,使该地区向"准治安地区"发展。

概括地说,日军对"治安区"以"清乡"为主,极力推行"奴化"政策,严密实施殖民统治;对"准治安区"以"蚕食"为主,并施以恐怖与怀柔政策,强迫民众"维持",建立伪政权,禁止军民深入活动;对"未治安区"以"扫荡"为主,实行"杀光"、"烧光"、"抢光"的"三光"政策,以摧毁根据地和抗日力量。

按照上述方针,从 1941 年春到 1942 年底,日华北方面军在华北地区连续推行了五次"治安强化运动",[①] 都是"清乡"、"蚕食"、"扫荡"相互结合,向华北根据地和抗日军民发动军事、政治、经济、文化的全面进攻,妄

---

①五次强化治安:第一次是从 1941 年 3 月 30 日至 4 月 3 日,第二次是从 1941 年 7 月 7 日至 9 月 8 日,第三次是从 1941 年 11 月 1 日至 12 月 25 日,第四次是从 1942 年 3 月 30 日至 6 月中旬,第五次是从 1942 年 10 月 8 日至 12 月 10 日。

图达到缩小以至消灭敌后抗日根据地,巩固与扩大其占领区的目的。实施的规模一次比一次扩大,采取的办法一次比一次野蛮,使用的手段一次比一次毒辣。

二、日军疯狂的"扫荡"与"蚕食"

在1941年和1942年两年中,日军对华北敌后抗日根据地发动的"扫荡"越来越频繁与残酷。不仅次数增多了,兵力加强了,而且规模扩大了,时间也延长了,仅1000人以上的大"扫荡"竟多达174次,较前两年增加了2/3;使用兵力有83.39万余人,比前两年增加了一倍多。其中,一万人以上的"扫荡"有30次。而且,日军在"扫荡"方式上亦发生了很大变化,表现出了一些新的特点:由短促突击式的"扫荡",转变为长时间的"扫荡";由分散式的"扫荡",改换成集中优势兵力的"扫荡";由长驱直入的线式"扫荡",发展到步步为营的纵深"扫荡"。在"扫荡"过程中,实施其惨绝人寰的"杀光"、"烧光"、"抢光"政策,企图彻底毁灭华北根据地抗日军民的生存条件,甚至把一些地区完全变成"无人区"。日军所到之处,烧、杀、奸、劫,施放毒气,无恶不作。1940年,日华北方面军第1军在其《第一期晋中作战实施要领》中规定,凡认为有"敌意"的15岁至60岁的男子一律杀戮,对根据地的武器弹药和粮秣一律劫收带走,对所谓"敌性部落"要烧毁破坏。

日军杀害中国人的方法据统计当在百种以上,比较常用的是活埋、打靶、吊死、刺杀、灌水胀死、毒气毒死、铡死、锯死、碾死、喂洋狗、煮死、腰斩、悬崖摔死,以至肢解、剜心、凿眼、剥皮等,其暴行罄竹难书。

在晋绥根据地,1942年日军对晋西北的春季大"扫荡"中,仅在兴县、临县、保德就捕杀民众3450多人,烧毁房屋2.36万余间,抢走粮食3.5万石、牲畜8万余头,金银首饰和农具13万余件。

在太行根据地,1940年11月以后,日军对晋东南、冀西和晋冀豫采取了毁灭性的"扫荡",逢村烧村,见人杀人,铁蹄所及,村舍即为废墟。如对辽县、和顺、榆社、武乡、黎城、襄垣、潞城等10余县的连续"扫荡",反复3次,辽县、武乡、黎城的房屋80%被烧,内有数十个村庄成为焦土。在寿阳韩赠村,敌人把村民集中起来,用机枪扫射,一次就杀死360人。

在太岳根据地,从1940年至1944年5年内,被日军屠杀的民众达8.58万余人,烧毁房屋81.3万余间,损失粮食22.1亿余斤、被服946.9万余件、农具964.8万余件、耕畜478万多头、羊1.55万只、猪88.3万多头。

不仅如此,日军竟然违反国际法,多次使用化学和细菌武器,并以普通老百姓进行毒气试验。1941年4月,晋绥边区反"扫荡"结束后,河曲县巡镇一带发现鼠疫,许多人吐血、便血,短期内即死亡。11月,日军特别编了一个毒瓦斯队,在黎城黄崖洞一带向民房、水井和粮食中撒放毒药,撒走时又放了窒息性炮弹。1943年5月,日军第222联队在太行一带,自辽县麻田至涉县河南店约50公里的路上,向老百姓的水井、地窖和水池中撒下20多箱毒药,并施放大量毒气,中毒者达100多人。

随着日军日益疯狂的"扫荡"和"蚕食"进攻的逐渐升级,对山西敌后抗日根据地实行分割、封锁的"点"、"线"设施,不仅在原有的基础上增添了新的内容,而且与日俱增地膨胀和发展起来,以致达到据点、碉堡林立,封锁沟、墙纵横的地步。

在晋察冀边区,从1940年开始,日军修筑了两条封锁沟。日军还在晋东北与河北省交界处的县与县、乡与乡,以及日军据点周围,铁路和公路沿线,都挖有封锁沟,有的沟深宽各两丈,部分还引河水灌入,实行严密封锁。日军的这些设施,与其军事"扫荡",经济掠夺、封锁,利用伪政权、伪军,加强特务统治,奴化教育等密切配合,使美丽富饶的华北平原,成为"抬头见岗楼,迈步登公路,无村不戴孝,到处是狼烟的人间地狱"。

在晋冀鲁豫边区,日军为了分割冀南平原根据地和太行山区根据地,加强对山区抗日军民的封锁,就沿平汉路的西侧构筑起三道封锁线,在冀南和太行根据地之间形成了一个宽达50里至90里的封锁地带。而且,在每一道封锁线上密布碉堡,平均一里半就有一个。其据点数目,也急剧增加。据对冀中、太岳、太行三区 1942 年的不完全统计,日军共修筑公路 1.02 万余公里,建据点 1892 个,筑碉堡岗楼 5591 个,挖封锁沟 7600 余公里,筑封锁墙 560 余公里,形成了以铁路为柱,公路为链,碉堡为锁,辅之以封锁沟、封锁墙分割的封锁网。在各区配备重兵,分散布置,对山西抗日根据地进行"边沿蚕食"和"跃进蚕食"。

在晋绥边区,为了分割晋中平川与晋西北山地的联系,并在内地构成"格子网",逐步扩大"蚕食区",直至将晋西北根据地全部化为游击区、敌占区,日军沿忻(县)静(乐)、静(乐)岚(县)、五(寨)三(岔)、太(原)汾(阳)、汾(阳)离(石)、离(石)军(渡)等公路线和同蒲线都构筑有据点、碉堡、封锁线。仅在 1941 年和 1942 年的两年间,日军增设的新据点就有 216 个,连同原有的据点,总共达到 513 个之多,驻扎的守备日伪军有 7 万人左右。

与此同时,日军为向山西抗日根据地推行"蚕食"政策,割断人民群众与抗日武装的联系,还野蛮地制造"无人村"、"无人区"、"人圈"等。1942 年在北起五台东北的跑泉场,南至盂县的山西、河北交界地带,制造了长达 200 公里、宽 50 公里至 60 公里的"无人区"。

三、日本对山西的经济封锁

日军在对山西抗日根据地实行军事上"扫荡"、政治上"蚕食"的同时,还在经济上实行封锁和破坏。1941 年 2 月,日本中国派遣军下达的《长期战现地政略指导》中规定,在经济上"要加强对敌经济封锁,制止有利于敌方的经济活动,破坏敌方的经济力量"。为此,日军一方面建立封锁据点,在重要地点还设立固定检查班,随同日军出动时抢掠根据地资财,破坏根据地的对外贸易。另一方面,拨出特别资金,在进攻根据地时没收群众财产或强制收购。日军利用对根据地的"扫荡"时机,破坏根据地内的生产设施、运输工具以及被服粮秣仓库等。

日军对华北抗日根据地的经济封锁,主要是"通过各地敌军、宪兵队的经济封锁班或经济调查班与经济警察班",以"治安壕"为封锁线,以各碉堡交通口为出入口,检查来往行人,禁止任意私行,一旦发现违运现象,其惩罚措施是极其严厉的。"物资出入封锁线必须具有许可证及搬运证,并配给物品须与配给证数量[相符],其超过量没收,若无许可证时完全没收"。① 对山西省的经济封锁则更严,通过经济封锁线的搬运者必须要有山西省日军特务机关长签发的"物资搬运许可申请书",并由物资搬入地管辖机关的证明。这种"申请书",必须要有保证人署章,申请者要有店铺或有相当资财,才能申请到。②

除直接封锁外,日军还通过伪政权实行经济封锁。伪山西省政府通过设置检问所、检索班、农业仓库等措施,对中共领导的各根据地进行经济封锁。如,1941年底,寿阳诸县已设检问所30余处,阳曲等县设置了检索班30余处、农业仓库109处,积储食粮258698石,阳曲等50余县还成立了合作社255个。雁门道各县专设检问所和谷物保管委员会,"对物资外流采取严重监视态度,或责成经济警察及自卫团严加防范,以杜绝食粮流入匪区情事"。冀宁道"对匪区食粮封锁甚严。如赵城、灵石、祁县、介休、离石、中阳等县由经济警察,不时稽查;平遥规定每人携带小麦不得过五升、杂粮不得过一斗;汾阳对匪区设有遮断壕,长50余里;临汾没收敌存小麦4800余斤;文水施用物资购买票;洪洞设有经济检问所15处;交城成立物资流动取缔所;太谷设有检索所。严防物资外流,成绩颇佳"。河东道"各县划定封锁线,由经济督察专员及巡回指导班,巡查监督。又防止食粮流入匪区,设立农仓,储存民间食粮,按月配给"。上党道"各县设检问检索所,并警告民众不准运动食粮外出,指定县联合会为粜米地

---

①中央档案馆、中国第二历史档案馆、吉林省社会科学院合编:《华北治安强化运动》,中华书局1997年版,第228~229页。

②中央档案馆、中国第二历史档案馆、吉林省社会科学院合编:《华北治安强化运动》,中华书局1997年版,第229~230页。

区,以杜绝食粮流入匪区"。[1]

日军的经济封锁,给山西各抗日根据地和沦陷区人民带来诸多困难。太原市正常的贸易流通都无法进行,各商号经济面临困难。1942年,各行业普遍出现商号倒闭现象,全年新开张商号614家,资本额361.9785万元,使用雇员2671人;倒闭商号有679家之多,资本总额有157.6213万元,解雇人员达到4182名。特别是在米粟、面粉、油、布等涉及民众生活的行业,倒闭数量远远多于新开数量。[2] 各县情况,也大致相同。晋泉等57个县的商号出现了与太原市相同的不景气现象,共计新开1996家,资本总额为187.695万元,聘用雇员7602人;倒闭商号则有2049家,资本总额为249.4365万元,解雇人员9226人。[3]

日军的经济封锁,对处于战争前沿的山西抗日根据地民众的生活来说无疑是雪上加霜,困难程度可想而知。

四、大面积的自然灾害

1941年至1943年,山西抗日根据地普遍遭受了严重的自然灾害。

在晋察冀的北岳区,1942年秋到1943年夏,灾情波及30余县,灾民达18万人。

在晋冀鲁豫边区,几乎有一半时间在灾荒中,有水、旱、蝗、雹、疫5种,最严重的是1939年的大水灾,1942年、1943年的旱灾与1944年的蝗灾。太行区从1940年以来,年年都有灾害,1942年起旱灾日趋严重,全年粮食大幅度减产。特别是一、七两个专署的大部分地区和一、四两个专署的部分地区,其夏收仅有三四成,秋田收成则更为减少。从当年秋末起,旱情持续蔓延发展,直至酿成1943年百年一遇的特大灾荒,受灾面积几

---

① 中国第二历史档案馆编:《中华民国史档案资料汇编》第5辑第2编附录(上),江苏古籍出版社1997年版,第529~530页。

② 《山西省统计年鉴(1942年)》下卷,山西省档案馆藏。

③ 《山西省统计年鉴(1942年)》下卷,山西省档案馆藏。

乎波及太行全区,其中又以四、五、六等三个专区最为严重。从5月到7月这个农业生产关键季节,就是在灾情较轻的太行三专区的左权、武乡一带,也是80多天未下雨,"赤日炎炎,如灼如烤,水井和溪流干涸了,人畜的饮水都发生了恐慌。焦渴的土地上布满了纵横的大裂纹,掘地三尺看不到一点湿气。茎叶上满是尘埃的禾苗,由枯黄而干枯,几乎一个火星就可以引起燎原大火。燥热得简直要燃烧起来的空气中飞扬着尘沙,使人窒息。田野、山林,一切都成了赭色,如果不是那恼人的炎热,人们会认为季节已进入衰杨荒草的深秋了。"[1] 再加上虫灾、雹灾及秋季的水灾,致使1943年太行秋收平均只有三成左右,军需民食濒临枯竭的边缘。全区灾民占总人口的50%,六专区的缺粮户达到60%至70%。

从1943年开始,蝗灾又接踵而来,1944年达到顶点。蝗虫袭入的区域,南起黄河北岸的修武、沁阳、博爱,北迄正太路南侧的赞皇、临城,东至平汉线的磁县、武安、邢台、沙河,西至太行山巅的和顺、左权、平顺、陵川,共计侵及23个县,占全太行区县数的46%,受灾面积达到3000平方里。大片大片的麦田里,"密集的蝗蝻一爬进去,只要抽一袋烟的工夫……麦苗马上就全光秃秃的……蝗虫像秋天的洪水一样,在一块一块地吞没着庄稼"。"飞蝗来时,遮天盖日……一落地就是几座山、几道沟,使人看不见地皮,严重的地方有一二尺厚。落在树上,能把树枝压弯,甚至压折。一颗谷子上能落十七八个,本来一块谷子长得齐楚楚的,飞蝗一落,全地谷子立刻压倒,变了模样,平漠漠的,好像风吹倒了一样。苇子那么粗,那么密,但飞蝗一落,也照样被压倒,一颗苇子上能落八九十个。"[2] 灾情令人触目惊心。

在太岳区,到1943年春夏之交,遭到了百年不遇的大旱灾,大部分地区久旱无雨,禾苗、蔬菜多数枯黄,有的秋收无望。同时,白晋、同蒲、临屯沿线屡遭日军的掠夺,夏收的麦子大部被抢走。天灾人祸,使饥饿现象日

---

①齐武:《一个革命根据地的成长》,人民出版社1957年版,第156页。

②转引自袁毓明:《太行人民打蝗记》,华北新华书店1945年。

趋严重,仅第二专区就有灾民 10 万余人,士敏、晋北、高平 3 个县的受灾人口占到人口总数的 25% 以上。士敏县的灾民以榆皮、柳芽、谷糠、蚕蛹充饥。因为天旱,野草吃光了,就不得不勉强以观音土、花生皮等来果腹。1943 年 8 月,岳南、中条山地区又发生了严重的虫灾,飞蝗铺天盖地而来,大片田禾一扫而光。到 1944 年春,旱灾、虫灾更为严重,第二专区受灾面积达到 3/5。

五、抗日根据地的严重困难

由于日军连续不断地对山西抗日根据地实行大规模的"扫荡"、"蚕食"和经济封锁,再加上严重的自然灾害,1941 年至 1942 年,山西敌后各抗日根据地不仅面积缩小,人口减少,而且根据地的财政经济濒于枯竭,军需民用,甚至衣食住行都成了大问题,开始进入了前所未有的最严重的困难时期。

山西抗日根据地面积缩小,人口减少。截至 1942 年秋,整个晋察冀边区抗日根据地的巩固区大为缩小,游击区占到 80% 以上。晋冀鲁豫边区太行根据地,沿平汉线的第一分区、第六分区,几乎都变成了游击根据地,沿正太线的第二分区,也被敌人分割开来。全区面积,1942 年与 1940 年相比,差不多缩小了 1/5。太岳区根据地,亦日趋缩小。平遥县有 216 个行政村,只剩 6 个行政村没有"维持"。沁水县只剩两个半编村没有"维持"。士敏县有 4 个区,也只剩一个区没有"维持"。到形势最严重的时期,全区竟无一个完整县,以致有 13 个县的县政府,都聚集在沁源一地,而沁源县城也被日军占领了。在晋绥边区,日军推行猖狂至极的全面"蚕食"计划,企图在忻静、静岚公路线以北,首先"蚕食"掉第五分区和第二分区的五三线以东地区,尔后向西、向南推进;在太汾、汾离、离军公路以北,以第三分区静乐之南的汾河东西广大地区,和第八分区的整个山区及第四分区临县大川至离岚公路两侧地区为目标,图谋逐一"蚕食",最后南北夹击,集中将"蚕食"之矛头指向临县以北和兴县腹心地带,达到其完全"蚕食"和占领晋西北根据地的目的。为此,日军从 1942 年春季大"扫荡"开始,加强对边沿区的"蚕食"活动,到第四次"治安强化运动"时"蚕食"活动逐渐由局部进到全面开展的阶段,到 6 月间则达到了高潮。到 1942 年六七月间,晋西北根据地的形势已处于最危急的关头,原来的游击区大部分变成了敌占区,巩固的根据地一部分变成游击区,一部分变成了敌占区。与百团大战之前相比,全区面积缩小了 1/3,人口也减少了 1/3。

抗日根据地的生产力受到严重破坏,人民的生活条件极度恶化。正如毛泽东在谈到这一时期的困难局面时所说:"我们曾经弄到几乎没有衣穿,没有油吃,没有纸,没有菜,战士没有鞋袜,工作人员在冬天没有被盖。……我们的困难真是大极了。"① 朱德在中共七大报告中回顾这一段时也指出:日本侵略者"对华北解放区实施军事、经济、文化、特务'总力战'。其'扫荡'办法是'铁壁合围、捕捉奇袭、纵横扫荡、反转电击、辗转抉剔'等。敌寇所到之处,实行彻底的烧光,企图建立'无人区',以消灭我军的生存条件。敌寇经常以十万人左右的兵力对一个地区进行反复'扫荡',每次连续至三月或四月之久,这是空前严重的局面。特别是在这个时候,华北各地发生灾荒,军民食树叶草根,更增加了局面的严重性"。"这一时期,到 1942 年止,我解放区人口缩小至 5 千万以下,八路军减至 30 万。"②

以太行区为例,由于人口减少,战前太行区每个劳动力平均耕种 20 亩地,1942 年每个劳动力平均要耕种 30 亩至 40 亩。敌占区和国民党统治区的农村更为悲惨,从 1939 年到 1942 年,陵川县敌占区和国民党统治区死亡人口占人口总数的 19.04%,其中 13 个灾情严重的村庄,饿死和逃亡者达 2723 人,占总人口的 36.9%。③ 山西根据地军民的生活困难状况由此可见一斑。

---

①《毛泽东选集》第 3 卷,人民出版社 1991 年版,第 892 页。

②《朱德选集》,人民出版社 1983 年版,第 146 页。

③太行革命根据地史总编委会:《太行革命根据地史稿》,山西人民出版社 1987年版,第 171 页。

第 十 三 章
阎统区的经济和政治

第一节　阎统区的经济

1938年2月,临汾失守后,阎锡山退到晋西一带,并将第二战区司令部和山西省政府驻扎在陕西秋林(属第一战区胡宗南管辖)。1940年5月8日,阎锡山将第二战区司令部和山西省政府迁到吉县南村坡,并改名为克难坡,直到抗战胜利前夕。晋西十余县便成为阎锡山统治区,简称阎统区。为了维持阎统区数十万军政人员的生活,阎锡山从生产、商业到财政金融等方面采取多种办法,并开展"克难运动",克服经济困难。

一、增发晋钞

抗战前山西的主要金融机构有山西省银行、绥西垦业银号、晋绥地方铁路银号和晋北盐业银号,简称"四银行号"。太原失守前夕,"四行银号"遵行阎锡山的指令遣散大批人员,仅留部分职员携带资金等南迁运城营业。到运城后,"四银行号"手中拥有现洋约800万元(省行400余万元、铁路银号300余万元、垦业、盐业两银号约数十万元)、黄金10000余两、原金沙2000余两。另外,还有未发行的新钞票3000余万元。这些资金虽不算丰厚,但尚可供阎锡山支撑一段时间。

然而,这些有限的资金并未完全供第二战区使用,大部分落入国民党中央银行和中国银行。在南迁时,山西省银行曾将现洋300万元以及黄金4000余两,委托先行迁移的驻太原中国银行代运至运城,不想中国银行将之一直运往汉口,交给中国银行收存。阎锡山发觉后,大为恼火,将省行总经理王骧斥责了一番。省行即派人赴汉口追索,经过一年多交涉,仅要回日益贬值的法币300余万元。这样,阎锡山手中无形中流失了一笔资金。

之后,"四银行号"余存的现洋和黄金也几经周折变为不值钱的法币。根据国民政府的规定,金银统由中国、中央、交通、农民四大银行收存之外,不得私存。公营事业董事会董事长陆近礼向阎锡山请示,可将800万现洋送洛阳国民党中央银行兑换法币;黄金形体较小,10000两只用4只小木箱便能装下,可留作自用,设法送到西安保存,得到阎锡山的批准。可是10000两黄金起运西安,过黄河在潼关要经检查。为了避开检查,陆近礼同由太原迁到运城的中国农民银行太原分行襄理陈某接洽,按私情关系解决。即以中国农民银行太原分行的名义,开具护照,并由陈陪送到西安,寄存于该行西安行库内。1938年春,省、铁两行号欲提取黄金,可是西安银行却将黄金转运到汉口分行保存。经交涉,汉口分行以"黄金应归国有"为托词,将所有黄金全部按每两130余元的牌价,付给法币130余万元。

为了如数兑换所余800万元现洋,阎锡山特派火车一列、陆军一营,协同省银行、铁路银号职员数人,由运城经风陵渡过黄河,经陇海路至洛阳,从中国银行兑换成800万元法币,并获得奖励200万元法币,共计1000万元,返回运城。阎锡山特别指定将这笔款交由长官部收存备用。不久,阎又令运往蒲县候命。

这时,"四银行号"手中除法币之外,还余3000余万元未发行的新钞票。陆近礼认为晋南终将不保,届时必将转移西安,而要将钱转运黄河,诚非易事,如果日军骤至,则钞票可能落入敌手。因此,陆近礼打电话请示阎锡山,建议完全焚毁。后经过几次电报往返,决定将所有钞票裁下一角号码保存,以备将来交代,然后点数、包装、造册、装箱,由陆近礼主持在运城一个空场上,筑起 4 个大火炉(周围约 10 米),将 3000 万元钞票付之一炬。

阎锡山退居临汾后为了便于收支款项,于 1937 年 12 月间指令省银行和铁路银号联合成立办事处,随长官部工作。省、铁两行号当即各挑选年轻精干的职员 6 人,组成"省铁两行号随营办事处",由王尊光任监理,绥远分行会计股长冯琳为经理,铁路银号平遥分号职员降肇清为副经理。办事处成立后,即到蒲县将保管的 1000 万元法币接管候命。

1938 年 2 月,日军进攻临汾,阎锡山退往晋西。晋西多为偏僻的山区,人民自身的生活都十分艰难,根本支撑不起阎军庞大的开支。而蒋介石所拨给的军政费用,也是杯水车薪。阎锡山财政日益拮据,于是加快了将"四行银号"迁往后方的步伐。山西省银行将重要职员由协理带领到后方西安,愿逃亡随营工作的职员,由总经理带领,随阎锡山撤退。这样,总行迁移西安,各分支机构一律停业,迁往西安后,裁撤其余银号,成立铁路银号合组办事处,在成都设立分处。后在陕西宜川设总行,西安设办事处,主要开展调拨军政款项、维持晋钞流通、收缴残破钞票等业务。[①]

根据中国国民党通过的《抗战建国纲领决议案》中"统制银行业务,从而调整工商业之活动","巩固法币,统制外汇,管理进出口货,以安定金融"[②]的决议,5 月,阎锡山在吉县中市村对"省铁两行号随营办事处"监理王尊光说:"咱们带来的法币,不久要花完了,今后军政费无着,设法印票子吧。"王回答说:"为抗战,所需军政费,应该向中央要。"阎说:"现在不能要,去冬武汉会议时,我站在蒋先生一边说话,说服了大家,蒋甚满意。临别前,他很郑重地对我说,你此来关系很大,今后你在西北,我在南方,只要咱二人不倒,一定到抗战最后胜利。他叫孔庸之(即孔祥熙)问我要不要钱,可些带些钱回去。我当时回答,抗战还要钱吗?即拍了脯子,这时不好回头,还是咱们自己印票子吧。"王说:"中央不让各省印票子,

①《阎锡山与山西银行》,中国社会科学出版社 1980 年版,第 162 页。
②荣孟源、孙彩霞编:《中国国民党历次代表大会及中央全会资料》,光明日报出版社 1985 年版,第 487 页。

又没印刷工具和人员,该怎么办?"阎锡山想了一会儿说:"《阵中日报》社有西北印刷厂的印刷机和工人,可作基础,不足的部分,可派人到西安购买些机具和纸张,即可开印。不过这事须秘密进行,只要从西安把应用东西买回来,开印后,就什么都不怕了。"① 主意打定,阎锡山命《阵中日报》社李洪庆(西北印刷厂厂长)筹备印制晋钞。因机器设备和技术工人均不敷用,李洪庆与技师章绳武秘密赴西安,购买石印机十余部、照相机一部、纸机一部、凸印机三部,招募技工 20 余名,并由"西安照相制社"秘密制作了一个 10 元的票版,返回晋西。

10 月,阎锡山在秋林镇西五里的票洛村,以"晋兴出版社"的名义,开始印刷山西省银行 10 元票,接着又印制铁路银号 5 元票。由于印刷效果不佳,票面花纹模糊不清,人们把"十元票"叫作"大花脸","五元票"叫作"二花脸"。

与此同时,阎锡山以中央拨给晋省军政费不敷用,而晋钞不敷周转为名,呈请国民党政府准许发行纸币 1000 万元。经财政部长孔祥熙从中斡旋,国民党政府于 1939 年初乃以晋省"省钞既已用罄"、"顾念晋省情形特殊起见"为由,"核准"山西省银行发纸币 500 万元,并要其"妥慎发行"。晋钞的印行既然已合法化,阎锡山便不顾忌国民党政府准许的限额,大张旗鼓地印钞。

1939 年 1 月开始发行新印制的晋钞(第 3 次发行),除用以支付军政费之外,还派人用新钞到山下接近敌占区套购小麦。最初 15 元可买小麦一石(每石 150 斤),后来,麦价越来越高。阎锡山吩咐不管价多少,尽量收购。

"十二月事变"后,阎锡山管辖区只剩下十几个县,而且半数以上属不完整县,而晋钞的发行却并未因统治区缩小而减少或停止。因此,晋钞日益贬值,不仅广大人民极为不满,而且阎手下的一些高级人员也致函蒋介石,指控晋钞"出境不如废纸,民众确有不愿使用情事,卒以拒用,必

---

①《山西文史资料》第 16 辑,第 42~43 页。

遭杀身之祸,用之则有饥毙之虞","官兵在物价无止境飞涨之下,陷于无法生活之困境,因食不饱,营养不良,逃者死者,随日而增,抗战前途,十分可虑。"[1] 在各方的压力下,阎锡山于 1940 年 7 月底停止印刷晋钞。然而,此时已印行 7788 万元,[2] 其数额相当于国民党政府核准 500 万元的 15 倍之多。

由于晋钞根本没有准备金以维持纸币价格,它的价值缺乏必要的物质保证,一旦大量印行,势必导致通货膨胀和金融秩序的紊乱。为了挽回晋钞过剩引起的危机,阎锡山被迫下令回收晋钞,通令各县把"调整金融,稳定省钞价格"作为一项政治任务。他除限制流通在解放区省钞回流之外,还请求国民党政府拨款回收省钞,但蒋介石未予应允。于是,阎锡山采取了两项回收省钞的应急措施:

(一)田赋折收:以 1939、1940 两年欠赋及 1940 年一部分田赋,每石粮银折征抗战时发行的单元省币 70 元或 10 元、5 元省币 200 元。抗前发行的"新省币"(即 1932 年撤收旧省币时所发的新省币)及铁路银号发行的纸币(流通在晋西阎统区的),尚为人民通用者,不分大小,一律按 70 元折收,垦业、盐业两银号所发行的纸币按 200 元折收。

(二)大烟土撤收:1940 年秋,甘肃土商以国民政府严令禁售大烟,已届期满,要焚毁其所存的大烟为名,请准甘肃省发照,将所存烟土 15 万两运往山西日伪占领区销售。当烟土运至西安,土商认为敌占区人地生疏,恐被敌伪抢劫,遂找阎锡山"垦业商行"驻西安负责人王天培(曾在绥远买过甘肃土商土),愿将这宗烟土廉价卖给山西,商定每两法币 12 元,分 3 个月付款。王天培一时拿不定主意,适逢王尊光从四川回前方,路经西安,经两人协商,敲定了这笔生意。烟土运回克难坡后,阎锡山灵机一动,何不用此项烟土撤收省钞?当即决定以每两烟土 300 元的价码撤收

①景占魁、孔繁珠著:《阎锡山官僚资本研究》,山西经济出版社 1992 年版,第 311 页。

②景占魁、孔繁珠著:《阎锡山官僚资本研究》,山西经济出版社 1992 年版,第 310 页。

省钞。

此举颇为有效,以 180 万元法币的烟土顺利回收省钞 4500 万元。加上田赋折收,阎锡山共回收省钞 6000 余万元(由随营办事处装箱保存,1944 年向吉县转移时全部烧毁),基本上稳定了统治区内的金融秩序。所余 1000 余万元则流落在晋东南、晋西北,分散在解放区人民手里。

按常规而论,金融秩序的恢复即可告一段落。可是,阎锡山却另有打算。他于 1940 年 7 月以“为中央统一印制,防止敌伪换外汇,打击敌伪经济侵略”为名,向中央财政部提出“整理晋钞”方案,建议“最好由中央另行新券,发交本省新组银行发行,并由中央照法令派员监理之,将原发流行各钞兑回”。他认为,在将新旧省钞分别整理后,如若能给另拨新券 5079 万余元,“即可将原发新旧省钞,悉数收清”。① 阎锡山还派代表邱仰浚驻于重庆,专门督催。

中央财政部部长孔祥熙为此专门复函蒋介石,明确指出“现在流通中之晋省四行号钞票,既系晋省府所发,自应责由该省府负责整理。”所以,“整理晋钞日前妥善办法,唯有任其自由流通,而在晋钞停止发行以后,数额既有一定,市价当可逐渐提高,一面巩固新银行所发钞票信用,以为永久之计”。② 这样,阎锡山想通过“整理晋钞”趁机向国民党政府索要一笔资金的计划付之东流。

1941 年,山西省银行又将总行迁往吉县克难坡,重新制定业务发展规划,以图扩大营业。1943 年夏,经山西省政府决议,将公款设立的山西铁路银号与绥西垦业银号并入省银行,总行移设西安恢复营业,同时在晋西的大宁、石楼、方山、孝义、离石、吉县及陕西宜川等地设办事处,总经理是白东生。在宜川设随营办事处时,王骧负责在成都的华利号,白东生负责铁路银号在四川的裕中商行。

①景占魁、孔繁珠著:《阎锡山官僚资本研究》,山西经济出版社 1992 年版,第 311 页。

②景占魁、孔繁珠著:《阎锡山官僚资本研究》,山西经济出版社 1992 年版,第 311~312 页。

事实上,全国抗日爆发后,各路大军云集山西,仅山西省用款及垫支中央各军的军械弹药等款至1937年10月已超过1000万元,无疑给山西的金融周转造成一定困难,确实需要相当的周转资金,以维持金融机制的正常运转。阎锡山在中央准许的情况下,印行部分晋钞,亦属正当的金融活动。所失之处是,他不听财政部"妥慎发行"500万元的规定,超额发行近8000万元之巨,人为地造成通货膨胀。之后他又"亡羊补牢",回笼纸币,对稳定阎统区财政经济起了一定的作用,但给解放区的金融造成了一定的混乱。阎这一发一收,对他自己来说并不是毫无意义的。实际上,他从中"赚"了相当一笔经费。自从1939年初发行新钞之后,阎锡山采取"搭配"的办法,将半数以上的晋钞作为军饷、薪资下发,而将中央所发之法币节存下来,并且用晋钞在敌占区套购小麦2万石。通过增发晋钞,阎锡山从中积攒了经费与军粮。这些金融措施的实施,一方面弥补了山西抗战所必需的庞大财政及军费支出,对抵制日军发动的经济战,坚持山西抗战是有益的。但是,另一方面,在阎统区造成通货膨胀和经济混乱,加剧了晋西人民的负担。

二、"新经济政策"

在贫瘠的晋西,如何维持四五十万军政人员的生活?这是摆在阎锡山面前的一大难题。为此,1940年5月24日,阎锡山宣布实行"克难运动",并具体规定如下:

衣着方面,无论党政军公教人员,不分官兵,均穿粗布料军服,每人每年单衣两套、棉衣一套,由各县发动民众纺纱织布,自染自制。

吃的方面,一日两餐,大部均由食堂供给,每餐都为馒头稀饭,副食为白菜、豆腐、南瓜等,每三、五日或周日增加荤菜。有眷属者,自己领米面或带馒头回家自己烧菜。

住的方面,全是窑洞,因人数增多,多数由各部门自行解决,即挖即住。

　　阎锡山的"克难运动",尽管是在特定条件下不得已而为之的,但是,在国民党各大战区是仅见的。1944年5月26日,经蒋介石批准,中外记者西北参观团一行26人到克难坡参观。

　　1942年后,阎锡山统治区也面临经济困难。为了渡过经济难关,阎锡山提出了"对内扩大生产,充裕物资,稳定物价;对外深沟高垒,严密经济封锁,抵抗敌人经济侵略"的"新经济政策"。阎锡山提出,新经济必须建立在如下四项原则的基础之上:

　　其一,生活生产战斗合一。阎锡山说:"我的新经济是战斗的,适应国防需要。"为此,人民生活要战斗化,生产要配合战斗,适应战斗的需要。战斗训练,寓于生活、生产之中,战斗技术要生长于生活、生产之中,人力、物力、财力,要集中运用,为了抗战,合乎抗战。

　　其二,人人劳动生产。阎锡山提出:"劳动才能富裕生活,生产才能增加物力。不劳动,不生产,在个人说是个废人,在国家说是个赘疣。"[1] 因而,应当人人劳动,人人生产。反之,如果有劳动能力,而规避劳动者,则要受相当处罚。这既是"维护劳动者利益","鼓励人人劳动","废除不劳而获剥削制度",也是实现"自给自足"的途径。

　　其三,合作互助。即把生产、供销、信用、交通等各种业务,统统配合在一个部门内经营,实现产、供、销一体化经营,从而达到取消营利主义商业行为的目的。

　　其四,计划管理。阎锡山提出"新经济制度是管理经济",因为,新经济担负着对内管制物价、对外防御经济侵略的双重任务,不能自由放任,任其散漫,必须进行有计划的管理。

　　为了推行"新经济政策",1942年11月,阎锡山在克难坡成立了山西省经济管理局,作为实行"新经济政策"的总管理机构,自兼局长,赵承绶任主任委员,王尊光任副主任委员兼秘书长,负责实际工作。山西省经济

---

　　[1]山西省政协文史资料研究委员会编:《阎锡山统治山西史实》,山西人民出版社1984年版,第312页。

管理局下设一室、五处、一社,即办公室、合作事业管理处、互助事业管理处、工商管理处、粮食调节处、铁业管理处、运输合作总社。该局的职权范围较广,除接管太原绥署第一室及第二战区经济建设委员会所属单位及厂矿外,还新增设了30多个厂社,基本上将辖区内所属经营生产单位全部置于其领导之下。并在吉县、乡宁、大宁、隰县等10县成立县经济管理局,由阎的首脑部门派高级干部亲赴各县主持。管理机构健全之后,阎锡山便大张旗鼓地开始实施。

首先,要求人人劳动,发展生产。要实现"自给自足",首先须把发展生产当作首要任务来抓。阎锡山规定每人每天劳动12小时(抗战劳动4小时,生活劳动8小时)。"凡在劳动年龄以内能劳动而不劳动者严予惩罚,强制其劳动。"同组社员,集体劳动,互相保证,完成生产任务。为促进生产劳动的开展,阎锡山发动其官兵和干部家属一律参加生产劳动。

阎锡山还根据生产行业成立专业小组,如耕作小组、纺织小组等。通过专业化协作生产,提高了劳动生产率。尽管阎锡山实行经济合作,带有强迫劳动的成分,但是,客观上使有劳动能力者投入到生产劳动当中,无疑对生产和抗战是有利的。

其次,要求废除私商,化商为工。阎锡山认为,物价波动,社会不安,全系私商投机倒把、囤积居奇、从中播弄所致。因此"稳定物价非取消私商不可"。[①] 后又提出"以互助合作为中心,有计划地组织生产、交换和消费,取消私商,消除中间剥削,统一管理市场,稳定物价,保障人民生活"。[②]

在废除私商的过程中,阎锡山采取如下几个步骤:

(一)分行合组。按同一地方、同一物品、一个商号、一个价钱的原则,将各商号按业分行。人口较多、商业繁盛的县份,分为8行;人口较少、商业不繁的县份,分为4行。

(二)登记接收。将各县的私商全部进行登记,接收其货物。接收的具

---

① 山西省政协文史资料研究委员会编:《阎锡山统治山西史实》,山西人民出版社1984年版,第314页。

②《山西文史精选》(2),山西高校联合出版社1992年版,第260页。

体办法为:按商品质量及销路情况,分为热销、冷滞、残品三类,进行定价。热销货按账面十成或九折计价。冷滞品根据程度,按五至八折计价。残品按残损程度计价,愿作价的,即时折价,一个月内付清货款:不愿折价的,采取代销办法,议价代销,何时销出,何时付款,抽收2%的代销费。仅此一项共接收价值5万余元的货物,并从中牟取万余元的利润。

（三）化商为工。私商的货物被接收后,其固定资产,包括用具和店址在内,也一律归公借用,然后再陆续归还;人员也归公选用,除一部留用被委以"商官",从事合作社的业务工作外,大部编为各业生产小组,从事生产劳动。这样,就将在流通领域从事商品经营的私商人员转移到生产领域,实现了化商为工。

通过上述措施,阎锡山将晋西23县(多数不完整)6800余私商强行废除。这样一来,使许多私商无以为生,甚至有的商人逼得走投无路,愤而自杀。

第三,要求合作供销,垄断市场。1943年春,阎锡山将各县经济管理局一律改组为县合作供销社,统制商业,管理市场。

由于私商的废除,各县合作供销社自然而然地全面控制了市场。首先以负责商品流通的便利条件,垄断了零售市场,并通过商品类别,分设棉布、百货、杂货、副食、文具等门市部,垄断了零售贸易。接着,与粮食调节处结合,控制了粮食市场。又与平价购销处结合,垄断了采购批发业务。此外,合作供销社还开食堂、旅店、澡堂、理发店、照相馆等,将服务性行业也包揽了。

随着合作供销社业务的扩大,在县以下较大的村镇设置合作供销分社,按村镇市场的供需情况,分设若干专业门市部或一个综合门市部,控制乡村零售贸易,并管理乡村服务行业。

不仅如此,合作供销社还通过供销业务,控制当地的手工业生产。合作供销社专门设置手工业生产管理社,负责管理各种手工业生产,从生产到产品的销售均置于其控制之下。手工业生产管理社首先根据手工业的不同行业,组织各业生产小组,如棉布生产组、文具生产小组等,然后供给各生产小组原料,经成本核算后,接收其产品,不准各生产小组自行出售其产品。这种对各生产小组的管理办法,简称"三定、二包、一管理",即定质、定量、定价,包供原料、包销产品,管理其生产活动。

手工业生产具有行业分散,人员庞杂等特点,尤其是在晋西,各县手工业生产者总计不足 200 人,[①] 分散在 20 余个县,而要将其统一管理,亦非易事。结果,由于存在原料的供给,产品的接收等问题,仅数月各生产小组因无法维持,相继停产。

第四,别出心裁,发行合作券。"新经济政策"的实施,也遇到了令人头痛的问题——缺少资金。本来阎锡山中的法币就不甚丰厚,除支付军政费用外,还相继开设了一些民用企业。废除私商,首先需要一笔资金,接收产品。尽管在废除私商的过程中捞了一笔,但是仍不敷支配。

如何解决资金问题呢?发行晋钞吧,第三次晋钞刚刚回笼完毕,再发恐无信用,而且国民党中央明令禁止发行地方纸币。想来想去,阎锡山豁然想到自己曾提出的"物产证券",于是决定由合作社发行合作券——"产物的收条"。起初,阎锡山计划由随部经济管理社,用合作券的名称,立一折子,不印票子,交产品买货,一律记入折子。但是,因立折存账太烦琐,遂决定由随部经济管理社印发合作券。合作券虽不是货币,但是一种有价证券。为保证印刷精美,防止伪造,阎锡山又决定由其印票机构——晋兴出版社统一印制。票面分 1 元、5 元、10 元 3 种,并印有县名。然后,由山西省经济管理局合作事业管理处发行。

为避免国民党中央的责难,以示合作券与货币有所区别,阎锡山特规定了合作券的五条原则:(1)以一县为流通范围,一出县境,即不能流通,县与县间使用汇兑办法;(2)合作券是产物的收条,把"发行"叫作"开付";(3)不使用金融机构发行,而用商业机构——合作供销社开付;(4)按各县生产情形及交易总额决定应印数量,决不多印;(5)不印辅币,由各收合作社自印 5 角、2 角 5 分、1 角三种"找零凭条"。

---

①《山西文史精选》(2),山西高校联合出版社 1992 年版,第 262 页。

为了保证合作券的顺利发放,阎锡山还颁布了《山西省各县经济合作社联合社开付合作券办法》,规定合作券仅限于在原开付之合联社所属县境内购买物品;持券人如果向他县购买物品,或在他处有需用,得请求付合作券之合联社为之汇兑;合作券以日工为计算标准,每一日工折合作券为 1 元;合作券接受产物,须依据评定之价格,开付合作券;合作社必须收若干物,付若干券,不得将合作券移作另项开支等等。

　　根据上述办法,山西省经济管理局合作事业管理处将合作券分发给各县合作社,然后通过接收产物向外开付,各县的粮食调节处用合作券(记账拨付)收购农民的粮食,而农民则用合作券到合作社购买所需的生活用品。因此,阎锡山自豪地说:"我新经济的灵魂,是扩大生产;而收产物唯一的武器是合作券,可以说合作券是新经济制度的中心。"[1] 合作券不仅"可以鼓励人民无限制地发展生产",[2] 而且由于"合作券是接收产物的收条,收一物,发一券,券物相等,不会贬值落价"。[3] 所以,付出的合作券越多,接收的产物就越多,产物越多,国民经济就越繁荣,人民的生活也就越富裕。

　　那么,开付合作券的结果如何? 广大晋西人民的生活是否因此而有所改善呢? 事实却与阎锡山所想象的大相径庭。合作券的发行,既没有促进社会生产的发展,也未使人民生活得到改善。阎锡山让山西省经济管理局粮食调节处用合作券向农民购买粮食,而且规定每石小麦 15 元,固定不变。当时合作券与法币之比为 1∶2,即每石小麦为法币 30 元。可是,小麦涨价至每石法币 40、50、60 元时,而合作券价仍为 15 元,这就严重地损害了农民利益。用同等价值的粮食买不到相应的货物,农民不再将粮食交付合作社。后由于商品供给紧张,物价飞涨,粮食调节处才将粮价调整为每石小麦合券 250 元。不久,每石小麦涨价至法币 4000 元,但收

---

①《革命行动》第 9 卷第 3 期,第 3 页。

②《山西文史精选》(2),山西高校联合出版社 1992 年版,第 264 页。

③山西省政协文史资料研究委员会编:《阎锡山统治山西史实》,山西人民出版社 1984 年版,第 315~316 页。

第十三章　阎统区的经济和政治

347

购价仍为合作券 250 元。据统计,从 1943 年初至 1945 年 7 月,阎锡山共发行合作券 700 余万元,其中绝大部分用于购粮,共购得 3 万多石粮食。仅此一项,农民损失约法币 5000 万元以上。[①]

合作券在开付过程中,也遇到诸多问题。首先,合作券的本位不确定,势必引起定物价的混乱。阎锡山虽说合作券不是货币,只是产物的收条,但是,如何通过产物来定合作券的价格呢?阎锡山最初要用"虚本位",确定合作券价格,不久改用"粮本位",以粮价作比,把粮价固定下来,以稳定合作券的价格。但是,粮食价格因受市场、季节等影响,根本无法固定,合作券价格自然难以稳定。最后,他又实行"工本位",即以生产一石小麦所需 18 个工,每工定为合作券 10 元。阎锡山以粮、工等作为合作券的本位,建立在这种本位基础之上的合作券价格因粮价、工价的变动,不可能稳定,势必引起确定物价的混乱。

其次,接收物产,矛盾重重。阎锡山自诩合作券能"辟开造产途径",可尽量接收人民的产物。可是,阎锡山忽略了一个基本的经济现象,是否所有产物均适合社会需要?接收的产物能否全能推销出去?实行的结果表明,有的生产小组因原料、技术等因素,生产不出社会需要的产品;有的则盲目地生产过剩产品;有的则粗制滥造,产品质量低劣,可合作社还得全部接收。这样一来,更加剧了经济的混乱。一方面大量的过剩产品堆满了合作社的仓库,另一方面人民所需的生产、生活用品日趋短缺,供需矛盾日益尖锐。

为了解决这个矛盾,阎锡山又成立了"平价购销处",以法币向蒋管区采购日用品,调拨各县合作社销售。这虽然缓解了供需紧张的矛盾,可是,又出现了新的矛盾:用法币采购商品,用合作券兑换商品,而回收的合作券又无法兑换为法币,导致资金周转困难,无法继续采购商品。以后,只好在合作社设立"供销部"和"购销部"两个门市部,前者收合作券,后者收法币,由各县合作社自行调度。但这样做还是没有解决根本问题,

---

①《山西文史精选》(2),山西高校联合出版社 1992 年版,第 50 页。

合作社唯恐供销部把外来商品卖出去无法清理法币债务,将来货一律交由购销部出售,结果供销部依然是山货累累。再者,合作券常常"汇而不兑"。合作券的流通受县界的限制,一旦出县即不能使用。阎锡山为此曾制定了汇兑办法,规定各县合作社按合作券与法币的比率,折合成法币,实行汇兑。但由于各县"券"、"币"比率不同,物价也不同,折算相当困难,时常发生"汇而不兑"之事。

"新经济政策"是阎锡山在抗战期间推行的一项重要经济措施,对于缓减战时经济困难起了一定的作用,比如用合作券曾收购了粮食3万余石,但是,给晋西人民带来了沉重的负担。本来晋西经济基础就十分薄弱,人民生活就相当艰苦,"新经济政策"的推行,使人民生活更为艰难。

三、"兵农合一"

1943年,随着世界反法西斯战争的发展,中国抗日战争也出现了转机。然而,偏安晋西一隅的阎锡山,却面临着重重困难,兵员日益不足,补给也日趋困难。就拿阎锡山第61军、第19军和骑兵来说,每连官兵最多者不过六七十人,少则二三十人。[①]粮食补给也愈来愈不能接济。由于晋西土地贫瘠,粮食产量低,加之连年征战,农民不仅交不起粮,而且生活也无保障,不少人纷纷背井离乡,寻求活路。这些现实,阎锡山也深有感触地说:"我们今天的困难,是种地的人少,打仗的人少。"[②]

2月间,孙楚在乡宁给阎锡山的电报中称:"目前农村无丁,无人种地,营盘无兵,无人打仗,部队已到瓦解境地。"阎锡山接电后坚定地提出要实现"种地的人多,打仗的人多。"[③]

可是,如何实现这个目标呢?蒋介石是不可能给予解决兵源和军粮

---

①《山西文史资料》第14辑,第185页。

②《阎司令长官抗战复兴言论集》第7辑,第319页。

③《山西文史资料》第14辑,第196页。

问题的。经过反复思考之后，阎锡山提出了"军事第一，食粮第一，必须向食粮中心的抗战政治的目标集中努力。"①经多次开会讨论，他又想出了一套"不但中国从来没有，就是世界各国也没有"②的"两全之策"——"兵农合一"。

8月15日，阎锡山在克难坡召开有军师级军官和区(专区)、县级负责人参加的"未删行政会议"。③会上，阎锡山正式决定试行"兵农合一"制度。他认为"兵农合一"的推行，不仅能使打仗的人多，种地的人多，而且还能把土地问题和国防问题熔一炉而解决，使民族革命与社会革命并一谈而处理。

"兵农合一"的主要内容有三项：

(一)编组互助。以自然村为单位，把村中18至47岁的役龄壮丁，除去免役、缓役、禁役、停役以外，不管其在村或不在村，每3人编为一个兵农互助小组，其中1人为常务兵，入营服役受优待，其余2人为国民兵，在家领种份地或做工，每年共出小麦或小米5石，熟棉花10斤，优待同组的常备兵家属，简称"优待粮花"。常备兵服役3年(工兵、骑兵、炮兵4年)期满，转服国民兵役，由同组中另抽1人入营服役，如遇有人不愿服役时，以抽签方式解决。阎锡山还把每年11月1日定为"兵农合一节"，届时期满的常备兵回家，新常备兵入营。

不在村的役龄壮丁，限期由家属叫回，抽签服役，逾期不归者，则编入兵农互助小组，顶服国民兵役，由家属代出优待粮花。半残废不堪充常备兵而有耕作能力能当主耕者，在校求学的学生与按章不能缓役者，以及离村5年以内无音信的役龄壮丁，都要按现役每3人编为1个纯国民兵小组，领种份地，交纳优待粮花，优待在营服役的外省籍士兵。已在军中服役的本省籍士兵，由原籍村公所指定村中2人，编为1个兵农互助小组，给予优待粮6石、熟棉花10斤，以示优待。编余人员，如系本省籍

①《阎司令长官抗战复兴言论集》第7辑，第137页。
②《山西文史资料》第14辑，第196页。
③"未"，即8月的代称；"删"，即电报15日的代码。

山西抗日战争史

350

的役龄壮丁,找保返原籍编组,不得到其他省份另谋工作。

(二)划分份地。以村为单位,把村中的所有土地按年产量纯收益小麦或小米 20 石作为一份的标准,划分为若干份地,分配给国民兵领种。份地分为 7 等 21 级,优劣、远近相搭配,如果是果园、菜地,则按上述标准把产物与粮食折合,名为果木份地、蔬菜份地。划分份地必须确定村界,如遇纠纷,则由区派员强迫主持划界,不服从者给予惩处。

每个国民兵领一份地,如份地不够时,两个国民兵合领一份地;如份地有剩余时,可借耕。非国民兵和妇女,不得领份地。国民兵领到份地后,或与家属自耕,或以自愿结合的方式,与村中有劳动力的人组成耕作小组,由国民兵当主耕人,合作耕种,劳动产品,按劳力大小分配。为了保证份地的耕作,由村公所适当调配耕畜与农具。

国民兵充当常务兵,或者死亡、迁出村,均须退还份地;如国民兵离村或中途改业,则实行夺田。保留地主土地所有权,规定每两粮银(交纳田赋的标准)的土地,由领种者每年交地主租粮小麦或小米 1 石。国民兵在领份地时,还要宣誓,保证如期如数交纳田赋及征购食粮。为避免贫困的国民兵交不起粮租,领地前要先交优待粮花,否则不准领种。

(三)平均粮银。即把划入份地的田赋负担,重新加以平均。本来每份地多少粮银,每两粮银多少负担,都有定数。可阎锡山却说,抗战开始后,因日军的烧杀抢掠,各地的鱼鳞册(交纳田赋的底册)大部遗失,致使有些村的土地有地无粮或有粮无地,因此必须重新平均。即不管以前有粮无地、有地无粮、地好粮轻、地坏粮重,都要重新均粮。各县原有粮银,以不增不减为原则,偏高偏低时由全村"调剂"、县"补救"。无主或推于村中之土地,其粮银累入份地中。

"未删行政会议"后,阎锡山召集山西省民政、财政、教育、建设 4 个厅长、田粮处长、军管区司令部主任等组成兵农会议,作为领导"兵农合一"的机构,自兼主席,薄右丞、王平、耿誓、张凤翔、关民权等人为委员。

为了有效地推行"兵农合一",阎锡山让薄右丞率人至乡宁县进行试点工作。薄在乡宁仅搞了 10 多天的试点就回去向阎锡山汇报说,"兵农合一"贫富皆大欢喜,农民普遍拥护,是"为人类谋幸福,替造化表功能"。①阎锡山听后颇为满意,封薄为"兵农专家",并在兵农会议下设办公室,作为推行"兵农合一"的具体承办机构,由薄右丞兼主任。他还下令从各机关抽调大批干部,分别主管编组、分地、均粮等事宜,制订有关"兵农合一"的各种章则法令,交付各区、县、小区、村统委会分级负责,加紧推行。

1944年2月,阎锡山在吉县小河畔召集各大区统委会主任开会,研究在晋西各县普遍推行"兵农合一"的问题。他又从各机关抽调100多名中下级干部参加会议,准备会后首先赴各县开展宣传工作。

会后,阎锡山组成17个"兵农合一"宣导组,分赴各县指导推行"兵农合一"工作。宣导组的任务是解释阎锡山有关"兵农合一"的各项办法,解答区、村干部推行过程中的疑难问题。如宣导组解决不了的,则直接电报兵农会议请示解决。

经过广泛宣传,仅一个春天,阎锡山便在他所辖的乡宁、吉县、大宁、永和、隰县、蒲县、石楼等7个完整县,普遍实行了"兵农合一"。在这7个县的53万人口中,共编兵农互助组50970个,抽出常备军42850人,编国民兵107060人。并在他能部分控制的新绛等16个县,抽常备兵27340人,编国民兵69460人。②

这样一来,阎锡山对自己的这一办法更为赞赏,称"兵农合一"不是个单纯不剥削的土地制度问题,实际是个……劳享合一,收负合一多方面的公道完善制度。③它不仅"合乎公道""合乎人情",而且"适于生产",可以称得上是一个"无一行不通,故可以永久不变"的制度。因而,应当将"兵农合一"加以"发挥光大,规定制度使之适合于今日之实际,则所

---

① 《山西文史资料》第14辑,第186页。
② 山西省政协文史资料研究委员会编:《阎锡山统治山西史实》,山西人民出版社1984年版,第307页。
③ 《革命行动》第8卷第11期,第5~6页。

谓经济问题,自不难迎刃而解,此非特可以救中国,且可救世界。"①

那么,"兵农合一"实施的情况果真像阎锡山说得那样吗?非也。从编组情况看,并不像阎锡山想象的那样简单。以汾西为例,经过几次抽兵、抓壮丁,青年人已经不多,余者莫不愁眉苦脸,不愿被抽去当常备兵。于是有的给村干部送礼送钱,免被抽走,有的隐瞒年龄,甚至有的不惜自残以示抵抗。新入营的常备兵,许多人设法潜逃。

阎锡山设想"兵农合一"的实行可使打仗的人多。美国武官柯约瑟1944年5月会见阎时,曾问阎"兵农合一"后可增加多少兵?阎回答说,能增加总人口数的1/12。他分析当时役龄壮丁,县县均在总人口数的1/4以上,20个人中平均有3个役龄壮丁,其中1个为常备兵,1个为国民兵,所以,在营服役打仗的兵可增加1/12。

按照阎锡山的规定,各村役龄壮丁人数一定要符合全体村民的1/4,但实际上晋西各县的役龄壮丁,根本达不到这个比例。如汾西勃香村,役龄壮丁仅占全体村民的21%,汾西统委会只得向兵农会议请示,可得到的复电说,役龄壮丁的比例是会长(指阎锡山)的规定,那个村不足此数,就是那个村有瞒龄,一定要彻底清查。这样一来,遭殃的还是老百姓,50多岁的老头硬说多报了年岁,十五六岁的孩子则硬说少报了年龄。经过一周的"突击瞒龄漏丁"运动,汾西县的役龄壮丁人为地达到27%,超过了原定指标,阎锡山特予传令嘉奖。

从份地划分上看,在份地划分中特别是评产过程中肆意提高单产,严重加重了农民的负担。按照划分份地的规定,先由村中选出评议员来丈量土地、评定产量。阎锡山规定每份地的纯收益必须够20官石,可是,晋西各县多为山坡地,产量不高。如汾西县的勃香、它支两个编村的上等地,每亩最高年产量不过15石,大部年产量在1石以下。若按实际产量划分份地,势必份地增多,但这样既不符合阎锡山的份地规定,又增加了份地的亩数,一部分国民兵便领不上份地。那么,如何解决呢?只有人为

---

①阎锡山:《物产证券与按劳分配》,第75页。

地增加土地产量,把亩产 1 石提为 15 石,5 斗提为 1 石。结果受害的还是领种份地的农民,因而,各村出现国民兵不愿领种份地的现象,有的国民兵则明分暗不分,仍然各种各地;有的领了地,可生产的粮食还不够交各种负担,只得逃亡在外。

从均粮上看,不仅没有得到均衡目的,反而增加了农民的粮银负担。阎锡山让薄右丞杜撰了一套"均粮法"(后称为百川均粮法)。这种"均粮法"是一种累进办法,例如,如果亩产量 1 石的土地为粮银 7 厘,而年产量 2 石的土地,粮银就不只是 1 分 4 厘,而是 1 分 8 厘或 2 分,亩产量越高,累进数越大。

阎锡山在晋西实行田赋征实的政策,每两粮银的负担是征一(石)、购二(石)、附加三(石)、马料四(斗)、村摊粮五(斗),这尚不包括临时摊派。

"兵农合一"推行两年多的时间,共划分地 156385 份,编耕作小组 151685 组,抽常备兵 70190 人,把 176520 个国民兵和编入耕作小组的 65 万多男女老少,[①] 全部束缚于土地上。

如果说"兵农合一"提出时还有解决兵源、军粮和维持抗战的一面的话,那么,它的实施则完全是建立在对广大农民进行强行统治的基础上的。在"兵农合一"制度之下,农民负担却日益加重。原规定田赋征购和省、县、村摊粮、抗战负担 30%,地租 0.5%,种子肥料一切铺垫 15%,余粮 50%,可是优待粮花、马料、民调粮等均未计算在内,实际上一份地的负担超过 50%(高者达 80%)。例如孝义县一、二区,每亩产量最高者小麦 1 官石 2 斗,最低者 4 官斗,平均约为 8 官斗(240 斤)。每亩粮银 9 分 4 厘,假定每份地 60 亩,共计粮银 5 两 6 钱 4 分,应纳田赋、地租、随赋负担及调节购粮麦或米 1 官石,每两 7 钱 3 斗,每份地共 41 石 1 斗 7 升 2 合。再加每份地饲料 3 石 3 斗,种子 1 石 9 斗 5 升,共计 46 石 4 斗 2 升 2 合。按平均产量 8 斗计,每份地若收粮 48 石,除去负担费用,所剩无几,仅可余

---

① 山西省政协文史资料研究委员会编:《阎锡山统治山西史实》,山西人民出版社 1984 年版,第 307 页。

粮 1 石 5 斗 7 升 8 合。^①如果产量达不到平均数,则再无余粮,甚至入不敷出。

第二节　阎锡山与日军的秘密勾搭

1941 年中条山战役失败后,第一战区部队被迫退到黄河以南。阎锡山则偏安于晋西一隅,并在日本的多方引诱下,对日妥协,与日军秘密勾搭。

一、白壁关会谈

早在 1938 年 6 月,日本大本营陆军部制定了一套所谓"谋略计划",其中规定对中国各派地方军进行瓦解和诱降工作,对阎锡山军的瓦解工作秘密代号为"狸工作"。1939 年中国派遣军总部成立后,总参谋长板垣征四郎将"狸工作"改为"伯工作",^②并由华北方面军专任其事。

日方判断,"对第二战区司令长官阎锡山进行怀柔招抚工作,在分裂重庆将领的工作中是有可能的,而且对其他方面的影响很大。"日本陆军省、兴亚院及中国派遣军总部对该项工作"颇为重视",并联合"领导了该项工作",^③具体责成华北方面军第 1 军负责。

1940 年 2 月,田中隆吉任第 1 军参谋长后,即让伪山西省省长苏体仁找人给阎锡山送信。苏体仁先派阎宜亭(名志义)携板垣征四郎的亲笔信,前往晋西。同时,又派汉奸白太冲,偕同日本特务小林高安,经警卫军

①《山西文史资料》第 14 辑,第 198 页。

②因利用阎锡山的侄子阎宜亭拉拢阎锡山,而宜亭称阎锡山为伯父,故以"伯"作为阎锡山的代称。

③日本防卫厅战史室编,天津市政协编译组译:《华北治安战》(下),天津人民出版社 1982 年版,第 121 页。

军长傅存怀的安排,秘密前往克难坡会晤阎锡山。阎锡山表示"愿与日军合作,共同'剿共',安定山西治安"。① 从此,白太冲便往来于太原和克难坡之间。

在日军的拉拢下,阎锡山开始与日军进行高层次的秘密接触。11月中旬,他派同乡赵承绶到孝义县白壁关,与日军山西派遣军参谋长楠山秀吉进行了秘密会谈。

11月16日,赵承绶偕参谋长续志仁到达白壁关。次日,楠山秀吉身着便服,在苏体仁、梁上椿陪同下,也到达白壁关。双方举行了会议(即第一次白壁关会谈),只达成一个口头协议,并无文字记载。实际上,只是一个试探性的见面而已。

1941年3月,阎锡山派赵承绶偕同温怀光再次到白壁关。4月7日,与日军驻汾阳旅团的宫内参谋进行谈判。双方达成口头协议如下:

(一)日、阎双方必须消除敌对行为,互相提携,共同防共。前线部队彼此友好往来,互派人员联络,不得发生冲突。

(二)离石—军渡(黄河东岸)公路以北地区,对共军之进剿,由日军负责;离军公路以南,汾阳、孝义以西地区,由阎军负责。必要时,双方可以实行"会剿"。②

经过会谈,日军于6月同意将孝义城"让渡"给阎军。这样,骑兵第1军军部和所属第2师师部,即进驻孝义县城,第1师、第4师驻扎在附近村庄。不久,赵承绶的第7集团军总司令部也由隰县移驻孝义。

从此,日阎之间信使往来更加频繁,阎锡山与日军勾搭成为公开的秘密。

同年5月,日本军方派田中隆吉以兵务局长的身份二次到太原,代表内阁和陆军省主持对阎工作。华北派遣军司令官冈村宁次也派特务参谋茂川秀和到太原,插手对阎工作。田中和茂川要求阎锡山派赵承绶到

①《山西文史精选》(5),山西高校联合出版社1992年版,第122页。
②《山西文史资料》第6辑,第11页。

太原商谈。

7月3日,阎锡山派刘迪吉前去。刘于5日到达太原。因刘是译电员出身,日军提供给电台一部,日、阎之间首次实现了电台直通。通过多次沟通,双方达成了"日阎停战基本协定条款"草案,并约定在汾阳签字。

二、汾阳协定

1941年9月7日,赵承绶偕骑兵第1军军长温怀光、参谋长齐骏鸣、骑兵第1师师长赵瑞、第7集团军参谋处长续志仁及刘迪吉、白太冲等,由孝义北门出发,然后换上便装到田屯镇,并在茂川秀和与土田等的陪同下,乘日军的小汽车于傍晚到达汾阳。

9月11日上午,签字仪式在若松旅团部举行。赵承绶和田边分别代表阎日双方在中、日两种文字的《日本军与晋绥军基本协定》上签字。

协定内容共分"方针"和"要领"两部分。

在方针中,提出:(1)本共存共荣建设新东亚之目的,晋绥军与日本军成立停战协定,与南京政府合作。(2)依据于南京缔结之中日国交调整基本条约,国内之政治军事由中国方面自理。晋绥军之管辖区,先为山西,渐次及于全华北。实力充实时即行努力统一国家,实现东亚和平。(3)(阎锡山)先任南京副主席及军事委员长,将来于适当时机任华北政务委员长及华北国防军总司令。

在要领中提出,合作分三个阶段。

第一阶段:晋绥军与日本军之间缔结停战协定,并由南京政府给予步枪10万支、轻机枪8000挺、重机枪900挺、掷弹筒4000个、各种炮300门及所需弹药。

第二阶段:日方临时支给2000万元之军马、武器费,每月军费2000万元;南京政府给予步枪10万支、轻机枪8000挺、重机枪1800挺、掷弹筒2000个、各种炮200门。

第三阶段：负责维持华北全境治安；由南京政府支给华北善后1亿元抚恤军民。①

当日，赵承绶还与楠山签订了《停战协定》。

晋绥军与日本军互为友军，彼此合作，为向共同防卫之目标迈进，订立协定如下：

第一条　晋绥军与日本军自即日起停止一切敌对之战斗行动。本共存共荣之宗旨，努力解放亚洲民族，建立新亚洲，首先铲除共产主义之破坏而密切合作。

为此交换必要之情报及宣传事宜，进行军事上的合作。

第二条　晋绥军自本协定缔结后，尽速向协定区域发展，日本军当予密切合作。

有关实行此项条款之具体事项另行协议决定。

第三条　日本军协助晋绥军之整备、训练及补充军械。对于征集粮秣，应互相协助。②

以上两个协定因在汾阳签订，故通称"汾阳协定"。

"汾阳协定"双方各有所图，日方想通过一纸协定诱降阎锡山，实现其在华"谋略工作"。而阎锡山则在于缓解日军向晋西进攻，并企图借助日本扩张实力。正如一位学者所说：汾阳协定"好似一个空中楼阁，徒有一些词句上的约定及保证，但却是各怀鬼胎。就日军方面来说，对阎锡山的招抚，是离间重庆中央政府的利器，……就阎锡山来说，协定只是对日军的'缓兵之计'，希望借'合作'来换取停战及物资的补充，并使日军不南渡黄河，攻击潼关、西安。"③

①郭彬蔚译编：《日阎勾结实录》，人民出版社1983年版，第13~16页。
②郭彬蔚译编：《日阎勾结实录》，人民出版社1983年版，第16~17页。
③陈晓慧：《抗战时期阎锡山与日本"合作"的真相》，转引自《高山仰止》，第352页。

山西抗日战争史

三、安平会议

日军在千方百计拉拢阎锡山的同时，也进行军事打击，逼其就范。1942年2月中旬，日军集中五六万兵力，由乡宁至孝义，大举向阎锡山统治的晋西地区围攻。阎锡山被迫进行"晋西大保卫战"，并于4月8日在克难坡举行"民族革命根据地大保卫战集体宣誓大会"。誓词说："失掉晋西，即无革命之地，我们应集中力量，破釜沉舟地为革命大义而奋斗。"①宣誓后，阎锡山动员所有战斗力量开赴前线，并提出打死一个日本兵赏洋100元，还派遣铁军委员会到各部队督战。

由于阎锡山的鼓动以及日军的轻敌，晋绥军在孝义县宋家庄、汾阳滑岭(华灵)庙等战斗中给日军以较大打击。宋家庄战斗中，骑兵与日军激战两昼夜，将千余敌击溃。5月中旬，暂编第37师向汾城之侯村、盘道、南西城、高庄等据点夜袭，攻占上述据点。6月8日，日军以数倍兵力进攻第37师第8连驻守的滑岭庙阵地。在危急关头，连长彭永祥自告奋勇与排长、士兵30人组成"活炸弹队"，向敌逆袭，经白刃格斗后，6人负伤，其余24人拉响身上的手榴弹，与敌同归于尽。战后，二战区为纪念24壮士，将滑岭庙改为华灵庙。6月10日，日军1000余人由河津、稷山围攻稷山之黄花岭。第38军以一个营的兵力，打退日军6次冲锋，激战至次日晨，歼敌300余人，守军也伤亡150余人。这是阎锡山继"冬季攻势"之后，被迫对日军进行的唯一的一次规模作战。

在军事打击之后，经过多次交涉，双方商定：(1)5月5日在安平村会见；(2)双方之通告一律撤销；(3)解除对晋绥军之军事威胁和经济封锁；(4)恢复晋绥军停战时的势态。而且还通过"基本协定实施谅解事项"，涉

---

① 《民国阎伯川先生锡山年谱长编初稿》(六)，第2187~2188页。

及履行协定的6项内容。①

安平村是位于吉县南30余公里的一个小山村,为阎军前哨阵地,村南隔一道沟为日军防地。选择这里为会议地点,既可免除双方通过对方辖区的诸多不便,又意味着"吉庆平安"(因安平村在吉县境内)之兆。

为便于会谈,日军由驻河津部队修整了河津至安平的公路,架设了电话线,并在两军交界处建了一座木制活动营房。5月4日,日方有关人员抵达营房。

5月5日的会谈因雨延至6日。双方谈判人员相继到达,开始会谈。阎方出席的代表有阎锡山、赵承绶、王靖国、吴绍之、梁綎武、刘迪吉,日方代表有山西派遣军第1军司令官岩松义雄、参谋长花谷正、华北方面军参谋长安达二十三及参谋茂川、三野、松井。林龟喜(日方)、苏体仁、梁上椿(阎方)也列席。由大岛和杨宗藩担任翻译。

会谈内容说法不一。据赵承绶回忆:会议开始,阎锡山首先发言,大讲所谓"相需",大意是中日合作是互相需要,要本着共同防共、外交一致、内政自理的原则办事,尤其是内政处理更要紧,否则中国人民就会对合作有考虑。岩松则以战胜者的口吻,盛气逼人,会议气氛十分紧张,很难继续下去。苏体仁建议暂休会,双方各自回休息室休息。②

在休会期间,阎锡山的警卫人员在村外望见有许多人马向安平村而来,阎锡山误认为日军要用武力威胁,遂循小道不辞而别。安平会谈破裂。

此次会议,"双方各有目的,颇有'鸿门宴'的味道,日方的伪善面孔,仍掩盖不了它的蛮横与阴狠,……会谈遂不欢而散。"③

于是,日方安达、花谷正重新研究对阎工作的方针,上报中央统帅部批准执行。现录于如下:

第一、方针

①郭彬蔚译编:《日阎勾结实录》,人民出版社1983年版,第128~129页。
②《山西文史精选》(5),山西高校联合出版社1992年版,第28~29页。
③《高山仰止》,第297页。

对"伯"工作今后的指导方针,应坚持我方严肃态度和适应机宜的各种策略,从物质和精神两方面给以更大的压力,从而使"伯"工作迫于现实,痛感焦虑,终于不得不放弃年来的梦想,而在适当的条件下屈服,与我进行合作。

第二、要领

一、适时通告废除基本协定。

二、日军在表面上要坚持不以"伯"为对手的态度。

三、加强对山西军的经济封锁,并迫使驻汾南的第34军等撤退到汾北山区等,以加强对"伯"的压迫。根据情况,解除该部队的武装,以及分化瓦解山西军的部分队伍。

四、如"伯"提出请求,应相机行事,经批准后可以重新签订切实可行的合作协定。①

据此,日方判定"与阎进行交涉,不强行加以武力压迫与经济封锁相结合,则难以达到目的"。② 5 月 17 日,岩松义雄通知阎锡山,废除与晋绥军签订的停战协定,日军将采取自由行动,并且要求阎锡山将汾河以南的晋绥军撤到汾河以北。

阎锡山则坚决不从汾南撤军,因为汾南是晋西的产粮区,如果让给日军,晋绥军将"不战而亡"。于是,日军进攻汾南,在稷山王一带击溃第34 军(军长王乾元负伤,暂编第 54 师师长王凤山阵亡),并扬言进攻吉县。

1943 年之后,由于抗战形势的变化,阎日关系趋于缓和,恢复了物资交流。1944 年 1 月,日军允许阎军四个师移驻浮山、安泽地区。直到 1945 年抗战胜利,日阎双方仍保持着联系。

阎锡山对日本的态度较为复杂,为了其"存在",既与日本秘密勾搭,也与日军兵戎相见。正如其亲信南桂馨、赵承绶所说:"阎锡山对日本是

---

① 日本防卫厅战史室编、天津市政协编译组译:《华北治安战》(下),天津人民出版社 1982 年版,第 127~128 页。

② 郭彬蔚译编:《日阎勾结实录》,人民出版社 1983 年版,第 132 页。

亦勾亦抗。"①

　　据日方编写的《华北治安战》称:"阎锡山表面上的理由是,为了日华合作,首先必须充实自己的战斗力。但在日本方面,不能判明那是阎的真意,还是用以保身的谋略。"② 另据华北方面军第 1 军参谋笹宽一回忆:"日本方面由于采取了短兵相见的做法,对伯工作虽终归失败,但让无害的山西军存在,其本身就已具有重大意义。而且从阎锡山的立场看来,可以说达到了善保其身的目的。"③

　　日本学者也认为,"正由于和日方的合作是基于策略性的考量,因此阎锡山是根据其对局势的判断来决定双方的合作究竟应进展到何种地步",也就决定了"阎锡山不可能冒着汉奸的罪名,公然和日本唱和。"④

---

① 《文史资料选辑》第 5 辑,第 121 页。

② 日本防卫厅战史室编,天津市政协编译组译:《华北治安战》(下),天津人民出版社 1982 年版,第 123 页。

③ 日本防卫厅战史室编,天津市政协编译组译:《华北治安战》(下),天津人民出版社 1982 年版,第 129 页。

④ [日]藤井志津枝著:《诱和——日本对华谍报工作》,台北·文英堂出版社 1997 年版,第 285、298 页。

第 十 四 章
抗日根据地军民的反"扫荡"

第一节　晋察冀抗日根据地
军民的反"扫荡"

　　百团大战后,日军对华北敌后抗日根据地发动了拉网式、梳篦式、车轮式和铁滚式的报复性大"扫荡"。日军采取分进合击、铁壁合围、捕捉奇袭、反转电击和辗转抉剔等战法,企图摧毁抗日根据地。山西各抗日根据地军民相继展开了艰苦卓绝的反"扫荡"作战,粉碎了日军的一次又一次"扫荡"。

一、北岳军民 1941 年秋季反"扫荡"作战

　　晋察冀抗日根据地位于华北敌后抗战的最前线, 因此被日军视为"华北治安的最大隐患"。[①] 1941 年至 1943 年期间,日军将晋察冀抗日根据地作为"治安强化运动"进攻的重点,进行了频繁的残酷"扫荡"。其中,规模最大、时间最长、斗争最为激烈的是 1941 年秋对北岳、平西"铁壁合围"大"扫荡"。

　　1941 年秋季,日军对晋察冀根据地北岳地区实施了抗日战争相持阶段以来全国最大规模的"扫荡"。日军采取"铁壁合围""梳篦清剿""马蹄

　　①日本防卫厅战史室编,天津市政协编译组译:《华北治安战》(上),天津人民出版社 1982 年版,第 430 页。

形堡垒线""鱼鳞式包围阵"等多种战术,并做了充分准备和周密部署。华北方面军关于"晋察冀边区肃正作战计划"中确定,这次"扫荡"的方针是:"在击溃晋察冀边区共军及消灭根据地的同时,结合封锁,破坏其自给自足,进而消耗、困死该地区的共产势力。"① 日军出动的兵力有第101、第33、第21师团全部,第26师团主力,第36、第37、第41师团各一部,独立混成第2、第3、第4、第8、第15旅团全部,独立混成第9、第16旅团各一部,关东军热河部队一部,共计80余个大队,及相应的炮兵、工兵、辎重兵,共6万余人,另有伪军万余人,统一由方面军司令官冈村宁次指挥。

当时华北日军战斗部队共计步、骑172个大队。这次参加"扫荡"晋察冀边区的部队约为华北方面军战斗兵的一半,是抗日战争相持阶段以来日军各次"扫荡"出兵最多的一次。为此,日军将参加"扫荡"的兵力,按作战任务,区分为封锁兵团和进攻兵团。

封锁兵团,即原担任守备的部队。包括独立混成第15旅团(平北、平西)、第110师团一部(平汉路北平—石家庄段)、独立混成第8旅团(正太路石家庄—娘子关段)、独立混成第4旅团(正太路娘子关—榆次段)、独立混成第9旅团(忻县、定襄、五台地区)、独立混成第3旅团(滹沱河上游忻县—代县—繁峙之线)、第26师团主力一部(大同—灵丘之线)、独立混成第2旅团(蔚县、涞源、怀来地区)。另以第36、第37、第41师团及第16旅团各一部,分别加强到独立混成第4、第9、第3旅团。上述日军在北岳区周围,沿平汉、正太、同蒲、平绥铁路构成一个10至20公里纵深配置的铁箍式包围圈。

进攻兵团,即第21、第33、第110师团。按作战地域区分为甲、乙、丙3个兵团:甲兵团第21师团1个联队为基干编成,作战开始前部署在北平附近,作战地区为平西区,合击目标斋堂;乙兵团以第110师团第1旅团为基干编成,作战开始前部署在石家庄附近,作战地区为第一军分区、

① 日本防卫厅战史室编,天津市政协编译组译:《华北治安战》(上),天津人民出版社1982年版,第423~424页。

第三军分区,合击目标为阜平、狼牙山地区;丙兵团以第33师团为基干编成,作战开始前部署于束鹿附近,作战地区第四、第二军分区,合击目标为冀晋边界的洪子店至龙泉关长城沿线。

另以第1军3个步兵大队和第11装甲车队主力为预备队,配置于石家庄地区。此外,还以飞行团支援作战。

日军作战计划分两期进行:第一期,预定约两个星期,"在此期间应向敌区进攻并击溃敌集体战斗力";第二期,预定7个星期,"在此期间,各进攻兵团应分别在各该作战区内搜索、扫荡残敌,并搬出和破坏资材设施"。①

7月22日,晋察冀军区发出反"扫荡"的战役训令和政治工作指示,要求全区广泛进行深入的政治动员,做好长期反"扫荡"的思想准备,加强战备,组织群众坚壁清野;要求各军分区加强对各级武委会的领导,广泛开展群众性的游击战,袭击深入根据地内的敌据点,破路填沟;并组织坚强的武装宣传队,同敌人展开政治的、经济的和文化的斗争,打击敌之别动队。

北岳军民根据上述指示,积极准备反"扫荡"。这次"扫荡"作战,历时两个多月时间,大体分为三个阶段。

8月13日到9月7日,为反"扫荡"的第一阶段。日军对北岳实行"铁壁合围",晋察冀军区突围。

8月13日,日军华北方面军以甲、乙兵团"扫荡"平西的同时,封锁兵团第26师团、独立混成第3、第9、第4旅团2万余人,由灵丘向南、五台向东、盂县向北抢占冀、晋两省边界太行山岭脊,构筑封锁线,至22日,占领上寨、下关、长城岭、台怀、石咀、门限石、耿镇、高洪口、柏兰、上社、下社至娘子关之线,造成了对我第二、第三、第四军分区的分割封锁,形成了居高临下的态势。②

① 日本防卫厅战史室编,天津市政协编译组译:《华北治安战》(上),天津人民出版社1982年版,第427页。
② 张宏志:《中国抗日游击战争史》,陕西人民出版社1995年版,第627页。

8月21日,晋察冀军区发出全面反"扫荡"作战指示,要求各部队、各地区继续进行反"扫荡"准备工作,严密组织对敌人的纵深侦察,以防敌人之突然袭击。在战法上,不采取集中主力歼敌一路的作战方法,而是以保护群众,保存主力,保障反"扫荡"的正常秩序为原则;分散游击,现地坚持,寻歼敌军小股部队,限制和打击敌军的分散清剿。

8月23日,日军对北岳进行大"扫荡"开始。日军甲兵团3000多人,由红煤厂、涿县、涞水等地分三路向平西十渡地区围攻;乙兵团8000多人,由定兴、方顺桥等地分三路向北岳娄山、水泉地区围攻;丙兵团及其他部队共1.5万多人,由新乐、正定、井陉等地分三路向位于陈家院、陈庄地区之中共晋察冀分局等机关围攻。另以封锁部队5000余人,配合丙兵团向位于蛟潭庄、湾子里、六亩园之晋察冀军区机关围攻。

为粉碎"扫荡",避敌锐势,保存力量,晋察冀军区遂以主力一部结合地方武装留在原地,开展广泛分散的游击战,与敌周旋,以消耗、疲惫敌人。边区党政军机关7000余人迅速转至太行山岭脊上的小山村中,在敌重兵包围中成功地隐蔽5天。至此,日军围歼晋察冀边区领导机关及主力部队的计划彻底破产。

9月7日至25日,为反"扫荡"的第二阶段。日军转入对北岳区实行分区搜索和"清剿",军区展开反"清剿"作战。日军进攻兵团各部以大队或中队分驻各要地,在封锁兵团一部配合下,一面搜剿八路军,破坏地方组织,捕杀人民群众;一面有组织地摧毁抗日根据地和掠夺物资。日军摧毁的重点地区,是晋察冀军区之第二、第四军分区相接地区的冀、晋边界地带。这一带龙泉关至滹沱河间的内长城线,以西是山西五台县东部,以东是河北阜平、平山县西部,军区的军需建设,党、政、军机关和学校,均设在阜平、平山交界地区。

晋察冀军区于7日和15日先后发出指示,要求所属各部一面适当地集结主力一部,打击敌人的交通运输队,消灭搜剿之敌;一面采取更大的分散,以游击动作极力控制地区,打击日伪军和伪政权,恢复社会秩序。同时,要求地方武装和民兵,以游击战掩护群众收割、保藏粮食,保卫秋收。北岳区军民遵照上述指示,积极开展反"清剿"斗争。

在抗日根据地军民的打击下,华北方面军被迫于9月24日下令进攻北岳和平西地区的日军撤退。

与此同时,晋西北、太行、太岳军民,遵照八路军总部指示,对平汉、同蒲、正太、北宁等铁路的部分路段展开破击战,袭击敌人据点,破坏敌人交通,有力地配合了北岳区的反"扫荡"作战。第120师主力于9月初,破击同蒲路忻县南北段,并攻克忻口车站,毁火车头1个,毙日军100余人,战役于9月中旬结束。

9月26日至10月17日,为反"扫荡"的第三阶段。晋察冀军区各主力部队迅速集中,配合地方武装和民兵,袭击、伏击、追击撤退中的日军。在连续20多天的作战中,给敌以有力的打击。至10月17日,日军大部撤退。

北岳区军民的反"扫荡"作战,历时两个多月,在兄弟部队的有力支援下,边区军民共作战800多次,毙伤日伪军5500多人,粉碎了日军消灭晋察冀边区领导机关和主力部队、摧毁抗日根据地的企图。仅北岳区民兵,就毙伤日伪军485人,俘虏30人。八路军也付出了巨大损失,抗日根据地面积缩小。日军残酷烧杀、抢劫,在冀晋两省边界以西地区制造了无人区,给根据地造成了严重困难。

二、晋察冀军民1941年冬季破击战

日军在对晋察冀抗日根据地北岳区进行大"扫荡"失败以后,并不甘心,又开始推行第三次"治安强化运动"。

为打破敌人的封锁,配合根据地的反"扫荡"斗争,晋察冀边区党委和军区领导决定集中力量开展破击战,经过政治动员和组织准备,于11月10日,晋察冀军民展开了全面的破击战。

第一阶段是小规模的以破坏交通、通讯和封锁沟墙为主,为期10天

左右。

八路军配合民兵首先向平汉铁路西侧正太铁路北翼全线出击。在井陉，八路军和民兵于11月10日晚上破围墙8里，毁碉堡岗楼3个，毁敌人封锁路口之大门桥梁1座，收割电线300斤。此段破击战毙伤敌数百人，生俘伪警备队长以下150余人，平沟250里，破路50里，平毁封锁墙20里，攻克敌据点15个，击毁岗楼30座，收回电线千余斤。

从11月20日到12月底，为破击战的第二阶段。在此阶段，破击战规模进一步扩大，主要是袭击敌人，破坏交通要道和封锁线，并堵击敌人抢劫去的物资，以保护人民群众的利益，彻底打破经济封锁。北岳某专区，动员民兵万余人，于11月25日至12月10日间，再次进行平沟战役，在半月内计平沟74里，收割电线3000余斤。

晋察冀抗日根据地军民大规模的破击战，不仅把日军封锁线破坏得七零八落，连接不起来，而且到处袭击日军，使之顾此失彼，打乱了日军对根据地"扫荡"的计划。日军在晋察冀边区推行第三次"治安强化运动"遭到彻底破产。

第二节　晋冀鲁豫抗日根据地
军民的反"扫荡"

晋冀鲁豫根据地包括太行、太岳、冀南和冀鲁豫4个行政区。平汉、同蒲、正太、道清、白晋、德石等铁路横贯其间，战略地位极为重要。中共中央北方局和八路军总司令部均驻该边区。1941年与1942年的两年中，日军对晋冀鲁豫根据地的"扫荡"达500余次，千人以上的大规模"扫荡"有19次。

一、太岳军民 1941 年秋季反"扫荡"作战

中条山战役之后，八路军第 129 师经中共中央北方局和八路军总部同意，于 1941 年 6 月 4 日发出开辟岳南和中条山局面的指示，决定划白晋博爱线以西、同蒲线以东、黄河以北及汾河以南三角地带整个区域归太岳军区管辖。

岳南地区泛指同蒲铁路以东、白晋铁路以西、临屯公路以南、曲高公路以北的地区，包括临汾、襄陵东部、安泽南部、曲沃、翼城北部和浮山、高平、沁水、长子等县一带，面积为 0.9 万平方公里，人口 67 万。北面的临屯公路和南面的曲高公路东西与白晋、同蒲铁路相交，是连接岳北和中条山地区的重要地带。

6 月 6 日，决死 1 纵队第 59 团、第 386 旅第 16 团，开赴岳南之冀氏县（新设县）南、北孔滩地区，第 212 旅开赴岳南之浮山及安泽南部地区，汾东支队开赴岳南之冀氏地区。

八路军进入中条山地区，给日军造成严重威胁。1941 年 9 月 22 日，驻同蒲、白晋线的日军第 36 师团、第 41 师团、独立混成第 16 旅团主力及独立混成第 4、第 9 旅团各一部共 2 万余人，向岳南地区发动了"铁壁合围"大"扫荡"。

日军此次"扫荡"称沁河作战。其作战方针是："歼灭扫荡沁源及马壁村附近、沁河河畔之共军。"指导纲要为："一、首先歼灭府城镇、马壁村、谭村附近的共军主力。为此，一面严加保密，一面在另外地方进行作战准备，俟机迅速机动急袭敌军。二、调转一部兵力，歼灭绵上镇、沁源、松交附近的共军，各兵团开始进攻的时机由方面军统一掌握。三、击败敌集团部队后，分驻于原敌盘踞的地区继续搜查、歼灭残余敌匪，消灭敌根据地，扫清其势力。四、对中央军（第 98 军）进行谋略活动，使之归顺或保持中立。为此，对中央军只进行警戒、监视，不进行攻击。如果敌人主动向我

进攻,可于击败马壁村附近共军之后,将其歼灭。五、命浮山南面的山西军,在翼城、临汾平地阻止共军逃脱,协助我军作战。"① 作战时间预定约4周。

日军的部署为:独立混成第16、第9、第4旅团在灵石、介休、南关镇之线构成阻击线。第41师团于洪洞、临汾之线由西向东,第36师团沿白晋屯留、高平之线,由东向南,向马壁村一带地区合围。9月20日,日军部署完毕。

9月23日,日军奔袭冀氏、马壁、西范等太岳南进支队和第212旅阵地,实施压迫包围。太岳南进支队和第212旅以小部队与敌周旋,疲惫、消耗敌人,主力部队则转移到沁河以东之冀氏县石槽以东的王河和以南的白马山一带,使敌接连扑空,挫败了日军在沁河以西合击太岳部队的阴谋。另一路日军进攻国民党第98军防区玉皇庙一带,在激战中双方伤亡很大。24日,太岳南进支队为分散敌人兵力,便于打击敌人,以第57团转入沁河以西开展游击活动,主力在沁河以东连续给日军以打击。27日,日军复由安泽之马壁和沁水东北之郑庄、端氏等地,再次分路合击东西峪西南之古堆、沙庄、白马山一带。太岳南进支队秘密迅速行动,于28日拂晓安全转移出敌之合围圈,29日又转移到沁河以西之唐村附近,与第57团会合。日军于29日集中冀氏、南北孔滩、马壁、王壁、郑庄、端氏、高平关、马村镇、高平、柿庄、张店、长子、鲍店、良马等地的万余兵力,以东西峪为中心,分14路实施第三次合击。国民党第98军军长武士敏亲临第一线指挥,与敌拼搏冲杀,阵地几易其手,伤亡极为惨重。在突围的时候,武士敏不幸中弹,壮烈殉国。之后,晋冀鲁豫边区政府通令追认武士敏将军为烈士,并在其牺牲地——沁水县东部地区,设置士敏县。10月2日,日军"扫荡"结束。

太岳军民的这次反"扫荡",共进行大小战斗10余次,毙伤日伪军500余人,粉碎了日军围歼岳南部队主力的阴谋,鼓舞了岳南新区人民的

①日本防卫厅战史室编,天津市政协编译组译:《华北治安战》(上),天津人民出版社1982年版,第461~462页。

抗战信心。此后，组成第 386 旅兼太岳军区第 4 军分区，并建立了长子、高平、沁水、浮山等 7 个县的抗日政权，巩固了太南抗日根据地。

10 月 3 日，日军 3 万余人，对太岳北部开始所谓"铁壁合围"、"电击反转"的大"扫荡"。岳北军民进行了空室清野，在大道两旁组织群众转移，埋设地雷，疏散机关干部和非战斗人员，加强民兵组织，并制定了以主力分散作战，干部和民兵领导掩护人民群众转移，广泛开展游击性活动，内外线积极配合的反"扫荡"作战的初步方案。6 日，日军分数路向根据地腹心区合围。7 日，第 16 团、第 59 团掩护太岳纵队直属机关(下简称"纵直")转移到沁源以西大林区时，遭敌四面包围，遂决定以营为单位分别突围，至晚上仅纵直及第 59 团 1 个营突围未成。8 日以后，日军 7000 余人，从沁源县的韩洪、程壁、郭道、崔庄、小章、马森、李元、李成等地出发，向大林区部队压缩包围。被围部队采取非战斗人员分散隐蔽，战斗连队以班为单位分散突围的战术，终于在 9 日、10 日先后突出重围。日军接连几天不断地往返清剿合击，均遭第 38 团及第三军分区部队的打击。同时，地方武装对同蒲路大力进行破袭，在平遥、灵石间毁敌机车 3 辆。在此期间(即 8 日)，日军侵占沁源县城时，当地民兵用地雷炸死日军联队长、参谋长各 1 名。至 18 日，日伪军被迫撤出岳北。

这次太岳反"扫荡"作战，从 9 月 22 日到 10 月 18 日，将近一个月的时间。太岳纵队进行大小战斗 50 余次，毙伤日伪军 1400 余人，民兵参战人数达 4898 人次。在敌占区摧毁维持会、伪区公所 30 个，炸翻火车 1 列，破坏公路 30 公里，大车路 71 公里，炸毁桥梁 14 座，缴获战利品甚多。八路军也伤亡、失踪 374 人。

二、太行军民 1941 年秋、冬季反"扫荡"作战

1941 年 10 月 31 日开始，日军第 36 师团、独立混成第 4 旅团主力及独立混成第 1 旅团各一部，共 8000 余人，"扫荡"太行抗日根据地。其部

署是:第 36 师团从长治、黎城之线由南向北;独立混成第 4 旅团自和顺、辽县(今左权县)之线由北向南;独立混成第 9 旅团从白晋路前出武乡,会合武乡驻军由西向东;独立混成第 1 旅团从邯长路前出涉县;各路日军以大包围态势进攻清漳、浊漳两河之间的武乡、辽县、黎城三县相接地区。各部的任务是:第 36 师团为主攻,独立混成第 1 旅团为牵制,独立混成第 4、第 9 旅团担任阻击。四路大军分进合击,首先确保邯郸至长治大道,继而打通黎城至辽县道路,在南面和东面形成封锁线,并以此姿势同北面(辽县)、西面(武乡)相配合,构成东西遮断、南北夹击的阵中态势,以达消灭八路军军工生产基地,损伤八路军主力部队,摧毁太行抗日根据地的目的。

10 月 31 日,各路日军同时出动。第 36 师团 4000 余人从潞城、襄垣等地出发,沿邯长大道经黎城东进涉县,连夜奔袭八路军第 129 师师部驻地涉县赤岸村及八路军总部部分单位驻地黎城西井镇等地。经根据地军民的沿途阻击,6 日、7 日,日军进占上、下赤峪。至此,日军已迫近黄崖洞南口,距我前沿阵地 2 公里。

与此同时,独立混成第 4、第 9 旅团部 2000 余人,分别从辽县、武乡出动,奔袭大有、贾豁、宋家庄等地。太行根据地军民组成了县、区、村指挥部,实行了空舍清野,主力部队以游击战、麻雀战、地雷战阻击日军。日军死伤惨重。至 11 月 6 日,日军独立混成第 4 旅团撤回辽县、武乡,第 36 师团撤至黎城。

针对日军的意图,八路军副总司令彭德怀、副参谋长左权,制定了作战方案。八路军前总特务团以阵地防御保卫黄崖洞兵工厂区,其任务:一是掩护工厂生产转入战斗状态,并适时坚壁转移物资、设备和武器;二是咬住敌军,务求予以重创,最大限度地损伤其战斗力。主力于外线待机,以求在运动中歼敌一部。

黄崖洞兵工厂筹建于 1938 年冬,1939 年建成投产,坐落在太行山中段岭脊上的黎城县北境的群峰之中。群峰中有一架水腰山,水腰黄崖上有一个高 25 米、宽 20 米、长 40 米的天然石洞,故人们称这一群峰带为黄崖洞。兵工厂生产的主要武器有55式步枪、81式步枪、50炮和50炮弹。工厂生产能力,步枪月产400支、50炮30~40门、50炮弹2000发。

厂区守备,由八路军前总特务团担任。其部署为:3营守备南口;2营布置在南口左(东)侧马站方面,为主阵地(南口)侧翼支撑点;团直属部队配备于水腰山,为纵深阵地;1营以一部兵力守备北口,主力为团预备队。口外还设有警戒阵地。整个厂区防御,由方圆10余公里的永久性阵地组成。在火力配置上,形成了纵横交错的立体火力网。

11月7日深夜,彭德怀副总司令下达第1号战斗命令,命特务团于天亮前全部进入阵地。随后左权副参谋长下达第2号命令,令特务团坚守阵地5天,并向欧阳致富团长传达了总部意图:特务团的任务是掩护兵工厂坚壁清野,工人安全转移;同时求以最大限度损伤敌战斗力,给外线部队创造战机。

11月9日,撤至黎城之日军第36师团以"反转电击"的战术,突然进犯黎城以北的黄崖洞兵工厂。担任警戒任务的八路军总部特务团,在第129师4个主力团及广大民兵配合下,凭借山险地势,与日军展开连续八昼夜的激战。10日下午,日军分数路向黄崖洞地区之桃花寨、水腰发起攻击,不仅以炮火轰击,而且还施放毒瓦斯。特务团急起反击,坚守阵地。从11月11日开始,日军向黄崖洞地区展开大规模攻击。11日破晓时分,数十门大炮开始炮击,经过1小时炮火攻击,日军300余步兵、100余骑兵以密集队形发起冲锋,被我拦阻于阵地前100米内外,遗尸100余具,被迫退回。随后,日军又进行了两小时炮击,约正午时分,发起第二次冲锋。在守军手榴弹、地雷的有力回击下,丧命300余人。黄昏,日军又开始疯狂的炮击,夹杂着大量毒气弹。阵地已暴露的火力点,大部被摧毁,前沿战士全部中了毒气。夜暗下来后,日军停止炮击,驱赶着大批被抓来的百姓来收尸。

13日,日军转换了突击方向,凌晨时分,猛烈炮击南口左侧第2营阵地。第2营整个前沿阵地的战斗骤然达到了白热化,激烈的战斗持续了一整天。当晚,左权副参谋长命令欧阳致富团长,南口方面给敌让路,放进口里打;第2营方面,放弃前沿,全营撤到主阵地1650高地。

14日,主战场又移向南口方面。由于日指挥官攻占兵工厂心切,置士兵的死活于不顾,令士兵反复冲锋。守军与敌拼杀了一天,歼敌100余人。咫尺厂区,成了日军不可逾越的绝地。

15日,日军加强了兵力、武器,从两路猛攻,战斗持续了两天,各处都达到了白热化。16日夜,左权副参谋长下达命令:特务团坚守5天的任务已完成,17日天亮前全线退入第二阵地,放敌进入厂区,但不准敌人扩大战果,阻止敌人搜寻机器,争取在厂区内再歼敌一部。

17日,按新的部署占领阵地。第3营全部撤至水腰山,与特务团直属部队会合,第2营仍占领着1650高地。当晚,彭德怀副总司令通知特务团:日军下一步可能要下大力搜找几部机器,你们的任务是阻止敌人搜索厂区。

18日,日军停止了搜索,转取攻击。在作战中,战士温德胜、边清漳等3人,把敌引向其攻击目标的反方向,而自己陷入绝路,他们在打完最后一颗子弹时纵身跳下百丈悬崖,壮烈殉国。经一天激战,敌丢下数十具尸体退下山去。

当日夜,左权副参谋长通知欧阳致富团长:西井方面敌指挥机关有撤退模样,你团的任务是咬住敌人不使其脱离战斗。特务团接受任务后,令各营派出小分队下山,袭击厂区敌人。但是为时已晚,敌已于半小时前逃走。

在日军进攻黄崖洞时,我外线部队在西井周围及黎城、潞城以东山地和敌补给线上予以打击,使其伤亡惨重。当发现敌人撤退迹象后,八路军前总令第129师第386旅、新编第2旅,向敌撤退路上秘密集结,以待战机。19日晨,日军从西井出发,向黎城撤退。我军已在距西井15公里的三十亩村、曹庄之线布好了伏击圈。11时,战斗打响,疲惫、沮丧的敌军,不堪一击,交战仅半小时,即全线溃乱,被歼500余人,残部逃往黎城。我军乘胜直追至黎城城下。21日,日军弃黎城退往潞城,我遂收复黎城。至此,整个反"扫荡"作战胜利结束。

这次反"扫荡"作战,历时 22 天,作战达 420 多次,歼灭敌人 1384 人,八路军也伤亡 396 人。此次反"扫荡"胜利后,晋冀鲁豫军区司令员刘伯承发表谈话,称赞此次战役一是缩短了敌人"扫荡"的持续时间,敌原拟一个月的扫荡,仅 22 天即被我粉碎;二是打消了敌人在黎城建立据点长久盘踞的企图;三是敌企图打通长(治)邯(郸)大道以分割我根据地未获成功;四是打破了敌人破坏我经济建设、摧毁根据地生产和大批捕捉壮丁的阴谋。[①]

三、太行、太岳军民 1942 年春季反"扫荡"作战

1942 年初,日军华北方面军驻山西第 1 军对太行、太岳根据地连续发动了称之为"第一、二期驻晋日军总进攻"的毁灭性大"扫荡",其"扫荡"兵力之大、时间之长、烧杀之惨,均为前所罕见。

(一)太行抗日根据地军民的反"扫荡"作战

第 129 师和太行军区,根据北方局和八路军总部的指示及日军的动向,采取"敌进我进"、内外线结合的反"扫荡"作战方针,以主力一部和地方武装,坚持内线斗争,另以主力一部组成若干轻便支队,深入敌占区,乘虚袭击敌交通线和城镇据点,迫使"扫荡"之敌撤退。

2 月 3 日,日军第 36 师团主力,独立混成第 4、第 1、第 8 旅团及伪军各一部共 1.2 万余人,分别由长治、襄垣、武乡、辽县、和顺等地出动,采用"铁环合围,捕捉奇袭"等战术,首先奔袭太行山北部的太行第二、第三、第四军分区之桐峪、洪水、王家峪北方局和八路军总部驻地。

八路军以主力一部在民兵配合下,连续袭扰和阻击敌人,领导机关及主力大部适时转移。敌奔袭扑空后即进行"辗转抉剔",实行"三光"政策,到处掳掠烧杀,甚至施放糜烂性毒剂,残害根据地军民。八路军主力与地方武装及民兵,广泛运用麻雀战、地雷战、袭击和伏击"清剿"之敌,

---

①《刘伯承师长谈黄崖洞胜利》,《解放日报》1941 年 12 月 7 日。

予敌以杀伤。日军遭袭击、伏击和触雷死伤甚重，又采取"反转电击"战法，三次合击八路军总部所在地麻田、桐峪等地，但均无所获。这时，太行军区基干武装已转向敌占之白晋、平汉两路进击，破路炸桥，袭击据点，陷敌于腹背受击的境地，迫使"扫荡"之敌于20日撤回黎城地区。

26日，第36师团等部由黎城地区出动，对太行南部平顺地区进行"扫荡"。八路军利用太南险要地形，以伏击和阻击作战，先后在烟驮村、虹梯关和老马岭等地不断打击入侵者。日军遭打击后，于3月2日由平顺地区撤退。根据地及时集结新编第1旅和第386旅各一部，设伏于平顺以南的南寨里，歼敌200余人，并乘胜挺进至长治、潞城、壶关间之敌占区，袭击敌据点，摧毁伪政权、伪组织。

此次反"扫荡"，抗日军民只用了31天即粉碎了日军原定两个月的"扫荡"计划，取得了毙伤敌伪2000余人的胜利。在反"扫荡"中，灵活运用伏击、袭击、据险机动战斗和夜间进击等战术，都取得了明显效果。尤其是伏击战，进行了数十次，取得了突出的战绩。在反"扫荡"作战中，民兵发挥了重要的配合作用。如武乡县洪水民兵设伏于董家庄，毙敌联队书记长以下5人，生俘日军1人。全区参战民兵即毙敌伪约354人，俘日军3人，伪军48人，夺回牲口185头。但是，根据地军民也遭受了重大损失，太行第三军分区司令员郭国言、第六军分区司令员范子侠及其数百名官兵牺牲。由于日军实行残酷的"三光"政策，"壮丁抓走，女子掳走，老弱者杀之，牲畜牵走，不能走者杀而食之，食不完者放毒，房舍烧毁，财物抢走，生产工具搬走，不能搬走者毁灭之，埋藏者挖出，特别对兵工设施的毁灭尤为重视。残存房屋还遗放毒质"。①

（二）太岳抗日根据地军民的反"扫荡"作战

2月3日，日军第41师团主力、第36师团一部，连同伪军共7000余人，由安泽、霍县、灵石、介休等地出动，奔袭驻唐城、郭道地区的太岳军区领导机关。由于我军不断地适时转移，敌一再扑空，遂转入"清剿"，到

①《刘伯承军事文选》，战士出版社1982年版，第258~259页。

处捕捉壮丁,杀害民众,抢掠牲畜,烧毁房屋。太岳部队根据第 129 师关于内外线密切配合强化对敌斗争的指示精神,对反"扫荡"作了进一步部署。坚持内线斗争的部队和民兵,在县、区指挥部的统一指挥下,广泛开展游击活动,到处打击"清剿"之敌。从沁源西之安子山到沁县庶纪以北之白家沟,从交口镇东南之潘家山到沁县玉皇山,从斗庙岭到安泽唐城西之葡萄沟,从安泽之北庄到川镇之西南,处处是战场,部队与民兵以麻雀战、地雷战给日军以不断杀伤。在外线作战的部队和民兵,同样以对敌的胜利进击,有力地配合了内线斗争。第一军分区部队破击白晋路,两次攻入沁县火车站,使敌人火车停运 5 天。赵城县民兵袭取了敌据点 1 个,上下露头村民兵在一次战斗中毙敌 16 人。在太岳北部地区军民严重打击下,日军于 20 日结束"扫荡",以一部转向沁水地区,主力南下至临(汾)屯(留)公路,开始对太岳南部地区的"扫荡"。

2 月 21 日,日军分 19 路南北夹击唐村、孔滩、东峪地区,企图消灭第 386 旅主力。第 386 旅主力及时跳出敌之合击圈,并于东峪以北歼敌 200 余人。至 25 日,"扫荡"结束。

此次反"扫荡"作战,太岳抗日军民在 25 天时间内,作战 46 次,毙伤日伪军 800 余人,俘伪军 19 人,我也伤亡 421 人。

四、太行、太岳军民 1942 年夏季反"扫荡"作战

5 月中旬,日军发动了称之为"第二期驻晋日军总进攻"的夏季"扫荡"。日军第 1 军根据华北方面军年度作战计划,于 4 月 16 日下达作战计划大纲。预定 5 月 15 日作战开始,分三期进行,第一期消灭太岳南部沁河河畔的八路军,第二期对太行区涉县北方作战,第三期对涉县南方八路军作战。后来,在执行中增加了第四期对太南国民党军的作战。日军参战兵力为 3 万余人。日军采用"集中兵力辗转扫荡"的战法,重点对太行北部进行"扫荡"。

八路军太行、太岳军区根据春季反"扫荡"的经验教训，决定反"扫荡"的方针是：主力军与地方人民武装相结合，坚持腹地游击战争与外线出击相结合，把根据地内保卫群众利益的反清剿斗争与外线对敌补给线的破袭、对敌占区交通线和城镇的进攻密切配合起来，以争取反"扫荡"的胜利。

5月15日，日军开始第一期"扫荡"，以第36师团主力及第69师团一部共7000余兵力，在飞机的配合下，"扫荡"太岳南部沁河沿岸东峪、马壁地区的八路军第386旅。由于386旅主力及时向北转移出外线，威胁临(汾)屯(留)公路交通警戒线，第36师团于19日调往太行山北部地区，第69师团于28日撤回浮山、府城等原据点，结束了对太岳南部的"扫荡"。

与此同时，日军独立混成第3、第4旅团及独立混成第1、第8旅团，从18日起开始行动，对中共中央北方局和八路军总部驻地窑门口、青塔、偏城、南艾铺地区，从北面、东面构成了封锁线；第36师团于23日进至西南和南面，从而完成了合围。

5月24日，日军转入第二期作战。当夜，敌突然猛进，由于我军已大部转到外线，唯八路军总部、北方局机关的一部分和掩护部队未能及时跳出包围圈，25日被1万多日军合围在南艾铺地区。日军在6架飞机轮番轰炸的配合下，向南艾铺发起攻击。我掩护部队据守山头，坚决抵抗，机关人员遂分头向西、北、南三面奋力突围。鏖战竟日，毙伤敌300余，我方损失亦重。当日军连夜进占南艾铺时，我大部人员均已胜利突围。但在突围中，八路军副参谋长左权在十字岭指挥突围作战中不幸壮烈牺牲，年仅36岁。他是抗战以来，也是在抗日战争中牺牲的八路军最高级别的将领。

当日，八路军朱德总司令特写了《悼左权同志》一文，并写了一首挽诗："名将以身殉国家，愿拼热血卫吾华；太行浩气传千古，留得清漳吐血花。"为纪念左权，晋冀鲁豫边区政府决定改辽县为左权县。

5月26日，日军转入"辗转清剿"阶段，进行反复无定的穿插合击，对

山西抗日战争史

太行腹心地区进行连续搜山清剿,诱捕地方干部、群众,抢掠财物。

根据地军民则向辽县至黄漳、潞城至黎城、武安至偏城等交通线和敌后方城镇据点,实施破袭。其中,苏亭镇战斗就是一个军民结合以极小代价换取较大胜利的一次模范战斗。

当时,日军为使其"扫荡"持久,修筑了潞城到黎城、辽县经过苏亭至黄漳的临时补给线。辽县是日军深入太行区北部的重要据点,也是第36师团军需粮秣补给的重要基地,因此,辽县至黄漳补给线运输频繁。第769团决定在这条运输线上设伏,杀伤与消耗敌人的军运部队。

根据军事情报的分析,团党委决定1营3连(缺1个排)协同辽县7区民兵在苏亭镇一带伏击敌人。5月30日12时,民兵用信号报告栗城敌300余人,押民夫200余人、骡马200余匹出发北来。当敌进入伏击圈后,第769团严密组织火力,充分发挥地雷、滚石的作用,战斗仅20分钟,敌死伤甚众,其余狼狈向木池方向逃窜。

此次伏击战,共毙敌60余人,伤敌80余人,毙伤骡马80余匹,缴获军事物资一部,受到刘伯承师长的称赞。我军仅消耗步机枪弹600发、手榴弹24个、掷弹筒14个、地雷4枚,负伤班长1人,牺牲战士1人。

乘敌倾巢内犯之际,我主力兵团分别向平汉、白晋铁路和邯(郸)武(乡)、长(治)涉(县)、辽(县)武(乡)等公路挺进,展开全面破击战。5月29日,八路军在邯长大道上的弄子、林旺间伏击敌汽车25辆,毙敌80余名。31日夜,新编第1旅在黄新友副旅长率领下,进袭长治北之老顶山、南蛮镇、景家庄等据点,并一举占领景家庄敌机场,全歼守敌,摧毁敌机3架、14辆汽车及汽油库2座。

6月3日至7日,元氏、赞皇、临城、井陉、平定、和顺各县民兵,对平汉及平辽(县)路再度大破击,内丘柳林一战,生俘伪军200余名,破路30余里,收电线4000斤,毙伤敌近百。8日,民兵挺进榆次、太原间,炸翻日军兵车1列。6日至10日,太行部队配合太岳部队夹击白晋路,从沁县至虒亭间的路基全部毁坏,电线全部收割;沁县、长治、屯留境内之伪组织亦均清除;并进袭襄垣以南敌之主要据点五阳和黄碾,毙敌百余,生擒汉奸大部,战果累累。深入太岳北部腹地之敌,经我军20多天的内外夹攻,损失惨重,不得不于6月8日逐步撤退。

6月8日,日军转入第三期"扫荡"。"扫荡"太北之日伪军,集中1.2万人,沿邯(郸)长(治)公路与清漳河两岸地区南下,"扫荡"太行南部地区。第129师直属队及新1旅一部2000余人被压缩于涉县西南石城、黄花地区。刘伯承师长亲自指挥部队、机关及时隐蔽集结于机动位置,待机乘夜暗从敌间隙中巧妙突出重围。日军扑空后,于19日由太南地区撤退。

太行、太岳抗日根据地军民此次反"扫荡"作战,历时38天,共作战449次,毙伤敌3000余人,攻克敌碉堡、据点约30个,摧毁伪组织340多处,粉碎了其围歼共产党政军领导机关和部队主力的企图。但是,由于敌我力量悬殊,我方对敌改变战术注意不够,致使了八路军总部被袭,左权副参谋长等7000余人伤亡,根据地面积大为缩小。

同年10月20日,日军为推行第5次"治安强化运动",集中1.6万余人再次"扫荡"太岳、太行抗日根据地,企图歼灭八路军主力,并抢劫根据地粮食。根据地军民采取广泛的游击战,坚持内线与外线相结合的战术,主力军、地方军和民兵相结合,灵活地打击敌人。同时,深入动员群众,实行坚壁清野,保卫粮食。日军主力被迫于11月中旬退出太行、太岳抗日根据地。

第三节　晋绥抗日根据地军民的反"扫荡"

1941年和1942年,晋绥抗日根据地军民在非常艰苦的条件下,顽强地与敌人进行了多种形式的斗争。据统计,晋绥军民这两年相继进行了

33 次反"扫荡"作战。其中,尤以 1942 年春季、秋季的反"扫荡"作战最为激烈。

一、晋绥军民 1941 年反"扫荡"作战

日军调动 2 万余人的兵力,分 18 路于 1940 年 12 月至 1941 年 1 月 24 日发动了对晋西北根据地的第一次报复性"扫荡"。"扫荡"的重点是晋西北抗日根据地的第四军分区、第八军分区,兴县地区及第三军分区的米峪镇地区。在"扫荡"中,日军实行了惨绝人寰的"三光"政策,仅兴县就有 260 个村庄被毁、1384 人被杀。据不完全统计,全晋西北区被杀害的群众达 5000 余人,被烧毁房屋 1.9 万余间。

晋西北军区根据八路军总部指示精神,做了充分的反"扫荡"准备。在此次反"扫荡"作战中,八路军主力和游击队共作战 217 次,歼敌 2500 余人,并全部收复被敌占领的城镇,粉碎了日军消灭八路军主力部队和摧毁抗日根据地的企图。

日军以单纯的军事进攻摧毁敌后抗日根据地的企图失败后,于是改变方式,从 1941 年 3 月开始,对敌后抗日根据地实施军事、政治、经济、文化相结合的"总力战",妄图以此达到以单纯军事进攻所不能达到的目的。

3 月至 5 月,日军在华北实行第一期"治安强化运动",晋绥区敌人的着重点是巩固占领区,"扫荡"游击区。根据敌情,军区一面派出便衣工作队,深入到敌占区和平川区发动群众,开展反对"治安强化运动"的斗争;一面命令八分区以半数兵力坚持平川地区的斗争。在 3 月至 5 月间,日军分别在回回堡、刘家山、裴会镇合击我部队,我军均在激战后主动转移。敌即乘机摧毁我地方政权,建立伪政权、伪组织,推行其"治安强化运动",扩大在晋中平川之占领区。

7 月至 10 月,日军实行第二期"治安强化运动",对晋西北根据地发

动所谓分区域"扫荡",重点是八分区和五分区。7月19日,雁北日军兵分三路"扫荡"五分区山阴地区,在纵横25公里之区域内,分多路齐头并进,反复清剿,企图消灭该区之八路军。我分区部队在口前村击破敌之一路以后,主动转移。敌找不到我主力,遂于21日撤走。

7月20日,日军千人分4路合击三分区之娄烦、米峪镇地区。27日,该敌突然南下,向八分区前进,并协同古交等地日军千余人,分四路合击工卫旅。与此同时,峪口日军千余人于26日进占方山,扬言进攻四分区。27日,也突然向八分区前进,协同文水等地之敌,分六路合击。日军以声东击西的办法,迷惑我军,然后突然分路合围,妄图一举歼灭八分区领导机关和主力。八分区部队以主力一部配合民兵袭扰敌人,主力则主动转到外线,使敌之计划落空。"扫荡"之敌仍不甘心,连续搜索我领导机关,结果一再扑空,遂于8月初开始撤退其机动部队。

随着分区域"扫荡"和小部队袭击,日军在三分区、八分区与平川交界处(简称"边山"),建立了太原以西的山根底、南偃镇,清源以北的枣园头,汾阳以东以北的尽善村、赵庄等据点。这些据点连接起来形成了对晋西北根据地山区的严密封锁。日军还毁掉边山一些较小的村庄,强迫群众并入平川,并且经常派出便衣队和小部队,捕捉我地方工作人员和分散活动的小部队。这样,10月以后,八分区部队就很难再进入平川活动了,在平川地区的干部也开始向山区撤退。

针对日军的"治安强化运动",我军派出便衣工作队在主力配合下,深入敌占区发动群众除奸、破坏交通线和寻机打击小股敌人。"七七事变"四周年纪念前后,在敌占区发动了一个多月的政治攻势,散发宣传品30万余份,揭露日军实施"治安强化运动"的阴谋和野蛮的屠杀行径,开展统一战线工作和敌伪军工作,先后动员敌占区青年200余人参军,并有数百户居民迁入根据地。第三军分区的便衣工作队还在宁武、崞县之间恢复了17个村的民主政权。第五军分区在神池、朔县地区恢复了121个自然村的民主政权,第八军分区在晋中地区平毁了43个村的碉堡。各分区还派出一部分主力部队与地方武装相结合,不断地伏击或袭击到游击区和根据地"扫荡"之敌。从3月至8月，晋西北军民共进行大小战斗370余次，打击了日伪的嚣张气焰，支持了根据地的反"扫荡"斗争。

8月底到9月上旬，第120师第358旅先后攻入忻县奇村，袭击轩岗、楼板寨、三交等敌据点，破坏宁武至东寨的公路，并攻占忻口东站，截断同蒲铁路的运输达7天之久。第五军分区部队破坏朔县附近铁路一段，伏击日军火车1列，并毁坏大量的电杆、电线。

11月到12月，日军实行第三期"治安强化运动"，对根据地进行"扫荡"的重点仍是八分区和五分区。

11月1日，日军开始"扫荡"五分区的口前、南淤井地区，并在左云、怀仁等地区抢去牛马4000余头、羊1万余只，抢走和烧毁粮食无数。12月16日，日军又分五路合击五分区驻平鲁地区的机关部队，我军突出合围圈，二次合击又扑空。与此同时，敌又向八分区进攻，在多次合击我领导机关扑空后，即进一步建立据点，封锁我通向文水、平川之主要交通。至此，八分区在平川的人员大部撤出，交城山地大部变成游击区。

1941年，八路军主力部队一部采取分散活动的方式，在地方武装和群众性游击小组配合下，深入开展群众性的游击战争，共进行大小战斗1271次，歼灭日伪军1万余名，给日军以有力的打击。

二、晋绥军民1942年春季反"扫荡"作战

1942年春季，日军集中独立混成第3、第16旅团等部共1万余人，对晋西北抗日根据地进行大"扫荡"。

1月间，日军以一部兵力，对活动于同蒲沿线的部队进行普遍的出击，企图分散我军注意力，掩护其各地兵力的调动和集中。军区领导分析了当时的军事形势，自1月起，就开始训练部队，充实战斗连队，先后指示军民随时做好反"扫荡"准备，并确定了反"扫荡"的基本方针，即以小部队对深入我根据地的日军开展游击战争，主力集结于敌人侧后，待机

作战。为此,调第358旅第716团及第8团到兴县以东之界河口地区,集结待机;命第7团接替第716团坚持三分区娄烦地区斗争任务。

2月3日,日军分为两线进行:一线以独立混成第16旅团之主力4000余人,分别从马坊、王狮、普明等地出动,集中"扫荡"晋绥边区之腹心地兴县;另一线以独立混成第3旅团等部5000余人,分别由三岔堡、五寨、西马坊等地出动,重点"扫荡"晋西北军区第二军分区驻地保德一带。"扫荡"中,日军采用远距离奔袭合击之战术,企图一举扑灭晋绥边区党政军领导机关及第二军分区和暂编第11师领导机关。2月6日,日军村川、佐佐木两个支队占领兴县和李家湾,接着杉山支队直达黄河渡口。这时,军区指挥部已转移到兴县西北的水江头,敌之合击首次扑空。7日凌晨,敌村川支队分三路合击水江头,军区机关提前转移到塘瓦以北地区,敌之合击再次扑空。同时,佐佐木支队赶到黄河岸边,仍未发现我军,敌第三次合击扑空。日军恼羞成怒,采取"梳篦队形",分兵若干股,进行盲目"扫荡",同时大肆烧杀、抢劫,搜捕男青壮年,修筑公路和据点。

晋绥军区领导判断敌之企图主要是在兴县地区捕捉我党政军领导机关,对第二军分区之"扫荡"是配合行动,遂决心打破日军对兴县地区的"扫荡"。为此,军区命令第358旅主力在界河口、二十里铺之间截断岚县至兴县的交通,切断敌补给线;军区特务团、警卫营则在兴县附近带领游击队和民兵袭扰敌人,以配合主力逼退兴县之敌;再令第二军分区一部在岢岚、保德地区与敌进行周旋,主力进至五寨、三岔堡及神池地区,袭击敌后点线;第八、第五军分区部队,分别在离岚线、汾(阳)文(水)交(城)边山及太汾线和朔县、怀仁间,广泛开展游击战争,袭击敌据点,破坏敌后交通,以配合兴县地区的反"扫荡"。于是,主力军、地方军和民兵积极开展游击战争,密切配合,不断袭扰敌人。我军两次袭入兴县城内,打击敌人;在乐观门头伏击敌汽车部队,激战半日;敌后交通时遭破坏,第五军分区部队曾一度攻克岱岳车站。特别是各村庄组织的游击队,经常配合军队或单独与敌战斗,如兴县的游击小组,捕捉汉奸40人,缴获步枪5支;保德游击小组在一次伏击中毙敌3人,缴轻机枪1挺;宁武新堡的青年抗敌先锋队屡次接近敌人,侦察军情,并单独打退敌小部队的进攻。

在根据地内线外线军民的打击下,日军合击晋绥领导机关、歼灭八路军主力的目的始终未能实现,随着时间一长,补给日趋困难,后方更感空虚,被迫于2月26日开始撤退。至3月4日,各路日军均退回原据点。

此次战役,八路军主力及游击队共进行大小战斗183次,消灭日伪军571人。我军亦伤亡百余人。日军捕走青壮年数千人,劫去粮食100余万公斤及牲畜一部。至此,历时1月的反"扫荡"作战结束。

然而,日军不甘心于此次大"扫荡"的失败,5月14日,由独立混成第16旅团独立步兵第85大队长村川率领5个步兵中队、4个重火器小队及辎重队、工兵队等共1400余人,进行报复"扫荡"。日军从岚县的东村、寨子出动,采取远距离奔袭兴县,企图一举捣毁军区领导机关。

八路军第120师决定,令第358旅以少数兵力监视其行动;命令工卫旅及兴县游击大队密切配合,在兴县附近集结待机,并指示各机关、部队和兴县各村严防敌人袭击。军区领导机关、学校和群众,撤出城外,实行空室清野。

14日晚,日军宿营于大蛇头,遭我军夜袭后连夜从小路出发,于15日拂晓到达兴县的李家庄一带隐蔽起来。16日黄昏后,日军突然出击兴县。为诱敌深入,我未加阻击。17日清晨,日军进占兴县空城,遂于中午退出兴县城,向东南逃窜。日军刚走出3公里多,在白家嫣遭工卫旅阻击,不得前进。时天色已晚,敌我双方即就地对峙着。

军区领导抓住敌孤军深入山地的有利战机,当机立断,决定以在兴县地区之第716团、工卫旅和兴县游击大队,以追击、伏击、堵击等作战手段,坚决彻底地歼灭日军;并以一部兵力分头占据有利地形,阻击可能增援之敌和截击可能突围逃跑之敌;又令第三、四、八军分区的地方武装加紧袭击敌后方据点,以钳制敌人。部署停当,17日当晚,第716团3个营和兴县游击大队全部集中,埋伏于白家嫣东南之二京山。

18日,当敌进入我伏击圈时,我军以突然猛烈的火力将敌先头部队百余人大部歼灭。敌遭我伏击后，即掉头向西，被我阻击，再向南逃，又遭我堵击。战斗到黄昏，敌已死伤过半，无力突围，只得死守待援。

19日夜，日军乘我不备，逃至孔家沟、田家会一带。八路军立即跟踪追击，于上午10时将敌包围在田家会。经过激战，将敌阵地完全占领，残敌向田家会村内溃退。当晚，我军向田家会发起总攻，日军死伤狼藉，大部被我消灭，其余四散逃走，又遭我阻击。至20日上午，除二三十人逃窜外，其余均被我消灭。

此次战斗，共歼敌500余人，缴获山炮1门，轻重机枪6挺，取得了田家会战斗的胜利。敌伪军经此一仗，斗志大为消沉。这是一次成功的歼灭战，给在极端困难情况下坚持抗日的晋绥军民很大鼓舞。此后，晋西北地区的日军再也不敢孤军深入根据地了。

1942年6月，晋西北抗日军民根据中共中央和中央北方局的指示，积极开展反"蚕食"斗争。主力部队、地方武装和民兵密切配合，分散进行游击战争。中共晋绥区党委从党政军民机关团体抽调340多名干部，成立了15支武装工作队，深入敌后，袭击敌要害部门，打击死心塌地的汉奸，争取一切有民族良知的人士，摧毁伪政权和伪组织。到1942年底，根据地军民共摧毁伪村政权"维持会"368所，仅第四专区经过争取而自首或停止"维持"的即有200多人。

第四节　中共领导的敌占区人民
的抗日斗争

日军占领山西后，对敌占区人民实行严密的政治统治和思想文化控制，更为猖狂的经济掠夺。在日军的殖民统治下，敌占区人民生活在水深火热之中，日常出行要持日军颁发的"良民证"，毫无自由可言。在第三次

"强化治安运动"中,日军对食盐、火柴、石油、布匹等人民生活必需品实行配给制。如,1942年7月5日,日军在山西汾阳实行"村镇配给制",规定12岁以上每人每日配给粮6两,每户每月煤油半斤、火柴5盒,成年男女每人每年配给土布14尺。

然而,山西敌占区人民不畏强暴,在中国共产党的领导下,在极为困难的环境下利用各种形式进行抗日斗争,从宣传教育、消极怠工、抵制差役、破坏机器设备,发展到暴动、罢工、武装起义,给日本侵略者以有力打击。

宣传教育。为反抗日伪的奴化教育,敌占区教师对学生进行抗日教育。中共晋绥分局的机关报《抗战日报》1943年5月12日报道:在敌占区太原的教员们经常提醒学生不要上日伪当局欺骗宣传的当,并对学生说:"阅报室的报纸,你们不必看,不要信那些事!"

农民抗差役。抗差役是敌占区人民反抗日伪统治当局经济剥削压迫的一种重要斗争方式。山西潞城某村村民受抗日工作人员组织,3次抵制反抗日军的差役。第一次,日军下达征派民夫的命令,数目是100人,10天时间。在抗日人员的组织领导下,全村立刻进行备战,拨工组成了反抓丁小组,一旦发现敌人,就按小组转移隐蔽;敌人不来,拨工组就继续进行春耕。同时,村里还派了7辆小车、14个老弱病人去应付日军的差事,"抗"掉了日军摊派的860个工。10天后,日军征派民夫的命令又来了。伪维持会长还放话威胁说:"这回可不能不去了。"但是群众已经有初步的斗争经验,并没有被伪维持会长的话所吓倒,只派了4辆大车敷衍应付敌人。这4辆大车在同盟国的飞机过境时,乘机全部跑回村里,又"抗"掉了528个工。第三次日军又要求派去100个民夫,群众干脆一个都不去。日军到村子里乱抓人,大家都到野外去"打游击",结果只抓去3个老人,3天后又跑回家来。

"窃取"物资。太原制造厂的工人们经常设法买通个别的日本人,将厂里的东西"偷"出去卖掉。他们有时把物资从围墙上扔出去再运走;有时与买通的日本人约好,让他们把东西运出厂。起初这种破坏活动只是偷卖一般物品,后来渐渐发展到成批的贵重原料和军火。一次,铸工部丢失了大铜料,日本人把全部工人禁闭两天,不准出工房,仍未查出是谁干的。另一次,一个姓李的工人给了管仓库的日本人2500块钱,用麻袋装了一批军用通信电池和手枪从围墙扔出去,正准备运走,不幸被日本警卫发现。他们把这个工人捆绑起来准备拷打,管仓库的日本人怕说出自己,忙把得到的钱分些给警卫,警卫便悄悄地把工人放了。1945年5月15日《新华日报》(太行版)有这样一篇报道:太原建筑行业中流传着:"铁匠偷钢,木匠偷料,漆匠最老实,裤腰里夹小包。"

破坏设施和物资。为反抗日军的统治,工人有意破坏生产设备,给敌人造成损失。1940年,阳泉四矿工人杨保杰用扁铲和小榔头将无极绳的六股钢丝截断四根,造成全矿停产。后来他又把三座锅炉烧坏,造成数日停产。同年,几个矿工带领八路军用偷来的炸药炸翻了一列运煤车。1942年夏,日本从东北运来新式割煤机,并派人到大同煤矿安装。永定庄煤矿工人乘日本人和割煤机入罐下井之际,将钢绳割断,不仅摔坏了机器,还摔死一些日本人。1943年春,大同地下党和矿工群众配合起来,分成几个行动小组同时行动。一夜之间,鹅毛口火药库被炸,四老沟煤场着火,忻州窑罐轮过卷,忻州窑井下配电所、岩岭电厂、十里河铁桥被炸,同家梁和白洞的排水设备被破坏,整个矿山陷入了瘫痪状态。西山煤矿有两个童工竟然割断电线,制造了停车事故。

焚烧日军物资。日本人控制的太原制造厂木工部一次被工人放火烧毁。在汾城的一个日军军火库,1940年4月10日晚被人纵火,致使2170箱炮弹全部焚毁。7月21日晚,运城的日军火库也被人纵火焚烧,烧毁军用品千余箱。

反抗暴动。1943年2月20日起,阳泉饥民300余将日军司令部包围3天,迫使日军将其掠夺的粮食退出一部分。各地灾民先后成群拥到阳泉车站达17万人,车站粮库被灾民捣毁。1945年1月间,驻昔阳日军包围南北掌城等村,抓走青壮年146名到阳泉煤矿强迫做工。这些劳工成天不能休息,早晚只能吃到一个窝窝头和很少的高粱掺糠的稀粥,并经常受敌人鞭挞。这种奴隶般的生活,引起了他们对于日军的无限憎恨,于是燃起了反抗的烽火。30 余名劳工经过多次密商,于 4 月 4 日夜起义。他们占领了各个重要出口,提出:"要想活命,只有斗争"的口号,使参加起义的劳工增至 60 余人。大家同心协力,先把 3 个矿警绑起来,缴下枪械,然后关闭电网电门,安然越过电网,逃出煤矿,最后进入抗日根据地。

越狱暴动。1942 年 1 月 12 日,被日伪军囚禁在忻县城内监狱的抗日干部和群众 70 余人,在忻县一区武委会主任赵正午领导下举行越狱暴动。他们砸开镣铐,打死看守,成功越狱,全部安全返回抗日根据地。

发动罢工。1942 年 12 月中旬,日军管理的榆次晋华纺纱厂 1500 余名工人,因完全陷于饥饿苦境,举行大罢工,时间持续 5 天之久。同蒲路南段水头、两渡二车站路工从 12 月 25 日起罢工,向日方要求增加工资。1943 年 6 月 12 日,太原铁路工厂千余工人,因日本人不给粮食,向厂方交涉无效,举行大罢工,迫使当局答应工人的要求。罢工后,工人领袖数人被扣押。1944 年 6 月中旬,太原北站机务段行车工人,反对日伪当局限制工人跑买卖、贩白洋来维维持生活,进行罢工约半个多月,最后取得胜利。

建立地下军。1944 年,大同峪口矿工人在共产党的地下组织领导下,成立工人保卫连,不断破坏日本侵略者掠夺大同煤炭的计划。据不完全统计,从 1941 年到 1945 年,日军在大同掠夺的煤炭数量分别占其计划的 73.6%、66%、45.5%、36%、22.2%,呈连年下降趋势。[①] 不仅如此,工人保卫连还为迎接抗战胜利进行了护矿斗争。

举行武装起义。1941 年元旦,大同煤矿白洞煤矿工人举行罢工,后参加了八路军。1945 年 8 月 17 日夜,石圪节煤矿地下军起义。在此之前,在抗日根据地工会和潞城县委的领导下,建立了以地下工会组织为核心的工人地下军,中共地下组织派王根喜担任领导人。同时,八路军还派人打入伪矿警备队当班长,做内线工作。经过几个月的努力,除了两三个死心

---

①李蓉、叶成林、王淇、王志刚编著:《抗战时期中国共产党领导的沦陷区人民的抗日斗争》,中共党史出版社 2001 年版,第 359 页。

塌地的汉奸,其余200多名矿警都被争取过来。随后,又通过几个积极分子掌握了矿警的武器、枪支、弹药库,为武装夺取矿山打下了基础。在八路军部队的配合下,地下军的武装起义一举成功。担任伪警备队长的日本人、发报员等被打死,其余日伪军200余人投降。

配合八路军作战。在著名的百团大战中,阳泉工人几乎全部参加了破坏铁路的行动。他们和成千上万的民兵一起拆毁了阳泉一带几十里长的正太铁路,把枕木烧毁,把道轨掀翻。大同矿区有近千人参加了八路军120师宋时轮支队,全矿成立了好几个矿工游击队、武工队,同日军展开了针锋相对的武装斗争。1945年1月17日,正太铁路工人配合太行游击队在寿阳车站附近的上径岭,伏击了日军一列专车,毙伤日伪军60多名,活捉日本天皇的外甥、少将顾问官铃木川三郎。同年2月,八路军晋绥军区8分区1支队,在太原西山煤矿工人带领下,夜袭西山煤矿,俘获日军20人,伪军50多人,击毙日军2人,缴长短枪200多支、轻机枪2挺、抬炮1门、子弹数万发,有力地配合了八路军作战。

由此可见,山西敌占区人民在中国共产党的领导下,不甘当亡国奴,充分运用一切可能采取的方式方法,与日本侵略者进行了不屈不挠的斗争,充分显示了敌占区人民不畏强暴的爱国主义精神和英勇无畏的民族气节。

第 十 五 章
抗日根据地军民
战胜严重困难

第一节　中共战胜严重困难
的方针政策

　　对于国际国内形势的变化和包括山西在内的敌后抗日根据地日益严重的困难局面,中共中央和毛泽东及时作了科学的分析。1940 年 7 月 7 日,中共中央明确指出:"日本准备在太平洋参加德意战线,"并"企图用增大的压力分裂中国内部,压迫中国投降,这样就使中国抗战局面亦处于新的环境中,空前的困难时期与空前的投降危险快要到来了"。[①] 中共中央号召全国人民团结起来,为克服空前的投降危险和严重的困难而斗争。在此基础上,中共中央向各抗日根据地发出了一系列重要指示,制定和实施了一系列战胜严重困难的方针政策。

　　1940 年 12 月 25 日,毛泽东在关于时局和党的指示中,对统一战线、对敌斗争和根据地建设等制定了一系列的方针政策。在《论政策》的党内指示中,全面地、系统地总结了中国共产党领导抗日民族统一战线的成功经验,阐明了党关于统一战线的完整的策略原则与方针,以及根据这些策略原则与方针所制定的一系列具体政策。即:政权建设上的"三三制"政策,土地关系上的减租减息政策,以及统一战线的劳资政策、税收

────────────

①《中共中央文件选集》第 12 册,中共中央党校出版社 1991 年版,第 417~418 页。

政策、锄奸政策、人民权利、经济政策、文化教育政策、军事政策等。

　　1941 年后,华北日军推行"治安强化运动",向敌后抗日根据地进行连续不断的疯狂"扫荡"与"蚕食"。中共中央、中央军委和毛泽东预见到敌后斗争发展的极端严重性,立即提醒全党、全军和根据地广大人民,务必积极争取时间,巩固内部,加强建设,保存实力,坚持阵地,准备进行长期的斗争。11 月 7 日,中共中央军委发出了《关于抗日根据地军事建设的指示》,指出:"根据地的军事建设,必须适合新的客观环境。""目前军事建设的中心注意力,应放在地方军及人民武装的扩大与巩固上","主力军应当采取适应的精兵主义,其工作重心是提高政治军事技术的质量,缩编与充实编制"。①

　　为解决有限的物资经费与日益增多的脱产人员的矛盾,中共中央于 1941 年 11 月在陕甘宁边区第二届参议会第一次会议上接受了党外人士李鼎铭先生提出的精兵简政的意见。12 月 6 日,《解放日报》发表《精兵简政》的社论,指出精兵简政方针非常适合各敌后抗日根据地的时宜。17 日,中共中央发出了《关于太平洋战争爆发后敌后抗日根据地工作的指示》,进一步重申长期坚持游击战争的基础上,提出 1942 年的任务是利用时间,休养兵力,恢复元气,发展经济,发展民运,实行"精兵简政";在军事上,除以游击战争粉碎敌之"扫荡"与"蚕食"外,应加强对敌伪的政治攻势。1942 年 4 月 22 日,中共中央办公厅发出《关于精兵简政问题的通知》,要求各地总结研究精兵简政问题。中共中央规定,在各个根据地内,脱产人员只能占总人口的 3%,其中军队系统人员占 2%,党政民系统人员占 1%。

　　1942 年 1 月 28 日,中共中央做出《关于抗日根据地土地政策的决定》,正式确定了减租减息的三条基本原则:(一)承认农民是抗日和生产的基本力量,减租减息的目的是扶助农民,减轻地主的封建剥削,保证农民的政治经济权利,借以改善农民的生活,提高农民抗日和生产的积极

---

①《中共中央文件选集》第 13 册,中共中央党校出版社 1991 年版,第 212~213 页。

性。(二)承认大多数地主是要求抗日的,一部分开明士绅是赞成民主改革的。现阶段土地政策是减轻封建剥削,而不是消灭封建剥削,因此实行减租减息后,又必须实行交租交息,保障地主的地权、财权和人权,以联合地主阶级一致抗日。(三)承认资本主义生产方式是中国现时比较进步的生产方式,对于富农则削弱其封建部分,鼓励其资本主义部分的发展。2月6日,中共中央发出《关于如何执行土地政策决定的指示》,确定了正确执行"减租减息"的策略方针和方法,要求在广大农民群众自觉自愿的基础上,迅速实行"减租减息",迅速把群众热情发动起来。

为使全党更好地肩负起领导全国抗日军民克服困难、坚持抗战并夺取最后胜利的历史重任,中共中央决定在全党开展普遍的整风运动。1941年5月,毛泽东在延安干部会议上作了《改造我们的学习》的报告,标志着整风运动的开始。之后,毛泽东又于1942年2月1日在延安中央党校开学典礼会上作了《整顿党的作风》的报告,2月8日在延安干部会议上作了《反对党八股》的报告。在这些文章中,毛泽东从思想问题上总结了过去中国共产党内路线的分歧,分析了广泛存在于党内的非马克思列宁主义思想作风主要是主观主义的倾向、宗派主义的倾向,和作为这两种倾向的表现形式的党八股。毛泽东向全党提出了"反对主观主义以整顿学风,反对宗派主义以整顿党风,反对党八股以整顿文风"的任务,号召开展全党范围的马克思列宁主义的教育运动,即按照马克思列宁主义的思想原则整顿作风的运动。

1942年9月1日,中共中央政治局做出《关于统一抗日根据地党的领导及调整各组织间关系的决定》,指出:"根据地领导的统一与一元化,应当表现在每个根据地有一个统一的领导一切的党的委员会。"

1942年12月,毛泽东在陕甘宁边区高级干部会议上作了《经济问题与财政问题》的报告,1943年10月1日为党中央写了《开展根据地的减租、生产和拥政爱民运动》的党内指示,11月29日在招待陕甘宁边区劳动英雄大会上发表了《组织起来》的讲话。这三篇光辉文献,提出了"发展经济,保障供给"的财政经济工作总方针,以及"公私兼顾"、"军民兼顾"

的发展生产的基本原则，号召根据地全体军民组织起来开展大生产运动,发展农业生产,发展工业生产,发展其他生产事业,成为党领导根据地大生产运动和克服财政经济困难的基本纲领。

在敌后抗日根据地极为困难时期,中共中央和毛泽东先后提出的上述方针政策,对于山西敌后抗日根据地军民战胜严重困难,夺取抗日战争的最后胜利,具有极其重要的指导意义。

第二节　抗日根据地的经济建设

山西抗日根据地军民面对严重困难,自力更生,一方面克服困难,生产自救;另一方面开展经济建设,使根据地经济得到了恢复和发展,为取得抗战胜利奠定了坚实的物质基础。

一、减租减息的实行

减租减息是中国共产党在抗日战争时期处理农村土地问题,广泛发动和团结农村各阶级积极参加抗日战争的重要政策。全国抗战爆发不久,中共中央在洛川召开的政治局扩大会议上正式决定将减租减息作为抗战时期解决农村问题的基本政策,写进了《抗日救国十大纲领》,并逐步贯彻执行。在各敌后抗日根据地中实行最早的是晋察冀边区。1937年10月,八路军第115师一部进入晋东北后,即提出了"二五减息"、"一分利息"的口号,并发动群众开展了减租减息斗争。1938年2月,晋察冀边区政府颁布了《晋察冀边区减租减息单行条例》,规定地租:"一律照原租额减收25%","钱主之利息收入,不论新债旧欠,年利率一律不得超过一分(即10%)",并禁止地租外的"额外附加"和"高利贷"。这是抗日根据地最早颁布的减租减息条例。至 1940 年上半年,中心区北岳区的大部分地区实行了减租减息。

其间,晋冀豫根据地的太行、太岳区和晋西北根据地先后做出了"五一息"、"二五减租"和"分半减息"的决定。但是,除少数地区实行外,大多数地区还处于宣传号召阶段。抗日战争进入相持阶段后,山西各抗日根据地相继掀起了减租减息运动。

1940 年 2 月,晋察冀边区政府根据两年来的实践经验,修订了《晋察冀边区减租减息单行条例》。条例规定:"地租不得超过耕地正产物收获总额千分之三百七十五,二五减租后地租仍超过千分之三百七十五者,应减为千分之三百七十五,不及千分之三百七十五者,依其约定。"并且规定了承租人有"永佃权"等。[①] 据 1940 年 6 月北岳区一专区 5 个县、二专区 4 个县、三专区 6 个县、五专区 5 个县的不完全统计,减租粮达 12290 石,减息金额 320600 余元,并且通过典地回赎,征收不在地主的耕地等,农民抽回土地 64900 余亩。[②]

但是,在减租减息过程中,也出现一些过"左"的偏向。如,个别农民不交租不交息,把清理旧债变成废除债务,甚至强迫地主富农"捐地"、"献金地"和"牺牲地"等。据临县、岢岚、静乐、太原四个中心区统计,没收分配庙地、"献金地"、逃亡地主的土地等共计 80285 亩。

中共中央及时发现并纠正上述"左"的错误。1940 年 12 月 13 日,毛泽东在为中央书记处起草的给各中央局的指示《抗日根据地应实行的各项政策》中明确指出:"减租减息以争取基本农民群众,但不要减得太多,不要因减息而使农民借不到债,不要因清算旧债而没收地主的土地,同时应规定农民有交租交息的义务,保证地主有土地所有权,富农的经营原则上不变动。"[③] 1943 年 10 月 1 日,中共中央发出《关于开展根据地的

---

① 河北省社会科学院历史研究所等:《晋察冀抗日根据地史料选编》上册,河北人民出版社 1983 年版,第 198~200 页。

② 黄韦文:《关于根据地减租减息的一些材料》,《解放日报》1942 年 2 月 11 日。

③《中国土地改革史料选编》,国防大学出版社 1988 年版,第 153~154 页。

减租、生产和拥政爱民运动》的指示,要求各地各级党政机关检查减租减息政策的实行情况,"发现模范,推动他处"。①

　　根据中共中央的指示,山西各抗日根据地相继修订减租减息条例。1941年3月,晋察冀边区政府修订了减租减息条例,纠正了"左"的政策,并根据新出现的问题提出了解决办法。中共中央向各根据地推广晋察冀的做法。山西其他根据地相继制订和修订了减租减息条例和实施办法,深入开展减租减息。

　　晋察冀边区行政委员会于1942年3月20日第二次修正公布了《减租减息单行条例》及其《减租减息施行细则》,明确规定减租减息之后必须交租交息。1943年2月4日又制定公布了《租佃债息条例》及其《租佃债息施行条例》。10月28日,边区政府还发出了《关于贯彻减租减息政策的指示》。边区政府的指示发出后,各地减租减息运动进一步深入开展。北岳区重点对已实行减租减息的地区,逐村逐户复查,力求彻底执行。各专区开办了以贯彻减租减息政策为中心的干部训练班。

　　晋冀鲁豫边区政府于1941年11月1日公布了《土地使用暂行条例》,对土地的所有权等作了较为全面的规定。它是抗日根据地首次颁布的土地使用条例,为处理土地纠纷提供了法律依据。由于日军的"扫荡",晋冀鲁豫边区大规模的减租减息运动是在1942年逐渐开展起来的。同年4月,中共晋冀鲁豫边区党委召开有各地委负责人参加的扩大会议,总结了过去的减租减息工作,研究了贯彻落实中央土地政策的问题,并于4月15日发出《关于如何执行土地政策的指示》,指出:"土地政策的基本精神,是发动农民,联合地主与联合富农。土地要求为农民最基本的要求。"②强调在执行过程中,应按照不同地区、不同的发展阶段,确定不同的策略方针。在农民从未发动过或开辟时期一度发动而又消沉下去,社会基础基本上没有改变的地区,要开始着手寻找最易突破的对象、

---

①《毛泽东选集》第3卷,人民出版社1991年版,第910页。

②太行革命根据地史总编委会:《土地问题》,山西人民出版社1987年版,第205页。

最能发动群众的问题,发动斗争,启发农民斗争勇气,推动斗争普遍深入;在农民经过发动,土地问题得到初步解决,需要进一步普遍深入的地区,应放手发动农民,争取彻底贯彻土地政策;在已收"拉"的阶段,而表现不平衡的地区,要充分发动农民争取平衡,但须更加注意斗争中复杂的争取工作。同时要求各级党委要把执行土地政策作为当前中心工作,立即开展大规模的减租减息运动。

由于5月日军发动了对太行区的大"扫荡",根据地转入紧张的反"扫荡"斗争,减租减息运动到6月才开展起来,主要以减租、减息、保佃、清债、退佃为中心。在领导方法和工作方法上,注意从各地不同情况出发,采取不同的方式。在武乡、辽县、黎城、赞皇等工作基础比较好的地区,主要采取了群众大会的方式,同地主、高利贷者拒不执行减租减息的行为进行说理斗争,让其清理旧债,退还抵押和借约,签订有永佃权内容的新租约。在封建势力比较大而且一度"维持"过敌人的地区或接敌区,如武安、涉县等地,主要从反"维持"、反贪污、反摊派入手发动群众,把政治斗争和经济斗争结合起来开展减租减息。减租减息运动的普遍开展,使农民从中得到更多的实际利益。据太行区1942年的不完全统计,平顺县33个村、和(顺)东县1个村、偏城县1个村和涉县3个村,分别减租1052.24石、156.21石、69.7石和215.04石,基本上减到了原租额的一半。在武乡、左权、黎城(3个区),其减息清债额分别达到24.7万元、48.94万元、13.05万元。左权、平顺(仅3户大债主)、榆社(1个区)和黎城(3个区),分别从债主手中抽回土地2419.3亩、2931亩、1966亩和1531.97亩。

在太岳区,太岳区党政军民干部于1942年4月组成春耕检查团,编为三个大队,赴沁县、沁源、屯留等县的交界地区检查与推动减租减息工作。同时,太岳区各级政府配合各级农会,普遍执行减租减息法令。农救总会还颁布了《土地斗争纲领》,编写了《减租减息问答》,在各县成立了农民问题问事处,在各村组织了减租减息委员会。从5月到10月,检查团解决减租减息中的土地问题计260余件,太岳区农救总会农民问题问事处调解了134件纠纷。与此同时,在腹心区的沁县、沁源、安泽、绵上等县相继掀起减租减息、改换契约的群众运动高潮，主要形式有：一是召开减租减息座谈会，宣传中共中央的土地政策；二是举行佃户代表会，统一减租减息要求；三是举行租佃会议，解决双方纠纷，当场进行减租；四是佃户结队到政府请愿，实行减租减息。全区减租减息运动有了很大发展，但仍然存在着不平衡的问题，减租不彻底的村庄还不少，不合法令的租佃形式还相当普遍地存在。

1942年10月20日，中共中央政治局委员刘少奇从华中去延安途经太岳区，听取了太岳区党委的工作汇报，批评了太岳区工作中的主要问题是忽视了发动群众这一中心环节，减租减息运动没有深入开展。他指出，中心任务是发动群众，这是一切工作的基础，是巩固根据地的中心一环；发动群众要教育群众自己解放自己，不能靠外来"英雄"包办代替，要实行减租减息，使群众得到好处，相信自己的力量；发动群众是建党、建军、建政的基础。[①] 根据刘少奇的指示，中共太岳区党委于1942年12月21日在安泽县桑曲村召开群众工作会议，中共太岳区党委书记薄一波在会上作了《太岳抗日根据地的群众工作》的报告。这次会议从指导思想上进一步明确了发动群众，实行减租减息的重要意义，并就如何深入开展减租减息群众运动的问题作了具体部署。1943年1月，晋豫区群众工作会议在阳城县柴疙瘩村召开。这两次会议的召开，进一步推动了太岳区减租减息运动的深入发展。

2月，中共太岳区党委抽调大批干部分赴各地，结合春耕生产，以农会的名义选择基点村，发动群众开展减租减息斗争。各级领导干部都深入基点村，抓住典型，推动全面。豫晋联办区经过半年时间，共进行大小斗争1530次，参加斗争的群众达到10.5万人，占人口总数的35.1%，减租18.3万公斤，收回押租法币66万元，减息48.7万元，收回房屋678

间、土地 2.57 万亩。[①]

为了使减租减息运动健康发展,1943 年 6 月, 中共太岳区党委又在安泽县桑曲村召开群众工作会议,薄一波在会上作了《太岳区群众运动的新阶段与今后工作方向》的报告,总结了全区减租减息运动的经验教训,指出了今后需要进一步克服的"左"的和右的偏向,搞好减租减息。会后,中条、岳南地区的减租减息运动进一步开展起来,一直到 1944 年春天结束。

晋西北行署于 1941 年 4 月 1 日修正公布了《晋西北减租减息单行条例》,对减租减息的具体政策和办法作了明确的规定。1942 年 4 月 4 日,晋绥行署做出了《关于修正减租减息条例及补充回赎不动产办法的规定》。同年 11 月,又对《减租减息暂行条例》作了进一步修改,正式颁发了《晋绥边区减租交租条例》和《晋绥边区减息交息条例》。规定山地照战前租额,先以七成五折,再减 25%,平原水地只减 25%。10 月 19 日,中共晋绥分局在《关于巩固与建设晋西北的施政纲领》中规定:"坚决执行中共中央的土地政策,保证地主的土地所有权、债主的债权;彻底实行减租减息,保证交租交息。"[②] 1943 年 1 月 28 日,中共晋绥分局又发出了《关于群众工作的指示》,要求各地发动普遍的减租减息群众运动。边区各级党政机关派出大批干部深入农村,加强领导,使减租减息逐步深入开展起来。如,兴县共召开减租保佃大会 23 次,有 500 余村的农民参加了会议。保德县有 30 余村的佃户以集会的方式贯彻减租减息。偏关县召开减租减息大会 15 次。交城、宁武等县在减租减息大会上开展了反恶霸斗争。各地农民纷纷起来向地主、富农算旧账,要求退免陈租或赎回土地。1943年,晋绥边区进行了查租查息,对减租减息不彻底的地区,组织工作团(队)深入农村,进一步教育群众,通过算账使农民认识减租减息的必要

---

①中共山西省委党史研究室著:《太岳革命根据地简史》,人民出版社 1993 年版,第 207 页。

②《晋绥根据地资料选编》第 1 辑,山西经济出版社 1983 年版,第 91 页。

性,解除顾虑,加入运动;对减租减息较彻底的地区,在群众全面理解减租减息政策的基础上,引导农民积极执行政策,兑现赎地、退约和减租减息;对减租减息基本结束的地区,主要是发展巩固农会组织,改造基层政权,开展劳武结合的变工合作运动。查租查息不仅推动了减租减息运动的深入开展,而且激发了广大群众的生产热情。

在严重困难时期,山西敌后抗日根据地普遍深入开展的减租减息运动产生了极为重要和深远的影响。

第一,削弱了封建剥削,激发了广大农民的抗战热情。随着减租减息的开展,广大农民的负担减轻,抗战热情和积极性日益高涨起来。如:晋察冀抗日根据地的北岳区五专区,从1943年9月到1944年6月,农会会员由19.99万余名发展为26.45万名。晋冀鲁豫根据地的太行区,1942年民兵扩大到5万余人,太岳区民兵扩大到4万余人。1942年,晋绥边区民兵扩大到3万余人。至1945年9月,包括太行、太岳、冀南的整个晋冀豫边区,民兵总数达到30万余人,晋绥区民兵发展到8万余人。

第二,调动了农民的生产积极性,促进了根据地经济的恢复和发展。如在晋察冀根据地的北岳区,从1938年到1940年开荒地27.6万亩,至1943年总共恢复耕地和修整滩地55万亩,变旱地为水地44.78万亩。截至1944年10月,全区组织拨工组、变工组和包工组共2.7万个,参加男女劳力达20万人以上。在晋绥边区,1942年,13个县开荒地20万亩,8个县增加水地1.6万亩,棉田比上年扩大2.4万亩,15个县牛、驴、骡、马增加7000头。在晋冀鲁豫根据地的太行区,1944年组织互助组57492个,参加劳力达到11.46万多人,开展纺织生产的妇女有20万余人,收入折合小米170万公斤。经济建设事业的发展,既改善了农民生活,又有力地支援了敌后根据地的长期抗战。

第三,引起了农村土地占有关系和阶级关系的深刻变化,为彻底解决农民的土地问题创造了有利条件。根据晋察冀边区北岳区39个村、晋冀鲁豫边区太行区15个村、晋绥边区兴县和临县5个村的调查,减租减息前后各阶级占有土地变化情况为:在北岳区,从1937年到1942年,地主拥有的土地,减租前占全部土地的16.43%,减租后下降为10.17%;富农拥有的土地,占全部土地的21.93%,减租后下降为19.59%;中农拥有的土地,减租前为41.69%,减租后增加到49.14%;贫农拥有的土地,减租前为19.10%,减租后为20.12%;雇农拥有的土地,减租前为0.83%,减租后增加到1.01%。在太行区,从1942年5月到1944年,地主拥有的土地,减租前为24.63%,减租后下降到4.22%;富农拥有的土地,减租前为18.68%,减租后下降为17.18%;中农拥有的土地,减租前为37.02%,减租后增加到60.85%;贫农拥有的土地,减租前为18.98%,减租后为17.01%;雇农拥有的土地,减租前为0.25%,减租后为0.18%。在晋绥区,从1940年到1944年,地主拥有的土地,减租前为30.30%,减租后下降到9.00%;富农拥有的土地,减租前24.80%,减租后下降到17.50%;中农拥有的土地,减租前为16.30%,减租后增加到23.50%;雇农拥有的土地,减租前为0.85%,减租后为0.40%。这说明,经过减租减息运动,根据地农村中的土地占有状况发生了很大变化,总的趋势是地主占有土地下降幅度最大,富农有所下降。

在根据地土地占有关系不断发生变化的同时,农村中的阶级关系也随之产生了变化。仍以上述调查区域为例,在北岳区,地主减息前占农村总户数的2.42%,减租后下降为1.91%;富农减息前为8.45%,减租后下降为7.78%;中农减租前为39.42%,减租后增加到44.00%;贫农减租前为47.35%,减租后下降为40.95%;雇农减租前为6.18%,减租后下降到5.36%。在太行区,地主减租前占农村总户数的3.25%,减租后下降到1.98%;富农减租前为7.25%,减租后下降为5.99%;中农减租前为37.80%,减租后上升为55.20%;贫农减租前为48.95%,减租后下降为33.33%;雇农减租前为1.88%,减租后下降为0.49%。在晋绥区,减租前地主占农村总户数的3.80%,减租后下降为2.40%;富农减租前为10.80%,减租后下降为8.30%;中农减租前为25.80%,减租后增加到44.00%;贫农减租前为53.40%,减租后下降到42.00%;雇农减租前为5.20%,减租后下降到2.00%。由此可见,经过减租减息以后,根据地农村中的各阶级构成发生了变化,地主在农村总户数的比重下降,富农户数略有下降,中农户数普遍增加,贫农和雇农的户数普遍减少。

二、大生产运动的兴起

根据中共中央和毛泽东的指示,山西各抗日根据地党、军、民总动员,相继开展了互助合作和大生产运动。

(一)晋察冀根据地的大生产

为了根本扭转边区经济的困难,繁荣和活跃边区经济,晋察冀边区政府于 1941 年 8 月召开了边区第二次经济会议。会议根据边区经济发展的状况,明确提出迅速建立起边区自给自足的独立的抗战经济,要求普遍团结组织广大的小农经济力量,活跃发展边区生产,在大力发展农林牧畜业特别是粮食生产的同时,适当提倡种植工副业生产所需之经济作物棉、麻、油等,大力提倡和奖励发展手工业和家庭副业生产,适当发展采煤、冶铁等重工业和军工生产,以解决边区必需品自给自足的问题。在边区政府的领导组织下,1941 年至 1943 年,全边区以"消灭熟荒,防止新荒,开展小型水利"为重点,修旧渠、开新渠 1056 道,凿井 1309 眼,可浇地 19 万余亩。实验推广了"燕京"、"靠山黄"、"曲五"等多种适宜山区种植的抗旱粟,可提高亩产 10%~15%。1943 年,全边区开展农业生产劳动竞赛运动,促进了农业生产的发展。

根据地的工业也有了很大发展。在民用工业方面,1940 年 9 月边区政府民用工矿局成立后,3 年间共建 3 个煤矿和皮毛、皮件、造纸、农具、瓷器、炼油、纺织等 7 个直属工厂。在自制各种机械和农具,提炼煤油、润滑油,自制纸张、电池、油墨、肥皂、酒精以及皮毛染色、纺毛染毛织毛等方面有了发展,并推动边区家庭副业和手工业的发展。仅北岳区在 1942 年底和 1943 年初,就有各类纸厂数十家,月产纸可达数百万张;各种油坊近 200 家;纺纱织布的妇女有近 4 万人。在军工生产方面,边区军事工业在创建初期仅能简修枪械,复装子弹。1941 年,自力更生试制出无烟火药和黄铜弹壳,可以完全自制子弹。以后又成功试制了"硝化甘油炸药"和"硝铵混合炸药"以及雷管等。

1944 年 1 月 20 日,中共晋察冀分局发出《关于 1944 年工作方针及任务的指示》,要求"加强全党对生产经济工作的认真领导,组织全体人民和机关部队的一切力量,根据毛泽东同志在《组织起来》中指示的方向,认真大力开展 1944 年的大生产运动"。1 月 16 日至 24 日,晋察冀边区行政委员会和边区抗联会联合召开了扩大的经济会议,讨论部署大生产运动。会议还决定,设立各级生产委员会,作为大生产运动的统一领导机构。这次会议成为晋察冀边区广泛开展大生产运动的动员大会。

在各级政府和抗联会的领导下,广泛组织制定户计划,召开家庭会议,组织拨工组。春耕期间,边区政府共贷粮 1.8 万石,贷款 2000 万元,赈粮 900 石,[①] 帮助群众解决农具、种子、肥料、耕畜缺乏的困难,提高了群众的生产能力。群众组成各种形式的拨工组,实行劳动互助,集体劳动,大大提高了生产效率,劳动效率一般提高 30% 左右。

为了切实保障生产,边区政府制定颁布了一系列规定和政策。如,3 月 15 日边委会对原有的统累税则作了补充,规定因生产积极、生产方式改变、土地改良(如旱地变水地等)增加产量者,统累税征收一律按原产量不变等。这些政策和规定的贯彻执行,调动了广大农民的生产积极性,推动了大生产运动的开展。

部队、机关、学校也投入了大生产运动。从机关工作人员、部队干部、战士到边区党政军最高领导,都制订了个人生产计划。经过全体人员的共同努力,北岳区大部分机关学校完成了自给一个半月粮食的生产任务。以边区抗联会为例,共种水旱坡地 59 亩,加上机关运销、手工业生产等,总计全年共生产小米 14559 斤,平均每人生产 208 斤;计交公 4750 斤,个人分红 4795 斤,全部完成了生产任务。北岳区巩固区部队共开荒

---

①宋劭文:《1944 年大生产运动总结及 1945 年的任务》,1945 年 1 月。

6.5万亩,平均每人种地1.5亩,最多达到8亩,生产蔬菜600万斤,完全做到了蔬菜自给。手工业生产也异常活跃,仅三分区计有打铁、石匠、木匠、钉锅、织布、纺线、染坊、粉坊、磨坊、打毛线、编席、纳鞋底、卷烟、编草帽等20余种。在游击区,部队实行劳武结合,在战斗间隙中进行生产。1945年1月31日,毛泽东为延安《解放日报》撰写了《游击区也能够进行生产》的社论,对晋察冀游击区的大生产运动给予了高度的赞扬。他说:"晋察冀边区的许多游击区内,已于1944年进行了大规模的生产,并且收到了极好的成绩。"①

在大生产运动中,1944年,全区共扩大耕地面积53万余亩,其中开生荒23.6万亩,消灭熟荒20.2万余亩。全区开渠修滩,由旱地变水地11.7万余亩。由于组织起来,扩大了耕地面积,增加了水浇地,以及改良耕作方法、防治病虫害等,粮食产量获得了几年来少有的大丰收。大生产运动的开展,北岳区战士、工作人员吃不饱的现象已消灭,而且生活开始改善,部队及部分县以上机关,每人每天能吃到4钱油盐,每月12两肉。群众收益增加,吃树叶、青黄不接现象较前大为减少。

1945年是边区旱、涝、风、雹、虫灾比较严重的一年。4月,边委会和中共晋察冀分局即发出紧急"抗旱备荒"的指示。同时,大力开展各种水利建设,防治旱、涝灾害,并普遍实行挑水点种,冀晋区共挑水点播62472.2亩。冀察区各种特种物作,如棉花、麻、花生、红薯等大部分是挑水点种。各地还普遍掀起了兴修水利的热潮。据不完全统计,全边区共开渠1135道,凿井12217眼,建挡水坝1328个,总计可浇地37万余亩,其他如挖河、挖泄水沟、修堤、筑坝、修滩等,也超过以往任何一年,有效地防治了旱、涝等自然灾害。

为了解决一些地区工业品奇缺的问题,边区政府于1945年及时提出了"争取工业品生产逐渐自给自足"的大生产号召,各地普遍掀起了发展手工业、副业,兴办生产合作社的热潮。据不完全统计,边区合作社经营

①《毛泽东选集》第3卷,人民出版社1991年版,第1021页。

的生产业务有纺织、榨油、造纸、农具、医药、面粉、煤炭、熬盐、毛织等20余种。仅据冀晋区1945年9月统计,全区县、区合作社经营的各种生产作坊即有461座,其中大部分是1945年新建的。手工业、副业和合作社生产事业的广泛开展,使群众的生活必需品得到自给自足。

(二)晋冀鲁豫根据地的大生产

为了克服严重困难,晋冀鲁豫边区党和政府组织广大群众首先开展生产自救。同时,边区政府采取减免灾区负担、对敌开展粮食斗争、安置灾民、组织移垦、以工代赈、开展社会互济等措施,筹集救灾急需的粮食。边区政府还组织和帮助群众普遍制订生产和安家计划,通过贷粮贷款扶助群众恢复和兴办水利事业,大搞纺织、运输和家庭副业生产。1942年全边区发放农业贷款1657万元,1943年又发放9570万元,增加近500%。

边区各级政府的扶持,使根据地的生产事业得到发展。晋东南地区在1941年共计消灭熟荒地4.37万亩,新开荒地3.37万亩,修滩地1300余亩,连同其他数目在内,约扩大耕地面积10万亩以上。此外,变旱地为水地2.6万多亩。1942年10月到1943年6月,太行区组织灾民开渠修坝,在漳河两岸修筑了固新、清泉等十几条大堤,开出1万余亩滩地,并开通22里长的黎城漳北大渠和26里长的涉县漳南大渠,增加水浇地6783亩。

1943年6月以后,中共中央北方局、中共晋冀鲁豫区党委、晋冀鲁豫边区政府,先后发出紧急号召和指示,要求以生产为中心,克服灾荒,渡过难关。各区党政军民团结起来,进一步生产度荒。

在太行区,1943年根据地腹心区的左权、涉县、黎城、潞城、偏城、平顺等地遭受严重灾害,疾病流行,增加了群众的恐慌。为此,太行区党政军民领导机关组织干部深入灾区,向村干部和群众进行思想教育,帮助他们树立克服困难的信心,鼓励广大群众相信自己的力量,战胜自然灾害,并发放贷款,扶植灾区的生产建设。与此同时,边区政府制定颁布了一系列安定社会秩序、扶植群众生产、打击破坏活动的政策法令。

生产度荒的中心是大力发展农业生产。为同干旱做斗争,边区政府一方面组织全区军民担水抢种,担水浇苗;一方面大力兴修水利设施,兴办水利事业。1943 年,边区政府直接组织开挖的水渠增加到 14 条,水浇地扩大到 1.3 万亩,加上地方政府和群众自己兴办的水利事业,全区水浇地大大增加。太行区的抗日部队积极支援兴修水利,除人力、物力支援外,许多部队还独立挖了蓄水池、水渠。八路军总部在左权县麻田修筑了一个水库,把 480 亩旱地变成水田。

1943 年,全区参加纺织的妇女达到 20 万人,织布的品种不断增多,由原来只能织白布、平布等少数品种,逐步发展到能织芝麻呢、竹字呢、蓝色席子呢、烟色条布、人字布等 94 个品种。

合作事业也在生产度荒中发展起来。1943 年 11 月后,太行区的合作社进一步发展,合作组织由小到大,并建立了许多专业合作组织。

1944 年 1 月,中共太行区党委召开县以上干部会议,提出要把开展互助合作和大生产运动当作中心工作来抓。同年 12 月,晋冀鲁豫边区政府提出了 1945 年太行区生产方针和任务。1945 年 3 月 29 日,边区政府又颁发《关于开展更大规模生产运动的布告》,号召全区军民,进一步组织起来,达到"耕三余一",实现自给自足。

太行区的互助合作和大生产运动广泛深入地开展起来。1944 年,全区互助组和拨工队已发展到 2000 多个,入组劳力达 14 万余人。1945 年,互助组又增至 2.3 万个,入组劳力扩大至 21.9 万人,占劳力总数的 20%。变工互助的普遍性,在武乡、榆社、黎城三县表现得更为突出。在武乡县,1944 年组织起来的劳力占总人口的 10.4%,到 1945 年则上升至 24%。在榆社县,1944 年组织起来的劳力占总人口的 16%,到 1945 年则增至 28%。在黎城县,所有村庄都程度不等地组织起来。1944 年,组织起来的劳力占总人口的 25%,到 1945 年则增至 50%。1944 年,全区拥有合作社 110 多个,社员达 22 万人。到 1945 年,合作社数目虽无多少增加,但社员扩大至 25 万人,股金达到 3400 多万元。1944 年,全区扩大耕地面积 33 万亩,增产细粮 16 万石。水利事业亦有进一步发展,全区新修了水渠,增加了水地,全区农业夺得了抗战以来第一个大丰收年。全年产粮食达 820

万石,棉花 75 万公斤,其他经济作物,如大麻、核桃、花椒、柿子、蔬菜等,均获得了好收成。1945 年农业生产获得丰收。据若干县份的统计,都比原产量增加了。如平顺县一区,每亩增产 1.7 斗;榆社县二区 9 个村,比上年增产 1/5。至于组织起来好的村庄,增产的幅度就更大些。随着农业的大丰收,副业生产也有新发展,药材尤为大宗,全区出口计有 90 万公斤以上,收入颇多,只左权一个县获利即达 400 万元。

太行区的部队和机关,从 1940 年起就开始开展农业生产,1943 年每人种地 3 亩,自给一季粮食、全年的蔬菜和全部办公费用。1944 年 4 月,八路军前方总部滕代远参谋长、杨立三副参谋长制定并颁布了《总部伙食单位生产节约方案》(时称"滕杨方案")。"滕杨方案"正确处理了生产与分配、集体与个人之间的关系,充分调动了机关部队广大指战员参加生产的积极性,有力地推动了部队的生产节约运动。

1944 年,全区部队开荒 10 万多亩,生产粮食 256 万公斤,山药、蔬菜633 万公斤,达到了自给粮食 3 个月和全年蔬菜的目标。除本身劳动生产外,还帮助群众生产,计耕、锄、收割庄稼 4.29 万亩,其他帮工达 5 万余个。在节约救灾方面,也取得了折合小米达 7.07 万多公斤的显著成绩。

1945 年,太行区部队在总结经验的基础上,进一步实施"滕杨方案",全区部队把开垦荒地扩大耕地作为中心任务,生产节约运动取得了新的成绩。新开了一批荒地,仅军区直属的 3 个伙食单位,就开垦了 295 亩耕地。各部队普遍实行军民互助生产的办法,打仗不误生产,密切了军民关系,促进了军队与民兵的配合行动。部队在军民互助中,学会了多种生产知识,开办了各种手工业作坊,包括开煤窑、织毛巾、制酒、开铁匠铺、编席、烧石灰、制醋酱、造油墨、做木工活等等。畜养业也有了进一步的发展,猪、羊、鸡肉成了部队伙食中的常菜,有些部队自给有余,还支援兄弟部队和地方。

太行区从 1938 年起,就开始注意发展工业,兴办小规模军工厂,生产地雷、步枪、子弹、炮弹等。1941 年以后,日军对根据地频繁"扫荡",并把兵工厂作为重点摧毁目标。为对付"扫荡",根据地的军工实行"兵工生产游击化",将原有的厂化整为零,分散组成生产单一产品的小厂,从而减少了由于"扫荡"造成的损失,使根据地的军工不仅在斗争中坚持下来,而且有了一定的发展。1944年由于形势好转,根据地的军事工业迅速进行了调整布局,将分布的小型工厂,按生产品种、工艺性质归并调整,扩大规模,提高了生产效率。民用工业也能生产纸张、染料、卷烟、肥皂、盐、碱等,尤其是群众性的合作纺织业,纺织人数不断扩大,纺织技能不断提高,产品和质量不断增加与提高。

在太岳区,1943年春夏遭受了百年不遇的大旱灾,8月在岳南和中条山地区又发生了严重的虫灾。边区大生产运动首先就是战胜灾荒。1943年太岳区政府发出开展生产救灾的紧急指示,要求各级政府把生产救灾作为中心工作,动员群众向灾荒做斗争,并采取了以下措施:一是在重灾区成立各级救灾委员会,组织群众采集野菜和代食品,抢种、补种晚秋作物和蔬菜。二是广泛开展生产自救运动。除了组织群众采集野菜和补种晚秋作物外,还广泛组织群众参加运输和纺织,增加收入。三是政府发放贷款和救济粮,大力扶助灾民。1943年给灾民发放贷款93.8万元,救济粮7.1万公斤;1944年又发放贷款965万元,贷粮15.75万公斤,贷棉1.85万公斤。四是发动群众开展互助互济。五是减轻灾区负担。1943年9月,边区政府在岳北减轻公粮负担37.5万公斤,在岳南减轻公粮负担75万公斤,公款15万元。六是号召共产党员和干部发扬与群众同甘苦、共患难的精神,生产节约,赈济灾民,保证在机关驻地不饿死一人。各级党政军民干部与广大群众同舟共济,共渡难关。1943年8月后,太岳区政府机关干部和部队的广大指战员开熟荒,种荞麦,挖野菜,并打井修渠,帮助群众浇地,救济了受灾群众,受到群众的赞扬。生产救灾运动,为全区开展大规模的生产运动积累了经验。

1944年2月16日和3月20日,中共太岳区党委分别召开了党政军民机关干部和战士参加的生产动员大会,强调要把生产与战争结合起来,一面生产,一面战斗。经过党政军民的共同努力,1945年太岳区的大生产运动取得显著成绩:全区开荒24.65万亩,超过原计划8.65万亩,增产粮食 140 万石。旱地变水田 1.32 万亩,超过原计划一半以上。植棉 13 万亩,超过原计划 3 万亩,可产棉花 200 万公斤左右。全区工副业生产亦有很大发展。全区纺织妇女达到 7 万多人,所产布匹及其他纺织品可做到自给。有纸池 50 个,日产纸 6.48 万张,实现自给。煤烟洞业甚丰,只绵上县在春季就有烧松烟煤子 168 洞,可产煤子 12.5 万公斤至 15 万公斤。随着大生产运动的发展,互助合作运动也蓬勃开展起来。1944 年,劳动互助组达到 9000 个,入组劳动力计有 6 万余人。全区合作社发展很快,1944 年前半年为 200 个,到年底增至 611 个,拥有社员 4.88 万人,股金达 3939.43 万元。

1945 年 1 月,太岳区举行群英代表大会,提出了这一年奋斗目标。与此同时,太岳区党委召开扩大会议,决定继续开展大生产运动的方针和任务,边区政府还制定和发布了 1945 年生产计划,推动了大生产运动的进一步开展。到 1945 年,在农业方面,全区扩大耕地面积 11.52 万亩,旱地变水田 2.893 万亩,植棉 16 万亩。在工业方面,不仅民用工业得到发展,而且军需工业大有长进,除开设机械厂、手榴弹厂、被服厂和医药所外,还创办了一批小型的手工作坊。在副业方面,据不完全统计,全区养鸡发展到 10.58 万只,新增 6.3 万只;有 9 个县养猪达到 3563 头,新增 1767 头;有 10 个县养羊 14.6 万只,其中 7 个县新增 3.76 万只;有 9 个县养蜂 1186 箱,其中 5 个县新增 296 箱;有 8 个县养蚕 6.61 万席,缫丝达到 3.3 万公斤;由 21 位劳动英雄组织的拥有 365 人的运输队,一年获利 1300.7 万元,人均 2344 元。

部队和机关认真实施"滕杨方案",生产和节约运动也取得了显著成绩。1944 年,太岳区开荒 5.8 万亩,比 1943 年增加 5.17 万亩;共生产粮食 2.54 万余石、蔬菜 200 余万公斤,分别比 1943 年增加 2.43 万石和 158.5 万公斤。以人均自给 3 个月粮食和全年蔬菜计,大大超额完成了规定的任务。随着农业的大增产,副业生产亦蓬勃发展起来。全区部队和党、政、民机关除普遍饲养猪、羊、鸡、鸭和大牲畜外,许多单位还开办了榨油、纺织、造纸、皮革、磨面、制粉、腌菜等各种作坊,仅部队就拥有较大的副业加工作坊 19 个、小型工业工厂 28 座、运输合作社 28 处。

（三）晋西北根据地的大生产

在晋西北根据地，1941 年 3 月，晋西北行署召开财政经济会议，就开展生产运动作了部署。会议提出要依靠广大群众，自力更生，广泛发展生产事业，以达到自给自足。行署颁布了《奖励垦荒办法》。经过实践，于 8 月正式颁布了《晋西北修正垦荒条例》。当年，晋西北共开垦荒地 30 余万亩，扩大灌溉面积 3 万亩，增产粮食 4.5 万公斤，棉、麻、禽、畜都有所增加。工商业也得到恢复和发展，纺织生产已基本解决了人民的穿衣问题。军区部队总共开荒 6 万余亩，种菜 1300 余亩，兴办工副业。部队 17 个月未发津贴，全靠自力更生解决。1942 年，全区开荒达 30 万亩，粮食产量大幅度增长，纺织业年产棉布达 50 万匹。

《抗战日报》于 1944 年 3 月 7 日发表《开展生产运动中的重要问题》的社论，着力围绕如何从思想上彻底认识组织起来，从组织领导上正确实现组织起来和机关、部队怎样厉行节约以增加生产的问题，进行了明确的阐述。1944 年，全边区扩大耕地面积 75 万亩，植棉 15.32 万余亩，增产细粮 16 万大石，产棉花 65 万公斤。边区新修水地扩大至 75 万亩以上。由于农业生产的发展，粮食有了很大的节余。如第二专区，平均每人增产两个月粮食。三专区增产细粮 7 万石，大大超过公粮负担数。就连"十年九不收"的河曲、保德两个县，1944 年除全部粮食自给外，还有一定的余数。机关部队开荒 19 万亩，生产所得可自给两个月粮食和半年蔬菜。在工副业方面，煤产量由 1940 年的 90 万公斤发展到 120 万公斤，榨油产量由 73 万公斤发展到 160 万公斤，纸产量由 1.58 万令发展到 3.93 万令，均超过了战前产量，除边区自给外，还能向外输出。纺织业有了新发展，土布产量达到 60 万匹，亦超过战前水平。1944 年与 1943 年相比，全边区粮食增产 11 万石，工矿业产值增长 43%，军工业产值增长 65%，制药业产值增长 150%。互助合作事业的发展，是晋绥边区大生产运动的一个重要标志。1944 年，全边区参加变工互助的人数达到 13 万多人，占劳动力总数的 37%。在劳力与武力结合上，群众运动的规模与声势则更为壮观,全边区 5.1 万多民兵和 51 万名自卫队员,都投入到变工互助的运动中来。各种类型的合作社即发展到 777 个,拥有社员 4.62 万人,股金达 34767.75 万元。

1945 年 1 月 27 日,中共中央晋绥分局发出《关于进一步开展大规模生产运动的指示》,将生产建设确定为 1945 年的"三大任务之一",提出了"争取'耕三余一'、'穿衣自给'、'主要工业品自给'三大目标",并具体要求:在农业方面,"扩大耕地面积 62 万亩","种棉 25 万亩";在副业方面,"发展畜牧,发展运输、作坊及各种手工业","普遍发展纺织";在工矿业方面,"大量发展铁煤瓷纸等生产,发展与制造各种代用品"。

这一年,边区党政军民继续贯彻组织起来和中共晋绥分局关于劳武结合的方针,全边区的互助合作和大生产运动又有了新发展。农业变工互助不断扩大,仅综合性的大型合作社就达到 285 个,社员 63275 人,股金达 6.3 亿元。农业生产取得了更大成绩,全边区开荒亩数又有大幅度增加,从 1940 年到 1945 年 6 月,总计开荒达 195.67 万亩。仅兴县一县,耕地面积就扩大 50 万亩。全边区种棉已推广到 16 个县,总计全区植棉 25 万亩,比 1944 年增加 63.2%,棉花产量达到 150 余万公斤。工副业生产亦有了长足的发展,仅兴县、保德、离石、宁武等 12 个县,煤窑由 1944 年的 333 座增加到 431 座,煤产量由 24.4 万公斤增加到 42.45 万公斤。兴县、保德、临县、离石、宁武等 5 个县,生铁产量由 1944 年的 25 万公斤增加到 123.2 万公斤;熟铁产量由 3.2 万公斤增加到 12.5 万余公斤。1944 年,兴县产硝 6250 公斤,到 1945 年,兴县、岚县、河曲、临县、离石、静乐、忻县 7 个县,共产硝 7.25 万公斤。1944 年,河曲、保德两个县,产硫磺 7.5 万公斤,到 1945 年,加上临县、偏关两个县,产硫磺 27.5 万公斤。1944 年,兴县、河曲、保德、临县、宁武、神府等 6 县,拥有纸池 171 个,产纸 38 万刀,到 1945 年,纸池增至 202 个,产纸约达 89 万余刀。榨油产量由 160 万公斤增加到 215 余万公斤。在军需工业方面,到 1945 年上半年,全区已拥有 4 个较大的兵工厂,职工发展到近千人,可制造轻机枪、马步枪、掷弹筒、炮弹、手榴弹及其他弹药等。民间手工、纺织业获得了更大的发展,特别是妇女纺织运动,不但以前所未有的规模开展起来,大大增加了土布的产量,而且进一步提高了土布的质量。在 1945 年,已解决了边区军民 3/4 的穿衣问题。

三、商业贸易的开展

　　山西各抗日根据地在进行军事斗争的同时,也开展各种商业贸易,繁荣经济,不断满足根据地军民的需要。

　　第一,成立贸易机构,制定贸易政策。晋察冀边区,1940 年边区行政委员会成立了贸易管理局,统一领导各地的公营商店。1941 年初,将税务局撤销,其工作由贸易管理局负责。各专署和县政府贸易局相继成立,并在县局下成立区分局,分局下设立主商店和贸易卡,卡下设立主要乡村的贸易管理网。至 1942 年春,从边区贸易管理局到专(支)局、县局、区分局、商店、贸易卡、贸易管理网的系统的商业贸易机构建立健全起来。为进一步加强对敌经济斗争的领导,发展边区工商贸易事业,掌握物资繁荣经济,1943 年 1 月,边区行政委员会决定组织工商管理局。同年 3 月,工商管理局正式成立之后,工矿管理局和贸易管理局即行归并,管理工作全部由工商管理局负责。到 1945 年 2 月,根据形势的发展变化,边区行政委员会又决定重新建立了边区、行署、专区和县级贸易管理局。各地的商业贸易工作,又归贸易管理局领导。

　　晋冀鲁豫边区,1940 年 2 月成立了太行贸易总局,领导太行区的专区分局与县局。3 月,太行运销合作总社和专门从事外贸(这里所说的外贸都是指与根据地外的贸易)的复兴成商店并入该贸易总局,并在 6 个专署成立了专署贸易局,全区各主要集镇设立经营业务的商店与货栈。是年 8 月,冀南、太行、太岳行政联合办事处成立,同时成立联办贸易总局,统一领导冀南、太行、太岳三区的商业贸易工作。1941 年 7 月晋冀鲁豫边区政府成立以后,为克服工商脱节,贸易总局与太行生产合作总社合并,改组为边区生产贸易管理总局,9月更名为晋冀鲁豫边区工商管理总局,除太行区为总局驻地外,太岳、冀南、冀鲁豫三个区都建立了地区工商局。1942年边区政府决定以太行区各重要集镇的大商店为基础,建立经理处,每个经理处领导若干小商店。1943年9月,又将各经理处按经济自然流向改为经济线,每线设立一总店。在太行区共设立了8条经济线和8个总店(即:裕泰恒、晋和昌、德泰恒、万丰昌、德庆隆、谦记货栈、德兴货栈、豫兴隆),其商业贸易活动范围基本上包括了太行的8个专区。到1944年10月,工商系统和银行系统实行合署办公。这样,更加有利于对经济工作的统一领导,有利于对敌经济斗争的开展,有利于商业贸易的繁荣。

晋绥边区组建了各级商业贸易管理机构,先是行署设经济总局、各专署设中心局、各县设分局,后行署改设统制贸易总局、各专署设行政区统制贸易局、各县设县统制贸易局,从事商贸工作。

在此基础上,山西各根据地根据中共中央在《关于对日本经济斗争中的贸易政策给前总的指示》精神,相继制定和完善了一系列商业贸易的法令和政策。晋察冀边区出台了《奖励合作社暂行条例》《晋察冀边区合作社组织条例》;晋冀鲁豫边区政府制定了《贸易暂行条例》《征收出入境税条例》和《太行区入口贸易统制暂行条例》等;晋绥边区党和政府确定了根据地商业贸易的方针,即发展内地商业,组织对外贸易,促进生产事业,保障军民物资供给,同时还颁布了根据地商业贸易条例,并根据经济形势的发展,逐步改进了商业贸易的管理办法。这些政策的贯彻和实施,极大地促进了各根据地商品贸易的发展和市场的繁荣。

第二,商业贸易的全面开展。山西各根据地的商业主要有公营商业、合作社商业、私人商业、公私合营商业、对敌贸易五种形式。

公营商业是边区政府投资兴办的商业。晋察冀边区商业贸易工作,1942年以后逐步走上健全发展的轨道,取得了显著的成效。据统计,至1942年5月间,北岳区直属的公营与公私合营商店已发展到46个,总共新定公共资金124.9万元,旧有民股48.8余万个,两项合计达173.7余万元。各个商店在繁荣市场、调剂民用、供给军需方面发挥了重要作用。有许多市镇，由数日一集，每集不过十余人的冷清局面，一变而成为隔日一集，每集呈现出人山人海的场景。如繁峙县的横涧镇，即成为浑源、灵丘、代县、阜平、行唐、定县、唐县一带的物资交易中心，集市一开，就有成千上万的群众到这里来买卖货物。五台县的李家庄，每逢开集，就有繁峙、代县和河北龙泉关等地的群众赶着牛、驴及携带布匹、麻皮等土特产聚此交易，仅牲畜一项，每集成交额即达五六百头之多。据统计，1942年春季，北岳区所属商店和边区贸易管理局直属商店，贸易总额达到579.4万余元，营业总额达到291.1万余元；同一时期，调剂民用商品营业额为136.1万余元，供给军需商品营业额为114.65万余元。又据统计，1942年1月至5月间，北岳区贸易局系统出口与入口税收平均比例为6:1，收入与支出平均比例为8:1。粮食是抗日军民赖以生存的基本物资，是带有半货币性质的商品，是稳定物价、繁荣市场、发展工矿业和增加财政收入的决定性物质力量。为此，边区行政委员会紧紧抓住粮食这个根本，组织政民合办平粜局，专司粮食平粜事业，平抑市场粮价，打击垄断居奇，妥善解决军需民食问题。从1940年秋开始，边区行政委员会一面号召群众自动集股，一面责成银行发行一部分期票。1942年1月至3月，仅在北岳区冀西一带，即发行期票343.5万余元，募集民股247.8万余元，合计平粜资本达391.37万元，购置粮食6万余石，使当年的军需民食获得了很好的保证。[①]

　　在商业贸易中，合作社发挥了极其重要的作用。早在1938年春晋察冀边区政府成立后，就号召各地大量发展合作社。1940年至1942年，边区的合作社得到迅猛发展。仅北岳区，1941年底已有各类合作社4624个，社员62.7764万余人，股金135.191余万元。合作社的业务从简单的

消费业务发展为经营织布、纺纱、农具、榨油、造纸等业务。①边区合作社在组织群众生产救灾,平粜粮食,平抑物价,抵制敌货,开拓边币市场,供应群众生活必需品,运销土特产品,促进边区贸易和生产发展中起了重要作用。

这个时期的合作事业虽然有了很大发展,但也出现了一些问题,如,各地发展不平衡,一些合作社在经营上和办社方向上有脱离群众需要、脱离发展生产需要的倾向,一些合作社在管理上缺乏一套严格的和完善的民主办社制度,因而出现了少数人滥行开支、账目不清和亏累不堪等现象。因此,根据中共中央北方局的决定,1942年对北岳区的合作社进行彻底清理,由4624个减至1892个,到1943年发展到2728个。经过整顿,合作社广大干部改进了经营作风,普遍提高了在群众中的威信,涌现出一批为广大群众服务的模范干部和模范合作社。同时,整顿后边区合作社种类增多,业务活跃,入社人数和股金大幅度增长。以大生产运动中建立起来的农业生产合作社来说,就分开荒、修滩、筑坝、耕地、修渠、改良土壤、改进农具等十几种形式。家庭副业、手工业合作社有木匠、铁匠、小煤窑、运煤站、制革、造纸、弹花、纺织、编织、染房、榨油、烧酒、磨坊、粉房、制烟、烧瓷、制药等。在一些经济条件较好的地区,还出现了医药卫生合作社、文化教育合作社和文艺娱乐合作社等,形成了农、工、副、文、卫、武综合发展的村联社。②

晋冀鲁豫边区的商业贸易工作经历了一个曲折发展的过程。在1940年以前,由于缺乏经验,更没有制定出一套适时的商业贸易政策,盲目禁止伪币、拒绝与敌占区贸易,给根据地的商业贸易乃至整个经济工作带来严重损失。1940年以后,根据黎城会议精神,安排了根据地内部的物资交流,不仅活跃了市场,解决了民用军需问题,而且利用各种关系,调动

①魏宏运主编:《抗日战争时期晋察冀边区财政经济史资料选编》(工商合作编),南开大学出版社1984年版,第860~864页。

②谢忠厚、肖银成主编:《晋察冀抗日根据地史》,改革出版社1992年版,第395~396页。

各方面的积极因素,以至吸引敌占区商人进入根据地,用核桃、桃仁、花椒、红枣、药材、皮毛等多种农副土特产品,换回根据地所急需的布匹、药品、纸张、墨水等工业品。

1943年根据地建立起独立自主、自力更生的经济体系,做到了出入口贸易大体平衡,基本上保证了极度财政经济困难下的军民生活资料的供应。仅以太行区一专区为例,1943年全区输出总值达到1355.72余万元,输入总值达到1945.19余万元,入超589.47余万元,食盐占15%,棉花占10%,火柴、染料占2%,药品、文具等占11%。与1942年相比,主要必需品由占全部入口总额的84%上升到94%,杂用品入口则由16%下降为6%。全年总共吸收棉花8万余斤、织布机88部、机杼1200只,既解决了纺织原料,又增加了纺织工具,为发展生产创造了条件。

晋绥边区建立了公营商店,扩大了私商营业,发展了合作事业,开辟了根据地市场,增加了商业经营与对外贸易额。1941年,边区公营商店已发展到72家,其中直属行署和专区贸易局领导的有12家。兴县城关、临县城关、碛口、河曲县城关、巡镇、保德县东关和静乐县娄烦等7个商业上比较繁荣的市镇,共有私营商店1051家。其中兴县城关有280家。到1943年,该县私营商店又增至322家,已超过战前的数目。到1944年,各地私营商店已达1948家之多。公营与私营商店的兴办发展,逐步形成了根据地新型的集市。据1941年统计,仅兴县、临北、临南、离石、方山、岢岚、保德、静乐、河曲等9个县,即有集市33个。各地旧有的集市在不断恢复中,并在游击区都开辟了新的集市。与此同时,合作事业广泛开展起来。据1943年的不完全统计,全边区合作社已发展到117多个,仅直属县兴县城关就有21个,每区平均3个,其余各县每区平均1个。这些合作社对组织群众生产、运输、信用以及供给群众必需品方面都起了不小的作用。特别在游击区及战争情况时,它们仍然能够供给群众以物品,使民众不致因战争而受困难。①

晋绥边区的商业贸易的发展还表现在办理贸易"票照"与日俱增,土货出口量越来越大,入超额不断减少。据 1942 年的初步统计,截至 6 月底,边区贸易总局已出具商贸"票照"近 4 万张;第二分局 1 月至 8 月,贸易额达到 2862.57 余万元。从全边区范围看,土货输出额 1941 年 12 月为 25.706 万元,1942 年 1 月增至 113.28 余万元。1943 年晋西北行署颁发了《关于严禁奢侈品入境的通令》,将棉织物、毛织物、丝麻织物、草编物、皮毛物、化妆品、食品、烟、酒等 14 类 60 余种商品列为严禁之非必需品。据统计,1943 年, 边区输出各种土货总值达 1.5246 亿余元, 进口各种必需品总值达 1.543 亿元,出入相抵,负款 185.27 余万元。

第三,开展对敌贸易与粮食斗争。根据地与敌占区在政治、军事上尖锐对立,但二者的经济联系却无法切断。根据地商业的发展,是同反经济封锁密切联系着的。1940 年后,各根据地在对外贸易统制中主要采取以下几种形式:一是由公营商店负责专买专卖,禁止私人输出和输入。二是限制输出输入,如限定若干特许的商号经营输出输入等。三是用提高或抑低税率的办法来调节输出入的数量。晋察冀根据地制定了《晋察冀边区征收外货入境税暂行办法》和《晋察冀边区征收本产货物出境税暂行条例》,晋冀鲁豫边区制定了《征收出入境税条例》《特种出口贸易统制暂行办法》等。通过征税,根据地获得大量收入。对于边缘区和游击区,通过建立两面政权,教育群众,联系商人,使他们成为根据地与敌占区贸易中的中介。特别是重视对这些地区集市的控制,以吸引、破坏被敌人控制的市场,使其成为有利于根据地的贸易场所。

经过艰苦的努力,各根据地终于在贸易战中由被动转为主动,打击了敌人的封锁、套购和掠夺,为根据地开辟了财源。太行区出入口贸易,从 1940 年到 1944 年,每年均为入超,到 1945 年上半年则转为出超。在对

---

① 刘欣主编:《晋绥边区财政经济史资料选编》(金融贸易编),山西人民出版社 1986 年版,第 572 页。

外贸易中，进口工业必需品和奢侈消耗品显著下降。据统计，1943年同1942年相比，进口货物中各种颜料、纸张、洋布的进口分别减少了33.2%、54.0%和76.8%。据晋绥根据地河曲县统计，1941年12月土货输出在总输出额中仅占30%，而到翌年1月则猛增至96%，4月份仍保持80%左右。河曲县1941年2月出口5种主要物品，价值不过3495元，而在1942年2月出口12种货物，价值达22.04万元，相当于上年同期的63倍，其中纸的出口量就比上年12月份增加1100%。据晋西北统计，1941年12月土货出口价值25.7万元，到1942年4月猛增到316.57万元，5月份又增至434.02万元，改变了以往对外贸易上的入超现象，转趋平衡。

在对敌经济斗争中最激烈的斗争，表现在粮食斗争上。粮食是根据地赖以生存的基本物资，是根据地的货币基金，也是敌我双方最重要的战略物资。日军在实行"治安强化运动"时，把掠夺、控制粮食作为最主要的内容。为了打击敌人对粮食的掠夺和破坏，并解决根据地军民对粮食的需求，各根据地在积极组织和支持农业生产的同时，还开展了对敌粮食斗争。

一是针对日军在春耕、秋收季节出来"扫荡"，组织民兵、派出部队保卫群众种地和收获，依靠武装坚持粮食生产。

二是分散埋藏粮食，防止敌人掠夺和破坏。根据地依靠和发动群众，保护粮食，并将征集到的大量公粮，采取分片埋藏的方法，分散在村庄里，各村设有粮秣主任，掌管粮食的收支和使用。

三是实行粮食专（公）卖和调剂。太行区在灾区和缺粮地区根据可能掌握的粮食资源，确定调剂的总量，然后按照土地、人口多少、生活困难程度、收成好坏等项内容确定缺粮调剂指标，按照粮本规定数量购粮。晋察冀根据地组织规模较大的运粮活动，将产粮较多的冀中区粮食运到边区政府和驻扎军队较多的北岳区。从1939年7月开始，组织了数百辆大车在武装掩护下经过4个月完成了1100万斤粮食的运输任务。11月以后，由于日军挖沟修墙，大车无法通行，边区就组织大量人力背运，6个月内继续完成800万斤粮食的运输任务。

四是严禁粮食出口,实行粮食专卖制。晋察冀北岳区第二专署,1943年3月至7月实行专卖政策后,不仅获得了厚利,而且换回了许多军需品和药品。1941年9月,冀太联办发布的《关于特许生产贸易总局在林北专理经营粮食出口的命令》。太行区在1942年就开始有计划地组织粮食出口。地处太行山西部的白晋铁路沿线,一向为主要的产粮区,而平汉路沿线则是人多地少,粮食大多依靠外来尤其是西部地区的输入,时有"东人吃西米"之说。通过各种形式揭露敌人的掠粮阴谋,组织群众向抗日政府交粮,拒不执行日伪政权的征粮计划,破坏其抢购活动。组织大批力量从西部购进低价粮食,一部分用于内部调剂,一部分向东部敌占区出口,换回边区军民急需的工业品。这样,太行区在粮食斗争中就由被动转为主动,既控制了资源,又防止了敌人的掠夺,使粮食成为打破敌人封锁的有力武器。

五是粮食战与货币斗争相结合。太行区根据东西两地粮价不平衡的情况,充分发挥货币在粮食战中的杠杆作用,不仅取得了粮食斗争和货币斗争的主动权,而且由于手中有粮,敌占区的商人甚至日商和日伪军官为了发财都与我方争做生意,这又为根据地打破敌伪之封锁,换取根据地急需之食盐、棉花、布匹、医药等物品提供了极大的方便。

由于山西各抗日根据地在对敌贸易战中成功打破了日军的经济封锁,就连日军也不得不哀叹"经济封锁政策反而产生了使我方苦恼的情形,在本来想要成为铁壁一般的封锁线上出现了很多漏洞"。[①]

四、财政金融建设的开展

根据地的财政金融建设,是经济建设的重要组成部分。抗日根据地从创建伊始,就逐步建立起财政管理制度,创办自己的银行,开始了财政

---

①日本防卫厅战史室编,天津市政协编译组译:《华北治安战》(下),天津人民出版社1982年版,第260页。

金融建设。

　　根据地建立初期,抗日民主政府一建立,宣布废除原有的苛捐杂税,建立新的税收制度。八路军和山西地方党组织采用山西省政府颁布的《战时农村合理负担办法》,筹集军队和党政机关需要的粮食和资金。合理负担办法由八路军从山西逐步推广到华北各地,并结合当地实际情况作了规定。1940年以前,合理负担是解决财政来源的主要方法。

　　(一)晋察冀边区的财政

　　晋察冀从边区政府成立到1940年秋,在财政上实行统筹统支,除政府外一切机关均停止了直接的筹款。废除了苛捐杂税,保持了部分比较合理的税收,并依照合理负担的原则,征收救国公粮。晋察冀边区行政委员会于1938制订了《晋察冀边区村合理负担实施办法》,并于3月公布实施。合理负担基本精神是,有钱出钱,钱多多出。这项政策比起旧社会按田亩平均摊派有很大进步,但也存在着一些不合理的情况,主要是负担大部分加到地主富农等富有者身上,影响抗日民族统一战线的巩固。为此,中共中央于1940年12月向党内发出指示,对负担面做出新的调整,提出税收政策,"一切有收入的人民,除对最贫苦者应该规定免征外,百分之八十以上的居民,不论工人农民,均须负担国家赋税,不应该将负担完全放在地主资本家身上"。从1941年起,边区实行统一累进税。其基本精神是:有力出力,有钱出钱,保证再生产,发展边区国民经济,照顾各阶层利益,安定社会秩序。

　　第一,实行统一累进税。1940年11月10日,边区政府公布了《统一累进税暂行办法》,规定将过去的"村合理负担"制度改为"实行有免征点和累进最高率的统一累进税",以粮、秫、钱三种形式缴纳。统一包含两方面的内容,一是把所有财产和收入应纳的税,以一种税进行征收;二是将各地征收的税收统一到边区政府,有利于统筹统支。1941年3月20日,边区修正公布了《晋察冀边区统一累进税暂行办法》。

　　统一累进税照顾了各阶层人民的生活,有利于巩固和扩大抗日民族统一战线。同时,由于纳税面扩大,纳税人口增加,政府的收入也相对增加了,又有利于扩大和巩固财政基础。实行统一累进税后,除为确保财产所有权和买卖自由权的田房契税、为便利军需民用与促进生产事业保护贸易限制资金外溢而征收的出入口税外,其他捐税一概废除,田赋停征,并彻底废除了摊派制度。统一累进税还体现了奖励生产的精神,它规定工业投资、合作社股金、水利投资,只征收益税不征财产税;对于新开垦的林木、苇地免征财产税;家庭副业免税。农业以常年产量计算标准亩,增产不增税,因怠工、废弛而减产者不减征。

统累税办法公布后,各地成立了推行委员会,组织干部深入基层调查研究,向群众宣传统累税的要点和实施办法。同时宣布自 1941 年起,根据地以粮、秣、款三种形式按年所需一次征收,此外任何机关不得再向群众征收粮款柴草;统累税征收后,军队、政府机构开支由边府统筹统支,县以下不得再征收地方附加税,亦不得借故罚款。

关于累进税的计算方法,以农业、工业、商业等收入合并计算成富力,折分计算纳税,扣除免征点后按人均富力分数分级累进征收。依据统累税条例规定,农业以土地标准亩数为计算单位,即亩产 6 大斗(合 180 斤)为一标准亩,自耕地以一标准亩为一个富力分;出租地以一个半标准亩算一个富力分;佃耕地以两个标准亩算一个富力分。工商业资金按收入分算,资金 200 元为一个富力分;收入以 40 元为一富力分。免征点为人均 1.5 富力分,凡收入、财产超过免征点的依累进率征收。最低税率与最高税率相比不超过 1.6 倍,最高税率不超过实际收入的 30%。实施统一累进率后,人民的负担面更加趋于合理,一般最低不少于总人口的 70%,最高不超过总人口的 90%。除特别贫穷户外,凡有负担能力达到应征税点者,均无例外,一律依法交纳税收。

1942 年 5 月 2 日,边区修正公布了《晋察冀边区统一累进税则》,取消了免征点的升降办法,将资产税与所得税分开,规定了各阶层负担水平的最高限额等。

1943 年 1 月 15 日,晋察冀边区召开的第一届参议会,对统一累进税执行情况进行了检查,并讨论通过了统一累进税税则。边区将统累税改为农业累进税和工商税,分别征收。农业累进税取消以财产计算富力的办法,将原财产与收入合并计算改为以收入为计税富力;工商税取消按资金计算富力的办法,改为纯收入为征税富力。这样,不仅便于计算,而且使负担更加趋于合理化。

第二,减轻农民负担。为克服财政经济困难,1941年边区政府不得不增加民兵负担。据有关资料推算,1941年边区每人平均负担正税1.6大斗(折合43.2市斤),比1940年的36市斤米增加20%,每人平均负担村款开支(即附加)6斤,每人平均负担正税及附加合计为49.4市斤米。1942年统一累进税和村款负担合计,每人平均负担约45斤左右,1943年约40斤左右。另据北岳区统计,各年负担(正税)占登记产量的比例是:1941年14.98%,1942年13.62%,1943年10.7%。1945年全边区(不包括冀东)征收统一累进税为115万大石米,加上村款负担,每人平均总负担为36.2市斤米,比1941年的49.4市斤米减少27%;负担占总收入的比例由15%左右下降为9%;军政人员占总人口由5.9%下降为1.5%。[1]

(二)晋冀鲁豫边区的财政

晋冀鲁豫在边区政府成立之前,1940年12月19日,冀太联办颁布的《征收救国公粮暂行办法》中规定,以小米2.5石为起征点,分级累进,负担最高额不得超过其总收入的30%。随后,中共中央北方局关于晋冀豫边区目前建设的15项主张中,提出边区要逐步确立统一的财政制度,实行统一的所得累进税。

第一,突击囤积公粮。囤积公粮在1939年就开始,1940年至1942年成为边区财经工作的中心任务。全边区的粮食收入约占国民收入的85%强,粮食的征收占边区岁入的3/4。[2]正如《新华日报》评论所说,"完成了屯粮工作即等于完成财政工作的2/3"。[3]据推算,太行区1941年屯粮数

①陈廷煊著:《抗日根据地经济史》,社会科学文献出版社2007年版,第467页。
②1942年晋冀鲁豫边区政府:《进一步加强财经建设开展对敌经济斗争》。
③《戎子和同志在冀太联办第一次专员县长会议上的总结讲话》(1941年)。

约为 67.8 万石米,1942 年约为 58.8 万石米;太岳区屯粮数 1941 年约为 31 万石米,1942 年约为 11.2 万石米。通过突击屯粮,不仅基本保证了战争的供给,而且做到了财政收支平衡。

第二,田赋的整理与征收。田赋是边区的重要财政收入。1940 年太行区的财政总收入为 622936 元,其中田赋 466486 元,占总收入的 74.9%。经过整理,边区继续征收田赋两三年。晋东南于 1943 年并入统一累进税。太行区 1940 年规定每两银子征收 3 元。1941 年边区政府规定,漳北、太北、太南、太岳每两银子(上下忙)按 4~5 元征收,比 1940 年增加 1~2 元。[①]

第三,统一累进税条例的公布与改进。1941 年 8 月 10 日,晋冀鲁豫边区临时参议会讨论通过了统一累进税条例。1942 年 10 月 10 日,边区政府决定,之前颁布的《游击区、接敌区财产累进负担暂行办法》,亦作为边缘地区实行统一累进税的标准。1943 年 4 月 25 日,边区政府公布了《统一累进税暂行税则》。1945 年,边区政府又对税则进行了修订,并颁布了《新解放区暂行统累税简易办法》。

通过上述措施,晋冀鲁豫边区的财政得到了保障。按照 1941 年晋东南 340 万人口计算,则 1941 年每人平均负担小米 0.29 石(约合 78.3 市斤),1942 年每人平均负担小米 0.21 石(约合 56.7 市斤)。[②]人民负担比晋察冀边区同期负担要重一些。

(三)晋绥边区的财政

晋绥边区的财政主要开展了以下四方面的工作,取得了明显的成效。

第一,四大动员的开展。1940 年 2 月,晋西北行署发动了献金、献粮、献鞋和扩兵四大动员,不到两个月除粮食完成 90426 石(尚差 16674 石)外,共献金 1810625 元、献鞋 118441 双、扩兵 15885 名,分别超额完成

---

① 《戎子和同志在冀太联办第一次专员县长会议上的总结讲话》(1941 年)。

② 《解放日报》,1944 年 8 月 17 日,1943 年 6 月 3 日。

1742192元、31441双和9605名。① 边区政府又于6、8、10月,在兴县、临县、临南、岢岚、岚县、神府等6个县进行了3次代购和1次预借,共购到粮食9432石,又从晋中调粮8000石,初步摆脱了缺粮的困境。兴县黑峪口开明绅士刘少白献粮50石、银元700元,蔡家崖开明绅士牛友兰献粮125石、银元8000元。②

第二,《抗日救国公粮条例》的颁布及改进。边区政府1940年7月公布了《抗日救国公粮条例(草案)》,1941年10月公布了修订后的《征收抗日救国公粮条例》,1942年9月颁布了《修正征收救国公粮条例》。1942年完成第四次征粮任务161587石小米(正税),比1941年实征数减少22.2%,达到减轻民负1/4的要求。据典型调查,1942年负担占总收入的比例,地主为26.9%,富农为24.9%,中农为18.8%,贫农为10.9%,平均为17.4%。③ 1943年秋,边区政府公布了《晋绥边区统一救国公粮征收条例》,对1942年征收办法作了修改。条例的贯彻执行,实现了"削弱封建经济、扶持生产、照顾贫苦农民利益"。1944年,边区政府对统一救国公粮条例进行了修订。1945年边区政府根据前两年年执行的经验,又修订公布了《晋绥边区修正公粮征收条例》,使之日益完善。

第三,整理田赋。1940年8月,行署第二次行政会议决定对田赋加以整理,将土地分为水地、平地、旱地三种,每种土地的地价分为上、中、下三级,共三等九级。各地仍按旧田赋基本征收,每1两银征银洋2.5元,与1939年相同。1941年,为减轻人民负担,边区政府豁免了上、下忙全部田赋。1942年继续征收田赋,并规定了整理的办法。这一年,共收田赋406万元(西北农业银行发行的纸币),占全部财政收入的19.7%。

第四,三次征粮。在农村经济逐渐恢复的基础上,1943年至1945年

①刘欣主编:《晋绥边区财政经济史资料选编》(总论编),山西人民出版社1986年版,第320页。
②山西省史志研究院、中共内蒙古自治区委党史研究室著:《晋绥革命根据地史》,山西古籍出版社1999年版,第220页。
③刘欣主编:《晋绥边区财政经济史资料选编》(总论编),山西人民出版社1986年版,第741页。

边区政府进行了三次征粮,分别征粮 220856 石米、215313 石米和 358483 石米。从征粮总数看是增加了,但是由于边区扩大,人民的负担则是下降的。

山西抗日根据地推行统累税的负担政策后,克服了财政上的紊乱现象,使人民的负担更加公平合理,不仅从人力物力上保障抗日战争的需要,而且为建立和发展新民主主义的经济奠定了基础。

在财政支出方面,抗日根据地贯彻了"用之得当"和开源节流的精神。例如,晋冀鲁豫边区军费支出约占概算总支出的 90% 左右;[1] 晋察冀边区抗战前 5 年的开支,4/5 是军费,1/5 是政费(包括政府经费、教育费、团体补助费等)。[2] 同时,各根据地逐步建立了正规的预决算制度、会计制度、金库制度、粮食预决算制度、粮食制度和审计委员会,肃清了浪费现象,发展了生产,减少了支出。如晋察冀边区的北岳区公粮占粮食的产量,1941 年后逐年下降:1941 年占 14.98%,1942 年占 13.62%,1943 年占 10.07%,1944 年占 8.9%。

在财政建设的同时,各抗日根据地开展了金融建设,主要体现在以下四个方面:

第一,建立银行,发行本位币。八路军开赴山西抗日前线后,随着敌后抗日根据地的建立,各根据地开始创办自己的银行。在晋绥边区,1937 年 12 月兴县士绅刘少白创办了兴县农民银行。晋西北行政公署在 1940 年 2 月成立后,以兴县农民银行为基础创办西北农民银行,于 5 月 10 日正式成立,发行农币,在晋西北流通,成为边区内的本位币。1938 年 3 月 20 日,晋察冀边区政府正式成立了晋察冀边区银行,并开始发行边币,在边区内流通。1938 年 8 月,晋东南抗日根据地以山西省第三行政公署的名义创办了上党银行,发行上党票,在山西省三、五两个行政区内流通。

---

① 财政部财政科学研究所:《抗日根据地的财政经济》,中国财政经济出版社 1987 年版,第 103 页。

② 魏宏运主编:《抗日战争时期晋察冀边区财政经济史资料选编》(总论编),南开大学出版社 1984 年版,第 533 页。

1939 年 10 月 15 日,在冀南抗日根据地内,以冀南行政主任公署名义创办了冀南银行,发行冀钞,在冀南、太行两区内流通。1940 年 8 月冀太联办成立后,将上党银行合并入冀南银行内,收回上党票及其他杂钞,确定冀钞为太行、太岳、冀南三区的法定本位币,冀钞流通的范围扩大到太岳区。

各抗日根据地银行的成立和法定本位币的发行,为清理杂钞,打击伪钞,活跃市场,开展对敌经济斗争,发展根据地经济准备了条件。抗日根据地内银行货币的准备主要是实物,特别是粮食。货币的发行同样以粮食为主的实物为基金。银行的实物准备还包括棉、布、油、盐等,还有黄金和白银,有的还以部分法币作为基金。

各银行在创建初期,主要是为解决财政军费需要而发行货币的。晋察冀边区银行在 1938 年以前是以兑换法币形式进行货币投放,到 1949 年初,通过财政发行即以支付军政费用的形式投放。从 1938 年到 1945 年 8 月,边区政府用款额占每年度发行额的百分比数分别为 96.60%、75.93%、89.46%、134.21%、83.90%、91.96%、54.20%、116.36%。[①] 这说明边区银行为根据地军政费用开支提供了重要支持。

第二,帮助生产,开展信贷业务。各地银行为扶持生产的发展,生产贷款都是逐年增加的。《晋察冀边区银行生产贷款办法》中规定,农业生产贷款,以兴修水利为主,其他整修滩池,购买农具、牲畜、种子等项视情况而定。晋冀鲁豫边区发行生产贷款,1940 年为 1216 万元,1941 年为 2596 万元,1942 年为 7028 万元,1943 年为 19518 万元,1944 年为 34492 万元,1945 年为 69978 万元,几乎每年都是成倍递增。晋冀鲁豫边区政府和冀南银行在抗战 8 年中,共发放农业、工业、商业贷款 20 亿元之巨。其中农业贷款 44965 万元,占贷款总额的 22.22%;商业贷款 63524 万元,占 31.38%;工业贷款 69579 万元,占 34.37%;救济贷款 481 万元,占 0.24%;水利贷款 1159 万元,占 0.57%;合作贷款 447 万元,占 0.22%;其他贷款

——————————

①《晋察冀边区银行》,中国金融出版社 1988 年版,第 39 页。

22285万元,占11%。

第三,开展存款、低息或无息贷款。边区银行对农民的贷款实行低息或无息贷款,重点是贫雇农,也包括一部分中农。据调查,在晋察冀根据地,高利贷由地主、商号所放的年利率在1.7分至3分,利率的高低要视借债人有无土地、房屋,越是穷人,利息越高。边区银行的存放款活动,使广大农民从封建高利贷剥削中解放出来。

第四,开展货币斗争。这种斗争,主要包括阵地斗争、比价斗争和反假钞斗争几个方面。

阵地斗争,是指本币与伪币、杂钞、法币争夺货币流通市场的斗争。1940年以前,主要是进行驱逐伪钞和土杂钞的斗争,对于各种杂钞视不同情况进行清理。晋察冀根据地对当时大量存在的冀钞采取的办法是坡度贬值和降低比值的办法,经几个月的斗争便将冀钞驱逐出境。对其他杂钞则动员群众到敌占区购物或通过贸易机构到敌占区使用,对各县土钞则命令发行人收回。各边区政府从保护、坚持根据地经济利益出发,命令边区银行及税收贸易机构不再接受法币。对伪币的政策是,绝对禁止入境,禁止在边区流通,对违犯者一经查出全部没收,所查伪币拿到敌占区购物。

比价斗争,是指外汇管理中对本币与外币的交换比价,根据情况变化和需要进行调整,争取主动,以保护根据地利益。抗日根据地是依据敌占区物价波动情况和进出口的淡旺季来调整比价,从而推动了根据地贸易,稳定了根据地物价,打击了日伪的掠夺活动。

反假钞活动,是抗日根据地军民打击敌人扰乱根据地金融,掠夺根据地物资制造兜售假钞的活动。

总之,山西各抗日根据地通过各种货币斗争,使根据地物价稳定,保护了根据地利益,促进了根据地经济的发展。

第三节　抗日根据地的政权建设

为巩固抗日根据地,山西各抗日根据地全面贯彻执行中共中央"三三制"建政原则,逐步建立健全根据地的民主制度,从政治上团结各阶级、阶层一致抗日。

一、"三三制"民主政权的巩固

从 1940 年下半年起,建立"三三制"的抗日民主政权体制,成为山西各个抗日根据地新民主主义政权建设的中心内容。

（一）晋察冀边区的民主建设

晋察冀边区于 1940 年 7 月至 10 月间进行了大规模的选举建政运动。在抗日和民主的旗帜下,边区 97 个县 1500 万人民普遍动员起来,参加区、县、边区的三级选举,平均参加选举的人数占选民总数的 81%。这次选举产生了区代表会、县议会和边区参议会,以及边区各级政府行政机关。这次选举中基本上贯彻了中共中央"三三制"的精神,非党人士的比例大幅度增加。据统计,5 个专区 19 个县的 924 个县议员中,共产党员的比重下降至 55.3%,进步人士和中间人士的比重则上升为 44.7%。

1940 年民主大选后,晋察冀边区的县、村两级基本上按照"三三制"原则,建立健全了民意和行政机关,并在实践中互相监督,互相促进,不断得到了巩固和提高。但是,由于频繁的战争,边区最高政权机关中尚未来得及全面贯彻"三三制"原则。1943 年 1 月 15 日边区第一届参议会在阜平县温塘村召开,圆满解决了这一遗留问题。从北岳区到会的 240 名代表来看,党外人士 100 余人,占近 50%(游击区代表尚未到齐),比 1940 年选出的非党代表人数增加 200%,比例增加近 30%。其中,共产党党务工作者占 14.2%,国民党党务人员占 3.8%,政府人员占 13.5%,军界代表占 6.6%,民运领袖占 12.8%,商界和文教界领袖占 1.4%,少数民族代表占 3.1%,妇女代表占 5.6%,地主士绅代表占 17.4%,学者名流代表占 18.8%。党政军界代表比 1938 年 1 月召开的军政民代表大会时大为减少,而代表中间势力和上层分子的地主士绅代表,对抗战建设卓有贡献的专家、学者、名流的代表大大增加,两项占了代表总数的 36.1%。这充分说明这届参议会代表的质量和广泛性大有提高。

晋察冀选举产生了"三三制"的边区最高权力机构。参议会以直接选举、无记名投票方式选举产生了边区参议会正副议长、常设监政机构边区参议会驻会办事处和新的边区行政委员会及高等法院院长。选举结果,议长成仿吾、副议长于力都是大学教授;驻会参议员办事处由成仿吾等 7 人组成,其中共产党员 2 人,不足 1/3,国民党员和无党派民主人士占 2/3 以上;新的边区行政委员会由聂荣臻、宋劭文、吕正操等 9 人组成,其中共产党员 3 人,国民党员 2 人,无党派人士 4 人。他们中间还有 3 名分别是抗战前的著名教育家、铁路工程师、实业家。选举结果表明充分实现了共产党的"三三制"建政原则,受到与会各界代表的热烈拥护。一位参加过民国以来国会和地方议会选举的老议员说:"这次选举完全证明共产党所提出的'三三制',突出了一片真诚",表示"十二万分的敬佩"。①

这届参议会总结了边区 5 年来实施民主政治的经验,讨论通过了一系列法律和制度,正式颁布了《晋察冀边区选举条例》《晋察冀边区参议会组织条例》《晋察冀边区县区村组织条例》等,这就使边区新民主主义政体有制度可循、有法律可依。

大会还通过了《晋察冀边区目前施政纲领》及《晋察冀边区志愿义务兵役制实施办法》《晋察冀边区租佃债息条例》《晋察冀边区统一累进税

①《晋察冀边区第一届参议会会刊》。

税则》《晋察冀边区婚姻条例》《晋察冀边区抗战勤务条例》等14个法规和法令。这就为边区全面开展对敌斗争和各项建设,提供了比较完备的法律依据。

晋察冀边区第一届参议会后,各地结合落实边区参议会决议精神,在全边区掀起了建政热潮。

为了进一步贯彻"三三制"建政原则,晋察冀边区行政委员会做出了《关于整顿各级政权组织的决定》,要求在1943年1月至3月间,集中力量对专区以下各级政权组织进行整理。在全面检查整理政权组织的基础上,晋察冀边区行政委员会发出《关于1943年度村选的指示》,对村选做出了具体部署与安排。除敌占区村庄和部分敌人控制较严的游击区村庄外,边区各地普遍于春季改选完毕。改选后的村政权,各阶层人士更加团结一致,以新的战斗姿态投入对敌斗争和生产建设。

在边区村选的基础上,晋察冀边区行政委员会于1943年3月9日发出《关于县议会改选与县议会工作的指示》,明确规定了县选的中心任务、准备工作、组织与领导,并对游击区的县选和今后县议会的工作作了具体指示。这次县议会改选以北岳区为主,其他区视战争环境情况灵活进行。6月20日,北岳区党委发出《关于区议会选举的执行办法》的通知。这次县议会选举,大体上分为组织准备、实施选举、召开参议会选出领导机关三个步骤。为搞好县选,各地区召开了各种类型的座谈会,虚心听取各阶层人民的意见。公民踊跃参加县选,各县参选人数均在90%以上。截止8月20日,县选大部胜利完成,《晋察冀日报》特为此发表社论表示祝贺。社论指出:"我晋察冀边区各县第二届县议会,在各界人民踊跃热烈参选与竞选之下,胜利完成了'三三制'的选举,这不仅是我边区民主建设中的一件大事,并在全国人民面前展开了光明与黑暗相对照的一幅图画。"①这次县议会选举充分发扬民主团结的精神,选出的议员包括各阶层中最有威信的人士,在县议会和县政府的人员构成上基本落实了"三三制"

---

①《边区第二届县议会的任务》,《晋察冀日报》1943年8月20日。

原则。

晋察冀边区党和政府还十分重视游击区的政权建设。1942年晋察冀边区政府做出《关于目前游击区政权组织及工作的决定》，对游击区抗日政权的组织形式、斗争策略和发展方向做出了明确规定。12月，北岳区发动了对敌政治攻势突击周，依靠地方武装和民兵游击小组，逮捕了游击区敌伪政权人员6000余人，基本摧毁了敌伪在北岳区精心炮制的伪大乡公所，并乘胜恢复重建1200多个游击抗日政权。1943年1月15日，晋察冀边区行政委员会在《关于1943年度村选的指示》中指出：在游击区应将巩固与扩大抗日一面的村政权，争取亲日或中间两面政权为抗日两面或抗日一面政权，作为目前整理村政权的中心任务。3月9日，边区行政委员会在《关于县议会改选与县议会工作的指示》中，就游击区的县选问题，做出专门规定。同年春，对游击区村政权普遍按照"三三制"建政原则进行了整理改造，大量吸取基层的抗日民主人士参政，充分体现了抗日村政权的统一战线性质。同年夏，游击区的县议会也大都按照"三三制"建政原则进行了局部改组，由县政府出面聘请各界抗日爱国知名人士参政，加强了统一战线的工作。

为了进一步加强游击区的政权建设，晋察冀边区政府在整风和简政中，自觉把大批优秀干部充实到游击区的县、区基层政权中去，许多县、区机关搬回游击区，领导干部带头与游击区人民同甘共苦，生死与共。边区政府还在游击区抗日政权内部适时开展了反贪污、反浪费斗争，以保证抗日政权的廉洁作风，努力减轻游击区人民的负担。在游击区深入地贯彻《双十纲领》，全面落实统一战线的各项政策，合理地调整租佃、劳资关系以及各阶层人民的负担。因而，巩固和发展了游击区农村以基本群众为主体的各阶层人民的抗日民族统一战线。同时，及时领导游击区人民开展反日伪勒索的斗争，发展经济，改善民生，发展群众武装和游击战争，配合主力和地方武装的活动，打击敌人，激发了各阶层人民的抗日热情。

（二）晋冀鲁豫边区的民主建设

根据黎城会议关于民主建政的精神,1940年12月,冀太联办召开第一次专员、县长会议,讨论了农村政权的建设问题,要求1941年上半年在根据地普遍进行村选运动,完成村政权的民选,在下半年完成区级政府的民选。1941年1月,根据地中心太行区的村选运动由腹心区逐步展开。最早进行的是晋中的平定、昔阳、和顺、寿阳、榆次、太谷6县。村选运动大体经过宣传教育、选民发动、调查户口、登记公民、划分公民小组、实行民主选举等过程,最后选出村长,建立村政委员会(即村公所)。

村选运动是一次宣传和实施民主政治的运动,参加村选运动的广大农民群众懂得了民主政治,提高了参政的积极性。许多村庄投票人数达到村民总数的80%以上,有的地方达到90%甚至95%以上。通过村选运动,根据地实现了劳动人民当家做主,使村政权真正成为抗日的民主政权。据昔(阳)东县29个村的统计,在新选出的622名村政委员中,工人(雇农)占7%,贫农占44%,中农占34%,富农占13%,开明地主和商人各占1%。

在村选运动的基础上,中共中央北方局于1941年3月向冀太联办提议成立晋冀豫边区临时参议会,选举产生边区政府。会议接受了邓小平的建议,成立了晋冀豫边区临时参议会筹备委员会,负责筹备选举临参会参议员,召集临参会第一次会议。4月5日,北方局又提出了对晋冀豫边区当前建设的15项主张。从4月开始,选举参议员的工作全面展开。选举采用竞选方式,各党派、各界、各团体均提出自己的候选人和各自的政纲参加竞选。候选人的比例严格按照"三三制"的原则提出,共产党员人数都控制在1/3以内。邓小平于5月在北方局机关刊物《党的生活》上发表了《党与抗日民主政权》一文,深刻阐述了共产党关于建设民主政权的主张,论述了"三三制"政权的实质是团结一切抗日力量,实施民主政治,说明共产党对政权发挥指导和监督作用,并就党团在政权中的作用、政府机关中党支部的工作、加强民主教育等问题,提出了重要意见,有力地指导和推进了临参会筹备工作的全面开展。

1941年7月7日,晋冀豫边区临时参议会第一次会议在辽县桐峪镇开幕。根据中共中央北方局的建议,会议同意将鲁西 33 县划入本区,临时参议会遂改名为晋冀鲁豫边区临参会。参加大会的参议员共 133 名,其中共产党员参议员 46 名,占 1/3,彭德怀、邓小平、罗瑞卿等党和军队的领导人出席了大会。彭德怀向大会作了《目前形势与抗日根据地各项政策》的重要报告。大会决定成立晋冀鲁豫边区政府,并决定以中共北方局关于对晋冀豫边区目前建设的 15 项主张为基础,制定和颁发边区政府施政纲领。大会听取和审议了冀太联办主任杨秀峰的工作报告,讨论和通过了《晋冀鲁豫边区政府施政纲领》及《晋冀鲁豫边区临时参议会组织条例》《晋冀鲁豫边区政府组织条例》《晋冀鲁豫边区土地使用暂行条例》《晋冀鲁豫边区统一累进税条例》《晋冀鲁豫边区劳动保护条例》《晋冀鲁豫边区军事支差条例》《晋冀鲁豫边区婚姻条例》等一系列条例、法令,选举产生了边区参议会正、副议长,八路军参议员申伯纯当选为议长,国民党参议员宋维舟、邢肇棠当选为副议长;选举产生了晋冀鲁豫边区政府组成人员,委员 15 名,候补委员 4 名,杨秀峰当选为边区政府主席,薄一波、戎伍胜为副主席,浦化人为高等法院院长。

8 月 15 日,晋冀鲁豫边区临时参议会第一次会议结束。同日,边区政府正副主席和全体委员宣誓就职。24 日,边区政府召开首次全体委员会议,决定边区划为 21 个行政专区,太行区为边区政府直辖区,辖 6 个专区、39 个县。至此,太行根据地的面积达到 35583 平方公里。

晋冀鲁豫边区临时参议会以后,边区政府抓紧在各级政权中贯彻落实"三三制"建政原则。边区临时参议会议员返回各县,宣传实行"三三制"政权的意义,介绍临参会上发扬民主、自由讨论的情况,动员广大人民积极参加基层政权的民主建设运动。

在太行根据地腹心区的辽县、黎城、武乡、和顺、榆社、平顺、偏城、邢台等县,经过村选,建立起真正符合"三三制"原则的村政权。如三专区武乡、榆社、襄垣 3 县 598 个村政委员中,贫雇农占 35.1%,中农占 43%,富农占 15.4%,地主占 6.5%。这种普遍的"三三制"政权,从政治上调整了各阶级的关系,使根据地的民主政权具有广泛的群众基础。

太岳区，也在根据地腹心区开展了村民主运动。通过全区培训的1233名宣传工作骨干的广泛发动，动员了70%~95%的选民参加村选举，基本实现了"三三制"原则。据安泽县第一期9个村选出的129名代表，沁县、屯留7个村选出的14名正副村长的成分分析，大都符合"三三制"要求。9月1日，太岳区各界在沁源县召开拥护晋冀鲁豫边区政府成立大会，并在赵寨村成立晋冀鲁豫边区政府太岳行署，牛佩琮任主任，裴丽生任副主任。在此基础上，对游击区和接敌区的村政权也尽可能改造，使村政权中的进步力量占优势。如，平遥、介休、霍县1942年经过对村政权的改造，抗日政府能够掌握的村政权由改造前的3%发展到54%。

1942年9月，晋冀鲁豫边区临参会第二次大会太行太岳会议在河北涉县召开，参议员就如何推行民主政治、健全"三三制"政权、保证减租减息运动等问题进行了热烈的讨论。会议根据参议员的意见，修改了土地使用暂行条例。1943年9月，晋冀鲁豫边区临参会临时大会太行太岳会议上，研究修改了太行区的政治、土地、劳工、妇女、司法、锄奸、供给、支差等单行法令，进一步推进了边区的民主法制建设。

1944年6月上旬，晋冀鲁豫边区临参会驻会委员会召开扩大会议，讨论在全区进行普选和召开边区参议会的问题，通过了《晋冀鲁豫边区参议员选举条例》，确定了太行区参议会名额分配方案。从11月起，普选运动在太行区全面展开。1945年3月2日，经过普选出的146名边区参议员，代表45万居民，在涉县温村参加晋冀鲁豫边区参议会太行会议。会议通过了《边区参议会对边区政府工作决议》，选举申伯纯为参议会议长、邢肇棠为副议长，李雪峰、吕守元为驻会委员，杨秀峰继续当选为边区政府主席，薄一波、戎伍胜继续当选为副主席。

1945年3月3日至22日，太岳区参议会在士敏县郑庄召开。会议选举申伯纯为晋冀鲁豫边区参议会议长（票寄太行开启）、聂真为副议长，选举杨秀峰为边区政府主席，薄一波、戎伍胜为副主席（票寄太行开启）；选举牛佩琮为太岳行署主任，裴丽生为副主任。

这两次参议会的召开，完善了抗日根据地民主政治制度，推进了晋冀鲁豫边区的政治建设。

（三）晋绥边区的民主建设

晋西北边区抗日根据地新阶段的民主政治建设，是从 1940 年 9 月晋西北行政公署第二次行政会议开始的。9 月 11 日，晋西北行署召开第二次行政会议，把健全村政权作为 1940 年以后三大中心工作的首位。中共晋西区党委书记林枫在会议上作了《对晋西北政权工作的意见》的讲话，专门就健全村政权的问题进行了明确的阐述。会议还颁布了《晋西北村选暂行条例》和《晋西北村政权组织暂行条例》。

从 1941 年 3 月起，晋西北从行署到区逐级召开了选举准备会议，成立了由政、民机关共同组织的村选指导委员会，各村都建立了村选委员会，并确定了 22 个行政村为试选单位。10 月，经过试选取得经验后，拉开了整个晋西北村选运动的序幕。村选运动大体经过宣传教育、选民发动、调查户口、登记公民、划分公民小组、实行民主选举等程序，最后选出村长，建立村民委员会。经过广泛发动，从而使一般村庄参加选举的人数都达到村民总数的 80% 以上，有的地方甚至高达 95% 以上。村选运动逐步由巩固区逐步发展到接敌区。根据兴县 35 个行政村的统计，自然村公民选举村代表参选者占应参选者的 87.36%，村民大会参选者占应参选者的 80.51%。据晋西北 14 个县 44 个行政村的统计，有 80% 以上的男女公民参加了选举，充分表明了晋西北村选运动的普遍性、深入性。

通过村选活动，各地村政权的面貌为之一新。从组成人员看，根据对 1926 个代表的调查统计，地主、富农占总数的 16.7%，中农占 38.3%，贫农、雇农及工人共占 45%。根据对 51 个行政村的主任代表的调查统计，地主占总数的 2.5%，富农占 13.5%，中农占 44.4%，贫农占 33.4%，雇农占 3.1%，工人占 1.6%，其他占 1.5%。又据 11 个县 55 个行政村统计，村长中 32% 是中农，35% 是贫农，14% 是地主、富农。特别是几千年来倍受压迫的妇女，破天荒地参加了政治运动与行政工作。据 11 个县 55 个行政村的统计，代表中男性占 90.1%，女性占 9.9%，标志着历史翻开了新的一页，民主政治走向乡村。

晋西北在顺利完成村选后,便开始筹备与召开全区临时参议会的工作。1941 年 8 月 22 日,晋西北行署召开第三次行政会议,林枫代表中共晋西区党委提出召开晋西北临时参议会的提议。此后,由各党派、各界组成"晋西北临时参议会筹备委员会",负责参选工作。筹委会委员共 15 人,包括了各党派、各地方名流、政府、军队、民运、工人、妇女、文化界、教育界、新闻界的代表。① 筹委会成立后,立即着手临参会的选举工作,首先公布了《临参会筹委会组织条例》及参议员产生办法、选举办法等。

经过一年多的筹备,1942 年 10 月 24 日,晋绥边区临时参议会在神府县胡家庄正式开幕。出席大会的参议员 145 人,列席大会的党政机关、群众团体及各界代表与工作人员 400 余人。其中,既有各党派和无党派人士,又有抗日军人的代表;既有工、农、商、学代表,又有文化教育界知名人士;既有蒙古、满、回少数民族的代表,又有国际友人,具有广泛的群众性,充分体现了抗日民族统一战线的政策。参议员中共产党员有 47 人,占参议员总数的 32.4%。各界参议员百分比是:士绅名流占 13.8%,抗日军人占 6.2%,中、小学教员占 2.74%,学生占 1.38%,文化界人士占 2.74%,妇女占 6.9%,工人占 3.44%,商人占 3.44%,少数民族占 0.6%,国际友人占 0.69%,农民占 48.31%,区以上行政干部占 9.64%。② 这表明"三三制"原则在晋西北得到全面的贯彻执行。

大会始终洋溢着民主、团结、诚恳的气氛。大会经过 18 天的讨论,接受中共晋绥分局的提议,通过了《巩固和建设晋西北的施政纲领》及《晋西北临时参议会组织条例》《晋西北临时参议会常驻委员会组织条例》《晋西北行政公署组织大纲》《晋西北行政督察专员公署组织条例》《晋西

---

① 15 名筹备委员会委员:中国国民党元老续范亭,中国共产党晋西区委林枫,晋西北行政公署牛荫冠、武新宇、张隽轩,晋西北军区甘泗淇、罗贵波、阎秀峰,晋西总工会康永和,晋西妇女救国联合会姜宝箴,青年抗日联合会及学生救国联合会罗毅,文化界救国联合会亚马,新闻界廖井丹,教育协会杜若牧及开明士绅刘少白。

② 山西省史志研究院、中共内蒙古自治区委党史研究室著:《晋绥革命根据地史》,山西古籍出版社 1999 年版,第 266 页。

北县、区、村各级政府组织条例》《晋西北保障人权条例》等一系列条例、法令;选举林枫为边区参议会议长,刘少白、牛荫冠为副议长。选举产生了新一届晋西北行政公署正、副主任和行政委员会委员,选举续范亭为行政公署主任,武新宇为副主任。边区参议会的胜利召开及其通过的一系列法令,以及开展普遍的村选运动和村政权的改造,为县级政权的建设乃至全边区的民主政治建设奠定了坚实基础。

二、"精兵简政"的贯彻实施

"精兵简政"是抗日根据地面临严重困难的情况下,为减轻人民负担,切实爱护节省根据地的人力、物力、财力等战争资源,巩固抗日根据地,坚持长期抗战的一项重要政策。根据中共中央和中央军委的有关指示,山西各敌后抗日根据地先后对党政军各部门进行"精兵简政"。

(一)晋察冀边区的"精兵简政"

在 1941 年至 1942 年间,由于日军残酷的"扫荡"和"蚕食",晋察冀边区的面积、人口急剧减少。当时边区的主力部队和脱产的党政民干部加起来,约占根据地总人口的 5%。边区人民 1941 年税收负担平均较 1940年增长 50%以上,人均负担量为国民平均收入的 14.6%。在这种情况下,如不采取果断措施迅速减轻人民的负担,就会出现根据地民力、物力资源逐渐枯竭的现象,不仅影响根据地经济的恢复和发展及军政军民团结,而且影响根据地在敌后的长期坚持和发展。因此,根据中共中央的指示,在分局的领导下,边区从 1942 年初开始厉行"精兵简政"。边区八路军精简主要依据 1941 年 11 月 7 日中央军委《关于抗日根据地军事建设的指示》,本着精简主力军,加强地方军,紧缩机关,充实连队,加强地方性的原则进行。这次精兵,使主力军精简了 5000 余人,地方军由占边区武装部队总数的 14.3%上升到 20%,总兵力精简了 8.3%。边区的党政民脱产人员精简了 24%,减少 8000 余人。但精简后的边区脱产人员总数仍超过中共中央关于占人口总数的3%的比例。

1943年和1944年,边区又进行了第二和第三次大规模的精兵简政。这两次"精兵简政"根据中共中央的指示,要达到"精简、统一、效能、节约、反对官僚主义"的五个标准。在党政民机关,紧密结合整风运动,对各级机关进行了大规模的整顿和改革。本着精简上层,充实基层,裁撤骈枝重叠机构,加强一元化集中统一领导,加强第一线,特别是游击区、边缘区基层政权和组织独立对敌斗争能力等原则进行了精简和调整。边区政府的脱产人员,由1942年的2000余人减至500余人,精简了75%。1944年7月,边区各级政权人员结构比例改为:边区政府占17.07%,专署占14.33%,县占32.73%,区占35.87%。通过精简,克服了"头重脚轻"的现象,充实了区、县两级基层政权,使边区党政民机关脱产人员总数大幅度减少,比1942年初减少了一半。晋察冀边区的部队在1943年12月再次进行精简整编,将大团(3营12连甲种团,编制总额2770人)一律改为小团,每个团辖5个步兵连、1个特务连和1个侦察连;撤销第十二军分区,所属部队分别划入第十一和第十三军分区;撤销冀中军区领导机关,其所属5个军分区直属晋察冀军区领导。此外,还撤销了一些部队。1944年3月,奉中共中央命令,晋察冀军区先后分为两批,将12个团的兵力,加上抗大第二分校、白求恩国际和平医院、陆军中学等人员共计1.6万余人,调到晋绥和陕甘宁边区执行任务。这样,边区部队总兵力减少了近40%,整个边区各类脱产人员总数量达到了不超过甚至少于边区总人口3%的目标。[①]

经过大规模的"精兵简政"和增产节约运动,大大减轻了边区人民的负担。据统计,边区人民统累税负担1943年比1942年平均下降32%。1944年5月边区政府又下令减轻人民负担5.5%,同年秋,边区政府再令减轻人民负担10%~20%。两年中边区人民负担就平均减少了近50%,不仅使边区在最艰苦时期能够稳定地渡过难关,而且改善了民生,激发了

---

①《晋察冀军区抗日战争史》,军事科学出版社1986年版,第419、423页。

根据地人民的抗日积极性。

（二）晋冀鲁豫边区的"精兵简政"

晋冀鲁豫抗日根据地是华北敌后抗日根据地中幅员最大、人口最多的根据地。其中，太行区又是晋冀鲁豫边区的基本根据地，这里集中驻扎着大量的领导机关，有晋冀鲁豫边区党政军领导机关——中共中央北方局太行分局、边区政府和边区参议会及其直属单位，以及第 129 师师部和直属部队，而且有领导整个华北抗日战争的中共中央北方局、八路军前方指挥部及其直属机关。随着对敌斗争的深入发展，各种机构不断扩大，非生产人员不断增加。1941 年，太行区共有 150 万人（包括根据地和游击区），而太行区的部队有 4 万人，地方干部 2 万余人，脱产干部中又以上层机关为多，其中边区政府机关人员达 548 人，第 129 师师直单位达 2627 人。① 这种"鱼大水小"、"头重脚轻"的状况，不仅不利于对敌斗争，而且加重了人民负担。

为解决这一矛盾，1942 年晋冀鲁豫边区党政军根据中共中央的指示，从军队到地方、从上层到基层，普遍展开大规模的"精兵简政"运动。边区政府简政工作的重点放在调整合并行政机构方面，确定了多减上层，加强下层，多减事务人员的原则。边区政府决定，统一各部预算和事务工作，减少杂务人员、马匹，归并其他机关，减少人员 48%以上；专署兼理所在地的县政，如和西、平顺、涉县、沙河各县均由专署兼理，县政府亦可兼理所在区的区政；小县可改为区，或 2 县归并 1 县，或由一方兼理，如邢东、邢西合并为邢台，平南、平北合并为平顺，武南、磁县归并为武磁；各县并可依照不同情况，划分为甲、乙、丙、游击 4 种不同县份，配以不同编制比例的工作人员；对于区，则酌量归并以减少原有区数的 40%为标准；对于村，则采取联合村等形式。经过此次简政，边区的机构和脱产人员大大减少，仅太行区县以上工作人员就减少了 18%，节省经费

① 太行革命根据地史总编委会：《太行革命根据地史稿》，山西人民出版社 1987 年版，第 155~156 页。

38%。

晋冀鲁豫根据地的八路军主力部队第 129 师在"精兵简政"中起了表率作用。第 129 师把"精兵简政"列为 1942 年度的中心任务之一,师部决定:精兵建设从师直属队开始,由上到下,层层落实。1 月 7 日,刘伯承师长向直属队作《如何贯彻中央精兵简政政策》的动员报告。1 月 15 日,师部发出关于实施精兵建设的命令,确定紧缩统率机关,减少指挥层级,充实战斗连队的原则,对主力军、军区及地方部队的精兵建设提出了具体要求。随后,第 129 师从师部开始,调整编制,缩减机关,减少人员、马匹,充实战斗连队;抽调一批干部到地方武装和地方武委会中,以加强地方武装;抽调一批干部去抗大和陆军中学深造;经营生产事业,以安置老弱战士和荣誉军人。经过精简整编,第 129 师师直由 29 个单位减为 12 个单位,人员由 2627 人减为 1163 人。包括第 129 师师直、第 385、新 1 旅及各军分区在内的太行区八路军共裁减 151 个单位约 6650 人。[①]

1942 年 9 月 7 日,毛泽东在为《解放日报》写的社论《一个极其重要的政策》中,特地表扬了晋冀鲁豫边区的"精兵简政"工作。1943 年,晋冀鲁豫边区政府由 548 人减少到 100 人,八路军前方总机关和第 129 师师部合并办公。此外,各级党政军机构也进一步合并紧缩,大批干部由上级机关转到下级机关。经过两年的"精兵简政"工作,晋冀鲁豫边区党政军脱产人员所占比例不到总人口的 3%。

(三)晋绥边区的"精兵简政"

晋西北军区于 1941 年 12 月召开军分区首长以上的高级干部会议,讨论如何贯彻落实中共中央关于"精兵简政"的指示精神,结合军区的具体情况研究制定了部队的精简计划和编余人员的安置原则和办法。

各军分区、旅、团于 12 月中旬自上而下地从党内到党外、从干部到战士,陆续开始了关于"精兵简政"的政治动员和思想教育,使全体指战

[①]军事科学院军事历史研究部:《中国抗日战争史》下卷,解放军出版社 2000 年版,第 142 页。

员认清了实行精兵简政对克服困难、积蓄力量、争取胜利的重大意义。随后,部队即开展了以缩小机关充实连队为中心的整编工作。至1942年3月底,全军区主力部队由3.9万余人减至3.5万余人,旅、纵队以上机关人数同团以下连队人数的比例由1:1.7变为1:2,并对编余的4000余人作了适当的安置。第120师和新军共减少伙食单位118个,全师共减少公务员731名,大都充实到连队,加强了第一线的工作。

1942年10月,中共晋绥分局召开高干会议,决定进一步实行"精兵简政"。晋西北行署也在当月召开了民政科长会议,随即开始大规模的简政工作。在第二次精兵中,晋绥军区主力部队由3万余人减至2.5万人,地方武装由6520人减至5000余人。主力军与地方武装共精简了6600余人,占晋绥军区部队总人数的16.9%。第120师驻陕甘宁的第359旅和独立第1旅也按联防司令部的统一计划实行了精简。这次精兵重点是在团以上指挥机关和后方机关。全军区团以上机关人员由9151人减至3580人,减少了60.9%,其中,军区(师)、军分区(旅、纵队)两级机关人员由7132人减至1954人,减少了75.4%。这次精兵,取消了科、营级干部的乘马待遇,清理了部队中的超龄骡、马,除骑兵、炮兵部队的骡、马因质量较好未作大的清理外,全军区共精简骡、马1076匹,减少了47%。通过这次精兵,晋绥军区达到了缩编单位、合并后方、调整机关、充实连队、提高战斗力的要求和目标。军区(师)、军分区(旅、纵队)两级机关人数同连队人数的比例由过去的1:2改变为1:5.6,团级机关人数同连队人数的比例由1:3.7改变为1:10.8。在精兵的同时,有计划地调整了部队中的干部配备,使营、连两级干部一般都达到了新老干部各半。

在晋绥部队进行彻底精兵的同时,边区党、政、民机关也进行了简政。到1942年底,据28个县的统计,整个政权系统机关人员由18037人减为7489人,其中行署至县、区级机关人员减去5949人,村级减去5566人,区公所编制由15人减为7人,村公所编制由8人减为3至5人。在机构上,将三、四专署合并为三专署,岚县划归三专署,五专署委托绥察行署领导,五专署东四县办事处撤销,五、九地委合并为五地委,朔县划归五专署,离东县划归八专署,八专署平原办事处撤销,七、八地委合并为八地委。取消了区级各种助理员和村级各种形式的委员会,县政府民政、教育科合并,财政、粮食科合并,贸易局、银行合并,公安局战士与各级政府警卫连合并,接敌区的县政府不分科,公安局、武委会的伙食合并到各级政府,设立统一财政的财经委员会。晋绥抗联原有工、农、青、妇各救联不再独立存在,改在抗联之下分设工、农、青、妇各部。有些大机构合并精简后,还对一些部门的人员编制做了进一步的调整。行署后方留守处决定减去医疗所与托儿所主任编制,撤销生产保管股与庶务股,改设生产管理员、采购供给员、伙食管理员及会计员,除医疗所设看护外,其余勤务一律取消。三、四专署精简后,专署一级干部减少65%。五专署精简后的干部仅为原有干部的25%,杂务人员为原有数的20%。神府县根据裁、减、缩、并原则,县上每个科减为2人,区上只留2名助理员,群众团体减去原有数的1/3,脱产人员总共减少33%。①

山西各抗日根据地的"精兵简政",收到了明显的成效。一是减轻了人民群众的负担;二是提高了部队的战斗力;三是提高了行政效率。正如毛泽东所指出的:精兵简政"克服了鱼大水小的矛盾,使我们的战争的机构适应战争的情况,我们就将显得越发有力量,我们就不会被敌人战胜,而要最后战胜敌人。"②

---

① 山西省史志研究院、中共内蒙古自治区委党史研究室著:《晋绥革命根据地史》,山西古籍出版社1999年版,第293页。

② 《毛泽东选集》第3卷,人民出版社1991年版,第882页。

第四节　整风运动与共产党的
一元化领导

　　在抗日战争即将胜利的前夕,山西各抗日根据地相继开展了整风运动,加强了共产党的一元化领导, 为夺取抗战胜利提供坚强的组织保证。

一、整风运动的开展

　　抗日战争时期,中国共产党进行的整风运动,是一次加强党内思想建设的伟大创举,是一次普遍的马克思主义教育运动。整风运动的宗旨是,"惩前毖后","治病救人"。其内容是:反对主观主义以整顿学风,反对宗派主义以整顿党风,反对党八股以整顿文风。其方法是:开展调查研究,坚持实事求是,实行理论联系实际和批评与自我批评的教育方法。

　　(一)整风运动的准备

　　全党的整风运动,是经过充分准备的。1938 年秋,中共六届六中全会提出"普遍地深入地研究马克思列宁主义的理论的任务,对于我们,是一个亟待解决并须着重地致力才能解决的大问题。"会议还指出:"对于中国共产党说来,就是要学会把马克思列宁主义的理论应用于中国的具体的环境。⋯⋯使马克思主义在中国具体化。"①

　　会后,在全党主要是高级干部中掀起了学习运动。在此前后,毛泽东、刘少奇等中央领导人在大力开展学习和研究马克思主义的基本理论,研究中国国情,研究中国革命和党的建设的基本经验,探索中国革命

---

　　①《毛泽东选集》第 2 卷,人民出版社 1991 年版,第 533~534 页。

的基本问题和中国革命的基本规律的前提下,先后写了《〈共产党人〉发刊词》《中国革命和中国共产党》《新民主主义论》《论共产党员修养》等一系列著作。这些著作把马列主义的普遍真理和中国革命的具体实践相结合,科学地阐明了中国革命的基本理论和党的建设的基本经验,极大地推动了党的理论建设和思想政治建设。1940年1月3日,中共中央发出《关于干部学习的指示》,要求全党干部都应当学习和研究马克思列宁主义理论及其在中国的具体运用,各级党委必须把干部教育放在党的重要工作地位上。此后,全党加强了对干部教育的工作。12月25日,中共中央又发出由毛泽东起草的《中央关于时局与政策的指示》,要求全党警惕两种错误倾向,一是大革命时期陈独秀为代表的一切联合、否认斗争的右倾错误,一是土地革命战争后期王明为代表的一切斗争、否认联合的"左"倾错误。同时,要求全党正确执行党的抗日民族统一战线政策。为了提高党员干部的马克思列宁主义水平,中共中央决定组织在延安的120多个高级干部进行整风学习和路线学习。各地高级干部也逐步开展整风学习。毛泽东用了半年多时间主持编辑了党的历史文献《六大以来》,供党的干部学习。同时,中央还规定了一些马克思主义的经典著作,使党的高级领导干部运用马克思主义的立场、观点和方法,全面地分析和研究党的历史经验和抗日战争的新鲜经验,从中吸取经验教训,得出正确的结论。

1941年5月,毛泽东在延安党的高级干部会议上作了《改造我们的学习》的报告,指明了整风的方向。7月1日和8月1日,中共中央做出《关于增强党性的决定》和《关于调查研究的决定》,对开展整风作了思想动员。9月10日至10月22日,中共中央召开政治局扩大会议,毛泽东深刻分析了主观主义的表现、危害和根源,会议确认了王明等人在土地革命战争时期所犯的"左"倾冒险主义错误。9月26日,中共中央决定成立中央学习研究组,由毛泽东任组长,王稼祥任副组长,组织在延安的高级干部学习马克思列宁主义理论,总结党的历史经验。同时决定成立各地学习组,颁发高级学习组的组织条例。学习的内容主要是阅读六大以来党的历史文件,研究六大以来的历史,学习研究马克思列宁主义的思想方法。为此,中共中央书记处编印了《马恩列斯思想方法论》等学习文件。

1942年2月1日和8日,毛泽东在中共中央党校和延安干部会议上作了《整顿党的作风》和《反对党八股》的报告,全面地阐述了整风的任务和方针。这两篇报告的发表,标志着整风运动由准备时期转入全党干部党员普遍整风时期。毛泽东的《改造我们的学习》《整顿党的作风》《反对党八股》,刘少奇的《论共产党员的修养》和陈云的《怎样做一个共产党员》等22个文件,被列为全党整风运动的基本著作。4月3日,中共中央宣传部做出《关于在延安讨论中央决定及毛泽东同志整顿三风报告的决定》,对整风运动的目的、要求、方法、步骤和学习的文件,作了明确的具体规定,整风运动进入整顿学风的学习阶段。5月,毛泽东在延安文艺座谈会上发表了重要的讲话。6月8日,中共中央宣传部又发出《关于在全党进行整顿三风学习运动的指示》。此后,全党整风运动,在全党范围内蓬勃开展起来,时间从1942年2月至1943年10月,共进行了一年又8个月。

(二)各根据地整风运动的开展

为了加强对整风运动的领导,各地各级党组织都成立了整风学习委员会(简称"学委")或整风检查委员会,由主要负责同志亲自挂帅,主持领导该地区或部门"学委"或检查委员会的工作。各抗日根据地、各部门、各单位,或者召开会议,或者发布决定、指示与通知,或者由主要领导同志撰写文章、发表讲话、认真讨论与研究开展整风运动,广泛深入地进行整风动员、部署与检查。

在晋察冀抗日根据地,1942年4月18日,晋察冀军区政治部发出《关于研究和讨论整顿"三风"问题的指示》。6月20日,中共北岳区党委召开宣传教育扩大干部会议,着重讨论和研究了全区整风与干部教育问题。7月1日,聂荣臻发表《全面开展整顿三风的学习与检查》的文章,就晋察冀边区的整风学习提出了要求。7月4日,毛泽东电示聂荣臻,提出对晋察冀边区整风的意见。8月1日,晋察冀边区党政军领导机关和群众团体以及北岳区的第一期整风运动全面展开。在整风学习期间,各学习委员会多次召开会议,对整风运动进行了检查和安排。1943 年 4 月,晋察冀边区第一期整风胜利结束,5 月转入第二期整风。1943 年 7 月,晋察冀边区政府召开高级干部会议,以肃清官僚主义、改进领导作风为主题,开展了集体整风。1944 年 1 月 1 日,中共晋察冀分局做出了《关于加强整风领导的决定》,要求县以上党委成立整风委员会,进一步将整风运动引向深入。晋察冀分局还举办整风训练班,对县以上的主要领导进行了集中整风。

在晋绥抗日根据地,1942 年 5 月,中共晋西区党委宣传部发出《关于研究与讨论整顿三风文件的指示》,对研究讨论文件的时间、步骤、方法作了明确规定。5 月 30 日,晋西区党委发出《关于晋西北整顿三风的指示》,对整风运动的意义进行了深入阐述,指出了主观主义、教条主义、宗派主义、党八股在晋西北的各种表现。8 月,中共晋绥分局成立后,于 12 月又发出《关于整顿三风的指示》,决定从 1943 年 1 月开始把整风运动引申一步,并成立了以代理书记林枫为主任委员的总学习委员会。1943 年 3 月,晋绥分局总学习委员会召开整风学习的高级干部会议,检查整风学习情况。晋绥分局又发出《关于整风学习中配合审查干部的指示》,并于 4 月召开了由近 300 人参加的扩大整风座谈会,推动了整风运动的深入发展。同时,各地委分别举办了整风学习班。

在太行区抗日根据地,1942 年 4 月 15 日,中共晋冀豫区党委发出《如何执行土地政策的指示》,其中提出,目前执行土地政策,要与"三风"检查结合进行。执行土地政策就是"三风"检查在群众中的实施,也只有克服工作中的主观主义、宗派主义、党八股,党的政策才会真正在群众中得到实现。同日,中共晋冀豫区党委发出《关于如何整顿三风的指示》,部署了 1942 年在全区开展整风运动的工作。4 月 25 日,第 129 师政治部召开会议,讨论、研究开展整顿"三风"大检查问题。12 月 5 日,晋冀鲁豫边区政府继第一次整风大检查之后,进行第二次整风大检查。检查所属各单位从 10 月底以来的学习情况,确定整风进入自我反省阶段。

1943 年初，中共太行分局召开温村会议，会议要求在 1944 年把整风运动认真开展起来。八路军第 129 师于 2 月 15 日发出关于整风学习的安排，提出整风学习应着力抓紧团以上领导干部，确定把重点放在改造学风方面，强调要加强思想领导。3 月 13 日，中共太行分局发出《关于1943 年的整风计划》，决定军队、地方所有干部一律参加整风，在职的地委、县委和专署、县政府以及各群众团体的主要领导干部，轮流到分局党校参加整风，然后回到单位，领导在职干部的整风。6 月 5 日，太行分局召开干部会议，由分局书记邓小平作了整风问题的报告，强调在学习文件的基础上，进行自我反省，解剖自己的思想，开展批评与自我批评。从 4月到 8 月，太行区晋东南的部分干部参加了太行分局党校办的第一期整风班。10 月，太行区党委制定了《关于今明两年彻底完成全区整风任务及目前阶段的计划》，提出由党委主要负责人直接领导整风，实行"机关学校化"、"学校机关化"的办法。同时，区委党校直接办了三期县级干部整风班（一直到 1946 年 3 月结束），各地委党校办了区级（包括少数县级）干部整风班，有的县委还办了村支书和少数区级干部整风班，使整风运动步步深入。

在太岳区抗日根据地，1942 年 4 月 27 日中共太岳区党委书记安子文在《太岳日报》发表《改造我们的作风》，列举了太岳区"三风"不正的种种表现，分析了"三风"不正的根源，要求广大党员和干部对整风文件必须"细嚼烂咽，化成血肉，并与检查自己各方面的工作结成一气，真正地掌握这个改进工作、改造自己的武器"，把整风运动搞好。同时，太岳区党委在《太岳日报》发表《整顿三风征询各界意见启事》。5 月 4 日，太岳军政委员会书记薄一波在纪念"红五月"的集会上作了如何整顿三风的报告，接着成立了由薄一波任主任的总学习委员会，太岳区党委制定了整风计划。但由于紧张的反"扫荡"作战和生产救灾工作，从 1942 年 4 月至 1943年 3 月，整风尚处于一般的学习文件和思想发动阶段。1943 年 4 月，太岳区党委重新制定了整风计划，把整风运动的重点放在领导机关和领导干部身上。11 月间，太岳区党委又对整风运动作了进一步安排，要求各级领导机关和领导干部在检查、总结过去整风学习的基础上,进一步深入开展整风运动,并在一年时间内完成整风审干工作。从 10 月开始到 1944年 1 月,在区委党校举办了两期县级干部整风班。12 月 10 日,太岳区党委又做出《关于深入开展整风运动完成整风任务的决定》。1944 年 3 月,成立了由区党委代理书记、太岳军区政委王鹤峰任组长的整风领导组。5月,又开办了整风学校,除少数坚持工作的干部外,集中全区党政军民各级干部 868 名(其中有地委、分区级干部 60 人,县团级干部 196 人),深入进行整风学习,直到 1945 年 5 月结束。

各地的整风运动虽然开始的有先有后,时间有短有长,但大体都是经过了三个阶段:第一阶段是学习 22 个整风文件,领会精神,提高对整风的目的、内容、任务、方法、意义等问题的认识,以端正整风的态度,启发参加整风的自觉性和积极性。这实际上是思想发动阶段。第二阶段是精读文件,联系实际,普遍进行三风检查阶段。即对照 22 个整风文件精神,联系自己在思想、工作、作风方面存在的问题,进行深刻的检查,摆问题、挖根源、找危害,开展认真的批评与自我批评,把自我反省与互相帮助结合起来,促进每个人的自我革命。这是思想斗争最为激烈也是整风学习极为重要的阶段。第三阶段为深入学习文件,集中进行整风,系统反省阶段。在普遍整风的基础上,各地党校整风班吸收县级以上领导干部参加,深入学习整风文件,系统地清算思想,清算历史,经过批评和自我批评,在正确认识自己的基础上,写出自己的思想小传和历史小传,确定努力的方向和决心。在这一阶段中,各地曾用一段时间进行了审查干部的工作,对每个干部经过审查,做出了政治历史结论。

在全党普遍整风过程中,中共中央大力提倡调查研究。根据中央的指示精神,山西各抗日根据地大兴调查研究之风,开展了大规模的调查研究工作。在晋察冀边区的北岳区,1942 年区党委组织了大批干部,深入到农村,就农村经济与阶级关系的变化、对敌伪的各种斗争和策略、农村党组织建设状况等问题进行了为期半年的调查研究,撰写并出版了《北岳区农村经济关系与阶级关系变化调查资料》,还整理印发了《北岳区的农村调查》的小册子。在晋冀豫区,1942年区党委和所属各地委,均成立了调查研究室,并配备了强有力的干部。区党委先后选择根据地的腹心区、一般区和游击区、敌占区的20多个县、100多村庄的不同典型,从各阶层的土地占用变化,地租、高利贷、商业资本剥削关系的变化,农民同地主斗争情况和生产问题,各阶层的土地经营、日常生活、政治地位、对共产党的态度和要求等方面进行调查,写出了一批有分量的调查报告。如,区党委调查研究室写的《太行区社会经济调查》《太行区一九四四年国民经济调查初步研究》《辽县调查报告》《平顺县六个阶层的三十户调查》《太行区经济建设问题》等,为指导抗日根据地的工作提供了依据。在晋绥边区,1942年中共晋西区党委做出《关于调查研究的指示》,对开展调查研究作了部署。各级各部门和广大干部先后就土地问题、阶级关系、政权建设、自然条件、经济资源、生产发展、劳动互助、文化教育、对敌斗争、群众生活状况等方面,写出了一批调查报告,编印了《晋西北的阶级》《土地问题材料汇集》《经济建设材料汇集》等书籍,为各级干部了解实际、指导根据地的各项工作发挥了重要作用。

中共中央对晋绥边区的调查研究工作十分重视。1942年1月至1943年3月,张闻天亲自率领党中央调查团,深入到陕北和晋西北地区进行调查研究,其中在晋西北地区调查研究历时近五个月。晋西北各系统各级调查研究部门对中央调查团的工作予以大力协助。这次调查,通过走访晋西北地区各类典型村庄,在收集第一手材料的基础上,张闻天亲自执笔撰写了《碧村调查》《兴县十四个自然村的土地问题研究》等调查报告,从而为各级领导干部深入实际搞好调查研究工作起了很好的模范带头作用,也推动了晋西北地区整风运动的深入开展。

山西各抗日根据地整风运动的开展,大大加强了各抗日根据地党的建设,有力地促进了各地党在思想上、政治上、组织上的统一和团结,提高了党的领导水平,为争取抗日战争的最后胜利,在思想上和组织上做了重要的准备。但是,在结合整风进行的审干过程中,各地不同程度地出现了一些偏差。主要是在残酷的对敌斗争环境中,各根据地党的领导机关对敌我斗争的复杂性缺乏正确的分析,对某些干部的政治状况估计失当,加之受"特务如麻"思想和延安"抢救运动"的影响等,搞了所谓"坦白运动",对被审查的干部搞逼供、诱供,伤害了一部分同志,造成了严重的后果和恶劣的影响。虽然时间不长,涉及面不大,但教训是极为深刻的。从1944年下半年到1945年上半年,各地认真进行了甄别平反工作,纠正了审干中发生的错误。

二、共产党一元化领导的加强

全国抗战以来,山西敌后抗日根据地从无到有,由小到大,并建立了党政军民等组织系统。在几年的艰苦抗战中,各根据地的共产党的领导一般是统一的,各组织系统间的关系基本是团结一致的。但是,由于绝大多数根据地处在敌后,并在地域上相互隔离,再加上游击战争分散活动的特性,各地区、各系统以及上下级之间的沟通联系比较困难。

随着抗战极端困难时期的到来,日军对各抗日根据地的封锁和分割日益严重。为了适应严酷的斗争环境,统一和强化各根据地的抗日斗争,1942年9月1日中共中央政治局做出了《关于统一抗日根据地党的领导及调整各组织间关系的决定》。《决定》首先阐明了实行和加强共产党的一元化领导及调整各组织间关系的必要性和重要性,指出:"党是无产阶级的先锋队和无产阶级组织的最高形式,他应该领导一切其他组织,如军队、政府与民众团体。根据地领导的统一与一元化,应当表现在每个根据地有一个统一的领导一切的党的委员会。"《决定》在要求严格执行民主集中制的基础上,强调加强各抗日根据地领导的统一,是为了更顺利地进行抗日战争,一切服从战争是统一领导的最高原则。[①]同年12月1日,中共中央向各地区的党的领导机关发出《中央关于加强统一领导与

---

① 中央档案室馆编:《中共中央文件选集》第13册,中共中央党校出版社1991年版,第426~436页。

精兵简政工作的指示》,要求各根据地结合精兵简政,加强统一领导,在建立领导一切的区党委或中央分局的基础上,确立各自的领导核心。

中共中央关于加强党的一元化领导的决定和指示下达后,山西各抗日根据地结合整风和精简运动,对所辖地区的党政军民组织系统进行了调整。

在晋察冀根据地,1942 年 10 月 24 日,中共中央北方分局(1943 年 8 月后改称晋察冀分局)发出通知,要求调整区党委和二级军区以下各级领导机构,实现边区各级党的一元化领导。根据分局的指示,中共北岳区党委于同年 11 月 2 日做出了《关于党的领导一元化的决定》,根据中央的精神和北岳区的实际情况,具体规定了组织北岳区范围内党政军民统一的领导机关、统一的宣传领导,加强党内一元化领导的教育等措施。北岳区党委率先实行了改组,除原有委员外,又增加朱良才(军区政治部主任)、张苏(边区政府党团书记)为常委,刘澜涛继续担任区党委书记,朱良才任副书记。改组后的北岳区党委,即成为北岳区范围内党政军民统一的领导机关。晋察冀边区政府党团,也改由北岳区党委领导(但在讨论决定有关全边区问题时,应取得分局之批准)。军区政治部与区党委之关系在原则上和边区政府党团一样,由北岳区党委直接负责领导,区党委和县以上的军事部撤销。区级以上群众团体改组为各界抗日救国联合会的统一领导机关。为统一宣传领导,在区党委之下,吸收党、政、军、民和报社、文联的负责人参加,组成统一的北岳区宣传工作委员会。军区政治部主办的《熔炉》,与区党委出版的《战线》合并,使《战线》作为北岳区党内统一的刊物。各地委宣传部与各军分区宣传科合并。随后,北岳区下属各地委也相继完成改组。改组后的各地委书记分别由军分区司令员或政治委员担任,原地委书记改任副书记兼军分区政委或副政委。1943 年 8 月,晋察冀分局为贯彻精简的精神,又决定撤销北岳区党委建制,由分局、军区和边区政府直接领导各地委、军分区和专署的工作,并决定组织北岳区工作委员会作为分局的办事机构,协助分局处理北岳区的日常工作。

在晋冀鲁豫根据地,1942年9月,中共中央决定成立中共中央北方局太行分局,由邓小平、李大章、刘伯承、蔡树藩、李雪峰5人组成,邓小平任书记兼组织部长(后由李雪峰任组织部长),李大章任副书记兼宣传部长。中共太行分局统一领导晋冀豫(太行)、太岳、晋豫(中条)和冀南4个区党委的工作,各地原军政委员会撤销。同年10月21日,中共中央批准太岳、晋豫两区合并,中共太岳区党委和晋豫区党委合并成为中共太岳区党委,薄一波任书记,聂真任副书记,薛迅任组织部长,顾大川任宣传部长。同时,太岳军区和晋豫联防区合并成为太岳军区,陈赓任司令员,薄一波兼任政委,王新亭任政治部主任,毕占云任参谋长。太岳行署由牛佩琮任主任,裴丽生任副主任。

在晋绥抗日根据地,根据中共中央决定,1942年9月成立中共中央北方局晋绥分局,关向应、贺龙、林枫、周士弟、甘泗淇、王达成、龚逢春、赵林、吴亮平等9人为委员,关向应任书记,林枫任副书记(因关向应养病,由林枫代理书记、后任书记)。晋西北军政委员会及晋西区党委撤销。晋西北行政公署改称晋绥边区行政公署。晋西北军区改称晋绥军区,林枫兼任军区政委。10月下旬,绥远大青山地区和雁北地区合并,成立塞北军分区。晋绥分局成立后,代表党中央统一领导晋西北及绥远地区的党政军民工作,并负责领导晋西南工委的工作。

这一时期,山西抗日根据地先后按照中共中央的决定精神,根据各自的情况对所属党政军民组织进行了调整,组建了中共中央北方局晋察冀、晋冀鲁豫、晋绥三个分局,从而实现了共产党对各方面工作的一元化领导,使党政军民各组织间的关系更加协调和密切起来,为夺取抗战胜利提供了组织保证。

第十六章
抗日根据地的恢复和发展

第一节　抗战局势的变化与
山西战场的任务

随着世界反法西斯形势的变化,日本调整侵华战略,重点确保重要资源开发地区、中心城市和主要交通线的安全。中国共产党及时提出坚持敌后抗战的新政策,山西抗日根据地军民在军事上开展了英勇的反"扫荡"、反"蚕食"斗争,在经济上发展工农业生产,使根据地得到了恢复和发展。

一、世界反法西斯战争的转折

1942 年夏至 1943 年,世界反法西斯战争发生了根本性的转折。同盟国军队在各个战场都发动了进攻,同盟国与轴心国的力量对比和战略形势发生了不利于轴心国的变化,第二次世界大战的进程出现了根本性的转折。

在欧洲战场上,1942 年夏,德军在苏德战场上由全面进攻改为在南部实施重点进攻。7 月,德军集中精锐部队 20 个步兵师、3 个机械化师、4 个骑兵师、5 个战车师和几千架飞机向斯大林格勒展开进攻。战役从 1942 年 7 月 7 日到 1943 年 2 月 4 日,历时 200 天。经过艰苦拼杀,苏联红军取得了斯大林格勒会战的历史性胜利。斯大林格勒保卫战的胜利,是苏德战争的转折点,也是第二次世界大战的转折点。1943年7月,英美军发起西西里岛战役。9月3日,盟军在意大利登陆。9月8日,意大利政府向盟军投降。

在非洲,德意军队遭到重大伤亡后,于1942年11月初被赶出埃及。1943年5月12日,盟军占领突尼斯,北非战场的战斗结束。

在太平洋战场,盟军从1943年开始转入有限的反攻,同日军展开了逐岛争夺战,战局开始朝着不利于日本的方向转化。

1943年11月22日至26日,美、英、苏三国政府首脑会议在埃及首都开罗举行,签订了《开罗宣言》。11月28日至12月1日,三国首脑又在伊朗首都德黑兰举行会议,签署了《德黑兰宣言》。

上述表明,世界反法西斯阵线得到进一步的加强和巩固。

在此情况下,日本不得不重新考虑侵华战略。1942年12月21日,日本御前会议通过了《为完成大东亚战争所需要的对华处理根本方针》,指出:"应根据日华合作的根本精神,专心加强国民政府的政治力量,同时应力图消灭重庆借以抗日的口实,和新生的中国一起真正为完成战争而迈进"。具体实施以上方针的要点分为政治和经济两个方面,政治上对汪伪政权"尽量避免干涉,极力促进它的自发活动";经济上要重点开发和取得占领区内的重要物资。

1943年,日军华北方面军的使命是:"应付1942年晚秋以来日趋严重的整个战局,为了完成大东亚战争,确保华北兵站基地的安定,向开发建设迈进,对支援战争应做出比过去更大的贡献。"①

为此,日本加强对汪精卫的诱降,对重庆国民政府继续施加军事和政治压力,对共产党领导的抗日力量则加紧进行打击。根据日本大本营1943年2月27日制订的对华作战指导计划,规定中国派遣军的首要任务是确保占领区,重点是蒙疆地区,山西省北部,河北省、山东省、江苏省北部,上海、南京、杭州间地区。特别是对重要资源开发地区,中心城市和

①日本防卫厅战史室编,天津市政协编译组译:《华北治安战》下册,天津人民出版社1982年版,第282页。

主要交通线的安全要确保。8月28日制订的《1943年秋季以后的中国派遣军作战指导大纲》,把在华北进行"扫共作战"作为大纲中心内容的第一条,规定"华北方面军,于今秋务须有组织地反复对共军进行扫灭作战,覆灭其根据地"。①

3月24日,日军华北方面军下达了1943年度《作战警备纲要》,将作战重点转向八路军。同时,日军为集中兵力,也为了更多地利用伪军的力量,而"将过去高度分散部署的驻兵地点减少了三分之一,将一部分警备地区移交中国方面的治安军等"。②

二、中共中央强调坚持团结抗战

在国际反法西斯战争胜利发展的形势下,针对日本侵略者犹作困兽之斗的情况,1943年7月2日,中共中央公开发表了《为抗战六周年纪念宣言》,向国内外阐明中国共产党关于形势的分析和继续坚持抗战的方针、政策。中共中央认为,反法西斯同盟国正处在空前有利的形势中,而法西斯侵略国则已陷入国际上完全孤立、内部发生危机、军事上发生危机和占领区内地也发生政治危机的困境之中。在这种情况下,中共中央认为,中国内部应加强作战,应加强团结,应改良政治,应发展生产。《宣言》指出:"在六年抗战中,证明中国共产党对于保卫祖国的神圣战争是无限忠诚的,八路军新四军与敌后人民的艰苦奋斗是史无前例的。侵华敌军的半数是由他们之手抗击了六年,并且还要继续抗击下去,直至驱逐敌军出中国。他们是没有任何弹药与军饷的援助,但凭自己的忠诚与创造力达到了这样的奇迹。他们从敌人的手中夺回了广大的土地,建立了民主的抗日根据地,坚决地实行了三民主义,实行了联合各抗日阶层

---

①《日本帝国主义侵华资料长编》(下),四川大学出版社1982年版,第41页。
②日本防卫厅战史室编,天津市政协编译组译:《华北治安战》下册,天津人民出版社1982年版,第276页。

的三三制政策,实行了减租减息同时又交租交息的土地政策,实行了奖励生产同时又保护工人的劳动政策,实行了鼓励人民爱国心与发扬人民抗战积极性的文化政策。因此引起日寇和汪逆汉奸群的深仇大恨,誓死要消灭他们。残酷的'扫荡',阴谋的'蚕食',堡垒如林,沟墙遍地,'三光政策'与所谓'治安强化运动'的无止息的推行,'剿共委员会'的普遍设立,都是为了要消灭他的。"① 在这种残酷的斗争环境中,中共中央还号召共产党员、八路军和新四军以及敌后民众要加强团结,彻底地达到官兵一致、军民一致、军政一致,更好地将敌后战场上的一切主力军、游击队与民兵配合组织起来,加紧打击敌人,粉碎敌人的"扫荡",要发展武装工作队,加强反"蚕食"斗争。要十分注意争取日军的士兵和伪军,加强反战工作。要发展公营、民营和私营生产。要继续整风学习运动。要学习文化、业务、政治、理论。中共中央号召全体共产党员要"巩固地团结在以毛泽东同志为首的中央的周围,坚决地认真地执行中央的政策,加强自己的责任心,发扬自己的创造力,坚持抗日民族统一战线,尽一切可能与一切努力和全国一切抗日党派、抗日人民团结一致,支持国民政府与蒋委员长,战胜日本帝国主义"。② 这就为山西抗日根据地军民坚持团结抗战指明了方向。

第二节　晋察冀抗日根据地的军事斗争

　　晋察冀抗日根据地是华北敌后抗战的重要战略基地,日军抽调重兵对其进行一次次"扫荡""蚕食"。根据地军民展开了英勇的反"扫荡"、反

---

　　①中央档案馆编:《中共中央文件选集》第 14 册,中共中央党校出版社 1992 年版,第 57~58 页。

　　②中央档案馆编:《中共中央文件选集》第 14 册,中共中央党校出版社 1992 年版,第 61 页。

"蚕食"斗争,巩固了抗日根据地。

一、北岳区军民的反"蚕食"斗争

晋察冀边区,战略地位极为重要,为日军"扫荡""蚕食"的重点。根据地军民在严重困难面前继续坚持斗争。1942年9月11日,中共晋察冀分局和晋察冀军区在聂荣臻主持下,在平山县寨北村召开了边区党政军高级干部会议,军区副司令员萧克在会上作军事报告,指出当前各根据地面临的困难是敌人"蚕食"政策的严重危害。为开展反"蚕食"斗争,会议确定"以武装斗争为主,配合各种斗争,向敌后展开全面攻势,变游击区为根据地,敌占区为游击区,敌进我进,向敌后之敌后伸展"的方针,明确提出"到敌后之敌后去"的口号。边区各地军民在党政军统一领导下,积极开展反"扫荡"、反"蚕食"斗争。

1943年初,日军采取"跃进蚕食"的手段向晋察冀根据地的北岳区进攻。所谓"跃进蚕食",即调集上千人的兵力,先对预定地区分进合击,迫使八路军转移,然后,分散掩护民夫迅速建碉堡、筑路、挖沟,"跃进蚕食"根据地。1月至4月间,日军向根据地纵深跃进15公里至20公里,建点碉80余处,"蚕食"面积约3000多平方公里。

北岳区党政军领导认真分析了敌人"跃进蚕食"的规律及特点,提出了反"跃进蚕食"斗争的方针,即"大力杀伤消耗敌人,在有利情况下坚决打击敌人,驱散民夫,破坏敌之器材,加强沟线外纵深活动,打击敌人之交通运输,夺取薄弱之据点,广泛开展游击战争,领导群众对敌进行尖锐的斗争"。八路军一方面围困打击根据地内的据点;一方面派出大量小部队和武工队,深入到敌占区,通过广泛的游击战消耗日军,破坏日军交通线。在3月、4月两个月内,仅第四军分区的民兵,毙伤日伪军即达580多人。经过3个月的作战,北岳区军民共进行大小战斗205次,歼灭日伪军1200余人,恢复村庄1600个,粉碎了日军的"跃进蚕食"。

于是,日军改用"辗转扫荡"的方法。4月19日至5月17日,日军先后纠集1.2万多名日伪军,由北岳区东部由南向北,实行分区"辗转扫荡",企图奔袭晋察冀军区首脑机关。

晋察冀军区机关及时转移,主力部队积极开展分散的游击活动,打击"扫荡"之敌,小部队乘敌后方空虚,开辟新的游击区。在1个月内,八路军及民兵作战218次,共毙伤俘日伪军1700余名,攻克碉堡5座,炸毁汽车12辆,并缴获大量武器弹药及物资。同时,在敌人后方又开辟出一些新的地区。

北岳区军民经过5个多月的浴血奋战,不但挫败了日军的"跃进蚕食"和"辗转扫荡",还开辟出许多块游击根据地和隐蔽根据地,扭转了1941年以来的被动局面,使根据地得到一定的恢复和发展。

二、北岳区军民1943年反"扫荡"作战

1943年,日军对晋察冀根据地的"扫荡"有增无减,"扫荡"次数极为频繁,仅对北岳地区"扫荡"就达12次之多。

9月16日至12月15日,日华北方面军第63师团及第110、第26、第62师团及独立混成第3旅团各一部及伪军4万兵力向北岳区发动"毁灭性大扫荡",企图打击该区八路军主力,破坏秋收、屯粮计划,一举摧毁根据地。这次反"扫荡"作战历时3个月,可分为三个阶段。

第一阶段,9月中旬至10月中旬,重点是"清剿"与反"清剿"的斗争。9月15日,日军先头部队1.7万人,分别从平汉、正太、同蒲、平绥等铁路沿线向北岳区边缘集结,目的是控制边区腹地,搜索与破坏坚壁物资,抢掠粮食。

北岳区军民于9月18日全面进入以保卫秋收为主的反"扫荡"作战。在边区军民连续打击下,日军于10月上旬陆续收缩兵力,退至各主要交通线上,进行补充整理,以图再犯。至此,第一阶段的反"扫荡"基本

结束。

第二阶段,10月中旬至11月中旬,主要是抢粮与反抢粮的斗争。10月中旬,日军抽出3000多人加强铁路沿线守备,将主力9000多人派往滹沱河、沙河、唐河沿岸产稻地区,终日背河袭扰,以图驱逐晋察冀军区主力,并掩护其抢粮。

北岳区党政军民立即行动起来,以武装斗争保卫秋收。在日军未严密控制的地区,军民昼夜抢收粮食;在日军严密控制地区,以部队配合民兵掩护组织群众夜间抢收;在被日军控制而我也不能抢收的地区,则埋设地雷破坏敌人的抢掠。经过反复争夺,唐河、沙河、滹沱河流域85%的庄稼都被抢收回来,挫败了日军的抢粮计划。

日军于10月下旬一面继续"清剿",一面集中兵力寻找军区主力决战。对此,晋察冀军区立即将主力的2/3配置在内线,1/3伸至外线,以连为单位分散活动,内线、外线紧密配合打击敌人。在铁路线上,日军不断遭受飞行爆破组的袭击。同蒲路北段,日军的火车头和车厢被毁坏约25%。民兵的游击战、地雷战到处展开。日军未找到军区主力作战,反而到处挨打,损失很大。北岳区人民群众伤亡1.6万多人,损失房屋49785间,粮食30万担,牲畜7万多头,农具17万多件。

第三阶段,11月中旬到12月中旬,重点是奔袭合击与反奔袭合击的斗争。在北岳区军民的沉重打击下,日军被迫于11月中旬开始撤退。在撤退前,有重点地对根据地领导机关和主力部队进行奔袭,以交替掩护其主力撤退。军民以一部兵力牵制日军,主力转至外围包抄歼敌,使敌扑空,一无所获。12月中旬,经盂县、平山地区撤退的敌人,在5天内就触发地雷270枚,死伤300多人。

北岳区这次反"扫荡"战役于12月15日胜利结束。北岳区军民3个月共作战4285多次,歼灭日伪军9472人,破坏车站1个、铁路4公里、公路985公里、铁桥13座、封锁墙59公里、碉堡204座、毁火车8列、坦克3辆、汽车244辆,缴获大量武器。

北岳区反"扫荡"、反"蚕食"的胜利,粉碎了日军毁灭根据地的企图,保卫了秋收、秋种和秋征工作,开辟和恢复村庄 1074 个,恢复和扩大了根据地,为边区军民转入攻势作战创造了有利条件。

第三节　晋冀鲁豫抗日根据地
的军事斗争

晋冀鲁豫根据地军民展开了机动灵活的反"扫荡"、反"蚕食"斗争,创造了沁源围困战的光辉战例,粉碎了日军的历次"扫荡",使根据地得到恢复和发展。

一、温村会议

1943 年 1 月 25 日至 2 月 20 日,中共太行分局在河北涉县温村召开高级干部会议(通称"温村会议")。会议全面总结了边区创建以来的军事、政治、财经、群众运动以及对敌斗争等工作,研究了如何更快地扭转边区的困难局面和全面开展根据地建设的问题,提出新形势下根据地工作的方针、任务和措施。

这次会议上,邓小平作了《五年来对敌斗争的概略总结与今后对敌斗争的方针》的报告,李大章作了《过去群众工作的简单回顾与今后工作的方针》的报告,戎伍胜作了《进一步加强财经建设开展对敌经济斗争》的报告。最后由邓小平作总结报告。会议通过了对邓小平、李大章、戎伍胜三个报告的结论和决议。

会议提出根据地今后的任务是:贯彻实施民主政治,继续深入发动群众,实行减租减息和合理负担,巩固抗日民族统一战线,加强普遍的、群众性的游击战争,坚决粉碎敌人的"扫荡",制止敌人的"蚕食";加强根据地的经济建设,发展生产,战胜灾荒,保证军需民食,打下自给自足的基础,巩固与扩大抗日根据地。同时指出,在游击区和敌占区要发展游击战争,建立小型的、隐蔽的游击根据地,加强在敌占区广大人民中和伪军、伪组织中的工作,积蓄力量,准备反攻,以配合保卫抗日根据地的斗争。并且要求坚持"敌进我进"的方针,组织更多的武工队、小部队,大力开展敌占区的工作。

此外,会议还指出,全区必须坚决贯彻中共中央的指示,加强党的一元化领导,深入进行整风,彻底实行精兵简政,主力兵团全部地方化,地委、军分区以上机关进一步精简合并。

温村会议是晋冀鲁豫根据地在困难时期召开的一次重要会议。会后,中共中央北方局太行分局所属的晋冀豫、太岳、晋豫(中条)和冀南区的各地委先后召开扩大会议,传达温村会议精神,总结本地区对敌斗争的经验教训,制定贯彻落实的措施,为进一步开展对敌斗争,扭转极端困难的局面,对晋冀鲁豫边区的巩固和发展起了决定性作用。

二、贯彻"敌进我进"方针

针对日军的"扫荡"和"蚕食",晋冀鲁豫边区和军区积极贯彻"敌进我进"的方针,组织近1000支小部队和武工队,深入敌后之敌后,开展游击战争,加强争取瓦解日伪军工作,建立隐蔽的游击根据地,变敌占区为游击区,变游击区为根据地。

首先,除奸反特。根据地不仅有许多隐蔽的特务组织,而且有各式各样的特务武装和汉奸武装。我以精干武装,一举歼灭特务组织,使其气焰下降。同时,对捕获之胁从分子,实行宽大政策,经过教育予以释放,其中不少人开始转变,为我工作。

其次,发动群众。敌占区群众饱受日伪的摧残和掠夺,抗日情绪很高。群众最大的痛苦,就是为敌服劳役和苛捐杂税。在有些敌占区,通过组织群众开展反掠夺、反劳役、反抓丁的斗争,取得了一定的效果;在斗争开展比较好的地区,还适当照顾了基本群众的利益。经过一系列的斗争和工作,发动了群众,团结了各阶层人民,恢复和建立了党的组织和群众的抗日组织,建立了秘密的群众武装。

第三,争取和瓦解日伪军。1943 年,日军厌战、反战情绪急剧增长,逃跑、自杀和向我军投诚者也日益增多。瓦解日军的工作主要是以各种方式对敌进行政治宣传,根据延安日本士兵代表大会所通过的《日本士兵要求书》,针对敌军内部虐待新兵、无视士兵人权、日兵思念家乡的心理进行宣传,获得显著的效果。经过深入的政治宣传,日兵厌战反战情绪四处蔓延,战斗力大为削弱。

同时,开展了群众性争取瓦解伪军伪组织的工作。一方面加强政治宣传,另一方面对已有的"关系"进行改造培养,加强组织工作,在伪军内部积蓄力量。太行区在开展政治攻势的基础上,集中力量在敌伪点线内部发展秘密组织,在太原、阳泉等地建立了秘密党支部,在若干伪军内部也发展党员。一批共产党员打入日军和伪军伪组织,争取伪军政人员,组织他们反正;掌握日伪军动向,为根据地军政领导机关提供准确的情报;利用特殊身份铲除汉奸,营救被捕的抗日人员。太行二分区武工队在和顺西仁村敌伪据点内发展了 12 个秘密党员,完全控制了该据点的伪军中队。太岳军区争取和瓦解了部分伪军,打开了高平、晋城以北及长子、沁水、曲沃、翼城、沁县等边沿区的斗争局面。

第四,开展反"清剿"。当小部队和武工队深入敌占区后,日伪军立即对我实行"清剿"。敌或以比较小的部队,多路出击,辗转追击;或则以较大部队突然包围一个或几个村庄,按户搜查,按人辨认。我军通过取得群众帮助,断绝敌人耳目,在伪军伪组织中打开工作局面,不断取得反"清剿"斗争的胜利。

经过上述工作,敌占区的形势有了好转。1943 年六七月以后,日伪开始被迫从一些据点碉堡撤退,我即抓紧时机展开逼退敌人的斗争。全年,太行、太岳等根据地由武工队和小部队恢复和扩大的面积和人口,约占晋冀鲁豫根据地恢复和发展总数的2/5。

三、太行军民1943年夏季反"扫荡"作战

1943年5月,日军为摧毁八路军总部和第129师主力部队,调动第36师团所部及第37、第69师团各一部和独立混成第3、第4旅团以及伪军各一部共2万余人的兵力,分别从潞城、武乡、左权、林县、陵川等地出动,以大合围方式,采取梳篦队形,向太行根据地腹心区展开毁灭性大"扫荡"。

八路军总部和第129师师部根据可靠情报,判明敌人的企图,组织各级游击集团,普遍建立情报网,进行空舍清野。敌人尚未形成合围圈,总部已西移太岳区,师部到达黎城下黄堂地区,跳到外线。

5月8日,日军构成八路军总部驻地左权麻田和第129师师部驻地涉县王堡、赤岸为中心的合围圈。根据地以军分区基干部队和民兵组成游击集团坚持内线斗争,主力部队在外线向平汉、白晋沿线发起攻击,破坏敌人的后方基地。敌合围扑空后,即在上述地区进行"清剿"。根据地内的游击集团分散展开麻雀战、地雷战,"村自为战,人自为战",使敌人处处挨打。日军经过平顺2区7个村庄,就有11个村庄的民兵进行追击。当1000多名日军向黎城进攻时,四分区3团一部和百余民兵配合,在赵店村一带展开麻雀战,迟滞敌人达6小时之久。民兵把地雷放置到门框上、水桶下,埋在河沟里、大道旁,凡是敌人能到之处,普遍埋上地雷。日军在"扫荡"中,到处用白灰划上"地雷有"的标号,处处都成了"危险区"。太行全区军民,爆炸地雷1900余个,仅左权县军民7天内就以地雷炸死、炸伤日伪军150余人。人民群众踊跃参战,全区参战民兵14679人。老人将敌带至绝境,与其同归于尽;妇女们用剪刀与敌搏斗;少年儿童站岗放哨,盘查行人。这次反"扫荡"作战从5月5日开始至22日结束,在17天时间内,共作战2525次,毙伤敌伪1902名,俘日伪军26名,捉汉奸敌

探 445 名。

四、太岳军民 1943 年秋季反"扫荡"作战

10 月,日军又对太岳区根据地发动了大规模的"铁滚扫荡"。这次大"扫荡"由华北方面军司令官冈村宁次亲自布置和指挥,集中山西派遣军第 1 军之第 37、第 62、第 69 师团的 16 个大队以及伪军 1 个师 1 个团共 2 万余人,运用所谓"铁滚式三层阵地新战法",由同蒲路之介休、平遥和白晋路之南关镇出动。其部署是:以一个大队在霍县境内同蒲线东侧至霍山西麓,建立西侧封锁阻击线;以 3 个大队、伪军 1 个团在白晋线西侧沁县故县镇、松交,长子县石哲和晋城一线,建立东侧封锁阻击线。主力以日军 9 个大队,配属伪军、特工班,编成三个梯队,分三线配置,集中使用在 20 公里内的纵深地区:第一梯队以日军为主,配属特工班等,主要任务是合击太岳部队主力兵团;第二梯队由日伪军混合编组,裹胁大量民夫,编成物资搜索队、俘虏工作队等,主要任务是挖掘根据地的物质资财,捕捉地方党政人员;第三梯队以日军为主,主要任务是实行"清剿",捕捉零星抗日人员,掩护第二梯队"抉剔",维护交通运输。三个梯队向太岳区腹地逐段分区"扫荡",与东、西两侧封锁阻击线的部队互相配合,协同作战。日军主力由北向南滚进,两侧封锁阻击线部队防止太岳部队向外线转移,妄想通过由岳北向岳南、再由岳南向中条的滚压"清剿",把太岳部队主力压至中条地区而消灭,然后再由南而北反复"清剿",彻底摧垮太岳抗日根据地。

在日军发动"铁滚扫荡"之前,太岳区即下达反"扫荡"作战基本方案,分遣基干兵团 1/3,结合人民武装,坚持腹地的游击战争;主力部队则冲破两侧封锁阻击线,转至外线,破坏敌交通,攻取敌据点,配合腹地的反"扫荡"斗争。

10 月 1 日,日军开始"扫荡"。首先合击岳北的绵上地区,而后构成活

凤、才子坪至马跑泉的封锁线,以梳篦队形沿山向南滚进。8日构成沁县、韩洪至霍县的封锁线,10日进至屯留县张店、安泽县唐城和赵城县石门峪之线,15日至17日先后推进到临屯公路两侧。太岳部队部署于岳北的第38团、第25团、第59团和洪赵支队等部,经过与敌激战,于10月上旬分别转入外线,在敌后方乘虚出击。太岳区党政军领导机关在陈赓、聂真、牛佩琮等的带领下,沿沁河东岸向南转移到阳城,后从晋城、高平间渡过丹河,经太行区又回到岳北的沁县一带,使日军在岳北捕捉太岳区领导机关和主力部队的计划落空。12日至14日,第38团和第25团在安泽县义宁、唐城和赵城县兴唐寺等地相机开展活动,洪赵支队在平遥、第59团在白晋线攻击日伪据点,第25团在洪赵一带打击日军由沁源向外运输物资的第二、第三梯队。到15日,除占领沁源的上奇大队外,其余日军“扫荡”岳南。

部署在岳南的第二军分区部队采取釜底抽薪的战术,由周希汉指挥第20团和第772团各一部共五六百人,在长子县地方武装的配合下,攻打长子县日军大堡头据点,吸引日伪军六七千人前来救援,掩护岳南主力部队跳出日军的合击圈,转移到外线作战,后第20团、第772团和长子县地方武装歼敌460余人后胜利突围。

当岳南主力部队跳出日军的合击圈之后,太岳第二军分区第16团奉命调往陕甘宁边区,执行保卫中共中央的任务,行军途中于22日至洪洞县韩略村附近的南北卦地宿营。韩略是临屯公路上日军的一个重要据点,运输车辆过往频繁,地形利于伏击。同时,太岳军区情报处也提供了有关情报。第16团经过详细观察和研究,遂决定在此伏击日军。24日由第二军分区司令员王近山指挥,进行了著名的韩略伏击战。

当时,日军为推行其“铁滚式三层阵地新战法”,组织了一个“战地观战团”,前往“山岳剿共实验区”的太岳区沁源县参观。这个观战团由中国派遣军步兵学校第5、第6两个中队的学员组成,内有少将旅长1名、联队长6名,其余为中队长以上的军官(另有伪军官2人),共计120余人。10月24日,“战地观战团”连同护送部队共180余人,分乘13辆汽车,从临汾出发,沿临屯公路东进。当其进入韩略村西设置的伏击圈之后,王近山指挥第 16 团发起攻击,经 1 个小时激战,击毙 120 余名军官,焚毁汽车 13 辆。战斗打响后不久,日军抽调 500 余人,在 5 架飞机的配合下,由临汾赶来增援;后又从浮山、塔儿山和安泽以北抽调"清剿"部队 2700 余人,再次向韩略合击,结果一无所获,第 16 团早已越过同蒲路西去。韩略伏击战狠狠打击了日军进行"铁滚扫荡"的嚣张气焰,第 69 师团师团长清水和临汾伪道尹因此被革职,韩略据点日军小队长被枪毙。

韩略伏击战打乱了日军"扫荡"计划,迫使其不得不抽调一部"清剿"兵力转向中条山地区。10 月 28 日至 11 月 22 日,太岳第四军分区第 17 团、第 18 团在地方武装和民兵的配合下,分头作战,一度袭入沁水县城,使日军的"扫荡"处处扑空。到 11 月 22 日,日军全部退出太岳根据地。

在反"扫荡"中,太岳区民兵积极掩护群众转移,保护群众安全,打击小股敌人,配合主力作战,仅第四军分区民兵即作战 150 次,毙伤日军 212 人。

这次反"扫荡",从 10 月 1 日开始至 11 月 22 日结束,历时 53 天。太岳区军民内外线互相配合,共作战 725 次,攻克日伪据点 14 处,毙伤俘日军 1580 余人,伪军、伪人员近 2000 人,缴获机枪 10 挺、步枪 376 支、短枪 45 支、各种子弹 1.39 万发,夺回牲畜 3540 头。太岳部队也牺牲 420 人,负伤 419 人,失踪 370 人。[①]

"铁滚扫荡"的被粉碎,宣告了日军建立"山岳剿共实验区"和摧毁太岳抗日根据地计划的彻底破产。

五、沁源围困战

1941 年和 1942 年,日军在华北地区五次推行"治安强化运动",对敌

---

①中共山西省委党史研究室著:《太岳革命根据地简史》,人民出版社 1993 年版,第 219 页。

后抗日根据地连续进行大规模的"扫荡"。针对日军的"扫荡",太岳军区政委薄一波和太岳军区司令陈赓、中共太岳区委书记安子文等共同领导了名震中外的沁源围困战。

1942年10月初,日军第36、第41师团各一部,独立混成第16旅团主力及独立混成第4、第9旅团各一部,共3万余人,采用"铁壁合围"、"反转电击"的战术,对太岳抗日根据地北部进行大"扫荡",企图一举消灭太岳军区主力部队和党政军领导机关。在太岳抗日根据地军民的坚决反击下,日军主力于10月底由安泽县和川、亢泽、北平镇分三路撤退。与以往不同的是,这次"扫荡"后,日军并没有全部撤走,而以一部分兵力留守沁源,作为钉在根据地的"钉子",并在沁源县城和"二沁"(沁县至沁源)大道沿线留下精锐部队,妄图把沁源变成所谓"山岳剿共实验区"。

针对日军的"钉子"战术,太岳区党政军领导全面分析形势,研究和制定新的战术。太岳区党委、太岳军区全面分析了沁源敌我双方力量对比及我方的有利条件,研究对敌策略,认为:第一,沁源是太岳抗日根据地的腹心地区和领导机关常驻地,群众的觉悟程度比较高,有很好的群众基础。第二,经过多次反"扫荡"斗争,群众对日军的残暴体会很深,抗日意志非常坚决,并且积累了游击作战的丰富经验。第三,保卫根据地的腹心地区是全区人民的共同愿望,可以得到各县军民的支持和援助。第四,日军孤军深入,补给线长,兵力分散,而且处于根据地军民的四面包围之中,只能固守据点,难以长期坚持下去。于是,决定以己之长,击敌之短,针锋相对,采用围困战的办法,把沁源县城及其四周的群众全部动员转移出来,实行空室清野,破坏敌之补给线,断绝其交通,广泛开展游击战争,围困沁源之敌。

11月11日,太岳区党委做出《关于反扫荡的决定》,提出明确的战略方针,即:依靠群众,广泛开展人民游击战争,长期围困敌人。同日,太岳军区向各军分区发出《关于围困腹地之敌,断绝其补给线的指示》,并把决死1纵队第38团从外线调回,执行长期围困沁源之敌的任务。同时,中共太岳区党委指示沁源县委:"在党的一元化领导下,依靠广大群众,广泛开展群众性的游击战争,实行长期围困,战胜敌人。"

为此,以中共沁源县委为核心,与决死1纵队第38团共同组成沁源围困指挥部,由李成芳任总指挥(后由第38团团长蔡爱卿、参谋长李懋之继任),中共沁源县委书记刘开基为政委。为了便于作战,指挥部根据地形条件,将全县划分为11个战区(后为13个)。以第38团为骨干,加上第25团、第59团各一部,结合县、区基干队和民兵等,在每个战区组成一个游击集团,与广大人民群众共同围困日军。

指挥部首先把沁源县城和"二沁"大道两旁23个村镇3200多户1.6万群众有组织地疏散到群山之中,实行空室清野,造成了一个长约百里、宽十里、面积千余平方里的"没有人民的世界"。当时担任新华社太岳分社副社长的董谦(江横)在通讯中这样写道:"像这样一个没有人民的世界,可以说是亘古未有的事情。……在沁源两万人民的包围中,日本侵略军只占领了一个找寻不见人民的世界。虽说日军侵占了沁源,但沁源并没有沦陷。这难道不是举世罕见的奇迹吗?"[①]

为了解决转移出来群众面临的生活困难,指挥部根据自愿原则,将群众适当疏散,妥善安置,并提出"团结互助、自力更生、坚持长期斗争"的口号,发动群众,挖土窑洞5000余孔,建立起"正义沟"、"坚定庄"等具有抗日意义的新村庄,为坚持长期围困敌人奠定了物质基础。同时,组织群众黑夜摸进敌人据点和周围村庄抢夺粮食,断敌给养;组织生产,在敌人据点附近抢种、抢收,解决群众的生活问题。

在广泛发动群众的基础上,主力部队带领民兵在日军据点周围及公路两旁的山头和山沟,广泛开展麻雀战、破击战、冷枪战、地雷战等,不断袭扰敌人。1943年1月,日军第36师团斋藤大队接替第69师团伊藤大队后,放弃阎寨、中峪店据点,集中兵力守备县城和交口据点。指挥部把民兵编成"轮战队",分布于日军据点和"二沁"大道沿线,广泛开展地雷战,"二沁"大道由日军的重要补给线变成了日军的一条死路。1943年8

月，日军第 62 师团第 64 旅团上崎大队接防后，在军事进攻一无所获的情况下，采用"三分军事，七分政治"的狡猾手段，企图组织"维持会"。中共沁源县委明确提出"坚决不维持，与敌人斗争到底"的口号，印发传单、标语，揭露日军的"维持"阴谋。日军在沁源没有组织起一个"维持会"，没有建立起一个伪政权。全县 8 万人，保持民族气节，没有一个当汉奸的。时至今日，沁源人仍以此而骄傲和自豪。

1945 年 3 月之后，在沁源人民的坚强围困下，日军被迫龟缩在县城，陷于绝境。4 月 11 日，困守沁源县城西一隅的上崎大队，被迫宰杀了数匹战马，饱吃一顿，在沁县联队 1000 余人的接应下，狼狈逃出了沁源。日华北派遣军司令冈村宁次的所谓"山岳剿共实验区"计划彻底破产。

沁源围困战历时两年半，共作战 2800 多次，歼灭日伪军 4000 余人，解救被捕群众 1700 余人，夺回牲口 2000 多头，最终将敌人赶出沁源，粉碎了日军妄图摧毁太岳抗日根据地的阴谋。毛泽东在延安致沁源县的贺电中指出："模范的沁源，坚强不屈的沁源，是太岳抗日根据地的一面旗帜，敌后抗战中的模范典型之一。"中共中央机关报《解放日报》发表题为《向沁源军民致敬》的社论，指出："抗战以来六年半的长时间中，敌后军民以自己的血肉头颅，写出了可歌可泣的英勇史诗。在这无数的史诗中间，晋东南太岳区沁源县八万军民的对敌斗争，也放出了万丈光芒的异彩。"①

首先，彻底打破了日军所谓的"山岳剿共实验"计划。冈村宁次殚精竭虑地策划的"山岳剿共实验区"计划，本想占据沁源进而摧毁太岳根据地，然后摧毁其他抗日根据地。然而，具有讽刺意义的是，日军自入侵沁源后，便陷入人民战争的汪洋大海不能自拔，从伊藤大队、斋藤大队，到上崎大队先后三易驻防日军，没有取得任何"实验"成效，最后只好仓皇逃跑。

其次，为抗日根据地创造了围困战的光辉范例。革命战争是群众的

①《解放日报》，1944 年 1 月 17 日。

战争,只有动员群众才能进行战争,只有依靠群众才能取得胜利。沁源军民在围困战中,充分发挥自己的聪明才智,创造了极为丰富的战略战术:广泛地进行麻雀战、冷枪战,摸敌哨兵,袭击骚扰,大摆地雷阵,破坏敌人的交通线,断绝日伪军的粮源和水源等等。正如《解放日报》社论所说:"八万人口的沁源成了日寇坚甲利兵所攻不下的堡垒,成了太岳区的金城汤池。"沁源围困战的胜利为其他抗日根据地围困日军提供了成功先例。

第三,振奋了民族精神。沁源围困战是沁源军民以军事斗争为主,结合政治攻势和经济封锁等进行的全面的民族战争。沁源人民在与日本侵略者展开的正义与邪恶的较量中,以勇敢的民族精神,赢得了战争的胜利。正如太岳《新华日报》在《沁源人民的胜利》的社论中所说:"沁源不是靠飞机大炮打下来的,它是靠八万老百姓和正规军、游击队、民兵的一致团结,经过长期围困与最后的围攻斗争,而将敌人赶走的。""它比一般县城的光复有其更重大的意义","在太岳区说来,是一个大的胜利,对于振奋群众的情绪,促进太岳解放区的经济建设,都有很大的实际意义。"

第四节　晋绥抗日根据地的军事斗争

由于日军的"扫荡"与"蚕食",晋西北根据地不断缩小。晋绥根据地军民通过开"挤敌人"等战术,粉碎了日军的历次"扫荡"和"蚕食",使根据地得到恢复和发展。

一、开展"挤敌人"斗争

1942年10月间,毛泽东在延安分别召见了林枫和张稼夫。毛泽东说:"现在敌人把你们的地盘挤得很小,据说连临县的三交镇也有了敌人的维持会。那么,你们为什么就不可以把敌人挤出去呢?要长自己的志气,灭敌人的威风……"① 10月底,毛泽东又电示林枫:"晋西北只有人口70万至100万,望检查如此迅速缩小的原因,与周、甘商讨积极开展游击战争、向敌人挤地盘的具体方案(即具体的积极的全面的反'蚕食'斗争),必须振奋军心、民心,向敌人采取积极政策,否则再缩小前途甚坏。"②

11月4日,中共中央晋绥分局在兴县蔡家崖召开分局扩大会议,提出向敌人要地盘是今后对敌斗争的方针和任务。中共晋绥分局于12月5日发出《关于加强对敌斗争的指示》,指出"把敌人挤出去",是今后对敌斗争的方针和任务。党的一元化领导,充分地发动群众,是把敌人挤出去的最根本的保证。必须把党、政、军、民一切力量动员起来,在各级党委的统一领导下,密切配合,积极开展对敌斗争,从军事上、政治上、经济上、文化上全面去挤敌人。《指示》要求各地成立对敌斗争委员会,统一领导对敌斗争。按照统一部署,中共中央晋绥分局、地委两级都成立了有党、政、军、民领导人参加的对敌斗争委员会。地委书记兼任军分区政委,在游击区活动的主力团(支队)政委参加了当地县委,有些地区则设中心县委,统一该地区的对敌斗争领导。在斗争比较尖锐的地区,武装、政权、群众团体都在区委的统一领导下,以区公所或武工队的名义,领导群众坚持斗争。这就使党、政、军、民各种组织统一于党委领导下,在全边区形成了一股"挤敌人"的巨大力量。

中共中央晋绥分局首先组织大批短小精悍、文武兼备的武装工作队,挺进到敌后之敌后去开展工作。武工队每到一地区,就宣传发动群众,发展秘密民兵,骚扰敌人,围困敌人,开展地雷战,最后领导民兵配合正规部队把围困中的敌据点拔掉。不久,又分别从主力部队和地方武装

---

① 张稼夫:《庚申忆逝》,山西人民出版社1984年版,第93页。

② 中共山西省委党史研究室、中共内蒙古自治区委党史资料征研委办公室、晋绥革命根据地史料征编指导组办公室:《晋绥革命根据地大事记》,山西人民出版社1989年版,第205页。

中抽出 1/3 和 1/2 的兵力扩大武工队。同时,还从部队和地方抽调 320 名有斗争经验的干部,加强武工队,将武工队扩展到一倍以上,由原来的 15 个发展到 37 个,后来又增至 45 个。另外,还派出 39 个主力连、49 个游击中队,配合武工队进行对敌斗争。这些部队根据不同的情况,有的以连、排为单位直接归武工队领导,有的则集结于适当位置作机动配合。

1943 年 1 月,晋绥军区决定以离(石)岚(县)、忻(县)静(乐)、五(寨)三(岔堡)3 条公路及第八军分区交城的西山地区为"挤敌人"的主要方向,并根据这个计划作了相应的部署,为开展全面的"挤敌人"斗争进行了必要的准备。

晋绥边区第八军分区位于晋绥根据地的中部,其周围驻有日伪军 6000 多人,且装备精良,弹药充足;而八路军只有正规部队、县游击大队各 1200 余人,且枪支陈旧,弹药缺乏。日军在进行疯狂的"扫荡"与"蚕食"中,于草庄头和交城、离石山区的岔口、芝兰、榆林山、归化等 5 个要害处扎下新据点。至 1942 年底,第八军分区根据地的面积缩小了 90% 以上,全区仅剩下距敌据点较远的 17 个行政村和没有建立"维持会"的 100 多个自然村。

中共中央晋绥分局调整和加强了第八军分区的领导机构,任命罗贵波为分局八地委书记和第八军分区司令员兼政治委员,并决定以第八军分区为重点全面展开"挤敌人"的斗争。

在八分区日军据点中,以岔口、芝兰最具有威胁性。这两个据点正好扎在交城山区通往边山和平川的咽喉要道上,东同草庄头、古交两据点接应,西与归化、峪口等据点相连。守备岔口据点的日军第 59 旅团第 83 大队一个中队及伪军一个小队,自 1943 年初起向据点周围地区频繁"清剿",对抗日根据地加紧"蚕食"。第八军分区决定,从 2 月至 7 月,首先集中优势兵力,"挤"掉岔口、芝兰据点,并作出具体部署:第一步,从军事上入手,采取"敌进我进"的方针,机动灵活地同日军斗争,做到打得准、打得狠;第二步,发动群众,开展反汉奸、反"维持会"斗争;第三步,迁移据点附近的居民,困死日军。

随即,第八军分区派出两支武工队深入敌后开展工作。

一是袭击据点。武工队进入中西川和东西葫芦川后,积极开展反"维持"斗争,首先摧毁40多人的一个特务网,镇压了两个罪大恶极的汉奸。1943年2月,武工队又在石沙庄狠狠打击了出扰之敌,使岔口日军龟缩在据点里不敢出来。

二是反"维持"。中共交西县委决定在岔口周围10公里以外的村庄首先打破"维持",逮捕死心塌地为敌的"维持会"分子,召开群众大会,张贴布告,宣传解散一切伪组织。武工队还组织窑儿上、寨子村、石沙口、申家社等几十个村子联合行动,不仅壮大了反"维持"斗争的声势,提高了群众的斗争情绪,而且贯彻镇压与宽大相结合的方针,争取了一部分"维持会"分子自首。

三是组织群众搬家。2月,中共交西县委组织部队和民兵先后掩护岔口、芝兰据点周围15公里内的群众全部搬了家,使据点周围成了"无人区"。随着斗争形势的发展,这些搬到根据地内的群众,同民兵组成"劳武结合"的抢耕队,把岔口、芝兰据点周围的许多土地都种上了庄稼。

四是袭击运输队。日军被围困起来,生活必需品全靠运输队补给。八路军和游击队、民兵就选择由东社到岔口、芝兰的交通线,伏击日军的运输部队。民兵和游击队以"麻雀战"、"地雷战"巧妙灵活地打击敌人。武工队和民兵日夜在碉堡四周轮流监视,扰袭日军。据点周围的群众把死猫死狗和剪碎的头发扔到水井里,民兵在碉堡周围的山头、沟壑和山径里都埋上地雷,使得日军守着青山没柴烧,守着水井没水喝,困在阴森的碉堡里一筹莫展,再没法待下去了。

7月21日,岔口、芝兰的日军在文水和东社据点日军的接应下,炸毁碉堡,狼狈而逃。紧接着,草庄头、榆林山据点又被除掉,第八军分区山区腹地有2/3的土地获得解放。在围困据点的斗争中,第八军分区涌现出了段兴玉、崔三娃、韩凤珠等民兵英雄。

与此同时,晋绥边区其他各军分区也相继开展了"挤敌人"的斗争。

在为期3个月的"挤敌人"斗争中,晋绥军民共进行大小战斗460余次,歼灭日伪军1100余人,摧毁了827个村的"维持会",恢复了353个村的抗日民主政权,解放人口8万多,并组织了290多个村的"两面政权"。[①]日军在根据地军民的打击下,退缩到交通线附近,活动范围大大缩小。

为夺回失去的据点,日军从5月开始,先后向八路军收复区进行了多次出击,大肆烧、杀、抢、掠,企图消灭或赶走武工队,恢复被摧毁的"维持会",并在白文镇、阳坡、寨上和米峪镇增设据点。当地八路军、游击队和民兵积极开展了伏击、袭击作战。5月、6月共作战249次,消灭日伪军401人。同时,武工队领导群众实行空室清野,坚持反"维持"斗争,有力地配合了部队的作战,粉碎了日军的"蚕食"政策。第二、第三、第六、第八军分区基本上已经把敌人挤到交通线上,汾(阳)离(石)、离(石)岚(县)、忻(县)静(乐)、五(寨)三(岔堡)等公路已经处于武工队的严重威胁之下,雁北地区的形势也开始好转。1943年7月以后,整个晋西北的形势,已由敌进我退的被动局面转变为敌退我进的主动局面。

二、晋绥军民1943秋季反"扫荡"作战

为了挽救失败命运,日军于9月初抽调第59旅团和独立混成第3旅团,对晋绥根据地实行了分区域的连续"扫荡",企图袭击我领导机关,吸引主力部队回师根据地,以便创造条件,进行"反挤"。这是自1942年5月田家会战斗后日军最大的一次"扫荡"。

晋绥根据地军民对反"扫荡"做了充分准备。八路军各部和民兵、游击队都在自己的作战地区选择了伏击、设雷的有利地形,做好工事,进行了伪装,组织了实地演习,并加强了情报网和通信联络组织。各县、区都成立了战时指挥部,统一领导该地区的民兵、游击队,组织群众彻底空室清野,做好战勤等。

9月下旬,日军从南北两路向兴县、保德地区进行"扫荡",妄图合击

---

①《抗日战争时期120师暨晋绥军区战史》,解放军出版社1962年版,第157页。

晋绥领导机关和主力。两路日军沿途遭根据地军民连续伏击、阻击，不断损兵折将，至27日晚才于兴县合围，但是领导机关已经转移，敌扑空后又分兵继续"扫荡"。

经过分析敌情，晋绥军区指挥部决定集中优势兵力，充分发挥民兵、游击队的配合作用，坚决消灭第85大队。但因敌人的武器装备仍占优势，不可能一举歼灭掉，必须沿途伏击，分段围歼，逐步达到全歼。

10月5日拂晓，第85大队由赵家川沿小路向小善村方向撤退。当敌进到小善村附近时，即遭我军猛烈阻击，日军强攻1280高地，战至中午，敌5架飞机前来助战。我坚守高地的部队连续击退敌5次冲击，敌只得就地构筑工事固守，又被第26团、第27团、第36团等部所包围。下午，特务团赶到投入战斗，兴县民兵及广大群众也积极奔赴周围山头助威。敌恐慌万状，在求援电中说："第85大队在小善村畔附近，被一万多八路军包围了。"是日夜，我军几次袭击敌人，敌死守阵地，不敢出去。同时，我军连夜在大善村至康宁镇之间17公里的大道上，沿途设伏，并在各要道路口埋设地雷。6日下午，日军在山上焚烧尸体，21时向康宁镇突围，沿途不断遭我伏击部队痛击，地雷亦不断爆炸，队伍顿时混乱。7日下午，日军在飞机掩护下，转道向东突围，企图逃往离(石)岚(县)公路的赤坚岭、王狮等据点。第21团节节阻击，第17团追击到甄家庄附近，终于将敌截住，围困在甄家庄东南山头上。8日，敌向西突围被我击退。9日、10日，敌遭我不断围攻，伤亡惨重，一再急电求援，援兵始终未到。10日下午，敌又在山上烧毁尸体和伤兵(伤兵被烧得狂呼惨叫)。21时，敌拼命向东突围，沿途遭我民兵、游击队伏击，逃到郑家岔又遭遇严阵以待的特务团阻击，敌集中兵力连续向我冲击5次，均被击退。此时，第26团和刚刚调来参战的第29团，接替了第17团和第21团的防务，与特务团配合，猛烈夹击敌人。至此，敌已大部被歼，残敌乘黑夜向西侧高山树林四散逃窜，我军分途搜索追击，又歼敌一部。除漏网残敌百余人零星逃回王狮外，共歼灭日军700余人，伪军100余人，缴获大量武器弹药等。

甄家庄战斗后，日军又纠集独立混成第3旅团和第85大队残部共

1000 余人,于 10 月中旬分南北两路再次向兴县地区进行报复性"扫荡"。晋绥军区当即决定首先打击北路进犯敌人,命特务团即日赶到兴县城东 15 公里阳会崖、明通沟之间设伏。早在反"扫荡"准备时,特务团就曾在这里构筑工事,设置伪装,并配合地雷爆炸进行过三次伏击演习,做好了充分准备。16 日上午,田村大队进犯,分前后两个梯队。10 点,前梯队进入我伏击圈。我军立刻拉响地雷,并以手榴弹及交叉火力,歼敌大部于沟内。当前梯队被歼时,后梯队向第 2 营第 7 连阵地接近,第 7 连即刻拉响地雷,连续毙伤敌军多人。该敌向第 7 连阵地拼死进攻,均被我击退。鉴于阻击和杀敌之目的已达到,我军即主动撤出战斗。阳会崖伏击战,毙伤敌伪 150 余人。残敌被我痛击后又逃窜到车家庄,距兴县城仅 5 里,不敢进城,而是翻山越岭走小路,与南路北犯之敌在康宁镇会合,然后窜回王狮据点,敌合击兴县的企图遂告失败。甄家庄、阳会崖战斗的胜利震动了晋西北,吓得进犯保德的敌人于 10 月 24 日全部撤退。

在两个月的反"扫荡"斗争中,晋绥根据地军民共进行了大小战斗 300 余次,歼敌 1300 余人,拔除据点 7 个,粉碎了日军的大"扫荡",巩固了根据地。

第五节　抗日根据地经济的恢复

山西抗日根据地军民在中国共产党的领导下,自力更生,艰苦奋斗,千方百计发展农业生产,开展工业建设,不仅战胜了严重的自然灾害和经济困难,渡过了难关,而且使根据地经济得到了恢复和发展,为抗战胜利奠定了物质基础。

一、农业生产的恢复

抗日战争时期,由于日军的"扫荡"与破坏,农民的生产和生活都遇到严重困难。据北岳区农会 1943 年春季调查统计,北岳区劳动力比战前减少 7.43%,有的地方减少 16% 以上,平均每个劳动力所经营的土地增加到 15 亩到 25 亩;耕畜减少情况更为严重,有的地方竟减少到战前的 40% 到 70%。[①] 为恢复和发展农业生产,山西各抗日根据地主要从以下几个方面着手:

(一)农村劳动互助合作

1943 年 10 月毛泽东在《论合作社》中明确指出:"建设以个体经济为基础(不破坏个体的私有生产基础)的劳动互助组织,即农民的农业生产合作社,就是非常需要了,只有这样,生产力才可以大大提高。"同年 11 月 29 日,毛泽东在《组织起来》的报告中进一步从理论和实际经验两方面阐述了建立在个体经济基础上的集体劳动对新民主主义经济的重大意义,明确指出通过合作社"我们就可以把群众的力量组织成一支劳动大军。这是人民群众得到解放的必由之路,由贫苦变富裕的必由之路,也是抗战胜利的必由之路。"[②]

山西抗日根据地军民响应中共中央的号召,在残酷的战争条件下组织起来,并在实践中创造了多种劳武结合的组织形式。主要有:一是抢收抢种包工队。在农忙季节,组织大规模的自愿抢收抢种包工队,突击进行播种和收获。二是抢收抢种大拔工。在区村干部的组织下,把全村的男劳力和畜力,按体力、技术、经验等分成游击、收割、耕地、播种等不同的小组,在游击小组的警戒下,分工合作,突击完成抢收抢种任务。三是劳力和武力相结合的小拔工。由游击小组警戒,拔工组进行生产,或者轮流警

---

①《解放日报》,1945 年 3 月 7~9 日。

②《毛泽东选集》第 3 卷,人民出版社 1991 年版,第 932 页。

戒、生产等，这是最为流行的一种组织形式。四是封锁沟、封锁墙两边的拔换工。由于日军沟墙的封锁，给农业生产带来实际困难。为此，农民采取沟墙两边换种地，即通过换地、换种、换肥、换劳动力等方法，把封锁沟墙两边的土地都种上庄稼，避免了耕地的浪费。其中，最著名的是晋绥边区宁武县新屯堡农会秘书兼民兵分队长张初元首创的劳武结合运动。1943年2月，张初元在新屯堡成立13个变工小组，帮助民兵种地，一边生产，一边打击敌人，创造了劳武结合的成功经验。1944年1月，中共晋绥分局向全边区推广了张初元劳武结合的经验。3月2日，延安《解放日报》发表社论，称赞张初元是劳力与武力结合的范例。

通过组织发动，山西抗日根据地劳动互助合作组织得到空前的发展。据北岳区四个专区26个县的不完全统计，共有人口2523000人，劳动力789600个，组织拨工组38500个，计230000人，参加拨工人数占总人口的8.11%，占劳动力的28.1%。[①]

（二）开展奖励劳动英雄和模范工作者运动

在互助合作中，山西各抗日根据地相继召开奖励劳动英雄大会。1944年2月10日至14日，晋察冀边区召开第一届群英大会，表彰104名英雄模范。同年12月20日至1945年1月30日，又举行第二届群英大会，表彰战斗英雄、劳动模范、模范工作者389人。

晋冀鲁豫边区太行区于1944年11月21日至12月7日在黎城县南委泉村召开第一届杀敌英雄大会和第一届劳动英雄大会，评选出太行区一等和二等杀敌英雄31名，李马保、郝二蛮（女）、张喜贵、郭凡子（女）、李顺达、庞如林、王典、郎凤标、郭恒的（女）、孟祥英（女）、甄荣典、柴栋梁、曹三禄、郭谨、李青山等劳动英雄39名。全区组织了两万个互助组（拨工队），参加的人有14万多，在秋耕中又发展到20万人。太岳区于1945年1月1日至23日在士敏县郑庄召开群英大会，评选出杀敌英雄33名、劳动英雄52名、模范工作者13名。

---

① 魏宏运主编：《抗日战争时期晋察冀边区财政经济史资料选编》（农业编），南开大学出版社1984年版，第412页。

1942 年 1 月 13 日至 16 日,晋绥边区在兴县召开晋西北第一届群英大会。1943 年 12 月 12 日至 16 日,晋绥边区召开晋西北第二次劳动英雄检阅大会。1944 年 1 月 7 日至 15 日,晋绥边区召开第三届劳动英雄大会。

　　这样,在山西抗日根据地形成了学习英雄、崇尚劳动的良好氛围,极大地调动了广大农民的生产积极性,促进了根据地农业生产的恢复和发展。

　　经过组织发动和广大农民的辛勤劳动,山西各根据地农业生产有了不同程度的恢复和发展。

　　一是耕地面积扩大。据统计,晋察冀边区北岳区 1944 年总计扩大耕地面积 53 万余亩, 其中开生荒 23 万余亩（包括部队开生荒 39334.95 亩）,消灭熟荒 20 万余亩,平毁沟路堡垒 2 万余亩,修滩 7 万余亩（包括部队修滩 1893 亩）。[1] 晋察冀边区,抗战 8 年间,共扩大耕地面积达 1823933 亩。到 1944 年耕畜增加 22097 头,农具增加 257492 件,压青草肥 1872692 担,平均比上年增加肥料 20%。据估计,仅兴修水利而每年增产粮食就约有百万担以上。[2]

　　二是生产条件改善。在生产运动中,各地开展了变旱地为水田运动。据 1941 年不完全统计,太岳区开水渠 23 条,长 23 公里,修蓄水池 3 个,共浇地 7886 亩;1942 年又开水渠 20 条,可浇地 3022 亩。同时,发展植树造林和家庭副业,据沁源等县统计,共植树 6.7 万株,仅沁源县第一、第二、第三区即植树 1 万余株。[3] 晋察冀边区北岳区总计开渠 460 道,修滩 46930.6 亩。1944 年,全边区变旱田为水田 117065.7 亩（包括部队 1893 亩）。[4]

---

　　①魏宏运主编:《抗日战争时期晋察冀边区财政经济史资料选编》(农业编),南开大学出版社 1984 年版,第 412 页。

　　②史敬棠:《中国农业合作化史料》(上册),三联书店 1962 年版,第 357 页。

　　③中共山西省委党史研究室著:《太岳革命根据地简史》,人民出版社 1993 年版,第 161 页。

　　④魏宏运主编:《抗日战争时期晋察冀边区财政经济史资料选编》(农业编),南开大学出版社 1984 年版,第 413 页。

三是农作物产量增加。晋冀鲁豫边区,到 1944 年农业生产不仅得到恢复,而且略有发展。仅太行六个分区军民共开荒 335886 亩,相当于原有耕地面积的 13%,全区八个分区共增产粮食 30 万石。晋绥边区 1944 年军民共开荒 748000 亩,共计增产粮食 16 万担。晋西北 1941 年植棉 32000 亩,1942 年增至 56000 亩,1943 年增至 71000 亩,1944 年晋绥全区植棉面积达 18 万亩。

随着农业生产的恢复和发展,根据地农民生活也达到一定程度的改善。据太行区一分区(包括晋东南和晋西)和(顺)东、昔(阳)东、平(定)东、内丘、临城、赞皇、井陉等 7 县 7 个典型村 4414 户的调查,1942 年总收入水平折米 38832.32 石,每人平均 2.21 石;1943 年为 47325.33 石,每人平均 2.9 石;1944 年为 56344.28 石,每人平均增加到 3.37 石。[1] 到 1945 年,晋察冀和晋冀鲁豫边区许多村子都达到了耕三余一。

二、工业建设的成果

为满足战争和根据地军民生产和生活的需要,山西抗日根据地大力发展公营工业,发展合作手工业与个体手工业,鼓励私营工业的发展等,使根据地军工与民用工业有了较大的发展,取得了可喜的成绩。

(一)军工生产的发展

为满足抗战的需要,山西各敌后抗日根据地所属兵工厂就地取材,土法上马,走出了一条自力更生发展军事工业的道路。

晋察冀边区的军工生产在战争中得到了发展。据 1944 年 9 月统计,军工部各生产连的各种军工产品月产量为:捷克式马步枪 100 支,掷弹筒 65 个,枪榴弹筒 223 个,枪 220 支,硝酸铵 1340 斤,无烟药 500 斤,黑色无烟药 180 斤,黄药手榴弹 10000 枚,七九子弹(完全自造)19000 发,

---

[1]晋冀鲁豫边区政府调查研究室编印:《太行区 1944 年国民经济调查初步研究》,韬奋书店发行。

复装七九弹 10000 发，六五弹（完全自造)11000 发，余装六五弹 30000 发,捷克弹 10000 发,[1]基本满足了边区部队的弹药需求。据 1945 年 2 月统计,晋察冀边区所需的兵工材料,除常用的水银、肥田粉、卫生球、碱面等还需要从敌占区购买外,其余如火硝、硫磺、生铁、黄腊、棉花、铁轨、大铜圆、制钱、碎铜、锡、铅、银、石炭、石炭和动植物油等都实现了自给。

太行区的军事工业是在八路军总部的直接领导下逐步发展起来的。第 129 师到太行区后,组建了一些流动修械所。1938 年 3 月,八路军总部成立军工科,6 月扩展为军工部,并组建了黎城黄崖洞军工部一所、平顺西安里军工部二所、辽县高峪军工部三所、武安梁沟军工部四所和武乡柳沟军工部铁厂、黎城下赤峪军工部复装子弹试验厂、和顺青城军工部炸弹厂、辽县尖庙军工部机器厂等 8 个兵工厂。其中,黄崖洞军工部一所规模最大,有工人 700 多人,机器设备 40 部,最多时月产步枪 430 支、掷弹筒 200 门、炮弹 3000 多发。[2]为了对付日军的“扫荡”,1941 年后,根据地军事工业实行“兵工生产游击化”,化整为零,分散组成生产单一的 15 个小厂。1944 年,调整布局,将分散的小厂重新整合。到 1945 年初,共建起 6 座大型武器制造厂和化学厂、化钢厂、子弹厂、实验所,军工生产得到了前所未有的发展。据不完全统计,太行区各兵工厂,在八年抗战中,共制造步枪 9758 支,子弹 2237000 多发,手榴弹 58 万枚,八二迫击炮弹 37000 多发,雷管 144 斤。[3]

晋绥边区的军事工业是在第 120 师前线修械所的基础上发展起来的。1940 年 5 月组成晋西北(晋绥)军区后勤部修械厂。这是晋绥抗日根据地的第一座兵工厂,有 300 余职工,1942 年发展到 500 余人。1943 年 9

①魏宏运主编:《抗日战争时期晋察冀边区财政经济史资料选编》(工商合作编),南开大学出版社 1984 年版,第 104 页。

②太行革命根据地总编委会:《太行革命根据地史稿》,山西人民出版社 1987 年版,第 218 页。

③太行革命根据地总编委会:《太行革命根据地史稿》,山西人民出版社 1987 年版,第 222 页。

月,晋绥军区工业部成立后,组建了第一、二、三、四兵工厂,职工近千人。加上各分区、各部队的修械所,全边区军工职工约 5000 人。据不完全统计,八年抗战中,晋绥军区所属兵工厂除了修理大量的武器枪支外,共生产手榴弹 282909 枚,地雷 12690 个,复装子弹 2500 多发,五○掷弹筒炮弹 139600 发,炸药 10220 公斤,步枪 272 支,刺刀 3300 把,掷弹筒 1074门,机枪 20 挺。[①]

(二)民用工业生产的发展

与此同时,根据地的民用工业也有了不同程度的发展。

据晋察冀边区北岳区第一专区 1945 年上半年不完全统计,盂县纺妇由 779 人增到 1736 人,织布技术工人 23 人,毛纺车 61 辆,棉纺车由 734辆增到 1063 辆,织布机由 12 架增到 18 架。忻定纺妇共 6102 人,纺车由 5024 辆增到 5247 辆,织布机器 1569 架未增,1944 年织布 4880 匹,1945年上半年织布 6830 匹(仅包括县联社的产量)。代县纺妇由 494 人增到912 人,纺车由 494 辆增到 818 辆,织布机增到 15 架。[②]

1944 年上半年,太行区参加纺织的妇女 101394 人,发出棉花 600901斤,收布 247280.6 斤,发出粮食 553314.75 斤。[③] 1944 年共有 429 个池子造纸,产纸 44474 块。在太岳区,1944 年 3 月底全区有纺织妇女 7 万多人。工商局贷出棉花 10 万斤以上。全区共有 50 个池子造纸,每日可产64800 张纸。[④] 此外,小型纺车、手巾厂、皮革、肥皂、纸烟等都有了发展。

在晋绥边区,1944 年生产成就如下:生铁有 24 炉、产量 511920 斤;熟铁有 6 炉、生产熟铁 64000 斤;煤矿业有煤井 336 个、生产煤 487976600

①山西省史志研究院、中共内蒙古自治区委党史研究室编:《晋绥革命根据地史》,山西古籍出版社 1999 年版,第 368~369 页。

②陈廷煊:《抗日根据地经济史》,社会科学文献出版社 2007 年版,第 412 页。

③魏宏运主编:《抗日战争时期晋冀鲁豫边区财政经济史资料选编》,中国财经出版社 1990 年版,第 275 页。

④魏宏运主编:《抗日战争时期晋冀鲁豫边区财政经济史资料选编》,中国财经出版社 1990 年版,第 145~146 页。

斤;榨油2562760斤;生产纸张383402刀;生产硫磺150000斤;生产火硝135000斤。[1]

山西抗日根据地工农业生产的恢复和发展,基本满足了抗战和军民的生产和生活需要,为抗战胜利做出了贡献,也为后来山西工农业的发展奠定了基础。

第六节　抗日根据地的文化教育事业

随着军事上反"扫荡"的胜利和经济的恢复,山西根据地度过了严重经济困难,抗日根据地的文化教育事业也得到了全面发展,形成了独具特色的抗战文化。

一、新闻出版的兴盛

山西抗日根据地的新闻出版,最早是从创办新闻报刊,开展抗日救亡宣传开始的。

在晋察冀抗日根据地,先后创办了众多报纸和刊物,其中创办最早、影响最大的报纸是《抗敌报》。该报于1937年12月由晋察冀军区政治部出版,1938年9月邓拓任该报编辑主任。同年8月16日该报成为中共晋察冀省委机关报,改由边区抗敌报社出版,报纸也改为铅印隔日刊。《抗敌报》经常登载指导抗战和有关根据地政治、军事、经济、文化建设方面的政论性文章及国内外时事新闻, 反映广大军民实际斗争的情形和经

---

①刘欣主编:《晋绥边区财政经济史资料选编》(总论编),山西人民出版社1986年版,第607页。

验,是"敌后千百万人民抗战斗争的旗帜"。① 除《抗敌报》外,还有晋察冀省委机关内部刊物《战线》,军区政治部的《抗敌》,边区政府机关报《边政导报》(边区政府秘书处编辑),边区工、农、青、妇救会联合编辑出版的《人民旬刊》等。之后,《抗敌报》开辟了文艺副刊《海燕》,各地文艺刊物也陆续兴办起来。各专区、军分区,许多县级机关和群众团体以及部队都有自己的报纸和刊物,有新闻、理论、文学、通讯或综合性的,丰富多彩。1940 年 11 月 18 日《抗敌报》更名为《晋察冀日报》,由邓拓任报社社长。

1941 年 3 月 26 日,中共中央做出《关于调整刊物问题的决定》,决定停办一些刊物,集中力量办好重点刊物。同年 7 月 4 日,中央宣传部根据中央意见发出《关于各抗日根据地报纸杂志的指示》,要求各根据地整顿报刊,集中力量办好几种报刊。根据这一指示,晋察冀根据地对所办的各种报刊进行了清理整顿,使根据地的新闻报刊工作的方向更加明确。

1942 年春,全党整风开始后,报刊成为各级党委领导和指导整风运动的重要工具。在加强报纸指导各方面工作的同时,新闻出版界开展了整风运动,经过整风,提高了坚持党性原则的自觉性,文风也有很大改进。1944 年 2 月 3 日,中共晋察冀分局在《关于党报工作的指示》中明确提出必须实行全党办报的方针,指出:"把党报办好是全党的任务。"为加强和改进通讯工作,分局宣传部于 4 月初召开通讯工作会议,对贯彻落实全党办报方针,提高通讯质量,作了若干具体规定。特别是《抗敌报》和《晋察冀日报》,在极其艰难困苦的环境中,大力宣传边区的政治、军事、经济、文化、教育和社会各方面的重要内容,出色地完成了党组织赋予的任务,创造了"八头骡子办报"的动人事迹。

晋察冀边区的图书出版事业,最初有"七七"出版社,各报社也兼有出版事业。在一些专区,也创办了一定规模的出版社。到 1942 年,各报社与出版社出版发行了政治、军事、党务、社会科学、文化教育、文艺等各类图书 117.53 万余册。前卫出版社,在一年时间内就出版发行干部和群众

① 邓拓:《报社工作五年来的回顾》,1943 年。

教科书及通俗文艺读物等多达 10 万余册。1944 年,根据中共晋察冀分局的决定,由邓拓主编了《毛泽东选集》1~5 卷,共 50 万字,并经中共中央宣传部批准公开出版发行。这是全国第一部系统的毛泽东著作选读本,为传播毛泽东思想做出了贡献。

在晋冀鲁豫边区,由于中共中央北方局、八路军总部等领导机关驻扎在这里,集中了大批具有较高文化水平和专业素质的人才,极大地促进了新闻出版和各项文教事业的发展。从中共中央北方局、边区党委到各县委,创办的报刊多达几十种,主要有《中国人报》《战斗报》(后改为《黄河日报》)《新华日报》(华北版)《先锋报》《胜利报》《太岳日报》《人民报》等,刊物有《战斗》《党的生活》《抗战生活》《华北妇女》等。群众团体的刊物有《太行工人》《太行农民》《太岳农民》《青年与儿童》《青年通讯》《妇女知识》《太岳妇女》等。

华北《新华日报》创刊于 1939 年 1 月 1 日,是中共中央北方局机关报,由何云任社长兼总编。1943 年 9 月,华北《新华日报》改为太行《新华日报》,成为中共太行区委机关报,以反映太行区抗日军民的对敌斗争和经济建设为中心内容。至 1945 年春,太行《新华日报》每期发行 7000 余份,报社通讯员发展到 2000 余人,通讯小组发展到 288 个。

晋冀鲁豫边区的图书出版事业也得到了相应发展。仅太行区,从1940 年到 1944 年,就出版发行图书 160 余万册。

在晋绥边区,1939 年以前,从战动总会到各地动委会,从牺盟会到新军,均创办了报刊,计有数十种之多。报纸主要有《西北战线》《战动通讯》《老百姓周报》《前线报》《战斗三日报》《大众抗日报》《长城报》等。1939 年"十二月事变"后,大多数被迫停刊。1940 年,晋西北行署成立后,许多报刊得以恢复,并创办了一些新的报刊,主要有《五日时事》《抗战日报》《晋绥大众报》《战斗报》《人民时代》《通讯研究》《中国青年》(晋西版)《战斗》等。

《抗战日报》作为中共中央晋绥分局的机关报,在边区乃至国统区都产生了深刻的影响。1941 年,报社成立了对外发稿科,由穆欣负责,他经常以个人名义向国统区的几十家报刊投稿,报道华北敌后抗日根据地特别是晋绥边区抗日军民战斗和根据地建设的情况,产生了广泛的影响。《抗战日报》遵循"联系群众,为群众服务"的办报方针,从1944年9月至1945年8月间,共收到通讯稿13913件,其中50%被采用,对全边区的实际工作起了巨大的指导作用。

《晋绥大众报》是晋绥抗日根据地创办的唯一的通俗化报纸,被中共中央宣传部誉为通俗化报纸的范例之一。它在普及大众文化、宣传抗战和进行社会教育等方面,都发挥了巨大的作用。

晋绥边区的出版事业,有吕梁文化教育出版社及《抗战日报》《晋绥大众报》《战斗报》等报社的出版业务。从1940年到1945年,全边区发行的马、恩、列、斯著作和毛泽东的著作有66种,编印出版的政治、军事、经济、文艺等各类读物有123种,发行总数达100余万册。边区行署翻印小学课本38种,编印通俗读物和各类参考书籍37种,教师参考资料28种,共计14万余册。

这些报纸、杂志和图书的出版发行,对于宣传抗日救亡政策,激发人民群众的爱国热情,打击敌人和建设根据地,发挥了极为重要的作用。

二、教育事业的发展

抗日战争时期,中共中央和陕甘宁边区政府十分重视根据地教育事业的发展,先后提出了一系列发展根据地文化教育事业的方针、政策。抗日战争一开始,山西各地就开办了为培养战争急需的党务、军事、行政、民运、文教干部的各种学校,学制以短期为主,内容以战争需要和创建根据地需要为主。根据中共六届六中全会精神,中央决定将在延安的最大的干部学校中国人民抗日军政大学迁往华北敌后,在抗日前线办学,直接为战争服务。1939年2月,抗大第一分校在太行根据地八路军总部附近正式成立(对外称"第十八集团军随营学校")。学校课程以政治、军事并重,朱德、彭德怀、杨尚昆、左权等八路军总部和北方局领导亲自作报告和讲课。抗大第一分校在太行根据地办了两期。抗大第二分校在晋察冀边区办了4年多时间,于1944年春奉命迁往陕甘宁边区绥德。

1939年6月,中共中央决定抗日军政大学和陕北公学本校等移驻太行根据地内,由北方局和八路军总部领导。7月,抗大除留一部分组成第三分校在延安外,总校领导罗瑞卿等率领教职员工和学员5000多人于10月初到达晋察冀边区抗大二分校,经过4个月的整顿后于1940年3月到达太行根据地的武乡县洪水、蟠龙一带,同第一分校留守大队会合。之后,抗大又在各根据地办了几所分校,1940年11月在太行根据地武乡县寨头村创办抗大第六分校,1941年7月在晋西北根据地兴县李家湾创办抗大第七分校,1944年秋在太岳根据地创办太岳分校等。

此外,山西各根据地还开办了党校和各级各类干部学校。在晋察冀边区,有华北联合大学、抗战建国学院、法政学院、边区军事学院、军政干部学校、卫生学校、蒙藏学校等;在晋绥边区,有晋西北军政干部学校、晋西北抗战学校、青年干部学校、晋西北师范学校、边区新民主主义教育实验学校、民运干部学校、行政干部学校、财政干部学校、成成学院、鲁艺分院、西北艺校等;在太行区,有冀太联办兴办的抗战建国学院(后与太行一中、二中、三中合并为"太行联中")、晋冀鲁豫边区行政干部学校(后改为太行行政干部学校)、晋东南鲁迅艺术学校、民族革命干校、群众干校、青年干校、军政干校等;在太岳区,有山西民族革命大学,民大第一分校和第一、第二、第三、第四分院及医学院,八路军晋南军政干部学校,决死第三纵队教导大队等。在艰苦的办学条件下,这些学校培养了大量的军事、政治、经济、文化等各类干部人才。晋察冀边区的华北联大在建校6年间,培养学生近1万人,太行区的抗大总校和5个分校,7年间共培训干部1.7万余人。

山西抗日根据地内的社会教育,以冬学、民校等形式进行,内容首先是进行民族意识和政治常识教育,其次是文化识字教育。如,太行根据地1940年冬季建立起2560多个民革室、救亡室。1940年8月冀太联办公布关于开展冬学运动的计划,1941年12月晋西北行署发出《关于冬学运动配合反"扫荡"战争的紧急指示信》,1942年冬晋察冀边区行政委员会发布《冬学教育实施大纲》,1944年10月晋察冀边区政府发出《关于开展冬学运动的指示》,同年11月晋冀鲁豫边区政府和太行军区也发出《关于开展冬学运动的指示》,冬学运动开展得有声有色。到1944年,太行区共有冬学9836所,参加学习的人数达41万余人。晋绥边区仅6个专区开办冬学即达1810个,入学人数达13万余人。太岳区开办冬学所3131个,入学人数达20万人。1945年,太岳区冬学增至5000个以上,入学人数达到30万人。冬学运动的广泛开展,使抗日军民的民族意识和抗战知识技能得到了提高,有力地推动了减租减息、互助合作、参军参战等各项工作的开展。

抗日根据地内的学校教育,主要教育对象是广大学龄儿童。随着根据地的巩固发展,在根据地腹心区,小学教育逐步走上稳步发展的轨道。

在晋察冀边区,到1940年基本上完成了普及的、义务的、免费的小学教育任务。1941年1月,晋察冀边区行政委员会发布《关于普及国民教育的指示》,规定学龄儿童为7岁至10岁的男女儿童,要求入学儿童平均入学率应达到60%;在小学内建立半日随习制度,并在每所高级小学设一定数量的公费生,以吸收贫苦子弟入学;应根据"一村一初小,一区一高小"的原则,普设学校,或建立巡回小学,以吸收更多的儿童入学。同时,晋察冀边区政府还颁布《边区小学暂行办法》《小学教师检定任用办法》《小学教师服务章程》《小学教师考核奖励条例》《优待敌占区学生入学办法》和《关于优待高小贫寒优秀学生的规定》等,有力地促进了小学教育的发展。到1943年,据北岳区32个县不完全统计,共有完全小学46处,学生2749人;初级小学2655处,学生38837人。同年9月,边区政府又颁发《关于改进教学提高教学效果的指示》。1944年9月,边区政府召开教育工作会议,研究确定1944年教育工作的总方针和三大任务。10月2日,边区政府还发出《关于研究与试行民办公助小学的指示》。这些政策和措施的贯彻执行,使边区小学教育不断恢复和扩大;呈现出蓬勃发展的局面。广大学龄儿童一面学习,一面生产,在斗争中成长,他们在艰苦的斗争中学习和生产的同时,还积极站岗、放哨、送信、侦察敌情、掩护干部和物资、进行抗日宣传活动,涌现出许多学习模范、生产模范和宁死不屈的英雄。据沁岳区抗联会1943年收到的报告,17个县计有模范童子军113名,童子军理事会选拔表彰奖励的有30名。

在太行区,到1940年8月冀太联办成立时,全区已恢复小学校3770所,入学儿童达到13.6万人,大部分县恢复到了80%左右。8月下旬,冀太联办召开第一次教育工作会议,在明确规定根据地教育发展方向的基础上,制定了全边区各级学校规程要点方案。12月,冀太联办召开专员、县长会议,通过了1941年的教育工作计划,提出了在全边区建立300所中心小学的任务。1941年1月颁发了强迫儿童入学的暂行办法。同年7月,晋冀鲁豫边区政府成立以后,从边区到专区直至各县,建立健全了教育行政管理机构,并且制定了一系列发展小学教育的法规,如:《小学暂行规程》《小学教员服务暂行条例》《村立与私立小学暂行办法》《优待贫苦抗属子弟暂行条例》《贫苦学生和敌占区流亡学生优待办法》等。1943年3月,中共中央北方局发出关于国民教育的一封信,对太行太岳区国民教育提出具体意见。同年10月,边区政府又颁发《加强学校教育的决定》,提出适当增设小学校,解决教育经费,提高小学教师经济待遇和政治地位的办法。由于党和政府的重视,群众积极性的高涨,教职工的艰苦努力,小学教育取得了显著成绩。1942年,太行区的小学达到1273所,学生人数5.288万余人。到1945年,小学校增加为2530所,入学儿童达到12.55万余人。各地在办学中,为适应战争环境,创造了流动小学、巡回小学、联合小学等多种形式。

在太岳区,1940年前全区有小学校1486所,教员1850多人。1940年以后,由于日军的烧杀与破坏,使太岳区小学教育遭受到极大损失,有许多学校不能及时复课,学生数目大量减少。面对这种状况,《太岳日报》于1941年7月15日发表《抗战第四年中太岳教育工作总结》的文章,提出恢复与整理小学教育,克服学校学生锐减状况,是目前的战斗任务。之后,太岳区认真贯彻执行中共中央北方局和晋冀鲁豫边区政府的有关指示与规定,积极筹集教育经费,加紧修复被破坏的校舍,鼓励教师归队。经过艰苦努力的工作,使小学教育得到较快发展。到 1945 年 3 月,全区初级小学校共有 2351 所,学生达 9.209 余万人,高级小学 48 所,拥有学生 4470 余人。同年 6 月,小学又扩大到 2900 余所,学生增加到 10 万人以上。

在晋绥边区,1940 年初晋西北行署成立后,先后颁布了民族的、民主的、科学的、大众的一系列教育政策。与此同时,还积极筹集资金修建校舍,编印教材,对教师实行各种优待等,使小学教育逐渐得到恢复和发展。1941 年,日军对边区实行大规模"扫荡",小学教育也遭到严重破坏,仅汾阳、文水等 18 县牺牲的小学教师就有 100 余人,被烧毁的校舍达 106 处。在如此艰难而残酷的环境下,根据地各级党组织和政府进行了大量而细致的工作,小学教育得以在艰苦的环境中恢复和发展起来。1943年以后,全边区小学教育走上了新的发展阶段。据晋西北区的不完全统计,1944 年 8 月,有小学 676 所。到同年 12 月,小学增加到 969 所。1945年 7 月,小学教育又有了新的发展,小学校增加到 1096 所,儿童入学率也不断提高。

三、文学艺术的繁荣

文学艺术工作,是抗日根据地文化事业的重要组成部分,它以形象、生动、通俗的形式,受到广大民众的欢迎。随着各抗日根据地的建立和发展,山西抗战文艺团体纷纷建立起来,抗战文艺刊物也不断涌现出来,抗战文艺工作成为敌后宣传动员民众中十分活跃的阵地。

山西抗日根据地的文学艺术团体,除中华全国文艺界抗敌协会在各地的分会外,晋察冀边区有边区文化界抗日救国会、边区文化界抗日救国联合会,晋冀鲁豫边区有晋东南文化界救国联合会、沁河文艺协会,晋绥边区有晋西文化界抗日救国联合会和边区文社等。各地的文化、文艺综合性刊物主要有晋察冀区的《边区文化》《五十年代》《晋察冀文艺》,太行区的《文化动员》《文化报》《华北文艺》,太岳区的《太岳文艺》,晋绥边区的《文化导报》《西北文艺》等。文艺团体成立和各种文化刊物的创办,为广大文艺工作者提供了广阔的舞台。

在山西抗日根据地,深受军民欢迎的文艺形式是戏剧。各根据地掀起了农村戏剧运动,演出团体不但有八路军的剧团和各部队的宣传队,而且有各个根据地党委和抗日民主政府组织的剧团、宣传队,学校、机关、团体的业余戏剧组织,还有儿童剧团和地方原有的旧戏班经过改造后的剧团。1939 年成立了全国戏剧界抗敌协会晋东南、晋察冀等分会。到 1940 年,戏剧运动已经发展到各个根据地。在各抗日根据地,都有一批著名的剧团,如晋察冀边区的光明剧团、抗敌剧团、火线剧团、战地服务团等。晋绥边区的七月剧社、战斗剧社、晋绥人民服务团、文联文工团、吕梁剧社、雁北剧社、民众剧社、大众剧社等。晋冀鲁豫边区是戏剧运动最为活跃的地区,尤其是太行根据地,戏剧运动更为繁荣。除了星火剧团、先锋剧团、太行山剧团、鲁艺实验剧团、抗大文工团这 5 个样板剧团外,还有大众剧社、生产剧团、解放剧团等众多的剧团和剧社。而且,在农村也普通建立了剧团,仅太行根据地腹心区的武乡县,就成立了 160 多个农村剧团,较大的村镇都有剧团。

在戏剧运动中,各抗日根据地随着戏剧团体的普遍建立,创作出许多具有时代特点和浓郁乡土气息的剧目。这些剧目紧密结合抗战实际,表现形式形象生动,极富感染力,对激发广大军民的抗日意识,具有很好的宣传教育作用,如《动员起来》《小二黑结婚》《大拥军》《女状元》《放下你的鞭子》《打鬼子去》《亡国恨》《我们的乡村》《十二把镰刀》《王德锁减租》《血泪仇》等等。各根据地为推动戏剧运动的发展,还开展了文艺创作征文活动。晋察冀边区 1943 年开展的乡村文艺创作征文活动中,收到有关戏剧的作品有 104 件,1944 年晋冀鲁豫边区政府仅在太行区就征集到各类剧本有 275 个。由于这些剧目紧密结合抗战,反映了对敌斗争和根据地建设的新人新事,具有强烈的现实性和感染力,受到广大观众的欢迎。如,在晋绥边区《王德锁减租》演出 100 余场,观众达 20 多万人;《千古恨》18 个月演出 143 场,观众达 57 万余人。

在山西各抗日根据地,音乐创作和美术创作开展得也相当活跃和普遍。由于山西各地群众历来有唱民歌的习惯,所以抗日战争一开始,在有关文艺团体的带领下,就出现了群众性的唱歌热潮。在农村、军队、学校、机关、厂矿,凡是有群众集会的地方,都有歌声。较为著名的有《黄河大合唱》《生产大合唱》《在太行山上》《游击队员之歌》《牺盟大合唱》等。随着中华全国音乐界抗敌协会分会在各根据地的相继建立,有组织地推动了歌咏活动的大开展。在晋察冀边区,创办了《晋察冀音乐》,成立了拥有 50 多名会员的边区歌曲创作会,先后创作了《少年进行曲》《生活在晋察冀》等一大批抗日歌曲。1942 年,仅在晋察冀的北岳区三专区就创作新歌 10 多首。在晋冀鲁豫的太行区,鲁艺增设政治系,半年多改谱歌曲 50 多首;一年间,由岗夫、张林樑等作家即创作新歌曲 51 首,其中《好男儿要当兵》成为最受广大群众欢迎的流行歌曲之一。在晋绥边区,出版了《晋西歌声》,发表了一系列富有强烈战斗性的歌曲。1944 年,在边区举办"七七"文艺评奖活动中,《七月的太阳》《党在敌后方》《四季变工》等歌曲获奖。

在抗日根据地,深受群众欢迎的大众化的文艺形式还有美术作品,其中以宣传画、木刻、漫画最多。中华全国美术界抗敌协会分会在各根据地成立后,有力地推动了美术事业的发展,在一些根据地设立了美术院校,创办了美术刊物。在晋察冀边区,有边区创办的《抗敌画报》《晋察冀美术》,军区政治部出刊的《晋察冀画报》。在晋冀鲁豫边区,除华北《新华日报》增刊《敌后木刻》外,还有八路军野战政治部创刊的《火线画报》,美协太行分会、太行文联、第 129 师政治部、《胜利报》社分别出版的《新美术》《华北画报》《战场画报》《胜利画报》。在晋绥边区,有全国美协晋西分会创刊的《大众画报》等。广大美术工作者创作了《人生》《查路条》《大战娘子关》《农家乐》等一大批反映抗战生活、具有鲜明战斗性和较高艺术性的美术作品,还涌现出一批美术人才。

在抗日根据地,比较高级的文艺形式是文学作品。根据地的文学作品,首先发展起来的是报告文学(即文艺通讯),许多作家和战地记者,在亲历火热的抗日斗争后写出了大量报告文学作品。作品的内容,开始多以作者所见所闻为主,许多"随行记"、"印象记"、"访问记"在报刊上经常发表。以后逐步转移到专访、综合描写上,涌现出许多优秀作品,如丁玲的《彭德怀速写》《一二九师与晋冀鲁豫边区》,陈荒煤的《刘伯承将军会见记》《陈赓将军印象记》,董纲的《我看见了八路军》,卞之琳的《晋东南麦色青青》《第七七二团在太行山一带》,宋之的的《长子风景线》《空舍清野》,杨朔的《西战场上》,吴伯箫的《潞安风物》《沁州行》,华山的《窑洞阵地战》,碧野的《北方原野》,江横的《没有人民的世界》《沁源人民已百炼成钢》《围困沁源的蔡团》,李公朴的《华北敌后——晋察冀》,周而复的《诺尔曼·白求恩片断》《晋冀行》,周立波的《晋察冀边区印象记》《战地日记》,沙汀的《随军散记》等等。这些作品生动感人,形象生动地反映了抗日根据地的斗争和生活,歌颂了共产党八路军、抗日民主政府及领导人和广大人民群众,真实地记录了抗日军民对敌斗争的情景。

小说创作,其中影响较大的有蒋弼的《我要做公民》、杨明的《朗诵诗句的人》、高沐鸿的《遗毒记》、孙犁的《丈夫》、邵子南的《贾希哲夜夜下西庄》《阎云堂九死一生》、孙谦的《胜利之夜》、邵挺军的《小洪故事》、李欣的《新与旧》等等。这些作品反映了根据地抗日军民的斗争生活,具有深刻的教育意义。

1942年,毛泽东《在延安文艺座谈会上的讲话》发表后,山西抗日根据地的文艺工作进入了一个新的发展阶段。山西广大文艺工作者根据讲话精神,自觉地深入实际,深入生活,深入到工农兵中去,创作出一批具有时代气息、深受广大群众欢迎的崭新的文学作品。其中,主要作品有赵树理的《小二黑结婚》《李有才板话》,邵子南的《李勇大摆地雷阵》,马烽、西戎的《吕梁英雄传》等。赵树理是太行山土地上成长起来的作家,创作了大批以农民为题材的作品,形成了自己的独特风格,曾被誉为"毛泽东文艺思想在创作实践上的一个胜利"。1943 年 5 月,赵树理写成《小二黑结婚》后,受到八路军副总司令彭德怀的高度赞扬,称之为"像这样从群众调查研究中写出来的通俗故事还不多见"。《小二黑结婚》几次重印,仍供不应求,改编成同名戏剧后,太行山的农村剧团大都作为主要剧目演出。赵树理还创作了《李有才板话》《孟祥英翻身》《地板》等小说作品。他的作品不仅在抗日根据地,就是在国民党统治区都有很大影响。《李有才板话》传到国统区后,即受到郭沫若、茅盾的推崇,称其是"抗战以来文艺作品的杰出者"。

第十七章
抗日根据地军民的攻势作战

第一节　抗日根据地军民 1944 年的局部反攻

1944 年世界反法西斯战争形势发生了根本性变化,苏联军队收复全部国土,并把战争推向德国及占领区内。太平洋战场上,盟军加强攻势作战,日军逐步丧失战略上的主动地位。中国战场上,正面战场国民党军队对日军积极开展局部反攻,山西抗战迎来了胜利的曙光。

一、中共中央扩大解放区的部署

1944 年,中国的抗日战争进入第七个年头,抗战形势日趋好转,抗战前途更加光明。八路军、新四军和华南游击队已发展到 46 万多人,民兵人数超过 100 万,部队的战斗力提高,根据地得到了恢复和扩大。

根据国际国内形势的变化,中共中央确定 1944 年的方针是:继续团结国民党共同抗日,集中力量打击日伪军,巩固和扩大抗日根据地。4 月12 日,毛泽东指出:"我们要准备不论在任何情况下把日寇打出中国去。"①

10 月 14 日,中央军委指示华北各抗日根据地:为准备对付决战前敌人的严重"扫荡","我在可能条件下,应乘虚尽量消灭伸入根据地之伪

①《毛泽东选集》第 3 卷,人民出版社 1991 年版,第 945 页。

军、顽军及敌军小据点,扩大根据地,但一般的暂时不打交通要道及较大城市(敌人扫荡时破袭交通要道与袭击较大城市在外)。充实现有小团,健全游击队,加强民兵组织,利用冬寒认真练兵。新发展区域及减租减息未深入地区,继续深入减租减息斗争。减租减息已深入地区,注重各种生产,改善军民生活,巩固军民团结与社会团结。……对伪军上下层工作均须加紧。这些工作做好,就是预见困难,克服困难,争取胜利的条件"。①

12月15日,毛泽东在陕甘宁边区参议会上发表《一九四五年的任务》的演说,明确提出解放区军民的首要任务是"消灭敌伪,扩大解放区,缩小沦陷区",并要求全军开展更大规模的攻势作战,必须"把一切守备薄弱、在我现有条件下能攻克的沦陷区,全部化为解放区,迫使敌人处于极端狭窄的城市与交通要道之中,被我们包围得紧紧的,等到各方面的条件成熟了,就将敌人完全驱逐出去"。② 12月25日,中共中央又发出《关于目前形势的分析与任务的指示》,要求各地应按照自己的特点部署工作,强调要"特别注意发展生产、城市工作及扩大解放区三方面"。

中共中央和中央军委的指示,为山西各抗日根据地坚持敌后抗战,开展局部反攻,迎接抗战胜利,指明了前进的方向。

二、晋察冀北岳部队的攻势作战

在国际国内形势有利的情况下,中共中央晋察冀分局和军区根据中共中央和八路军总部的指示,对局部反攻及时进行了部署。

1944年5月12日,中共中央晋察冀分局发出《关于目前边区形势与工作方针的指示》,要求各战略区利用敌人向正面战场进攻,敌后情况相对缓和的有利时机,抓紧空隙对付敌伪,整训部队,发展生产,进行整风和谨慎地清查特务。《指示》强调"要积极向敌后之敌后伸展",并给各战

---

① 《军委关于准备对付战前敌人严重扫荡的指示》,1944年10月14日。
② 《毛泽东文集》第3卷,人民出版社1990年版,第236页。

略区规定了任务。其中,北岳区的发展方向是向西北和东北伸展,争取察南 10 县全归我有,并开展桑干河两岸及雁门关外工作。同时指出,边区向敌后之敌后的伸展,不是在定期的战役计划下的统一行动,而是统一步调互相配合的巩固的向前发展。[1]

5 月 23 日, 晋察冀军区发布训令,要求各分区应遵照分局 12 日指示,具体布置,切实执行,继续向敌后之敌后开展工作,逼退敌之点碉,打击与瓦解伪军,并摧毁伪组织的经济设施,以便更有利于我工作之开展。

根据以上部署,晋察冀边区各战略区发动了持续的局部反攻作战。1944 年初,北岳区部队利用敌抽调兵力、战斗力减弱的有利时机,向敌人展开进攻,积极围困和逼退敌人据点。至 2 月末,攻克和逼退敌人的点碉达 174 座。5 月间,北岳区八路军向日伪军发起攻势作战,攻克敌军据点、碉堡 350 多个,并先后袭入忻口车站和定襄县城。6 月,我军向敌纵深地区发动攻势,接连袭击了保定、望都、完县、涞源、灵丘等城,并再次袭入定襄县城;雁北部队深入到应县平川和广灵、浑源地区,并开辟了桑干河以北部分地区,使根据地不断巩固和扩大。

晋察冀军区部队在取得春夏季攻势胜利后, 又举行以摧毁各根据地之间的敌铁路、公路线为主要目标的秋季攻势作战。在北岳区,第四军分区部队于 7 月至 8 月间攻克平山以西回舍区敌军据点 14 处,收复回舍全区,扩大根据地 100 余平方公里;第二军分区部队突破敌建立在晋冀边区的封锁线,摧毁五台山南麓之石咀、横岭、耿镇段和盂县以北滹沱河沿岸椿树底至张家坪段的封锁线;第三军分区部队打破唐县、曲阳间封锁线,解放曲阳以北之西大洋和下河地区 100 多个村庄。

1944 年春、夏以后,晋察冀边区在攻势作战中不断地发展扩大。这一年,边区八路军和民兵共歼灭敌伪军 4.5 万余人,攻克、逼退敌点碉 1670 多个,袭入城镇 37 座,解放村庄 9917 个,人口达 700 余万。到 1944 年 11 月, 晋察冀边区行政委员会已辖有 17 个专区、110 个县、750 个区和

---

[1]谢忠厚、肖银成主编:《晋察冀抗日根据地史》,改革出版社 1992 年版,第 490 页。

30558 个村政权。[①]

　　鉴于晋察冀边区的扩大，为适应对日反攻作战形势发展的需要，中共中央于 1944 年 7 月 28 日做出决定："军区、分局直属单位太多，指挥不便，建议在组织上作如下改变：即在分局、军区下划 4 个区党委及军区。"[②] 并对地区划分、机构设置及领导成员配备作了原则指示。根据中共中央的指示，9 月中下旬，中共晋察冀分局、晋察冀军区和边区行政委员会先后下达了成立冀晋、冀察、冀中、冀热辽 4 个区党委、军区和区行署的命令。

　　1944 年 9 月下旬，决定北岳区正式划分为冀晋、冀察 2 个区。冀晋区党委书记王平，冀晋区行署主任杨耕田。冀晋军区以第二、三、四、五军分区组成，赵尔陆任军区司令员，王平为政治委员。冀察区党委书记刘道生，冀察区行署主任张苏。冀察军区以第一、十一、十二、十三军分区组成，郭天民任军区司令员，刘道生为政治委员兼政治部主任。

　　至此，在中共晋察冀分局、晋察冀军区和晋察冀边区行政委员会以下，共有 4 个区党委、军区和区行署，18 个地委、军分区和专署，边区面积达 20 多万平方公里，人口近 2000 万（包括两面负担地区）。[③] 4 个区党委、行署及二级军区的成立，使晋察冀边区党政军领导机构空前地统一健全起来，加强了共产党的一元化领导。

　　晋察冀边区在 1944 年的攻势作战中，共毙伤日伪军 2.29 万多人，俘虏 2.22 万多人，攻克和逼退敌人据点和碉堡 1677 个，解放村庄 9917 个、人口 758 万，扩大了北岳区。

------

　　①魏宏运主编：《晋察冀边区财政经济史资料选编》（总论编），南开大学出版社 1984 年版，第 227 页。

　　②《中共中央关于在晋察冀分局和军区下划分四个区党委及军区的决定》，1944 年 7 月 28 日。

　　③谢忠厚、肖银成主编：《晋察冀抗日根据地史》，改革出版社 1992 年版，第 497 页。

三、晋冀鲁豫部队的攻势作战

1944年初，日军为加强太平洋战场的力量和打通大陆交通线作战，从晋冀鲁豫地区陆续抽调了6个师团。由于兵力减少，守备力量和战斗力均明显减弱，日军不得不依靠伪军守备据点。因此，晋冀鲁豫区部队利用这一有利时机，从1944年春季开始，连续向日伪军发动了攻势作战，进一步摧毁敌人的分割封锁，缩小了敌占区，扩大了根据地。

2月，太行军区部队向蟠龙镇发起攻击，收复被我围困达8个月之久的蟠龙镇；接着又乘胜向榆社、武乡之敌进攻，于3月29日收复榆社县城，同时拔除临淇等日军据点多处。由于蟠龙、榆社、临淇等地被我收复，再加上日军南调，盘踞于水冶至林县的伪军暂5军等部发生动摇。太行军区第五、第七军分区奉命集中兵力，于4月1日乘机发起水林战役，打击由林县外出抢粮之敌，并渐次逼近林县城，拔除城外一些据点，切断林县至水冶公路，使城内伪军补给断绝。14日敌弃城东窜，我军收复林县城，拔除林县至水冶公路沿线据点，歼敌900余人，春季攻势结束。

5月初，太行军区发出保卫麦收的命令，乘势向敌占城镇据点发动攻势作战，并把围困左权和陵川两城作为重点。第二、三军分区部队围困左权县城，袭击洪社、七里店等外围据点。第四、七、八军分区部队打击增援陵川的日伪军，迫使敌龟缩于城内。

中共太岳区党委和太岳军区遵照中共中央"集中力量打击日伪军，巩固与扩大抗日根据地"的方针，于1944年春积极主动地向日伪军发起攻势作战。首先由太岳第三、第四军分区部队发起春季攻势，于3月30日收复沁水县城。这是太岳区从日军手中收复的第一座县城。

与此同时，中共太岳区党委和太岳军区于6月初提出成立以刘聚奎为书记的中共豫北工作委员会，决定调派刘聚奎兼任太岳第四军分区副政委，指挥第四军分区第18团和基干第2团挺进豫北，向豫北发动攻势作战,组织第一次豫北战役。

豫北战役从 6 月至 9 月历时 3 个多月,太岳第四军分区部队共消灭伪军 1200 余人,建立了济源、王屋两个县的 6 个区政权,收复了东起坡头镇、西至垣曲城附近、北起王屋山、南至黄河边的约 2600 平方公里的土地(包括邵源、大峪、王屋三镇),解放人口约 10 万以上,并切断了济(源)垣(曲)公路垣曲至大店段,控制了芮村、蓼坞渡口,[①] 扩大了太岳抗日根据地。

日军遭我春夏季攻势严重打击后,于七八月间将参加打通大陆交通线作战的部分兵力自平汉铁路南段调回华北,从 9 月起,先后向晋冀鲁豫各抗日根据地进行了十余次局部性"扫荡"。鉴于敌集中兵力进行"扫荡",其后方城镇据点和交通线兵力更加空虚,顾此失彼的弱点更加突出,太行、太岳和冀鲁豫等军区决定大力向敌占交通线和城镇推进,开展秋冬季攻势作战。

太行、太岳军区分别对平汉、正太、同蒲线据点及津浦路西侧之敌发动进攻。太行军区部队在平汉线上先后袭入石家庄、内丘及邢台等车站,在正太线上袭入寿阳之马首、上湖及获鹿以西的微水等车站,并攻克平定以北之义井镇,袭入和顺城。在同蒲线上,太岳部队,两次攻入太谷城关,攻克榆次之北田镇、翼城之北常镇等据点,并炸毁火车 6 列。在白晋线上,地方武装和民兵在虒亭至南关镇段展开破击战,毁铁路 20 余公里。此外,太行、太岳军区部队,在沁阳、博爱地区攻克汉高城、柏山镇、玄坛库等据点,并在道清路以南开辟了修武、武陟新区。

1944 年,晋冀鲁豫边区八路军经过春夏季、秋冬季攻势作战,共歼灭日伪军 7.6 万余人,收复县城 11 座,收复国土 6 余万平方公里,解放人口 500 多万。[②]

---

①中共山西省委党史研究室著:《太岳革命根据地简史》,人民出版社 1993 年版,第 249 页。

②《中国人民解放军战史》第 2 卷,军事科学出版社 1987 年版,第 415 页。

四、晋绥部队的攻势作战

　　1944 年晋绥军民攻势作战仍然是围绕着贯彻"挤敌人"的方针展开的。1月，边区召开了第三届群英大会，表彰了英雄模范，总结交流了经验。3月1日，中共晋绥分局发出《1944 年对敌斗争工作的指示》，提出了继续实行"挤敌人"的方针，即：向下钻，深入群众工作；向前钻，开展伪军、伪组织工作。要从困难着想，作长期打算，巩固已有的成绩，逐步地、有阵地地向前发展。为进一步开展"把敌人挤出去"的斗争，晋绥军区部队加紧对深入根据地内的敌之孤立据点的围困。自1月开始，首先在五寨、宁武、静乐、临县、离石、阳曲、忻县等地区，开展大规模的、群众性的围困战。至8月，先后拔除头马营、蒲阁寨、孝子渠、津良庄等58处据点。尤其是围困蒲阁寨据点的斗争，给全区树立了榜样。蒲阁寨据点位于忻县西北30公里，驻有日伪军近百人，自1942年8月蒲阁寨据点设立后，抗日军民即展开"挤敌人"的斗争。经过一年多的努力，我已把敌人的活动范围限制在5公里以内。1943年底，动员蒲阁寨的群众全部搬出村寨，使敌人更加孤立。1944年初开始，我以武工队、民兵、游击队等实行联防围困，把据点周围划分为若干区域，分区负责，从四面八方逼近据点，日夜不停地进行严密封锁和冷枪射击，使敌人在取水送饭等日常活动中都受到威胁。3月份以后，我逼近到碉堡附近活动，白天用冷枪射击封锁敌人，夜晚开展政治攻势，使敌昼夜不得安宁；同时在通往蒲阁寨的公路上，打击敌交通运输，断敌粮弹补给。敌在粮弹奇缺、生活极端困难情况下，于4月12日在三交镇敌人接应下，突围逃窜。突围中又不断遭我伏击和地雷杀伤，死伤惨重，仅一部逃入三交镇据点。在围困战中，"日本人反战同盟"盟员，积极参加斗争，运用喊话、送宣传品等方式进行宣传，对瓦解日军起了很大作用。

　　在此期间，军民还对同蒲铁路北段和神池至五寨、五寨至三岔、离石至岚县、忻县至静乐、静乐至岚县等公路展开 8 次全面破击,获取电话线 2 万余公斤,破坏了日军交通运输,有力地打击了敌人,并配合了围困战的开展。在开展围困战、破击战的同时,还进行了护粮战,打击麦收季节下乡抢粮的日伪军。7 月 15 日,第八军分区部队在丰润以东之砚湾设伏,全歼运粮之敌,夺回全部被抢粮食。第八军分区部队 6 月下旬至 7 月上旬,接连 5 次袭入娄烦,一度袭入方山的马坊,共夺回粮食 5 万余公斤。经过两个月的护粮战斗,粉碎了日军的抢粮计划。

到 1944 年 8 月,晋绥边区军民共挤退日伪军据点 128 个,收复村庄 2685 个,解放人口 36 万余人。

在此基础上,晋绥军区决定从 1944 年 8 月起发动秋季攻势作战。军区命令各部队在秋季攻势中,拔除一些能克之敌据点,扩大根据地,争取切断离(石)岚(县)、汾(阳)离(石)、静(乐)宁(武)三条公路交通线,为进一步把敌人挤出去创造条件。

8 月 28 日,晋绥军区秋季攻势作战开始,首先在忻(县)静(乐)公路和五寨地区展开。八分区第 2 支队袭击忻静公路之丰润据点,俘日军 6 名。8 月 29 日,第二分区第 36 团袭击五寨风子头据点,毙日军 12 名。第 36 团和第 9 团各一部,在阎家洼至界牌间伏击五寨出扰之敌 150 余人,歼敌 90 余人,缴获大车 30 余辆。9 月 3 日,第六军分区部队收复静(乐)宁(武)公路上的沟口等据点,切断忻县至静乐和宁化堡至静乐的公路交通。从 4 日起,第三、第八军分区部队进攻离岚公路敌据点,先后袭击和攻克了公路沿线的胡堡、峪口、横泉、圪洞(今方山)、马坊等据点,切断了离岚公路。

随后,第八军分区部队向敌军事要点汾阳发起猛攻。汾阳城及其周围据点驻有日伪军 1200 余人。9 月 14 日、15 日,第八分区第 6 支队和游击一大队连续两次袭击汾阳城之敌。各部队分别袭击了火柴公司、飞机场、火车站以及大营盘,歼敌一部,破坏了一些重要设施及敌哨楼。9 月 16 日夜,第八分区第 6 支队一部奇袭汾阳协和堡据点。协和堡是汾阳城外围的重要据点之一,有 12 名日军和 30 余名伪军守备。第八分区利用内线关系对该据点进行了周密侦察后,以3个连的兵力进行袭击。首先以突击队捕捉了敌哨兵,然后打开堡门,部队立即冲入与敌展开肉搏战,经一个小时的激烈战斗,日军全部被歼,伪军全部投降。

汾阳、协和堡战斗胜利后,晋绥军区的秋季攻势作战以第八分区为重点。9月20日,第二分区第36团收复了宁武西南的坝上、李家山、榆树坪3个据点,消灭日伪军60余名。9月23日,第八分区第2支队向静乐以南的娄烦镇发动进攻。娄烦镇共有碉堡9个,设防比较坚固,常驻日军20余人,伪军、伪组织人员70余人。第八分区第2支队在200余名群众配合下,把碉堡包围起来,30多个煤矿工人进行坑道作业,准备实施爆破。25日拂晓,煤矿工人以猛烈爆破将2个炮楼及寨墙东北角炸塌,突击部队迅速以烟幕为掩护攻上寨墙,占领伪军守备的5个碉堡及寨墙四角。伪军则在日军掩护下逃进街里的大碉堡内。当日黄昏,坑道挖至大碉堡脚下,伪军闻听挖坑道声仓皇出逃,全部被俘。日军见无路可逃,遂将碉堡炸毁,集体自杀了。这次战斗,共消灭日伪军及伪组织人员80余人。娄烦以北的东六度、下静游两据点的日伪军因惧被歼而逃回静乐城。

娄烦战斗后,军区直属第21团于9月28日夜攻入静乐西北20公里的马坊据点,激战3小时,消灭日伪军40余人。第八分区第6支队则在汾阳城关的战斗胜利后,略事休整,于9月30日又袭击了交城以西的东社据点。东社镇是第八分区山区通向晋中平川的交通要道,驻日伪军各1个中队,共140余人。第八分区第6支队在游击6大队配合下,向东社发动猛烈攻击,歼日伪军100余人。从袭击汾阳城关战斗后的半个月中,军区各部队和民兵、游击队都主动袭击敌占据点,打击出扰之敌,三次袭入方山、峪口,两次袭入协和堡,先后击退汾阳、赵庄、罗城、仁岩、交城、文水、古交、圪洞等地出扰之敌,多次取得了伏击战的胜利。

东社战斗后,秋季攻势作战结束。在一个多月的秋季攻势作战中,晋绥边区军民共进行大小战斗297次,攻克和挤掉敌占据点48处,毙伤日伪军900余名,俘日军20名、伪军1000余名,缴获长短枪670多支,解放人口5万余,收复国土770万余平方公里。

正当我部队袭击汾阳、协和堡时,中外记者西北参观团一行数人于8月30日从延安抵达晋绥边区参观访问,在兴县受到林枫、吕正操等晋绥党政军领导人的接见。9月6日,记者团到八分区参观,参观了地雷网保护下的第八分区战地医院和兵工厂以及俘虏管理所后,又观看了第八分区部队攻打汾阳城和协和堡的战斗。外国记者还同在协和堡抓获的日军俘虏进行了交谈。协和堡战斗的规模虽小,时间虽短,但给记者团留下了深刻印象。①

晋绥军区经过一年的攻势作战,共攻克据点106座,收复村庄3100余个,解放人口40余万,根据地得到恢复和发展。

第二节 抗日根据地全面反攻的准备

根据中共中央“坚持华北抗战,坚持抗日根据地,积蓄力量,准备反攻,迎接胜利”的方针,山西各抗日根据地开展大规模的军政整训,加强后勤工作,全面提高部队素质,为全面反攻作准备。

一、大练兵运动的开展

1944年7月1日,中共中央向中央局、中央分局发出《关于整训军队的指示》,指出:“敌人现在正向正面战场进攻,若干根据地当面敌情有某些暂时的变动;第二战场开辟,红军大举进攻,美国对日进攻更加积极等捷讯,又可长抗战之志气,灭敌人之威风,这些条件,均使我们可能与应该在敌后扩大根据地与扩大军事力量。”并指出,全军目前47万,民兵

---

①山西省史志研究院、中共内蒙古自治区委党史研究室著:《晋绥革命根据地史》,山西古籍出版社1999年版,第376页。

210 万，欲以此在大反攻时夺取大城市与交通要道，最后驱逐日寇出中国，是不够用的，"非有一倍至数倍于现有的军事力量，不能胜任"。因此，中共中央决定"在一年内，主要是今年秋冬两季，在不妨碍战斗与生产条件下……轮番整训部队"，同时，对民兵、自卫队进行整训，以准备将来使八路军、新四军发展一倍至数倍的条件。①

　　山西各个根据地的部队根据中共中央的指示，利用作战和生产间隙，从 1944 年 10 月开始，陆续展开了以改进部队思想政治工作和提高军事技术水平为主要内容的冬季大练兵运动。

　　在晋察冀根据地，10 月 5 日，中共晋察冀分局制定了军事训练计划。规定："军事，主要是训兵，并总结带兵、用兵与养兵的经验。全军区部队，基本上要在一年内着重今冬明春两季轮番训练完毕。训练内容以技术为主，战术为辅，必要之基本教育应须注意。实行群众运动的练兵方法，官教兵，兵教兵，兵教官，做到自觉的学习与研究，互相帮助和竞赛，到处成为操场与课堂，人人不甘落后，为战胜敌人而练兵，学用一致，改变教条主义的练兵方法。"10 月 25 日，中共晋察冀分局召开扩大干部会议，指出：练兵期间政治工作的中心任务，是保证整个练兵任务的完成。因此，必须在全体指战员中采取各种方式进行最广泛深入的动员，使全体人员都了解练兵的重要意义，从军区到连队，做到"首长负责，亲自动手，领导骨干与广大群众相结合，一般号召与具体指导相结合"，党员做先锋，团结积极分子，吸引中间分子，鼓励落后分子，发动与组织一切力量，保证练兵计划的切实彻底完成。并指出：练兵中政治整训的目的在于克服军阀主义倾向，脱离群众的官僚主义作风和脱离具体实践的教条主义作风，根据古田会议的精神由上而下地、有系统地检查 7 年来政治工作中的官僚主义与教条主义作风，使之变为联系群众、实事求是的作风。

　　从 11 月 1 日开始，晋察冀军区主力部队、地方军、民兵自卫队掀起了大练兵的热潮。各部队从政治整训入手，以古田会议的建军原则整顿

---

①中央档案馆编：《中共中央文件选集》第 14 册，中共中央党校出版社 1991 年版，第 261~267 页。

部队的思想政治工作,着重反对军阀主义,提倡尊干爱兵,密切官兵关系,激发广大指战员抗战到底的必胜信心。随后,以提高投弹、射击、刺杀三大技术为中心展开轰轰烈烈的练兵互赛运动。军区直属队各机关以机关为单位成立连队,各机关科长以下全体人员都参加了军事训练。训练课目包括内务条令、纪律条令、手榴弹、步枪、掷弹筒、掷弹枪、轻机枪、刺杀、埋取地雷、土工作业、步哨员、侦察员、利用地形地物等。经过军事训练,军区直属各机关干部精神面貌焕然一新,战略战术进一步提高。

与此同时,大练兵运动在各区亦相继展开。冀晋军区和冀察军区第一军分区的环境比较稳定,大练兵运动于11月上旬展开。部队干部、战士苦练射击、投弹、刺杀三大技术,炊事员、文书、司号员、卫生员也都投入了大练兵运动。经过刻苦训练,所有练兵部队军事技术都有了显著提高。1945年春,冀晋和冀察军区部队在第1期军事、政治整训结束前,进行了射击、超越障碍、投弹、刺杀等表演,成绩有了大幅度提高。

1945年初,晋察冀军区成立了炮兵、工兵干部训练队和报务、机务人员训练队,加强了专业干部的训练。冀晋分区民兵和自卫队员也以村为单位,利用生产空隙,普遍进行了制造和使用地雷,提高射击、投弹技能为主的练兵运动。到1945年3月中旬,经过4个月的训练,边区部队第1期整训基本结束。

在晋冀鲁豫根据地,各部队传达了中共中央指示,拟定了整训实施纲要。首先成立了以营团干部为主的轮训队,培养各分区整训的骨干,然后各分区组织轮训队,培养连排干部。从1944年11月开始,晋冀鲁豫军区主力部队、地方军、民兵自卫队相继开展了军事整训。

在政治整训中,主力部队以肃清军阀主义倾向,树立正确的领导作风,加强时事教育和阶级教育,保证饱满的士气,提高抗战的信心为主要内容。各部队都召开连队民主大会,领导干部带头检查不正确的认识,消除战士的思想顾虑。各级干部虚心听取战士的意见,进行自我批评。在此基础上,领导干部制定爱兵计划,战士制定尊干计划,进一步加强官兵团结,巩固部队。军事训练着重射击,辅以刺杀和投弹。练兵时提倡官教兵、兵教官、兵教兵的群众路线方法。军区、分区首长亲自指导,有的还同战士一齐操练。新战士为赶上老战士,早起晚睡,加班苦练,整个部队的军事素质有了很大的提高。

民兵、自卫队采取冬季集中训练的办法整训。从 1944 年 11 月起,以分区为单位集中训练县区武装干部,一般 20 天到 1 个月为一期,然后以县为单位训练区村干部和杀敌英雄,以区为单位集训民兵、自卫队的骨干。

对民兵的政治整训,主要是加强时事教育和阶级教育,肃清各种混乱思想,巩固胜利信心。同时教育民兵把战斗和生产结合起来,克服少数人不愿参加劳动、脱离群众、违犯群众纪律等现象。军事整训以爆炸训练为主,大部分民兵、自卫队都参加了练武运动,其他系统的干部和部分妇女也自动参加。通过群众性的练武运动,民兵、自卫队的军事技术有了显著提高,学会了制造雷管和几十种埋设和伪装地雷的方法,并制造出弹弓雷(弓发雷和弹簧雷)、分别雷、轮转雷、联动雷、石坠雷等新式地雷。

在晋绥根据地,从 1944 年开始,晋绥军区部队在加紧围挤敌据点、连续发动攻势作战的同时,组织了大规模的练兵运动。晋绥军区根据《一九四四年军事教育训令》,为练兵运动做了充分准备。军区司令部举办了技术训练队,培养了技术训练干部,准备了训练地方兵团的干部,并对连以上干部普遍进行了练兵集训。此后,各主力兵团掀起了春季练兵高潮。

1944 年 5 月 10 日,晋绥军区又发出《军事教育的补充指示》,命令各部队利用生产间隙进行夏季练兵。指示还要求,各单位在练兵中还应把帮助民兵训练作为自己的重要任务。在夏季练兵中,各单位均进行了严格的技术、战术训练。有些单位将战斗与练兵密切结合,根据实际需要有针对性地进行练兵,保证了战斗任务的圆满完成。练兵中,各分区都划定了部队帮助民兵训练的地区和任务,大多数民兵学会了使用手榴弹和步枪,掌握了爆破技术,学会了单个战斗动作。在各部队分别进行训练的同时,晋绥军区从各分区和各团抽调干部组建了练兵团,为冬季大练兵做准备。练兵团集中在兴县李家湾,从 7 月 1 日开始进行训练。同时,还成立了一个负责训练连、排干部的教导团，与练兵团一起进行训练。

同年 7 月，中共中央发出《关于整训军队的指示》后，晋绥军区根据中共中央指示精神，于 7 月中旬对练兵团提出了"改造思想，改进作风，提高技术，爱护武器"的练兵要求。经过三个月的努力，练兵团摸索出了一套群众路线的练兵方法，为各分区和主力兵团培养了示范连队，为冬季练兵创造了有利条件。10 月 5 日，晋绥军区举行练兵检阅大会，吕正操、林枫等到会向练兵英雄颁了奖，并要求练兵团积极推动全军练兵，准备反攻。

9 月 1 日，中共晋绥分局发出《关于加强全党练兵与军队大整训的决定》，要求自 1944 年冬至 1945 年春，用 4 个月的时间，主力军整训 60%，游击队整训 30%，民兵全部整训一遍。晋绥军区也于 9 月 22 日发出训令，对冬季练兵做了具体安排。冬季练兵中，军区练兵团、教导团和各分区的练兵营和教导队，都借鉴夏季练兵团的经验，把解决思想、作风问题和技术训练紧密结合，在解决思想、作风问题的基础上开展苦练技术的运动。练兵中各地提出了"战斗结合练兵"、"活动到哪里练到哪里"、"战场就是练兵场"等口号，得到了军区的高度重视并予以推广。经过冬季大练兵运动，全军区部队在思想、作风和技术、战术训练上都取得了显著成绩，部队和民兵的战斗力明显提高。

二、敌占城市工作的加强

中共中央对城市工作极为重视。早在 1940 年 9 月 18 日，中共中央即发出《关于开展敌后城市工作的通知》，要求：中央成立敌后工作委员会，领导和推动整个敌后城市工作。在中央局、中央分局及临近敌区的区党委，成立城市工作委员会，并在全国范围内确定以上海、北平、天津等 14 处为据点，逐步开展城市工作。通知强调，为了开展敌后城市工作，必须准备大批干部，并就选调干部的工作范围、类别和应注意事项提出了具体意见。① 随着世界战局和中国抗战的胜利发展,中共中央把握时局,把城市工作和交通要道工作提到极重要的战略位置。1944年4月12日,毛泽东在延安党的高级干部会议上提出:"要注意大城市和交通要道工作,要把城市工作和根据地工作提到同等重要的地位"。同年6月5日,中共中央发出《关于城市工作的指示》,指出:"不占领大城市与交通要道,不能驱逐日寇出中国。不争取在日寇压迫下的千百万劳动群众与市民群众,瓦解伪军伪组织,并准备武装起义,就不能配合军队与农村占领大城市与交通要道。"要求各中央局、分局和区党委"必须把城市工作与根据地工作作为自己同等重要的两大任务","一方面发展与巩固根据地,依据现有基础,建设比现在强大得多的军队与地方工作;又一方面,争取城市及交通要道的千百万群众,瓦解与争取伪军伪警,准备武装起义,以俟时机成熟,就可使二者互相结合,里应外合地进攻日寇,占领大城市和交通要道"。"各局各委必须……改变过去不注意和不大注意城市工作与交通要道工作的观点……以期在今年下半年及明年上半年,就能收获显著成绩。"②

为贯彻中央关于城市工作的指示精神,7月25日,中共中央北方局致电各分局、区党委,要求除对中央指示作深入的研究外,还必须有准备地召开干部会议,专门对城市工作做较广泛深入的总结与传达,制订出具体的计划,切实执行;必须克服本位主义、保守主义和不愿做敌占城市工作的观点,必须下最大的决心从各单位各部门中抽调出大批有能力的干部去开展城市工作。北方局和八路军总部在指导各分局、各区党委、各区开展敌占区城市和交通要道工作的同时,还直接组织对华北大城市、大股伪军开展工作。

在晋察冀,早在1941年1月,中共中央北方分局就建立了城市工作

---

①中共北京市委党史研究室:《北京革命史大事记》(1919–1949),中共党史资料出版社1989年版,第241页。

②中央档案馆编:《中共中央文件选集》第14册,中共中央党校出版社1991年版,第243~244页。

委员会(简称"城工委"),由聂荣臻兼任书记,刘仁、刘慎之主管日常工作。城工委主要对敌占城市中旧的地下党组织进行整顿,对群众进行抗日宣传等。1944年7月25日,中共晋察冀分局发出《关于执行中共中央城市工作指示的意见》。9月至10月,晋察冀分局召开扩大的高干会议,传达并讨论了中央的指示,决定:县以上各级党委成立城工部,在工作方法上,强调注意隐蔽精干,城市地下党组织继续由根据地分割领导,尽量避免与派出的干部发生横的关系。9月,晋察冀分局城市工作委员会改为城市工作部,刘仁任部长。10月10日,晋察冀分局发出《关于城市工作的计划、组织与工作方针的补充指示》。经过动员和干部配备,城市工作打开了新的局面。

在晋冀鲁豫,城市工作开始由八路军总部和第129师师部领导,主要以搞情报为主。早在1943年1月,邓小平在温村会议上提出"打入到敌占城市中去","长期埋伏,进行隐蔽的、巧妙的、谨慎的宣传组织工作,积蓄力量,提高自己和革命者抗日分子的地位,以待时机,配合反攻"。此后,城工工作逐步加强,在太原、阳泉、长治、榆次、石家庄等城市和许多县城建立了联络点、站,派遣大批共产党员和非党抗日干部到城市开展工作。同年10月,中共太行区党委成立了城市工作部(简称"城工部"),各地委也相应成立了城工部。11月7日,中共中央北方局发出《关于开展城市工作的指示》,强调加强打入工作,在敌占城市建立共产党组织和内线,为大反攻积蓄力量。1944年初,中共太行区党委召开扩大干部会议,传达北方局指示,研究城市工作问题。会议决定,城市工作重点应是争取千百万群众,争取伪军伪警察,准备武装起义,夺取城市和交通要道。要求各级城工部门,利用各种关系,通过各种方式,大量派遣干部和积极分子到城市开展工作,同时发动群众支援被派遣人员及其家属;各游击队、武工队向城市逼近,在城市周围建立隐蔽的游击区;动员城市的工人和知识分子到根据地参加训练学习,再回到城市工作。

1944年6月以后,中共太行区党委城工部不仅向敌占中小城市,如长治、焦作、新乡、安阳、邯郸、邢台、阳泉、榆次、太谷、沁县等派出城工人员,而且向太原、石家庄、郑州、开封、北平、天津、济南等大中城市派出城工人员。利用各种关系建立共产党组织,扩大联络网点,特别注意打入敌伪领导机关和机要部门,及时向区党委汇报敌伪的重要情报,争取广大群众,争取和瓦解伪军伪警。在1944年春到1945年8月的一年半时间内,太行区的城市工作一直围绕准备里应外合解放城镇据点进行。1944年春,区党委成立了"中共太行区石门城市工作委员会"(简称"石门城工",对外称太行第一军分区前方办事处),在石家庄城内和近郊农村发展抗日力量,以郊区为基地,建立共产党组织,发展几百名共产党员,组织开展了工人争生存条件,农民反摊派斗争。他们利用敌人组织的"兴亚工作队",于1945年6月22日夜发动起义,在元(氏)获(鹿)独立营接应下,把这支80多人的部队拉出,进入太行根据地。太行二地委城工人员打入敌占的马坊据点,建立了秘密党支部,营救了许多被抓人员,设法除掉了一批罪大恶极的汉奸,最后同八路军主力部队配合,拔除了马坊据点。二地委的城工人员打入敌特务头子清水利一的特务机关,三地委的城工人员在敌人内部配合八路军围攻蟠龙镇。三地委还建立了在白晋路沿线开展工作的白晋委员会,组建共产党支部,发展了20余名共产党员和100余名地下工会会员。太行四地委城工部先后派出200多城工人员,打入长治城和石圪节煤矿、潞城、韩店、张庄、老顶山等敌据点。进入长治城的城工人员在敌伪警察局、保安队系统建立地下关系,绘制了敌方军事部署图,控制了城门入口。

在太岳区,也加强了敌工机构,以铁路沿线城镇为重点,多方面地开展争取瓦解日伪军工作,收到显著效果。

在晋绥区,根据中共中央的指示,中共晋绥分局设立了城市工作部,各地委城工部也随之成立。为了加强对太原市的秘密组织工作、派遣工作和情报工作的管理,在分局城工部之下设立了太原市工作委员会,后该委员会并入中共晋绥第八地委城工部。中共晋绥分局城工系统曾派出一些干部到太原,有的打入日伪机关,以公开职业为掩护开展情报工作。

各地城工人员进入敌占城市后,设法打入敌伪机关、部队、工矿区、学校等单位,谋取职业掩护,广交朋友,在基本群众中扎根宣传,在伪军伪组织中建立关系,在士绅、名流、工商界中物色对象,争取其同情,秘密地团结了各方面的人士,发展抗日内线力量,积极准备大反攻。

第三节　抗日根据地军民 1945 年的攻势作战

　　1945 年,世界反法西斯战争的胜局已定,中国的抗日战争经过浴血奋战也胜利在即,山西各根据地相继开展更加猛烈的攻势作战,给日军以沉重的打击。

一、中共七大精神的贯彻

　　1945 年初,国内外形势发生了很大变化,苏美英等同盟军逼近德国本土,德国法西斯覆灭在即。日本法西斯由于在太平洋战场上的连续失利,以及在中国战场上发动打通大陆交通线作战消耗了大量兵力,尤其在解放区战场军民局部反攻的打击下,占领区日趋缩小,败局已定。

　　敌后各解放区,在政治、经济和军事等方面都得到了很大的加强,已拥有 9000 多万人口和 200 多万民兵、78 万军队。军队经过攻势作战特别是冬季大练兵运动,在军政素质上也有了显著的提高,军政、军民关系得到进一步改善。

　　在世界反法西斯战争和中国抗战即将取得最后胜利的形势下,中国面临的中心问题,是战后向何处去的问题。在此决定未来中国命运的历史转折关头,中国共产党于 1945 年 4 月 23 日至 6 月 11 日在延安召开了具有伟大历史意义的第七次全国代表大会。

会上,毛泽东做了《论联合政府》的政治报告,朱德做了《论解放区战场》的军事报告,刘少奇做了《关于修改党的章程》的报告,周恩来做了《论统一战线》的讲演。

毛泽东在《论联合政府》的报告中,运用马克思主义的科学分析方法,总结了抗日战争的历史经验,论述了在抗日战争中国共两党所实行的两条不同的抗战路线及其所产生的两种不同的结果;分析了世界反法西斯战争与中国抗战即将取得彻底胜利的形势,指出中国面临着光明与黑暗两种命运和建立一个独立、自由、民主、统一、富强的新中国与回到半殖民地半封建的、分裂的、贫弱的旧中国的两种前途;规定了中国共产党的一般纲领和具体纲领,以及党在解放区、沦陷区和国民党统治区的任务。从而,为中国人民抗战胜利后走向何处去指明了方向。大会完全同意毛泽东的政治报告,通过了关于政治报告的决议案,确定了"放手发动群众,壮大人民力量,在我党的领导下,打败日本侵略者,解放全国人民,建立一个新民主主义的中国"的政治路线。

朱德在《论解放区战场》的军事报告中,以马克思列宁主义和毛泽东思想为指针,总结了抗日战争特别是解放区战场的抗战经验,阐明了中国人民抗战的军事路线,指出由人民的军队、人民的战争和人民战争的战略战术所构成的中国人民抗战的军事路线是解放区战场获得胜利的关键。同时提出了今后的军事任务,强调我军必须"准备在抗战后期实行从抗日游击战争到抗日正规战争的战略转变",指出:"现在已临到在实际工作上逐渐地去准备实现的时机了。我们全军干部必须善于在思想上、工作上准备实行这种转变,以迎接这抗日大反攻的战斗。"他要求"解放区的军队站在中国大陆的大反攻前线上,要担负起极其重大的战略任务,来协同国内一切友军和同盟国军队打败日本侵略者"。[①] 并提出了准备反攻的各项具体任务和措施:首先,向一切被占领而又可能攻克的地方发动广泛的进攻,借以扩大解放区,缩小敌占区;其次,要扩大人民武

①《朱德选集》,人民出版社 1983 年版,第 178、181 页。

装,消灭与瓦解敌军;第三,要在现有基础上加强正规兵团、地方兵团和民兵自卫军的训练;第四,提高军事技术,特别是炮兵的技术和现代战争的战术;第五,加强指挥机关,提高参谋工作、政治工作和后勤工作水平,使之能适应现阶段作战和未来反攻的需要;第六,厉行生产节约,储备粮食物资,准备大反攻的物质基础;第七,加强优待抗属,抚恤伤亡,安置残废与退伍军人的工作;第八,加强军内外团结。会议一致同意朱德的军事报告,并提出了关于军事问题的决议案,要求我军"从各方面来准备大反攻,及准备战略上由以游击战争为主到以运动战为主的转变"。

中国共产党第七次全国代表大会,是一次团结的大会,胜利的大会,它对于打败日本侵略者、夺取新民主主义革命的胜利具有决定性意义。

山西各抗日根据地出席七大的代表有晋察冀边区的聂荣臻、彭真、刘澜涛、阮泊生、萧克、郑天翔等;太行区的何英才、王孝慈、王维纲、毛铎、杨献珍、赵武成、陈敬贤等;太岳区的薄一波、陈赓、安子文、卫恒、李聚奎、高扬文、王毅之、刘开基、王锐、任志远、程谷梁、桂绍彬等;晋绥边区的贺龙、林枫、罗贵波、赵林、解学恭、彭德、许光达、梁树棠、马平定等。山西前线的中共中央北方局和八路军总部的代表有杨尚昆、彭德怀、刘伯承、滕代远、罗瑞卿等。邓小平出席了七届一中全会。

之后山西各抗日根据地军民贯彻中共七大精神,继续发动攻势作战,扩大解放区,缩小沦陷区。

二、晋察冀部队的春、夏季攻势作战

(一)春、夏季攻势作战

1944 年 11 月 24 日,中共中央曾指示晋察冀分局,"发动与组织平绥线两侧群众,争取伪军伪警伪组织,有计划有步骤地开展游击战争,使平绥线两侧逐渐变为我之游击地区",以准备全部夺取平绥铁路。并指出:"在进行步骤上,首先应加强大同以东、桑干河两岸工作,组织几个短小精悍的武工队,配合雁北北线党政军民原有工作基础,逐步推进。"① 12月18日,毛泽东就扩大解放区问题指示晋察冀,努力向雁北、绥东、察哈尔、热河及冀东敌占区发展,扩大解放区,同时努力从事城市工作。② 1945年4月18日,毛泽东再次电示中共晋察冀分局,指出:晋察冀边区扩大解放区的主要发展方向,应放在热、辽和雁北地区,以便开辟察北和东北。

根据中共中央和毛泽东的指示和部署,中共晋察冀分局于1944年12月20日做出了《关于全面开展平绥路工作的决定》,要求"冀晋、冀察两区党委应把开辟平绥路工作当作目前主要的任务",达到"雁北、察南全部地区成为我之根据地与游击区"。为此,在组织上,成立大同、怀仁两个工作委员会,天镇、阳高工作委员会,受五地委领导;成立怀安工作委员会,受十三地委领导;成立张北工作委员会,受十二地委领导。应县、山阴、浑源各县县委均应积极向桑干河两岸伸展。邻近敌占区各县县委均应以现有阵地为基础,向周围敌占区发展。"在能够开展游击战争的地区,应在各工委会领导下成立一个至数个武工队,大胆地深入到敌之深远后方活动。在目前尚不能开展游击战争的地区,应准备在明春组织武工队出去活动。山阴、应县、浑源、灵丘等县亦应组织武工队到川下活动,巩固已开辟地区,开辟新地区"。

1945年2月,中共晋察冀分局和军区召开了各区党委和二级军区干部会议。会议根据中共中央和毛泽东的战略部署,讨论制定了《1945年扩大解放区方案》。方案确定:1945年扩大解放区要坚持向北发展的方针,以解放平绥铁路两侧地区和锦(州)承(德)公路以南地区为主要目标,开辟雁北、察南等地区。除主要发展方向外,尽可能逼退敌伪军深入内地及边缘地区的点碉,缩小敌占区,扩大解放区,把"挤敌人"的工作形成群众运动。据此,晋察冀边区军民在分局和军区的统一指挥下,于1945年1

月至7月间,向日伪军展开了大规模的春、夏季攻势作战。

在春季攻势中,冀晋和冀察军区部队对根据地内和边缘区的敌占城镇据点发动进攻。冀晋军区部队从1月份开始,先后攻克和收复村镇、据点79处。在封锁沟外活动的部队,先后袭入平山、繁峙和山阴等县城,共毙伤敌人100余人。3月30日,冀晋军区集中主力一部在冀察部队配合下,向灵丘地区之敌发起进攻,连克其外围据点数处,并争取伪军一部反正,迫使日军于30日放弃灵丘,逃向广灵,灵丘县城遂告解放,为进一步开辟雁北地区创造了条件。

冀察军区还派出主力一部,在游击队、武工队和民兵的配合下,向边缘和残留在根据地内的敌军据点展开围攻,袭击日军据点多处。第十三军分区活动于察南的部队,经过3个多月的苦战,在张家口以南开辟了2500平方公里的地区。

(二)开辟雁北、察南新区

晋察冀地区之敌,经我春季攻势打击后,将其主要兵力退守交通线、大中城市和工矿区,并加强平绥铁路以南特别是通往东北的咽喉要道冀东地区的防御,企图阻止我向北发展。晋察冀军区根据党中央的指示,为准备配合苏联对日作战,取得向北特别是向东北发展的前进阵地,从5月中旬开始,以平绥铁路两侧和锦(州)承(德)铁路以南地区为主要目标,发起开辟雁北、绥东地区及察南、察北地区的雁北作战和察南作战。

雁北战役。5月12日,冀晋军区,集中第二、第四、第五军分区共6个团及6个县支队的兵力,发起雁北战役。盘踞在雁北地区之敌为日军独立混成第3旅团、第4独立警备队及伪大同直辖警备队各一部,共9000余人,分布于山阴、应县、浑源、广灵和桑干河沿岸两道封锁线上的87个据点里。冀晋军区部队在作战中,首先以主力部队重点向雁北之浑源、应县、山阴一线和桑干河两岸及平绥铁路阳高至大同段之敌展开进攻,而后越过平绥铁路向北伸展;同时以一部兵力围攻繁峙、砂河、五台、台怀等地敌人。为配合雁北战役,军区令在南线和东线的部队向正太铁路和平汉铁路定县附近之敌出击。

战役发起以后,我主攻浑源、应县、山阴地区的第四军分区部队向浑源、应县间敌之第一线据点展开攻击。由于敌沿长城一线筑有坚固工事,我攻击点选择不当,故未能攻下。而后,转向应县、山阴间敌之守备薄弱环节进攻,连克茹越山、东安峪、胡峪口等据点,到 25 日,突破了应县以南敌之封锁线。接着又乘胜逼退了口前、水峪、大营等多处据点,一度袭入山阴县城。随即向东挺进,拔除了战役开始时未能攻下的北楼口、黄沙口、东尾毛等据点。6 月 25 日,彻底摧毁敌西起广武、东至浑源沿长城 80 公里的封锁线。与此同时,向桑干河沿岸进攻的第五军分区部队,在扫除桑干河南岸的大王、友宰堡、大关、老册等据点后,立即北渡桑干河,向敌之纵深进击,相继攻克和收复安家屯、下吾其、大白登、将军庙、贾家屯等据点。然后乘胜北进,在平绥铁路炸毁日军火车两列,切断敌交通运输,在同蒲铁路一度袭入大同机场。在此期间,第二军分区部队在繁峙、代县、崞县、五台等地主动出击,连克与收复义兴城、二十里铺、西天河、白石村等据点多处,重创了砂河、台怀和少军梁等地的敌人。敌在我军猛烈攻击下,无力反击,急忙加强浑源、应县、阳高、阳原、五台、繁峙等城守备。冀晋军区为扩大战果,又乘机以一部兵力越过平绥铁路,继续向北伸展,在绥东之丰镇、兴和地区建立了兴和、丰镇的抗日县政权。经过 50 多天的连续作战,冀晋军区共攻克和逼退伪据点 40 多处,歼灭日伪军 1100 余人,扩大解放区 5000 多平方公里,解放人口约 40 万。①

察南战役。为开辟平绥铁路南北之察南和察北地区,把冀察、冀晋新解放区连成一片,冀察军区集中第一、第十一、第十三军分区共 6 个团及部分县游击支队,于 5 月 12 日发起察南战役。以第一、第十三军分区 4 个团及 4 个县支队向平绥铁路以南的怀安、涞源、广灵地区之敌发动进攻;以第十一军分区 2 个团及 1 个县支队沿平绥铁路南侧进攻怀来、涿鹿地区之敌;以第十二军分区一部在平绥铁路以北对张家口、宣化之敌进行袭扰活动,以牵制敌人。盘踞在察南地区的日军独立混成第 2 旅团、

---

①《中国人民解放军战史》第 2 卷,军事科学出版社 1987 年版,第 41 页。

伪华北绥靖军、伪满军各一部及伪省、县警察大队，共 1.4 万余人。大部盘踞在宣化、怀来、涿鹿、蔚县、涞源等地区。5 月 12 日夜，各部队按照预定计划，开始向敌发起进攻。第十三军分区部队以奔袭手段，攻克怀安县城及其外围据点 16 处，并攻下了张家口南郊的沈家屯据点。第一军分区主力在地方武装和民兵配合下，对涞源及其外围据点展开围困战，拔除了马圈子、西龙虎等据点，收复涞源县城，歼灭日伪军 300 余人。在此期间，第一军分区以 1 个团向广灵外围据点出击，连克浮屠村、郑家窑等据点 16 处，陷广灵之敌于我包围之中。第十一军分区主力和地方武装进入怀来、涿鹿地区以后，以围攻、坑道爆破，结合政治攻势，攻克和逼退了岔道、石门、倒拉咀等据点，使涿鹿城受到严重威胁。至 27 日，战役胜利结束，共歼灭日伪军 673 名，收复怀安、涞源两座县城及其他据点 43 处，并袭入宣化南关，逼近张家口城郊。

在夏季攻势中，冀察军民共歼灭日伪军 1900 余人，攻克与收复县城 3 座，拔除据点 110 个，扩大解放区 1.3 万多平方公里，解放人口 57 万。这次攻势作战，冀晋八路军部队打破了日伪军由山阴至广灵和在桑干河岸上的封锁线，为大反攻创造了有利条件。

三、晋冀鲁豫部队的春、夏季攻势作战

(一)春季攻势作战

盘踞在晋冀鲁豫边区之日军遭我 1944 年攻势作战打击后，大都退缩到中心城镇及主要交通线上。在此情况下，晋冀鲁豫部队根据中共中央"扩大解放区，缩小沦陷区"的战略方针，为开辟豫北、晋南新区，于 1945 年初发起春季攻势作战。

道清战役。为开辟道(口)清(化，今博爱)铁路两侧的豫北地区，打破敌对太行根据地与豫西根据地的分割封锁，1 月下旬，太行军区集中第七、第八军分区和平原分局党校警卫团等部共 4 个团又 3 个独立营的兵

力,发起道清战役,消灭盘踞在道清铁路及其两侧地区的日伪军。

战役分为三个阶段:第一阶段,以攻取道清铁路以南伪军所盘踞的小东、宁郭两镇为中心,扫除路南日军据点。战役第二阶段,以扫除道清铁路以北的日伪军据点为主要目的。第三阶段作战,以太行军区主力一部挺进原武、阳武地区。至4月1日,战役胜利结束。此役共歼灭日伪军2500余人,收复国土2000余平方公里,解放人口75万。①

第二次豫北战役。道清战役之后,太岳军区又集中第二、第四军分区的部队发起第二次豫北战役。从4月1日开始,到4月底战役结束。此役,共收复伪军据点40余处,歼灭伪军2800余人,伪军投诚、反正1700余人,进一步打开了豫北的局面,使太岳区与太行区在道清路以南连成一片。②

5月下旬至6月上旬,为打通太岳区与豫西区之联系,第25团、第54团、康支队、第20团、第17团及第五军分区地方武装对祁(家河)夏(县)公路日伪军据点发动攻势作战,同时对绛县、翼城、曲沃地区伪军冯惹文、陈子文部发起攻击,攻克据点40处,歼灭日伪军700余人,③控制了祁夏公路,肃清了腹地内的敌人,向东南挺进到黄河沿岸。

在太岳抗日根据地腹心地区,根据局部反攻的形势,各军分区部队于1945年春夏广泛开展围困日伪的斗争,不断取得胜利。随着沁源围困战的胜利,4月2日,第二军分区士敏独立团和长子、高平县大队,袭击回山村据点的伪军,俘其60余人。到5月22日,太岳、太行部队各一部对驻高平之日军发起攻击,日军向长治逃窜。

4月7日,阳南、阳北的地方武装和民兵围攻阳城县城,并且收复了县境的白桑、风神庙、安阳、黄龙庙、后则窑等据点,驻阳城县城内的日军

①《中国人民解放军战史》第2卷,军事科学出版社1987年版,第38页。

②中共山西省委党史研究室著:《太岳革命根据地简史》,人民出版社1993年版,第252~253页。

③中共山西省委党史研究室著:《太岳革命根据地简史》,人民出版社1993年版,第254页。

60余人、伪军300余人,于13日东逃晋城,阳城县宣告解放。阳城军民乘胜向晋城逼近,与晋南、晋北(指晋城县临时划分的晋南县、晋北县——引者注)之独立营、士敏独立团及太行地方武装一部,加紧对晋城之敌的围攻,驻晋城之敌于27日逃往河南博爱,晋城县宣告解放。

同时,第38团与白晋地方武装对白晋路沁县至屯留段发起攻击。4月15日,屯留县民兵开始春季攻势作战,用45天时间打垮18个村庄的日伪维持会,瓦解了保安第4中队。

在春季攻势期间,太行军区部队还进行了陵川、和(顺)左(权)、祁(县)太(谷)平(遥)、安阳(第一次)等战役战斗,共歼灭日伪军2600余人,收复和顺、左权、陵川等县城。

晋冀鲁豫军区部队经过一系列战役,共歼敌7900余人,开辟了平汉、新汴铁路以南,黄河以北,王屋山以东3800平方公里的豫北地区,建立了7个县抗日民主政府,① 将黄河以北的太行、太岳根据地与黄河以南的豫西解放区连成一片。

(二)夏季攻势作战

从5月开始,晋冀鲁豫边区部队向平汉铁路两侧及鲁西、晋南地区之敌,展开更加猛烈的夏季攻势,相继组织了东平战役、安阳战役和阳谷战役。

太岳军区部队为消灭中条山以西地区之敌,向同蒲铁路南段之晋南地区发动攻势。5月下旬至6月上旬,集中主力先后对夏县以西、祁(家河)夏(县)公路两侧和曲(沃)绛(县)翼(城)三角地区之敌展开进攻,相继攻取新南庄、祁家河、梅村、安峪等据点40余处,消灭日伪军600余人,并向南抵近黄河北岸。与此同时,对根据地内残存的敌之孤立城镇据点继续进行围攻,收复高平县城。5月12日,驻安泽的日伪军,在安泽县军民的围困下,弃城向洪洞城撤退,安泽县宣告解放。

---

①张宪文主编:《中国抗日战争史》,南京大学出版社2001年版,第1168~1169页。

四、晋绥部队的春、夏季攻势作战

(一)春季攻势作战

1945 年 1 月,中共晋绥分局发出《1945 年对敌斗争工作指示》,提出要进一步发动群众,巩固与扩大抗日民族统一战线,以最大的力量开展敌后之敌后的工作,收复所有突出的敌占点线,把敌人挤到主要城市和交通干线上去,创造将来反攻的有利条件。据此,晋绥军区根据中共中央的指示和当面的敌情,制定了 1945 年军事斗争计划。军区决定连续发动几次进攻战役,收复深入我根据地之离(石)岚(县)、忻(县)静(乐)、神(池)五(寨)等 3 条公路沿线的敌军据点,把敌人挤到同蒲铁路和太(原)汾(阳)公路附近,使第二、第三、第六、第八军分区连成一片,为塞北地区的恢复与发展创造有利条件。并决定于 2 月中旬发动春季攻势,首先夺取离岚公路沿线据点,为而后向神五、忻静两线发展进攻创造条件。

离岚公路是日军在晋西北的一条重要交通线,该线由日军独立混成第 3 旅团和第 114 师团各一部及当地伪军守备。晋绥军区决定以第一、第三军分区部队和军区直属第 21 团,在离岚公路以西分别向方山以南和赤坚岭以北之敌军据点展开围攻;第八军分区部队在离岚公路以东积极牵制敌人,配合路西部队作战。与此同时,第二、第六军分区部队分别对神五、忻静公路沿线之敌出击,其他各军分区对敌之孤立突出据点加紧围困,以策应离岚线上的攻势作战。

2 月 17 日,春季攻势在晋绥区全面展开。各主攻部队首先将离岚线上的方山、圪洞、胡堡、峪口等据点紧紧包围起来,并不断打击出援之敌及敌运输队。仅 17 日至 26 日的 10 天中,即在树林、下西山、西坡村、东里上等地设伏 6 次,歼敌 240 多名。在我围攻和争取下,日伪军内部开始瓦解。3 月 4 日,圪洞伪军 1 个中队集体反正。5 日,离岚全线之敌被迫收缩,峪口、圪洞、胡堡和方山之敌,开始向东村(今岚县)撤退。沿途遭我预伏部队多次截击和伏击,4次踏响雷阵,直到6日才狼狈逃到村里。接着赤坚岭、王狮据点之敌亦在我围逼之下逃进东村。方山县城及上述据点即为我收复。在方山等处之敌节节败退的影响下,岚县之敌恐慌异常。在此有利形势下,军区于3月中旬发出继续发展攻势的指示,要求各部加紧围挤离岚线北端的东村、岚县、普明、寨子等据点。各部立即采取分割包围、切断交通、利用地雷战和破击战,打击增援与出扰之敌。日军在供应断绝、待援无望的情况下,不得不于4月5日撤出岚县、普明、寨子等据点,收缩到东村一处。敌逃入东村后,又遭我军包围,被迫于8日上午突围逃至静乐。我军即收复岚县城及东村等据点多处。至此,长达110公里的离岚公路,除大武至离石15公里外,均为我控制,第一、第三、第八军分区完全连成一片。

离岚线上的胜利,震惊了五(寨)三(岔堡)公路沿线之敌。3月下旬,日军强征大车千辆,拟将三岔堡存粮全部运往五寨,并由宁武、神池增派部队护送粮车。晋绥军区判断敌人有从五三公路撤退的可能,即指示第二军分区部队加紧对五三线展开攻势,并以第21团加强该部。4月9日夜,第二军分区主力采取里应外合手段,一举攻克五三公路上的小河头据点,歼敌一部,切断了该线。在军民的连续打击下,敌被迫放弃原定运粮计划,遗弃粮食50万斤,于12日和13日从三岔堡、旧寨撤走。第二军分区一部乘势围困五寨、义井之敌,以第21团一部围困神池、贺职、八角堡等地之敌。至24日,我军先后攻占风子头、八角堡、贺职等据点,迫使石咀头、都咀头和凤凰山据点之敌投降。这时,据守五寨县城的日军已完全孤立,遂于25日弃城向义井逃窜。至此,五寨县境除李家坪一处外,全部收复。

晋绥军区部队在历时68天的春季攻势中,共作战537次,毙伤日伪军1590人,俘虏和瓦解日伪军810人,收复方山、岚县、五寨3座县城及其他据点54处,夺取离岚、五三两条公路,扩大解放区3840平方公里,解放村庄724个、人口9.4万。[①]

（二）夏季攻势作战

晋西北地区之敌经我春季攻势打击后,退至忻(县)静(乐)、神(池)义(井)等公路沿线各据点。为歼灭该敌或将其压迫到同蒲铁路上,晋绥军区决定于6月中旬发起夏季攻势。其作战计划是:挤退静乐及其周围据点,争取占领忻静公路西段,并挤掉神池至义井之敌。根据晋绥军区的部署,第六、第八军分区在忻静公路以南共同组成临时指挥部,统一指挥两区部队向忻静线进攻。以第一军分区和第六军分区各一部,分别在静乐以西和静乐以北进攻敌人,逐步向静乐逼近;以第二军分区一部向神义公路进攻,相机夺取神池城,并以一部负责保德、河曲的河防守备;另以塞北军分区、第三军分区主力和第八军分区一部,分别向塞北的清水河和南部的汾(阳)离(石)、离(石)军(渡)公路之敌进行攻击,以配合忻静、神义两线的攻势作战。

6月19日,晋绥军民首先围困静乐县城,并向周围及忻静公路两侧之敌展开进攻。当日,第六军分区一部袭入静乐以东的石河村据点,歼敌一部。第八军分区一部夜袭静乐以南的丰润据点,歼灭日军40余名,配合作战的民兵乘势冲入日军弹药库,夺取子弹100余箱。27日,黄家湾日伪军在静乐日伪军的接应下向静乐撤退,第一军分区一部于静乐以西的王端庄,伏击歼敌一部。第八、第六军分区又先后袭击静乐东之利润和静乐北之宁化堡等敌之重要据点,再歼敌一部。在主力对静乐外围据点展开进攻的同时,小部队、武工队和民兵在忻静公路上进行破袭活动,破坏公路80余公里,炸毁桥梁20余座,击毁汽车多辆,[②]切断敌各据点交通运输,予敌以沉重打击。

在神义公路线上,第二军分区部队在广大民兵配合下,一面对义井

---

①山西省史志研究院、中共内蒙古自治区委党史研究室著:《晋绥革命根据地史》,山西古籍出版社1999年版,第378页。

②《抗日战争时期120师暨晋绥军区战史》,解放军出版社1987年版,第186页。

之敌加紧围困，一面在该公路线采用地雷战与伏击战相结合的战法，打击该线敌人。7月1日，神池日伪军运输队向被困据点义井运送给养，途中被歼一部。2日，在洪福寺附近，我军伏击歼灭敌运输队一部。24日，又在凤凰山附近伏击由义井向神池开进之敌，歼其一部。与此同时，活动在神义公路上的武工队和小部队则大力进行破袭战，挖断公路达50余处，并埋设地雷，使敌之运输处于瘫痪状态。

为了配合忻静、神义两线的攻势，塞北军分区部队歼灭了清水河以南之敌；第八军分区一部在太(原)汾(阳)和汾(阳)离(石)公路上连续袭敌据点和运输队，攻克据点多处；第三军分区部队一面围困离石以北之大武、石门敌军据点，一面向柳林至李家垣一线发起全面攻击，袭入柳林、穆村、李家垣等据点，给敌以打击。至此，晋绥军区夏季攻势胜利结束，基本将敌逼退到同蒲、平绥铁路与太汾、汾离公路沿线。

第 十 八 章
抗日战争的伟大胜利

第一节　敌后战场的全面反攻

1945 年秋,山西解放区军民根据中共中央、中央军委的指示,对日军展开全面反攻,歼灭了大量日伪军,收复了大批国土,扩大了解放区。

一、中国战场形势的变化

1945 年初,世界反法西斯战争继续向着胜利的方向发展,苏、美、英盟军在欧洲战场取得彻底战胜德国法西斯的伟大胜利。

2 月 4 日至 11 日,斯大林、罗斯福、丘吉尔在苏联克里米亚半岛的雅尔塔举行三国首脑会议,讨论了欧洲战后处理和对日战争问题。会议决定了对德国作战,直至无条件投降,解散纳粹党和德国国防军,以及苏、美、英、法四国对德国进行分区管辖、惩处战犯、赔款和成立联合国安全理事会等事项。会议根据 1943 年 10 月中、美、英、苏四国宣言中关于在战后建立一个普遍性国际组织的建议,签署了成立联合国安全理事会程序等问题的协议。

根据雅尔塔协定,4 月 25 日至 6 月 26 日,联合国制宪会议在美国旧金山举行。中国政府派宋子文为代表团的首席代表出席会议,解放区代表董必武是中国代表团成员之一。会议讨论并签署了《联合国宪章》,中国成为联合国安理会五个常任理事国之一。

苏联红军在英美联军的配合下，发动强大攻势，于5月2日完全占领柏林市。5月8日，德国政府宣布向苏、美、英、法四国无条件投降，并在投降书上签字。至此，欧洲战争结束。

德国无条件投降后，盟军的作战重心迅即东移，以全力对付日本法西斯。1945年2月，美军发动硫黄岛战役，派出了3个师的部队，动用了2000架飞机，经过一个月的争夺，占领了硫黄岛，全歼守岛日军。4月1日，美军在冲绳岛登陆，6月30日攻克全岛。至此，日本本土外围防线全部崩溃。

7月17日至8月2日，苏、美、英三国首脑斯大林、杜鲁门、丘吉尔在柏林附近的波茨坦举行会议，通过了《波茨坦公告》。公告表达了反法西斯各国政府和人民团结协力，彻底打败日本军国主义者，夺取世界反法西斯战争最后胜利的坚定信念和决心，这对日暮途穷的日本法西斯是一个沉重的打击。

与此同时，美军加强了对日的轰炸。从1944年6月中旬起，美军开始对日本本土频繁进行战略轰炸。至7月，日本的内海交通濒于断绝。美军在太平洋上的攻势和对日本本土的空袭，促进了日本法西斯的覆灭。

但是，日本公开拒绝《波茨坦公告》，激怒了在太平洋战场消耗巨大的美国。美国于8月6日抢在苏联出兵之前在日本广岛投下第一颗原子弹。9日，又在长崎投下第二颗原子弹，推动了日本政府的迅速投降。

8月9日，苏联百万红军在华西列夫斯基元帅指挥下，编为三个方面军，同时向中国东北的东部、北部和西部边境发动进攻。8月18日，日本关东军总司令部下达了关于停战和解除武装的命令。关东军投降，其卵翼下的伪"满洲国"也随之垮台。到8月下旬，关内关外的日军基本停止了武装抵抗。

苏联参加对日作战而发起的远东战役，加速了日本政府投降的进程，缩短了盟国对日作战时间，帮助了中国抗战。

二、各抗日根据地军民的全面反攻

在世界反法西斯战争胜利发展的形势下,8月9日,毛泽东发表《对日寇的最后一战》,指出:"对日战争已处在最后阶段,最后地战胜日本侵略者及其一切走狗的时间已经到来了。在这种情况下,中国人民的一切抗日力量应举行全国规模的反攻,密切而有效力地配合苏联及其他同盟国作战。八路军、新四军及其他人民军队,应在一切可能条件下,对于一切不愿投降的侵略者及其走狗实行广泛的进攻,歼灭这些敌人的力量,夺取其武器和资财,猛烈地扩大解放区,缩小沦陷区。必须放手组织武装工作队,成百队成千队地深入敌后之敌后,组织人民,破击敌人的交通线,配合正规军作战。必须放手发动沦陷区的千百万群众,立即组织地下军,准备武装起义,配合从外部进攻的军队,消灭敌人。"[1]

8月10日,日本政府向同盟国发出乞降照会,而日军大本营仍命令各地日军坚持继续作战。为迅速歼灭拒降的日军,中共中央于10日指示各中央局、中央分局和各区党委,"应立即布置动员一切力量,向敌、伪进行广泛的进攻,迅速扩大解放区,壮大我军,并须准备于日本投降时,我们能迅速占领所有被我包围和力所能及的大小城市、交通要道,以正规部队占领大城及要道,以游击队民兵占小城。在日本投降实现时,我军对日军应令其在一定时间内实行投降缴械,缴械后可予以优待。否则应以各种方法迫其投降缴械。对伪军,则应令其立即反正,接受我之委任与改编,并指令防区驻扎,否则应即消灭之。"[2]

8月10日24时,朱德总司令向各解放区所有武装部队发布第一号命令:"一、各解放区任何抗日武装部队均得依据波茨坦宣言规定,向其附近各城镇交通要道之敌人军队及其指挥机关送出通牒,限其于一定时

①《毛泽东选集》第3卷,人民出版社1991年版,第1119页。

②中央档案馆编:《中共中央文件选集》第15册,中共中央党校出版社1991年版,第215页。

间向我作战部队缴出全部武装,在缴械后,我军当依优待俘虏条例给以生命安全之保护。二、各解放区任何抗日武装部队均得向其附近之一切伪军、伪政权送出通牒,限其于敌寇投降签字前,率队反正,听候编遣,逾期即须全部缴出武装。三、各解放区所有抗日武装部队,如遇敌伪武装部队拒绝投降缴械,即应予以坚决消灭。四、我军对任何敌伪所占城镇交通要道,都有全权派兵接受,进入占领,实行军事管制,维持秩序,并委任专员负责管理该地区之一切行政事宜,如有任何破坏或反抗事件发生,均须以汉奸论罪。"①

11 日 8 时至 18 时,朱德总司令连续发出第 2、第 3、第 4、第 5、第 6 和第 7 号命令:令晋察冀、晋绥和山东军区以及在华北之朝鲜义勇队,各以一部兵力向察哈尔、热河、辽宁、吉林等地进发,配合苏联红军作战,消灭抗拒的日伪军;令各解放区部队向本区一切敌占交通要道城镇展开进攻,迫使日伪军无条件投降,对收复的城镇实行军事戒严,维护秩序,保护居民。

中共中央和延安总部的指示和命令下达后,山西各解放区立即组织反攻大军,向日伪军发出通牒,陆续发起猛烈的全面反攻。

(一)晋察冀军区部队的全面反攻

中央军委向各战略区下达大反攻的命令后,晋察冀军区司令员兼政治委员聂荣臻当日从延安发电,向晋察冀军区传达了中央军委的作战意图:命令晋察冀军区部队立即向北平、天津、保定、石家庄、大同、张家口、山海关等地前进,挺进辽宁,进逼太原,并以边区政府名义委任上述各市市长。

晋察冀分局、军区根据中共中央作战方针,于当日对大反攻作出部署:冀晋军区主要夺取大同、丰镇、集宁、商都等城,其次夺取保定、石家庄,并以一部分兵力策应夺取太原。

8 月 11 日,晋察冀军区向日军华北方面军发出通牒,令其缴械投降。

---

① 中央档案馆编:《中共中央文件选集》第 15 册,中共中央党校出版社 1991 年版,第 217~218 页。

同时，还根据中共中央关于组建正规兵团的指示，先后将 38 个小团扩编为大团，并陆续将 8 个地区队、65 个县支队、39 个县大队编成了 62 个团，全区共有 100 个团，参加反攻作战。[①]

8 月 12 日，中共晋察冀分局发出《关于目前战争动员工作的指示》。要求边区各地紧急动员人民参军参战，动员组织担架运输，动员青壮年参加正规军，动员一切力量保证前方作战部队的供给；立即动员组织民兵配合地方军对敌伪进行包围、封锁、困扰，进行政治攻势，以便各个击破；动员自卫队与广大群众、公安机关对根据地实行军事管理，对特务及顽固分子的造谣破坏、反动行为严加取缔和镇压，保证后方秩序的安定；进城部队和民兵必须严守纪律，对一切建筑物不得破坏，不得自行没收东西；根据地人民动员起来参加农业生产，保证秋收；军民工作人员实行节约，反对浪费，一切为群众着想，作长期打算；加紧对国民党反动派的一切反共反人民的宣传进行揭露，揭破其各种阴谋。

晋察冀边区各界抗日救国会于 8 月 14 日和 16 日连续向工、农、妇、青、文各团体会员发出紧急号召："响应毛主席、朱总司令的指示，紧急动员起来，参战参军，援助前线，争取分秒时间，向敌伪展开全面进攻，迫使敌伪向我缴械投降。"晋察冀边区政府于 8 月 20 日发布《告同胞书》，指出，日本虽已被迫宣布无条件投降，但敌伪军还没有放下武器，内战危险还极其严重，号召边区全体同胞："不论前线后方，不论男女老少、工农商学，应紧急动员起来，集中一切力量支援前线，为前线服务，完成当前的紧急任务"，"彻底消灭日本侵略者及其走狗！"边区各界广大群众在"一切为了前线的胜利"口号下，以战斗的姿态、战时的组织，立即行动起来，热烈地展开支援前线的各项活动。广大青年响应共产党的号召，成群结队地参加部队，壮大了八路军主力兵团。民兵和自卫队踊跃上前线，积极配合主力作战。各地农民群众组成担架队、运输队，救护、慰劳伤病员，运送粮草，保证了前线的物资供给。妇女、儿童有的站岗放哨，严防汉奸、特

---

① 《晋察冀军区抗日战争史》，军事科学出版社 1986 年版，第 547 页。

务的破坏活动;有的组织慰劳站,送饭送水,看护伤病员,掀起夺取抗战大反攻胜利的高潮。

8月12日,大反攻作战开始。晋察冀军区所属各部对日伪军展开猛烈攻击。

冀晋军区部队在司令员赵尔陆、政治委员王平指挥下,以第二和第三军分区6个团配合晋绥军区部队进攻太原,以第五军分区部队攻占丰镇、商都、集宁等城,并相继进攻大同;以第四军分区3个团,协同冀中区第六、第七军分区部队,进攻石家庄、保定等城。配合晋绥军区夺取太原的部队,收复盂县城后,从东西、东北面进抵太原附近。第五军分区部队于22日解放集宁、丰镇,24日攻克阳高,并配合晋绥军区部队从东、北两面逼近大同,另一部在商都与苏蒙联军会师。

晋察冀军区所属各部队,经过半月余作战,夺取县城29座,切断了战区内日伪军控制的铁路交通,日伪军被迫龟缩于北平、天津、保定、石家庄、唐山、太原等城市。

(二)晋冀鲁豫边区部队的全面反攻

晋冀鲁豫边区部队于8月13日开始对日伪军全面反攻。参加反攻作战的有太行、太岳、冀南、冀鲁豫等26个军分区的部队,共72个团、7个支队约19万人,另有40余万民兵配合作战。8月10日,刘伯承、邓小平、滕代远从延安致电晋冀鲁豫边区各军区,部署了作战任务:太行军区、太岳军区主力集结于沁源以北地区,并以太行军区一部相机夺取榆次、太谷,保障和协同晋绥军区部队夺取太原;冀鲁豫军区主力相机夺取开封、新乡、归德(今商丘)三城,解除该地区日伪军武装;冀南军区主力相机夺取安阳至元氏沿平汉铁路线城镇,并以一部兵力北上配合晋察冀军区部队相机夺取石家庄。各军区随即进行动员,扩充部队,制订计划,进行部署,集中兵力对上述地区的日伪军发起猛烈进攻。太行军区以第二军分区主力相机夺取榆次、太谷,配合晋绥军区夺取太原;以第七、第八军分区主力组成道清支队,向道清铁路新乡至博爱段之敌攻击;以7个团组成西进部队,向长治为中心的上党地区进军。太岳军区以主力5个团向平遥、介休地区之敌进攻;以沿同蒲铁路各军分区部队向该线广泛展开破击战,攻歼各据点之敌。全区腹地的各个军分区,组织地方武装与民兵,围攻各该区的日伪军占据的城镇,配合主力作战。

与此同时,8月12日,太行军区政治部发布紧急政治命令,立即在全区进行紧急政治动员,向敌伪军发起政治攻势,严防敌人的阴谋,揭露和打击一切窃取人民胜利果实的阴谋诡计。军区司令部同日发出通牒,命令太行区周围日军立即停止抵抗,缴出全副武装,命令伪军立即反正听候编遣。晋冀鲁豫边区政府于20日公布新光复城市临时军政委员会组织办法。全区党政军民机关、军队、民兵和人民群众,奋起参加声势浩大的反攻作战。

太岳军区主力向平遥东南的东泉地区推进。同蒲铁路沿线各军分区部队,分别向当面之敌展开进攻。8月13日,太岳第五军分区部队控制运城盐池,全歼伪军4个中队。16日收复夏县,歼日军两个小队,俘伪军300余人。接着又攻克平陆及其以东的黄河渡口——茅津渡,两处守备伪军700余人向我投降。20日左右,太岳主力兵团陆续到达平遥东南的东泉镇地区,先后攻克邢村与张兰镇据点,并对同蒲路平遥、介休段展开破击。

在大反攻热潮中,太行区兴起空前规模的参军运动。8月17日,中共太行区党委、太行军区发出关于迅速动员参军的指示。在"为父母兄弟姐妹报仇"、"保卫抗战胜利果实"的口号下,仅半月时间,全区就有3万多人参军。有些地方的民兵、自卫队,整连整营加入八路军。父劝子、母劝子、妻劝夫、兄劝弟、弟劝兄、兄弟同参军等模范事例层出不穷。在3万多新战士中,有近19%是共产党员,有14%以上是干部,中农、贫农青年占93%以上。

全区大量民兵参加反攻作战,人民群众踊跃参战支前,根据地人民敲锣打鼓欢送子弟兵,新区人民群众欢欣鼓舞欢迎、慰问八路军。大反攻开始之后,全区有1.5万民兵参加以县为单位组织的"反攻营"、"反攻团",出县远征,勇猛地向敌占城市和交通要道展开攻势,配合主力部队封锁和围困日伪军据点,担负各项战勤任务。

(三)晋绥军区部队的全面反攻

8月11日,晋绥军区根据中共中央指示和八路军总部命令,向山西、绥远境内的日伪军发出最后通牒,令其立即停止作战行动,限期全部投降。晋绥军区所属部队在南、北两线发动攻势,直指太原、归绥。

中共晋绥分局和晋绥军区为了便于领导南、北两线作战,成立了在贺龙、李井泉统一领导与指挥下的3个指挥部:南线指挥部,由张宗逊、罗贵波、解学恭负责指挥第三、第四、第七、第八分区;北线指挥部,由吕正操、高克林、许光达、孙志远负责指挥绥蒙军区及第二、第五、第十一分区;晋绥军区司令部指挥第一分区,并负责反攻作战的后方勤务及地方武装的建设等工作;第六分区部队机动使用。在黄河以西执行保卫陕甘宁边区任务的第120师主力独立第1旅、第358旅,也先后向晋绥解放区反攻前线开进。

8月11日,晋绥解放区的反攻大进军从南、北两线同时行动。

南线反攻是以太原为中心,在同蒲路西侧展开的。第八分区部队于8月15日至19日先后收复汾阳附近之协和堡,太原以西之古交、河口、石千峰、王家庄,太原东北之陈家峪,太原以北之思西村、皇后园、南寨等据点,并一度攻入太原以南之太原县城(今晋源)。第六分区部队在太原以北作战,连克忻县奇村,静乐西马坊,宁武贾庄、楼板寨等据点,并一度袭入忻口车站。第三军分区和第八军分区一部相继攻克离石以东的吴城镇和以西的李家垣等据点,并协同第358旅第716团于21日在芦家滩伏击歼灭自离石撤退的日军第114师团一部。

此时,晋冀鲁豫军区部队正逐渐向太原逼近,晋察冀军区部队也从东北方向直逼太原。至此,太原城已处于八路军各部队的重重包围之中。

八路军经过10天的反攻作战,迫使日军不得不放弃外围据点,而开始向城市集中。北线日军向大同一带集中,南线日军则向太原、汾阳、平遥等地集中。

晋绥部队的反攻大进军,大大鼓舞了全边区人民的斗争热情和胜利信心。反攻部队所到之处，群众敲锣打鼓，热烈欢迎人民的子弟兵，积极拥军劳军。在"一切为了前线，一切为了反攻胜利"的口号下，参军参战运动掀起了高潮。各地民兵或组成参战队，或随军作战，或巩固后方。青壮年也纷纷报名参军参战，要求上前线打敌人。随着参军参战运动的热烈开展，边区民兵队伍得到了迅速发展，至8月下旬，全区民兵已达10万人。晋绥行署还组织了1000多人的随军工作团，开展新解放区的群众工作以及进行战地服务。

第二节　抗日战争的辉煌胜利

中国人民经过长达14年的浴血奋战，终于赢得了抗日战争的伟大胜利，人民群众欢欣鼓舞，欢庆民族解放的辉煌胜利。山西人民为抗战胜利做出了巨大贡献，并形成了包括太行精神在内的抗战精神。抗战精神将永远激励山西人民乃至全国人民为中华民族伟大复兴而不懈奋斗。

一、山西抗战的胜利

在中国解放区军民的全面反攻和苏联军队的沉重打击下，日军迅速土崩瓦解。1945年8月15日，日本政府宣布无条件投降。

9月2日，日本政府向同盟国投降签字仪式在东京湾的美国战列舰"密苏里"号上举行。日本外相重光葵代表天皇和政府、参谋总长梅津美治郎代表日军大本营在投降书上签了字。麦克阿瑟以盟国最高司令官的身份签字。中国战区代表徐永昌参加了受降签字仪式。签字结束后，数千架美式飞机越过"密苏里"号军舰上空，庆祝这个具有伟大历史意义的时刻。

至此，正式宣告了日本军国主义的彻底失败和世界反法西斯战争的最后胜利。历史是不应忘记的，也是不能忘记的。2014年2月27日，第十二届全国人大常委会第七次会议经表决通过全国人大常委会关于确定中国人民抗日战争胜利纪念日的决定，确定每年9月3日为中国人民抗日战争胜利纪念日。

日本宣布无条件投降以后，在华日军公然违背《波茨坦公告》，拒不接受朱德总司令的命令，继续顽抗。8月22日，中共中央、中央军委发出《关于改变战略方针的指示》，指示各党委、各军区："苏联为中、苏条约所限制及为维持远东和平，不可能援助我们。蒋介石利用其合法地位接受敌军投降，敌伪只能将大城市及交通要道交给蒋介石。在此种形势下，我军应改变方针，除个别地点仍可占领外，一般应以相当兵力威胁大城市及要道，使敌伪向大城市、要道集中，而以必要兵力着重于夺取小城市及广大乡村，扩大并巩固解放区，发动群众斗争，并注意组训军队，准备应付新局面，作持久打算。望各地按具体情况逐步转变思想与部署。"①8月26日，中共中央又进一步明确提出：今后我军应尽可能夺取平绥、同蒲路北段、正太路、德石路、白晋路、道清路，切断北宁、平汉、津浦、胶济、陇海、沪宁各路，凡能控制者均控制之，哪怕暂时也好，同时以必要兵力广占乡村和中小城镇。据此，各大战略区迅即调整部署，以一部兵力继续威胁大城市，主力立即转向夺取小城市和广大乡村，歼灭拒降的日伪军。山西军民大反攻作战进入第二阶段。

（一）晋察冀军区部队的作战

晋察冀分局和军区于8月24日及时调整了反攻部署，除挺进东北、热河和执行察哈尔省方面作战任务的部队仍按原计划行动外，命令各区以一部兵力威胁大中城市，主力则从北平、天津、保定、石家庄、唐山、太原等大中城市周围转移，攻占日伪占据的中小城镇。其中，命令冀晋军区以1个团威胁石家庄，而以大部兵力夺取各县城及平绥路（阳高以西）、

---

① 中央档案馆编：《中共中央文件选集》第15册，中共中央党校出版社1991年版，第243页。

平汉路上各据点。同时命令各地区即彻底破坏边区周围之平绥路、平汉路、同蒲路、正太路、平谷路、德石路、北宁路(特别是唐山以西铁路),炸毁桥梁隧道,把铁轨撤回根据地,阻止国民党军队的进犯。

从8月至11月的大反攻作战,晋察冀军区部队共歼灭日伪军7万余人,全区野战部队发展到21.5万余人,地方部队发展到10.4万余人,基干民兵扩大到90万余人。

(二)晋冀鲁豫军区部队的作战

为适应形势发展的需要,中共中央于8月20日决定撤销中共中央北方局,成立晋冀鲁豫中央局和晋冀鲁豫军区,刘伯承任军区司令员,邓小平任中央局书记兼军区政治委员。同时,恢复冀南军区。晋冀鲁豫军区成立后,根据中共中央的指示,决定以部分兵力威胁开封、新乡等城之敌,迫其集中;以主要兵力夺取中小城市,消灭分散孤立之敌。据此,太岳军区第四军分区部队协同由陕甘宁边区路过该地南下的八路军游击第2、第3支队,于27日攻克济源县城,29日占领垣曲县城。同时,同蒲铁路沿线各军分区部队也先后扫清灵石、霍县、赵城、洪洞、翼城、绛县等城的外围据点,破坏了平遥至临汾段铁路,造成了阻止临汾、运城等地日军北进的有利态势。太行军区主力攻克武乡后,9月1日再克襄垣县城,共歼灭敌军1000多人。

9月初,晋冀鲁豫军区决定在集中主力反击进占上党地区的国民党军的同时,以冀鲁豫军区和冀南、太行军区各一部继续肃清平汉铁路新乡以北地区之日伪军;以太行、太岳军区另一部攻取焦作、沁阳,扫清道清铁路沿线的日伪军,控制黄河以北广大地区。至10月4日,晋冀鲁豫军区部队已控制新乡以北平汉铁路50余公里。

在大反攻中,晋冀鲁豫军区部队在广大人民群众支援下,共歼灭日伪军10万余人,缴获步枪7万余支、轻重机枪1600多挺、各种炮130门,收复县城80余座,使太行、太岳与冀南、冀鲁豫边区连成一片,整个晋冀鲁豫解放区得到大发展。

(三)晋绥军区部队的作战

中共晋绥分区和晋绥军区对反攻作战作了新的部署：北线部队除巩固陶林、武川、清水河外，继续夺取绥东、绥南各县城，配合晋察冀部队夺取集宁、丰镇，第二分区部队夺取神池并向被敌重占的朔县挺进，第六分区部队夺取宁武、轩岗、阳方口等要点，控制该段同蒲路并进行彻底破坏。南线部队继续夺取太（原）汾（阳）公路上的县城及离石、柳林、大武等城镇。对太原、大同、归绥等城市及铁路沿线上的重要城镇，则以部分兵力威胁，而着重于政治攻势，并加紧城市中的秘密工作。各部队均应统一指挥该区内所有的武工队、游击队和民兵，围困城镇与扫除外围之敌伪据点。随军工作团则分散在已收复之城镇和乡村，发动与武装群众，建立政权，巩固新解放区。

晋绥军区部队及地方武装，根据新的方针与部署，对敌伪展开了更加广泛的进攻。8月25日，独2旅第36团及第32团于攻占清水河后即分兵两路，其中第32团自清水河东进，直取左云，于8月31日仅以3个连的兵力，歼灭了守城伪军500余人，解放了左云县城，创造了以少胜多的强攻战例。

南线第八分区部队在收复汾阳以南之阳城镇、三泉镇后，即逼近汾阳城郊。第二、第六分区部队连克神池县城及东寨镇等敌伪据点5处，直逼宁武城下。贺龙指挥第120师独1旅与第八分区第1、第2、第6支队，于8月31日夜在太（原）汾（阳）公路上打响了攻取文水城的战斗。部队在大雨滂沱、道路泥泞、运动十分困难的情况下，经一昼夜激战，到9月1日黄昏结束战斗，文水城宣告解放。除伪县长以下150余人被击毙外，伪少将城防司令、伪保安副大队长以下600余人全部被俘。

配合八路军主力作战的武工队、民兵参战队以及广大群众，积极活动于铁路、公路及敌伪据点周围，围困据点，破坏铁路桥梁。活动于太原以北之武工队与民兵，曾两次将平社车站以南之田庄铁桥、石咀铁桥彻底破坏。围困静乐之民兵1000余人，配合主力部队将80余公里的忻（县）静（乐）公路完全破坏，位于忻（县）静（乐）公路上的利润、康家会、石河、宋家庄、三交镇以及静乐城均被收复。崞县3000余名群众分成20余支参战队,配合部队向敌交通线实施破击,一度将同蒲路忻口至轩岗段完全切断。临县、离石、方山等县民兵千余人将柳林至汾阳之公路大部破坏。武工队和广大民兵、群众的积极活动,有力地配合了主力部队的反攻作战。

八路军第120师及晋绥军区部队仅用半个月时间,即在北迄绥南之凉城、南至晋中平川300余公里的战线上收复左云、和林格尔、新堂、神池、文水、离石、静乐等县城7座及大小据点30余处,歼伪军5000余人。除雁北之朔县,晋北之宁武,晋中之汾阳、交城、清源等县仍为敌伪孤守外,已先后将敌伪兵力压缩在平遥至大同之同蒲路及大同至归绥之平绥路上。

为加强晋绥地区的反攻兵力,第120师第358旅于9月3日至4日从宋家川渡过黄河后,根据延安总部歼灭拒降之敌的命令,决心以第715团攻占柳林,第8团攻击离石县城。第715团隐蔽接近柳林,突然发起攻击,经6小时战斗,占领柳林,全歼伪军300多人。此时,第8团绕过柳林,于4日夜进至交口、梁家会地区进行攻城准备。离石城墙坚固,高约10米。守敌伪军1000余人大部集中城内,仅以一部于城外,控制凤山底和卧牛塥,以作为离石城的屏障。第8团于6日4时在炮火掩护下,同时向凤山底、卧牛塥发动进攻,经4小时作战,占领了两高地。而后,调整部署,于6日21时冒雨发起总攻。因道路泥泞、运动困难、协同不好,攻击受挫,遂停止攻击,以小分队袭扰守敌,同时再次调整部署,并加强攻城准备。9日1时,第8团发起攻击,先后架梯登城成功,至8时,全歼城内守敌。在我政治争取下,大武镇、上楼桥、张子山等据点伪军纷纷缴械投降。至此,离石县境之敌全部肃清。

在此期间,晋绥军区为加强晋绥地区的军事指挥,经中共中央批准,于9月中旬成立绥蒙、雁门、吕梁三个军区,指挥该地区部队继续攻歼拒绝投降之日伪军。12日,雁门军区部队收复静乐县城,又相继攻克康家会、宋家庄、三交镇等据点,占领了忻(县)静(乐)公路全线。至此,北起左云、右玉,南迄离石之晋西北地区,全部获得解放。

在大反攻期间，晋绥解放区人民群众积极支援八路军部队作战，碾米磨面，赶制军鞋，保障部队供应。人民群众积极参军参战，有 1.5 万余人开赴前线，并组成 1000 余人的随军工作团，进行战地服务。晋绥军民在大反攻作战中，共毙俘日伪军 1.6 万余人，俘 5100 余人，收复 10 余座县城，解放大片国土，使晋绥区与晋察冀、晋冀鲁豫区连成一片。

二、对战争罪犯的审判

抗日战争虽然胜利了，但是，对战争的反思并没有结束，对战争的遗留问题，尤其是对罪犯的审判迫切需要解决。根据《波茨坦公告》中"对于战争罪犯，包括虐待我们的俘虏者在内，将以法律之严厉制裁"的规定，1946 年 1 月 19 日远东国际军事法庭在东京成立。2 月 18 日，任命中、美、英、法、荷、印、新、菲等国 10 名法官。中国法官梅汝璈是其中之一。中国检察官向哲（濬）参加了东京审判。

中华人民共和国成立后，根据 1956 年 4 月 25 日全国人民代表大会常务委员会《关于处理在押日本侵略中国战争中犯罪分子的决定》，组织最高人民法院特别军事法庭，分别在沈阳、太原开庭，对在押日本战争罪犯进行公开审判。最高人民检察院通过调查，获取了大量充分的证据，证实日本战犯在侵华战争中违背国际法则和人道主义原则，曾对中国人民犯有各种罪行。

太原特别军事法庭，于 1956 年 6 月 10 日至 20 日对富永顺太郎等 8 名战犯进行审判。庭审证实，富永顺太郎在日本侵华战争期间犯有组织领导在华间谍活动，奴役、逮捕、残害中国人民等罪行；日本投降后，又犯有继续潜伏中国，勾结汉奸和特务，破坏中国人民的解放事业，妄图复活日本军国主义的罪行。法庭宣布判处富永顺太郎有期徒刑 20 年。城野宏等 8 名战争罪犯，在日本侵华期间犯有严重罪行。他们有计划地组织和指挥多次"扫荡"，有的指挥残杀中国和平居民和被俘人员；有的将妇女、儿童赶入窑洞纵火焚烧。日本投降后，又犯有策划、组织和参与留在中国山西省的前日本军政人员反对中国人民的解放事业，阴谋复活日本军国主义等罪行。法庭判处城野宏有期徒刑 18 年，分别判处其他 7 名战犯有期徒刑 8 年至 15 年。

对战争罪犯的审判代表着正义，代表着公正，目的是为了维护世界和平，让战争不再重演，更为了让日本侵略者汲取教训，反省侵略历史，警惕军国主义的复活。

三、侵晋日军对山西的蹂躏

在抗战期间，日军所到之处，烧杀掳掠，无所不作，对山西社会造成了极为严重的破坏和难以挽回的损失。

其一，战争造成了大量的人员伤亡。人是最重要的生产力要素。日军侵晋给山西造成的人员伤亡是极为巨大的，严重破坏了山西的社会生产力。据中共晋绥边区政府统计，战时晋西北根据地区域直接惨遭敌伪杀害者达 85810 人，间接遭敌伪杀害者(指因敌破坏而非正常死亡者)50288 人，被敌掠夺人口 77815 人，漂流在外或下落不明者 14792 人；流徙难民 42300 人，被敌致残者 12462 人，因战争而致鳏寡孤独无助者 88060 人，因战争破坏而患慢性病者 44423 人，因敌强奸而身患各种性病的妇女 25357 人[1]。

据统计，抗战期间仅大同煤矿就死亡矿工 6 万人。如今，山西大同煤峪口南沟万人坑就是当年日军强征山西劳工的历史见证。"万人坑"傍山而立，分上下两洞，上洞海拔 1175 米，洞宽 5~6 米，深 40 多米；下洞距上洞 20 余米，洞宽 4 米左右，深 70 多米。这是目前中国面积最大、保存最完整的"万人坑"，坑内堆积的层层叠叠的遇难矿工遗骸，就是当年日军

---

[1] 转引自岳谦厚、张玮著：《黄土、革命与日本入侵——20 世纪三四十年代的晋西北农村社会》，书海出版社 2005 年版，代前言第 3 页。

掠夺山西煤炭资源和残害大同矿工的铁证。

其二,战争造成了巨额的财产损失。从直接财产损失看,仅晋西北就损失牲畜253353头,家具9402045件,粮食36997109石,房屋804650间,银洋570万元,首饰95万件,家畜3046960只,家禽7562255只,羊毛1550000斤,树木1420000株,牧草42240000斤,皮革2400000张,水渠272道,水坝25道,水车309架,其他损失无算。① 据战后山西省政府统计,仅交城县立两级小学等42所县村立学校财产直接损失共计11527344828元(法币)。② 从间接财产损失看,据战后山西省政府统计,静乐县等5个县县村立学校财产间接损失共计8723500元(法币)。③ 另据《山西省三十六年度农业复员建设计划》有关说明,八年间,全省"耕地荒芜者达1000万亩以上,家具和耕畜损失数量均占总数的60%以上,绝大多数农民不仅无力购买种子、肥料,而且生产所需之农具、耕畜亦成严重问题"。"经此八年抗战,损失惨重,日寇所至之区,牲畜损失殆尽,不特农业动力感觉缺乏,而作物赖以生长之肥料亦告断绝,致地力消尽,产量大减,而农村形成十室九空之现象。"④

其三,战争破坏了宝贵的自然资源。土地是最重要的农业生产资料。据《中国实业志·山西省》记载,1936年山西省总耕地面积为6056万亩,人均耕地5.3亩。山西总人口1147.2万人,其中农业人口1059.5万人,农

---

① 转引自岳谦厚、张玮著:《黄土、革命与日本入侵——20世纪三四十年代的晋西北农村社会》,书海出版社2005年版,代前言第3页。

②《山西省政府关于抗战期间人口、财产直接损失汇报表》,山西省档案馆藏。转引自岳谦厚著:《战时日军对山西社会生态之破坏》,社会科学文献出版社2008年版,第241~243页。

③《山西省政府关于抗战期间人口、财产直接损失汇报表》,山西省档案馆藏。转引自岳谦厚著:《战时日军对山西社会生态之破坏》,社会科学文献出版社2008年版,第244页。

④ 转引自岳谦厚、张玮著:《黄土、革命与日本入侵——20世纪三四十年代的晋西北农村社会》,书海出版社2005年版,代前言第3页。

业人口占总人口 92% 之多。[①] 日军侵晋后,对山西土地资源造成了极为严重的破坏。据 1946 年上党区八年抗日战争资财损失调查表不完全统计,日军在晋东南的长治、襄垣、长子、屯留、黎城、潞城、壶关、平顺、高平、沁水、武乡、榆社、和顺等地修筑壕沟、封锁墙和碉堡等军事设施占用耕地 113889.6 亩,估计可产粮 1979032.41 石;而其余土地则在战争影响下大幅减产,每亩平均减产 0.31 石,每年减收粮食 222050509.6 石。[②] 日军对山西土地资源的破坏由此可见一斑。

　　总之,侵华日军对山西的掠夺与破坏,给山西的社会经济造成的危害是极其巨大的,甚至是难以用数字计算的。抗日战争这一刻骨铭心的历史是不能忘记的,我们应从战争的创伤中警醒,从而更加珍视来之不易的和平,建设美好的家园。

四、山西人民对抗日战争的贡献

　　"历史是最好的教科书,也是最好的清醒剂。"[③] 在伟大的抗日战争中,山西为挽救民族危亡、实现民族独立和人民解放做出了彪炳史册的独特贡献,在全民族抗战史上写下了极其光辉的一页。正如中国现代史研究专家魏宏运先生所说:"山西抗战在整个抗日战争中发挥了极其重要的作用。""山西人民为山西抗战的坚持和发展,所做出的奉献是很感人的……可以毫不夸大地说,山西人民为抗日战争所提供的人力、物力、财力的支援,是走在全国前列的。抗日军民在山西所形成的凝聚力和推

---

①山西省地方志办公室编:《中国实业志·山西省》上册,山西人民出版社 2012 年版,(甲)第 21 页、(乙)第 1 页。

②《上党区八抗日战争资财损失调查表(1946)》,山西省档案馆藏。转引自岳谦厚著:《战时日军对山西社会生态之破坏》,社会科学文献出版社 2008 年版,第 130 页。

③习近平:《在纪念全民族抗战爆发 77 周年仪式上的讲话》,《光明日报》2014 年 7 月 8 日。

动力,对于中国抗日战争胜利的重要性是难以估算的。"① 这是山西人民的骄傲,也是山西人民宝贵的精神财富。

第一,山西是抗日民族统一战线的首善之区。1935 年日本制造华北事变,中华民族陷入严重的民族危机。在此民族危难之际,中国共产党秉持民族大义,担负起民族救亡的历史重任,呼吁建立以国共合作为基础的抗日民族统一战线,全面领导山西抗战。同年 12 月,中共中央瓦窑堡会议确定了建立抗日民族统一战线的策略方针。1936 年 2 月至 5 月初,红军东征在山西广泛宣传了党的抗日主张,播下了抗日救国的火种。10 月, 中国共产党与山西地方实力派阎锡山建立了特殊形式的统一战线。一方面,彭雪枫与山西当局进行合作抗日谈判;另一方面,按照中共中央北方局指示,共产党员薄一波回山西领导抗日救亡运动,组成以他为书记的中共山西省公开工作委员会,接办、改组了牺盟会,广泛动员民众抗日。全国抗战爆发后,8 月 1 日,山西青年抗敌决死队成立,不久山西工人武装自卫队成立。到 1939 年底,山西新军发展到 9 个师、旅级单位,辖 46 个正规团又 4 个游击支队,兵力约 7 万人。1937 年 9 月,经周恩来与阎锡山谈判,组建了全国第一个国共双方代表参加的抗日民族统一战线组织——第二战区民族革命战争战地总动员委员会。通过这些组织在全省城乡广泛宣传中国共产党的抗日民族统一战线政策,充分发动群众,在各地相继建立了农救会、工救会、妇救会、青救会、儿童团等群众性抗日团体和人民武装抗日自卫队,并开展合理负担、减租减息等,迅速掀起了抗战动员的高潮。兴县白家沟村年近花甲的孙奴则,剃掉胡须,要求参军,并说:"我虽然不能上前线杀敌人,但可以做饭、当马夫、当伙夫。"② 著名佛教圣地五台山,不仅组织僧人抗日,还于 1938 年 4 月和 1943 年 3 月先后两次将寺内所藏武器,包括步枪 286 支、手枪 164 支、冲锋枪 49 支、

---

①魏宏运:《〈山西抗日战争史〉序》,见张国祥著:《山西抗日战争史》上卷,山西人民出版社 1991 年版。

②刘欣、景占魁主编:《晋绥边区财政经济史》,山西人民出版社 1993 年版,第 81 页。

马枪 30 支、轻机枪 2 挺、迫击炮 1 门、手榴弹 8 箱（500 余颗）、子弹 12 箱（12000 发）捐献给晋察冀军区二分区部队。①

第二，山西是华北敌后抗战的战略支点。卢沟桥事变后，中共中央北方局和刘少奇于 7 月底迅速移驻山西，领导整个华北地区的抗日斗争。9 月初，中共中央军委副主席周恩来到太原，与阎锡山商谈八路军入晋作战事宜。同时，八路军总司令朱德率领八路军第 115、第 120、第 129 师三个师主力，相继东渡黄河，开赴山西，直接对日作战。11 月 8 日，太原失守，以共产党为主体的游击战争进入主要地位。同年 11 月底，八路军三个师主力挺进敌后，分别以五台山、管涔山、太行山、吕梁山为依托，相继开辟晋察冀、晋西北、晋冀豫、晋西南抗日根据地，山西成为华北敌后抗战的战略支点和坚强堡垒。中共中央北方局、八路军总部等机关始终转战于山西，刘少奇、朱德、彭德怀、任弼时、左权、邓小平、杨尚昆、刘伯承、贺龙、徐向前、聂荣臻等曾在山西指挥作战。

山西也是华北抗战的主战场。据统计，1937 年至 1938 年，八路军在华北与日军作战 181 次，其中 83 次发生在山西。1940 年八路军发动了举世闻名的百团大战，主战场也在山西。从 1943 年开始，晋绥敌后根据地开展"挤敌人"斗争，晋察冀、晋冀鲁豫根据地军民在邓小平的直接领导下连续开展攻势作战、局部反攻和大反攻。1945 年在盟军的支援下，终于取得了抗日战争的最后胜利。据统计，仅 1944 年 7 月至 1945 年抗战结束，山西各抗根据地军民就歼灭日伪军近 18 万人。仅太行区民兵自卫队共作战 33716 次，参战人数 746516 人，毙、伤、俘日伪军 11409 人。②

第三，山西是正面抗战与敌后战场密切配合的范例。八年抗战中，八路军负担着敌后战场的作战任务，国民党负责正面战场的作战任务。正面战场和敌后战场是在战役上直接配合，在战略上相辅相成。"没有正面

①中共山西省委党史研究室：《晋察冀革命根据地晋东北大事记》，山西人民出版社 1991 年版，第 36 页。

②太行革命根据地史总编委会：《太行革命根据地史稿》，山西人民出版社 1987 年版，第 378 页。

主力军的英勇抗战,便无从顺利地开展敌人后方的游击战争"。敌后游击战争又"钳制了大量的敌军,配合了正面主力军的抗战。"① 由于两者的协同作战,中国人民才能在极其艰苦的条件下,坚持了持久抗战,使日军陷入长期战争的泥潭。在八年抗战中,山西敌后抗日游击战有力地配合了正面战场的作战,促进了整个抗日战争的发展。1937 年 9 月,八路军第 115 师平型关战役中全歼日军 1000 余人,取得了全面抗战以来的首次大捷,打破日军"不可战胜"的神话。忻口会战时,八路军在侧翼和后方开展广泛的游击战和有利条件下的运动战,伏击、迟滞、疲惫、牵制和歼灭敌人。百团大战期间,国民党军也配合作战。1941 年中条山战役时,为配合国民党军队作战,晋察冀、晋冀鲁豫根据地开展了大规模的交通破击战。整个抗战期间,八路军主力兵团及地方武装在山西境内进行了 70 次著名战斗,共歼灭日军 7 万余人。② 在山西抗战中,敌后游击战以机动灵活的战略战术,出其不意袭击日军,有力地配合了正面战场的作战,歼灭了日军大量有生力量,为抗战胜利做出了重大贡献。

第四,山西是共产党领导的人民战争的典范。"伟大的中国人民抗日战争,使中华民族的觉醒和团结达到了前所未有的高度。"③ 在中国共产党的领导下,山西抗日民众万众一心,共同谱写了一曲抗击日本侵略的英雄凯歌。中国共产党经过广泛发动群众,最大限度地动员了社会力量抗战。据统计,到 1939 年夏,仅以牺盟会名义组织起来的山西农救会会员达 170 万,工救会会员达 20 万,妇救会会员达 30 万,青救会会员达 30 万,包括这些团体在内,牺盟会会员发展到 300 万,从而奠定了在山西开展抗日斗争最雄厚、最坚实的群众基础。在整个抗日战争期间,山西广大

---

① 《毛泽东军事文集》第 2 卷,军事科学出版社、中央文献出版社 1993 年版,第 200~201 页。

② 山西省史志研究院编:《山西通史》(抗日战争卷),山西人民出版社 2001 年版,第 256 页。

③ 习近平:《在纪念全民族抗战爆发 77 周年仪式上的讲话》,《光明日报》2014 年 7 月 8 日。

人民群众踊跃参军、参战,支援前线,全力投入抗战。"母亲叫儿打东洋,妻子送郎上战场",成千上万的青壮年加入抗日部队,特别是各抗日根据地的腹心县参军者达几千人甚至数万人,他们源源不断地补充了部队的兵员。据不完全统计,太行区就有117573人参加八路军。[①] 八年间,八路军第115师和晋察冀部队由3000余人发展到32万人,第120师由8000余人发展到8.5万人,第129师由9000余人发展到近30万人。同时,各地的地方武装有了迅猛的发展,一大批青壮年脱离生产,参加了县、区基干队,不脱产的民兵队伍更是普遍发展。据太行区统计,仅1940年8月到1941年9月,全区民兵已发展到41600余人,民兵单独作战2073次,参战135000多人次,毙伤俘日伪军339名,捕捉汉奸特务、"维持会"人员1247人,解救民夫28162人,缴获大量武器弹药及军用品。[②] 到抗战胜利,晋察冀根据地的民兵达到63万人,晋冀鲁豫根据地的民兵达到40万人,晋西北的民兵有10万人。

不仅如此,中华儿女为民族独立和自由不惜抛头颅、洒热血,大批抗日勇士血洒三晋大地。仅部队牺牲的指战员就达22万多人,其中,晋察冀军区就有8万余人,晋冀鲁豫军区有10万余人,晋绥军区有4万余人。1938年中条山一役国民党部队勇跳黄河的官兵就有3000多人。[③] 据统计,八年抗战中为国捐躯的山西籍烈士就达10万余人。八路军副参谋长左权、中共中央北方局秘书长张友清、《新华日报》(华北版)总编辑何云、归国华侨女英雄李林、朝鲜义勇队华北支队政委陈光华、国民党高级将领郝梦龄、武士敏、唐淮源、刘家祺、寸性奇、郑廷珍、姜玉贞等,血染黄土高原,谱写了感天动地的壮丽史诗。

---

①太行革命根据地史总编委会:《太行革命根据地史稿》,山西人民出版社1987年版,第377页。

②《太行革命根据地史料丛书之三:地方武装斗争》,山西人民出版社1990年版,第114页。

③山西省地方志办公室:《对抗日战争时期中条山"六六"战役爱国官兵勇跳黄河事件的调查报告》,2012年7月。

第五,山西是八路军八年抗战的物质保障地。战争既是军力的较量,也是综合国力的竞争。抗战期间,山西人民群众积极支援前线,不但源源不断地供应了战争所需要的粮食、被服及各种军需物资,承担了庞大的战争费用,而且担负了繁重的战勤任务,如运物资、抬担架、带路、送信、抢救伤兵等工作,为抗战胜利提供了强大的后勤保障。晋东南按 340 万人计算,1941 年每人平均负担小米 0.29 石(约合 78.3 市斤),1942 年每人平均负担小米 0.21 石(约合 56.7 市斤)。[1] 晋绥边区 1940 年 2 月开展的献金、献粮、献鞋和扩兵四大动员,共献金 1810625 元,献粮 90426 石,献鞋 118441 双,征兵 15885 名。[2] 据统计,仅左权县 1945 年春节拥军活动中就送了 40 多万元的慰劳品。武乡县 7 个村募集 74450 块银元、750 斤菜、190 条毛巾、10 只羊、120 斤面粉,慰劳部队。[3] 不仅如此,山西人民还为抗战胜利做出了常人难以想象的贡献——"太行奶娘"用她们并不丰盈的乳汁哺育了八路军将士的子女。为了表达对山西人民的崇敬与养育之恩,八路军左权副参谋长、刘伯承师长分别给子女取名左太北、刘太行。完全可以说,正是山西人民用汗水和生命为八路军提供了基本的后勤保障,才有了抗战的八年坚持和最后胜利。

第六,山西是抗战爱国文化的引领地。全国抗战爆发后,山西成为华北抗战的中心,一大批文化名人云集山西,形成了抗战文化的引领地。一是各抗日根据地相继创办了《抗敌报》(后更名为《晋察冀日报》)《救国报》《抗敌三日刊》(后改为《子弟兵》)《新华日报》(华北版)《中国人报》《党的生活》《抗战生活》等刊物,宣传抗日救亡。二是群众文化团体如雨后春笋般涌现,如战地社、铁流文艺社、晋察冀诗会、太行诗社、光明剧团、抗敌剧团、星火剧团、太行山剧团、前方鲁艺实验剧团、七月剧社、吕

---

①《解放日报》1944 年 8 月 17 日,1943 年 6 月 3 日。

②刘欣主编:《晋绥边区财政经济史资料选编》(总论编),山西人民出版社 1986 年版,第 320 页。

③太行革命根据地史总编委会:《太行革命根据地史稿》,山西人民出版社 1987 年版,第 233 页。

梁剧社、雁北剧社等。三是广大文艺工作者创作了大批优秀作品,激发了民众的爱国热情。其中就包括赵树理创作的具有浓厚乡土气息的小说《小二黑结婚》《李有才板话》等。《李有才板话》围绕减租减息描写了农村政权建设中的若干问题,在一定程度上揭示了以中国共产党为核心的人民力量在抗日战争中不断发展壮大的原因。该书传到国统区后,受到郭沫若、茅盾的推崇,称其为"抗战以来文艺作品的杰出者"。马烽、西戎创作的章回体小说《吕梁英雄传》,被誉为抗战文艺的一朵奇葩。歌曲有吕骥的《武装保卫山西》,冼星海的《在太行山上》《牺盟大合唱》,马可的《吕梁山大合唱》,贺绿汀的《游击队之歌》等。美术有《新华日报》增刊《敌后木刻》,艾炎的漫画《平型关大捷》《百团大战》等。正是通过上述群众喜闻乐见的方式大力宣传中国共产党的抗日主张,引领抗战文化,为抗战胜利提供了强大的思想武器和精神动力。

五、抗战精神光耀千秋

山西具有悠久的历史、灿烂的文化,在艰苦卓绝的抗日战争中,山西人民弘扬以爱国主义为核心的伟大民族精神,创造了包括太行精神、吕梁精神在内的山西抗战精神。山西抗战精神是国家和民族处于危亡的关键时刻,中国共产党人领导三晋儿女展现的不畏强暴、自强不息,不怕牺牲、不畏艰难,百折不挠、艰苦奋斗,万众一心、敢于胜利,英勇奋斗、无私奉献的精神,是数千年来中华民族精神的积淀和延续。

山西抗战精神是中国抗战精神的重要组成部分。习近平在纪念中国人民抗日战争暨世界反法西斯战争胜利 69 周年座谈会上指出:"在中国人民抗日战争的波澜壮阔进程中,形成了伟大的抗战精神,中国人民向世界展示了天下兴亡、匹夫有责的爱国情怀,视死如归、宁死不屈的民族气节,不畏强暴、血战到底的英雄气概,百折不挠、坚忍不拔的必胜信念。伟大的抗战精神,是中国人民弥足珍贵的精神财富,永远是激励中国人民克服一切艰难险阻、为实现中华民族伟大复兴而奋斗的强大精神动力。"新的历史条件下,加强伟大抗战精神的研究,大力弘扬伟大抗战精神,有利于激发人们的爱国热情,有利于坚持中国道路、凝聚中国力量,为实现中华民族伟大复兴的中国梦而不懈奋斗。

"新的历史条件下,全党全国各族人民要大力弘扬伟大抗战精神,不断增强团结一心的精神纽带、自强不息的精神动力,继续朝着中华民族伟大复兴的中国梦奋勇前进,不断以坚持和发展中国特色社会主义的新成就告慰我们的前辈和英烈!"① 如今,抗战精神已成为山西人民进行革命、建设、改革的宝贵精神财富,将继续激励全省人民投身中国特色社会主义建设,为实现中华民族伟大复兴的中国梦谱写新的历史篇章。

---

①习近平:《在纪念全民族抗战爆发 77 周年仪式上的讲话》,《光明日报》2014 年 7 月 8 日。

主要参考文献资料

一、文献资料

《毛泽东选集》第 2、3 卷,人民出版社 1991 年版。

《毛泽东文集》第 2、3 卷,人民出版社 1993、1996 年版。

《毛泽东军事文集》第 2 卷,军事科学出版社、中央文献出版社 1993 年版。

《毛泽东书信选集》,人民出版社 1983 年版。

《周恩来选集》上卷,人民出版社 1980 年版。

《周恩来军事文选》第 2 卷,人民出版社 1997 年版。

《刘少奇选集》上卷,人民出版社 1981 年版。

《朱德选集》,人民出版社 1983 年版。

《朱德军事文选》,解放军出版社 1997 年版。

《邓小平文选》第 1 卷,人民出版社 1994 年版。

《邓小平军事文集》第 1 卷,军事科学出版社、中央文献出版社 2004 年版。

《彭真文选》,人民出版社 1991 年版。

《薄一波文选》,人民出版社 1992 年版。

《彭德怀军事文选》,中央文献出版社 1988 年版。

《刘伯承军事文选》,军事科学出版社 1992 年版。

《贺龙军事文选》,军事科学出版社 1989 年版。

《徐向前军事文选》,解放军出版社 1993 年版。

《聂荣臻军事文选》,军事科学出版社 1992 年版。

中共中央书记处编:《六大以来——党内秘密文件》(上下),人民出版社 1981 年版。

中央档案馆编:《中共中央文件选集》第10-15册,中共中央党校出版 1991、1992 年版。

《中共中央北方局》资料丛书编审委员会编:《中共中央北方局》抗日战争时期卷(上下册),中共党史出版社 1999 年版。

中国人民解放军历史资料丛书编审委员会:《八路军文献》,解放军出版社 1994 年版。

中共山西省委党史研究室编:《文献选编》(抗日战争时期一、二),山西人民出版社 1986 年版。

《晋察冀抗日根据地》编审委员会、中央档案馆编:《晋察冀抗日根据地》第一册(文献选编)(上下),中共党史出版社 1991 年版。

山西省史志研究院编:《太岳抗日根据地重要文献选编》,中央文献出版社 2006 年版。

二、档案、资料汇编

河北省社会科学院历史研究所等编:《晋察冀抗日根据地史料选编》(上下册),河北人民出版社 1983 年版。

太行革命根据地史总编委会:《太行革命根据地史料丛书》(1-12),山西人民出版社、河北人民出版社 1987~1995 年。

山西省档案馆编:《太行党史资料汇编》(1-8 册),山西人民出版社 1989、2000 年版。

魏宏运主编:《抗日战争时期晋察冀边区财政经济史资料选编》(全4册),南开大学出版社 1984 年版。

魏宏运主编:《抗日战争时期晋冀鲁豫边区财政经济史资料选编》(第一、二辑),中国财政经济出版社 1990 年版。

刘欣主编:《晋绥边区财政经济史资料选编》(全5册),山西人民出版社 1986 年版。

山西省史志研究院编:《太岳革命根据地人民武装斗争史料选编》,山西人民出版社 2003 年版。

中共山西省委党史研究室、山西省档案馆、太岳革命根据地财经史

料编委会:《太岳革命根据地财经史料选编》(上下),山西经济出版社
1991年版。

中共山西省委党史研究室编:《太岳革命根据地的党的建设》,山西
人民出版社1994年版。

编审委员会编:《山西新军历史资料丛书》(全10卷16册),中共党
史出版社1993、2007年版。

山西省史志研究院编:《山西牺牲救国同盟会》,山西人民出版社
1996年版。

中共山西省委党史研究室编:《战地总动员》(上下),山西人民出版
社1986年版。

章伯锋、庄建平主编:《抗日战争》(全7卷11册),四川大学出版社
1997年版。

中国第二历史档案馆编:《中华民国史档案资料汇编》(第二编),凤
凰出版社1997、1998年版。

中央档案馆、中国第二历史档案馆、吉林省社会科学院合编:《华北
事变》,中华书局2000年版。

中央档案馆、中国第二历史档案馆、吉林省社会科学院合编:《华北
治安强化运动》,中华书局1997年版。

中央档案馆、中国第二历史档案馆、吉林省社会科学院合编:《华北
经济掠夺》,中华书局2004年版。

中央档案馆、中国第二历史档案馆、吉林省社会科学院合编:《华北
大"扫荡"》,中华书局1998年版。

中央档案馆、中国第二历史档案馆、吉林省社会科学院合编:《华北
历次大惨案》,中华书局1995年版。

中国人民解放军历史资料丛书编审委员会:《八路军参考资料》(1、
2),解放军出版社1991、1992年版。

中国人民革命军事博物馆《百团大战历史文献资料选编》编审组:
《百团大战历史文献资料选编》,解放军出版社1991年版。

中国第二历史档案馆编:《抗日战争正面战场》(上下),江苏古籍出版社1987年版。

中国第二历史档案馆编:《国民党机密作战日记》(上中下),中国档案出版社1995年版。

居之芬主编:《日本对华北经济的掠夺和统制——华北沦陷区资料选编》,北京出版社1995年版。

居之芬、庄建平主编:《日本掠夺华北强制劳工档案史料集》(上下),社会科学文献出版社2003年版。

日本防卫厅战史室编,天津市政协译编:《华北治安战》(上下),天津人民出版社1982年版。

日本防卫厅战史室编纂、天津市政协编译委员会译校:《日本帝国主义侵华资料长编》(上中下),四川人民出版社1987年版。

郭彬蔚译编:《日阎勾结实录》,人民出版社1983年版。

三、著作

中共中央党史研究室著:《中国共产党的九十年》(上中下),中共党史出版社、党建读物出版社2016年版。

中共中央党史研究室著:《中国共产党历史》第一卷(上下),中共党史出版社2011年第2版。

中共中央文献研究室编:《毛泽东年谱》(1893–1949)(上中下),中央文献出版社1993年版。

金冲及主编:《毛泽东传》(1893–1949),中央文献出版社1996年版。

中共中央文献研究室编:《周恩来年谱》(1898–1949),人民出版社1997年版。

金冲及主编:《周恩来传》(全4册),中央文献出版社1998年版。

中共中央文献研究室编:《刘少奇年谱》上卷,中央文献出版社1996年版。

金冲及主编:《刘少奇传》(上下),中央文献出版社1998年版。

中共中央文献研究室编:《朱德年谱》,人民出版社1986年版。

金冲及主编:《朱德传》,人民出版社、中央文献出版社1993年版。

编写组:《彭真年谱》(全5卷),中央文献出版社2012年版。

编写组:《彭真传》(全4卷),中央文献出版社2012年版。

彭真:《关于晋察冀边区党的工作和具体政策报告》,中共中央党校出版社1981年版。

薄一波:《论牺盟会和决死队》,中共中央党校出版社1990年版。

编写组:《薄一波论新军》,中共党史出版社2008年版。

编写组著:《彭德怀》,当代中国出版社1993年版。

编写组著:《刘伯承传》,当代中国出版社1992年版。

编写组著:《贺龙传》,当代中国出版社1993年版。

编写组著:《徐向前传》,当代中国出版社1992年版。

编写组著:《聂荣臻传》,当代中国出版社1994年版。

谢忠厚、李昌远、申玉山、李翠艳著:《新民主主义社会雏形——彭真关于晋察冀抗日根据地建设的理论与实践》,人民出版社2002年版。

军事科学院军事历史研究部著:《中国抗日战争史》(上中下),解放军出版社1994年版。

中共中央党史研究室第一研究部编著:《中华民族抗日战争史》(1931-1945),中共党史出版社、浙江科学技术出版社2005年第2版。

中共中央党史研究室组织编写:《中流砥柱——中国共产党与全民族抗日战争》(上中下),中共党史出版社2005年版。

张宪文主编:《中国抗日战争史》(1931-1945),南京大学出版社2001年版。

李蓉著:《中华民族抗日战争史》,中央文献出版社2005年版。

李良志著:《度尽劫波兄弟在——战时国共关系》,广西师范大学出版社1993年版。

李蓉、叶成林、王淇、王志刚著:《抗战时期中国共产党领导的沦陷区人民的抗日斗争》,中共党史出版社2001年版。

叶成林编著:《战斗在沦陷区——沦陷区人民的抗日斗争》,黑龙江教育出版社 2000 年版。

山西省地方志办公室编:《民国山西史》,山西人民出版社 2011 年版。

田酉如著:《中国抗日根据地发展史》,北京出版社 1995 年版。

魏宏运、左志远主编:《华北抗日根据地史》,档案出版社 1990 年版。

樊吉厚、李茂盛、岳谦厚、杨建中、马生怀著:《华北抗日战争史》(上中下),山西人民出版社 2005 年版。

张国祥著:《山西抗日战争史》(上下),山西人民出版社 1992 年版。

山西省史志研究院著:《中国共产党与山西抗战》,山西人民出版社 1997 年版。

张成德、孙丽萍主编:《山西抗战口述史》(全 3 卷),山西人民出版社 2005 年版。

齐武:《一个革命根据地的成长》,人民出版社 1957 年版。

李公朴著:《华北敌后——晋察冀》,三联书店 1979 年版。

谢忠厚、肖银成主编:《晋察冀抗日根据地史》,改革出版社 1992 年版。

《晋察冀抗日根据地》编审委员会、中央档案馆编:《晋察冀抗日根据地》第三册(大事记),中共党史出版社 1991 年版。

中共山西省委党史研究室:《晋察冀革命根据地晋东北大事记》,山西人民出版社 1991 年版。

[澳]大卫·古德曼著,田酉如等译:《中国革命中的太行抗日根据地社会变迁》,中央文献出版社 2003 年版。

中共山西省委党史研究室著:《太岳革命根据地简史》,人民出版社 1993 年版。

中共山西省委党史研究室:《太岳革命根据地纪事》,山西人民出版社 1989 年版。

弓世懋编著:《围困沁源》,山西人民出版社 1988 年版。

山西省史志研究院、中共内蒙古自治区党史研究室著:《晋绥革命根据地史》,山西古籍出版社 1999 年版。

中共山西省委党史研究室等:《晋绥革命根据地大事记》,山西人民出版社 1989 年版。

山西省史志研究院编:《晋绥革命根据地政权建设》,山西古籍出版社 1998 年版。

杨圣清、段玉林著:《巍巍中条——中条山军民八年抗战史略》,中央文献出版社 2000 年版。

山西省政协文史资料研究委员会编:《阎锡山统治山西史实》,山西人民出版社 1981 年版。

编写组:《牺盟会和决死队》,人民出版社 1986 年版。

王生甫、任惠媛著:《牺盟会史》,山西人民出版社 1987 年版。

中共山西省委党史研究室编著:《战动总会简史》,文津出版社 1993 年版。

冯其福等主编:《战动总会史稿》,山西人民出版社 1993 年版。

张宏志著:《抗日战争的战略防御》,军事学院出版社 1985 年版。

张宏志著:《抗日战争的战略相持》,国防大学出版社 1990 年版。

张宏志著:《抗日战争的战略反攻》,国防大学出版社 1990 年版。

张宏志著:《中国抗日游击战争史》,陕西人民出版社 1995 年版。

刘家国著:《浴血奋战——抗日英雄八路军》,广西师范大学出版社 1994 年版。

岳思平著:《八路军抗战史》,广东人民出版社 1995 年版。

岳思平主编:《八路军》,中共党史出版社 2005 年版。

岳思平编著:《八路军战史》,解放军出版社 2011 年版。

编审委员会:《八路军第一一五师暨山东军区战史》,黄河出版社 2005 年版。

编审委员会:《八路军第一二〇师暨晋绥军区战史》,解放军出版社 1997 年版。

编审委员会:《第一二〇师陕甘宁晋绥联防军抗日战争史》,军事科学出版社 1994 年版。

第二野战军战史编审委:《八路军第一二九师战史》,解放军出版社1991年版。

李达著:《抗日战争中的八路军一二九师》,人民出版社1985年版。

北京军区晋察冀战史编写组编著:《晋冀察军区抗日战争史》,军事科学出版社1986年版。

第一野战军战史编委会:《中国人民解放军第一野战军战史》,解放军出版社1990年版。

第二野战军战史编委会:《中国人民解放军第二野战军战史》,解放军出版社1996年版。

南京军区《第二野战军战史》编辑室:《中国人民解放军第三野战军战史》,解放军出版社1996年版。

第四野战军战史编写组:《中国人民解放军第四野战军战史》,解放军出版社1998年版。

军事科学院军事历史研究部编著:《中国人民解放军战史》第2卷,军事科学出版社1987年版。

王生甫著:《山西新军史》,山西人民出版社2005年版。

郭汝瑰、黄玉章主编:《中国抗日战争正面战场作战记》(上下),江苏人民出版社2002年版。

张宪文主编:《抗日战争的正面战场》,河南人民出版社1987年版。

马振犊著:《惨胜——抗战正面战场大写意》,广西师范大学出版社1993年版。

华和平主编:《国共两军忻口抗战揭秘》,中央文献出版社2005年版。

财政部财政科学研究所编:《抗日根据地的财政经济》,中国财政经济出版社1987年版。

陈廷煊著:《抗日根据地经济史》,社会科学文献出版社2007年版。

李茂盛著:《华北抗日根据地经济研究》,中央文献出版社2003年版。

魏宏运主编:《晋察冀抗日根据地财政经济史稿》,档案出版社 1990年版。

赵秀山主编:《抗日战争时期晋冀鲁豫边区财政经济史》,中国财政经济出版社 1995 年版。

赵秀山主编:《晋绥边区财政经济史》,财政经济出版社 1995 年版。

刘欣、景占魁主编:《晋绥边区财政经济史》,山西经济出版社 1993年版。

岳谦厚、张玮著:《黄土、革命与日本入侵:20 世纪三四十年代的晋西北农村社会》,书海出版社 2005 年版。

岳谦厚著:《战时日军对山西社会生态之破坏》,社会科学文献出版社 2008 年版。

臧运祜著:《七七事变前的日本对华政策》,社会科学文献出版社 2000 年版。

徐勇著:《征服之梦——日本侵华战略》,广西师范大学出版社 1993年版。

江沛著:《日伪"治安强化运动"研究》,南开大学出版社 2004 年版。

王士华著:《"开发"与掠夺:抗日战争时期华北华中沦陷区的经济统制》,中国社会科学出版社 1998 年版。

居之芬、张利民主编:《日本在华北经济统制掠夺史》,天津古籍出版社 1997 年版。

四、地方志

山西省地方志编纂委员会编:《山西通志·总述》,中华书局 1999 年版。

山西省地方志编纂委员会编:《山西通志·大事记》,中华书局 1999年版。

山西省地方志编纂委员会编:《山西通志·军事志》,中华书局 1997年版。

山西省地方志编纂委员会编:《山西通志·军事工业志》,中华书局

1997 年版。

山西省地方志编纂委员会编：《山西通志·党派群团志》，中华书局
2000 年版。

山西省地方志编纂委员会编：《山西通志·农业志》，中华书局 1994 年
版。

山西省地方志编纂委员会编：《山西通志·民政志》，中华书局 1996 年
版。

五、回忆录、文史资料

解放军历史资料丛书编审委员会：《八路军回忆史料》（1—3），解放军
出版社 1989~1991 年版。

中共山西省委党史研究室：《战动总会文献资料回忆录》，1987 年编印。

《晋察冀抗日根据地》编审委员会、中央档案馆编：《晋察冀抗日根据
地》第二册（回忆录选编），中共党史出版社 1991 年版。

薄一波著：《七十年奋斗与思考》上卷，中共党史出版社 1996 年版。

《彭德怀自述》，人民出版社 1981 年版。

《刘伯承回忆录》，上海文艺出版社 1981 年版。

徐向前：《历史的回顾》（上中下），解放军出版社 1987 年版。

《聂荣臻回忆录》（上中下），解放军出版社 1983 年版。

山西省社会科学研究所编：《山西革命回忆录》（第 1—5 辑），山西人
民出版社 1981、1985、1987 年版。

《晋绥抗战——原国民党将领抗日战争亲历记》，中国文史出版社
1994 年版。

《文史资料选辑》

《山西文史资料全编》（全 10 卷），山西人民出版社 1999 年版。

六、期刊

《中共党史研究》

《近代史研究》

《抗日战争研究》

后　记

　　山西雄踞华北,表里山河,自古为兵家必争的战略要地。抗日战争时期,山西作为抗日民族统一战线的首善之区,是八路军首次对日作战的省份、华北敌后游击战的战略支点、华北抗战的主战场、太行精神的铸就地,在中国人民抗日战争史和世界反法西斯战争史上写下了极其光辉的一页。

　　"历史是最好的教科书,也是最好的清醒剂。"翻开尘封的历史档案,研究艰苦卓绝的山西抗日战争史,探讨山西抗战在全国乃至世界反法西斯战争中的独特地位,是史学工作者义不容辞的职责。2005 年合著的《华北抗日战争史》出版后就产生了写《山西抗日战争史》的想法,开始搜集相关资料,为写作奠定基础。随后利用工作之余,着手撰写书稿。经过几年的伏案写作,书稿终于在全民族抗战爆发 80 周年前夕完成。

　　习近平总书记指出:深入开展中国人民抗日战争研究,必须坚持正确历史观、加强规划和力量整合、加强史料搜集和整理、加强舆论宣传工作,让历史说话,用史实发言,着力研究和深入阐释中国人民抗日战争的伟大意义、中国人民抗日战争在世界反法西斯战争中的重要地位、中国共产党的中流砥柱作用是中国人民抗日战争胜利的关键等重大问题。

　　《山西抗日战争史》以马克思主义、毛泽东思想、邓小平理论、"三个代表"重要思想、科学发展观为指导,坚持历史唯物主义,"用史实发言",以翔实的档案资料为依据,从全民族抗战的视角,实事求是地全面系统论述了波澜壮阔的山西抗日战争史,既记述中国共产党领导的敌后游击战争,也反映国民党军的正面战场;既记述中日激烈的军事斗争,也记述政治、经济、文化斗争;既记述日军对山西的军事侵略,也反映日军对山西的疯狂经济掠夺、殖民文化侵略;既反映根据地军民艰苦卓绝的抗日斗争,也反映敌占区、阎统区人民英勇的抗日斗争;既讴歌中国共产党领导人民抗战的中流砥柱作用,也反映各民族人民团结抗日的爱国情怀;既有历史发展的逻辑叙述,也有理论的分析,论从史出,史论结合。

尽管做了不少的努力,但书中仍不免有疏漏之处,敬请专家学者和读者批评指正。

本书在撰写过程中,参考了国内外大量档案资料和近年来的研究成果,得到了诸多师友的热情帮助。山西省地方志办公室主任李茂盛研究员审阅了书稿,并欣然同意将所发文章作为本书的序言;山西省社会科学院雒春普研究员审阅了书稿,提出了若干修改意见;山西大学岳谦厚教授、太原科技大学李建权教授提供多年积累的资料与多方支持;特别是中央军委政治工作部宣传局委托军事科学院专家审阅了书稿,肯定书稿"内容翔实,导向正确,文字流畅,规范统一",并提出了宝贵意见;三晋出版社张继红社长为选题的申报做了大量工作,责任编辑吕文玲进行了认真的编辑加工;我的研究生孟俊莉校对了全书,山西省方志发展中心敬鹏涛设计了封面,在此一并表示诚挚的感谢!

作　者

2016 年 7 月 17 日于太原